方延明 著

方延明文化三论

中华书局

图书在版编目(CIP)数据

方延明文化三论/方延明著. —北京:中华书局,2019.12
ISBN 978-7-101-14200-6

Ⅰ.方⋯　Ⅱ.方⋯　Ⅲ.①新闻工作-文集②儒家-传统文化-
文集③数学-文化-文集　Ⅳ.①G21-53②B222.05-53③O1-05

中国版本图书馆 CIP 数据核字(2019)第 244156 号

书　　名	方延明文化三论
著　　者	方延明
责任编辑	王贵彬
出版发行	中华书局
	(北京市丰台区太平桥西里 38 号　100073)
	http://www.zhbc.com.cn
	E-mail:zhbc@zhbc.com.cn
印　　刷	北京市白帆印务有限公司
版　　次	2019 年 12 月北京第 1 版
	2019 年 12 月北京第 1 次印刷
规　　格	开本/920×1250 毫米　1/32
	印张 22¾　插页 2　字数 710 千字
国际书号	ISBN 978-7-101-14200-6
定　　价	128.00 元

目　录

第二部分　论中国传统文化

第三部分　论数学文化

志趣使然　一路走来(自序)

——我的学术研究 40 年

不经意间,在南京大学读书、工作、退休,已经 46 周年啦,有朋友和学生建议我写点回忆的东西。去年(2018 年)恰逢改革开放 40 周年,刚好自己的学术研究也已经 40 年了,与改革同行,与时代同行,整理回顾一下,还是感慨良多啊。

我以为,治学还是要经世致用。历史已经反复证明,一个学者要想做出一点点成绩,必须基于对时代大潮的思考,认识时代,理解时代,紧紧依附于时代,舍此别无他途。

做学问,有人一辈子深挖一个坑,精深有加;也有一些人,兴趣广泛,触类旁通。我在梳理和汇总以往文章时无意间发现,我 40 年的学术研究主要是在三个方面:一是新闻实务与新闻理论研究;二是中国传统文化研究,主要是儒家文化;三是数学文化。这三个方面我都说不上精深,只能说小有成绩。实际上,这三方面的学术研究也是相互关照与渗透的,且有一根主线始终贯穿其中,这就是"文化",亦可能是志趣使然吧。我特别注重和致力于从文化视角去做学术研究。由之,我前后出版了四版《新闻文化》和三版《数学文化》,写了 20 余篇中国传统文化方面的文章。除此,还有一部分涉及高等教育和政治思想方面的文章,包括邓小平理论研究等。我大概统计了一下,发表在学术杂志上的文章有

130 多篇,发表在报纸上(超过 1500 字)的言论稿件,也有 50 多篇。尽管有些文章现在看起来还是让我有点脸红的,当然也有不少是让我感到欣慰的。因此,我想分三个方面来综述评点一下,权作纪念。

我与新闻文化

新闻实践与新闻理论研究是伴随我时间最长的。我 1977 年 2 月毕业于南京大学数学专业后留校工作,开始从事南京大学的对外宣传工作。从 1977 年到 2003 年,中间除去 1982 年至 1984 年这两年多协助匡亚明老校长撰写《孔子评传》外,都在做新闻宣传工作。在南京大学从事对外宣传工作的这 20 多年间,我大概写了 2000 多篇新闻报道,其中包括《人民日报》《光明日报》《文汇报》《中国青年报》《中国教育报》《新华日报》等多家报纸的 54 个头版头条。我和新闻界许多记者、编辑成了终生好朋友,他们曾给我起个外号"南通社"(南京大学通讯社的意思)。应该说,南京大学那些年的许多重点报道,几乎都是出自于我而不是外面的媒体记者。因为我对母校太熟悉了,对其方方面面了如指掌。因此,我可以精心琢磨,精心采访,精心写作。像曲钦岳校长、蒋树声校长、王绳祖、蒋孟引、陈嘉、陈白尘、程千帆、高济宇、戴安邦、魏荣爵、徐克勤、郭令智、郑集、任美锷、冯端、闵乃本、王业宁、王颖、张淑仪等著名院士、教授,还有杨振宁、吴健雄、联合国前秘书长加利、美联社驻北京分社首任社长罗德里克等,都曾是我的采访对象。我策划报道的南京大学"重塑理想"大讨论,在 26 年前就直面商品经济中的铜臭问题,在全国率先唱响"重塑理想"的主旋律。《人民日报》于 1993 年 5 月 5 日,在头版头条将文章加编者按刊出,当时在全国引起强烈反响,中央新闻电影制片厂后来还专门到南京大学拍摄有关新闻纪录片。《新华日报》"八十年代"理论版,辟出专栏组织开展讨论。1993年7月21日,我在《江苏教育报》上撰文《让有理想的人讲理想》,与现在的"不忘初心"有异曲同工之意。我采访南京大学校友吴健雄教授写的长篇报告文学《立于科学之巅的人》发表后,《新华文摘》于1993第2期全文转载,后又被收入冰心主编的《当代女性丛书·当代卓越女性传》(上海三联书店,1995年)篇首。

1988年,学校任命我为南京大学校报编辑部主任,我把校报作为一个非常好的学术实践平台和宣传窗口,先后策划报道过许多在全国有影响的新闻,比如:

1993年3月,在全国高校开展"重塑理想"大讨论;

1996年10月,在全国高校率先开展以"怎样培养面向21世纪的人才"为主题的教育教学思想大讨论,时任教育部副部长周远清同志为我们的讨论文集《怎样培养面向21世纪的人才》写了一万多字的长篇序言,全国几百所高校的负责人专门到南大取经;

1997年,南京大学在全国率先开展大学生保洁员的工作,着力于培养大学生的劳动意识和观念,使他们自立、自强、自助,这件事在海内外都有影响;

1997年,南京大学在全国率先开展整顿学风问题的大讨论,最早从一个学校的层面上,制定出一套学术规范条例,在全国反响强烈;

1998年9月,率先在全国开展大学生与学校签订《南京大学学生管理与学生自律协议书》工作,着力于爱护学生、保护学生、家校共管,使他们健康成长;

　　………

那些年，南京大学的各项工作一直走在全国高校的前面。时任校长曲钦岳院士特别重视学校宣传，他说，宣传也是生产力。那时，经常是过不了多长时间，曲钦岳校长就会约我一起聊聊，甚至还打趣说："方延明，再用用你的脑子啊？策划点什么事情啊？"后来的南京大学党委书记洪银兴，也非常重视宣传工作，他曾在一次全校宣传工作会议上讲，"全校要向方延明学习"。

我们这代人的工作特点，就是党叫干啥就干啥，从不讨价还价。我把本职工作一直当学问来做，不管学校把我放到哪个岗位上，我都要尽其所能，想方设法干好，从不懈怠，从不偷懒，应该说是问心无愧的。

我非常感谢学校把校报这个阵地交给我，使我有机会得以经营这块自留地。我自学新闻理论，边学习边研究，很快进入角色。与此同时，1993年我受聘为南京大学新闻学科第一批硕士研究生导师，从1995年开始招收研究生，到退休前一共带了50多位中外硕士生，他们全部获得学位。自1992年，我先后发表了《作为一门崭新学科的新闻文化》《从"人、信息、价值整合"看新闻文化》等有影响的学术论文。其中，《新闻文化的学科观——兼谈新闻文化的定义、框架结构及特征》（《南京大学学报》1994年第4期）和《传播文化的发展观检讨——兼论我国传播文化的发展战略问题》（《中国软科学》1997年第6期）两篇论文被《新华文摘》全文转载。二十多年前的《新华文摘》还是月刊，容量有限，文章能被全文转载实属不易。

2003年初，学校领导几次找我谈话，希望我到院系任职。同年4月23日，学校正式任命我为新闻传播学系系主任。离开朝夕相处的校报，我非常不舍。我到新闻传播学系工作后，总觉得系的平台还是小了些，限制了学科发展和人才成长，经过自己努力,在学校的全力支持下,仅用几个月时间新闻传播学系就撤系建院,我成了首任院长。我们召开建院成立大会时,赵启正先生专门致贺信,《人民日报》副总编梁衡、新华社副总编刘江、《中国日报》朱英璜社长、教育部高教司刘凤泰司长等嘉宾专程与会。香港凤凰卫视刘长乐先生也专程前来祝贺。我们成立了全国高校新闻传播学院第一个董事会。尔后,我又动员一切可以利用的资源,来支持学院发展。特别是在已故全国人大常委会副委员长吴阶平院士的厚爱下,我专程跑到香港,争取到香港费彝民新闻基金会的鼎力支持,该基金会资助 500 万港币,参与建造南京大学费彝民楼。2008 年大楼建成后,我们的教学科研条件在全国高校同行中名列前茅。那些年,学院的教学科研蒸蒸日上,在 2009年全国学科评估中,虽然当时南京大学新闻传播学院还没有博士点这个指标的加分,可综合实力依然名列全国第七名,令校内外和学界、业界刮目相看。

学院的事业蓬勃发展,促使我考虑在百年名校做新闻传播学院的院长,必须得能拿出叫得响的科研成果,不然你很难服众啊。因此,我起早贪黑挤时间,去思考教学科研中的一些热点问题、焦点问题、难点问题,撰写成论文。自 2003 年到 2011 年的 8 年多时间里,我先后写了 30 多篇新闻传播学方面的学术论文,从培养什么样的新闻人才,到建立什么样的新闻学学科体系;从新闻理论的思想自觉与新闻实践新境界,到创新中国新闻学理论体系与话语体系,都有所涉猎。其中,《今天,我们应该培养造就什么样的新闻人才》(《中华新闻报》2007 年 5 月 16 日)、《理论新闻学学科体系论纲》(《现代传播》2007 年第 5 期)、《我国媒介传播中的悖论问题》(《南京社会科学》2009 年第 10 期)等 3 篇文章被《新华文摘》全文转载;《中国共产党 90 年新闻思想自觉与实践新境界》

（《社会科学战线》2011年第6期）、《创新中国新闻学理论体系与话语体系》（《社会科学战线》2017年第1期）等2篇文章，被《中国社会科学文摘》长文转载；《当代中国传媒的价值取向研究》被《中国社会科学》（内部文稿）发表，得到学界和业界同行的认可。此间，我还出版了《新闻实务方法论》《新闻与文化研究》《新闻文化研究》等著作。

对于"新闻文化"的研究，我应该是在国内做得比较早的。郑自军先生在15年前写的《近15年来新闻文化研究回顾》（《新闻界》2004年第3期）一文中，把我和刘智同志称为我国新闻文化领域"两位突出的开拓者"。他评析说："另一位颇有建树的是方延明先生。他的《新闻文化导论》（南京大学出版社，1993年）也是一部较早系统介绍新闻文化学的著作。该论著在分析了'新闻文化'的概念之后，就内涵和外延两方面对新闻文化进行了总体考察，阐述了新闻文化的框架结构、特点、功能、理论基础和方法论，并论及到了新闻文化心理学、新闻文化美学观、科技新闻文化、新闻文化写作和新闻文化的国际化趋势等方面。之后，他又著《新闻文化外延论》（南京大学出版社，1997年），就新闻文化的学科观、社会观、价值观、哲学观、政治观、美学观、科学观、文学观等方面对新闻文化的内涵，特别是外延作了更为深入的研究分析。另外，方先生还将新闻文化学搬进了南京大学课堂，继新闻传播专业本科年级开设《新闻文化学》之后，该学科又成为该校研究生教育的主干课程。""可见，为构筑新闻文化学科体系，以上两位学者可谓不遗余力。"在新闻学学科体系架构方面，经过多年新闻实践与理论研究，我提出了新闻学的"元"概念和"衍生"概念，以及新闻学的"三元价值体系"，一经提出就被学界业界的同行转载和引用。

由于在新闻业务实践和新闻理论方面的工作成绩,我曾四次被评选为"江苏省优秀新闻工作者",并获得江苏省新闻最高奖——"戈公振新闻奖"。我还受聘为两届中国记协特邀理事,多次受聘为中国新闻奖评委。

在自己的新闻实践和教学科研中,有几件事我还是挺感欣慰的:

一件是 30 年前我在校报工作期间,作为主要发起人之一,参与筹建中国高校校报协会(全国一级学会),并担任了两届常务副理事长。北京航空航天大学原党委书记朱万金、北京大学原党委书记任彦申、清华大学原党委书记陈希、中国人民大学原党委书记程天权、北京大学原党委书记闵维方等,都曾先后担任学会的理事长。

另一件是 1997 年,在全国高校面临取消内部刊号的情况下,由我倡议发起并主持起草给江泽民等领导同志写信,最终促成了 1998 年 3 月 18 日,由国家新闻出版署发布《新闻出版署关于设立高校校报类报纸刊号系列的通知》(新出报〔1998〕324 号),文件规定"其刊号形式为:CN(G)××－××××",这为高校校报的可持续发展奠定了坚实的基础。

第三件是在 2013 年参加中国新闻奖评审时,我在总结会议上发言,针对有些参评稿件质量堪忧的问题指出,中国新闻奖作为新闻界的国家最高奖,应该评出范文,要像中小学课本那样,宁缺毋滥。这个发言,现场得到时任中国记协主席田聪明同志的高度评价和认可。田聪明同志在总结大会上又对我的发言给予充分肯定,会后他把自己的发言稿在 2013 年第 9 期《中国记者》上发表,当文章里面谈到新闻稿件质量问题时,他特别强调要做到像南京大学一位教授讲的,"评出范文,宁缺毋滥",那位教授说的就是我。这件事促成了自 2014 年始,中国记协每年组成一个中国新闻奖的审核委员会。

我对新闻教学和科研一直充满激情。2011 年 7 月 25 日至 30 日,我应邀参加了在青海省西宁市召开的"中国藏语媒体第 12 次工作会议暨青海藏文报创刊 60 周年大会",并在会上作学术报告。其间,在到藏区基层媒体采风时,我了解到我国藏语新闻媒体发展还有好多困难,迫切需要提高其新闻传播影响力。后来,我联络了西藏、青海、四川、甘肃和云南等五省藏区主要藏语新闻媒体的社长或总编,发起成立一个课题组,由我来牵头申报课题。回到南京后,我约请郑丽勇教授、巢乃鹏教授、郑欣教授进行了细致论证,形成初步方案。考虑到当年的国家社科基金项目已经评审结束且公布,而藏区新闻媒体传播工作又特别急需这方面的参考建议,我决定索性走一条特别通道。2011 年 8 月 22 日,我受西藏日报社扎西班典(藏族)副总编辑、青海日报社戈明(藏族)副社长、甘孜日报社东风(藏族)社长、阿坝日报社泽尔登(藏族)副总编辑、甘南日报社伊洛赛(藏族)副总编辑、迪庆日报社张国华(藏族)副总编辑、日喀则日报社阿南(藏族)副总编辑的委托,代表南京大学新闻传播学院,给时任总书记胡锦涛同志和分管宣传的政治局常委李长春同志,分别寄发了关于希望进行有关提高我国藏语新闻媒体影响力研究的特快专递。在中央领导同志的直接关心下,国家社科基金办公室很快于 2011 年 11 月 1 日,专门设立了国家社科基金特别委托项目《我国藏语新闻媒体影响力问题研究》,由我担任首席专家。

我是在正式退休之后受命担任《我国藏语新闻媒体影响力问题研究》首席专家的。我对藏区很有感情,早在 2003 年,我就参与援建西藏大学的工作,受到时任西藏自治区党委书记郭金龙和自治区副主席吴英杰的亲切接见。在其后几年中,我克服高原缺氧等困难,在年逾花甲之时,14次走进藏区,跋山涉水,走遍西藏、青海、甘南、迪庆、甘孜、阿坝等藏区的山山水水。在课题组成员的共同努力下,终于完成了20余万字的课题报告;后又委托西藏日报藏文版编辑部的同志(他们曾参与《习近平谈治国理政》的汉译藏翻译工作)将课题报告翻译成藏文,于2016年2月由民族出版社以汉藏双语出版,计七八十万字,一千页,蔚为大观。这是迄今为止对我国藏语新闻媒体进行的最大规模实证调查和数据分析研究。特别是,报告有大量数据图表且图文并茂,加之又以汉藏双语合集出版,这不仅为汉语媒体了解藏语媒体提供了极大方便,更为难得的是,也为直接从事我国藏语新闻宣传和媒体工作的一线藏族同胞提供了难得的学习条件,他们可以借助母语直接阅读,因此该书成了许多编辑记者的案头工具书。该书的出版,得到西藏和其他四省藏区学界、业界和管理层的高度评价,一些领导同志和专家在阅看了这个报告后称,这是中华人民共和国成立以来首次对我国藏语新闻媒体进行的全方位、大规模调查,意义重大,填补了学术空白。

　　我觉得完成这个课题的实践过程带给我充实,带给我快乐。由此,五年多时间里,我也结交了一批藏族朋友,他们忠厚、善良、好客。我想,不是每个人都有这样的福气和幸运,对此我深感欣慰和知足。

我与中国传统文化

　　对中国传统文化的热爱可能始于自己是山东人吧,因从小受儒家文化的耳濡目染。1977年我毕业留校工作,当时整个社会百废待兴,希望传统文化的回归和对西方文化的借鉴成为时代潮流。我想我应该是那个时代较早关注中国传统文化的年轻人之一,利用工作之余,我看了好多四书五经方面的典籍。从"文化大革命"的教训中我感悟到,一个健康的社会一定要求人们具有健康的理想人格。因此,我试图从传统儒家文化中寻找答案。《试谈孔子的理想人格》就是在这种背景下完成的,这是我写的第一篇学术论文。这篇文章完成后,我一份寄给上海的《学术月刊》,一份交给《南京大学学报》的蒋广学。蒋老师很认真,他将文章推荐给南京大学哲学系中国哲学史专家王友三教授审稿,稿件得到王教授的肯定,被推荐发表。当白纸变成黑字,我在校对样稿时非常激动。恰好此时,上海的《学术月刊》也回信同意刊用此文,思考再三,我还是委婉地给《学术月刊》回复了一封撤稿信,文章最后由母校的《南京大学学报》于1982年第2期发表。那时学术期刊比较少,这篇小文得以被刚刚退下来的南京大学老校长匡亚明看到,且给予褒奖。他当时正在筹建"中国思想家研究室",匡老托人找我,特意约我到他家,希望我能参与他正在筹建的"中国思想家研究室"的工作。他当时正在准备撰写《孔子评传》,也正考虑要出版一套"中国思想家评传丛书"。我非常痛快地答应了老校长的要求。在尔后的两年多时间里,我和历史系洪家义教授、哲学系阎韬教授(他的研究生导师是冯友兰和张岱年)、中文系贾平年教授等三个人,放弃节假日休息,没有星期天,几乎天天到匡老家里去上班,一起讨论撰写《孔子评传》的问题。我承担了《孔子评传》中"教育家"和"文献整理家"两章的初稿写作工作,以及孔子周游列国图的制作。后来,匡老在他的后记中对我们几人在撰写《孔子评传》中的辛勤劳作表示真挚的感谢:"特别应该提到的是洪家义、阎韬、贾平年、方延明、石连同等同志,一两年来一直和我在一起,共同探讨、研究、写作和不断修改,各自对本书做出了贡献。对以上老中青同志们的宝贵帮助,我一并在此表示由衷的感谢。"

在"中国思想家研究室"的两年多时间里,我从匡老和三位同事那里学到好多东西。我利用这个机会,补习了许多中国传统文化基础文献方面的知识,深切感受到带着问题学习,效率非常高。自1983年到1989年的6年时间里,我发表了20余篇中国传统文化研究方面的论文,从中国古代大同思想源流,到孔子的中庸思想和人格塑造;从孔子与亚里士多德伦理观之检讨,到日本经济发展与儒家集体主义道德观;从孔子与"君子"到孔子思想的"境界观",一直到关于我国文化发展战略重构等问题,其中有好几篇文章被《新华文摘》转发论文观点。更让我感到欣慰的是,有几篇文章直到今天还在被学界专家引用。其中,有一篇是《孔子思想民主性源流之我见》,发表于1983年第4期《中华文史论丛》(上海古籍出版社),那期杂志前三篇文章的作者分别是匡亚明、张岱年和我。我向杂志投这篇稿件是自作主张寄出的,事先没有给匡老打招呼,也没有征求他的意见,以至他看到那期《中华文史论丛》样刊时很吃惊。那期杂志同时还有其他许多名家的文章,能与匡老、张先生和一些大学问家同框,我诚惶诚恐。还有一篇是我借鉴列宁的《马克思主义的三个来源和三个组成部分》一文的思维方法,撰写的《孔子思想的四个来源和四个组成部分》,刊登于1985年第5期《求索》。我一直很欣赏那篇文章中提出的观点:孔子思想的四个来源与四个组成部分,即孔子继承了中国奴隶社会以及初封建社会的民本思想、宗法思想、中庸思想、大同思想,并以此形成了一个以"仁"为中心内容,以"礼"为表现形式,以"中庸"为思想方法,以"大同"为远大理想的思想体系。再一篇是

《"郑声"非〈诗经〉郑风辨》,刊登在 1985 年第 3 期《文献》篇首,文章洋洋洒洒近 2 万字。1987 年 4 月 14 日,我在《文汇报》"学林"专栏,用大半个版的篇幅发表了一篇《"三分法"之我见》的文章,与匡老(匡亚明是赞成三分法的)进行学术讨论。在文章开头,我就讲"吾爱吾师,吾尤爱真理"。文章发表后,我给复旦大学的蔡尚思教授寄去一份报纸,蔡先生是研究孔子的大家,蔡老专门回信对我给予鼓励和称赞。我有一篇谈"民主与科学"的稿件,刊登于 1986 年 7 月 18 日《中国科学报》上,钱学森先生看后,专门致信编辑部,对这篇文章给予表扬。我很怀念那时候的期刊作风和编辑人品,发表稿件不看作者名分、贵贱,唯稿件质量是举,包括好多大师级的专家,特别热心于奖掖后辈。40 年中,我的学术论文,先后发表在北京、上海、天津等 18 个省、市、自治区的 50 多种杂志上,我和许多编辑至今未能晤面。若是放到当下,一个连讲师职称(我是 1988 年才有一个中级职称)都没有的无名之辈,要上名家名刊,谈何容易啊。

我与数学文化

产生写《数学文化》的想法最早始于 1991 年,后来看到一本《数学精英》,是美国著名数学家贝尔写的,由商务印书馆于 1994 年翻译出版,其中一节有这样几段话:

当我们开始从数学史中理出一条特殊的线索时,我们很快就会产生一种沮丧的感觉:数学本身就像一个巨大的墓地,不断添进需要永久纪念的新死者。对这些新死者,如同对五千年前为永久纪念而安葬在里面的那少数死者一样,必须这样展示,以使他们似乎仍保持着生前充沛的活力;事实上，必须造成这样的幻觉：他们的生命从来也没有终止。这种假象必须十分自然，甚至挖掘这一陵墓的最多疑的考古学家也会为之感动，而与活着的数学家们一起宣称：数学真理是不朽的、不可磨灭的；昨天如此，今天如此，永远如此；它们是形成永恒真理的真正材料，是人类在生、死和衰退的循环往复背后瞥见的永恒。

　　……

　　还有，我们在开始学习几何时就（错误地）认为我们完全了解了的点的概念，它在人类作为一个艺术的、洞穴绘图动物的生涯中，一定出现得很晚。英国的数学物理学家拉姆·霍勒斯就曾想要"为那些把数学点做了最高类型的抽象的无名数学发明者竖一座纪念碑，因为这种抽象从一开始就是科学工作的必要条件"。

　　那么，究竟是谁发明了数学点呢？在某种意义上是兰姆的被忘却了的人；在另一种意义上，是欧几里得及他的定义："一个点就是既无大小也无长度"；而在第三种意义上是笛卡儿及他的"点的坐标"的发明；直至最后，正如一些专家今天在几何学中所作的，神秘的"点"被一些更为有用的东西——以确定次序写成的一系列数——所代替。它们把被忘却了的人和他全部永久湮没了的神联系在一起。

看完上面这几段话后，我掩卷沉思，感慨万千。

我想，人类文明生生不息，总是薪尽火传的。无数人都在像诸如数学的"点"那样去做出自己的工作，但是真正像"点"一样刻写在那块发明者纪念碑上的人毕竟是少数，不过人们并没有因此而失去追求。

我研究数学文化，最直接的原因，一是因为我是数学专业毕业的,二是我认为数学文化在提高人的素质、推动社会进步方面扮演的角色太重要了。诚如一位大数学家讲的,一个时代的总的特征,在很大程度上与这个时代的数学活动密切相关。著名科学家、X 射线的发现者伦琴,在被问及科学工作者必须具备什么素养时,他回答说:"第一是数学,第二是数学,第三还是数学。"《数学家言行录》一书中有一部分是专门记录对数学的评价的,其中有许多话深刻论述了数学教育与人的素质的关系。比如,狄尔曼说:"数学能够集中、加速和强化人们的注意力,能够给人发明创造的精细与谨慎的谦虚精神,能够激发人们追求真理的勇气和自信心……数学比起任何其他学科来,更能使学生得到充实和增添知识的光辉,更能锻炼和发挥学生们探索事理的独立工作能力。"再比如,数学家 B. Demollins 说:"没有数学,我们无法看透哲学的深度;没有哲学,人们也无法看透数学的深度;而若没有两者,人们就什么也看不透。"A. N. Rao 指出:"一个国家的科学的进步可以用它消耗的数学来度量。"M. 克莱因说:"数学不仅是一种方法、一门艺术或一种语言,数学更主要的是一门有着丰富内容的知识体系,其内容对自然科学家、社会科学家、哲学家、逻辑学家和艺术家十分有用,同时影响着政治家和神学家的学说;满足了人类探索宇宙的好奇心和对美妙音乐的冥想;甚至可能有时以难以察觉的方式但无可置疑地影响着现代历史的进程。"人类文明的进步需要数学这把钥匙,中国的现代化需要这把钥匙。早在1959 年 5 月,著名数学家华罗庚就在《人民日报》上发表了《大哉,数学之为用》,精彩地论述"宇宙之大,粒子之微,火箭之速,化工之巧,地球之变,生物之谜,日用之繁"等方面,无处不有数学的重要贡献。武汉大学前校长齐民友教授甚至说:"没有现代的数学就不会有现代的文化,没有现代数学的文化是注定要衰落的。"

　　我个人体会，那些年我接触了一些年轻人，包括我自己指导的研究生，在与他们交往以及指导研究生论文的过程里，我发现有些人尽管说话条条是道，或者说已经占有了大量资料和素材，甚至有些文献资料可以倒背如流，但是做起文章来往往不得要领，思路不清楚，立意不新颖，缺少思想火花。之所以如此，我以为一个重要的原因就是他们缺少方法论方面的基本素养；而方法论方面的基本知识，除了从哲学中获取，还应从数学那里获取。历史地看待方法论，我以为是数、哲同源。我后来经常介绍他们看一些数学、哲学方面的书，特别是数学方面的书。大多数人反映数学啃起来很痛苦，但有少数硬着头皮坚持下来的，说读了数学之后，顿开茅塞，获益匪浅，有点开窍了的感觉。所以，我就产生了要写一本数学方面书的想法。因为哲学这方面的书太多了，可以说汗牛充栋，无须我再去浪费时间；说实在的，更重要的是因写哲学方面的书谈何容易，我力不逮也。

　　还有一方面原因，就是自己具备了一些基本条件。长期以来，我主要从事文化方面的研究，包括中西文化比较、中国传统文化，以及结合我业务工作的新闻文化研究，应当说对文化问题有一些自己的想法。再者从所学专业来讲，我本来是南京大学数学专业毕业的，虽说读书时处在"文化大革命"中，受左的思潮影响，一些课程没有学好，加上二十几年又不搞数学，以致大部分东西都已还给老师了，不过有时心血来潮，再翻翻数学专业方面的书，一些基本东西还是可以温习掌握的。我想，从这个意义上来说，由我来搞数学文化，兼跨两个行当，有一定优势：既不像一些纯搞文的人来搞数学，那可以说如读天书；而对大多数一直就搞数学的人来讲，同时要具有较好的文化研究素养和文字功夫，这样的人也是不多的。实际上，当时国内虽有一些人也在做数学与文化方面的研究工作,但是把数学与文化连起来用"数学文化"表示,在我之前未见报道,我应该是第一个。

　　把数学作为一种文化研究,还在于它表现了一种前所未有的探索精神、创新精神,使它的理性思维功能发挥得淋漓尽致。数学给人提供的不仅仅只是思维模式,同时也是一种有力的解决问题的工具和武器,它既反映了人在思维上的诸多合理性和价值取向,又拓展了人们的思想解放之路,因为数学常常是自己否定自己的。正是基于上面这些缘由和想法,我大胆提出"数学文化"的概念,同时在其学科观、社会观、哲学观、美学观、创新观、方法论等方面,尽量给人一个清晰的轮廓,最终使数学和非数学专业的人都能从中获得一种知识思维的力量,推动人们素质的提高。《数学文化》出版后,我曾专门将书送给中科院院士吴培亨教授,请他指教。吴院士曾在我校的一个公开场合说过这样一句话:在南京大学,文理兼通,方延明是一个。整整 20 年过去了,现在数学文化在国内已经相当普及,南开大学顾沛教授有一门全国精品课《数学文化》,广受大学生好评。顾沛教授出版了一本《数学文化》,在书的序言里重点感谢了"我国著名学者李文林、齐民友、张顺燕、张奠宙、方延明、张景中、张楚廷、杨世明、周明儒、郑毓信、王宪昌等"。齐民友教授曾任武汉大学校长、中国数学会副理事长、湖北省数学会理事长、湖北省科协副主席。张奠宙教授曾任国际数学教育委员会执行委员,是第一个进入世界数学教育领导机构的中国人。张景中教授 1995 年 10 月当选中国科学院院士。张楚廷教授是当代著名教育家、湖南师范大学原校长。周明儒教授是著名数学家、江苏师范大学(现徐州师范大学)原校长。顾沛教授把我列在他们中间,前后都是大家、院士,我也很不安。我把数学文化与新闻文化有机结合起来,相得益彰。

我的第一本《数学文化导论》，1999年由南京大学出版社出版，迄今已经整整20年了。中华人民共和国的缔造者毛泽东同志，生前非常关心数学科学的发展，他曾在接见苏步青、华罗庚、谈家桢等著名科学家的多种场合讲过："我们欢迎数学，社会主义需要数学。"毛泽东同志也是一位伟大的书法家，我喜欢书法，是毛泽东书法的崇拜者。基于这两点，在对这本书的封面装帧设计时，我特意从毛泽东的手书中集了"数学文化导论"六个字用作书名。后来在清华大学出版社出版的两版《数学文化》，书名也都是集的毛泽东的手书字。

我在清华大学出版社出版的两版《数学文化》，在篇幅上较《数学文化导论》增加了10多万字。最后一次修订，我特意专列"数学文化的学科体系"一章，提出数学文化体系的"元"概念，特别是关于数学文化学科体系的"三元结构"。应当说，迄今为止，我以为这个思想还是具有特别重要的原创意义和学术价值，我用自在价值、应用价值、工具价值构建数学文化的学科体系，具备了较高的理论思维和开阔的学术视野。其次是增加了一些较直观的图例，比如在讲到逻辑思维时，增加了一部分关于"错觉"的内容，让人在欣赏中不自觉地就获得了知识。再者就是提出了数学文化是先进生产力的概念，同时还增加了数学与信息传播的内容，这在旧版中是没有的。数字化时代，数学文化的作用更大。另外，书中还增加了数学文化与构建和谐社会的内容，这部分内容主要是从法律模型切入。

对数学文化的研究，又拓展了我对新闻文化的研究，我写的《新闻文化的数学观》（《新闻界》2007年第4期），被好多期刊竞相转载，在学界、业界亦颇受好评。

学者的人文素养

我一直提倡,作为一个学者应该具有较高的人文素养和个人志趣。我曾在多所高校和媒体单位的学术讲座中对年轻人提出,在生活情趣方面要有一些特长,要能在自己的专业之外牢牢记住五句话并去践行:一是能说会道,二是能歌善舞,三是写字画画拍照片,四是文、史、哲、数的基本知识,五是执着的职业理想。我在十六七岁读中学时,正赶上"文化大革命",我迷上了画画,我家的四壁全是我画的毛主席碳粉画。我还借鉴方格放大法,在我们几个邻村的高墙上,画大幅的毛主席木刻像,画画时好多地方要搭架子,有几米高,因这件事我颇得乡里乡亲夸奖。我曾在1976年1月周总理去世后,在南京大学小白楼前的迎面布告栏画了一幅由6张1开铅画纸拼接在一起的周总理遗像,好多师生在周总理遗像前留影。刚到学校党委宣传部时,每年学校工会和宣传部都要举办春天书画展和秋天书画展。我向会画油画的老师学习画油画,画了几张之后,简直入迷,有时通宵达旦画画。我曾专门到上海观看一个法国十九世纪油画展。我有十几张油画作品被校部机关的同事收藏,还有一张流落到法国巴黎大学一个同事的儿子那里,他重新装裱后挂在客厅里,成了亲朋好友造访时的话题,颇能唬一些人。

我以为,能歌善舞是一种个人才艺,能歌善舞是一种联络平台,能歌善舞是一种交友载体,能歌善舞是一种心境外化,能歌善舞是一种阳光灿烂。

口才问题很重要。口才是一个人内在智慧的外化,口才可以制造幽默,口才就是学会说话。

数字化媒体日新月异，作为一个从事新闻教育的人来说，你要会摄影，留下美好的精致画面，如果再能涂鸦几笔则更好。字是门面，还是要把字写好，不能把字写得没法看。文、史、哲、数，应该是最重要的人文素养。要会写文章，文是解决一个文采的问题。苏东坡有言，"吾文如万斛泉涌，不择地皆可出。在平地，滔滔汩汩，虽一日千里无难。及其与山石曲折，随物赋形，而不可知也"。毛泽东也讲过："文章须蓄势。河出龙门，一泻至潼关。东屈，又一泻到铜瓦。再东北屈，一泻斯入海。行文亦然。"文本，乃一文之本，一切表达态度和手段，都必须从文本出发，能即兴运笔，倚马可待。新闻是记事的学问，以人领事，以事带人，言之无文，行之不远。我总觉得，一个学者的文字功夫一定要过关，遣词造句，抑扬顿挫，如行云流水；史是解决定力，博古通今，内外兼备；哲是解决一个思维的问题，逻辑思维、抽象思维、归纳思维、演绎思维。

星云大师在扬州讲学时说，朱自清的文章写得好的不得了，他希望扬州人要有哲学的思想；要有文学的意境；要有历史的常识，有了文、史、哲，你再有理学、工学、医学，如虎添翼。

除此，做学问要有几个意识。一是问题意识。问题意识是一种世界观，问题意识是一种历史观，问题意识是一种价值观，问题意识是一种认识论，问题意识是一种方法论。有了问题意识，你就可以耳聪目明，善于发现问题，分析问题，解决问题。二是时代意识。时代意识是采写新闻精品的入世境界。见人之未见，彰显你的预判和眼界，走在时代前面，诠释时代，记录时代，讴歌时代。马克思在1842年就说过，人们读报是为了"到报纸上去寻找当代的精神、时代的精神"。三是担当意识。担当意识是采写新闻精品的职业理想，你的职业良心。四是人文意识。人文情怀是采写新闻精品的职业底色,报人要有大爱、大善、大情,要懂大道理。五是特色意识。特色意识是采写新闻精品的个性使然,不跟在别人的屁股后面,亦步亦趋。

哲学社会科学工作者、人民教师,说到底是人类灵魂工程师。新闻传播学这门学科,一定要入世入流,有担当和责任。我在做新闻文化、传统文化、数学文化的同时,同样关注高校的改革发展。我于1990年在《科学学与科学技术管理》上分两期刊登的《论世界高等教育的"九化"态势》,被《新华文摘》1990第9期全文转载,还上了封面要目。直到今天,快30年过去了,里面的一些观点,仍然有可资借鉴的要重价值。1989年政治风波后,特别是苏联和东欧的巨变,使中国向何处去、社会主义向何处去成了人们思考的重大问题,我及时写出《邓小平思想与社会主义的命运——论邓小平思想的时代性》(《南京大学学报》1993年第3期),该文被《新华文摘》1993年第11期全文转载,也上了封面要目。这篇文章后来入选中央党校编辑的"新世纪党的建设文库"。除此之外,我还关注大学校园文化建设、新技术革命赋予高校的使命、正确处理精神文明建设等问题。我以为,学术研究还是要杂一点、宽一点,这样可以左右逢源,相互借鉴。

40年,岁月无情,倏忽之间。通过这次选编文集,我对入选的40篇文章,逐篇重新阅读,算是学术回顾,有几点说明记于此:

一是有些文章毕竟已经发表几十年了,现在看来还是有一些值得推敲的地方,但是它承载着那个时代的深刻印痕,这次除了校对个别字词句外,把原来的内容基本上都原汁原味保留。另外,我把文前的论文摘要都去掉了。再者,毕竟一个人的学术研究是有传承的,有些前后相继发表的文章中明显重复的内容,在不影响文章结构的前提下,也删除了。在编排顺序上分三部分,在每一部分里面按编年的先后顺序。这样做有一个好处,可以从中寻出一个治学的轨迹和脉络。

二是也有使人欣慰的地方,现在有些文章读起来,依然没有感觉到让我脸红。比如,在新闻理论方面,《新闻文化的学科观——兼谈新闻文化的定义、框架结构及特征》《传播文化的发展观检讨——兼论我国传播文化的发展战略问题》《理论新闻学学科体系论纲》《当代中国传媒的价值取向研究》《创新中国新闻学理论体系与话语体系》等几篇文章,还是有自己的深思熟虑和学术思考的;在传统文化研究方面,《孔子思想民主性源流之我见》《孔子思想的四个来源和四个组成部分》《"郑声"非〈诗经〉郑风辨》《我国文化现代化的未来趋势》《中国古代吏治思想之检讨》等几篇,直到今天,也仍然有其借鉴意义。特别是《中国古代吏治思想之检讨》,已经是 20 年前的旧文了,记得当时为了写作,做了厚厚的一摞卡片,现在看来,这篇文章有非常重要的现实意义。

想起了两句名人名言,权作这篇自序的结尾吧:

　　人的一生应当这样度过:当一个人回首往事时,不因虚度年华而悔恨,也不因碌碌无为而羞愧。

　　如果我们选择了最能为人类福祉而献身的职业,那么,我们就不会被它的重负所压倒,因为这是为人类而献身!

虽不能至,然心向往之……

第一部分　论新闻文化

从"人、信息、价值整合"看新闻文化

新闻文化是近几年才出现的一个新名词,它一经出现就显示了蓬勃的生命力,受到新闻工作者和文化工作者的广泛关注。目前,国内关于这方面的系统论述尚不多见。本文从人、信息、价值整合的宏观结合上,提出了"人是文化化、信息化了的人"的概念,既而又从新闻文化的社会性、功能性、价值认同与人的实现,以及价值意识构建下的信息文化特征等方面,作了深入分析。

新闻文化的社会性

自从人类自己创造了文化世界,就在人与自然之间构建了一个强有力的文化场,创造了人类赖以生存和发展的独特环境。

新闻文化是社会文化,它是一个开放的信息体系,一直处于一种不断运动的变化状态。人们通过接受信息、感受信息,顺应和改造自然界事物的存在方式,了解人们在社会中的生存环境。社会学告诉我们,社会有机体的需要是多方面的。因此,对信息、文化的价值和意义选择也是多方面的。人们正是在获取信息、加工信息、传播信息的过程中参与和感受文化世界,去认识客观世界,改造主观世界的。而信息文化在这种传播中,突出体现了它的中介意义和对社会的影响作用。为了说明信息在社会传播中的作用,有必要了解一下本文关于信息的基本概念和解释。

本文论述的信息,是信息科学应用于传播系统中的内容,是那些可以成为新闻,亦即具有新闻价值的信息。它是对事物运动状态的描述,或者说是物与物、物与人、人与人之间相互作用的一种特殊传播关系和内容。信息是一种获取知识的特殊资源。

随着大自然进化速度的加快,"最高的思维花朵"出现了。人们的实践和认识活动,成了大自然"自我反馈"的伟大方式。而这种自然反馈,分别储存于两种载体之上,一种是生命物质载体(脑细胞等),一种是非生命物质载体(竹、木、帛、纸等)。这样,世界便产生了以传播为特征的信息知识。当然,信息不是事物本身,而是从事物中提取出来的一种最新状态。信息是可以提取的,信息是中介的。信息资源的内核具有自然属性,信息载体是自然界的客体,它既有自然信息寓于其中,又有物质内容有形于外。生命载体可以使它激活,非生命载体又可以使它结晶,信息的开发利用反映了人类社会的文明进步。信息具有知识的秉性,并含有巨大的社会功能。

马克思主义认为,人是社会联系的主体,"人的本质是人的真正的社会联系"①。因此,就人对社会来讲,认识和被认识,理解和被理解,传播和被传播,并以此去满足人们更高层次的需要,自然构成新闻文化的社会基础。新闻是具有一般信息属性的价值信息。

既然人们生活在一个文化信息交织的社会之中,那我们就有必要去考察一下新闻文化是如何通过信息传播出去,又是如何去向社会发生影响的。人类创造文化,发现信息,运用信息,学会了

----

①《马克思恩格斯全集》(第42卷),人民出版社,1979年,第24页。

文化传播。文化传播既是人们社会交往的中介,也是社会结构的重要链条。因此,从一定意义上来讲,文化传播是一个社会过程,是人类联合开发的一种具有无限创造力的人类文化再生产。文化通过个人参与,信息联络,对传播注入新的生机和创造性。可以这样说,如果没有文化传播,人们至今可能还在蒙昧时代。

马克思主义从来就把人的社会活动与文化传播联系在一起,因为文化传播归根到底是人的社会生活,是人在社会活动中对文化的再分配和享受。马克思说:"活动和享受,无论就其内容或就其存在方式来说,都是社会的,是社会的活动和社会的享受。"①从这个意义上说,任何文化传播都是社会传播,都是人的社会活动过程,离开了社会关系,即使是最简单的文化传播也无法实现。马克思又说,"在社会历史领域内进行活动的,全是具有意识的、经过思虑或凭激情行动的、追求某种目的的人",每一个人都是从自己出发的。历史正是"通过每个人追求他自己的、自觉期望的目的而创造自己的历史"的②。文化传播特别是新闻文化的传播,不是一种简单的信息传播,它往往是由无数相互交错的力量所形成的一个合力过程。

新闻传播是传播者和受众者两个群体之间的思维信息交换,是一个双向互动的过程。新闻传播不是简单传播,是经过作者对事物的了解概括、集中抽象后制成的新闻,然后再经过新闻媒介传给受众,完成对新闻的价值实现。一个"传",一个"受",构成了一对"予取"关系。一般讲,新闻着眼于整个社会发展的事实总体,对某一事件发展的事实,只择取一部分要素或过程。文化传

①《马克思恩格斯全集》(第42卷),人民出版社,1979年,第121—122页。
②《马克思恩格斯选集》(第4卷),人民出版社,1972年,第243—244页。

播是互动的,对一个社会人来说,每一个人都是传播者,又都是被传播者。先前的传播方式是一种横向传播,如同一块石头落入水塘中激起的波漾一样,一层层向外伸展,比较缓慢。特别是由于累计失真度的叠加,使一条信息往往传到后来就大相径庭了。现代社会的信息载体实现了传播功能的现代化,把人与世界的距离大大缩小了,由过去的横向传播发展为竖式传播,或者叫垂直传播,电视、传真、卫星等文化信息的传播,可以超越时间和空间,跨越不同社会区域和社会群体,传播到四面八方。

新闻文化的功能

由于信息载体具有超时空特点,所以很自然地冲垮了各种社会藩篱,打破了不同程度的区域封闭,对社会产生直接影响。近年来,许多社会工作者从社会学角度较广泛地研究文化传播的社会功能,把文化传播放到整个社会大背景中去检讨。新闻传播作为一种最活跃的文化形态,尤其引起人们的广泛兴趣。

新闻文化的功能是多方面的。首先,作为社会信息交往最主要的舆论手段,它起着交流思想感情、传递生活经验和科学文化知识的作用。正因为如此,对今天的人们来讲,信息传播比其他文化更重要。没有材料,将没有事物;没有能源,社会生产、制造都将无法进行;没有信息传播,世界将变得非常闭塞,既不为人所知,也不可能认知别人。今天的信息对于人们,已经如材料和能源一样,成为人们赖以生存发展的三大基本资源之一。当然,新闻信息不仅仅只是作为一种资源,它能给予人们多种启示,去帮助人们界定环境,确定个人行为价值规范。这种予取关系,是一种社会化功能的具体体现。美国人类学家、密歇根大学莱斯利·

怀特教授在其代表作《文化的进化》一书谈及文化的功能时曾讲："文化的功能与用途是保障人类生活的安定与种族的延续。从特别意义上讲,文化的功能一方面是联系人与环境,另一方面是联系人与人。"社会组织是一种文化现象,它所以成为必然,是人类为求得生存、改善生活而对环境作出的技术性调整结果,文化的目的就是满足人的需要。人类的需要可以分为两大类,人类需要的食物、形形色色的衣服、器皿、装饰等,显然这都需要从外部世界获得。而人们内心的、心理的、社会的、精神上的需要,则不能仅靠外部世界来"营养"。人需要勇气、安宁、慰藉、小心、友谊,需要对生活价值的感受和对事业成功的把握。有意思的是,文化的这两种功能——满足人们生理需要与心理需要的功能并不是完全独立的,有些文化产品,如工艺品,本身就兼有实用与审美两种职能。甚至于连工艺品的制造过程,如编筐与制造石斧,也会给人们带来愉快与满足。从长矛到大炮这些武器,在不同的国家,不同的世代,也都会被装饰成具有审美价值的物品。

人从脱离纯粹的动物成为真正的人开始,就不断致力于文化创造——投入时间、体力和想象力,对周围的繁杂世界进行改造,以提供在多变环境里生存的保障,并为探索自然与人类的自身奥秘创造条件,这个过程即人的文化过程。一个人接受文化传播的影响越多,他的社会程度就越高;反之,如果他处于孤立的环境中,不接受文化传播的影响,那么他的社会化程度就会受到很大限制。人们没有接受文化传播的影响,就不会产生追求文化的欲望、要求和社会行为。现代文化传播,打破了人们所处社会生活的一切孤立状态,使之成为整个社会生活的一部分,而人在这种文化传播的影响下,作为"自然人"存在的可能性也就愈来愈小了。信息文化的发展,与人类接受和利用信息的作用成正比。也就是说，与人们利用支配信息的效益和对社会的反作用成正比，或者二者的同时增长成正比：$E \times T = P$（此处 E：接受信息量，T：用信息改造社会的能力，P：满足人类需要的社会进步）。信息文化的传播，使得每个人的价值意识不仅越来越趋于社会化，而且使整个人类文化传播活动愈来愈依靠整体，依靠社会。如果说现代化是一列飞速前进的列车的话，那么信息文化所起的作用就是列车上巨大的牵引机车。正因如此，任何轻视信息的思想和做法都将导致一个民族的落伍，被远远抛在历史的后面。

信息文化的整合性功能

信息文化有整合性功能，它可以调适社会。当然，这种调适功能是通过信息反馈的作用而最终实现的。新闻文化的战斗性就在于指导人们去调适社会，所谓"补察时政""泄导人情"，就是说可以通过文化信息看出人心向背、政治得失，然后采取措施，使怨者不怨，哀者不哀，愤者平，怒者息，奋勇者依然前往，落伍者急起直追，以保持社会各种机体的正常功能发挥。我国古籍讲，"为政之要，辩风正俗最其上也"，这里讲的"辩风正俗"，就是指对不同社会区域风俗、习惯等文化进行考察、了解，以达到移风易俗、治理社会的目的。这在社会变迁时期尤其重要。但是，调适只是被动适应，作为文化形态中的信息功能，其中很重要的一条就是调控。通过对信息文化有选择地传播引导，可以实现对社会的驾驭和控制。文化信息传播是社会调控系统中最重要的一个组织系统，如果说国家政权是硬件的话，那么不管哪一个统治阶段，他们从来都没有轻视过信息传播。文化传播对社会的控制，实质上是加强社会自我组织能力形成，一个没有文化信息传播的社会，各种社会机制都不可能正常地发挥作用,也不可能实现自我控制。

　　人类文明发展的历史告诉我们,信息文化传播不是即传就逝的,它具有扩散、复制、储存的功能。今天的新闻,凡是已经发生的,就已经是历史的了。信息通过可识、可传的载体保留下来,恢万里、传万代,不息不灭,影响着人类社会历史各个方面的进程。英国文化社会学家 K.波普尔,曾经把客观世界叫作"世界一",把人的主观世界叫作"世界二",把文学、艺术、科学、技术等文化叫做"世界三"。他曾在强调"世界三"的重要性时打了个比喻。他说,如果打一次世界战争,把世界上的物质财富都摧毁了,破坏了,只要"世界三"还存在,即只要文化还存在,人们就可以通过"世界二"很快把现代世界重新建立起来。但是,如果把"世界三"都毁灭了,没有了文化了,人类就要重新经历几万年甚至几十万年的历程。也正因为如此,人们才充分认识到没有文化传播、传递的储存,历史就不能发展,社会就不能进步,人类也就不能维持和促进文明的发展。人类社会一代一代延续下来,社会一步一步向前发展,无疑是文化传递、储存的结果。最初人类口耳相传,后来发明了造纸和印刷,对于文化储存和收藏交流,传播起了巨大作用。现代社会随着电脑的出现,文化储存量已经达到人类有史以来的最高程度。信息传播和储存,不仅为人类文化生产提供了极为丰富的积累,同时也为社会的文明进步创造了更多有利的条件。

价值认同与人的实现

　　人是新闻文化中最活跃最重要的载体,是人类生命的现实表演者,是人类物质文明和精神文明最伟大的历史实践活动者,人类一经出现,就有了信息文化交流。摩尔根认为,"人类是从发展阶梯的底层开始迈进,通过经验知识的缓慢积累,才从蒙昧社会上升到文明社会的"①。正是由于人在创造信息文化的同时,人也自己创造了一个使自然界"表现为他的作品和他的现实"②的文化环境,从而最终获得了区别于动物的文化心理结构。人类创造的文化具有各种表现形式,包含了人的需要、目的、意义、价值等,是一个可以对人的感觉系统发生制约功能的特殊世界。这种由人的心理生物机制与文化世界交互产生的文化心理结构,可以产生出指导人们认识客观世界的价值观念,去改造主观世界。在这种人类历史活动中,人类作为历史活动的主体,一方面不断获得自我实现和自我解放的能力,另一方面又受到了文化环境(也是人类自己创造的)的影响和制约。

人对于文化信息来讲,实际上扮演了一个三位一体的角色。首先,人类作为世界的主体,不断获取收集到的信息文化;其次是获取信息之后的传播,这时他是承载者;再次,他同时又是信息的收藏储存者。人创造了信息文化,信息文化帮助人完成着自身的价值实现,在这一双向过程中,人一刻也没离开过文化和交流。人类自有了交流和文化,就开始为自己架起了一座从自然界通向人类社会的文化桥梁,从而把人类从动物的群落中一步步地超度到彼岸。文化上的每一个进步,都使得这种超度的步伐向前迈进一大步,为人的自身实现创造出越来越多的条件。人类文化愈丰

①〔美〕摩尔根著,杨东莼等译:《古代社会》(上),商务印书馆,1971年,第3页。
②《马克思恩格斯全集》(第42卷),人民出版社,1979年,第97页。

富,信息交流愈发达,人对自然的支配和改造的能力及作用也就更带有经过思考的、有计划的、向着一定的和事先知道的目标前进的特征。从这个意义上讲,新闻文化正是这样一种在对社会的生动反映中,逐渐积淀筛选后而形成的文化系统。新闻文化一方面反映现实,通过今天诉诸明天,特别是通过舆论引导去力求形成一个维护社会群体共识的价值取向,而这种文化定势一旦形成,社会在人们价值理想的生成中就会产生重要的指南作用。

引导产生预定的价值取向和文化定势,首先是价值认同问题。尽管文化的价值是由人们自己的劳动创造得来的,但只有把它放回到社会的信息交流中,经过传播、接受,才能产生所谓价值作用。任何一种可交互的文化现象都有一个普遍规律,那就是无论对传播者还是被接受者,只有当这种文化对他需要时才可能被接受。诚如一条"信息",只有在听众接受并做出反馈时,才能真正成为具有信息属性的新闻。

据此,我们特别指出信息传播媒介及其借助报纸、杂志、广播、电视等大众媒介所进行的文化传播,其对文化的增值不仅改变了文化传播的单向流动性质,而且由于它具有跨越时间、空间障碍的特性,克服并打破了区域及文字的限制。因此,可以使文化增值产生倍加效应。通过传播使受众接受,增值效果可以得到无数倍的增加,无疑对新文化意识的形成和发展起着非常巨大的作用。

群体是社会的产物。群体是这样一些人,他们在一定的空间和时间内相互作用,直接或间接地相互作用,在持续性、广泛性和融合性上达到密切的程度,并自身形成一个内部准则来指导价值实现。没有目标,群体就没有动力,更谈不上有任何发展。由于目标的一致,使人们产生共同兴趣和愿望而联合成一个群体,群体价值和规范是群体成员必须要遵守的。人们在群体中的相互作用、相互影响,产生群体需要、群体规范、群体价值、群体情感等,这种共同心理对个人行为的发生起制约作用。个体以群体为准则,进行自己的活动、认知和评价,自觉维护这个群体的利益,并与群体内的其他成员在情感上发生共鸣。

由于群体意识的需要,使得文化、信息赋予了人们以价值反思的能力。一旦人们获得这种能力,并借助它对外部世界进行观察思考时,他才真正感觉到人们面对的不仅仅只是一个文化信息系统,而是对整个世界去做出自己的价值判断。人类通过自己创造的精神文化产品、社会组织、制度、物质文化和科学技术等中介武器去认识世界、改造世界,并由此构建人类价值意识的系统工程。信息提供人们认识自然的内容,文化赋予人们价值反思的能力,发展了人的价值意识。随着人类文明的进步,特别是文化层面的信息扩大以及信息传递的高度发达,人们越来越有能力摆脱自然界的束缚,依靠文化价值提供的内容去改造自然,而这种文化价值意识愈明确、愈自觉、愈清晰,社会发展就愈文明。

价值意识构建下的信息文化的特性

所谓价值意识构建下的信息文化特性,是指信息文化在人的价值意识发生构建及价值思维判断中所表现出来的性质,一般讲从三个方面考虑,即真实性、逻辑性、实践基础上的指导性。

真实性,即信息传播必须建立在真实的前提之下。真实性是新闻文化的生命,真实性就是要遵循事物的客观性,发现它实在的真善美,以便从中确认它的价值和意义。当然,如果信息文化告诉人们的仅仅是一种客观存在物,那是远远不够的。更为重要的是这种传播要具有逻辑建构的思维能力,而这种逻辑思维必须是人在对文化价值和意义的反思基础上的高度抽象,是对信息意义的价值判断,亦即让人们不仅知道信息的价值意义应该是什么,还要知道到底是为什么。无论什么样的信息,你不理解它,了悟它,你就不能真正认识它所给予的真正价值,当然也就不能使用好信息价值了。

人们对待信息并不是有闻必录的,应当遵循一定的规律,根据人民的需要,在同自然的斗争中建立起一套机制。人类认识信息,主动运用信息,并把自己自觉纳入由人们自己建成的信息网络中。

诚然,作为价值意识的信息文化系统,最根本的问题还是一个如何指导人们实践的问题。马克思认为:"人的思维是否具有客观真理性,这并不是一个理论的问题,而是一个实践的问题。"①列宁说过:"必须把人的全部实践——作为真理的标准,也作为事物同人所需要它的那一点的联系的实际确定者——包括到事物的完满的'定义'中去。"②从实践论的观点看,文化的创造及其所建构起来的价值意识,都是人类社会实践的产物。社会实践一方面发展着人的需要、愿望等等一类动机,另一方面也发展了满足这些动机所需要的文化以及创造、认识、评价这些文化的能力。人的社会实践每深入一步,都创造着新的文化环境,同时也产生着新的需要、新的动机。因此,文化的创造与人的需要、动机是在社会实践中不断发展的。社会实践不仅扩大了人的视野与文化创造,也扩大了人同他所需要的"那一点"之间的联系。这

①《马克思恩格斯全集》(第3卷),人民出版社,1956年,第3页。
②《列宁全集》(第32卷),人民出版社,1958年,第84页。

样,客体与主体、文化价值与人的需要,全部统一在"人"的社会实践活动之中,统一在现实的多种多样之中。

我们所说的实践乃是文化的实践,或者说是在一定文化意义指导下的实践。文化不仅贯穿于人们社会实践活动的始终,而且指导和规定着人们社会实践的价值和意义。人的实践活动一刻也离不开文化。这里突出表现为理论对实践的指导作用,表现为文化价值和意义对社会实践活动的制约和支配。

因此,文化创造与人的动机和需要,在社会实践中,是由双方共同交互作用而不断发展的。社会实践扩大、充实了人的视野及文化创造,文化创造又使人的社会实践趋于自觉。事实上,信息文化构建价值意义的过程,是人们对于信息系统中实践活动获得价值满足所产生的思维活动,或者说是人们根据自己对信息要求的需要、取舍,在实践活动中对价值意识的反思活动。这种实践是在信息指导下的实践,它不仅贯穿于人们实践活动的始终,而且指导和规范人们自觉行动的价值和意义。离开信息指导下的实践是盲目的实践,只有赋予人的实践活动以实实在在的价值意义,它才真正表现为是理论对实践的指导作用,这就是新闻文化在构建价值意识中的真正意义。

在人的价值意识构建中,信息文化的真实性、逻辑性都贯穿统一于尔后的实践中。信息文化以其真实性、逻辑性反映社会,它同时又规范人的社会实践。历史是由人们自己创造的,但又不是随心所欲的。

人们的生活被置于社会信息网络之中,因此,在价值观念上与社会文化及价值意识形态密切相联。人们通过对文化价值的反思、概括,产生价值观念,又通过活动参与,把这种价值意识融入群体价值里面。作为社会群体的同类价值意识,既是群体参与的结果,也是实践产生的共同价值诉求。马克思讲:"社会生活在本质上是实践的。"①动物群体生活的本能与人类群体生活的同类价值意识的根本区别,在于它的实践性,在于群体参与及对这种参与的彼此理解。离开这一点,就会把同类价值意识导向神秘主义,变成神秘的东西。

不同社会群体的价值心理和价值观念的产生,首先与他们的物质生产和交换联系在一起,与这种生产和交换中的需要和利益联系在一起。人们为了物质生产和交换,结合成不同的社会群体,也结成了不同的社会群体关系,包括血缘、经济、政治、宗教等等关系。由于各种社会群体的需要不同,利益不同,因此就产生了维护这些需要和利益的同类价值意识。马克思说:"把人和社会连接起来的唯一纽带是天然必然性,是需要和私人利益,是对他们财产和利己主义个人的保护。"②这就是说,在研究同类价值意识时,不能从生物类的本能出发建立价值意识共同原则,而应该从社会人的需要和利益出发,把握它与同类价值意识的共同原则,任何社会群体都出于一定的需要和利益而结合,不管这种需要和利益是物质的还是精神的。

群体参与是人的互动过程,必须有取舍。这种参与既有相互接触、转移,也有相互感染;感染的过程是一个思维同构的过程。感染是通过语言、表情、动作及其他方式引起他人相同情绪或行动;调节个人的心理状态,感染可以对人群起一种整合作用;感染是在无压力的情况下产生的一种无意识的不自主的屈从,实质上是通过情绪上的交流,以达到行动上的一致,最终通过这种价值

①《马克思恩格斯选集》(第1卷),人民出版社,1972年,第18页。
②《马克思恩格斯全集》(第1卷),人民出版社,1956年,第439页。

意识的整合作用影响社会,以至成为整个社会群体所接受的价值观念和目标趋势。在这方面,新闻文化的功能是任何其他文化不可能代替的。

通过新闻媒介的传播,引起人与人、人与群体之间互动,相互作用,赢得几万人的共识,这是新闻文化共同价值意识的优势所在,充分体现了新闻文化的整合功能。

建立在传播基础上的新闻文化构建起的价值系统,从根本上来说,反映了大多数人按照自己文化观念和价值目标培养的同类价值意识。对每一个个体来说,都有与群体文化价值逐渐认同结合的过程。对于巩固社会制度来说,通过新闻媒介去达到群体认同,是一支不可忽视的舆论力量。从对人的价值意识影响来看,文化环境影响将大于自然环境对人的影响,文化信息的吸取、积累和进步,不仅提高了人的知识能力和智慧,而且诱导人们展现出新的欲望,唤起新的热情,追求更高的生活目标。人在信息交流中认识世界,认识人本身,人在文化发展中成为独立的人,感受到自己的存在,表现为文化的主体性,也就强调了人在社会文化场中对文化的支配原则和享受原则。

社会和文化是人类创造的,是为自身生存目的和需要而创造的。当文化发展到一个稳定模式时,特别是成为不同阶级意识形态领域的工具时,文化就再也不是自由发展的产物了,此时的文化变成了对某些人的异己的制约力量。所以,对以反映社会、记录社会为宗旨的新闻文化来讲,也就必然成为阶级的工具,这是新闻文化的阶级性所在。

文化总是不断进步的,历史总是发展的,社会主义文化必将以人类最进步文化的姿态展现在人们面前。它将不再表现为是对个人的压抑和统治,而是"每个人的自由发展是一切人的自由发展的条件"①。因为"人们通过每个人追求他自己的、自觉期望的目的而创造自己的历史,却不管这种历史的结局如何,而这许多按不同方面活动的愿望及其对外部世界的影响所产生的结果,就是历史"②。

在人类社会文明发展中,社会是整个人类文化进步的航船(载体),是所有人类文明的集结,而人是这个航船上最活跃的社会分子。当然,他们中不仅有乘客,也有舵手。由此岸驶向彼岸,离开人的智慧,谈不上船的航行,正是由于人既具备了社会化的性质,又具备了文化和交流,才开始了真正的人的历史,开创出由此岸到彼岸的宏大事业。

原载于《社会科学战线》1993年第4期

---

① 《马克思恩格斯选集》(第1卷),人民出版社,1972年,第273页。
② 《马克思恩格斯选集》(第4卷),人民出版社,1972年,第243—244页。

新闻文化的学科观

——兼谈新闻文化的定义、框架结构及特征

近年来,新闻文化作为一门新兴的边缘交叉学科,越来越受到人们的重视。但是,对这门学科,怎样规范它的框架结构,至今仍很难有比较统一的说法。本文拟在这方面作一扼要论述,以就教于新闻、文化界的同人们。

关于"新闻文化"的定义

"新闻文化"有广义与狭义之分。就其宽泛的定义说,它是一种伴随新闻活动而产生的文化形态。而狭义的定义,它则是用文化学的理论来研究新闻学的一门新兴学科,这可以从"新闻文学"的产生得到证明。在我国,新闻文学的提出可以追溯到 20 世纪二三十年代。1930 年 8 月,黄天鹏的《新闻文学概论》出版,他说:"新闻学者研究新闻纸上之各种问题,而求得一正当解决之学也。因精益求精之故,而评论纪事部分遂成为一种特殊之文字,在文学中流为新兴之别支,就此别支而研究之,以致其用于新闻纸上,是名之曰'新闻文学'。"

黄氏认为,在近代中国报业诸多先贤中,梁启超可以说是新闻文学的始作俑者,他认为:"梁启超办《新民丛报》的时代,首先

脱离古文的束缚,务为平易畅达的文章,学者竞起效之,号为'新文体',已经立下一个基础,故中国文学大纲中讲,'新闻杂报盛行,而报章文学兴焉'。"

当时的"新闻文学",其主要内容是研究新闻学的形成、深化、特质、类别和写作方法,包括一些通讯、特写、副刊的文学作品,尽量使新闻写作文学化。而近年来,我国新闻工作者提出"新闻文化学"。夏衍老曾在不久前说:"新闻文化是一片待我们去开拓和耕耘的处女地。"那么,到底怎样来定义新闻文化?我以为还得从新闻与文化的学科属性上去考虑。我是这样定义"新闻"的:新闻是通过文字、声音、画面等载体形式,对新近发生和发现的一些人们关心的事的迅速广泛传播。

这个定义,较以往一些定义的不同之处在于:其一,强调了其表现形式,即以文字、声音、图像等载体所记录、反映的新闻事实,以前的一些定义往往忽视了这一点;其二,强调了它是新近发生的人们关心的事情,不仅强调了新闻价值,新闻姓"新",而且应当是大家关心的,反之不成其为新闻;其三,强调了迅速广泛传播,不注重迅速广泛传播的事实,不是新闻。

关于"文化",我认为它首先是一种人的生存样态,是人类生存的社会环境和人类文化的自然环境,是人的生存发展历史,同时也是人类整体和个人生存留给历史的遗迹,既反映了社会发展、人类历史的过程,同时又是这种过程的结晶和印痕。人类造就了文化,文化反过来决定人的存在和价值观念,决定人的思维、行为、生活方式,以及与自然结合的内容,人类生活无时不在受文化的影响而随文化的变化而变化。

文化不是自在的、固有的,而是人类社会创造的。文化有精神形态和物质形态两种形式。新闻文化是在新闻传播活动中由传播者主体和受众互动而产生的文化形式,是具有较强价值属性的应用型、群众性的文化理论、传播活动和社会意识整合。

众所周知,历史学曾被人们称为是研究"文化化石"的一门学科,新闻文化不是"史",它是记"新"之事。马丁·沃克说,"一家报纸的历史是出版这家报纸的国家的历史""一家报纸就是一个国家的文化的一部日记"①。文化是一定社会的文化,人和文化都是随历史向前发展的。依据汤因比的文化观念,人类文明是在挑战和应战中产生的,挑战与应战刺激人们"积聚更大的力量继续前进一步;从一次成就走向另一次新的斗争,从解决一个问题走向提出另一个新问题"。实际上,这种挑战与应战的交替,集中体现了人在同大自然和阻碍历史前进的社会势力做斗争的过程中的一个"重复的不断发生的有节奏的运动"②。人是挑战与应战的主体,文化是客体,当人所创造的文化世界不能满足本身需要,或诸多因素制约人的价值实现时,人就要改变作为客体的文化世界,并通过挑战与应战去获得一个崭新的世界。历史已经证明,人离开了文化,离开文化的创造与积累,离开文化世界的价值和意义,人就自然丧失了实现文化价值的意义,也就不可能真正实现人的本质。反之,文化若离开人,亦成了无源之水。当我们这样分析人与文化的关系时,就必然注意到如下事实:不论是与自然做斗争,或是同阻碍社会发展的社会势力做斗争,都有一个从隐到显和从点到面的过程。在此过程中,常常会出现一些热点

①〔英〕马丁·沃克:《报纸的力量——世界十二家大报》,新华出版社,1987年,第33页。

②〔英〕阿诺德·约瑟夫·汤因比著,曹未风等译:《历史研究》(上),1986年,第235页。

地区,产生一些热点事件和人物;而当这里的问题解决后,又会在另外一些地区产生热点事件和人物。新闻按其本性来说,就是捕捉热点地区的热点事件和人物,以这些事件和人物动员社会的力量来推动整个社会前进。这个过程就像"一石激起千层浪"那样,由热点地区逐步向全社会扩散。因而,新闻文化是通过新闻传播手段将热点地区的热点事件和人物扩散出去,影响社会而产生的一种文化现象。

关于新闻文化的框架结构

提出"新闻文化"的概念,在本质上是为了对新闻学进行深层研究。支撑新闻文化的基础是真实的新闻源、具有矢量性质的信息传播,以及不断整合并反过来以舆论反馈形式对新闻源产生影响的受众,这三者构成新闻文化的三元结构。所有的新闻文化内涵和外延都是以三元结构为基础的。

真实而丰富的新闻源

新闻文化传播,首先有一个"源",否则,新闻就成为无源之水,无木之林。先有事实,再有传播,后有新闻。如前所说,并不是所有地区发生的社会事件都可以成为"新闻源"的,而只有社会热点地区的热点事件和人物活动才能成为新闻源。圣经里有这样一句话,"凡是有的,还要加给他,让他有余。没有的,连他已有的,也要夺过来"。美国哲学家默顿借此描述了存在于科学奖励制度中的优势积累现象,曰"马太效应"。此处的意思是想说明,越是信息发达的地方,其信息源就越容易得到充分开发,受众的认同意识或者是信息意识也就越强。反之,越是传播落后,信息落后的地方,信息源得到开发的机会就越少,受众的认同程度也就越差。信息作为一个有方向有大小的矢量,更易于向信息发达地区传播。因此,这就必然造成发达国家有发达的信息开发,而落后地区信息迟缓。

在以往的新闻实践和理论研究中,对于从发达地区、热点地区捕捉新闻,人们已经注意到了。然而,随着社会发展,在政治力量、经济力量继续推动社会前进的同时,科技力量、文化力量,特别是那些培养人们健全人格的力量,日益活跃起来并成为人们关注的热点之一。在以往的新闻实践中常常忽视这些问题,而新闻文化的提出,要求新闻工作者积极开发和利用这些资源。

信息的矢量传播

新闻文化是一个开放的信息体系,它一直处于一种不断运动的变化状态。人们通过接近信息、感知信息,了解自然运动状态,了解人们在社会中的生存环境,了解各种社会现象。人们正是在获取信息、加工信息、传播信息的过程中参与和感受文化世界,去认识客观世界并改造主观世界。在现代社会中,信息已经成为取得重大经济效益和社会效益的战略资源,信息的巨大价值,吸引着越来越多的人对它进行深入思考、探索和开发。

新闻活动的第一项任务是从新闻源中提取信息。信息不是事物本身,而是本事物与它事物发生关系时才产生的且可以被人类感知的东西。信息是可以提取的,信息的开发利用水平反映了人类社会的文明程度。人们获取信息,是为了认清事物变化方向,而转发回收信息也是为了按信息指引的方向调整自己的价值意识和行为。新闻活动的根本任务是传播信息,信息具有矢量性。传播信息就是向受众传播那些应知而又未知的事理,以最大限度去消除认知上的不稳定性、满足公众信息需求。除此之外，我们还发现：信息是一个可创造且可增扩的资源；信息不仅可以扩散，还可以复制；信息是共享的，因而具有一种被取代性。正是由于信息的上述性质，所以它才具有活性本能，能够从一开始就借助一定的载体和能量而把人与社会联成一个整体，自然纳入到信息网络的系统中去，使人真正成为世界的人。

新闻传播是传播者和受众者两个载体之间的信息交换，因此是双向互动的，对一个社会人来说，每个人既是传播者又是被传播者。传统的传播方式是一种横向传播，如同一块石头投进湖水里激起的波纹一样，一层层向外伸展。因此，比较缓慢，也往往失真，一条信息往往传到后来就大相径庭了。今日社会的信息载体，已经实现了现代化，把人与世界的距离大大缩小了，由过去的横向传播发展为竖式传播，或者叫作垂直传播，它可以超越时间和空间，跨越不同社会区域和社会群体，传播到四面八方。

由于信息载体的现代化，使其具有超时空的特点，所以也就很自然地冲垮了各种社会藩篱，打破不同程度的区域封闭性文化体系，对社会产生直接影响，促进社会发展。人创造了信息文化，信息文化帮助人完成了自己的价值实现。在这样一个双向过程中，人们一刻也没有离开过文化交流。人类基于交流和文化，为自己架起了一座从自然界通向人类社会的文化桥梁，正是因为有了这座文化桥梁，才把人类从动物的群落里一步一步地超度到彼岸。文化上的每一个进步，都使得这种超度的步伐向前迈进一大步，为人的自身实现创造出越来越多的条件。人类文化愈丰富，信息交流愈发达，人类对自然的支配和改造的能力及作用也就更"带有经过思考的、有计划的、向着一定的和事先知道的目标前进的特征"①。

关于受众

　　作为三元结构的受众,无疑是新闻文化的最重要载体,自然也是新闻文化得以发展的基础和原动力。新闻文化是一种人文化,它必须研究人,研究受众,没有受众,就没有新闻文化,而研究受众的最主要内容就是研究受众心理结构与传播效果。

　　在过去的新闻理论和实践活动中,常常撇开人们社会认识的心理层次,以"意识形态"的力量影响人们的社会行为。这种理论和实践在社会大变动时期是有效的。然而"意识形态"是建立在"社会心理"的层次之上的,所以撇开社会心理而强调改变受众政治观点和信仰的做法,在现代社会时期往往难以收到预期效果。而新闻文化概念的提出,其突出一点就是重视对受众的"心理"层次作用的研究,把他们的爱憎纠葛,喜怒迭代,团结冲突,怀疑信任等制约人的内容,与自觉的社会意识形态结合在一起,即把新闻活动提高到社会心理学、受众心理学、传播心理学与舆论心理学的高度来认识,揭示出新闻的深层本质,去认识受众,探索人们的心灵触角,审时度势,知人论世。马克思在认识"社会"这个复杂有机体时,首先从宏观上把它区分为社会存在和社会意识、物质生活和精神生活,强调社会意识是"人们的实际生活过程"在人们观念中的反映,是人们的社会精神生活(及过程)的总概括。"我们的出发点是从事实际活动的人,而且从他们的现实生活过程中我们还可以揭示出这一生活过程在意识形态上的反射和回声的发展。甚至人们头脑中模糊的东西也是他们的可以通过经验

----

①《马克思恩格斯选集》(第3卷),人民出版社,1972年,第516页。

来确定的、与物质前提相联系的物质生活过程的必然升华物。"①其次,他们进而提出社会意识具有一定的层次结构,其中最直接的是人们的日常意识,而比较高级的意识形态形式,如法律、政治等,它们同物质经济基础的联系是通过一系列中间环节实现的。如果把社会意识看作是一个"系统"的话,可以将其内部结构由低到高排成如下序列:

　　社会心理——一定观点(规范)——社会意识形态(思想体系)

　　社会结构的性质是将一般反映于人们的全部心理之中,反映于他们的一切习惯、道德、感觉、观念、意图和理想之上。习惯、道德、感觉、观念、意图和理想,必然地应该适应于人们的生活式样。社会心理永远服从于它的经济目的并为它服务,社会心理一旦形成一种群众性的舆论,就具有不可轻视的作用。因此,"社会心理异常重要,甚至在法律和政治制度的历史中都必须估计到它,而在文学、艺术、哲学等学科的历史中,如果没有它,就一步也动不得"②。历史告诉我们,历史上的某种意识形态,为什么在当时会将一定的观念、观点和概念系统按这样的方式而不按其他的方式结合,这完全是由当时流行的情绪、情趣、风尚等社会心理所决定的。社会意识形态是思想家们概括、加工、整理人们的各种风俗、习惯、观点、要求、理想、信仰、趣味等而形成的系统化、理论化的社会意识。社会心理对社会意识形态具有明显的制约作用,每一时代都有自己的社会心理。例如,为什么它使得早期基督教产生

---

①《马克思恩格斯全集》(第3卷),人民出版社,1960年,第30页。
②《普列汉诺夫哲学著作选集》(第3卷),生活·读书·新知三联书店,1974年,第272—273页。

于罗马帝国呢？马克思指出，正是由于犹太人"对物质上的解放感到绝望，就去追求精神上的解放来代替，就去追求思想上的安慰，以摆脱完全的绝望处境"①。

社会意识形态对社会存在产生反作用，要通过社会心理来实现。没有必要的社会心理做准备，任何伟大的思想、理论、学说都不会产生应有的效果，这是新闻文化学在研究受众时特别关注其心理层次的意义所在。总之，捕捉社会生活各个侧面，特别是社会深层信息源，基于各种传播手段，将信息向各个方向传递，以受众的社会心理为基础进而解决其意识形态的问题，保证社会政治、经济的健康发展，这就是新闻文化的结构主体。

关于新闻文化的特征

干预生活直面社会的入世性

新闻文化是一种积极的、富有战斗性的、群众性、舆论性的入世文化，这是由新闻的本质属性决定的。其入世性集中反映了它是一种社会的外化，是一种公众意见。比如说，它明显具有以下一些特色：

共识性。它体现了一种众人带倾向性的集合意识，特别是对一些热门话题表现出的一致性。由这种共识性，决定了受众的价值意识倾向。

群众性。舆论文化的典型特征就是它的群众性。诚然，舆论生发时，大都处于一种无序状态，通过传媒发动群众参加，使其意

①《马克思恩格斯全集》(第19卷)，人民出版社，1963年，第334页。

见逐渐趋于一致。

奇异性。奇异性是吸引受众的关键之一，司空见惯，不可能引起轰动效应。当然，这种奇异在于把对人们价值观念具有一定冲击力、吸引力、变异性的新动向、新思潮与现实紧密结合。

争议性。实际上是一种对既定东西的否定，正是这种争议性，才会引起受众的广泛注意。

可导性。利用舆论，引导人们的价值整合。

事实上，舆论文化这个东西是很神圣的，它不是有钱办报、有笔写文章就可以起作用的。社会舆论有它的必然规律性，有生成舆论的内在机制。一方面，它是维护社会安全不可缺少的因素，因为它反映了大多数人所关心的问题；另一方面，又可以作为法律权利、政治权利、制度约束的重要保证和补充，有时甚至起到政治和法律无法起到的作用。

新闻文化的入世性还表现在它对社会的干预方面。马克思和恩格斯在《〈新莱茵报、政治经济评论〉出版启事》一文中曾指出："报纸最大的好处，就是它每日都能干预运动，能够成为运动的喉舌，能够反映出当前的整个局势，能够使人民和人民的日刊发生不断的、生动活泼的联系。"①并指出，杂志和报纸不同，杂志"能够更广泛地研究各种事件"，"可以详细地科学地研究作为整个政治运动的基础的经济关系"。另外，新闻文化通过"参与"，"入世"去实现人的价值整合，指导人们去调适社会，所谓"补察时政""泄导人情"。就是说，可以通过文化信息看出人心向背、政治得失，然后采取措施，使怨者不怨，哀者不哀，愤者平，怒者息，奋勇者依然前往，落伍者急直起追，以保持社会各种机体的正常功

---

① 《马克思恩格斯全集》（第 7 卷），人民出版社，1965 年，第 2 页。

能。我国古籍讲:"为政之要,辩风正俗最其上也。"这里讲的"辩风正俗",就是指对不同社会区域风俗、习惯等文化进行考察、了解,以达到移风易俗、治理社会的目的,这在社会变迁时期尤为重要。公众参与到社会决策中去,同时也是现代社会民主科学化进程中的重要特征,没有公众的参与,既不可能真正调动大家的积极性,也不可能实现大多数人的认同,而公众参与决策,在很大程度上是靠传播媒介来实现的,这是其他文化工具无法代替的。

崇尚价值追求真善美的尺度性

新闻文化是一种崇尚价值的尺度文化,它体现了人类在征服自然、改造主观世界和客观世界中反映出来的价值诉求和尺度。从最终目的上来说,新闻文化的价值尺度就是真善美。"真"是真理化,符合事实;"善"是道德化,是人格追求;"美"是艺术化,或者说反映了一种完善性。

新闻文化是一个开放的、具有广泛周延性的文化系统,它是以构架价值体系的文化心理结构为主要内容的一种文化现象。它的最根本的基础是"真",科学的真是对经验的外部对象之描写的逼真性;艺术的真是一种高度艺术化后引起的共鸣与想象——由经验本身组成的明晰性;新闻的真则是从总体上、本质上、发展趋势上把握事物。不管过去还是现在,新闻所反映记录的都应经得起历史检验,它像镜子一样直面社会。只有真实的新闻才得到人民群众的信任,才能为人民群众所接受。罗曼·罗兰曾经说过:"真实的东西才是最美的。它不会使人失望,只能让人对未来充满信心。"马克思讲过,"把真实的情况告诉我们的读者"①才能赢得读者,读者"相信的只是真正存在的东西",因为"人民的信任是报纸赖以生存的条件,没有这种条件,报刊就会完全萎靡不振"。恩格斯在考虑出版《社会明镜杂志》时,也强调整个"杂志将完全立足于事实,只引用事实和直接以事实为根据的判断,——由这样的判断进一步得出的结论本身仍然是明显的事实"②。恩格斯在第一国际时期谈到真实性的意义时指出,没有什么东西比毫无实际根据的虚假报道更能消弱我们协会了。马克思在同反民主派的机关报《科伦日报》辩论时一针见血地指出,《科伦日报》根本不顾新闻真实性的起码准则,完全越出礼貌的界限,它妄图用自己的幻想把戏来冒充冷酷的真实事情。他们编辑《新莱茵报》的一条原则就是:"我们将不用虚伪的幻想去粉饰所遭到的失败。"③他们批评李卜克内西从事新闻工作的主要缺点就是报喜不报忧,并指出:他的报道都像朝霞一般火红,晴天一般蔚蓝,而且充满着青年人的希望。

即使是西方一些严肃的报人,也都十分注意对"真"的要求。比如,在普利策主持《世界报》(1883—1911)期间,他反复向记者强调"准确、准确、准确",并一再强调"光是不登假报道还是不够的","必须把每一个人都与报纸联系在一起——编辑、记者、通讯员、校对员——让他们相信准确对于报纸就如贞操对于妇女一样重要"。1924年出版的卡斯珀·约斯特所著《新闻学原理》中"新闻的真实"一章明确提出:"一切新闻的主要因素是真实。如果一条新闻并不道地的真实话,刊登这条新闻的报纸也就和这个荒

---

① 《马克思恩格斯全集》(第40卷),人民出版社,1982年,第360页。
② 《马克思恩格斯全集》(第42卷),人民出版社,1979年,第413页。
③ 《马克思恩格斯全集》(第5卷),人民出版社,1965年,第25页。

谬的报道一样荒谬。""真实性就是判断真实新闻的准绳。""有时，一个出版物为了吸引读者，不惜牺牲真实而采取刺激性；不惜把无名小事化作动人的故事；不惜利用吹牛和撒谎以引起大家的好奇心理，但这样一个出版物，在严格的意义上说，根本算不上报纸。""在探求新闻时，一个认清自己使命，执行自己任务的报纸，一定把真实性作为职业的第一美德，而永远忠实于它。"

社会主义新闻文化的"真"，除了充分尊重和坚守新闻要素的真实，还应当是党性、人民性、阶级性的高度一致。如果说，"真"是新闻文化价值尺度的根本和生命的话，那么"善"就是它的灵魂。这是因为，对真的需求一般还只是一种认识客观世界，包括认识主观世界的哲学要求、知识要求、价值准则，而对善和美的要求，则是人类追求自由的一种更高尚、更完美的境界。

人类愈是进步，社会愈是复杂，需要愈是多样化；人的本性愈是丰富，人的要求也就愈高愈趋于完美。但同时，人和人也就愈是千差万别。不承认个体差异实际上就是限制人类创造，束缚了人类自由。为了实现人的本质，我们必须突破这种限制力量，承认个体差异而不是消灭个体差异，即在自由的基础上而不是在必然的基础上，寻求个体和整体的统一。也正是因为有这样一种寻求，才逐步使其成为一切人的需要中最基本最普遍的需要；而满足这种需要的活动，也就成了人们世代追求真、善、美的活动。善是什么？对善的需要表现为什么呢？善可以解释为人与人之间的需要与尊重、理解、关心、爱与被爱、理解与被理解。因为，"只要私人利益和公共利益之间还有分裂，也就是说，只要分工还不是出于自愿，而是自发的，那么人本身的活动对人来说就成为一种异己的、与他对立的力量，这种力量驱使着人而不是人驾驭着这种力量"①。所以，在很长一段时间里，人们对善的要求，始终是生存以外的"更多的"需要的重要内容。

那么，美又是什么呢？

凡是有人类生活的地方就有美，美存在于生活之中。我体会，美首先是一种和谐，不管是对自然，还是对人类，一概是如此。其次，美是一种价值体验，不管是一种和谐的风景，还是一种融洽的友邻关系，或者是爱的赞歌，它都可以表现成为一种内心的悦乐与满足，快乐和享受。第三，美是一种对信息的感觉。

美是人的需要，当一个人真正具备了审美需求时，他的生活才算真正开始。美具有普遍的社会性。再者，审美也是人通过意识性来反映劳动性的，人们在这种积极的活动中，实践"以美储善""以善促美"。善作为道德的集中体现，反映出社会的文明规范，而审美则是一种内在的"自能"，通过美来调适德行，又通过德行来促进美，这就是以美储善，以善促美的道理。审美需要是一种人的普遍需要。新闻文化的审美，是更为深刻的审美思想。在诸多报道中间，它尽可能地把感知、理解、意志等多种心理因素融于一体，对材料给予细致梳理和价值呈现，并把这种"感觉通过自己的实践直接变成了理论家"②，不断地、历史地丰富和发展人的生命力，包含着一个民族、一个国家、一个社会、一个时代的共同理想、愿望、希冀，且在它的运动节奏中跳跃着伟大民族精神的脉搏，呈现出高扬历史活动与时代精神的主旋律。

在今天，尤其是在改革开放的形势之下，我认为，大真、大善、大美就是邓小平同志提出的"三个有利于"，即：1. 是否有利于发

①《马克思恩格斯全集》（第 3 卷），人民出版社，1960 年，第 37 页。
②《马克思恩格斯全集》（第 42 卷），人民出版社，1979 年，第 124 页。

展社会主义社会的生产力;2.是否有利于增强社会主义国家的综合国力;3.是否有利于提高人民的生活水平。这在今后相当长一段时间内,我认为都是如此。

旗帜鲜明反映时代的政治倾向性

新闻文化作为社会的产物、阶级的产物,有它明显的时代性和政治倾向性。英国的马丁·沃克在其《报纸的力量》一书中,记叙了世界十二家大报是如何参与到社会的政治生活中去的,他在导言中曾引用相当丰富的资料写道:"报纸的影响就是权力,它凭着出版的权力让社会注意报纸的价值所关心的事件——这样做要冒着商业上的失败、监禁或甚至封闭的危险。""华盛顿的最高决策者没有一个不是在一天的开始先读《纽约时报》的……《华盛顿邮报》就是因为从总统到所有的华盛顿官员天天早晨阅读而变得重要起来。"①

新闻文化不可能离开社会存在,它必然深深印刻着阶级的烙痕。毛泽东同志就曾主张"要政治家办报",政治家办报,集中反映了对报纸的政治要求,即报纸的工具性和战斗属性。马列主义历来是注重报纸战斗性的,马克思认为,报纸按其使命来说是社会的捍卫者,是针对当权者的孜孜不倦的揭露。他在致卢格的信中指出:"在批判旧世界中发现新世界。"为了着意于未来的事业,他还提出创办一个杂志(即《德法年鉴》)的计划,并明确指出它的任务"就是对现存的一切进行无情的批判","这种批判不怕自己作的结论,临到触犯当权者不退缩";强调杂志必须"把我们的批

---

①肯尼迪总统新闻秘书皮埃尔·塞林格语。引自〔英〕马丁·沃克:《报纸的力量——世界十二家大报》,新华出版社,1987年,第2页。

判和政治的批判结合起来","和实际斗争结合起来,并把批判和实际斗争看作同一件事情"。若用一句话来表明杂志的方针,就是:"对当代的斗争和愿望作出当代的自我阐明。"列宁认为,报纸应当成为巨大的革命鼓风机的一部分,这个鼓风机能够使阶级斗争和人民义愤的每一点星星之火,燃成熊熊大火①。必须明白,所谓"政治倾向性",不单单是执政党、政治人物或政府的一种权力意志,更重要的是公众的一种政治选择。为了更好地了解公众的政治倾向,并进而向他们灌输正确的东西,新闻文化的政治观、方法论要求我们必须做到下面的"两个统一",即:

第一,阶级性与社会性的统一。新闻文化是一种阶级倾向性非常鲜明的社会性文化,它不同于其他自然科学,具有一定的中介性。由于存在着阶级利益和阶级斗争,人们在对社会现象的认识和实践中,包括对信息的传递等方面,无不打上阶级的烙印。列宁指出:"其所以有各种矛盾的意向,是因为每个社会所分成的各阶级的生活状况和生活条件不同。"②阶级性是马克思主义新闻思想中极其重要的内容,它反映的是社会关系的对立方面;"社会性"则是反映社会关系的统一的方面。从阶级性方面讲,新闻文化的阶级性具体表现在新闻文化的支配权问题上,即哪个阶级支配新闻文化,新闻文化就必然为哪个阶级服务。但是,我们同时也应当看到,新闻文化同其他文化一样,还具有社会性的一面,即一种大家的共享性。这主要是考虑三个方面的因素:

首先,社会性即指社会中的非阶级现象。在新闻文化传播中,确实存在一种非阶级倾向的内容,例如对科学知识的介绍,以

---

①《列宁选集》(第1卷),人民出版社,1972年,第378页。
②《列宁全集》(第21卷),人民出版社,1992年,第38页。

及一些娱乐性的文化等。新闻文化中大量存在的"非轴心即非主要"内容,是人类共有的文化文明。

其次,社会性是指社会发展过程中对以往人类文化思想的批判继承。列宁曾指出:"只有用人类创造的一切财富和全部知识来丰富自己的头脑,才能成为共产主义者。"①社会主义新闻文化一定要吸取资本主义新闻文化中有价值的东西,为我所用,剔除它局限性的内容,保留和发展其科学性的精华。

再者,社会性是指全世界人类范围内的社会性。社会性不是对一个国家和民族而言,它应当是指"全球意识中的国际社会",这既是新闻文化的开放性所在,也是新闻文化实现国际化的重要条件之一。新闻文化不能只着眼于小文化圈,而要有大文化的宏观意识,要把握时代的脉搏,把一切能获取到的信息都放在世界这个大范围之中去评价定格它的价值。强调它的阶级性,就是不要忘记党性原则、方向性原则。强调社会性,就是不能把它只从舆论方面讲,而是要着眼全人类的文化继承和发展,只有这样我们才能够做到既不否认阶级性原则,又不把阶级性绝对化。

第二,时代性与历史性的统一。新闻文化永远是以时代性和历史性的完美统一展现在人们面前的。"时代性"反映"横切面","历史性"反映"纵切面"。

时代性。就是反映人类社会在各个历史阶段、不同区域内主观世界和客观世界进行斗争的内容,以及它们所面临的各种重大问题及解决方法,特别是那个时代中人们的各种不同的价值取向。它实在地标志着一个时代中人类对社会认识的进步和成果积累。

①《列宁选集》(第4卷),人民出版社,1995年,第348页。

历史性。今天的新闻是明天的历史,记下来,诉诸未来。当然也可以理解为对以往新闻文化的继承性,通过新闻载体记下的今天,实际上是对过去历史的一种积累,后人可以从前人对世界认识的积累中,寻求新的向自然斗争的力量。

贯穿始终的哲学思维的科学性

哲学思维的科学性是新闻文化哲学观的重要内容之一。新闻与哲学有着密不可分的联系,它们都是认识社会,认识自然,改造世界的文化和思想武器。哲学通过高度抽象帮助人们认识事物的本质和内在规律,从而去能动地改造世界。而新闻则是通过传播媒介和舆论力量,帮助人们正确了解客观世界,增强人的思维和价值整合力量,调节人与人、人与社会的关系,最终实现改造世界的目的。

哲学思维科学性的基础是本源真实,坚持事实第一性。非但如此,也包括观念真实、抽象真实、微观描述真实、宏观真实、本质真实等。因为只有真实,才是报道中思维把握存在的准确性标志;才是报道主题对报道对象的选择与评价的正确性标志;才是区分由信息所构建的认识内容对以受众为主体的社会实践发生作用的积极或消极的标志;才是新闻所体现的社会价值倾向对促进社会发展、社会生活和社会关系优化的有效标志。

哲学思维的科学性要求新闻文化活动要充分运用辩证法,包括两点论、阶级分析法、经济分析法、理论联系实际、具体情况具体分析、相关分析、因果分析等。

哲学思维要求我们,宏观把握与微观分析要有机结合起来。从事新闻文化的人,一般应具有一种深邃的观察力。这种观察力首先需要有宏观意识,宏观意识就是全局的眼光、战略的眼光。

宏观意识就是能够多角度、多侧面、多层次、多色彩地把握报道对象，能从纵横交错的坐标系与历史和现实的交汇点上去观察事物；宏观意识必须借助于整体思维、系统思维，而不是一孔之见。例如，对某件事情的发展趋势，不是把它作为一个独立体，而是把它放在广阔的背景之下，既考虑纵的历史因素，又考虑横的现实状况，从正反、里外、上下、前后，运用对比、演绎、逆向、逻辑、辐射等方法去分析、检讨它的立体社会效果。

　　要有着眼于未来的超前意识和深入分析。超前意识就是时代眼光、发展眼光。基于现实，借助理性思维，对事物发展的变化轨迹、趋势作出科学反应和预测。这种预测不是大概的估计，不是算命先生，而是在对客观事物进行多层次、全方位思考之后，从特殊中找一般，在偶然中求必然的过程和结果。从而使我们的认识更接近客观，而获得一种超越，并推断出可能出现的结果。美国著名记者普利策给记者的职业下过一个颇为形象的定义："倘若一个国家是一条航行在大海上的船，新闻记者就是站在船头的瞭望者。他要在一望无际的海面上观察一切，审视海上的不测风云和浅滩暗礁，及时发出警告。他不计较自己的成败荣辱和老板的喜怒盈亏，而是为了信任他的人民服务。"作为一个资产阶级新闻工作者，他提出记者是站在时代航船上目光锐利的瞭望者，纵观天下风云，报道历史前进的脚步，这种思想是难能可贵的。记者活动的范围是整个社会，他和社会接触很广，他们的活动方式是通过对社会生活的观察和分析，从中发现和选择有价值的新闻，以及对社会现象趋势的评述，向社会传播信息，传播思想，进行正确的舆论引导，推动社会前进。

要学会两点论，防止片面性

新闻报道的最大流弊是片面性。这种片面性往往是由于记者受形而上学的思想影响，致使主观认识背离了客观实际，片面强调事物产生的诸多因素中的一个因素，甚至为了某种需要而夸大渲染一些因素，有意隐去一些缺憾，忽视了事物产生的客观环境与其他因素。新闻报道切忌记者凭自己的想象去把事物理想化，如同魔术师一样不断变幻出解决复杂问题的"金钥匙"。反思近几年的报道，这种片面性更重要的是在我们对舆论的引导上有偏颇之处，造成了新闻舆论的某种倾斜。譬如我们对精神文明建设的报道就有所放松，出现了两个文明建设的"跛脚"现象。在宣传社会主义所有制时，报道单一的公有制形式束缚生产力发展多，讲多种经济成分并存的同时必须坚持公有制为主体少；在宣传学习西方先进技术时，片面报道多，讲自力更生、艰苦奋斗少；强调全局意识和适度积累少，而过多地报道"万元户""电视村"，为群众的超前消费推波助澜。这都说明我们没有摆脱形而上学思维方式的束缚，不善于用历史辩证法去高屋建瓴地审时度势，驾驭新闻报道。

掌握唯物辩证法，是"医治"新闻报道片面性的一剂良药。我们正处在一个大变革的历史时期，许多事物都处在变化之中，改革之路不可能径直平坦，改革措施也不可能一举成功，它总是得失并存，利弊共生。改革中出现的新事物也总是在同旧事物的较量中充满了辩证法，用辩证的观点来思考和观察各种现象，用科学的思维方法来解剖、回答现实中提出的各种问题，是新闻工作者的历史责任。

文化·社会·人的一体性

新闻文化具有广泛的社会性和群众性,这不仅仅是因为人是已经文化化、社会化、信息化了的缘故。马克思老早就对人是社会的人有过精辟论述,把人看成是社会的人,是一切社会关系的总和,强调人是属于时代,属于社会并受这个时空环境制约的。而新闻文化的社会化过程是渐进的,是在对社会不断干预中的目的实现。因此,它必然是人、社会、信息的三位一体。社会是人类生活的共同体,新闻活动不是一种孤立的社会现象,它是一项地地道道的社会事业,是广泛的人际信息交流,是人类生动、丰富、有趣的创造活动。新闻活动一方面反映现实,通过今天诉诸明天;而另一方面,又力求形成一个维护社会群体的共识,这种文化定势一旦形成,就会在人们社会实践活动中产生重要的指南作用。

强调文化、社会、人的一体性,主要是想说明人们的社会实践活动被制约在一定的社会信息网络之中。因此,其在价值观念上必然与社会文化及价值意识形态密切相联。人们通过对文化价值的反思、概括,产生了价值观念;又通过参与把这种价值意识传播到社会群体中,那么,作为社会群体的同类价值意识,既是群体参与的结果,也是实践所产生的共同心态和共同价值观念。因为,任何社会群体都会被置于一定的需要和利益之中,不管这种需要和利益是物质的还是精神的。

个人参与群体,群体参与信息传播,信息传播参与形成同类价值意识,价值意识的形成又反过来去影响社会群体的存在和发展,这就是新闻文化在人与社会之间所形成的整合功能,这种整合是把个人价值与他人价值,个体价值与群体价值融为一体的社会化过程。

在人类社会的文明发展中,社会是整个人类文化进步的航船,是所有人类文化的集结。新闻文化是其中最活跃的文化,而人又是生活在这个航船上的最活跃的社会分子。当然,他们中不仅有乘客,也有舵手,共同由此岸驶向彼岸。离开人的智慧谈不上航行,离开文化的交流,谈不上人的集体共识。历史已经证明,正是由于人既具备了社会化的性质,又具备了文化交流意义下的价值趋同,才开始了真正的人的历史。

作为一门新兴学科,新闻文化面临挑战与应战,就目前的文化转变而言,恰如有学者指出的那样:文化性质从过去的农业文化、工业文化转向信息文化;文化主体从区域走向世界,充分展现出前所未有的开放性;文化状态从离散、非连续型转变为群体同步、连续型;文化变迁模式也由过去的稳态型转向动态型,从只注重过程转变到重视目的;文化权力从过去的垄断型转向平等型、分散型;文化层次也由过去的精英文化转向下嫁人民;文化传递由过去的传统竖式转向横向或纵横结合;文化方法由单一转向综合;文化结构也由过去的大一统转向多渠道、多层次;文化价值由重精神转向重物质,由一元转为多元价值并存,凡此种种,无一不深刻影响着新闻文化。这样一个世纪之交的时代,无疑给新闻文化的发展带来可遇而不可求的契机,只要我们抓住机遇,就一定能够构建起一个富有中国特色的社会主义新闻文化体系。

原载于《南京大学学报》(哲学·人文科学·
社会科学)1994年第4期

论社会主义市场经济条件下
新闻理论与实践的变与不变

改革开放,建立社会主义市场经济,给新闻理论和新闻实践提出了许多新课题、新要求,这就要求我们的新闻理论与新闻实践作出相应转变,以适应这种变化了的形势。其间必然有一个变与不变的问题,不廓清变与不变的内容和界限,新闻工作就不能很好地前进。本文拟提出一些粗浅的想法,就教于学界同人。

一、关于六个不变

(一)新闻性质不能变

所谓新闻性质,就是它的党性原则和人民性原则。无产阶级新闻事业是党、政府、人民的耳目喉舌,是无产阶级阶级性和马克思主义的革命性、科学性的集中体现。它与全心全意为人民服务的人民性是高度统一的。无产阶级历来强调新闻的阶级性质,注重其政治导向。恩格斯早在 1847 年 9 月写的《共产主义者和卡尔·海因岑》中就指出:

> 党刊的任务是什么呢? 首先是组织讨论,论证、阐发和
> 捍卫党的要求,驳斥和推翻敌对党的妄想和论断。德国民主

派刊物的任务是什么呢？就是从以下各个方面证明民主制的必要性：目前这种在某种程度上代表贵族利益的管理方式是不中用的，将使政权转到资产阶级手里的立宪制度是不完备的，人民只要不掌握政权就不可能改善自己的处境。因此，这种刊物应当说明，无产者、小农和城市小资产者（因为在德国，构成"人民"的正是这些人）为什么受官吏、贵族和资产阶级的压迫；应该说明，为什么会产生不仅是政治压迫而且首先是社会压迫，以及采取哪些手段可以消除这种压迫；它应该证明，无产者、小农和城市小资产者取得政权是采取这些手段的首要条件。其次，它应该探讨，立即实现民主制的可能性究竟有多大，党有哪些手段可以采取，当它还很软弱不能独立活动的时候，它应当联合哪些党派。①

在这里，恩格斯详尽地论述了民主派党刊必须通过讨论，和同敌对思想论战的方法，来宣传党的思想和党的策略，教育人民怎样去消除压迫，实现民主制的战斗任务。

马克思在捍卫《新莱茵报》的审判案中明确指出：

> 报刊按其使命来说，是社会的捍卫者，是针对当权者的孜孜不倦的揭露者，是无处不在的耳目，是热情维护自己自由的人民精神的千呼万应的喉舌。②

《新莱茵报》抨击检查机关和以不信任的态度来注视政府的每一行动，正是在履行它的揭露职责和破坏现存政府制度的基础。

列宁在 1901 年为《火星报》第 4 号写的《从何着手？》的社论

①《马克思恩格斯全集》（第 4 卷），人民出版社，1956 年，第 300—301 页。
②《马克思恩格斯全集》（第 6 卷），人民出版社，1961 年，第 275 页。

中,深刻批判了"经济派"推崇组织工作的狭隘性和鼓吹恐怖行动,而力图贬低政治组织和政治鼓动的作用的错误。列宁从俄国革命的实际情况出发,明确提出建立全俄马克思主义政党的计划,并把创办一个全俄战斗的政治机关报,作为实现建党计划的"第一步"。他指出:

> 没有政治机关报,在现代欧洲就不能有配称为政治运动的运动。没有政治机关报,就绝对实现不了我们的任务——把一切政治不满和反抗的因素聚集起来,用以壮大无产阶级革命运动。①

因此,他特别提醒全党,党的报纸应成为揭露沙皇政府,鼓舞人民群众投入革命洪流的"讲坛","成为真正的人民的政治报纸"②。考虑到当时的苏维埃党在全国仍然处于分散状态的具体情况,社论强调"报纸的作用并不只限于传播思想、进行政治教育和争取政治上的同盟者。报纸不仅是集体的宣传员和集体的鼓动员,而且是集体的组织者"。即通过报纸不仅从思想上把党凝为一体,而且从组织上把各个地方组织统一成为一个巩固的党。列宁具体地提出了建立统一的"党的地方代办员网"的计划,认为这种代办员网的意义,不仅在于保证正常供给报纸以各种材料和正常的推销报纸,而且应当为党"培养和选拔出最熟练的组织者、最有天才的党的政治领袖"③。

毛泽东同志认为,"在阶级消灭之前,不管报社或通讯社的新闻,都是有阶级性的"。早在延安整风前夕,他就要求党的新闻工

---

① 《列宁全集》(第5卷),人民出版社,1959年,第8页。
② 《列宁全集》(第5卷),人民出版社,1959年,第8页。
③ 《列宁全集》(第5卷),人民出版社,1959年,第10页。

作坚持党性原则,无条件服从党的路线和政策,与党中央保持一致。1948年,当个别新闻单位在宣传中出现"左"的错误倾向和某些违背马列主义原则甚至脱离中央路线的错误时,毛泽东同志再次指示:各地党报必须无条件地宣传中央的路线和政策。

新中国成立后,毛泽东同志一直关心和重视新闻宣传的性质问题。1957年,当他在谈及"双百方针"时又说,学术性问题可以在报纸上讨论,但对一些政策性问题,就要特别谨慎。他甚至明确地说:

> 对具体问题要做具体分析,新闻的快慢问题也是这样。

有的消息,我们就不是快登慢登的问题,而是干脆不登。①

最近几年来,江泽民、李瑞环、丁关根等同志在不同场合一再强调新闻事业的党性原则,强调要与党中央保持一致。

(二)新闻指导方针不能变

什么是社会主义新闻的指导方针呢? 毛泽东同志早在1948年《对晋绥日报编辑人员的谈话》中就说过:

> 报纸的作用和力量,就在它能使党的纲领路线、方针政策、工作任务和工作方法,最迅速最广泛地同群众见面……善于把党的政策变为群众的行动,善于使我们的每一个运动,每一个斗争,不但领导干部懂得,而且广大的群众都能懂得,都能掌握。②

江泽民同志1994年提出,"以科学的理论武装人,以正确的舆论引导人,以高尚的精神塑造人,以优秀的作品鼓舞人"的宣传

---

① 《毛泽东新闻工作文选》,新华出版社,1983年,第193页。
② 《毛泽东选集》(第4卷),人民出版社,1981年,第1318页。

方针。李瑞环同志也曾讲过:新闻报道必须坚持以正面宣传为主的方针。我认为,这是社会主义新闻事业必须遵循的一条极其重要的指导方针。

新闻的指导方针是我们一切新闻工作的原则。指导方针不能变,方针一变就会出现偏差。保证指导方针不变,必须坚持正确的舆论导向,把千百万人民凝聚在一起,同心同德,战胜一切困难,取得革命胜利。反之,错误的舆论会导致人心涣散,给革命造成损失。在今天,正确的舆论引导,必须始终不渝地坚持邓小平建设有中国特色社会主义理论和党的基本路线不动摇,满腔热情地去讴歌人民群众在改造主观世界和客观世界,创造新生活过程中取得的光辉业绩和表现出的崇高品格。

毛泽东同志在强调新闻指导方针时,还特别提到报纸的群众性,强调我们的报纸也要靠大家来办,靠全体人民群众来办,靠全党来办,而不能只靠少数人关起门来办。他号召新闻工作者到群众中去,到实际斗争中去锻炼自己,改造自己,为了教育群众,首先要向群众学习,"慢慢地使自己的实际知识丰富起来,使自己成为有经验的人"。全国解放后,毛泽东同志更加重视报纸的指导作用,1958年1月12日,他为办好《广西日报》给刘建勋、韦国清同志写信时强调"省报问题是一个极重要的问题","一张省报,对于全省工作,全体人民,有极大的组织、鼓舞、激励、批判、推动的作用"①,这非常精辟地概括了社会主义革命和建设时期党的报纸的战斗任务。信中指出省委要加强对省报的领导,"第一书记挂帅,动手修改一些最重要的社论,是必要的"②。信中他还进一

---

① 《毛泽东新闻工作文选》,新华出版社,1983年,第202页。
② 《毛泽东新闻工作文选》,新华出版社,1983年,第202页。

步阐明了"全党办报"的方针,提出了认真办报的一套方法,认为对版面、新闻、社论、理论、文艺等项,都要钻进去,想了又想,分析又分析,比较又比较,从而找出一条路来。

刘少奇同志在 1948 年 10 月 2 日对华北记者团的谈话中指出:

> 新闻工作很重要,党很重视新闻工作。报纸办得好,就引导人民向好的方面走,引导人民前进;如果办得不好,就可能散布落后的错误的东西,会导致人民分裂。[①]

记者工作"是为读者服务的,看报的人说好,你们的工作就是做好了","你们的任务是写给读者看,读者就是你们的主人"。记者要密切联系群众,向群众学习,了解群众真正的情绪和要求,在群众中考察党的政策执行情况。他还要求记者"把人民的呼声,人民不敢说的、不能说的、想说又说不出来的话"说出来,真正成为人民的喉舌。

在这次谈话中,刘少奇同志还为新闻记者规定了必要的条件:

1. 要端正为人民服务的态度,写东西要考虑对象,报道一定要真实;

2. 学会接近劳动人民的本事,必须独立地做艰苦的工作,首先是思想上要艰苦;

3. 提高理论水平,熟悉马列主义;

4. 熟悉和及时正确地宣传党的路线、方针、政策,时刻注意党的各项方针政策的执行情况。[②]

---

① 《刘少奇选集》(上卷),人民出版社,1982 年,第 396 页。
② 《刘少奇选集》(上卷),人民出版社,1982 年,第 402 页。

应当指出的是,新闻指导方针不仅不能变,而且要根据党的中心工作及时对当前的舆论进行有目的的引导。就我们目前的政治导向来看,必须是在遵循我们党的一些基本原则的前提下进行,比如党性原则、坚持正面宣传为主的原则、真实性原则、适度原则、平等原则、民主原则、比较原则等。

(三)新闻的根本宗旨不变

新闻的根本宗旨就是为社会主义服务,为人民服务的"两为"精神。为社会主义服务和为人民服务是一致的,社会主义制度的建立,最集中地体现了最广大人民的利益要求。

为人民服务、为社会主义服务的内容非常广泛和丰富。这里需要特别指出的是,坚持正确的政治方向,是最大的为人民服务、为社会主义服务。诚然,"两为"的中心内容在不同时期会有不同,毛泽东同志对我们党的新闻宣传的根本宗旨,曾根据不同时期的中心任务,有过多次明确阐述。他在《解放日报》"发刊词"的第一句就写道,"本报之使命为何?团结全国人民战胜日本帝国主义一语足以尽之","这是中国共产党的总路线,也就是本报的使命","中国共产党的使命就是本报的使命"①。

在长期的革命斗争中,毛泽东写了大量新闻作品,揭露日本侵略者、国民党反动派的阴谋,给敌人以沉重打击,充分显示了新闻作为革命斗争武器在贯彻根本宗旨方面的巨大作用。今天,我们正在进行改革开放,从事前人没有做过的极其光荣伟大的事业,更应该坚持新闻宣传宗旨不变的原则,在实现党的中心任务方面作出新贡献。

---

①《毛泽东新闻工作文选》,新华出版社,1983年,第55—56页。

（四）新闻真实性的最高价值标准不变

无产阶级新闻事业的价值标准就是它的"真实性"，用事实说话。真实性是新闻的生命。用事实说话，不仅是新闻的最高价值准则，也是其根本规律。新闻写作不同于文学创作，后者可以自由进行艺术创造和虚构。作家经过对现实生活的深邃思考，在摄取典型素材的前提下，塑造典型的艺术形象，达到振聋发聩的社会效果。新闻一定要强调素材真实，讲真实，就应当实事求是，尊重历史，一切从实际出发。无产阶级新闻的真实性原则是与党性原则和阶级性原则高度一致的。真实不是抽象的，它首先对事实负责，真实地去反映事实，尊重客观事实，敢于面对生活中的事实。离开真实性去谈新闻，新闻就不成其为新闻。真实性必须依据事实来描写，而不是根据期望和想象去描写，凭想当然去描写。"把真实的情况告诉我们的读者"①，才能赢得读者。读者"相信的只是真正存在的东西"，因为"人民的信任是报纸赖以生存的条件，没有这种条件，报刊就会完全萎靡不振"。恩格斯在考虑出版《社会明镜》杂志时，也强调：

　　杂志将完全立足于事实，只引用事实和直接以事实为根据的判断，——由这样的判断进一步得出的结论本身仍然是明显的事实。②

马克思与恩格斯在《莱茵报》的实践中，严格遵循了这一原则。他们反对"纯粹的捏造"，也反对任何夸大，并曾批评"法拉格

---

①《马克思恩格斯全集》（第40卷），人民出版社，1982年，第360页。
②《马克思恩格斯全集》（第42卷），人民出版社，1979年，第413页。

关于胜利的最初几次报道无论如何是有些夸大的"①。

恩格斯在第一国际时期谈到真实性的意义时指出,没有什么东西比毫无实际根据的虚假报道更能削弱我们协会了。马克思在同反民主派的机关报《科伦日报》辩论时一针见血地指出,《科伦日报》根本不顾新闻真实性的起码准则,完全越出礼貌的界限,它妄图用自己的幻想把戏来冒充冷酷的真实事情。他们编辑《新莱茵报》的一条原则是:"我们将不用虚伪的幻想去粉饰所遭到的失败。"②他们批评李卜克内西从事新闻工作的主要缺点就是:报喜不报忧,并指出:他的报道就像朝霞一般火红,晴天一般蔚蓝,而且充满着青年人的希望。马克思和恩格斯深刻地揭示了不真实报道的本质和产生的原因,就是在思想上的不真实和蓄意造假。他们指出:

　　　　不真实的思想必然地、不由自主地要伪造不真实的事实,因此也就会产生歪曲和撒谎。③

　　列宁在《论我们报纸的性质》中强调:

　　　　用生活中的生动的具体事例来教育群众,而这却是报刊从资本主义到社会主义的过渡时期的主要任务。④

并强调报纸"要向公众全面地报道和阐明事实真相,不浮夸,不武断,不造谣,不做见不得人的私人报道"。他还说:

　　　　如果认为人民跟着布尔什维克走是因为布尔什维克的鼓动较为巧妙,那就可笑了。不是的,问题在于布尔什维克

①《马克思恩格斯全集》(第33卷),人民出版社,1973年,第468页。
②《马克思恩格斯全集》(第5卷),人民出版社,1958年,第25页。
③《马克思恩格斯全集》(第1卷),人民出版社,1956年,第202页。
④《列宁全集》(第28卷),人民出版社,1956年,第83页。

的鼓动内容是真实的。①

他反复强调,"我们的力量在于说真话"。为了维护真实性原则,列宁进行过不懈的斗争。

事实上,西方一些正直严肃的报人和新闻单位,也都非常强调新闻的真实性,称"真实"为新闻的第一要义。比如,在普利策主持《世界报》(1883—1911年)期间,他反复向记者强调"准确、准确、准确",并一再强调"光是不登假报道还是不够的","必须把每一个人都与报纸联系在一起——编辑、记者、通讯员、校对员——让他们相信准确对于报纸就如贞操对于妇女一样重要"。杰克·海敦在《怎样当好新闻记者》一书中强调"准确高于一切"的原则。

1923年,美国报纸编辑人协会通过了《新闻业准则》,其中规定:"诚挚、信实、准确;对读者忠实,是所有真正的新闻事业的基础。"美国记者工会关于记者道德准则的规定中也写道:"记者之第一责任为报道正确无偏见的事实于公众之前。"

1924年出版的卡斯柏·约斯特《新闻学原理》中"新闻的真实"一章明确指出:

　　一切新闻的主要因素是真实。如果一条新闻并不道地的真实的话,刊登这条新闻的报纸也就和这个荒谬的报道一样荒谬。新闻是对所发生的事实的一种报告,或者是对某种存在的一种报告,如果这件事根本没有发生过,或者这种状况根本就不存在,那么这个报告就是伪造的;它既然是伪造的,就不能算是新闻。

　　有时,一个出版物为了吸引读者,不惜牺牲真实而采取刺激性;不惜把无名小事化作动人的故事;不惜利用吹牛和

---

①《列宁全集》(第30卷),人民出版社,1957年,第273页。

撒谎以引起大家的好奇心理,但这样一个出版物,在严格的意义上说,根本算不上报纸。

在探求新闻时,一个认清自己使命,执行自己任务的报纸,一定把真实性作为职业的第一美德,而永远忠实于它。

这些论述和规定都表明,很早以来,即使是资产阶级的报人,他们在理论和实践上也都十分强调新闻的真实性准则。

既然真实性是新闻的基本规律,也是最本质、核心的原则,那么到底应该怎样确定新闻真实性的内涵呢? 目前,国内新闻界一般都把真实性概括为三个层次:

新闻报道的具体事实须真实;

新闻报道事实的概括须真实;

新闻报道的事实和这类事实的总体要一致。

我认为,真实性就是在新闻写作、传播中,完整地揭示全部事实。它包括"历史的真实""理论的真实"等内容。

所谓历史的真实,即相反的意见经过争论,相互矛盾的论断经过交锋,从正反两个方面作佐证,这种多方面检讨后的经验真实,即所谓历史的真实。

所谓理论的真实,是指结论应来自事实,理论应由事实作依据。显然,历史的真实性和理论的真实性,是马克思和恩格斯对真实性提出的更高层次的要求。

真实必须避免片面性,不管是对一个人的报道,还是对一张报纸或者是对一套节目的编、播,都有一个避免片面性的问题。因为一个记者,一张报纸,一套节目,只能反映一个或部分事实。但是,通过有机的运动,报纸可以通过分工——不是由一个人全部工作,而是由这个人数众多的团体中的每一个成员都担负起这样一件工作——一步一步地弄清全部事实,从而给人一种整体的事实感。宣传要从总体上保持其真实性，不仅了解个别，而且一定要了解全部。现实生活是复杂的，不能随意找到几个例子或几个现象就任意加以扩大，一叶障目，不见泰山。往往有这种情况，就某一点来说，看起来可能是真实的，但就总体而言，它却背离了真实，或者说以偏概全。我们讲，这就是宏观失真。正如列宁曾严肃指出的：

> 在社会现象方面，没有比胡乱抽出一些个别事实和玩弄实例更普遍更站不住脚的方法了。罗列一般的例子是毫不费劲的，但这是没有任何意义的或者完全起相反的作用，因为在具体的历史情况下，一切事情都有它个别的情况。如果从事实的全部总和、从事实的联系去掌握事实，那么，事实不仅是"胜于雄辩的东西"，而且是证据确凿的东西。如果不是从全部总和、不是从联系中去掌握事实，而是片断的和随便挑出来的，那么事实就只能是一种儿戏，或者甚至连儿戏也不如。①

列宁并不排斥人们有时被某种假象蒙蔽的可能性。他也说过，"假象的东西是本质的一个规定，本质的一个方面，本质的一个环节"，"不仅本质是客观的，而且假象也是客观的"。列宁这段论述的目的，显然不在于原谅人们停滞于假象中或是以假象代替本质，而是强调要认识假象与本质之间的客观内在的联系，透过假象去接近本质。新闻，不仅仅是报道单个事实，对其做深入的分析，更重要的是透过单个事实去看全体，去看本质，不用表面的孤立的事例去掩盖全局，去影响和欺骗人民。

江泽民同志在谈到新闻的真实性时，曾特别强调：

---

① 《列宁全集》（第 23 卷），人民出版社，1959 年，第 279 页。

新闻的真实性,就是要在新闻工作中坚持党的一切从实际出发、实事求是的思想路线。我们坦率地指出新闻工作的阶级性和党性原则,因为我们新闻工作的阶级性和党性同新闻的真实性是一致的。现实生活是复杂的,要找几个事例来证明某个观点并不难。一叶障目,不见泰山,抓住一点,不及其余,尽管这一叶、这一点确实存在,但从总体上来看却背离了真实性。所以我们的新闻工作者要做到真实地反映生活,就要深入进行调查研究,不仅要做到所报道的单个事情的真实、准确,尤其要注意和善于从总体上、本质上以及发展趋势上去把握事物的真实性。要防止搜奇猎异,防止捕风捉影。要在保证真实、准确的前提下,讲求时效。①

(五)新闻的主旋律不变

社会主义精神文明建设的主旋律是爱国主义、集体主义和社会主义,以及人民群众从事改革和现代化建设的创业精神,新闻宣传必须体现这个主旋律。要通过对主旋律的宣传、教育、引导,使人们树立正确的价值观、人生观、理想和信念。其最终目的还是在全社会培养和造就千百万有理想、有道德、有文化、有纪律的新一代社会主义建设者和接班人,促进我国社会主义建设事业的发展。

高扬主旋律,正确的舆论引导是关键,而正确舆论的标准就是指有利于经济建设这个中心,进一步改革开放,建设社会主义市场经济体制,发展社会生产力的舆论;有利于坚持四项基本原则,加强社会主义精神文明建设和民主法制建设的舆论;有利于

①江泽民:《关于党的新闻工作的几个问题》,《求是》1990年第5期。

鼓舞和激励人们为国家富裕、人民幸福和社会进步而艰苦创业、开拓创新的舆论;有利于人们分清是非,坚持真善美、抵制假丑恶的舆论;有利于国家统一、民族团结、人民心情舒畅、社会政治稳定的舆论。中国特色的社会主义,是物质文明和精神文明的共同发展,因此,新闻宣传必须把两个文明建设有机地结合在一起。当然,高扬主旋律,也要跟多样化统一起来,特别是在目前人们富而思文、富而思乐的新形势下,更需要把正确的理想、价值观念渗透、融化于新闻宣传之中,使得这种引导和教育如春风化雨,润物无声。

(六)新闻的基本方法不变

新闻的基本方法就是坚持马列主义、毛泽东思想的唯物辩证法,深入实际,调查研究。新闻宣传一定要避免片面性,着力于全局性和指导性。

我以为,新闻的基本方法在大的前提下,要坚持调查研究。新闻是社会生活的最直接反映,运用历史唯物主义的态度来观察认识社会,分析错综复杂的问题,是新闻实践与方法论的基础,离开历史唯物论,必然会走向片面。列宁在《卡尔·马克思》一文中写道:

　　发现唯物主义历史观,或者更确切地说,把唯物主义贯彻和推广运用于社会现象领域,消除了以往的历史理论的两个主要缺点。第一,以往的历史理论至多只是考察了人们历史活动的思想动机,而没有研究产生这些动机的原因,没有探索社会关系体系发展的客观规律性,没有把物质生产的发展程度看作这些关系的根源;第二,以往的理论从来忽视居民群众的活动,只有历史唯物主义才第一次使我们能以自然科学的精确性去研究群众性活动的社会条件以及这些条件的变更。马克思以前的"社会学"和历史学,至多是积累了零星收集来的未加分析的事实,描述了历史过程的个别方面。马克思主义则指出了对各种社会经济形态的产生、发展和衰落过程进行全面而周密的研究的途径,因为它考察了所有各种矛盾的趋向的总和,把这些趋向归结为可以准确测定的、社会各阶级的生活和生产的条件,排除了选择某种"主导"思想或解释这种思想时的主观主义和武断态度,揭示了物质生产力的状况是所有一切思想和各种不同趋向的根源。人们自己创造自己的历史,但人们即群众的动机是由什么决定的,各种矛盾的思想或意向间的冲突是由什么引起的,一切人类社会中所有这些冲突的总和是怎样的,构成人们全部历史活动基础的、客观的物质生活的生产条件是怎样的,这些条件的发展规律是怎样的,——马克思对这一切都注意到了,并且提出了科学地研究历史这一极其复杂、充满矛盾而又是有规律的统一过程的途径。①

列宁的上述论述虽说不是专门就新闻讲的,但有它的普遍意义,应当成为我们掌握新闻基本方法论的主要武器。在此基础上我试图提出关于"三个统一"的思想来把新闻方法论具体化,即:

1. 阶级性与社会性的统一

阶级性是马克思主义新闻思想中极其重要的内容。它反映的是社会关系的对立方面,其"社会性"则是反映社会关系的统一的方面。从阶级性方面讲,我们认为,新闻报道具有阶级性,而这种阶级性具体表现在对新闻的支配权问题上,即哪个阶级支配新

---

① 《列宁全集》(第26卷),人民出版社,1959年,第59页。

闻,新闻就必然为哪个阶级服务。马克思、恩格斯认为:

> 统治阶级的思想在每一个时代都是占统治地位的思想。
> 这就是说,一个阶级是社会上占统治地位的物质力量,同时
> 也是社会上占统治地位的精神力量。支配物质生产资料的
> 阶级,同时也支配着精神的生产资料。因此,那些没有精神
> 生产资料的人们的思想,一般地是受统治阶级支配的。①

人类进入文明时代以后,文化的支配权已经经历了三个统治
阶级,即奴隶主、封建贵族及近代资产阶级。这三大阶级依次取
得了社会的统治地位,他们不仅支配着文化的生产,而且支配着
文化的分配,文化的传播和交流。与此相反,奴隶阶级的文化,农
民或农奴的文化,无产阶级的文化,则是处在被统治、被支配的地
位。人类文化史上所进行的斗争,无论是在政治、宗教、哲学领域
的,还是在其他意识形态领域的,主要表现为统治阶级和被统治
阶级的斗争,或明或暗,有时缓和有时激烈。因此列宁说:"每一
个现代民族中,都有两个民族。每一种民族文化中,都有两种民
族文化。"②作为一种引导舆论的最活跃的文化内容——新闻,对
每个统治阶级来讲都是试图抓在自己手中不放的舆论工具。对
此,马克思在《〈莱比锡总汇报〉的查封》中提出了人民报刊的思
想。他提出,人民报刊应是人民日常思想和感情的表达者,"它生
活在人民当中,它真诚地同情人民的一切希望与忧患、热爱与憎
恨、欢乐与痛苦。"③

毛泽东也说过:"在阶级消灭之前,不管通讯社或报纸的新

---

①《马克思恩格斯全集》(第3卷),人民出版社,1960年,第52页。
②《列宁全集》(第20卷),人民出版社,1959年,第15页。
③《马克思恩格斯全集》(第1卷),人民出版社,1995年,第352页。

闻,都有阶级性。资产阶级所说的'新闻自由'是骗人的,完全客观的报道是没有的。"①

因此,我们说坚持新闻的阶级性,就是坚持了马克思主义的社会科学性。但是,我们同时也应当看到,新闻同其他文化一样,也还具有社会性的一面。社会性的一面就是说它存在于一个各种对立阶级的并存之中,并历史地构成一个特定属性的社会内容。社会是人的社会,文化是人的文化,他们的研究对象都是从人、社会、文化中去寻求,因而就必然具有一种"共享"的特性。

从社会性方面来分析新闻文化,主要是考虑三个问题。

(1)社会性即指社会中的非阶级现象

比如在新闻传播中,确实存在一种非阶级倾向的内容,例如对科学知识的介绍,以及一些娱乐性的文化等。另一方面,新闻媒介的传播载体作为一种信息工具,在生产劳动中产生,必然成为生产力的一部分。但是我们也看到,信息不单是有关生产劳动的信息,它还包含了政治经济文化等方面的内容,且这种传递,一方面作为一种人类活动,另一方面是作为一个社会化过程,一方面它必然地带有一种政治倾向性、阶级性,但同时它又不只是阶级斗争的工具。从这个方面来讲,阶级性是我们对新闻文化的本质认识,但是在肯定这一条件的前提下,也不应忽视新闻文化中大量存在的"非主要"内容,这是人类共有的文化文明。

(2)社会性是指社会发展过程中对以往人类文化思想的扬弃继承

列宁曾指出:"只有用人类创造的一切财富和知识来丰富自

①《毛泽东新闻工作文选》,新华出版社,1983年,第191页。

己的头脑,才能成为共产主义者。"①社会主义的新闻一定要吸取资本主义新闻中的有价值的东西,为我所用,剔除它局限性的内容,保留和发展其科学性的精华。比如,西方关于传播学的研究,经过半个世纪的发展已经形成体系,这对我们丰富、完善、构建有中国特色的新闻事业有很重要的借鉴作用。再比如,比较新闻学,以及新闻写作方法,特别是近年来西方新闻在新闻时效,为读者服务,深度报道,客观报道,新闻报道形象化、准确性以及新闻手段的现代化、管理诸领域,都有许多可以借鉴的东西。

(3)社会性是指全人类范围内国际社会的社会性

社会性不是对一个国家和民族而言,它应当是指"全球意识中的国际社会",这既是新闻本身的开放性所在,也是新闻实现国际化的重要条件。这就是说,新闻不能只着眼于小文化圈,而要有宏观意识,要把握时代的脉搏,把一切能获取的信息都放在世界这个大范围之中去评价它的价值。邓小平同志曾在1985年提出"和平、发展是当代世界两大主题"。1989年以后,旧的格局已经打破,新的格局还未形成,世界正处于新旧格局的交替之中,这些都是新闻所要关注的。而新闻的社会性就是要反映和平、发展的主题,反映变化中的世界的多极化趋势。阶级性和社会性的统一在新闻中是结合得如此广泛和密不可分。强调阶级性,就是不要忘记党性原则、方向性原则;强调社会性,就是不能把它只从舆论方面讲,而是要着眼于全人类的文化继承和发展。

2. 时代性与历史性的统一

新闻是记录历史的一门科学,它永远是以时代性和历史性的完美统一展现在人们面前的。"时代性"反映"横切面","历史性"

---

①《列宁选集》(第4卷),人民出版社,1972年,第348页。

反映"纵切面"。时代性是指人类社会在各个历史阶段、不同区域内主观世界和客观世界进行斗争的内容,以及它们所面临的各种重大问题及解决方法,特别是那个时代中人们的各种不同的价值取向。它实在地体现着一个时代中人类对社会认识的进步和成果积累。

历史性就是呈现出的人类历史进步的轨迹。今天的新闻就是明天的历史,记下来,告诉未来,自然也就不可避免地包含了对以往新闻的继承性内容。通过新闻载体记下的今天,实际上就是对过去历史的一种积累,后人可以据此从前人对社会斗争、认识的积累中,寻求新的向人类和自然进行斗争的力量。

3. 主观性与社会性的统一

社会科学不像自然科学那样,具有不依人的意志为转移的客观性,不存在人的主观参与,其规律是自然产生的。对社会科学中最活跃的新闻理论与实践来讲,它的主客观统一就不可避免地要带上人的主观因素,带上人的参与意识。因为它所记录、传播、研究的对象是人和他所生存的社会,它所面对的是现实生活。诚如恩格斯讲的:

在社会历史领域内进行活动的,全是具有意识的、经过思虑或凭激情行动的、追求某种目的的人;任何事情的发生都不是没有自觉的意图,没有预期的目的的。①

因此,我们说,真实性就必然是新闻主客观统一的唯一的最好体现,也是最基本最重要的标志。

由于新闻工作者既是社会的普通一员(社会的主体),又是文化的传播者,他面对的传播对象是人类群体,从这个意义上来讲,

---

① 《马克思恩格斯选集》(第4卷),人民出版社,1972年,第243页。

新闻工作者实际上也是一种主体，具有一种超双向主体的特征，具有两面性。从传播来讲他是主体，但他又是信息的受众，因此他又是客体。从教育引导群众来说，他是主体，但他同样也是一名受教育者，是处在一种社会对他的服务中，因此他又是客体。扮演多种角色的新闻工作者，不能不受到各种局限性的限制，其中最主要的就是新闻的"阶级性"。因此，新闻传播代表了它与客体之间的一种双向互动作用，不可避免地打上阶级观念的印痕。但是，从新闻的根本属性上来看，主观客观统一最终还是要建立在真实性的基础上，离开了真实性，主观客观统一就成了无源之水。真实性报道既是一个实践的过程，又是一个历史的结果。它需要我们新闻工作者不断排除和克服由人的主观参与所带来的偏见或倾向，而以全方位的"思维与互补"的审视观代替坐井观天、一叶障目，去永远坚持新闻的真实性原则。

二、关于六个转变

（一）从一统天下的主导式转化为分散化多层次的"诸侯"式

市场经济的建立，使得过去由少数几家主导全国舆论的大媒体遇到了新的挑战，传媒的分散化、层次化、多样化、区域化的"诸侯"模式已成为趋势。比如，过去最典型的"两报一刊"早已成为历史。前些年，大多数受众还是通过新华社、《人民日报》、中央台、中央电视台以及首都几家主要新闻单位接受信息。而最近几年，我国传播载体以前所未有的速度多层次、多样化地发展。报纸业已从过去单一的机关报走出来，出现了早报、晚报、一报办多报办多刊；电台也出现一台办多台，譬如现在的人民台、经济台、交通台、音乐台，此外，电台也还办报纸，如广播电视节目报；电视台也是这样，一台办多台，兼办报、办杂志；新华社也办杂志、办报纸。有人把这样的局面称之为媒体大战，春秋战国。

在这种形势下，大媒体受到小媒体、区域媒体的严重挑战就成为不可避免。这主要反映在报纸发行、广告等方面。小媒体、区域媒体逐渐唱起了主角，像南京地区的《扬子晚报》，发行100余万份，成为江淮地区大家喜欢的一张报纸。不管是从发行量，还是读者喜欢的程度，恐怕是其他一些大报所很难与之竞争的。我想，这不仅因为它反映了老百姓关心的事情，主要的恐怕是它的群众性、接近性。最近，《扬子晚报》又推出上海新闻和江苏地方新闻专版，更加显示了它的区域辐射性。随着市场经济的建立，今后，新闻载体的分散化、区域化、行业化，将会更加活跃。

（二）在功利化倾向上，新闻媒体将由事业型转化为企业型，由唯社会效益转化为社会效益和经济效益并举

我国的新闻单位在很长一段时间内都是事业型，是由国家包下来的。因而，报纸、广播、电视，只注意社会效益，无须考虑经济效益和资金问题。改革开放，给新闻事业带来了难得的发展机遇。自1979年3月"文化大革命"后第一个电视广告出现，经过十几年时间，广告已成为新闻单位的主要资金收入。像《文汇报》，曾以第一版的整版广告换得西泠空调100万元广告费，中央电视台黄金时间以3000万元为"孔府宴酒"做一个每天10秒的广告，这在过去是连想也不敢想的。特别是实行社会主义市场经济以来，更给新闻业的广告带来大发展的黄金时期。

十几年来，新闻事业改革的走向逐渐摆脱计划经济的束缚，朝着适应社会主义市场经济的方向迅速发展。比如事业单位按

企业管理，建立报业集团，它不仅有助于巩固和扩大产业规模，参与市场竞争，同时也有利于进一步科学管理和舆论引导。特别是随着信息产业的发展，报社、电台、电视台、通讯社利用自己的优势，捷足先登，占领了信息产业的大部分地盘，发挥着越来越大的作用。

（三）在思维方式上要变单向思维为全方位立体思维

以往的新闻报道，不管是报纸，还是广播、电视，常常流于公式化、程序化、简单化。当然，造成这种现象有客观原因，也有主观原因。市场经济作为一个新生事物，我们对它的认识和报道，就不是过去的简单思维所能胜任的了。它必须借助多方面的思维，才能识得庐山真面目，判断出它的价值和分量，以及在全局中的地位和作用。比如现在的深度报道、热点报道，《东方时空》的"焦点访谈"、光明日报的"每月聚焦"，都属于这一类，都是全方位、立体思维的结果。又如，关于浦东开发区的报道，按以往的单向思维的模式，只要就事论事报道一下浦东办个开发区就行了。而现在的报道就不能这样了，不仅要考虑到浦东开发对上海的影响，还要看到它对长江三角洲，对长江中下游经济带的辐射作用。

立体思维需要我们客观地辩证地看问题和分析问题，由特殊到一般，由感性到理性去进行一系列的对比工作，然后得出符合实际的结论。立体思维需要有一种深邃的观察力。这种观察力首先需要有宏观意识。宏观意识就是全局的眼光、战略的眼光。宏观意识就是能够多角度、多侧面、多层次、多色彩地把握报道对象，能从纵横交错的坐标系与历史和现实的交汇点上去观察事物；宏观意识必须借助于整体思维、系统思维，而不是一孔之见。例如，对某件事情的发展趋势，不是把它作为一个独立体，而是把它放在广阔的背景之下，既考虑纵的历史因素，又考虑横的现实状况，从正反、里外、上下、前后，去运用对比、演绎、逆向、逻辑、辐射等方法分析，检讨它立体的社会效果。主体思维的宏观眼光就是时代的眼光，它必须站在时代的前沿去统揽全局，认清方向，辨明是非。时代眼光要基于现实，借助理性思维，对事物发展变化的轨迹、趋势作出科学反应和预测。这种预测，不是大概的估计，不是算命先生，而是在对客观事物进行多层次、全方位思考之后，从特殊中找一般，在偶然中求必然的过程和结果，从而使我们的认识更接近客观，并推断出可能出现的结果。美国著名记者普利策给记者的职业下过一个颇为形象的定义：

倘若一个国家是一条航行在大海上的船，新闻记者就是站在船头的瞭望者。他要在一望无际的海面上观察一切，审视海上的不测风云和浅滩暗礁，及时发出警告。他不计较自身的成败荣辱和老板的喜怒盈亏，而是为了信任他的人民服务。

作为一个资产阶级的新闻工作者，他提出记者是站在时代航船上目光锐利的瞭望者，纵观天下风云，报道历史前进的脚步，这种思想是难能可贵的。记者活动的范围是整个社会。他和社会接触面很广。他们的活动方式是通过对社会生活的观察和分析，从中发现和选择有价值的新闻，以及对社会现象趋势的评述，向社会传播信息，传播思想，体现正确的舆论导向，推动社会前进。他们不像政治家那样，通过制定政策去治理社会。他们用思考的笔来反映、干预和参与社会生活；通过报道典型人物和事件，用折射光彩反映和影响社会生活；他们捕捉和记录每天发生的真实的生活事件，直接反映这个时代。

对新闻工作者来说，采取什么样的思维定式，需要什么样的思维逻辑起点、思维视野、思维路线、价值判断、思维逻辑,这是一个如何运用唯物辩证法的问题。比如,有的同志提出了纵向线性思维、平面性思维、立体网络思维;有的同志主张记者的思维方式要进行一番变革,从单一直线思维走向系统思维,从直觉经验走向理性思维,从保守思维走向开放的纵横结合的思维;也有的记者还主张"将旧的思维体系打碎,塑造一个新的我",用"爆破意识摧毁旧的思维方式的同时,建立一个新的思维方式"。我认为,关于思维方式的转变问题,过分地强调每种新的思维方式的重要性,必然否定或者抛弃认识的一些基本形式,这是片面的。新闻工作者的思维方式应当从记者把握客观世界思维方式的特殊性,以及记者思维与人类思维的共性、时代性两者的结合上进行本质抽象。同时还要看到思维方式是多维的,任何一种思维方式都有其存在的理由。它们互相渗透,互相补充,交替地发生作用。不论哪一种思维方式都不可能是万能的,也不可能从一而终。恩格斯在谈到归纳和演绎这两种思维方式的关系时指出:

> 归纳和演绎,正如分析和综合一样,是必然相互联系着的。不应当牺牲一个而把另一个捧到天上,应当把每一个都用到该用的地方。而要做到这一点,就只有注意它们的相互联系,它们的相互补充。①

记者在采访中总是调动多种思维方式去认识和反映客观事物的,从而使记者对客观的认识由浅入深,在尊重客观事实的基础上展开思维的翅膀。作家则不同,他们在客观事物的碰击下,点燃起思想火花,充分地施展想象、虚构的才能,来追求生活的真实。

---

① 恩格斯:《自然辩证法》,人民出版社,1971年,第206页。

　　19世纪俄国文艺批评家别林斯基说,哲学家用三段论说话,诗人则用形象和图画说话;然而他们说的都是同一件事,一个是证明,一个是显示,可是他们都是在说服,所不同的只是一个用逻辑结论,另一个则是用图画而已。

　　新闻工作者和哲学家、诗人的思维方式虽然有交叉之处,但是确有不同,比如为了形成一篇新闻的主题思想和清晰地去表达事实,他不需要像哲学家那样进行某种定义的思辨;虽然有时他也被统计材料武装着,但只是为了用事实说明自己的观点,而不像哲学家那样来证明哪一个原理;虽然有时他也被现实的描绘武装着,但只是为了用可感的形象表现新闻事实,而不像诗人那样为了创造理想的意境,可见记者思维方式的个性是有其鲜明特色的。

　　如同任何事物都具有矛盾的特殊性,又具有矛盾的普遍性一样,记者的思维方式既有个性,又有社会共性;既有时代性,也有历史性。不论从事哪一种实践的人们,他的思维方式都具有时代的特征,都受到时代的洗礼,受到社会环境、经济、政治、文化的深刻影响和制约,都反映了那一个时代的特征。如同恩格斯所说:

　　　　每一时代的理论思维,从来都是那个时代的理论思维,都是一种历史的产物。在不同的时代有非常不同的形式,并因而具有非常不同的内容。[1]

　　每个时代不同的思维方式,都是那个时代的实践和科学发展孕育出来的。

　　新闻是时代的文化,是敏感的时代"神经"。新闻思维应具有时代感,从思维方式的时代性、历史性、特殊性来看,记者在采访

────────────────

[1]《马克思恩格斯全集》(第20卷),人民出版社,1971年,第82页。

和写作中的经验思维、逻辑思维、形象思维（符合客观事物原型的形象）、直觉思维、系统思维、模糊思维，是经常发生作用的，这些思维方式，既带有历史的延续性，反映了现代思维的特征，又具有记者的思维个性。

（四）在新闻报道上要从只重视结论性转变为注重过程性

以往的报道往往是一种结论性的报道，往往是事情发生之后一段时间，等有了说法，有了明确结论才报道，这种报道实际上只是一种工作简报式的、过时的报道，是没有时效性的死事情。因为无新意可言，谈不上新闻。现在的要求与过去大大不同了，读者希望了解到事情的全过程，包括一些细节。比如，浙江的千岛湖海瑞号船遇难的报道，新疆克拉玛依市失火烧死小学生一事的报道，还有我国复关谈判的报道等。如果在过去，只要到最后，报一个处理意见、结论，报一个谈判结果就可以了。现在不行，从事件一发生就开始追踪报道，何时着火、死了多少人，每天的进展如何，都有及时的报道。读者从中了解到全过程，他们可以随事件的报道深入而不断移位。再比如，《光明日报》记者唐湘岳的《举报人的命运》，在读者中引起强烈反响，有关举报人的一组报道，把读者与举报人的命运紧紧联系在一起了。如果等到最后报一个结果，不可能引起那么多人注意。因此，我把这种报道称为追踪、剥皮式的报道，就像我们剥大蒜，一层层的，给人的不只是最后几瓣光溜溜的蒜瓣儿，而是有一个包含着一连串剥蒜动作的过程。从长远的观点来说，新闻的时效性、新鲜性、贴近性、群众性，就应反映在报道的过程性方面，不如此，就无新闻的新鲜性可言。

(五)在方法上要变训导式为诱导式

江泽民同志提出的以科学的理论武装人,以正确的舆论引导人,实际上有一个工作方法问题。列宁曾说过,工人本来也不可能有社会民主主义的意识,这种意识只能从外面灌进去。列宁的意思是说,共产主义的思想意识和理论体系不可能在人民群众的实践活动中自发地产生,而只能通过教育和灌输,可见灌输是一种有效的方法。但是,灌输切忌"填鸭式"的硬灌,也不能是武断的训斥。我们过去习惯于居高临下,盛气凌人,习惯于我讲你听,我打你通,久而久之,人们就会产生一种逆反性和抗药性。

诱导式的报道,首先要注意,不要只强调什么不能干,什么是错的,不该那样做,而应该告诉人们,为什么错,应该怎样去做。南京大学在 1993 年曾以一封"柯望"来信,引发出一场关于"重塑理想"的大讨论,在校内外引起广泛注意,《新华日报》也开展了一个月的讨论,中国人民解放军东北某部也在部队开展重塑理想的讨论,《人民日报》在一版头条配发编者按刊登这件事。这件事的成功就在于没有指手画脚地去简单粗暴地批评在同学们中普遍存在的一些糊涂想法甚至是错误的东西,而是要他们在报纸上展开讨论,把各方面的意见都反映出来,经过充分讨论,最后取得共识。诱导式报道,要平心静气,用事实说话,从正面引导,给人以希望,寓情于理,情理交融,自然会收到事半功倍的效果。

(六)变主体意识为客体意识

新闻的"两为"服务意识是我国新闻事业的根本宗旨。但是在以往的新闻宣传中,有一个不正确的定位,传媒本身往往把受众只是作为客体,把自己当作唯一的主体。在这种错误思想指导下，单纯地把新闻宣传作为一种教育人的工具，使受众处在一种我讲你听，我写你看的客体位置。处在这样一种定格中的新闻不可能去注重如何适应受众，为受众服务，视受众为上帝，接受受众的批评，因此往往会失去受众。主客体的转变是一种根本转变，也是深化新闻改革的重要内容之一。因此，有的媒体，如电视就邀请受众走进荧屏，广播电台也开一些热线电话，吸引群众参与，报纸也开设了一些栏目，使得我们的宣传更接近受众。

　　上面谈了新闻的六变六不变，只是粗线条的看法，目的是想通过这些思考使我们能在社会主义市场经济的大潮中尽快地适应需要，进入角色，继而奏出更加雄壮的乐章。

原载于《新闻传播论坛》1996年总第1辑

传播文化的发展观检讨

——兼论我国传播文化的发展战略问题

从资本主义制度产生一直到今天,传播文化经历了几个重要历史时期,它不断以新力量新姿态出现,在社会发展中起着引导舆论,整合价值观念的重要作用。特别是在冷战结束后,对话与发展成为新传播文化的最鲜明特点。世界更加开放,为传播文化发展提供了大有作为的机遇。改革开放近 20 年来,我国新闻传播事业发展迅速,这里既有成功经验,也有沉痛教训。在当前我国物质文明和精神文明建设中,传播文化担负着艰巨而光荣的任务,尤其是在适应满足人民群众日益增长的精神文化需要,引导价值观念,推动社会进步方面更是如此。在这种情况下,坚持什么样的发展观,制定怎样的发展战略,包括怎样借鉴世界传播文化,去其糟粕,为我所用,已成为社会主义新闻事业建设中一个亟待解决的理论问题和实践课题。本文拟在这方面提出一些想法,以就教于学术同人。

一、集权主义、自由主义、社会责任论, 是西方近代传播文化发展过程中的 三个重要阶段中的代表性思想

不同社会制度,不同文化背景,有不同传播文化的发展观,而

在这种不同发展观指导下,不同发展目标、实施措施、发展道路和发展结果交织在一起。

近代传播文化的发展是伴着资本主义制度产生而发展起来的,是在破除旧集权主义前提下,以自由主义为思想基础,尔后又经历了社会责任论等阶段逐步发展起来的。它集中反映了资本主义制度下的传播观念。冷战结束以后,传播文化发展又面临新问题,包括新的发展机遇和研究对象。因此,廓清近代传播文化发展观的轨迹和思路,对于构建世界范围内的新闻传播新秩序,促进我国精神文明建设,推动现代化进程,无疑具有重要现实意义和深远的历史意义。

传播文化的集权主义理论,是一种早期西方报刊理论,它主要强调对报刊活动实行严密控制。这种理论在文艺复兴后期的集权主义氛围下产生,且逐渐系统化、体系化。它否认亿万大众的作用,只承认真理发明权是在少数领导人手里,报刊作用是自上而下的。比如,像当时的英国都铎王朝和司徒王朝,都认为报刊应当属于王室。而私人只有在取得政府或王室的许可后,方能取得报刊出版权。一旦发现报刊没有履行支持政府或王室的义务,则随时有被撤销的危险。至第二次世界大战时期,集权主义达到登峰造极的地步,伴随纳粹帝国的垮台,集权主义占统治的时代同时宣布结束。

早在集权主义盛行时,自由主义理论就已经产生了。自由主义一经产生,就与集权主义展开了针锋相对的斗争。对它们之间的争论以及集权主义的功过是非,英国约翰逊博士曾这样评价道:"每个社会都有维持和平秩序的权利,因此就有权禁止宣传带有危险倾向的意见。要说执政者有这个权利,这是用词不当,实际上是社会有这个权利,而执政者乃是它的代理人。""无限制的自由的危险与限制自由的危险,已经构成一个政治学上的问题,似乎人类理智迄今无法解决。如果除了本国当局事前所批准的东西以外,什么都不能出版,那么权力就永远成了真理的标准;如果每个空想的革新家都可以宣传他的计划,那就将不知所从;如果每个对政府有怨言的人都可以散播不满情绪,那就不会有安定;如果每个神学的怀疑论者都可以宣扬他的愚蠢想法,那就不会有宗教。"根据约翰逊的说法,我以为他已经钻进了非此即彼、两难境地的死胡同。

自由主义理论最早是由英国的约翰·密尔顿在 17 世纪提出的。他的主要观点就是人们可以运用理性,自主辨别好坏,而要运用这种才能,人们就必须不受限制地去了解别人的观点与思想。密尔顿甚至说:"虽然各种学说流派可以随便在大地上传播,然而,真理却已经亲自上阵;我们怀疑它的力量,而实行许可制(引者注:即出版刊物要登记)和查禁制(引者注:出版物的检查制),那就伤害了它。让它和虚伪交手吧,谁又看见过真理在放胆交手时候吃过败仗呢?"恰恰是从这一观念出发,才逐渐形成了后来的现代自由主义理论中的"观点的公开市场""自我修正过程"等概念,提倡什么人想说什么就去说什么,什么人都可以自由表达自己的思想;甚至把报刊称之为是与立法、司法、行政并行的"第四权力"。

应当说,自由主义的理论,在资本主义上升时期的确促进了新闻传播事业的发展。特别是在自由主义思潮的冲击下,一些西方国家的宪法中也都明确规定了关于新闻自由、出版自由和言论自由的内容和条款。自由主义理论之所以能在那么大的范围内产生广泛影响,其中有个重要的原因,是它适应了启蒙时期的世界观和方法论。比如,牛顿的世界永恒说,就是主张世界按自然规律、法则永远地运动着;西洛克的自然权力哲学也是崇尚自由是与生俱来的,人是有理性的动物;古典经济学的学说更是强调政府不要多加干涉,应该相信人能够自觉地为公共福利而工作。

随着资本主义在经济上、政治上的垄断逐渐加剧,自由主义的报刊理论面临严峻的挑战,并逐渐为后来的社会责任论所代替。

从根本上讲,社会责任论与自由主义理论并无二致。社会责任论实际上是自由主义理论的一个新枝,只不过伴着当时的时代背景,在体系上包装了一下而已,骨子里还是一样的。社会责任论在西方国家先兴起,特别是在美国。技术和工业革命的快速发展改变了国家面貌和美国人的生活方式,在这种时代进程中,原有报刊传媒已不能满足人们日益增长的生活需要。因此,社会对舆论的批判也越来越多,呼声也越来越高。再者,在一种新知识气候影响下,美国一些工商界人士的社会责任感逐渐增长,这在一定程度上,也促使报刊不得已作出一些承诺。但是,由于报刊毕竟掌握在少数人手里,改革难,承诺也难。对报刊的批评日益增长,主要集中在以下方面:

1. 报刊为它自己的目的使用巨大力量。报刊老板特别在政治和经济问题上传播自己的意见,损害反对者的利益。

2. 报刊为大商业效劳,有时几乎让广告客户控制了编辑方针和编辑内容。

3. 报刊曾对抗社会变革。

4. 报刊的时事报道,时常更多地注意肤浅的和刺激性事件,而不注意当前发生的重要事件,其娱乐材料常常缺乏积极内容。

5. 报刊已经危害了社会道德。

6. 报刊无理地侵犯了个人私生活。

7. 报刊被一个社会经济阶级,笼统地说即"商业阶级"所控制,后来者就无法侧身这一专业。因此,直接危害了自由而公开的思想内容。

正是在这样一种强大社会舆论的影响下,美国新闻自由委员会最终提出了现代社会对报刊的五项要求,这也就是后来社会责任论者的主要基础:

1. 供给"真实的、概括的、明智的关于当天事件的记述,它要能说明事件的意义"。

2. 它应当成为"一个交换评论和批评的论坛"。

3. 要描绘出"社会各个成员集团的典型图画"。

4. 报刊要负责介绍和阐明社会的目标和美德,新闻从业人员将毫不迟疑地接受这一要求。

5. 报刊要使人们"便于获得当天的消息"。

社会责任论的出现在欧美舆论界很快产生了广泛影响,他们主张报刊本身、公众和政府要结合起来改进工作,主张报刊不仅应有消极的自由,更应当有积极的自由,即报道消息的自由和发表言论的自由。

从"二战"结束后到20世纪50年代,美国和其他一些国家的传播学者又提出一些新的传播学方面的思想,这些思想普遍带有典型的发展观眼光,目的是为了探讨如何开发利用现代化传播技术、信息系统和资源,促进发展中国家的现代化进程。这其中有代表性的理论,如美国社会学家丹尼尔·勒纳,他在1958年发表的《传统社会的消逝——中东的现代化》一书中,用城镇化、教育、大众传播的普及和公众参与之间的交互作用来解释现代化进程。勒纳认为,大众传播可以打破传统观念束缚,使人们积极投入到现代化的变革中去,他甚至把大众传播称为是国家发展中的"奇妙的放大器",可以大大增加现代化的因素,加速现代化进程。

美国的施拉姆,在 1964 年发表的《大众传播媒介与国家发展——信息对发展中国家的作用》一书中,比较全面地设计和论述了第三世界运用传媒促进现代化发展的理论体系。他特别强调信息对于发展中国家的重要性,他认为"有效的信息传播可以对经济社会发展作出贡献,可以加速社会变革的进程,也可以减缓变革的困难和痛苦"。

施拉姆认为传播文化在国家发展中具有守望、决策、教育等基本功能,尤其在许多方面可以直接发挥作用,比如在普及教育、传播科技等方面有直接作用。他特别指出现代社会里面没有准确有效的信息传播系统,社会进步所需要的科技、教育、文化、经济等各个方面都不会得到迅速发展。因此,作为信息不发达的第三世界来说,尤其需要在信息传播的现代化方面作出更大努力,以缩短与发达国家之间的距离。

弗里特·罗杰斯在 1962 年出版的《创新发明的推广》中特别注重把传播看成社会变革的基本因素之一。他认为,社会变革一般分为内生型与接触型两类。内生型或者说叫原发型,主要靠来自内部的变革,西欧、北美一般属内生型。接触型也称外发型,主要是靠外部力量来促成的,第三世界、发展中国家,一般都属于这一类。它需要借助西方发达国家的新技术、新观点的影响,来促进社会发生变革,而这种影响主要是依赖传播文化。

应当说,西方学者提出的关于传播与发展的理论观念,曾一度在第三世界国家产生一些影响,实践证明这些想法确实有一定推动作用。但我们也看到,由于这些理论主要是参照一些发达国家,特别是资本主义国家的具体情况设计提出的,因而在其实施过程中也产生了某些消极影响。因为用发达国家的办法来简单类比发展中国家必然过分简单化。应当指出的是,这种借鉴和传播的消极影响明显带有一种渗透倾向,不仅无助于促进发展中国家的进步,反而损坏了发展中国家的利益。包括西方一些进步传播学家,甚至明确提出了"传播媒介帝国主义"的说法,认为美国大众传媒是他们推行帝国主义全球扩张的工具,是为美国军界、工业界、传播界财团维持其政治、经济和军事优势服务的。西方大众传播向发展中国家、第三世界的扩散,是一种有计划有组织的战略行动等。

西方新闻学者关于近代传播文化的三个阶段说(集权主义时期、自由主义时期、社会责任论时期)以及 20 世纪中叶发展起来的一些发展传播理论,对世界范围内的新闻事业发展起了一定积极推动作用。但是,它有明显弊端,特别是作为资产阶级传播理论的基础思想之一的自由主义理论,实际上只是一层华丽外衣,包括社会责任论的许多天真想法。这是因为,从根本上来说,自由主义理论和社会责任论,不可能提出一个严格区分自由和滥用自由的标准与界限,同时自由主义所鼓吹的那一套东西也是做不到的。

出版自由和新闻自由,不仅仅是一个新闻传播的问题,其要旨是一个政治问题。现代传播事业以垄断为典型特征,而垄断和自由是相悖的。资本主义的大众传播工具是以私有制为基础的舆论体系,私有制决定了它的性质必然是私营企业,是受资本家财团控制,以盈利为目的。因而,对广大受众而言谈不上自由;对社会而言也谈不上责任。你用了人家的钱,只能听人家摆布,成为统治者、资本家、财团的舆论工具。雷蒙德·威廉斯说得好,只要你是在商业体系中进行,就不可能对社会负责,"只要你有钱说,且说得有利可图",那么你就可以肆无忌惮地说。在那里,真正是有钱就有自由,没钱就没有自由,有多少钱就有多少自由,钱和自由是等价的。联合国教科文组织国际交流委员会在一份报告中指出:"新闻自由实际上并不是没有限度的,它像一切其他事物一样,是受到社会上可能发生的事情限制的一种政治和专业理想,我们如果考虑到消息情报内容,特别是考虑到有关亵渎、侮辱、造谣、诽谤、国家机密、国际等等条件,这一点就更为明显。"

"出版自由"这个口号,自中世纪末以来,一直是一个伟大的口号,因为它反映了资产阶级的进步性。但是,从来就没有什么抽象的自由,马克思主义经典作家有过许多这方面的论述:"一个只要读过一本叙述马克思学说的通俗读物的人都会知道:马克思恰恰是把他一生的很大一部分时间,很大一部分著作和很大一部分科学研究用来嘲笑自由、斗争、多数人的意志,嘲笑把这一切说得天花乱坠的各种边沁分子,用来证明这些词句掩盖着被用来压迫劳动群众的商品所有者的自由、资本的自由。"[1]列宁还提醒人们:"在全世界,凡是有资本家的地方,所谓出版自由,就是收买报纸、收买作家的自由,就是买通、收买和炮制'舆论',帮助资产阶级的自由。"[2]不要被"出版自由"这个"闪烁不定"的鬼火迷惑住。

二、西方近代传播文化中的三种代表思想 近年来对我国传播文化的影响不容忽视

十一届三中全会后,我国现代化建设纠正了过去以阶级斗争为纲的错误路线,总结了过去的经验教训。传播文化作为改革开

---

① 《列宁全集》(第3卷),人民出版社,1995年,第810页。
② 《列宁全集》(第42卷),人民出版社,1987年,第85页。

放的重要舆论载体,为此作出重要贡献。但是,西方传播思想对我国传播文化的影响也产生了不小的影响,在某些方面有严重的教训。

其一,一段时间之内,有些人习惯于坐而论道,孤立地去研究传播文化,盲目效法引进西方传播文化思想,甚至主张不仅要从国外引进理论,也要引进实践模式,从根本上忽略了中国国情,忽略了中西方的制度差异,包括受戈尔巴乔夫新思维思想的影响。20世纪80年代末,苏联新闻界强化政治生活的透明度,提高报道内容的公开性。戈尔巴乔夫指出,扩大公开性对我们来说是一个原则问题,不讲公开性原则,没有也不可能有民主、群众的政治创造,群众也不能参加管理。他指出,宣传公开性方针,就是"让那些主张党、国家和经济机关及社会团体的活动要具有公开性质的人放手去干,取消毫无根据的限制和禁令"。在这种公开、透明的思维定势下,苏联新闻界一改过去的封闭、沉闷。最高苏维埃联盟主席讲,历史上,党从未像现在这样给予报刊如此大的权力去讨论各种重大的问题。戈尔巴乔夫还指出:"不能批评和监督的所谓'禁区',都已是过去的东西了。"这样一些思想,对我国20世纪80年代末的舆论界产生了不可忽视的负面影响。

其二,西方自由主义和社会责任论的影响。20世纪80年代,在我国新闻界曾有过三次大规模的批判资产阶级自由化影响的动作。自由化思想的出现不能不说与西方传媒有密切关系。特别是在80年代中后期,有极少数报纸,在一段时间之内,连续发表否定社会主义,反对党的领导,主张资本主义制度的错误言论,在资产阶级自由化思潮中起到恶劣作用。也有一些人把"党性"和"人民性"对立起来,强调"人民性"高于"党性",说什么跟党走会犯错误,跟人民走不会犯错误。其要害就是淡化党的领导,否定党对新闻事业的领导权。还有一些人片面强调"客观、公正",自命为"人民群众的代言人"。1989 年 11 月下旬,在中宣部举办的新闻工作研讨班上,江泽民、李瑞环发表了重要讲话,认真总结新闻传播在动乱和暴乱中的经验教训。1996 年 9 月 26 日,江泽民在视察《人民日报》时极为深刻地概括为:"党的新闻事业与党休戚与共,是党的生命的一部分。""舆论导向正确,是党和人民之福;舆论导向错误,是党和人民之祸。""新闻舆论工作要紧紧围绕经济建设这个中心。""生命"说、"福祸"说、"中心"说,实际上就是无产阶级新闻传媒的基本规律和重要发展观内容之一。

其三,由于受西方传媒的影响,特别是在从计划经济体制向社会主义市场经济体制的转轨过程中,传媒明显地呈一种无序状,有些传媒受急功近利的影响,甚至迎合一些低级趣味的要求,包括一些低俗的小报这几年也应运而生,"性""星""腥",大量充斥版面,甚至不惜无中生有来造假,以追求经济效益。包括有些大报也搞起有偿新闻;尽管有些内容可能不像街头小报那样赤裸裸,但一些淡"黄"的东西还是经常出现在版面上。

其四,片面强调经济增长率。相当一段时间内,舆论界有一种倾向,把经济建设为中心片面理解为狭义的中心,而精神文明建设成了配角。比如,大肆宣传所谓"文化搭台,经济唱戏",把文化降格为戏台,降格为工具,说什么文化后建设,经济上去了再发展文化,实际上这也是导致社会主义精神文明建设一手软的重要原因之一。

三、在确立传播文化的发展观时，不可忽视以对话与发展为典型特征是当今世界的时代特点，不可忽视国内外政治、经济、文化背景

为了确立正确的传播文化发展观，制定正确的传播文化发展战略，我们必须了解目前我们所面临的时代背景与特点，其中包括国际政治背景、经济背景、文化背景等。

世纪之交，整个世界范围内显示了从来未有过的世纪末新特点：就国际政治背景看，冷战结束后，世界格局的多元化进程逐步加快，大国关系纵横捭阖，出现了新的、复杂的相互借重、相互制约的双边或大三角关系；国家安全形势逐步缓和，但地区间冲突仍较为突出；世界经济发展在整体上速度加快；美国的霸权地位受到挑战；俄罗斯重振大国地位；欧盟东扩南下有进展；日本政治右倾更加明显。另外，中国的国际地位日益提高，尤其是在一些大的三角关系中，如美俄中、美中日，亚太地区的美中东盟以及日中东盟中，扮演着举足轻重的重要角色。

从时代特点看，我认为可以用对话与发展来概括当今世界的时代特点。世界向多极化发展，对话成为世界各政治力量共处交流的重要途径。特别是文化上的"欧洲中心主义"和"西方中心主义"破灭之后，许多问题很自然地提到人们面前。比如：文化中心主义与文化相对主义的关系；文化冲突与文化共处的关系；世界文化与民族文化的关系；文化对话与文化误读的关系；保存差异与共同发展的关系等。凡此种种，人们必须对其作出明确回答，而传播文化无疑是这种对话与回答的重要物质载体。

在对话的同时，另一个带全球性的问题就是发展问题。自从

1987年挪威首相布伦特兰提出"可持续发展"概念以来,其已逐渐成为世界各国决策者们的共识,并以其崭新的价值观被正式列入国际发展议程。可持续发展,按世界环发大会的定义,即"既满足当代人需要,又不对后代人满足其需要的能力构成危害的发展"。实际上,可持续发展是为了谋求一种经济社会与自然环境的协调和谐发展,是人类从工业文明向生态文明的飞跃,是一种新的文明观、价值观、生存观。可持续发展向人们提出了优化生存环境、提高生活质量的要求;可持续发展把以人为本作为一个原则,对人们的生活模式和人的素质提出了更高要求,可持续发展不仅需要人的经济意识、发展观念的转变,更需要由人文环境来支撑,特别是价值观念在其中的激活作用。说到底,不能简单地把可持续发展看成只是一种经济现象和经济意识转变,它实际上是一种更重要的文化现象,是一种新的人文理性的张扬。

我们面临的商品经济背景,它以物的依赖性为基础,没有物质的依托,不经过物化的熔炼,人们不可能实现"个人向完整的个人发展"。因为物化的现实,必然造成人的自我分裂,它满足你的一部分需要,它提供给你身体享受和自由,却又夺取你的另一部分需要。马克思曾讽刺地将这种"人"称作是"具有自我意识和自我活动的商品"。商品经济社会对人类的挑战,使得经济人、社会人、伦理人很难融为一体。

对国内经济环境来说,正在建立社会主义市场经济体制,在追求利润最大化的同时,也要兼顾社会效益、环境效益、人的价值等方面的统一。我们面对的文化背景是一个文化转型飞跃期,正从工业文化向信息文化转化。由于信息把世界变得越来越小,文化主体也从区域化走向全球化,使得文化逐渐超越民族和国家界限,趋于全球意识。同样,信息化也必然使过去处于离散时空状态的文化,转向同步时空,趋于综合。与此同时,以往文化的那种相对稳定的态状也已开始转向动态,并逐渐从垄断、精英、向平民、大众下嫁,这些都是建构和确立新时期传播文化发展战略所必须考虑的。

四、我国传播文化的发展观要坚持和平与发展、坚持正确的舆论是生产力、坚持参与建立全球传媒新秩序的思想方针

传播文化的发展观,从总体上要依赖整个社会的发展。新时代的发展观是实现人的发展和全面进步,而这种全面发展就是全社会全体人的可持续发展观,是马克思早就寄希望的"培养社会的人的一切属性,并且把他作为具有尽可能丰富的属性和联系的人,因而具有尽可能广泛需要的人生产出来——把他作为尽可能完整的和全面的社会产品生产出来……"①这种发展观必须以人为中心,经济增长不再是唯一目的,而只是实现人的全面发展的一种手段。政治、经济、文化、社会的各种改革,都只是为了给人们提供一种更理想的生活环境;人不仅是经济人,还是社会人。西方是物质发达了,才提出人的问题,今天我们要把物质发展和人的发展同时提出来。人不再只是市场的奴隶,市场是为人设的,市场是经济、社会、人协调发展的表现。新发展观追求的是经济、社会、人、自然的一体化与和谐,它希望人类从过去一味强调"战胜自然",转变为与自然共生共荣,从大自然"征服者"的角色,转变为自然界的"善良公民"。它提高了人类对利益认识的境界,

---

① 《马克思恩格斯全集》(第 46 卷),人民出版社,1979 年,第 392 页。

从只注重个别人、局部人、当代人的利益,考虑到全人类及子孙后代的利益、整个生态系统的利益;从单纯追求经济发展,转变为坚持经济、社会、环境相互协调的可持续发展;从听任人口自然增长,转变到重视提高人口素质,控制人口总量生长;从注重一个国家内部经济建设、社会发展和环境保护,转变为重视全球范围内的国际经济合作、科技文化交流和环境保护;从崇尚以过度的资源消费为标志的传统生活方式,转变为在全社会倡导一种与自然和谐相处,享受健康而富有生产成果的现代生活方式。在这样一种大的发展观的前提下,才能确定传播文化的功能与作用,正确定义传播文化的发展观。概而言之,传播文化的发展观主要有以下几个方面:

其一,和平与发展的发展观。

和平与发展,既是目的也是手段。今天,我们生活在两个时代的交界点上,恰如列宁在论述时代性和党的理论与策略的关系时曾指出的那样:"我们无法知道,一个时代的各个历史运动的发展会有多快,有多少成就。但是我们能够知道,而且确实知道,哪一个阶级是这个或那个时代的中心,决定着时代的主要内容、时代发展的主要方向、时代的历史背景的主要特点等等。只有在这个基础上,即首先考虑到各个'时代'的不同的基本特征(而不是个别国家的个别历史事件),我们才能够制定自己的策略;只有了解了某一时代的基本特征,才能在这一基础上去考虑这个国家或那个国家的更具体的特点。"①

"和平与发展"是邓小平同志继毛泽东同志"三个世界"的划分理论之后,对世界格局发展趋势的又一重要理论概括,对我们

---

①《列宁全集》(第26卷),人民出版社,1988年,第143页。

正确把握世界局势,研究对策,尤其是确定传播文化发展观提供了最好的判断标准。他指出:"现在世界上真正大的问题,带全球性的战略问题,一个是和平问题,一个是经济问题,或者说发展问题。和平问题是东西问题,经济问题是南北问题。"①"和平是有希望的,发展问题还没有得到解决。人们都在讲南北问题很突出,我看这个问题就是发展问题。"②这就是说,当前不是第一、二次世界大战时期那种战争与革命的形势,只有顺应这个潮流,才能争取世界和平与经济发展,才能巩固和发展社会主义。因此,确立和平与发展的主题绝不意味着我们可以高枕无忧地睡大觉,它只是变换了斗争的形式,和平靠斗争保卫,发展靠斗争获得,其中实现发展更艰巨。因此邓小平同志提出:"必须一天也不耽误,专心致志地、聚精会神地搞四个现代化建设"③,"如果下一个世纪五十年里,第三世界包括中国有一个可喜的发展,整个欧洲有一个可喜的发展,我看那个时候可以真正消除战争的危险。"④

东欧巨变和苏联解体后,"和平与发展"的主题并没有变。从国际上讲,两极格局的终结改变了世界的政治经济格局,加速了世界向政治多极化、经济多元化、区域化发展的速度,使得我们有更大可能争取到一个较长时期的和平环境,在国际关系中有更大的回旋余地。特别是欧、美两个经济区的形成迫使西太平洋地区也将形成一个自己的经济区域,而这一区域的产业结构的改造、升级以及重新组合将非常突出。这对于该地区的中国来说,将是

①《邓小平文选》(第3卷),人民出版社,1993年,第105页。
②《邓小平文选》(第3卷),人民出版社,1993年,第281页。
③《邓小平文选》(第2卷),人民出版社,1993年,第241页。
④《邓小平文选》(第3卷),人民出版社,1993年,第233页。

加快经济发展的难得机遇,为我们的对外开放和经济发展提供了非常好的外围环境。20世纪以来的世界发展史已经证明,社会主义是世界和平与发展的保障,社会主义最需要和平与发展,没有社会主义的参与和支持,世界就不可能安宁,和平和发展只能是一句空话。和平与发展,既是当今世界发展的必然趋势和目标,同时又是手段,是社会主义所努力追求的,必须抓住时机,发展自己。

作为传播文化,必须紧紧抓住这个根本,在"和平与发展"的主题下,把握舆论宣传,作出自己的贡献。和平与发展要依靠传媒,离开传媒,很难使和平与发展在全人类范围内形成共识,也很难形成一种舆论的氛围。同样,传媒若离开和平与发展,就不可能跟上时代发展的潮流,来完善自身的更大发展,只有依着和平与发展,才能使传媒抓住机遇,获得前所未有的新天地。

中国人民的伟大领袖毛泽东同志曾经讲过,"中国应当对人类有较大贡献"。改革开放十八年来,我国国民经济快速增长,经济体制改革取得突破性进展,对外开放格局基本形成,综合国力日益增强,人民生活水平不断提高,各项社会事业全面发展,显示了有中国特色社会主义的强大威力和旺盛的生命力,中国人民作为一头"睡狮",已经睁开了双眼。中国的发展将为世界的发展作出突出的贡献。作为传播文化,应当在宣传我国社会主义的国际形象方面作出努力。比如,我们要努力宣传自力更生、艰苦奋斗的民族形象,它体现了中华民族的气节和光荣传统;要宣传好"中国特色社会主义"的形象,中国要发展,只能走社会主义,只有社会主义才能救中国,社会主义制度仍然优越于资本主义制度;宣传好经济发展、改革开放的形象,没有改革开放就没有中国的今天,改革开放是强国富民之路;宣传好安定团结、民主法制的形象,因为这是一个国家经济繁荣的基础;宣传好文明进步的形象;宣传好维护和平的外交形象,向世界表明中国是维护世界和平的重要力量;宣传好"中国贡献论",批驳"中国威胁论"。通过我们的宣传,使我国文明古国的形象在世界上更加耀眼夺目。

其二,正确的舆论是推动社会发展的重要生产力。

现代社会早已证明,信息已成为具有重大社会效益和经济效益的战略资源,作为信息传播手段的传播文化,在人类社会中有着无比重要的作用。它可以"化性起伪"形成人格,也可以引导舆论整合价值观念,成为推动社会发展进步的强大生产力。

现当代西方一些传播学家认为,"传播文化在人类历史上的巨大作用,不仅仅是人格与社会的建筑材料,也是区别人与其他动物的最重要标志。在今天的社会中,人与人、人与社会,都有着越来越多的信息交流,一旦没有了这种传播,社会的生命就停止了"。威尔伯·施拉姆称:"我们是传播的动物,传播渗透到我们所做的一切事情。它是形成人类关系的材料,它是流经人类全部历史的流水,不断延伸我们的感觉和我们的信息渠道。"马克思主义从来就认为,信息、传播文化的交流是人们物质关系的产物,属于生产力的范围。"思想、观念、意识的生产最初是直接与人们的物质活动,与人们的物质交往,与现实生活的语言交织在一起的。观念、思维、人们的精神交往在这里还是人们物质关系的直接产物。"①马克思在《资本论》中更是明确指出:"在这些产业部门中,经济上重要的,只有交通工业,它或者是真正的货客运输业,或者

①《马克思恩格斯选集》(第1卷),人民出版社,1995年,第72页。

只是消息、书信、电报等等的传递。"①由上面论述,不难看出传播文化是人类与生俱来的一种能力,是人的最基本的生产力之一。劳动创造了人,人在劳动中创造了传播文化。范长江同志在纪念鲁迅逝世时曾有一句题词:"手无寸铁兵百万,力举千钧纸一张。"这是对传媒是生产力的形象概括。

再比如,1992年年末,邓小平同志南巡讲话的主要精神,通过《深圳特区报》一篇《东方风来满眼春》,把小平同志的"胆子再大一点,步子再快一点"告诉给全世界、告诉给全党和全国人民,给予处在改革路口的全国人民以极大的精神振奋和理论思维,廓清了许多模糊认识,又一次极大地推动了思想解放运动,加快了改革开放的步伐,为党的十四大的顺利召开,为确定社会主义市场经济的新体制奠定了思想基础。

其三,参与全球传媒新秩序。

伴着新技术革命的到来,特别是到了20世纪70年代,世界范围内的新闻传播领域存在着的不合理、不平衡现象已经非常严重,第三世界和发展中国家要求改变因西方几个发达国家造成的"新闻霸权主义""传媒帝国主义"状况的呼声也越来越高。特别是第三世界和发展中国家在提出建立世界政治与经济新秩序的同时,也提出了建立"国际传播与信息新秩序"。联合国教科文组织为此作出很大努力,1977年由16国代表组成一个"国际交流委员会",并于当年12月开始工作,在为期两年时间里完成了一份总结性的报告《多种声音,一个世界》,报告的主要内容包括以下方面:

1. 强调发展中国家对自己的信息资源如同自然经济资源一

---

① 《马克思恩格斯全集》(第24卷),人民出版社,1972年,第65页。

样,拥有绝对主权。

2. 在国际间新闻交流中,对第三世界新闻应予以"优惠",在新闻报道中增加有关第三世界的新闻的比例,同时应努力促进第三世界之间的横向新闻传播。

3. 西方国家在新闻交流中应增加对第三世界的捐助。

4. 西方跨国通讯社在第三世界的活动应受到严格限制,以便保护第三世界国家的主权和利益。

这个报告中的主要内容反映了当代新闻传播文化的发展观,其中有一些合理的内容。但从根本上来说,西方的新闻传播发展观与发展中国家的新闻发展观是不同的。西方往往把新闻、信息,只看作一种投入自由市场的商品,而把新闻传播事业看作是与资本主义金融和经济系统相协调的信息系统的一部分。而发展中国家则是突出强调了应把新闻和信息作为一种社会资源对待。为了实现现代化,发展中国家尤其需要在国家宏观指导下,充分发挥集约优势,实施大规模开发利用自然与社会资源的社会工程,使其更顺利地发展,以尽可能在有限的条件下产生最大的社会效益。冷战结束后,人们曾期待,世界新闻传播新秩序有一个更合理的格局和发展,但是,这种希冀随着某些西方大国对发展中国家,特别是对它们中的社会主义国家的颠覆活动而落空了。某些西方大国继续对社会主义制度实施分化、西化等一系列活动,建立电台,混淆视听,把自己的价值观强加给别人,试图追求一种登高一呼的结果。这种作法必然遭到大多数发展中国家的强烈反对。现在,人们已越来越清楚了,西方的工业化模式并不是现代化的唯一模式,而必须认识到发展中国家千差万别的具体国情和民族特点。以我国为典型的有中国特色的社会主义,已经为经济的快速发展找到了一条新路。当然,在文化传播方面,应努力使信息的投资及其收益分配更加平等合理；应鼓励和加强民众的社会参与，完善团体与社区的自治，实现信息知识的共享；尤其要支持自力更生、独立自主的原则，注重开发利用本国的信息资源与力量，避免盲目、片面依赖外国，发挥各民族的传统，使其能更好地与现代传播技术有机结合。

改革开放以来，我国传播文化事业有了很大发展，但与发达国家相比，还有一定差距。这些差距，一方面表现在硬件上，另一方面表现在管理和受众效果方面。中国传媒一定要面向世界，加入到世界新秩序的行列中，不然就会落伍。

在开放中，我国传媒要坚持以我为主，不能照搬西方新闻体制与模式，不能片面强调"新闻规律"，以"新闻规律"来淡化党的领导。新闻规律与党的事业、人民的事业从根本上来讲应该是一致的。党的事业兴，新闻事业兴。

社会主义的传播文化的发展观，一定要坚持讲政治的原则，坚持正确的舆论导向，"谬误出于口，则乱及万里之外"，"舆论导向正确，是党和人民之福；舆论导向错误，是党和人民之祸"，这方面的教训是非常深刻和永远应该汲取的。

综上所述，世界范围内的传播文化发展实践，在经历了几个发展阶段后已经有了一个比较清晰的思路。不同社会制度有不同的传播文化发展观，也必然导致不同的发展结果。社会主义新闻传播的发展观，从总体上讲是一种稳定持续发展的发展观，是一种坚持以促进发展生产力为价值标准的发展观，它必须为社会主义经济建设服务，坚持"三个有利于"的价值观；必须遵循世界发展潮流，以人与自然环境的和谐发展为目标，坚持人口、经济、资源、环境的一体化；必须讲政治，坚持正确的舆论导向。应该指出的是，江泽民同志关于《正确处理社会主义现代化建设

中的若干重大关系》的讲话，全国人大八届四次会议通过的国民
经济和社会发展"九五"计划和 2010 年远景目标纲要，《中共中
央关于加强社会主义精神文明建设若干重要问题的决议》，实际
上已经从宏观方面详细阐述了我国社会主义的发展观，这是以
江泽民同志为核心的第三代中央领导集体提出的指导我国现代
化建设的发展理论，也是传播文化发展观的指导思想和理论基
础，是制定传播文化发展战略的指导方针。作为文化传媒的工
作者，我们必须更加自觉地认识和转变发展观念，用这样的发展
观来指导传播文化事业的建设与发展，唯有如此，我们的传播文
化才能承担起时代交予的历史重任，开创出中国社会主义事业
传播文化的新局面。

原载于《中国软科学》1997 年第 6 期

《新华文摘》1997 年第 12 期全文转载

政治文明建设与公众舆论监督

党的十六大把发展社会主义民主政治,建设社会主义政治文明,确立为全面建设小康社会的重要目标。作为公众舆论中最具影响力的媒介舆论监督,在促进公开信息、问责政府方面,具有其他载体无法替代的责任和作用。舆论监督在社会主义政治文明建设中大有作为。

一、问题的提出

党的十六大把发展社会主义民主政治,建设社会主义政治文明,提高到全面建设小康社会的重要目标这个高度来认识,从某种意义上讲,说明中国共产党对政治文明有了新的更深入认识。

政治文明,明显具有递进性、结构性、系统性的特征。人类社会发展告诉我们,政治文明不仅具有递进性的历史特点,同时呈现出明显的阶段性特点,是一个不断递进、演化、发展、创新的过程。所谓结构性,有学者曾提出价值意识、制度和规范、机构、功能四个层面的看法,其中把价值定位放在一个十分重要的位置,而制度和规范被看作是政治文明的主要载体,机构被看作政治文明的物质表现,由机构所表现出来的角色意识和行为,被视为政治文明的现实表现。至于系统性,无非是为了强调政治文明的结构体系。

政治文明的本质在于制度文明。因为这是由制度"更带有根本性、全局性、稳定性和长期性"①所决定的。迄今为止,任何我们所看到的体系,表现在价值层面上很好的东西,通常大都是由相应的制度给予保证,并体现在较好的实践层面上。诚然,政治文明建设作为社会制度的表现形式,依时代与社会不同而呈现其不同表现形式。这里应当指出的是,社会主义政治文明,作为一种新型的社会文明,它所代表的最本质的东西,必须具有鲜明的特点和价值取向,必须与最广大人民群众的政治环境和社会进步的不断提高有机统一,使社会管理层能坚定地站在广大人民群众的根本利益上,主动寻求解决社会矛盾和推动社会生产力发展的最佳合作形式,引导人们逐步进入有序政治参与和良好的政治运作制度形式上。

从政治学和社会学意义上看,政治意识的文明内容总是一定社会存在的反映,因而必然受到社会存在等多方面的制约和影响。或许正是由于政治意识文明无法脱离社会存在的现实,使得"政治理想必须根植于个人的生活理想,政治学的目标就是要使个人生活达到最优。政治家所考虑的应当是各式各样具体的人——男人、妇女、儿童——而不是别的或凌驾其上的什么东西,因为正是这些人构成了这个世界。使每一个人都能获得最大的利益——政治学的使命就是按照这个原则来调整人们之间的关系"②成为不可回避的现实。200 多年前的汉密尔顿在其《联邦党

---

①《邓小平文选》(第 2 卷),人民出版社,1993 年,第 333 页。
②〔英〕伯特兰·罗素著,许峰等译:《自由之路》,文化艺术出版社,1998 年,第 381 页。

人文集》中提出了一个至今仍然具有十分重要政治意义的命题，即"人类社会是否真正能够通过深思熟虑和自觉选择建立一个良好的政府，还是他们永远注定要靠机遇和强力来决定他们的政治组织"①，这一命题被许多人认为是对世界政治理论以及人类文明具有划时代意义的贡献，直到今天，它仍然闪耀着人类智慧的思想火花和真理光芒。

在作了上述有关政治文明的扼要论述后，我们必须考虑这样一个问题：我国当下的社会主义政治文明建设到底需要怎样的价值取向？作为公众舆论中的强势媒介舆论监督，应当在政治文明建设中发挥什么样的作用呢？

二、对公众舆论的理解

公众舆论，简言之，就是公众对社会生活和社会事件公开表露的认识和意见，是公众心态和情绪的社会集纳。近代报人梁启超在他 1896 年发表的《敬告我同业诸君》一文里，明确提出了"舆论无形，而发挥之代表之者，莫若报馆，虽谓报馆为人道之总监督可也"。这可以说是我国最早运用报纸进行监督政府的思想。在西方，直到 18 世纪下半叶，才正式出现"公众舆论"的概念。一般情况下，公众舆论是因公共领域的出现而出现的，后来把"公众舆论"列入公共领域的功能范畴。甚至在整个 18 世纪，所有"公众舆论都被当作是那些建立在争论——理性主义概念之上的规范的潜在立法资源"，阶级利益成为公众舆论的基础。西方著名思

---

① 〔美〕汉密尔顿等著，程逢如等译：《联邦党人文集》，商务印书馆，1987 年，第 15 页。

想家、德国的尤根·哈贝马斯在其经典著作《公共领域的结构转型》①中,对公众舆论给出一个相对的定义,他说,"一种意见在何种程度上可以说是公众舆论,取决于如下的标准:该意见是否从公众组织内部的公共领域中产生,以及组织内部的公共领域与组织外部的公共领域的交往程度,而组织外部的公共领域是在传播过程中,通过大众传媒在社会组织和国家机构之间形成的"。米尔斯在比较"公众"与"大众"之后,为公众舆论的定义提供了一个经验标准,这就是"在公众当中,(1)事实上有许多人在表达意见和接受意见。(2)公众交往有严密的组织,其结果是公众所表达的任何一种意见能立即得到有效的回应。(3)由这种讨论所形成的意见在有效的行动中,甚至是在反对(如果必要的话)主导性的权威体制中,随地可以找到一条发泄途径。(4)权威机构并不对公众进行渗透,因此公众在其行动之中或多或少是自主的。"他进而认为,当意见陷入"大众"交往之中时,意见就不再是公众舆论了②。1980年,联合国教科文组织编写的报告《多种声音,一个世界》中指出:"舆论是一种常常难以进行确切的科学分析的集体现象,它是同人的社会性紧紧联系在一起的。""不仅仅是各种意见的总合,而且是在广泛的知识和经验的基础上不断比较和对比一些意见的一种连续的过程。"③这里有一个很重要的问题,那就是在肯定了舆论是一种"集体现象""多种意见的总合"的同时,指出它是一种动态的、"连续的过程",这是舆论的最典型特征。舆论

①〔德〕哈贝马斯著,曹卫东等译:《公共领域的结构转型》,学林出版社,1999年。
②〔德〕哈贝马斯著,曹卫东等译:《公共领域的结构转型》,学林出版社,第295—296页。
③《多种声音,一个世界》,中国对外翻译出版公司,1981年,第260—268页。

不是一个多种意见的终结,是在过程中发展的,是一种进程中的状态。也正是由于如此,所以舆论是可易的、可变的,有时是可逆的。

可以这样简约地说,那些进入具有政治功能的公共领域里的人,他们对公共事物的批判以及对社会现象提出的意见,最终形成了公众舆论。

我们国家是社会主义国家,广大人民群众享有充分发表意见的言论自由和出版自由,他们可以对国家公职人员评头论足,包括对一些腐败现象进行揭露和抨击。由人民群众为主体的现代公民社会,在很大程度上是通过报刊、广播、电视、网络等多种传媒以"公众舆论"的形式与代表国家机器的官方机构进行沟通、交流、对话,以图实现公民社会与政治国家之间的一种互动、影响关系。在这种互动、影响过程中的,公众舆论监督可以形成一种既无形又巨大的舆论压力,来催促国家机关的从政人员不至于滥用权力,尊重普通劳动者,为公民真诚服务,这种舆论力量在一定程度上可以对公共权力进行有效的制约。

如果说,构成国家主要权力的立法、司法、行政,是作为国家政治实体的力量源泉的话,那么以民间性质为代表的公众舆论,则几乎可以说是我们这个公民社会中唯一能够与国家主要权力相抗衡的力量来源。这种民间权力集中体现在宪法所赋予公民的言论出版自由,集会表达自己意愿的自由,以及对国家公务人员中的违法人提出批评、建议、检举等多方面表现出来的权力。而这样一种公众舆论监督,在其广度和深度方面反映了社会文明化的进步程度。同时,它也从一个重要的方面成为衡量和检查现代社会中公民人格的独立意识和自治水平的重要指标。

诚如,若把"以权力制约权力"看成是现代法治国家自治的一种法治信条的话，那么，"以公众舆论去监督权力，制约权力"，则可堪称是现代社会文明中公民用民主理念彰显的一面旗帜。由于国家公用权力天生具有一种扩张性，因而在国家对公民的侵权方面，广泛且脆弱的社会个体大都无能为力。在这种情况下，通过公众舆论，对处于绝对强势的国家执政者来说，给予一定的舆论压力是完全必要的。

三、媒体之于公众舆论的地位与责任

不管在西方，还是在当今我国，公共领域中的大众传媒总是受到各方力量的制约。

哈贝马斯曾明确指出，公共领域中大众传媒受到政府权力和私人势力的双重宰割。"公共领域由于深受社会势力的影响，因而享有权力。最初，政府使这些新闻机构处于间接的依附状态，授予它们某种半官方地位，因为政府并没有取消，而是充分利用它们的商业性质。"①

"过去一百年来，由于商业化以及在经济、技术和组织上的一体化，它们变成了社会权力的综合体，因此恰恰由于它们保留在私人手中，致使公共传媒的批判功能不断受到侵害。与自由资本主义时代的报刊业相比，一方面，大众传媒的影响范围和力度达到了前所未有的程度——公共领域本身也相应地扩展了，另一方面，它们越来越远离这一领域，重新集中到过去商品交换的私人领域。它们的传播效率越高，它们也越容易受某些个人或集体的

---

① 〔德〕哈贝马斯著，曹卫东等译：《公共领域的结构转型》，学林出版社，1999年，第224页。

利益的影响。"①

"随着商业化和交往网络的密集,随着资本的不断投入和宣传机构组织程度的提高,交往渠道增强了,进入公共交往的机会则面临着日趋加强的选择压力。这样,一种新的影响范畴产生了,即传媒力量。具有操纵力量的传媒褫夺了公众性原则的中立特征。大众传媒影响了公共领域的结构,同时又统领了公共领域。"②在当下我们国家,大众传媒同样也受到两个力量甚至更多个力量的制约。首先,作为党的舆论宣传阵地,传媒首先是党的喉舌、政府的喉舌,但是它又必须反映人民群众的心声,这就是群众的喉舌。从根本上讲,党的喉舌,政府的喉舌,人民群众的喉舌,应该是一致的。但在实际工作中往往会出现矛盾,有时甚至相当激烈。

根据我多种研究工作的分析,一个政党的成熟程度,其中一个非常重要的方面就是看它驾驭媒体的能力,与媒体合作是否成功。古今中外,任何一个有作为的政党,都有它驾驭媒体的绝招,失去了媒体,失去了公众舆论,那这个政党离退出历史舞台也就时日不多了。

媒介舆论在公众舆论中影响力最大。一般讲,媒介舆论监督具有明显的层次性,这种层次性首先是对国家政权方面的党务、政务以及重大决策的选择与报道;其次是对国家各级公务员执政工作的评估与报道;再次就是对社会上一切违纪人员、犯罪人员

① 〔德〕哈贝马斯著,曹卫东等译:《公共领域的结构转型》,学林出版社,1999年,第 225 页。

② 〔德〕哈贝马斯著,曹卫东等译:《公共领域的结构转型》,学林出版社,1999年,第 15 页。

的人和事的评价与报道。舆论监督的主体在这里显然是公民,而新闻媒介通常也就成了公众实施舆论监督的代表和喉舌,它既可以矛头对上,又可以矛头对下。中国媒介作为政治工具有它浓厚的属性特点,它对政府有一种依附,而恰恰是这种依附,决定了中国媒介传播在对权力机关实施舆论监督时,就不能不处于一种天然的劣势境地。

发达国家的媒介舆论监督,一般讲要比我们的监督效果好一些,它们的重点往往集中在对高层次的监督上,即我们上面讲的第一层次,至多是第二层次。这主要是监督国家权力机关及其公务员,这种监督符合广大公民的利益,再说这种监督风险也比较小。

在我国,一般的公众舆论有时很难界定,它们往往既是真实的,又是模糊的;既是生动的,又是粗糙的;既是流变的,又是相对稳定的,有时甚至有某种偏激与盲目。而新闻舆论则不同,较之公众舆论,它是一种比较成熟、明晰的意识形态,它是在公众舆论基础上升华后的结晶,具有较为合理的科学性以及可掌控性。因而,这种媒介舆论的表达主体,具有超越一般公众舆论主体的狭隘立场和视野的能力,比较理性;在表达公众意见方面,它们更多地体现了思辨优势,经过大量对进入舆论领地的泥沙俱下的意见信息的"筛选"与"过滤",去掉了渣滓,提高了纯度;在评价是非的分寸的把握上,较之一般的公众舆论,显得更为客观、理性;在其权威性、引导性、前瞻性方面,比一般的公众舆论具有更明确的价值指向,因而更具有监督"权力"的实质内容。

四、怎样发挥好媒介舆论监督在公众舆论中的作用

舆论监督已经成为我国民主政治发展的一个重要内容。通过传媒促进舆论监督的作用,是我国民主政治建设的一项重要原则,已成为我国权力制约监督机制的重要组成部分。因此,如何发挥好媒介舆论监督在公众舆论中的核心作用就显得更为重要。

1. 有效实施媒介舆论监督的法律保障:有法可依、赋予权利

媒介舆论监督,从法律层面上来讲,主要还是以《宪法》赋予公民的三项权利为依据,这就是言论出版自由、知情权和批评建议权。我国《宪法》第三十五条、第四十一条对此均有明确规定。尽管知情权在《宪法》中找不出直接依据,但党的十三大报告中明确提出"重大情况让人民知道,重大问题经人民讨论",以及"要通过各种现代化的新闻和宣传工具,增加对政务和党务活动的报道,发挥舆论监督的作用,支持群众批评工作中的缺点和错误,反对官僚主义,同各种不正之风作斗争"等,这是在党的文件中第一次正式使用"舆论监督"的提法,赋予舆论监督以明确的意义和内容。作为执政党代表大会通过的重要文件,完全可以作为公民知情权和实施舆论监督的重要依据。

舆论监督的形式和内容非常宽泛,是公众通过民主方式参与国家管理和社会生活的重要形式之一。它既可以包括对党务、政务的公开报道和评论,也可以是对国家公务人员施政活动的监督、评价;还可以是对社会上各种违法犯罪活动的事和人的揭露与批评。"舆论监督"的主体是公众,而新闻媒介通常是公众实施舆论监督的代表和喉舌。

　　但是，由于受我们国家政治体制改革、新闻体制改革滞后等因素影响，舆论监督的外部环境和空间条件还比较差，舆论监督的效果还不甚理想。特别是由于媒介作为政府的依附、政党的工具属性，使得媒介对党务、政务的监督，对国家公务人员的施政监督还非常困难，受到多方面制约。因而，媒介舆论监督更多把自己定位在批评非政治权力层面上，以致公众对媒介舆论监督甚至失去信心。

　　目前，我国舆论监督的障碍主要集中在这样一些方面：首先是"权力障碍"，反映在上级权力部门的行政干预，特别是地方保护主义；其次是不同程度的司法干预；再就是"说情"风和被监督对象及相关人越来越"成熟"的抵制和干预，使得舆论监督常常是隔靴搔痒。

　　在目前情况下，国内不少专家建议，为了健全舆论监督的法规体系，要尽快实现新闻立法。舆论监督缺乏法律保护，必须依靠新闻立法，用立法的形式保障媒介进行舆论监督的权力，如果一时还不能出台新闻法的话，可以先由国务院尽快颁布一个舆论监督条例①。在国务院还没有这个条例的情况下，地方立法机构或行政机构也可制定适用于本地区的条例。

　　还有的专家建议："以法律的形式规定新闻媒介独立负责的地位和作用，确认新闻媒介传播事实、反映和整合舆论的法定权利和义务。应该规定新闻媒介具有舆论监督的权利；同时也规定，新闻媒介的批评和监督仅仅具有信息和舆论的作用，而不具有行政和司法的功能。改政府对新闻媒介的直接控制为人民代表大会、政治协商会议等立法咨询机构中的专业委员会对媒介的

---

① 孙旭培：《论舆论监督的探讨和回顾》，《炎黄春秋》2003年第3期。

间接监控;同时,扩大新闻工作者协会等行业组织在沟通政府与新闻界的关系及维护行业规范和职业操守方面的作用,提高新闻界的专业水平。""加强民主和法制建设,保障并完善包括新闻媒介的舆论监督在内的所有社会监督体系及其监督机制。鉴于新闻舆论监督在社会生活中的重要性,政府各级领导部门应该支持媒介的舆论监督。应将广播电视媒介舆论监督类节目置于有利的时段位置,以扩大其影响。对抵制和破坏舆论监督的行为应该有追究和仲裁的法定机制和渠道。"包括目前关于批评报道的批准手续问题,也急需改革。以往如遇舆论监督类报道,要层层审批,有时还必须征求当事方主管部门的同意,方可公开,极大地阻碍了正常的舆论监督,有时也失去了应有的时效性。在民主化进程走到今天,特别是在建设社会主义政治文明的今天,应当赋予新闻媒介独立负责的地位和自行审核新闻的权利。鼓励新闻媒介主动与政府各部门特别是上级主管部门沟通,寻求支持和理解。同时,保留行政部门依法事后追究媒介责任的权力,以加强媒介自身的责任心,减少政府特别是个别机构对新闻媒介的直接控制,而采取由法规部门按法定程序依法管理的做法。

2. 媒介舆论监督的价值追求和职业操守:追求真理、坚持客观

媒介舆论监督的价值追求和职业操守,是力量之本。舆论监督必须说明事实真相,追求真理,坚持客观。真理、客观,就是真实,真实是最有力量的,真实对敌人的杀伤力最大。

新闻报道、舆论监督遵循的客观是什么?从最纯正的意义来讲,客观就是指新闻报道必须超然物外,清澈如水,一如事物的本身。大量事实证明,在有意识存在的社会里,客观只是一种非常美好的理想而已,很难做到。这是因为,人是社会的人,是某一利益群体的一分子，人的社会属性铸就了搞新闻报道的人不可能超然物外，清澈如水。那么是不是我们就不去追求客观了呢？也不是！从更科学的意义上来说：客观性是一种理论，客观性是一种方法，客观性是一种境界。

客观性是一种理论。新闻工作者、媒介人，坚持客观性这一理念，就可以避免偏见，防止歪曲，按照事物的本来面目，对新闻价值进行取舍。不管你如何评价客观性，毕竟它从整体上为媒介了解、报道社会提供了一件合法的外衣和一种到达目的地的途径。正是在这样一种理念下，像西方的新闻专业主义，一时间就很有市场，而一些过分的激烈的表述则失去了市场，兼顾平衡的报道方针以及编辑思想则趁势发挥着更大的作用。作为一种观念、准则，客观性最终成为保护媒介人的武器，功不可没。由此，客观性的实践准则也越来越被世界新闻界所公认。

客观性是一种方法。客观性已经在新闻报道实践中发展成为一种程序。比如陈述性的报道，解释性的、调查性的报道等，都体现了它是一种方法。特别是借鉴社会学以及其他学科的一些分析方法、统计方法，将其应用到新闻报道实践中，也体现了客观性的原则。在信息全球化的今天，"客观公正"已成为国际新闻业的共同准则和行规。但是，需要指出的是，实践已经早已无数次证明，新闻报道不可能是纯客观的，新闻也不应该是客观的，客观性只不过是在一种冠冕堂皇旗帜下的方法、理念。有学者说，客观性绝不意味着总是发现事物的真相，它的价值只不过是为我们提供了一种理解、判断各种复杂事物的途径和方法，是沟通国家政体与公民的一种解释方法。或者说，是一种在"客观性"的幌子下，媒介已经不知不觉地最有效地向受众推荐、销售了它的产品——事实与观点的那样一种高明方法。

　　客观性是一种境界。对许多新闻从业人员来说,客观性是永远值得追求的那样一种既美好又比较切合实际的思想境界,但绝不是形而上学的、绝对的标准,因为人们很难真正达到那种境界。在这个世界上,或许从来就没有纯粹的事实,只有人们对事实的解构。

　　作为媒介舆论监督的一个重要价值准则,坚持追求真理,实事求是,公正客观,是做好舆论监督的重要前提和保证。

3. 媒介舆论监督的工作思路:找准问题、因势利导

　　媒介舆论监督要发挥作用,必须找准问题、因势利导,在热点、难点上下功夫。什么是问题? 问题就是矛盾,抓住了矛盾,就抓住了问题。毛泽东同志早就说过:"哪里有没有解决的矛盾,哪里就有问题。既有问题,你总得赞成一方面,反对另一方面,你就得把问题提出来。提出问题,首先就要对于问题即矛盾的两个基本方面加以大略的调查和研究,才能懂得矛盾的性质是什么,这就是发现问题的过程。"①

　　实施舆论监督,要深入下去找问题,特别要留意发生在我们周围的热点、难点、焦点问题,把那些公民、受众最关心的问题,报道出来,透过现象,抓住本质。

　　在抓问题方面要有大无畏的精神。实践证明,做好舆论监督有很多困难。一是我们国家的政治体制改革滞后,不甚讲究分权制衡,这是中国国情所在。因此,在对付权力腐败方面办法不多,好多时候束手无策。其次是不规范的市场经济带来的负面影响,使得利益驱动下的权钱交易、徇私枉法的腐败现象滋生蔓延。在

①《毛泽东选集》(第3卷),人民出版社,1991年,第839页。

这种情况下，如果能非常好地利用媒体的运作特点，把腐败东西揭露出来，暴露在光天化日之下，就会收到非常好的效果。有人把这种对民主政治发展具有独特作用的功能模式，称之为"阳光"功能模式，因为它的公开性、透明性犹如阳光下灭菌，从而为民主政治净化环境。

在找准问题的过程中，要善于因势利导。什么叫"势"？"势"就是一种状态，一种趋向，大到世界大势、国家大势，它反映了一种规律性的东西，决定着今天的走向，以及明天和未来的局势。"势"关大事，"势"关国计民生。在关注"势"的过程中要解决好媒体与公众舆论"两张皮"的问题，一是政府意图，二是公民需求。公众舆论，是公众对社会生活和社会事件公开表露的认识和意见，新闻传媒要有效地引导舆论，了解群众心态，体察民情民意。人们在想什么？关注什么？媒体要真实反映舆情，正确表达公众舆论。当然，这种舆论反映不是被动的、消极的，而是通过反映舆论体现传播主体的意图与观点，反映公众舆论本身就包含了影响舆论。如果对群众关注的一些热点、难点问题，媒体左顾右看，有意回避，不主动触及，就难以引导社会舆论，就会失去民意和信任，必然大大削弱引导舆论的作用。

4. 媒介舆论监督对政府的迫切要求：公开信息

媒体舆论监督的前提是了解事实，公开事实。没有公开、透明的信息，新闻舆论监督无法真正实施；新闻采访权利在今天仍然缺少合法的依据和畅通的渠道。2003年SARS疫情信息封闭，使我们付出了沉重的代价，带给我们太多的思考。人们普遍认识到，流言止乎媒体，应对危机需要信息"阳光"。当然，信息公开并不意味着毫无保护、一览无余地公布信息，对于涉及国家安全等国家秘密的信息内容，需要有法律的保护。但对这些需要保护的内容和范围，对信息公开的实施方法，也应该受社会各界的争辩和实践的检验。

长期以来，我们对媒体的管理一直沿用一种"泛政治"化的传统思维，报喜不报忧，文过饰非，掩盖事实真相，结果教训惨痛。对于人民大众的知情权，一定要给予充分的保障。这是人民的政治权益，理应得到保护。党的十六大把政治文明建设作为全面建设小康社会的重要目标之一，具有非常重要的现实意义和历史意义。推进信息公开，保障公民的知情权，重大事情让人民知道，让人民讨论，媒体负有重要责任，前提是政府支持。在这次 SARS 防治过程中，一段时间之内的媒体"失语""失真"，极大地损害了公民的知情权，同时造成疫情蔓延的严重后果，媒体负有不可推卸的责任。当然，媒体也有媒体的苦衷。媒体不能只是政府的喉舌，不能只服从党的领导，只做党的工具。我们现在是民主施政，因此，媒体还有公众舆论部分的公众属性，所以，媒体同时又应当是人民群众的喉舌，是反映民意的载体，具有公器之责。现在，信息公开的原则和新闻采访权利都缺少合法的保障措施，新闻采访的权利和新闻信息的获得往往取决于领导者的意志，随意性比较大，在比较开放的地区，在比较开明的领导下，信息公开和新闻采访获得了某种程度的保障；但在大多数地区和大多数情况下，信息公开的原则尚未确认，新闻采访权得不到保障。而有的主管部门，有些领导同志往往把"正面宣传为主"作为抑制舆论监督的挡箭牌，封锁公众的知情权。

再比如，"与党中央保持一致"，这本来是一条政治纪律，其宗旨就是在路线、方针、政策、宣传、教育等方面，不得与党中央唱反调。但是在有些人、有些主管部门那里，"与党中央保持一致"成了教条主义的,千报一面,千台一腔,千篇一律,甚至连什么版面,字体、照片的大小,各媒体都得与中央机关媒体"对表",几乎全都成了"克隆"产品,这不能不说是中国媒体的悲哀。

党的十六大明确把"发展社会主义民主政治,建设社会主义政治文明",作为"全面建设小康社会的重要目标",具有极其重要和深远的历史意义。以胡锦涛为总书记的党中央,在积极应对防治 SARS 的战役中,突破了"泛政治"化的思维方式,在公开信息,问责政府两个方面都取得了重大突破,开创了公众舆论监督的良好典范,为我国的民主政治建设特别是政治文明建设开了一个好头,同时也积累了经验。它再一次告诉我们,新闻舆论监督的最高形式是全体人民的监督,以传媒为主要载体的公众舆论,是关系国泰民安的最可宝贵的舆论资源,舆论监督既可以是称职的"可以明得失"的"政府镜鉴",又可以是明事达理的"群众喉舌";既可以是"载舟"的民意体现,又可以是老百姓"覆舟"意志的充分体现。

我们相信,随着我国民主政治建设步伐的加快,公众舆论监督在政治文明建设中将有更大作为。

原载于《江苏社会科学》2004 年第 1 期

媒体与政府形象的关系研究

媒体与政府形象的关系是现代社会公共领域中的重要内容，媒体作为重要公共领域，在塑造政府形象方面，具有其他载体不可替代的作用，它对促进社会政治文明建设，维护社会安定团结，具有非常重要的意义。

塑造政府形象：媒介具有不可替代的作用

现代社会是一个信息社会、公众社会，政府形象如何，对于社会稳定和发展，特别是在推进社会主义民主政治建设、社会主义政治文明建设中发挥着重要作用，而媒体在这方面有不可替代的责任。

新闻媒介已成为构建公民社会不可或缺的重要公众精神和公众意识的代言人。

现代社会的不断进步，进一步凸现了公民社会的地位与作用，而公民社会的日显重要与新闻媒介的社会参与及舆论监督是密不可分的。诚如有学者分析的："作为政治国家相对独立的社会自治领域，现代意义上的公民社会在相当程度上通过报刊、广播、电视等传媒，以'公众舆论'的形式与代表政治国家的官方进行沟通、对话，进而实现公民社会与政治国家之间良性的互动关系。由于广大公民享有充分发表自己意见和观点的言论自由和出版自由,可以对国家公职人员的职务行为进行评议和监督,对国家机关及其工作人员(包括领导干部)的腐败现象进行揭露、谴责和控诉,因而公众的舆论监督可以形成一种无形而又巨大的舆论压力,督促国家机关切实履行其为公民服务、尊重和保障人权的承诺和职责,同时对有被滥用危险的公共权力进行有力地制约,对关涉国计民生的公共政策的制定和实施进行有效的监督。"①

显然,这里的媒体作为一种具有特殊性质的社会公器,是一个舆论载体(或者说一个场),而公民社会中的公众,则是一个民间的舆论场,两者共存于当下这个社会中,形成了特殊的公共部分。媒体通过自身的得天独厚的舆论监督增进了公众对媒体的介入和信任;反过来,公众通过媒体的舆论监督,促进了现代公民社会的形成。这两个舆论场的重合、互动,构成了现代社会健康文明发展的有效机制。新闻舆论监督通过公民社会的形成促进社会文明进步,新闻媒体已经成为建构公民社会的重要机制之一。而这种机制,在今天,已经通过媒体、网络,包括手机短信等领域,深入到社会,深入到千家万户,深入到人的思想行为之中。新闻媒介以公民参与性为最重要特征。诚然,在我们国家,新闻媒体不可能像一些发达国家那样,比如"媒体在美国已成为实际上的第四权力,它与三权分立的政权的关系是既合作,又制衡,共同维护美国的国家政治制度和美国国家利益。媒体的日常报道相对来说是自由的,但未必都客观公正。这是由媒体的商业性质、各种利益集团对它们的利用、它们在获取信息方面对政府的

①刘武俊:《以舆论监督权力》,《检察日报》1993年3月15日。

依赖,以及政府对媒体的无形控制等多种因素决定的。"①

　　但是,毕竟我国的媒体这些年来已经越来越重要地发挥着自己的作用,越来越深入地嵌进社会的整体运行机制中,媒介和政府似乎既对立又统一,既依赖又制约。因此,在一定意义上讲,传媒可以说正在成为公众精神、公众意愿的代言人。

　　实际上,西方一些著名的传播学家、社会学家对媒介与政府的关系以及媒介的民主角色等问题多有论述。像美国著名哲学家杜威与传播学家李普曼,尽管他们的年龄相差了近半个世纪,但他们的一些论述对当时美国的民主状况都表示了极大的忧虑,并提出了自己的想法。杜威曾认为,传播是民主的中心,它不仅扮演着联结公民的角色,而且扮演着解答个人与社会利益矛盾的角色。他甚至宣称:"传播是人类生活唯一的手段和目的。作为手段,它把我们从各种事件的重压中解放出来,并能使我们生活在有意义的世界里;作为目的,它使人分享共同体所珍视的目标,分享在共同交流中加强、加深、加固的意义。……传播值得人们当作手段,因为它是使人类生活丰富多彩、意义广泛的唯一手段;它值得人们当作生活的目的,因为它能把人从孤独中解救出来,分享共同交流的意义。"②

　　杜威对媒介参与公众活动的民主观,有它的理想性色彩,从一定意义上来讲,新闻媒介在政府与公众之间,既要维护民主的理想,又要面对民主政治进程中的残酷现实。

　　一方面它可以在引领公众参与中结合公民精神的东西和价

①顾耀铭主编:《我看美国媒体》,新华出版社,2000年,第221页。

②R. B. Westbrook, *John Dewey and American Democracy*, Ithaca, New York: Cornell University, 1991, P. 276.

值追求,并能形成较为一致的意见;另一方面,它又要得到政府的
支持、理解。一方面,它不能简单地满足于揭丑;另一方面,它又
要配合政府对这个社会提出建设性的内容。因为,从根本上来
讲,媒介只是一个平台,不好说三道四地随便散布一些与政府主
流意识形态相悖的价值观去影响受众,因为对它来讲,最大的政
治就是扮演好统治阶级工具的角色,并使统治阶级的价值观在现
实生活中保持活力。当然,它还要当好社会守望者的角色。

政府:借助媒体塑造形象

有人说,"传媒是政治的战场",的确如此。政府如何借助媒
体塑造自己的形象,这是各级政府都面临的一个工作问题。有人
讲,凡是成功的政治家,大都是媒体的好朋友。如果他惹怒了媒
体的话,那离他的政治生涯结束也就不远了,古今中外,基本这
样。据怀特海说:"在美国,如果新闻界还没有准备好公众的思
想,那么任何国会的重大立法、任何国外冒险、任何外交活动、任
何重大的社会改革都不可能成功。"[①]

诚然,政府形象首先是自己身正的问题,不可能有一个糟糕
的政府,在媒体上有良好的形象。政府树立良好的形象,必须坚
持正面宣传为主,充分发挥舆论引导的作用。

江泽民同志对正确引导舆论有重要和明确的论述,提出著名
的"福祸论"。1994年,他在全国宣传思想工作会议上指出:"舆论
导向正确,人心凝聚,精神振奋;舆论导向失误,后果严重。正反
两方面的经验告诉我们,引导舆论,至关重要。各级党委、宣传部

---

① 顾耀铭主编:《我看美国媒体》,新华出版社,2000年,第22页。

门和新闻出版等单位的领导干部,必须以高度的责任心抓好舆论引导工作。"并进一步明确提出:"坚持正确的舆论导向,就是要造成有利于进一步改革开放,建立社会主义市场经济体制,发展社会生产力的舆论;有利于加强社会主义精神文明建设和民主法制建设的舆论;有利于鼓舞和激励人们为国家富强、人民幸福和社会进步而艰苦创业、开拓创新的舆论;有利于人们分清是非,坚持真善美,抵制假恶丑的舆论;有利于国家统一、民族团结、人民心情舒畅、社会政治稳定的舆论。"1996年,江泽民同志在视察人民日报社时,把舆论导向问题提高到一个新的理论和认识的高度来强调。他指出:"历史经验反复证明,舆论导向正确与否,对于我们党的成长、壮大,对于人民政权的建立、巩固,对于人民的团结和国家的富强,具有重要作用。舆论导向正确,是党和人民之福;舆论导向错误,是党和人民之祸。"这一论断以鲜明简洁的语言,深刻地阐述了舆论导向与党和人民利益的密切关系,指明了新闻宣传工作所肩负的"以正确的舆论引导人"的光荣使命和艰巨任务。

在党的十五大报告中,江泽民同志又强调指出:"新闻宣传必须坚持党性原则,坚持实事求是,把握正确的舆论导向。"在党的十六大报告中,江泽民同志再次指出:"新闻出版和广播影视必须坚持正确导向,互联网站要成为传播先进文化的重要阵地。"在这些论述中,使我们深深体会到:引导舆论是新闻工作的使命和任务,导向是否正确,关系到舆论引导的成功还是失败,而这一成功与失败,绝不是一般工作的成功与失败,直接关系到党和人民的福与祸。

就目前的实际情况来看,作为政府机关,一般来讲,主动地去联系媒体,实施良好的舆论监督,做得不理想。有些地方甚至借口"影响团结""伤害同志""影响大局""给政府添乱"等,阻止和压制媒体开展新闻舆论监督。这就必然会导致一些摩擦或不和谐。比如,有一个城市在2003年暑期,水厂因停电而停水,给居民生活造成很大困难。而此时,政府主管部门还是在很努力地解决问题的,但由于平时经常与部分媒体有点小摩擦,因此,一家报纸在头版登出的通栏大标题是:《谁将引咎辞职?》。这样的报道,只能是火上浇油。

政府配合媒体做好舆论监督,一定要有一个开放的姿态和一整套措施。

一般讲,媒介舆论监督具有明显的层次性,这种层次性首先是对国家政权方面的党务、政务以及重大决策的选择与报道;其次是对国家各级公务员执政工作的评估与报道;再其次就是对社会上一切违纪、犯罪的人和事的评价与报道。舆论监督的主体在这里显然是公民,而新闻媒介通常也就成了公众实施舆论监督的代表和喉舌,它们既可以矛头对上,又可以矛头对下。中国媒介作为政治工具有它浓厚的属性特点,它对政府有一种依附,而恰恰是这种依附,决定了中国媒介传播在对权力机关实施舆论监督时,就不能不处于一种天然的劣势境地。但对权力机构来说,诚如尤根·哈贝马斯在《公共领域的结构转型》中指出的:"它们能够操纵'公共舆论',而本身却不受公众舆论的控制。"

发达国家的媒介舆论监督,一般讲要比我们的监督效果好一些,它们的重点往往集中在对高层次的监督上。比如,监督国家权力机关及其公务员,这种监督符合广大公民的利益,再说这种监督风险也比较小。比如,美国的法律规定"报纸除非煽动以暴力或者其他非法手段推翻政府,它的一切批判政府的言论都不受法律制裁"。托马斯·杰弗逊甚至讲过,一切谬误,只有大家都可以批判,就不可怕了。大众媒介在西方,表现在舆论监督方面的最主要的作用就是遏制政府滥用权力。像"水门事件"中的尼克松下台,克林顿的性丑闻,日本几届政府的匆匆下台等,媒介舆论监督都是冲在最前面。但是,世界上绝没有超阶级的东西。媒介对政府的批评,往往是发挥着一种更为平等的制衡作用。比如,被西方社会称为"第四权力"的媒介,有时也被看作国家政治权力与社会生活中的"看门狗"的角色等。

舆论监督已经成为我国民主政治发展的一个重要内容。通过传媒促进舆论监督的作用,是我国民主政治建设的一项重要原则,已成为我国权力制约监督机制的重要组成部分。因此,如何发挥好媒介舆论监督在公众舆论中的核心作用就显得更为重要。

有效实施媒介舆论监督的法律保障,在于做到有法可依,赋予权利。媒介舆论监督,从法律层面上来讲,主要还是以《宪法》赋予公民的三项权利为依据,这就是言论出版自由、知情权和批评建议权。我国《宪法》第三十五条、第四十一条均有明确规定。尽管知情权在宪法中找不出直接依据,但从党的十三大报告一直到十六大报告,有四次明确提出舆论监督的问题。十三大报告中提出"重大情况让人民知道,重大问题经人民讨论","要通过各种现代化的新闻和宣传工具,增加对政务和党务活动的报道,发挥舆论监督的作用,支持群众批评工作中的缺点和错误,反对官僚主义,同各种不正之风作斗争"等。十六大报告中指出:"认真推行政务公开制度,加强组织监督和民主监督,发挥舆论监督的作用。"它们都赋予舆论监督以明确的意义和内容,作为执政党代表大会通过的重要文件,完全可以作为公民知情权和实施舆论监督的重要依据。

但是,由于受我们国家政治体制改革、新闻体制改革滞后等因素的影响,舆论监督的外部环境和空间条件还比较差,舆论监督的效果还不甚理想。特别是由于媒介作为政府的依附、政党的工具属性,使得媒介对党务、政务的监督,对国家公务人员的施政监督还非常困难,受到多方面制约。因而,媒介舆论监督更多地把自己定位在批评非政治权力层面上,以致公众对媒介舆论监督失去信心。

目前,我国舆论监督的障碍主要集中在这样一些方面:首先是"权力障碍",反映在上级权力部门的行政干预以及地方保护主义;其次是不同程度的司法干预;再就是"说情"风和被监督对象及相关人越来越"成熟"的抵制和干预,使得舆论监督常常是隔靴搔痒。

在目前的情况下,国内不少专家建议,为了健全舆论监督的法规体系,要尽快实现新闻立法。舆论监督缺乏法律保护,必须依靠新闻立法,用立法的形式保障媒介进行舆论监督的权力,如果一时还不能出台新闻法,可以先由国务院尽快颁布一个舆论监督条例。

还有的专家建议,要以法律的形式规定新闻媒介独立负责的地位和作用,确认新闻媒介传播事实、反映和整合舆论的法定权利和义务。应该规定新闻媒介具有舆论监督的权力;同时也规定,新闻媒介的批评和监督仅仅具有信息和舆论的作用,而不具有行政和司法的功能。改政府对新闻媒介的直接控制为人民代表大会、政治协商会议等立法咨询机构中的专业委员会对媒介的间接监控;同时,扩大新闻工作者协会等行业组织在沟通政府与新闻界的关系及维护行业规范和职业操守方面的作用,提高新闻界的专业水平。

加强民主和法制建设,保障并完善包括新闻媒介的舆论监督在内的所有社会监督体系及其监督机制。鉴于新闻舆论监督在社会生活中的重要性,政府各级领导部门应该支持媒介的舆论监督。应将广播电视媒介舆论监督类节目置于有利的时段位置,以扩大其影响。对抵制和破坏舆论监督的行为应该有追究和仲裁的法定机制和渠道。包括目前关于批评报道的批准手续问题,也亟须改革。以往如遇舆论监督类报道,要层层审批,有时还必须征求当事方主管部门的同意,方可公开,极大地阻碍了正常的舆论监督,有时也失去了应有的时效性。民主化进程走到今天,特别是在建设社会主义政治文明的今天,应当赋予新闻媒介独立负责的地位和自行审核新闻的权利。鼓励新闻媒介主动与政府各部门特别是上级主管部门沟通,寻求支持和理解。同时,保留行政部门依法事后追究媒介责任的权力,以加强媒介自身的责任心,减少政府特别是个别机构对新闻媒介的直接控制,而采取由法规部门按法定程序依法管理的做法。

媒介如何塑造政府形象

媒介作为上层建筑的一部分,必然要为它所依附的经济基础服务,世界各国都是这样,无一例外。美国的杰克·富勒曾说过:"当代报道中的最大困难之一直接来自对被观察的现象所产生的监测效果。最常见的报道对象——首先是政府和政客——已变得特别精通于支配新闻事业的种种规则。因此,他们策划事件,作出关于公共政策的决定,其目的只是为了在电视或报刊上买个好。在某种意义上,这种发展正反映出民主在一个追求即时性的时代发挥着作用。对于政府官员来说,必须征得被治理者的同意毕竟是一个包袱。官员们必须决定人民将对政府以他们的名义已做或打算做的事情作什么样的反应,然后在必要时改弦易辙,以赢得支持。问题不在于即时性或不断地寻求同意。问题在于手段,因为这种手段已经将形象重视到了不健康的地步。"①

我国新闻媒体作为党、政府和人民的喉舌,不仅有上通下达的责任,更有为政府塑造形象,帮助政府改进工作的职责职能。喉舌论说明了党的新闻工作的性质,以及在国家工作中的极其重要的地位和作用。媒体塑造政府形象主要从以下几个方面考虑。

其一,使命与立场。我国媒体舆论监督的现状,虽取得一些成绩,但总体上不令人满意,甚至出现了一些误区,新闻学者陈力丹就说过:"媒介监督"替代了"舆论监督"。舆论监督通常是通过社会舆论意见形式,对各种权力机构及其成员,包括社会公众人物自由表达自己意见、看法所产生的一种客观效果,其特点是广泛的、无名的。其最核心的内容或本质特点就在于它是一种客观存在的公众性意见。而媒介监督就不能不打上其所依赖经济基础的阶级印痕,两者是不能等而同之的。媒介监督转化为政府部门的权力。我国的大众媒介,其性质是国有的,主流媒体都是党和政府控制的,非主流媒体一般也都隶属于一些党政机关或团体。因此我国媒体的舆论监督在一般情况下,就不能不带有政府的立场。形式只是通过媒体出现的,实际上是贯彻了党和政府的态度、立场或直接授意。最典型的莫过于"文化大革命中"的"两报一刊"现象,那时的"两报一刊"在社会上都是被视作中央文件

---

① 〔美〕杰克·富勒著,展江译:《信息时代的新闻价值观》,新华出版社,1999年,第21—22页。

看待的。

在今天，虽然没有"文化大革命"中那样极端，但媒体的作用影响也越来越大，在实际中也确实存在着媒介监督超出政党的权力范围的现象。令人遗憾的是，我们的媒体在报道中注意到这种区分的却不多。正如经济学家汪丁丁所说："舆论评价与监督具有'放大器'的作用，一个谣言、一条业绩评估或者一位总裁的去留问题，都通过新闻这个放大器而变得异常敏感。"

从理论层面上讲，媒介监督只是舆论监督的一部分或者形式之一，为大众提供言论自由的通道或载体，是它的权利和义务。但是在今天的情况下，媒介权力和政府权力往往结合在一块，使党政行为变相地以舆论监督的形式出现，往往起到相反的效果。

其二，缺位与越位。由于把媒介监督与舆论监督混为一谈，特别是把媒体监督与政府意见、权力结合在一起，使得媒介监督必然出现"缺位"和"越位"，当老百姓真正需要代表他们的意见心声时，媒体缺位、失语；而在有些场合，媒体的一些人利用媒体权力干预司法，干预人身自由，把社会公器变成个人私器，或少数人专用之器，而一旦这种"缺位""越位"泛滥，那给社会造成的危害将是很大的。

其三，媒介舆论监督的价值追求和职业操守。媒介舆论监督的价值追求和职业操守，是力量之本。舆论监督必须说明事实真相，追求真理，坚持客观。真理、客观，就是真实，真实是最有力量的，真实对敌人的杀伤力最大。列宁指出，新闻报道必须反映社会生活的真实，联系到人和事，"要冷静地分析证据，更详细地、更简明地反复说明事实真相"①。恩格斯说:"这些报纸虽然代表着自诩为世界上最讲究实际的民族的舆论,却从来不屑于研究细节和统计数字,而这些细节和统计数字不仅在贸易和政治经济方面,而且在国家政策方面都是采取一切明智决定的基础。"②毛泽东、邓小平、江泽民等也多次明确强调,一定要用事实说话,事实是最说明问题的,事实最有力量。

新闻报道、舆论监督遵循的客观是什么? 从最纯正的意义来讲,客观就是指新闻报道必须超然物外,清澈如水,一如事物的本身。大量事实证明,在有意识存在的社会里,客观只是一种非常美好的理想而已,很难做到。这是因为,人是社会的人,是某一利益群体的一分子,人的社会属性铸就了搞新闻报道的人不可能超然物外,清澈如水。那么是不是我们就不去追求客观了呢? 也不是! 从更科学的意义上来说,客观性是一种理论,客观性是一种方法,客观性是一种境界。新闻工作者、媒介人,坚持客观性这一理念,就可以避免偏见,防止歪曲,按照事物的本来面目,对新闻价值进行取舍。不管你如何评价客观性,毕竟它从整体上为媒介了解、报道社会提供了一件合法的外衣和一种到达目的地的途径。正是在这样一种理念下,像西方的新闻专业主义,一时间就很有市场,而一些过分的激烈的表述则失去了市场,兼顾平衡的报道方针以及编辑思想则趁势发挥着更大的作用,作为一种观念、准则,客观性最终成为保护媒介人的武器,功不可没。由此,客观性准则也越来越被世界新闻界所公认。

公众对社会生活和社会事件公开表露的认识和意见,新闻传

①《列宁全集》(第 46 卷),人民出版社,1984 年,第 369 页。
②《马克思恩格斯全集》(第 10 卷),人民出版社,1962 年,第 615 页。

媒要有效地引导舆论,了解群众心态,体察民情民意。人们在想什么? 关注什么? 媒体要真实反映舆情,正确表达公众舆论。当然,这种反映舆论不是被动的、消极的,而是通过反映舆论体现传播主体的意图与观点,反映公众舆论本身就包含了影响舆论。如果对群众关注的一些热点、难点问题,媒体左顾右看,有意回避,不主动触及,就难以影响、引导社会舆论,就会失去民意和信任,必然大大削弱引导舆论的作用。

媒体舆论监督的前提是了解事实,公开事实。没有公开、透明的信息,新闻舆论监督无法真正实施。新闻采访权利在今天仍然缺少合法的依据和畅通的渠道。当然,信息公开并不意味着毫无保护、一览无余地公布信息,对于涉及国家安全等国家秘密的信息内容,需要有法律的保护。但对这些需要保护的内容和范围,对信息公开的实施方法,也应该受社会各界的争辩和实践的检验。

长期以来,我们对媒体的管理一直沿用一种"泛政治"化的传统思维,报喜不报忧,文过饰非,掩盖事实真相,结果教训惨痛。对于人民大众的知情权,一定要给予充分的保障。这是人民的政治权益,理应得到保护。推进信息公开,保障公民的知情权,重大事情让人民知道,让人民讨论,媒体负有重要责任,前提是政府支持。现在,信息公开的原则和新闻采访权利都缺少合法的保障措施,新闻采访的权利和新闻信息的获得往往取决于领导者的意志,随意性比较大,在比较开放的地区,在比较开明的领导下,信息公开和新闻采访获得了某种程度的保证;但在大多数地区和大多数情况下,信息公开的原则尚未确认,新闻采访权得不到保障。而有的主管部门,有些领导同志往往把"正面宣传为主"作为抑制舆论监督的挡箭牌,封锁公众的知情权。

形象就是权威,形象就是力量,形象是一种导向,形象也是先进生产力,有了好的形象,才能有很好的影响。在树立党和政府良好形象方面,新闻媒体大有可为,任重道远。只要在正确引导舆论这方面,不失语,不缺位,不越位,恪尽职守,那就一定能在社会主义政治文明中作出更大贡献。

原载于《江海学刊》2004年第5期

解读新闻文化的价值观意义

凡有人类的地方,就有价值问题。媒介价值观问题是媒介传播中一个非常重要的问题,新闻文化的价值观是依人、依事而存在的。媒介作为价值观念的传播载体,必须具备主体灵魂的价值诉求,否则将失去精神载体家园的资格。马克斯·韦伯曾提出价值理性和工具理性。前者是以某种先验的信念检验行为的合理性,只要动机纯正、神圣,不管结果如何,这样的行为都是合理的;后者不看动机,只注重效果,为了达到一个目标,可以不择手段。比如:"以人为本"就属于价值理性;甭管白猫黑猫,逮住老鼠就是好猫,属于工具理性。新闻文化的价值观,严格讲来二者都有。新闻文化作为一种群众性的应用型文化,有它鲜明的价值观,新闻文化的价值观表明在主客体统一的物质世界中,二者是分离的,当然也意味着作为主体的媒介在意识观念中对自身与受众的区别。恰恰是这样一种区别,真正从价值理念的意义上解释了新闻文化。笔者在多年研究新闻文化的理解上,提出了一个三元结构的价值体系,以就教于学界同人。

一

在讨论新闻文化价值观问题时,我们不能不对以往的价值观作一些梳理。首先,价值是什么? 新闻文化的价值观是什么? 从哲学意义上讲,价值是主体与客体之间的一种效用关系。价值是客体对主体的意义,也就是客体对主体的作用、效用。反之亦然,同样具有主体对客体的作用问题。价值具有明显的社会性、客观性、主体性、相对性等特点。

　　新闻文化的价值观是什么呢? 相对于哲学意义上的价值来说,新闻的价值观范围就小得多了,它实际上就是建立在新闻传播现象、传播活动基础上的传播主体与传播客体之间的价值现象和效用关系。新闻事实经过媒介传播,方可产生价值,否则就是零价值,这种价值事实上是以新闻事实、新闻文本、传播效果展开的。

　　其一,新闻是媒体的产品,是对社会事实传播过程中的物化,是事实与文本的统一体。因此,讨论新闻文化的价值观是不能不讨论媒体的。就 20 世纪以来的媒体发展看,并没有因经济发展而使媒体必然导致一种只追求经济利益,忽视其应有社会责任和舆论引导的倾向。应当说,学界所形成的共识一致认为媒体作为一种特殊的组织,其新闻产品不应只是满足人们的信息需求、知识需求和文化娱乐需求,更重要的是要担当起社会瞭望者、守望者的媒介责任,这种责任在很大程度上影响社会价值道德,引领人们的价值取向。正因为如此,国内外诸多媒体特别是主流媒体,尽管面对市场的压力,不能不把相当多的精力放在经营上,但它们都没有忘记自己的社会责任,没有变成为一只简单的"经济动物"。从世界范围来看,传统价值观念亦受到挑战。20 世纪中叶,由美国的威尔伯·施拉姆等人撰写的《报刊的四种理论》[1]从

────────────

[1]〔美〕施拉姆:《报刊的四种理论》,中国人民大学出版社,2008 年。

世界范围内对报纸媒体的主要理论作了深入分析,就大的方面对价值观给出了一个大致分野与描述:

1.在集权主义理论里,媒体可以是公共的,也可以是私人的,国家对媒体颁发许可证。如果发现媒体出版了严重挑战政府的材料,许可权将被取消,出版者会受到重罚,个人必须服从国家。

2.在苏联的报刊理论中,政府拥有并经营大众媒体。所有媒介职员都是政府雇员,为政府的利益服务。媒体首先是服从,权力是社会的,属于人民,潜在于社会之中,从社会行为中发挥作用。有人概括了它是与国家政权的其他工具及党的影响密切结合在一起的工具;它是在国内和党内实现统一的工具;它是党和国家发布指示的工具;它几乎是专用于宣传和鼓励的工具;其特点表现在严格地强制的责任等五个方面的党和国家的工具意义。

3.自由主义理论是基于对集权主义的反叛而提出来的,这一理论源于这样的概念:在给定一个问题的所有信息时,人们能够鉴别什么是真的,什么是错误的,并将作出自己的判断。它强调个人自由和个人判断原则的优越性以及真理若不受约束即能战胜一切的原则。基于此,媒体的主要目的是真实的东西,媒体经常被称为"思想的自由市场"。

4.社会责任理论发端于美国,从价值观念上,该理论继承和接受了自由新闻界的概念,但是规定了媒体应该做什么。其最主要的内容是,如果媒体不能够担负起它对社会的责任,政府应该敦促媒体去遵守。

随着社会发展,又出现了第五种理论,学界称之为发展理论。这种理论大多为第三世界国家所奉行,其主要内容是媒体可以被私人拥有,但通常是被政府拥有,媒体被用来加强国家的经济目标导向,为国家经济发展和社会进步,媒体成为政府宣传的出口。

实际上，今天媒体的社会功能已有了非常大的改变，媒体业试图努力成为独立于政府、商业利益之外的社会公众代言人，通过保持媒体的相对独立和公正地位，来提高媒体的公信力，以求能在日益激烈的市场竞争中站住脚，进而保持媒体的发展壮大。

其二，从学科本身来讲，人们对新闻文化的价值观一般有这样几种观念：

一是素质说。所谓"素质说"，是指在新闻价值中，作为新闻事实本身所具备的素质。这一观点突出强调了新闻的本性使然，也就是新闻的事实元素，这些元素没有经过任何雕琢与损益。比如说，一架飞机发生空难，时间、地点、死亡多少人，这些是最主要的事实元素。至于空难的原因，可以作为疑似事实元素。因为，在这里面很容易夹杂人的因素，比如有人认为是天气因素造成的空难，有人认为是人的因素占主要成分。所以说，素质说最核心的东西，就是强调了新闻中那一部分最原始的东西。

二是标准说。所谓"标准说"，旨在强调价值标准的尺度、准则。尺度、准则是由人制定的，人类创造发明了游戏规则，而游戏规则反过来去制约人，不同的人有不同的规则标准。因此，新闻的价值标准，实际上更多地强调了主观意志的东西。尽管如此，西方一些学人、报人，往往忽视主观性的存在和影响，以致于片面地强调新闻价值的客观性标准。而马克思主义的标准说，公开声明自己的党性原则，且旗帜鲜明。

三是功能说。功能说的主要观点强调，新闻价值是新闻对社会、受众产生的影响与效果，它所宣传的是传播过程中的社会影响，是社会效果所反映的那样一种价值观。这种价值观念实际上是一种后功能说的内容，属于一种实用、功利的评判标准。一般讲，新闻事实与受众效果是成正比的，但这种正比不是一种充要的必然关系,因为有些时候,这种充要就不存在了。在实际生活中有些看似很有价值的东西,往往经传播后社会效果反倒不一定好,比如正面宣传出现的负面效果。而有一些原始元素看起来不是很显眼的新闻经传播后,恰恰能够产生非常好的社会效果。这主要是因为信息值的实现有一个过程,一般需经过三个转换。其一,事实是新闻价值诸要素中最基本的东西。其二,事实通过媒介传播,成为新闻作品。实际上,这一过程完成了对新闻中原始价值的一种转换和二次呈现,是对事实传播的一种初始状态的价值实现。其三,经过传播,由新闻作品对受众产生直接影响,进而形成一种显著的社会效果。

应当说,以往新闻文化价值观的学术描述,反映了新闻文化的一些最基本的东西,但有很大局限性,缺乏一种整体考虑。

二

解析新闻文化的价值观,首先有一个学科描述问题。实际上,一门完整的学科,除了本身的学科价值描述外,还应该有它的价值实现体系,而这正是一门学科生生不息的源泉所在。事实上,我们今天都生活在两个世界里,一个是实实在在的现实世界,一个是由大量信息充斥,经媒介描绘提供给我们的媒介世界。新闻文化的价值观,说到底是关于这两个世界的科学描述。关于新闻文化的价值描述,经过近年来的思考,我试图提出三元结构的价值模式:由自在性价值观、制约性价值观、效果性价值观等三元结构形成的一个完整的、完全的价值观。这样一个三元结构,试图在传与受之间比较好地去揭示传、受与新闻事实的关系,传播与文本之间的关系,传、受与效果间的关系,实际上就是新闻事实、媒介及受众三者之间的关系。如图 1 所示。

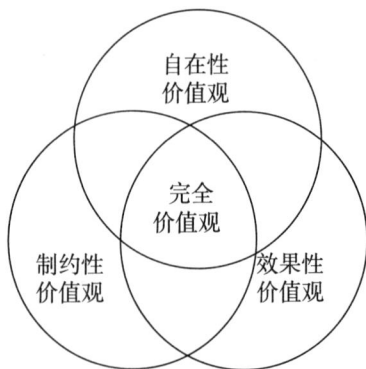

图 1　新闻文化三元结构的价值模式图

自在性价值观主要是指新闻事实本身,也就是在事实中的那些可以成为新闻的那部分东西。一般讲,这部分东西主要是"新"和"真"。新闻姓"新",这是大家公认的新闻属性。不管在什么时代,或者说在何种地区、何种民族、何种范围和时空条件下,新是新闻文化最根本、最重要的价值属性。离开新无从谈新闻价值。就一般而言,新包括两个方面的内容。一是时间近,刚刚发生,这是从时新性上讲。不管是事件本身,还是人物、思想、行动、经验、成果,都应当是新近发生的。二是内容新,有新鲜内容,否则就失去了新闻的意义。越是首创的,人们不曾料想到的,就越有价值。求新是人们的普遍欲望,新则为人喜。

一般讲,任何一个事实,只要它具备了时新性,再加上任何一点诸如接近性、重要性、显著性、兴趣性的内容,就具备了成为新闻的条件与可能。当然,还有一个重要的前提,这就是它的真实性。真是新闻的生命,马克思、恩格斯一再强调,真实性是新闻的生命。"我们想把真实的情况告诉我们的读者"①,只有这样才能赢得读者从而赋予新闻以生命,因为"人民的信任是报刊赖以生存的条件,没有这种条件,报刊就会完全萎靡不振"②。恩格斯在考虑出版《社会明镜》杂志时,曾十分强调"杂志将完全立足于事实,只引用事实和直接以事实为根据的判断,——由这样的判断进一步得出的结论本身仍然是明显的事实"③。马克思、恩格斯在《莱茵报》的实践中,严格遵循了这一原则。列宁在《论我们报纸的性质》中强调"用现实生活各个方面存在的生动具体的事例和典型来教育群众,而这正是报刊在从资本主义到共产主义的过渡时期的主要任务"④。列宁反复强调:"我们的力量在于说真话。"毛泽东、邓小平、江泽民我党三代中央领导集体,历来强调新闻的真实性。早在1945年3月23日,作为党中央机关报的《解放日报》就曾经发表了《新闻必须完全真实》的社论。

事实上,西方一些真正严肃的报人,包括相当多数的传媒,也都非常强调新闻的"真实性",称真为新闻的第一要义。

1924年,卡斯珀·约斯特在《新闻学原理》"新闻的真实"一章中明确指出,一切新闻的主要因素是真实。如果一条新闻并不真实的话,"刊登这条新闻的报纸也就和这个荒谬的报道一样荒谬。新闻是对所发生的事实的一种报告,或者是对某种存在的一种报告,如果这件事根本没有发生过,或者这种状况根本就不存在,那么这个报告就是伪造的;它既然是伪造的,就不能算是新闻","真

---

① 《马克思恩格斯全集》(第40卷),人民出版社,1979年,第360页。
② 《马克思恩格斯全集》(第1卷),人民出版社,1965年,第234页。
③ 《马克思恩格斯全集》(第42卷),人民出版社,1979年,第413页。
④ 《列宁全集》(第3卷),人民出版社,1995年,第573页。

实性就是真正新闻的准绳"。"在探索新闻时,一个认清自己使命,执行自己任务的报纸,一定把真实性作为职业的第一美德,而永远忠实于它。"

关于新闻的真实性,我认为至少应当在三个方面给予充分体现:其一,新闻报道的事实必须真实;其二,新闻报道事实的概括必须真实;其三,新闻报道的事实与这类事实的总体要一致。

需要指出的是,尽管我们讲新闻的自在性价值,但事实上,在任何新闻实践中,从来就没有绝对的、纯客观的自在性。因为自在性本身是靠人去定义的,不可避免地夹杂了人的主观的内容。哲学意义上的新闻事实,可以从三种意义来理解:一是客观存在的事实,称之为"客观事实";二是对客观事实反映以后,通过一种符号再现的新闻文本中的事实,称之为"经验事实";三是真理性的认识或真实性的描述。实际上,我们讲的新闻事实,或者说受众接收的事实,一般是经验事实的东西。

制约性价值观体现在传播过程中的诸多因素里。新闻实事只有传播出去,才能产生价值。以什么样的形式,通过什么样的途径传播出去,其"作品价值"的呈现和意义是不一样的。在今天,新闻传播已渗透在人类社会的方方面面,成为政治斗争的前沿阵地,经济发展的信息杠杆,文化传播的有效载体,监督社会的镜鉴,引导舆论的先锋,它已经完全超出狭义的价值体系,成为社会价值系统中的最重要环节之一。新闻这样一种高位价值体系角色,使得它必然成为掌握政治与经济的权力集团的代言人。诚如赫伯特·阿特休尔讲的:"新闻发展的历史证明,报纸以及形形色色更现代化的新闻媒介已日趋满足掌握新闻媒介经济命脉者个人利益的需要,同时又通过服务于新闻消费者的利益来确保新闻媒介的形象。期望新闻媒介会出现天翻地覆的大变化并对其经济命脉操纵者的愿望嗤之以鼻,无疑是一种最狂热的乌托邦式的痴心妄想。"①离开政治的报道是不可能的,早在100多年前,恩格斯就指出:"绝对放弃政治是不可能的;主张放弃政治的一切报纸也在从事政治。问题只在于怎样从事政治和从事什么样的政治。"②法国新闻学者贝尔纳·瓦耶纳也说过:"新闻报道者不是简单的传播者,他们的作用远不是纯然被动的,相反倒是有决定意义的。"这些都说明,不管在东、西方任何地方,新闻的价值观和它的传播效果都是受到一定制约的。

制约性价值观有大、小道理之分。比如,就我们党的新闻事业而言,大道理就是大的原则,这主要是指党性原则。毛泽东在《关于正确处理人民内部矛盾问题》③中提出过六条标准:

> 一、有利于团结全国各族人民,而不是分裂人民;二、有利于社会主义改造和社会主义建设,而不是不利于社会主义改造和社会主义建设;三、有利于巩固人民民主专政,而不是破坏或者削弱这个专政;四、有利于巩固民主集中制,而不是破坏或者削弱这个制度;五、有利于巩固共产党的领导,而不是摆脱或者削弱这种领导;六、有利于社会主义的国际团结和全世界爱好和平人民的国际团结,而不是有损于这些团结。

邓小平同志提出过"三个有利于",即:是否有利于发展社会主义社会的生产力;是否有利于增强社会主义国家的综合国力;是否有利于提高人民的生活水平。

江泽民同志提出"三个代表",即:代表中国先进生产力的发

---

① 〔美〕赫伯特·阿特休尔:《权力的媒介》,华夏出版社,1989年,第388页。
② 《马克思恩格斯全集》(第17卷),人民出版社,1979年,第449页。
③ 《毛泽东著作选读》(下),人民出版社,1986年,第789页。

展要求;代表中国先进文化的前进方向;代表中国最广大人民的
根本利益。

　　另外,利益共同体的影响也不可忽视。杰克·富勒称,如果
一篇报道在时效性上与某个共同体的利益相关性和重要性三方
面符合,那么基本就是真实的。他这里讲的真实,实际上突出了
三个方面的利益共享。另外,在制约因素里面,还有政客影响。
什么是政客,有人说政客就是政治家。凯利讲,"媒介与政客同玩
一场游戏"。尽管这话容易引出歧义,但从本质上讲,他又的确反
映了部分现实。说到底,政客影响是一个媒介的工具性问题。一
般讲,传媒是非自主的,所谓第四权力之说很难做到。当然还有
权威影响,有无权威影响对新闻传播至关重要。比如股市的动
荡,有时可能只是因为权威人物的一句话或权威机构的一个举
动,这是因为权威能提高可信度。

　　媒介是信息转述的载体,是一个中间环节,它不是简单地反
映现实、再现现实,而是受到多方面制约。媒介反映主要是两个
方面:一是作为技术层面上的载体,这就是麦克卢汉的"媒介即信
息"。马克思也曾把印刷术称之为"新教的工具",认为印刷术"总
的来说变成科学复兴的手段,变成对精神发展创造必要前提的最
强大的杠杆"①。在当下,除报纸之外,其他诸如广播、电视、网
络、手机短信等都表现得更加充分。作为符号系统的传播载体,
网络新闻文本带给我们的思考更是多方面的,因为它更有助于读
者了解新闻的深层背景和相关信息,更有利于新闻的价值实现。
概而言之,媒介的制约性反映在各个方面,英国学者J.科纳就说
过:"大众传播是通过大型组织的工业生产活动产生出来的,这种

①《马克思恩格斯全集》(第47卷),人民出版社,1979年,第427页。

生产组织的政策和职业规范存在于社会的政治、经济和法律的结构之中。"世界上任何一个国家对待传媒都有各自的传播制度和政策体系,这是不争的事实。

在制约性价值观的宏观制约中,新闻自由是不能不涉及的。因为新闻自由问题,是对传播价值产生影响的最主要内容之一,是政府与媒介的关系问题。西方媒介关于这方面的论述有不少。

美国的杰克·富勒在分析新闻自由时说:

> 在这些对言论自由的颂扬中,你找不到提及新闻界应承担何种职责的只言片语。让我们正确无误地认识这一点:除了在某些范围狭小的情况下(例如欺诈和诽谤),言论自由体系并不对从事表达工作的人强加任何特别的义务。事实上在大多数话语领域,言论自由向人们提供了撒谎的许可证。因此一个开放社会的政府无权强制他人执行新闻工作准则,即便是必须讲真话的准则。①

从 20 世纪以来市场经济的发展,包括我国实行社会主义市场经济,使得媒体传播过程中的价值观念与信息资源紧密结合。因而,在制约性价值观里面,市场经济影响的因素将越来越重要。哈贝马斯说:"一种传播工具的引导使我们能够让信息瀑布通过,产生一种调节行为的效果,鼓励人们借助现代手段更新工具秩序的传统概念。"②因为在现代社会中,信息成本的制约使得市场机制能更有效地去配置和开发信息资源,当然这种资源是有限的,

---

① 〔美〕杰克·富勒著,展江译:《信息时代的新闻价值观》,新华出版社,1999 年,第 94 页。

② Jurgen Habermas, *La pensee postmetaphy sique*, Armandcolin, Paris, 1993.

从而在给受众的有效供给、校正偏差、实现效率等方面,给市场机制提供了一种在制度设计的选择中有可能成为最佳选择的机会。其中包括所有制结构、产业结构、产品结构、分配结构等经济结构的成分,当然也不能不涉及到与社会心理方面有关的身份意识、认同意识、环境意识、他人意识等。

效果性价值观与价值关系不一样,一般讲,价值是主体对客体的效用,主要是指新闻传播所产生的社会效果和经济效果,包括其反馈效果。这样,由自在性价值、制约性价值,一直到效果性价值,比较系统地体现了一个完整的学科价值体系,这种完全的价值观实际上是一个创造性的结果,它体现了人类本质力量的传播实践活动所创造出来的目的性结果,体现了一种精神价值、社会价值。

从根本上讲,效果性价值观是指信息经传者到受者那里所产生的效果,这种效果是通过人们的态度变化体现出来的。比如,从它对人类的致利、致善、致美方面来讲,可以是精神价值;从文化传承的角度上,它是一种文化价值;从对世界的解释方面,它具有认识价值和信息价值,因为它把真理告知人们,把事实告知人们,给人们提供认识世界、认识人类的资讯服务;从政治学的视野看,它在宣传教育中去实现它的宣传价值;从舆论学的角度看,它可以用"议程设置",收到"沉默的螺旋"的效果,来达到预期目的;在审美的视野里,它可以使人的灵魂、人格升华到一个更高的境界。价值的最终目的,还是以其有用性为前提的。当然,有些是显现的,有些是潜在的。

传播学的理论告诉我们,确定传播效果,从大的方面来讲,一是社会效果,二是经济效果。从传与受来讲,评价传播效果最根本的要看受众评价和认知程度。从传播效果的显示度来讲,有隐性和显性之分,预期与非预期之分,长期效果与短期效果之分。

从传播效果的层次分析，一般认为有认知层面上的效果，这种效果比较广泛，一般是以基于定量基础之上的定性的形式出现的；其次是心理、意识、态度方面的效果，这种效果比认知层面要进一步了，因为它已经进入到人的意识这个比较深入的层面上了；再就是行动层面上的效果，这也是信息传播的终极效果，正是这个效果，对经济发展、社会进步起着最直接，也是影响最大的作用。

近年来，对新闻价值的研究取得不少成果，比如，有同志从受众价值效应时间的长短上，提出即时性价值、持续性价值、长久性价值；从价值效应的层次上，提出信息层次、态度层次、行为层次等。另外，还从稳定性、相对性、即时性、增值性、多维性与多层性分析了新闻价值实现的特点①。所有这些都给我们提供了非常好的思路和借鉴。

自有人类以来，传播活动就产生了，但是传播学作为一门学科的时间并不太长，只是近百年来的事。传播学在其发展过程中，已形成了一些颇有影响的传播效果理论，诸如议程设置理论、知识沟理论、沉默螺旋理论、培养分析理论、媒介霸权理论和电视暴力理论等。研究新闻文化的价值观，若离开传播的理念，容易造成理论缺失，而传播离开新闻也会失去了它浓郁的社会基础。因此，本文提出新闻文化的价值体系，借助传播理念，基于新闻的事实基础，只是一个初步考虑，难免有不足和缺点，希望读者能给以指正。

原载于《南开学报》(哲学社会科学版)2004 年第 6 期

①杨保军：《新闻价值论》，中国人民大学出版社，2003 年，第 69—71 页，298—303 页。

构建和谐社会:新闻传媒的功能、使命与作用

新闻传媒在构建和谐社会过程中,具有其他载体不可替代的重要作用。探讨新闻传媒在构建和谐社会中的功能、使命与作用,不仅是全体新闻宣传工作者的责任,同时也是各级党委和政府的重要工作之一。必须从加强党的执政能力建设高度来认识传媒在构建和谐社会中的重要性,厘清它的功能、使命与作用。

新闻传媒是构建和谐社会的重要舆论工具

传播学的诞生不仅仅是工业发展的结果,更主要的是社会文明进步的需要。从传播学学科初创之始,它就以其深刻的学科理念影响着社会。美国著名政治家、传播学奠基人哈罗德·拉斯韦尔早就指出传播学的三种社会功能:"(1)监视环境,揭示那些会对社会及其组成部分的地位带来影响的威胁和机遇;(2)使社会的组成部分在对环境做出反应时相互关联;(3)传播社会遗产。"他甚至乐观地设想过:"在民主社会中,合理的选择取决于教养,而教养又取决于传播,尤其取决于领导者、专家和普通百姓之间能有相同的注意内容。"[1]"专家、领袖和普通人可对世界大多数

---

[1] 张国良主编:《20世纪传播学经典文本》,复旦大学出版社,2003年,第210页。

人的趋势有同样的大体估计,也可对战争的可能性有同样的总体看法。在整个社会,使普通人头脑中关于现实世界重大关系的图景,与专家、领袖头脑中的图景高度相等,将主要由大众传媒的控制者促成,这绝不是幻想。"①实际上,拉斯韦尔关于传播学的三项社会功能中,有两项是直接涉及生存环境构建的。在当下社会,人们已经无法离开媒介。另一位传播学家麦奎尔,还形象地列出了一个"媒介地图",如图1。

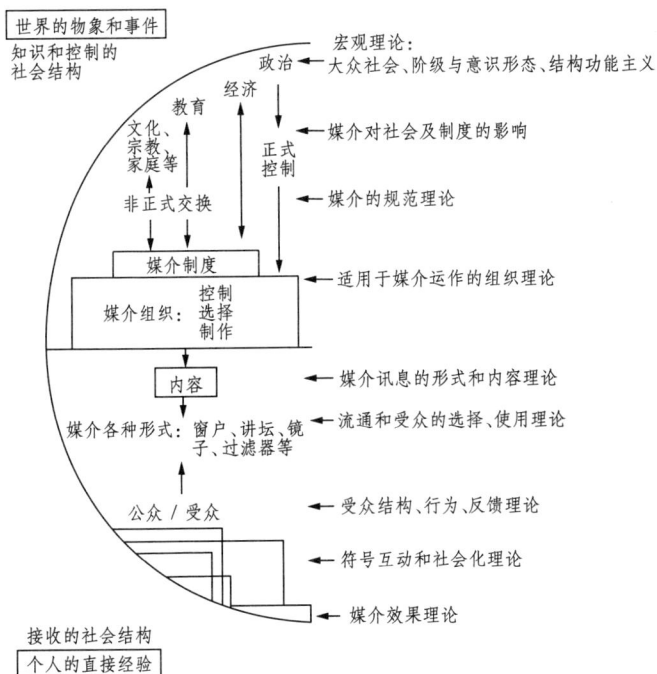

图1　媒介地图:大众传播与社会经验的中介

---

① 张国良主编:《20 世纪传播学经典文本》,复旦大学出版社,2003 年,第 210 页。

　　这样一张媒介图,清晰表明了大众传媒作为一个中介,在社会、国家和媒介受众之间的复杂关系及其学科特点,通过适当的价值目标实现控制,以及给受众提供信息文化服务方面的协调关系。比如,媒介与其他机构,媒介与公众之间的联系等。在此基础上,他提出了媒介与社会的替代理论。另外,他还通过对以媒介的变化、自由、多样性为内容的"离心性"和以秩序、控制、整合性、聚合性为内容的"向心性"等的研究,为我们提供了多方面的有益借鉴。另一位美国著名媒介批评家和新闻学者阿特休尔,在其《权力的媒介》中摒弃冷战思维的"报刊的四种理论",将报刊传播重新划分成三种社会传播模式,即市场经济世界模式、马克思主义世界模式、进步中世界模式。尽管这种分法的科学性还有待研究,但他通过对三种模式在新闻事业的目的、信念、新闻自由等方面内容进行比较分析证实:不管是哪个模式,也不管它是介于何种政治、经济或社会制度,传媒的性质和功能在一些根本问题上,有其明显的一致性,且主要体现在目的、信念方面。阿特休尔深刻指出:"当今世界有时被人称为核时代,有时被人称为信息爆炸时代。这些术语的含义都是指同一件事,即:世界是一个科学技术使之改换面貌的世界,一个充满前途和希望的世界;然而同时又是一个充满危险的世界,对世界的生死存亡具有真正的威胁。爆炸式的突飞猛进、铺天盖地的情形既是知识的源泉,又是毁灭的种子。在这个日新月异的社会秩序中,在新闻媒介从事工作的男男女女,包括新闻商人,具有至关重要的作用,因为描绘世界面貌的正是那些人,而世界面貌构成人类抉择行动的基础。认识不到这个基本而又严酷的事实就无法理解新闻媒介在人类事务中的作用。"①从某种意义上讲,我国已进入到信息社会。根据发达国家的经验,人们消费的"信息系数"与"恩格尔系数"恰好呈负相关性,即生活水平越低,饮食支出越高;而生活水平越高,信息系数则越高(见图 2)。

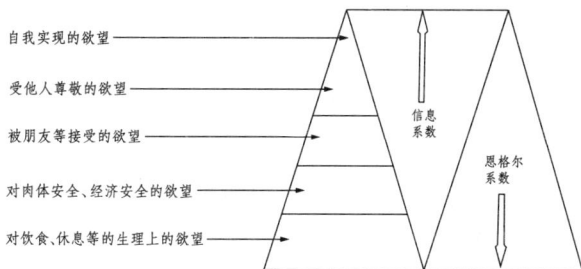

图 2

当今社会,新闻传播无疑具有浓厚的政治色彩,新闻已经成了政治信息体系中的核心,甚至成为当下维持社会正常运转的重要工具之一。不管是国家元首,还是利益集团,抑或普通民众,只要把其信息放在新闻文本里面,新闻就不再只是政治角色与其观众交流的平台,它已经成了从国家上层的政治精英到普通老百姓,了解和监督自己的利益是如何被公开反映的主要渠道,成为他们了解政府和政治的运转,人们的生活状况以及谁在那里制造了新闻,或谁没有制造新闻,新闻如何影响社会,如何影响政治等一系列社会问题的交流平台。特别是在大众传媒时代,政治家们都已经很习惯地走到公众面前,利用大众传媒向广大民众传递他们的思想。信息已经越来越被控制在政治精英们的手中。

---

① 张国良主编:《20 世纪传播学经典文本》,复旦大学出版社,2003 年,第510 页。

现代新闻的体系结构可以概括为三元结构：一是媒体本身，这是新闻的生产基地；二是政治家、政治精英，新闻离不开政治家，政治家也离不开媒体；三是读者，亦为受众，尤其是普通受众，离开受众，新闻就失去了基础，受众是新闻的消费者。

坚持正确的舆论导向是新闻传媒构建和谐社会的长期任务

新闻传媒要充分发挥舆论引导的优势，弘扬舆论引导之"势"，发挥引导之"术"，把握引导之"度"，成为构建和谐社会的中坚力量。马克思与恩格斯对传媒舆论的重要性有两个经典比喻：一是"社会舆论的纸币"，二是"党和人民的喉舌"。1850 年 11 月 1 日，马克思和恩格斯在一篇合写的文章中明确提出："以前，报纸是作为社会舆论的纸币流通的。"1849 年 2 月 7 日，马克思在法庭上严正驳斥对《新莱茵报》的控告，他指出："报刊按其使命来说，是社会的捍卫者，是针对当权者的孜孜不倦的揭露者，是无处不在的耳目，是热情维护自己自由的人民精神的千呼万应的喉舌。"①150 多年以来，"社会舆论的纸币"的流通已不限于报纸，它从单一的报纸发展到广播、电视、网络、数字化媒体，流通的速度更快捷、更广泛，影响力更大。

1957 年 7 月在青岛召开的省市委书记会议上，毛泽东明确提出："我们的目标，是想造成一个又有集中又有民主，又有纪律又有自由，又有统一意志、又有个人心情舒畅、生动活泼，那样一种

---

①《马克思恩格斯全集》（第 6 卷），人民出版社，1961 年，第 275 页。

政治局面。"①党的十一届三中全会以后,邓小平提出:"总之,要使我们党的报刊成为全国安定团结的思想上的中心。报刊、广播、电视都要把促进安定团结,提高青年的社会主义觉悟,作为自己的一项经常性的、基本的任务。"②他主张新闻单位要积极主动、理直气壮而又有说服力地宣传四项基本原则,反对资产阶级自由化。这一切,都是为了创造良好的舆论环境,在党指引的道路上,安下心来搞社会主义现代化建设。1996年9月26日,江泽民在视察人民日报社的讲话中进一步强调:"舆论导向正确,是党和人民之福;舆论导向错误,是党和人民之祸。党的新闻事业与党休戚与共,是党的生命的一部分。可以说,舆论工作就是思想政治工作,是党和国家的前途和命运所系的工作。"③

　　构建和谐社会,坚持正确的舆论引导,是马克思列宁主义经典作家一贯提倡的。新闻舆论引导之势要反映党和国家的大政方针,增强政治意识、大局意识、责任意识。从全局考虑,去反映大事、大情、大理。主流媒体特别是党报党刊、央视和各省市的广播、电视,有责任做大做强主流媒体的舆论场,发挥主流媒体的权威性和主渠道作用,要在舆论引导中成为"领唱者"。现在有一些媒体,习惯于炒作那些发生在周围的鸡毛蒜皮,美其名曰"民生"新闻、"公共"新闻。应当说,偶尔为之,也没什么不好,但长此以往,甚至把什么"民生"新闻搞成"主打"产品就不好了。

　　发挥舆论引导之势,首先要关注大势。何为大势?大势就是大趋势、大道理。比如2003年的抗击"非典";十六届四中全会提

①《毛泽东选集》(第5卷),人民出版社,1977年,第456—457页。
②《邓小平文选》(第2卷),人民出版社,1994年,第255页。
③《讲学习,讲政治,讲正气》,学习出版社,1996年,第272页。

出加强党的执政能力建设,反分裂国家法;十六大以来党中央提出的科学发展观的问题,构建和谐社会,开发西部和中部崛起的问题,三农问题等,都是国家的大势。

在关注大势方面,新闻传媒积累了不少丰富的经验。比如,对1998年抗洪斗争的宣传以及后来升华出的抗洪精神,2004年全国新闻单位开展的"三项学习""三贴近"活动,2004年各大媒体集中宣传任长霞、牛玉儒等典型人物,彰扬了党的优良传统,感动了无数中国人。所有这些,都是一种大势,都是舆论引导之势的大手笔。

舆论引导之势要在厘清人们的思想观念上多下功夫,观念一变,效果也不一样。比如20世纪70年代末进行的真理标准问题的大讨论,90年代初由《解放日报》发表的一组"皇甫平"的文章引发的关于姓社姓资的大讨论等,尽管已经过去十几年、二十几年,但在中国改革开放进程中发挥出的舆论引导之势的作用,无论今天怎样去评价,我想都不过分。

舆论引导之势要关注热点、焦点问题。舆论之矢,要射热点、焦点问题之的。当今社会热点、焦点问题日益受到社会的普遍关注。大多数人关心的热点、焦点问题一般都具有共同的特性,一是它们集中反映了社会中的复杂性,公众关注程度比较高;二是普遍性,这也是热点、焦点问题的特性之一。还有许多热点、焦点问题往往会由一些突发事件而诱发连锁反应,发展速度之快,影响之大往往超出人们的预料,一旦处置不当,将造成严重后果。因此,对热点、焦点问题的把握,特别是对突发事件的把握,显得尤为重要,已经成为引导舆论工作的重要手段。

在引导舆论工作中,还要善于把握好舆论引导之"度"。"度"是一种状态,同时又是方法。中国古代的"过犹不及"讲的就是

"度"的问题。毛泽东讲："过犹不及，是两条战线斗争的方法，是重要思想方法之一。一切哲学，一切思想，一切日常生活，都要作两条战线斗争，去肯定事物与概念的相对安定的质。"[①]热点、焦点问题的引导，都有一个度的问题。有些时候，今天是热点、焦点，明天可能就不是了，今天不是，明天可能就是了，要善于从共性中找个性，透过现象看本质，防止片面性。另外，要特别重视舆论引导之"术"的问题。舆论引导要产生好的效果，一定要讲究引导艺术。

如果说坚持正确的舆论导向是党的新闻工作的生命、灵魂、根本任务的话，那贴近实际、贴近生活、贴近群众的三贴近，正是集中体现了正确舆论导向的要求，概括了舆论导向的本质，凝练了舆论导向的丰富内涵。三个"贴近"是一个相互关照的有机整体，既是原则，又是内容。"三贴近"集中体现了党的意志与人民群众利益高度一致的要求。"三贴近"不仅仅是一种工作方法，同时也在党、政府和人民群众之间形成一个牢固的桥梁、纽带，是构建和谐社会的有效载体。

把新闻宣传作为一种领导工作方法，在构建和谐社会中发挥作用

把新闻宣传当作一种领导工作方法，是我党在长期政治工作中形成的宝贵经验。早在1940年，毛泽东在《中国工人》发刊词中就写道："《中国工人》应该成为教育工人、训练工人干部的学

①《毛泽东书信选集》，人民出版社，1983年，第145—146页。

校。"①他把所有《中国工人》的读者都看作是《中国工人》这个"学校的学生"。1944年3月22日,毛泽东在谈到报纸是指导工作、教育群众的武器时,称看报比吃饭更重要。他生动地说:"关于报纸。现在高级领导同志,甚至中级领导同志都有一种感觉,没有报纸便不好办事。饭来了,报来了,我们有些人是先看报、后吃饭的。"②这种"没有报纸不好办事"的感觉,已经把报纸看作是指导工作、教育人的重要工具。邓小平在1950年5月16日召开的西南局新闻工作会议上提出,"拿笔杆是实行领导的主要方法"③。

用新闻宣传指导工作,必须旗帜鲜明,是非分明,立场坚定。毛泽东一再强调:"我们党所办的报纸,我们党所进行的一切宣传工作,都应当是生动的,鲜明的,尖锐的,毫不吞吞吐吐。"④20世纪80年代初,由于受"四人帮"流毒的影响,在党内和社会上存在着一股严重的无政府主义思潮,在一些报刊上出现了一些不正常现象,影响稳定。邓小平及时明确地提出:"党报党刊一定要无条件地宣传党的主张。"他进一步提出,不管是组织讨论还是开展批评,都要合乎党的原则,遵守党的决定,否则,如果人人自行其是,不在行动上执行中央的方针政策和决定,党就要涣散,就不可能统一,不可能有战斗力。

回顾我党80多年的新闻工作实践,坚持正面宣传为主是取得革命成功和社会主义事业胜利的一条基本经验。坚持正面宣传为主,有一个很重要的任务就是典型报道问题。毛泽东非常重

---

①《毛泽东新闻工作文选》,新华出版社,1983年,第48页。
②《毛泽东新闻工作文选》,新华出版社,1983年,第112页。
③《邓小平文选》(第1卷),人民出版社,1989年,第145页。
④《毛泽东新闻工作文选》,新华出版社,1983年,第153—154页。

视典型报道,他曾讲过"凡典型的,都应当公开报道"①。邓小平也曾特别强调,"宣传好的典型时,一定要讲清楚他们是在什么条件下,怎样根据自己的情况搞起来的,不能把他们说得什么都好,什么问题都解决了,更不能要求别的地方不顾自己的条件生搬硬套"②。应当说,我们党在典型宣传方面有许多成功的例子,这些典型对我国的社会主义建设事业起了极大的推动作用。

把新闻宣传作为工作方法,还有一个重要的内容就是坚持批评与自我批评这个武器,让人民群众明白道理,辨明是非。邓小平曾把"批评与自我批评"列为办好报纸的三个基本条件之一。他讨厌报纸报喜不报忧,认为"报纸最有力量的是批评与自我批评"③。毛泽东更是把批评与自我批评看作是实现党内团结的重要武器。他曾就报纸上如何开展批评提出:"在报纸上开展批评的时候,要为人家准备楼梯,否则群众包围起来,他就下不了楼。"④报纸上的批评要实行"开、好、管"的方针。"开,就是要开展批评。不开展批评,害怕批评,压制批评,是不对的。好,就是开展得好。批评要正确,要对人民有利,不能乱批一阵。什么事应指名批评,什么事不应指名,要经过研究。管,就是要把这件事管起来。这是根本的关键。党委不管,批评就开展不起来,开也开不好。"⑤开展对人民内部问题的尖锐批评应坚持一个原则,就是"尖锐得要帮了人而不是伤了人"⑥。

---

①《毛泽东新闻工作文选》,新华出版社,1983年,第176页。
②《邓小平文选》(第2卷),人民出版社,1999年,第316—317页。
③《邓小平文选》(第1卷),人民出版社,1994年,第150页。
④《毛泽东新闻工作文选》,新华出版社,1983年,第192页。
⑤《毛泽东新闻工作文选》,新华出版社,1983年,第177页。
⑥《毛泽东新闻工作文选》,新华出版社,1983年,第194页。

　　舆论是一把双刃剑，邓小平非常注重通过舆论去监督我们党和党员，取信于民。他说："党要受监督，党员要受监督。""在中国来说，谁有资格犯大错误？就是中国共产党。犯了错误影响也最大。因此，我们党应该特别警惕。宪法上规定了党的领导，党要领导得好，就要不断地克服主观主义、官僚主义、宗派主义，就要受监督，就要扩大党和国家的民主生活。如果我们不受监督，不注意扩大党和国家的民主生活，就一定要脱离群众，犯大错误。"①这一论述深刻阐明了在我国实行舆论监督的重要性和主要内容、目标。

　　把新闻宣传作为领导方法，要有一个中心，中心说是马克思主义新闻理论的一个重要思想。马克思、恩格斯都曾把革命报刊看作是召唤人们的思想中心。列宁后来明确提出党报是"思想中心"。刘少奇在对华北记者团的讲话中，曾把办报纸称为建党建得好不好的"中心一环"②。邓小平于1980年1月在《目前的形势和任务》中，语重心长地说："要使我们党的报刊成为全国安定团结的思想上的中心。"这是对马克思列宁主义"党报中心"说的新的继承，融进了新思想、新内容。江泽民在党的多次会议上都特别强调坚持正确的舆论导向，他认为，舆论导向是否正确，关键是处理好三个问题：一是要激励人民，用正确的舆论引导人；二是要服务大局，正确处理改革、发展、稳定三者的关系；三是要加强管理，坚持正确的舆论导向③。三个方面实际上是互相联系的，"激励人民"是目的，"服务大局"是准则，"加强管理"是手段，互为制约，重在效果。十六大以后，胡锦涛同志、李长春同志，都对新闻

---

①《邓小平文选》(第1卷)，人民出版社，1994年，第270页。
②《刘少奇选集》(上)，人民出版社，1981年，第397页。
③《十四大以来重要文件选编》，人民出版社，1996年，第1672页。

宣传作出过多次重要指示，进一步强化了党的主流媒体的"中心"意识和"中心"作用。

新闻传媒在公共领域中要发挥主导作用

现代社会是一个信息社会、公众社会，公共领域的公众舆论怎样，对社会稳定和发展特别是在推进社会主义民主政治建设、政治文明建设中都发挥着重要作用，而媒体在这方面有着不可替代的责任。信息时代的到来，媒体有时可以起到一言兴邦、一言丧邦的作用。

在现代社会的文明进步中，对政治力量以及其他权力的监督和制约赋予新闻媒介以神圣职责。当然，从政治体制上来讲，民主制度也赋予新闻传播及其监督活动以合法性。在民主制度中，对权力的制约是保证民主制度的必要条件。一般讲，对权力的制约有三种方式，一是以权力制约权力，二是以道德制约权力，三是以权利制约权力。由于权力的相互制约机制无法最终解决监督监督者的问题，就有了健全以权利制约权力的机制，使公共利益的主体——广大公民承担起监督者的责任，恰当地配置权力，以限制、阻遏权力的滥用。大众传播媒介是以权利制约权力的有效方式之一，是民主制度在话语领域最主要的表现。在我国，这种功能主要体现为舆论监督，它是指公民或新闻媒体发表与传播针对政府机构或政府官员的批评性言论。作为一种功能，它是言论自由权的诸项政治与社会功能的表现。

我国的新闻传媒有舆论监督的传统，并在促进政府提高工作效率，揭露社会弊端，纯洁党的干部队伍方面发挥了重要作用。特别是近年舆论监督力度的加大以及我党对媒体监督的支持，大大提升了媒体在人民群众中的美誉度。一项调查显示："64.1％的被访者表示，'当看到社会上的不平事'时会想到找记者、媒体；有24.3％的被访者'在生活中遇到依靠自己无法解决的困难'时会想到找记者、媒体；15.8％的被访者'当遇到有意思的事'时会想到找记者、媒体。"统计表明，公众心目中的记者已经成了社会正义、公平的化身。

应当指出，现代传媒所表现出来的舆论力量，对推动社会秩序中的公共权力监督和公共舆论有着空前影响。我国是一个社会公共体系极为庞大、公共事务极其复杂的社会，人民尚未实现对执掌公共权力者的全面自由选举，在民众与政府关系中，公共权力特有的垄断性和信息不对称性，决定了民众很难对公共权力实施直接而有效的监督。加之近年来一些不良社会风气，已经使人们的政治热情不断减少，民众对政治普遍淡漠，除非当公共权力切实触及其自身利益时，他们才会做出反应。因此，在通常情况下，保持社会对公共权力的监督和压力，以保证公共领域的正常运行，非社会舆论莫属。

新闻传媒因其传播活动，特别是通过舆论对政府决策的监督制约作用，服务于民主政治。传媒提供了民意上传的现代化工具，公众成员及公众团体通过传媒围绕其自身的利益等公开发出呼声，以此影响舆论，从而使政府在决策过程中参考各方的呼声，这是民主的一种体现。此外，现代传媒对执政机构和官员所作所为的报道，使公众了解这些情况，是使前者接受公众舆论监督的重要条件。而现代传媒作为面向公众的传播媒介，可以成为公众论坛，将公众对执政机构和官员的监督意见传递给后者。由传媒作为中介的舆论监督，是现代民主政治中对权力进行制约的重要方式之一。

应当说,近年来,我国各级党组织和政府非常重视发挥新闻舆论的作用,以至党和政府把媒介纳入权力运作体系,把媒介变成有限公共资源,把批评报道变成民主化进程的内容。所有这些无疑提高了媒介的社会作用和地位,比较好地解决了一个交互作用问题。比如,从公共性方面,媒介可以是党和政府的喉舌,这是它的宣传作用;另一方面,又可以是人民群众的喉舌。前者的意义具有一种权力背景,体现和彰显了党和政府的权威性。因此,重要的媒介批评、监督都是上级党委、政府认可的,是一种政府权力、态度的转化。从另一方面讲,把它纳入到一般意义上的媒介舆论监督,政府可进可退,减少了政府的压力。从制度层面上讲,政府把媒介批评纳入到一种治理技术,无疑是一种社会进步,因为在以往,传媒只是意识形态的工具,无从谈及公众舆论。现在把媒介纳入到社会治理的权力过程中,很自然地显现出它的公众批评的形象威力,为党和政府提供了一个合法的舆论平台。因此,从一定意义上讲,我国当下的新闻媒体可以说正在成为公众意愿的代言人。

新闻传媒在参与现代政治民主中可以充当公众参与决策的工具;可以充当公众参与评判决策及其后果,议论公共事务的工具,充分聚焦公众注意力,围绕重大问题形成公众舆论,成为对权力进行舆论监督的工具。因此,在这样的前提下,国家除支持舆论对公共领域的监督外,应尽可能避免权力过分干涉公共领域,因为公共领域是公共权力与社会的契面,这样就可以既保障社会通往繁荣的道路,也为国家的复兴和繁荣提供坚实的基础。

现代社会的民主政治建设进一步凸现了公民社会的地位与作用。从理论层面上讲,媒体监督只是舆论监督的一部分或者形式之一,为大众提供言论自由的通道或载体是它的权利和义务。

但是在今天的情况下，媒介权力和政府权力往往结合在一块，把党政行为变相地以舆论监督的形式出现，弄不好会得到相反的效果。新闻报道、舆论监督，必须遵循客观原则。当然，大量事实证明，在有意识存在的社会里，客观有时只是一种非常美好的理想且很难做到。这是因为，人是社会的人，是某一利益群体的一分子，人的社会属性铸就了新闻不可能超然物外，清澈如水。那么是不是我们就不去追求客观了呢？也不是！客观性首先是一种意识、理念，其次是一种方法，更高层面上应是一种境界。

媒体作为一种具有特殊性质的社会公器，是一个舆论场，而公民社会中的公众则是民间的舆论场，两者共存于当下这个社会中，形成了特殊的公共部分。媒体通过自身的得天独厚的舆论监督加大并增进了公众对媒体的介入和信任。反过来，公众通过媒体的舆论监督，促进了现代公民社会的形成。这两个舆论场的重合、互动，构成了现代社会健康文明发展的有效机制。重合得越多，这个社会就越和谐；重合得少，甚至于不重合，那这个社会就会出问题甚至产生社会动乱。

全面建设小康社会是全国各族人民的共同理想，而构建和谐社会是实现这一共同理想的重要社会基础。我国新闻媒体任重道远，媒体不是局外人，媒体是最活跃和最有生命力的参与者、建设者，是先进生产力，它不仅要引领先进文化，担负党和人民的喉舌和桥梁纽带作用，同时又要成为一个重要的公众舆论平台。媒体要承载起培育公民精神的神圣使命，在构建和谐社会中真正成为全面建设小康社会的重要建设性力量。

原载于《江海学刊》2006 年第 1 期

《新华文摘》2006 年第 8 期转发论文摘要

今天,我们应培养造就什么样的新闻人才

文章试图从我国新闻教育的现状以及与发达国家,特别是与美国等国家的著名新闻院系的比较中,回答以下五个问题:

中国的新闻教育机构是多了还是少了

发达国家是如何培养新闻人才的? 我们应怎样去培养适应社会需要的新闻人才? 我国的新闻教育机构是多了,还是少了? 说实在的,很难用一句话回答。据有关报道(未加核实),截至 2005 年底,我国新闻类专业教学点有 661 个(不包括港、澳、台地区),在校生 10 多万人,每年毕业生近 3 万人。对一个有 13 亿人口的大国来说,10 多万新闻类在校生绝不能说新闻教育太多了,不能盲目叫停。新闻教育这些年发展较快,主要还是一个市场需求问题,有人愿意办,有人愿意上。关键是要看那个学校的新闻教学条件是否具备,特别是师资和实验设备,能否保证教学质量。

发达国家非常重视新闻实践技能的培养

首先要从他们培养人才的目标定位等方面分析。

他们关于新闻人才培养目标的定位,他们设计和希望的新闻

院系的毕业生应该是什么样子?

美国亚利桑那州立大学沃尔特·克郎凯新闻传播学院院长乔·福特教授称:新闻传播教育的最终使命是培养社会责任感。

马里兰大学菲利普·迈瑞尔新闻学院院长托马斯·康科尔教授称:培养有责任感的新闻工作者,保持一个民主社会的信息流通,应该对新闻事业充满热情,同时了解在热情背后一个新闻工作者应承担的义务,还要熟练掌握新闻业务的技巧。

南加州大学安伦伯格传播学院院长杰弗里·考恩教授说:要教给学生服务社会的能力和热情。

南加州大学安伦伯格传播学院新闻系主任迈克·帕克斯教授说:我们的任务是把学生培养成优秀传媒工作者,有职业伦理的记者,为美国民主作出贡献的新闻人,他们必须确保作品陈述事实、准确、真实、公平和富有同情心。

加拿大不列颠哥伦比亚大学新闻学院院长唐娜·洛根教授说:培养有专业知识、文化意识,具批判思维能力,在新闻界表现出色的新一代新闻从业者。

加拿大的洛根院长强调,他们的课程主要是四部分。一是实务课,主要是采写方法和有关技术问题;二是媒介研究,侧重于法规、伦理、批判性思维,以及媒体与社会等;三是新闻调查,主要是研究方法问题;四是学科内的其他课程。她特别强关于新闻记者研究方法的教育,认为这是培养优秀记者和平庸记者的重要区别。当然,她还强调新闻伦理课的重要性。她认为,只有这样,当你培养出的学生走上社会成为一名记者时,才能真正在现代社会中懂得正在发生的事情,以适应多种变化,并提高新闻水准且发挥引领作用。

几乎所有高校都特别强调对方法问题的掌握。美国北卡大学唐纳肖教授,曾因创立议程设置理论闻名遐迩,他认为本科生教育中研究方法训练,至少要掌握调查方法和内容分析方法。而密苏里大学培养学生的方法,主要是通过课程内的概念课、校内媒体工作机会、校外媒体实习机会三种途径实现。威斯敏斯特大学媒体、艺术与设计学院院长莎莉·费德曼教授,强调整个教育的过程不仅仅只是训练,整个过程的重心是帮助学生理解媒体分析和评价媒体以及掌握具体操作技能。而俄罗斯的新闻教育,更多是专业教育与综合教育的结合,特别强调交流与沟通方面的技能教育和厚实的文化教育。英国城市大学新闻系主任罗德·艾伦教授也很强调宽基础,他们有50％以上的课是非新闻类的。美国的大卫·卡拉特尔提出,高校新闻教育要致力于培养学生的"三个技巧",即:基本报道与写作的技巧;新闻判断力与分析技巧;专门技术和关键语技巧。

上述"三个技巧"是很有道理的,说到底是一种技能培养。

我的感觉,中国的新闻教育还是缺少开放的意识,传统影响太重,意识形态影响下的框框太多,迈不开步。概而言之,我以为特别缺少三个"一":一是缺少一个明确的育人目标;二是缺少一个开放的育人体系;三是缺少一个有效的实践模式。

培养社会主义新闻事业的忠诚战士

一个明确的育人目标,就是要培养社会主义新闻事业的忠诚战士,而不是社会主义的掘墓人。这种人必须具备三方面的品质:

首先要有坚定的职业理想,这个职业理想体现在良好的新闻追求、信念,把新闻作为一种事业去干。

其次是良好的职业道德,这种良好的职业道德,首先体现在你的社会责任上,你的理想追求上。在今天这样一个许多人为追求利益而失去理想的浮躁社会环境中,新闻人如何洁身自好,严格要求自己,非常重要。

再者就是要有明确的人生目标,把自己的追求同社会主义新闻事业紧紧联系在一起。社会主义新闻事业有它丰富的内容,我这样认为:

1. 坚持政治家办报和报人办报的有机统一,报人办报要服从政治家办报。

2. 坚持按党的纪律办报与按新闻规律办报的有机统一,新闻规律要服从党的纪律。

3. 坚持新闻宣传主旋律与新闻宣传多样性的统一,多样性要服从主旋律。

4. 坚持社会效益与经济效益的统一,经济效益要服从社会效益。

5. 坚持新闻规律与执政规律的统一。

搭建开放的育人体系

结合我国的特点,我试图提出,跳出新闻培养新闻人才的想法。新闻专业的课程体系,一定要有大学科的概念,文、史、哲、经、外、法都要学,包括数学。因为数学的思维、数学的逻辑、数学的方法,对新闻实务、实证调查、文本研究都是非常重要的,包括数学的语言也是很简洁的。另一方面,新闻教育要在全国范围内推行双学位制,学新闻的可以再修一个第二学位,使得自己在新闻业务方面有一个明确的指向。其他专业的学生可以再修一个新闻学，同时在新闻人才的培养上，开办 2＋2 模式，鼓励非新闻专业其他学科的学生，在大三时到新闻学院学习新闻类核心专业课，参加新闻实践，完成毕业论文，获得新闻学的学士学位。

建立有效的实践模式

可以探讨一种课堂内、校内、校外的实践培训机制。

课堂内，强调理论联系实际，更多的是从新闻文本的采、写入手，这是一种课堂教学模式的实践。

校内，充分利用校内媒体，发挥就近、就便的优势，派学生到那里去实习。实践证明，这种培养方式是很有效的。

校外，主要是社会上的媒体，党报、党刊、电台、电视台、网站等，应该建立一种巩固的、规范的、持久的、双赢的大学生到新闻媒体实习的制度。

现在是一个市场社会、信息社会，形象塑造、单位宣传、经营策划，都需要优秀新闻人才。这恰恰为新闻传播专业的学生提供了一个大有作为的宽阔天地。成功的新闻院校培养出来的学生，应当是做新闻能成为优秀记者、优秀编辑、优秀节目主持人，而改行从事其他工作，也能得其所宜，才尽其用。

原载于《中华新闻报》2007 年 5 月 16 日

《新华文摘》2007 年第 16 期全文转载

新闻文化的数学观

新闻文化是什么？数学是什么？新闻文化的数学观是什么？它们之间有什么联系？

新闻文化是一种大众文化、传媒文化、舆论文化、交往文化、历史文化，今天的新闻是明天的历史。

数学是什么？数学是一门原创学科，数学是智慧，数学与哲学同源。若没有数学和哲学，人们就无法看透这个世界，数学家A. N. Rao说："一个国家的科学的进步可以用它消耗的数学来度量。"恩格斯称，数学在一门科学中应用的程度，标志着这门科学成熟的程度。培根说，数学是"通向科学大门的钥匙"。

数学是什么？毕达哥拉斯说，"万物皆数"。伽利略说，数学是数字宇宙这本大书的语言符号。数字是人类智慧的一种表现形式。数学不仅仅是对人们生活样态的描述，更多的它是认识自然，认识世界的一把尺子。世界是什么，我们都可以从数学那里得到解释。对人的样态的描述，一旦数字化了，那就会更准确、更生动、更可知。新闻文化应当从数学那里学习它的符号意义，以及对事物的生动描述。

本文试图在数学思维的视野下去分析、解读一下新闻文化中的数学观念，或者说，新闻文化应如何借鉴数学里面的智慧与思想。

一

数学的极致是模型,数学的本质是研究相关模型的最显著的实例。约翰逊·格伦说:"数学为逻辑提供了一个理想的模型,它的表达是清晰的和准确的,它的结论是确定的,它有着新颖和多种多样的领域,它具有增进力量的抽象性,它具有预言事件的能力,它能间接地度量数量,它有着无限的创造机会⋯⋯"

实际上,新闻文化也特别崇尚模型。比如通常人们讲的五个"W",一个"H",就是最普通简洁的模型,这就是:时间(When),地点(Where),什么人(Who),原因(What),为什么(Why),如何解决(How),这是一个比较一般和规范的新闻模型。再比如,人们关于新闻结构的一些约定俗成的内容,也大都体现了它在模型意义上的共性与意义。

在新闻作品的结构方面,一般讲新闻要有开头、结尾、主体。对背景、开头,我们称之为"导语",有人曾把导语的类型概括出18种,把结尾概括出15种。

在新闻内部的结构方面,特别是就新闻文体来说,我们常见的如金字塔式、倒金字塔式、双塔式、提要式、自由式、叙述式等。不同的新闻素材,选择不同的文本结构形式,目的是要使其传播效果达到最佳和传播价值最大化。

金字塔式。基本上是按时间序列的一种编年史写法,一般的通讯往往采取这种写法,慢慢加温,渐入佳境。

倒金字塔。即把最重要、最新颖、最吸引人的新闻事实置于新闻作品的最前面,开门见山,吸引人的眼球。一般讲,所有消息报道,大都采用倒金字塔的形式。

双塔式。即把金字塔与倒金字塔结合起来,对一篇新闻作品而言,就是虎头豹尾,开头吸引人,结尾也精彩。

并列式。即把诸多个重要事实纳入到一个高屋建瓴的概括性导语中,这是一种集约式的倒金字塔。

叙述式。即使是叙述,也有多种方式和类型,比如顺叙、插叙、补叙、倒叙、夹叙夹议等。像倒叙,就是采用一种回归的手法,先告诉结论,然后去叙述过程和原因。

再如标题中的肩题、主题、副题,都是结构形式,模型问题。

新闻一旦用上模型,就可以更好地去发现事实,理解事实,表现事实。

二

数学美的实质,说到底是它的理性美和结构美。理性美,反映了它的价值追求。正是这种价值追求,甚至可以影响人类的物质、文化、道德和社会生活,使得人们能尽可能去认识、理解、了解自然,掌握规律。在它的结构上,主要是体现在表现形式上的美,比如数学语言所表现出来的简洁、对称、和谐、秩序、一致等。而数学文化的所有这些美的思想对于新闻文化来说,不仅可到处找到数学文化的影子,且可以很好地借鉴。

新闻文化美的实质,也是一种理性美,它反映了人们的价值追求,这种价值追求体现在以真求美、以善促美、高扬关爱人的大爱,至善至美。今天的新闻是明天的历史,新闻美是媒体的良知,这是一种大美、大善。新闻文化所表现出来的形式美,突出反映在新闻文本内容的简洁、对称、和谐、秩序、一致等方面。

简洁是新闻审美的最主要内容,新闻就是用最简洁的语言,以最少的版面,在最快的时间内传递给受众最大的信息量,新闻语言拒绝啰嗦。

要使每一个字都能发挥作用。威廉姆·斯卓克和 E.B. 怀特曾这样讲过:"有力的写作是简洁的。……要求所写的每个字都有实实在在的含义。"恩格斯也说过:"言简意赅的句子,一经了解,就能牢牢记住,变成口号,而这是冗长的论述绝对做不到的。"①

中国传统文化,自古以来就十分重视简洁美。清人刘大櫆在《论文偶记》中说:"文贵简。凡文笔老则简,意真则简,辞切则简,理当则简,味淡则简,气蕴则简,品贵则简,神远而含藏不尽则简,故简为文章尽境。"晋朝陆机在《文赋》中讲,"立片言以居要,乃一篇之警策"。

郭沫若说:"最好要简洁,和谐,熨贴,自然。任何一种对象,无论是客观的景物或主观的情调,要能够用最经济的语言把它表达得出。语言除掉意义之外,应该要追求它的色彩,声调,感触。"②臧克家特别指出:"精炼,是艺术表现的问题,也是如何动用最恰当的字句充分而美满地表现思想内容的问题,从中可以看出诗人的概括能力、造句下字的艺术功力。这与作者生活经验的丰富和贫乏、思想感情的强烈与薄弱有着很大的关系。"③

契诃夫则更直白,他说"写得有才华就是写得短"。车尔尼雪

---

① 《马克思恩格斯全集》(第 22 卷),人民出版社,1965 年,第 265 页。
② 郭沫若:《怎样运用文学的语言》,《郭沫若论创作》,上海文艺出版社,1983 年,第 75 页。
③ 臧克家:《精炼·大体整齐·押韵》,《学诗断想》,四川人民出版社,1979 年,第 33 页。

夫斯基说:"要辞达而理举,故无取乎冗长。无情地删去一切多余的东西——这就是审读已经写下东西时的最重要的一部分工作,假使作者严格履行这个责任,它的作品就会获得许多东西,篇幅虽然减少一半,对读者的价值却要增加三十倍。"①

威廉·斯特伦克在一个世纪前写的一本《风格基础》中说:"生动的文字是简洁的。一句话里不该有不必要的字词,一段文里不该有不必要的句子。同样道理,一幅画不该有不必要的线条,一部机器不该有不必要的零件。这不是要求作者使他的句子全部是短句,也不是要他避开一切细节,也不是要他把他的主题只写成提纲,而是每个字词都要起作用。"

著名政治家丘吉尔著述丰厚,后人对他印象最深的一句话,是他在一次号召全国抵抗纳粹的演说中讲的:"我没有任何东西可以奉献,除了热血、辛劳、眼泪和汗。"(I have nothing to offer but blood, toll, tears and sweat.)

新闻语言一定要简洁,简洁就是美,简洁就是要全力去修剪,修剪再修剪,哪怕删掉一个字、词,不能有一个多余的字。实际上,不仅仅是数学和新闻崇尚简洁,即便人类服饰又何尝不是如此,越是名牌越是简约,品位越高,越超凡脱俗,到最后,剩下来的最好的东西就是朴素、简洁。所有最有名的最成功的数学模型,都是最简洁的方程,比如:

牛顿第二运动定律:$F=ma$

爱因斯坦的质能关系式:$E=mc^2$

---

① 〔俄〕车尔尼雪夫斯基,辛未艾译:《车尔尼雪夫斯基论文学》(中卷),人民文学出版社,1965年,第243页。

三

对称在数学文化中是一种美,数学中的对称不仅包含了图形对称、函数对称,在其概念的许多公式中也充满了对称的内容,其中像牛顿的万有引力定律:

$$F_{引} = G\frac{Mm}{r^2}$$

m 是质量,r 是距离,F 是力,M、m 分别是空间中两个互相吸引物体的质量。

再比如拉格郎日的拉氏函数(能量)和广义坐标概念,把牛顿的动力学和静力学概括成一个拉氏方程,有了统一的求解工具。哈密顿又从美学角度对拉氏方程进行改造,得到"正则方程",它们都是那么统一、简单、优美、对称,即使是一个不懂任何数学的人,也可以从下面这个简单的方程式中体会到其对称美:

$$\begin{cases} \dfrac{\partial H}{\partial p} = \dfrac{dq}{dt} \\ \dfrac{\partial H}{\partial q} = \dfrac{dp}{dt} \end{cases}$$

它引入了能量函数 H 和广义动量 p,后者和广义坐标 q 成为力学中重要的"共轭量"。

对称作为一重要的物理现象,有时也可以从中得到新的启发。比如,哈密顿研究上元数,运用他的动力学得到共扼量 p、q 的乘积不满足交换律,即:

$pq - qp = c(c \neq 0)$

他从对称中发现了奇异。1925 年,海森堡在建立量子力学时，又得出微观粒子运动的不对称关系：

$$pq-qp=h/2\pi i$$

其中，h 为普朗克常数。这进一步找到了这种在对称诱导下的奇异美的根源。

在数学的其他思想中，通常也都普遍存在对称问题，比如加、减、乘、除的互为逆运算，函数与反函数，正比例与反比例，由一般到特殊的演绎法和由特殊到一般的归纳法，都是对称思想的具体体现。

而新闻文化中的对称，一是体现在版面上。在版面设计中，对称是一种主要的版式，特别是在当下这个读图时代，如何编排版面，对称无疑是一种常见的应用模式。对称的版面给人以协调、平衡、和谐、匀称的感觉。而这种协调、均衡美在报纸版面上的表现形式集中体现在以下几方面：

虚实相间，对称呼应。一般纸质报纸的版面，讲究层层展开、实中有虚的结构，它空灵简洁，跌宕有致。比如左上角用了大标题，右下角则用带框异体文字来呼应两体间的内在联系，对版面形式美起调节作用，使版面活起来。

犬牙交错，融为一体。报纸版面上的一篇篇文章、一根根线条、一幅幅图像，恰似七巧板，所构成的犬牙交错、首尾相接的画面，使整个版面融为一体，浑为自然。面、块、条、线、点，疏密得体，舒展大方，和谐完美。

精在体宜，巧于因借。"体宜"者布局得当，主次分明，最能体现出报纸的宣传主旨。"因借"者即文字、图像与空白构成的高山与低谷，能够因势利导，相得益彰。比如，在一个版面中，既可以有金鸡独立，也可以有二龙戏珠、三足鼎立，因文因图自然形成均衡美。

另外,在制作标题时,亦经常采用对称式或对仗的方法,去突出对标题的审美,比如下面这几个标题,就充分体现了对仗、对称的韵味。

(肩)功德堪天量,丰碑驻人间

(主)张孝骞教授遗体告别仪式在京举行

(主)出生入死　烟尘未洗　灭火英雄　凯旋津门

(副)新秀一鸣惊人　老将宝刀不老

(主)吴浩涛童辉分夺跳水全能冠军

另如在第 25 届奥运会报道中,许多好标题体现出来的对称美,简直像工整的对联,连平仄和音韵都是那么刻意琢磨,读起来抑扬顿挫,朗朗上口。比如:

空前绝后　川妹子不让须眉
百步穿扬　花木兰又垂青史

张　　山　横抢　扫男儿落马
王义夫　神枪　酬惊世壮志

张山能在本属于男人们的世界里勇夺双向飞碟冠军,前无古人;又因为,这是奥运会上最后一次男女混合项目,所以又后无来者。因此,用"空前绝后",恰如其分。而后面一个标题中的一"横",一"扫",真有点令男儿汗颜。

《人民日报》报道李小双、高敏夺冠时,分别用了这样的标题:

主题:从容一跃群星黯

副题——李小双自由体操夺冠速写

主题:顶风再迎高处寒

副题——记"跳水女皇"高敏

以"从容"对"顶风",以"一"对"再",以"群星黯"对"高处寒",简直就是一幅绝好的对联。加之在版面的安排上,两篇稿子和两个标题竖排在一起,更显得锦上添花。

包括在新闻写作中,也经常用这样一种对仗的方式去表达事实,比如1957年2月10日至11日,上海遇到了有气象记载80多年来的罕见严寒,新华社记者引用诗人臧克家在1947年2月写的诗中的一句话"前天一夜风雪,昨夜八百童尸",来说明十年之差,新旧社会两重天。至于秩序、和谐、一致,应该说是一直贯穿于新闻实践中的。

四

关于奇异美,数学文化是特别关注"奇""异"的,诚如培根讲的:"没有一个极美的东西不是在调和中有着某些奇异!"在这里是不能不说到欧拉神奇的:

$$e^{i\pi} + 1 = 0$$

在这里,我们不能把它简单地看成只是一个公式而已。事实上,只要我们稍加仔细分析,就会发现它的神奇和不可思议。

"1"是实数中最基本的单位,有着丰富的内涵,它是整数的单位,数字的始祖,是真分数(纯小数)和整数的分水岭。远古人类能抽象出1这个概念的时候,便是数学的真正萌芽。1也可以代表事物的整体,或者各部分的总体,甚至整个宇宙,这就是所谓的"浑一"的意思。

i是根号$\sqrt{-1}$,是复数的基本单位,它来源于解二次方程$x^2 + 1 = 0$,长期被人们认为不可捉摸。

π 是圆周率。一位德国数学家指出："在数学史上，许多国家的数学家都找过更精密的圆周率，因此，圆周率的精确度可以作为衡量一个国家数学发展水平的标志。"

我国 2000 多年前的《周髀算经》称"周三径一"，这是 π 的第一个近似值，叫做"古率"。

据说，汉代大科学家、文学家张衡，有"圆周率一十之面"的推算。清代李潢考证这句话意为 $π≈\sqrt{10}$

数学中的奇异美，还包括大胆走异端。你可以看到大量以奇异的"奇"字为冠首的数学对象，还有大量以"非"字冠首的数学对象：

奇点，奇元，奇核，奇芽，奇解，奇异数，奇轨迹，奇状态，奇异函数，奇异级数，奇异积分，奇异积分方程，奇异积分流形，奇异各分算子，奇异初值问题，奇异射影变换，奇异同调群……

非欧几何，非欧距离，非欧角，非笛沙格几何，非阿基米德几何，非线性，非齐次，非正则数，非正则点，非正则函数，非标准实数，非正常积分，非奇异矩阵，非结合代数，非交换域，非中心分布，非参数估计，非参数检验……

新闻文化与数学文化有异曲同工之妙。

新闻是最强调新、奇、异的，新闻是易碎品，吃别人嚼过的馍没味道。特别是西方人对新闻的定义，"狗咬人不是新闻，人咬狗才是新闻""能让女人大喊一声'啊呀我的天呀'的东西""反常的事情就是新闻"，说到底就是极端性、奇异性、反常性，才是新闻。这和数学的"奇异"在本质上是一样的。奇、异才有价值，奇、异才有吸引力，奇、异才能赢得受众。

五

数学上有一个求极值的问题,法国数学家费马在求极大值、极小值方面有过重要贡献。费马的方法有两个重要的应用。第一个是求曲线的切线的方法。已给曲线的方程,费马能够在曲线上的任一点做出曲线的切线。第二个重要的应用是确定几何形重心的方法。费马实际上是利用一个无穷小增量,这种方法应以极限理论为基础,但费马并没有严格的极限工具。1638 年春,费马的极大、极小方法和求切线法曾引起了费马与笛卡尔之间的一场关于优先权的争论。但跟坐标几何的情形一样,他们很快便认识到对方的独创性。1642 年费马的方法发表后,许多数学家随即便得到了他们各自的更一般的方法。不久,费马关于极大、极小值的方法就被牛顿和莱布尼茨的微积分所取代。

实际上,在新闻文化中,也有一个求极值的问题,它涉及新闻的议程设置和新闻策划。今天,新闻策划已经成为媒介核心竞争力的一个重要内容,成功的新闻策划都是实现了新闻传播的价值最大化。如果你这个新闻策划没有实现新闻价值的最大化,那你这个策划就是失败的。新闻策划要抓住几个最关键的环节和主要影响因素,一般讲,调查研究是基础,找准选题是关键。什么叫策划,策划就是创意,它是一种存在,策划的关键就是要把你创意的东西系统化、程序化、逻辑化、量化。

所谓主要影响因素,就是你的新闻价值怎么样,你对社会的影响力怎么样。我曾在设计新闻传播的效果评价模型时,提出一个椭圆理论,其意思是这样的:

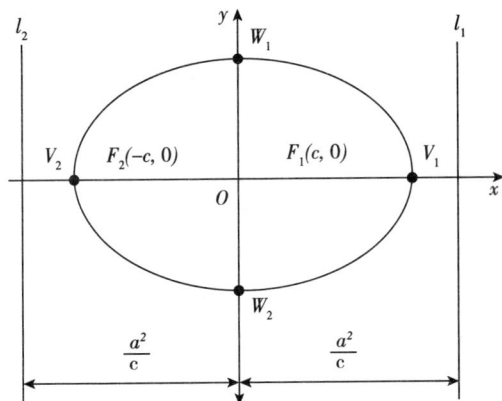

　　评价效果价值，一般要看其社会效果，而这个社会效果可以由两个"核心价值观念"来构成，即政党利益和公民利益的关联性。在社会主义的利益机制下，严格讲来二者应是统一的、一致的。政党利益和公众利益就如同是一个椭圆上的两个焦点，当这两个焦点隔得较远时，这个椭圆就很扁，当这两个焦点趋于重合时，它就接近于一个圆了。如果从 V_1 到 V_2 长度等于 W_1 至 W_2 长度，那这个椭圆就成了一个完美的圆了。理想的传媒价值体系，其两个核心价值应该是非常一致的。这是因为，对政党的维护，并不一定以损害公民利益为前提，而对公民利益的维护，也不排除是对政党利益的更高维护。但是，在我们的实际生活中，是不存在没有冲突的价值体系的，特别是在分配机制不公，多种经济体制并存，多种利益交织在一起的时候，这种矛盾就愈加显得突出。

六

　　许多媒介理论,都可以表示为数学形式或方程,比如像纽曼的"沉默的螺旋"理论,其本来意思说,在具争议性的议题上,人们对民意的散布形成印象。他们试图判断,自己的意见是否与大多数人站在一边,然后他们再去判断民意是否会朝着赞同他们意见的方向改变。如果他们觉得自己是站在少数人的意见这一边,他们会倾向于对该议题保持沉默。他们越是保持沉默,则其他的人便越是觉得某种特定的看法不具代表性,而他们便越是继续保持沉默。沉默的螺旋理论假定,个人具有一种准统计学感觉官能,借此他们确定"哪种观点和行为模式是他们的环境所允许和不允许的,哪些观点和行为模式越来越强,哪些越来越弱"。

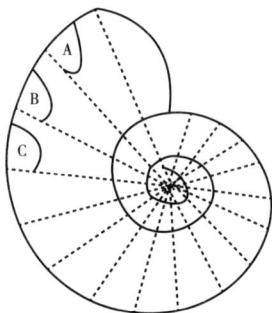

　　沉默的螺旋理论在后来的传播效果研究中产生过重要影响,即使是在今天。这个螺旋曲线,从根本上来说可以把它化简为对数螺线,也叫等角螺线,见左图:

$$\rho = 1 \cdot m^t = e^{t/nm}$$

　　当 t 连续变化,就会得到一条光滑的对数螺线(也叫等角螺线),常记为: $\rho = \alpha e^{\theta}$

　　当 $\theta \to +\infty$ 时无限扩展;

　　当 $\theta \to -\infty$ 时无限收缩。

　　全都永无终止,在曲线中以其特有的魅力惹人喜欢,尤其给人一种韵律感。

实际上，在新闻文化中，数学的思想、数学的方法无处不在。特别是在时政新闻的研究中，你要获取最好的宣传效果，必须依靠数据说话，必须借助统计分析的方法。而本文上述论及的内容更多的是从哲学高度，从思维的角度来考虑的。新闻作为一种舆论文化，对社会的影响之大，是任何其他载体文化所不能比拟的。它的这种影响有时真是失之毫厘，差之千里。中国古语云"千里之堤，溃于蚁穴；百尺之室，以突隙之烟焚"，对新闻文化来说更是如此。这不由得使我们联想到混沌理论、蝴蝶效应，同样也可以给新闻文化以深刻的借鉴。

所谓蝴蝶效应，就是讲因小失大的问题。蝴蝶效应是气象学家洛伦兹在1963年提出来的。其大意为：一只南美洲亚马逊河流域热带雨林中的蝴蝶，偶尔扇动几下翅膀，可能在两周后会诱发美国得克萨斯的一场龙卷风。其原因在于，蝴蝶翅膀的运动导致其身边的空气系统发生变化，并引起微弱气流的产生，而微弱气流的产生又会引起它四周空气或其他系统产生相应的变化，由此引起连锁反应，最终导致其他系统的极大变化。此效应说明，事物发展的结果对初始条件是具有极为敏感的依赖性的，初始条件的极小偏差，将会引起结果的极大差异。"蝴蝶效应"在社会学界常用来说明一个坏的微小的机制，如果不加以及时地引导、调节，会给社会带来非常大的危害，戏称为"龙卷风"或"风暴"；一个好的微小的机制，只要正确指引，经过一段时间的努力，将会产生轰动效应，或称为"革命"。

新闻文化作为一种舆论文化，其导向性特别重要，必须坚持正确的舆论导向，维护社会的安定团结。如果这种"导向"处理不好，那就会产生蝴蝶效应般的混沌效果。像古人说的，"谬误出于口，则乱及万里之外"。

"蝴蝶效应"提出 40 多年来,之所以令人着迷,令人激动,发人深省,不在于其大胆的想象力和迷人的美学色彩,更在于其深刻的科学内涵和内在的哲学魅力。

新闻文化可以从中借鉴到许多东西,特别是在公共舆论的建设方面。

从方法论的角度讲,数学文化是重证明,重实证,靠事实说话,恰如爱因斯坦说的,为什么数学比其他一切学科受到特殊尊重,一个理由是它的命题绝对是可靠的无可争辩的,另外,它给予精密自然科学某种程度的可靠性,没有数学,这些科学是达不到这种可靠性的。而新闻也是一种证明,它是通过报道事实,反映事实,告诉给受众道理。特别是在当下,受众普遍欢迎深度报道,就是一种证明。

数学重逻辑,对一些一时很难证明的东西,数学的一个典型方法是反证法,不管你是否已经证明有多少是存在的或成立的,只要我找到一个"反例",就证明你是不存在的。

新闻文化的奥妙之处,我以为也是在"反证法"。新闻反对大而全,新闻不赞成或坚决反对面面俱到。凡是精彩的新闻,都是攻其一点,不及其余的,都是伤其十指,不如断其一指的。新闻文化是一种突显文化,眼球文化,越是个性的,就越是成功的,新闻一直都在寻找反例。比如,每年的"黄金周"旅游,上千万人出行,千千万万人平平安安,但这些都不是媒体过多关注的,如果有一辆车下了山沟,那诸多媒体就都来了,趋之若鹜……这就是新闻。

因此,新闻文化一定要借鉴数学文化,借鉴数学的思维,借鉴数学的方法,借鉴数学的审美,那么新闻文化就会在学科创新、社会效果的意义上开辟出一个新天地。

原载于《新闻界》2007 年第 4 期

理论新闻学学科体系论纲

传统新闻学学科体系一般分为史、论、业务,已很难适应新闻传播学事业的发展,基于这个前提,我提出了概念体系、方法体系、价值体系和效果评价体系。特别是在概念体系里面首次提出"元"概念、"衍生"概念、"三元价值"体系等,为推动我国的新闻学学科建设,权作野芹之献。

长期以来,业界、学界和一些其他学科的专家学者,大都认为"新闻无学",以致近年来,新闻教育在全国似乎出现从未有过的繁荣,新闻类的教学点已达到 661 个(据 2005 年底统计数字),似乎什么人都可以办新闻教育,什么人都可以教新闻,什么人都可以学新闻,什么人都可以做新闻。那么,新闻到底有没有"学","学"在哪里?

如何建构当下我国新闻学的学科体系呢?我以为,必须建立一个比较科学的学科体系模型,特别是要在理论新闻学方面做好基础性工作,因为理论体系是一个学科体系里面最重要的支撑内容。作为一个完整的学科,我以为至少应具备以下几个主要内容:其一是概念体系,其二是方法论体系,其三是价值体系,其四是效果评价体系。如果用一个表格来表示新闻学科的理论新闻学体系,拟作出如下图示:

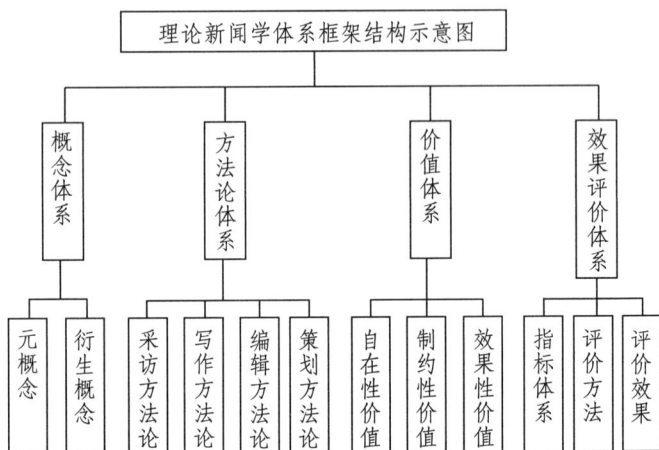

理论新闻学体系框架结构示意图

概念体系 ─ 元概念、衍生概念

方法论体系 ─ 采访方法论、写作方法论、编辑方法论、策划方法论

价值体系 ─ 自在性价值、制约性价值、效果性价值

效果评价体系 ─ 指标体系、评价方法、评价效果

　　为什么要做如上建构呢？它的道理在哪里？下面拟从四个方面逐一论述。

一、概念体系

　　一门成熟的学科，一定要先有一组概念，这一点非常重要。概念是什么？如前所述，概念是定义，概念是设定，概念是一种约定，概念是共同讨论问题的前提和依据。

　　我一直认为，数学与哲学同宗同源。新闻学学科的概念和理念，完全可以从数学与哲学中借鉴一些东西。类比我们的新闻学学科，新闻学的诸多定义是什么？它有没有"公设"，有没有"公理"？如果有，它们又是什么呢？

　　每个学科的概念，都有其不同的形态和范畴。我认为，新闻学的概念可以分为两大类，即"元"概念和"衍生"概念。

（一）关于"元"概念

给出这样一个概念分类的考虑，主要是基于想把新闻理论与实践的概念区别一下，因为在实际工作中，新闻理论的概念与新闻实践的概念有时是亦此亦彼的，很难分清。所谓"元"概念，是指主概念、大概念，起统领作用的。比如，关于新闻、新闻事实、新闻价值的定义等。关于新闻的定义是新闻学学科中最重要的定义和范畴。据说国内外关于新闻的定义有上百个之多，以至于有多少人去解释新闻，就有多少个"新闻"的定义。当然，这只是表面现象，我认为在这些表象的背后有几条最根本的东西，在国内外学界、业界还是比较认同的：

其一，新闻必须是新近发生的事实；

其二，新闻必须是广泛传播的；

其三，新闻必须是人们所普遍关心的。

这三条合在一起，构成了新闻文本最主要的基本核心内容，随你怎么变，都不会离开这三条，且缺一不可。

关于新闻事实，它属于"元"概念的范畴。所谓新闻事实，就是构成新闻核心要素的那些东西。比如，时间（When），地点（Where），人物（Who），原因（What），为什么（Why）和一个"H"怎样解决（How），即我们通常讲的五个"W"和一个"H"。不管你是谁，也不管你在哪里，这六个东西都是构成新闻事实的核心要素。

所谓新闻价值，实际上就是衡量新闻事实的尺度、标准，像我们通常讲的时新性、重要性、接近性、趣味性、冲突性等。但对一个具体的新闻事实来说，看它是否时新、重要、接近、趣味、冲突，都是要靠人去判断的，不同的人有不同的判断尺度和标准。

（二）关于"衍生"概念

"衍生"概念是相对于"元"概念提出来的。"衍生"概念是小概念，是在"元"概念的前提下衍生出来的。比如关于新闻，我们一般是这样定义的：新闻是新近发生的事实的报道；而"衍生"概念就是在这个大定义下，去考虑何类报道或怎样去报道的问题。再如像新闻真实性、新闻自由、新闻客观性、新闻舆论、深度报道等都属于这一类。对"元"概念中的新闻价值，不同国家、不同利益集团，都有不同的价值观念，这些价值观念是不同利益集团对时新性、重要性、接近性、趣味性、冲突性要求的具体体现。

对新闻学学科中的"元"概念和"衍生"概念，需要认真梳理一下，真正区分好"元"概念与"衍生"概念的范畴、意义和内容。一般讲，"元"概念主要是强调其初创性、定义性、共识性、普适性，而其共识性和普适性是一种舍弃了社会人的主观意识的东西，放之四海而皆准，是每个人都可以接受的。衍生概念就不如"元"概念那么客观，它夹杂了人的主观意识的东西。因此，衍生概念具有非统一性、多样性。

二、方法论体系

方法论是任何一门学科实现有机联系的重要内容，它是一种特殊的学科内容，没有方法，这门学科就运转不起来。比如，孔子思想体系的方法论就是中庸，中庸是孔子思想的最高境界，孔子说过，"中庸之为德"；马克思主义学科体系的方法论就是历史唯物主义、辩证法、对立统一论等。

新闻学的方法论是什么？我以为很难用一句话或几个简单

概念去表述,这是由新闻学理论和新闻实践的普适性、大众性所决定的。概而言之,我以为可以分为三个层次:

其一,宏观层面上的方法,这是大方法,指导性的。比如,唯物辩证法、对立统一、主客观统一,以及新闻是一种调查研究等。这些都是大方法,带全局性、决定性意义的,对新闻学的学科建设和新闻实践起指导性作用。

再比如采、写、编、新闻策划①等方面的方法。这类方法是支撑新闻学的每一个分支,起一种承上启下作用。承上是指在宏观视野下,启下是说它要对一些具体的东西起一种指导作用。

其二,中观层面上的方法,是承上启下的。比如,采访方法论主要是解决三个问题:

一是采访与环境。成功的采访均是创造了一个和谐的采访环境,和谐出真知,和谐出事实,和谐出新闻。

二是采访与事实。怎样获取事实,如何把握事实,如何理解事实。

三是采访与思维。这是贯彻始终的。特别是要掌握采访与形象思维、逻辑思维、抽象思维、灵感思维之间的辩证关系。

写作方法论主要是解决描述事实的问题。包括事实与主题的问题,事实与角度的问题,以及事实与背景、结构,通读写作过程中的借鉴等内容。写作方法论,说到底就是如何生动地陈述事实,描述事实,使受众获得最佳阅读、理解的效果。

编辑方法论主要解决如何把新闻文本变成一个受众易于接受的好文本的问题。删选稿件有一个取稿的价值标准,处理好审稿与知文、润色的问题。要突出主题,提升价值。编辑方法论中

----

① 方延明:《新闻实务方法论》,南方日报出版社,2005年。

最突出的问题是把编辑工作视作创造性劳动,编辑的创造性劳动是事半功倍的工作。

策划方法论就是要寻求和找出新闻策划的意义价值和一般规律。概而言之,新闻策划的要旨就是要实现新闻传播的价值最大化。如果一个新闻策划没有实现新闻传播价值最大化,那这个策划就是失败的。新闻策划的一般规律主要有四条:调查研究是基础,创新思维是关键,找准选题是突破,社会效果是目的。近年来,新闻策划已经成为媒体核心竞争力的重要内容之一。

再比如,我曾在研究新闻写作思维方法时提出过十个关系如何统一的问题①,那十个关系的处理,就是在宏观层面前提下,把中观层面上的方法论具体化。这十个"关系"是:

1. 主观认识与客观事实的关系;

2. 逻辑与非逻辑的关系;

3. 传统与非传统的关系;

4. 主流与非主流的关系;

5. 经验与理性的关系;

6. 现象与本质的关系;

7. 创意与选择的关系;

8. 时代性与历史性的关系;

9. 收敛思维与发散思维的关系;

10. 偶然性与必然性的关系。

党报改革问题,一直是我国新闻改革的最艰巨任务之一。最近,我在思考党报改革时,借鉴了有些同志的意见,经自己认真思

---

① 方延明:《从创新意识谈新闻工作思维方法的十个关系》,《新闻知识》1999年第4、5期。

考,又提出了六个统一和六个服从的想法①,即:

1. 坚持政治家办报与报人办报的有机统一,报人办报要服从政治家办报;

2. 坚持按党的纪律办报与按新闻规律办报的有机统一,新闻规律要服从党的纪律;

3. 坚持新闻宣传主旋律与新闻宣传多样性的统一,多样性要服从主旋律;

4. 坚持社会效益与经济效益的统一,经济效益要服从社会效益;

5. 坚持新闻规律与执政规律的统一,执政规律要服从新闻规律;

6. 坚持党性与人民性的统一,党性要服从人民性。

关于第六条,我是这样理解的,温家宝在2007年"两会"期间答记者问时明确提出,"一切属于人民,一切为了人民,一切依靠人民,一切归功于人民"。四个"一切"的归宿最终落脚在"人民"上,"党性"为什么不可以服从"人民性"啊? 事实上,如果我们的新闻宣传离开了"人民性",就没有"党性"可言。

对上面的这些思考,其立足点都是在中观层面上。

其三,微观层面上的方法。这类方法是在中观层面意义下的一种具体化。比如,新闻写作中的白描法和春秋笔法;新闻写作中的逻辑思维、灵感思维、抽象思维;通讯采访中的形象思维法;一般消息写作中的倒金字塔法;采写过程中的采访与环境,材料与事实,角度与事实,主题与事实,予与取之间的和谐关系,以及

---

① 方延明:《我们今天应培养造就什么样的新闻人才》,《中国新闻报》2007年5月16日。

事实与主题,角度与主题,编辑过程中的删繁就简等,这类方法侧重操作实务,侧重技巧。

三、价值体系

每一门学科都有自己的价值体系。以往,我曾在研究新闻学学科体系时,借鉴数学上的"三点共圆",明确提出新闻学学科体系的"三元价值"结构①,即自在性价值观、制约性价值观、效果性价值观,并由这三者构成一个新闻文化的完全价值观体系。见下图:

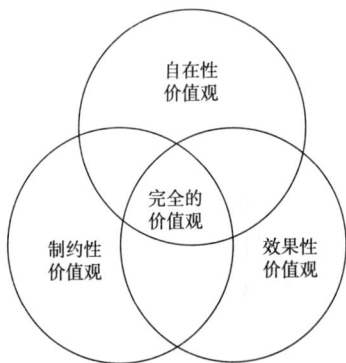

这个三元价值体系,当时主要是从媒介生态学意义上去考虑的,或者说是从新闻本体论的框架结构上去理解的,应该说是抓住了新闻传播最核心的东西。我以为,不管到什么时候,也不管是什么人去研究新闻或去从事新闻工作,都是围绕如何处理好这

---

① 方延明:《解读新闻文化的价值观意义》,《南开学报》(哲学社会科学版) 2004 年第 6 期。

三个价值观之间的关系去进行的,舍此别无他途。它们之间的关系,常谈常新。

(一)自在性价值观

主要是指新闻事实本身。哲学意义上的新闻事实,可以从三个方面来理解:一是客观存在的事实;二是对客观事实反映以后,通过一种符号再现的新闻文本中的事实;三是对真理性的认识或真实性的描述。这里讲的也就是那些可以使事实成为新闻的那部分东西。一般讲,这部分东西主要是"新"和"真"的内容。新闻姓"新",不管在什么时候,或者说在何种地区、何种民族、何种时空条件下,新是新闻文化最根本、最重要的价值属性。离开新,无从谈新闻的价值。一般讲,"新"包括两个方面的内容。一是时间近,不管是事件本身,还是人物、思想、行动、经验、成果,都应当是新近发生的。二是内容新,不然就失去了新闻的意义。越是首创的,人们不曾料想到的,就越有价值。求"新"是人们的普遍欲望,新则为人喜;求"真"是人们的本分,真则为人信。

关于新闻的真实性,我认为至少应当在三个方面给予充分体现:

其一,新闻报道的事实必须真实;

其二,对新闻报道事实的概括必须真实;

其三,新闻报道的事实与这类事实的总体要一致。

需要指出的是,尽管我们讲的是新闻的自在性价值,但事实上,在任何新闻实践中,从来就没有绝对的、纯客观的自在性。因为自在性本身也是靠人去定义的,它当然不可避免地夹杂了部分个人的主观好恶。

(二)制约性价值现

体现在传播过程中的诸多因素里。新闻只有传出去,才能产生价值。在今天,新闻传播已渗透到人类社会的方方面面,成为政治斗争的前沿阵地,经济发展的信息杠杆,文化传播的有效载体,监督社会的有益镜鉴,引导舆论的文化先锋,均已完全超出狭隘的价值体系,成为一个大的社会价值系统中的最重要环节之一。新闻文化这样一种高位价值体系角色,使得它必然成为掌握政治与经济权力的代言人。诚如赫伯特·阿特休尔讲的:

> 新闻发展的历史证明,报纸以及形形色色更现代化的新闻媒介已日趋满足掌握新闻媒介经济命脉者个人利益的需要,同时又通过服务于新闻消费者的利益来确保新闻媒介的形象。期望新闻媒介会出现天翻地覆的大变化并对其经济命脉操纵者的愿望嗤之以鼻,无疑是一种最狂热的乌托邦式的痴心妄想。①

离开政治的报道是不可能的,早在 100 多年前,恩格斯就指出:"绝对放弃政治是不可能的,主张放弃政治的一切报纸也在从事政治。问题只在于怎样从事政治和从事什么样的政治。"②

法国新闻学者贝尔纳·瓦耶纳也说过:新闻报道者不是简单的传播者,他们的作用远不是纯然被动的,相反倒是有决定意义的③。

这些都说明,不管在东西方任何地方,新闻文化的传播效果都

---

① 〔美〕赫伯特·阿特休尔:《权力的媒介》,华夏出版社,1989 年,第 338 页。
② 《马克思恩格斯全集》(第 17 卷),人民出版社,1963 年版,第 449 页。
③ 〔法〕贝尔纳·瓦耶纳:《当代新闻学》,新华出版社,1986 年,第 15 页。

是受到一定制约的。制约性价值有大小道理之分。比如就我们党的新闻事业而言,大道理就是大的原则,这主要是指党性原则。

媒介是信息传递的载体,是一个中间环节,它不是简单地反映现实、再现现实,而是受到多方面制约后的一种对现实社会的语境呈现。媒介反映主要是两个方面:一是作为技术层面上的载体,这就是麦克卢汉的"媒介即讯息"。马克思也曾把印刷术称为"新教的工具",认为印刷术"总的来说变成科学复兴的手段,变成对精神发展创造必要前提的最强大的杠杆"。在当下,除报纸以外,其他诸如广播、电视,网络、手机短信等都表现得更加充分。作为符号系统传播载体的网络新闻文本,带给我们的思考更是多方面的,因为它更有助于读者了解新闻的深层背景和相关信息,更有利于新闻的价值实现。媒介的制约性反映在各个方面,英国学者 J.科纳曾强调:"大众传播是通过大型组织的工业生产活动产生出来的,这种生产组织的政策和职业规范存在于社会的政治、经济和法律的结构之中。"

在制约性价值中,新闻自由是不能不涉及的。因为新闻自由问题是对传播价值产生影响的最主要内容之一。美国的杰克·富勒在分析新闻自由时说:

> 在这些对言论自由的颂扬中,你找不到提及新闻界应承担何种职责的只言片语。让我们正确无误地认识这一点:除了在某些范围狭小的情况下(例如欺诈和诽谤),言论自由体系并不对从事表达工作的人强加任何特别的义务。事实上在大多数话语领域,言论自由向人们提供了撒谎的许可证。因此,一个开放社会的政府无权强制他人执行新闻工作准

则,即便是必须讲真话的准则。①

自 20 世纪以来,市场经济的发展,包括我国实行的社会主义市场经济,使得媒体传播过程中的价值观念与信息资源紧密结合。因而,在制约性价值观里面,市场经济影响的因素将越来越重要。哈贝马斯说:

> 一种传播工具的引导使我们能够让信息瀑布通过,产生一种调节行为的效果,鼓励人们借助现代手段更新工具秩序的传统观念。

曾有专家设计了如下一个表格,专门把主要的社会制约性因素列出,这可以给我们提供有效的借鉴,我对其中的一些内容做了部分修改、增删,见下图:

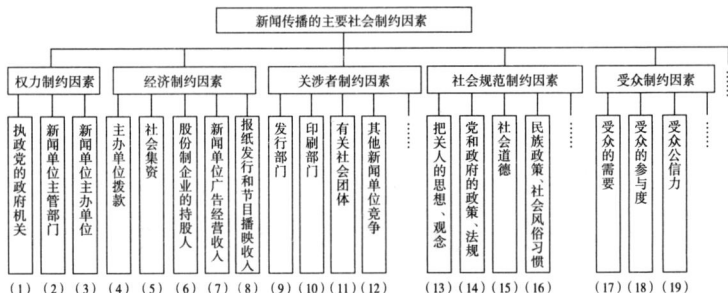

新闻传播的主要社会制约因素

权力制约因素	经济制约因素	关涉者制约因素	社会规范制约因素	受众制约因素
(1) 执政党的政府机关 (2) 新闻单位主管部门 (3) 新闻单位主办单位	(4) 主办单位拨款 (5) 社会集资 (6) 股份制企业的持股人 (7) 新闻单位广告经营收入 (8) 报纸发行和节目播映收入	(9) 发行部门 (10) 印刷部门 (11) 有关社会团体 (12) 其他新闻单位竞争	(13) 把关人的思想、观念 (14) 党和政府的政策、法规 (15) 社会道德 (16) 民族政策、社会风俗习惯	(17) 受众的需要 (18) 受众的参与度 (19) 受众公信力

(三)效果性价值观

与其他价值观不一样,一般讲,价值是主体对客体的效用,新闻的效果性价值主要是指新闻传播所产生的社会效果和经济效果,包括其反馈效果。这样,由自在性价值、制约性价值和效果性

---

① 〔美〕杰克·富勒著,展江译:《信息时代的新闻价值观》,新华出版社,1999年,第 94 页。

价值三位一体,比较系统地体现了一个完整的学科价值体系,这种价值体系结构最主要地体现了人类传播实践活动所创造的目的性结果,体现了一种精神价值和社会价值的有机统一。

效果性价值是文本后价值,是指新闻事实经传者到受者那里所产生的效果,这种效果是通过人们的态度变化体现出来的。比如,从它对人类的致利、致善、致美方面来讲,是一种精神价值;从文化传承的角度上讲,是一种文化价值;从对世界的解释方面,它具有认识价值和信息价值,因为它把真理告知人们,把事实告知人们,给人们提供认识世界、认识人类的资讯服务;从政治学的视野看,是一种宣传价值;从舆论学的角度看,它可以借助"议程设置"得到"沉默的螺旋"的效果,来达到预期目的;在审美视野里,它可以使人的灵魂、人格升华到一个更高的境界。总之,价值的最终目的是以其有用性为前提的。当然,新闻文化的效果性价值有些是显现的,有些则是潜在的。

传播学理论告诉我们,确定传播效果先要从大的方面去考虑:一是社会效果,二是经济效果。从传与受来讲,评价传播效果,最根本的是要看受众评价和他们的认知程度。从传播效果的层次分析,一般认为有几个层面上的效果,比如,认知层面上的效果,这种效果比较广泛,它是以基于定量基础之上以定性的形式出现的;心理、意识、态度方面的效果,这种效果比认知层面要进一步,因为它已经进入到人的意识这个比较深入的层面上了;再就是行动层面上的效果,它是信息传播的终极效果。正是这些效果,对经济发展、人们的价值实现、社会进步等起着最直接,也是影响最大的传播效果。

(四)关于功能体系

作为一门人文社会学科,在传播效果的意义下,新闻学还明显具有另外一个"三元"结构的功能体系,即:信息功能、文化功能、整合功能。见下图:

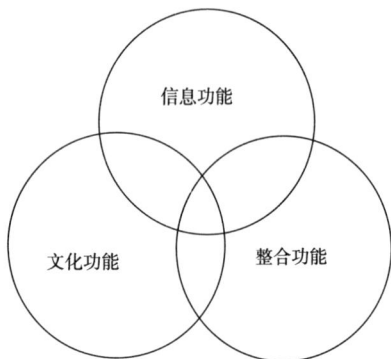

这个功能体系是从新闻学对社会的功能实现的意义上提出来的,这个"三元"功能体系也是新闻学所独有的,是新闻学这门学科生生不息、壮大发展的生命力所在。

1. 信息功能。这是新闻学的最本质属性之一,新闻学就是一门研究如何传递有效信息的学问。

2. 文化功能。这一点无须再作详细解释,今天的新闻就是明天的历史。新闻文化实际上是传媒对关于当下人们生活样态的一种生动、有效、客观的描述,是对现实社会的一种文化反映,它不仅具有文化内容,同时也具有文化的传承性。

3. 整合功能。这种功能属性是舆论文化所具有的,是舆论文化引导性的具体体现,同样也是其他载体文化所不具有的。新闻文化是置于意识形态领域前沿的一种大众文化、媒介文化和舆论文化,它对人们价值观念的整合性是大张旗鼓的、铺天盖地的登高一呼,具有一种典型的鼓动性。它不仅可以引导人们消费,给人们提供娱乐服务,同时还可以在整合人们价值观念上发挥重要作用。

评价效果性价值观一般要看其社会效果,这个社会效果是由两个"核心价值观念"构成的,它充分体现了政党利益和公民利益的关联性。在社会主义的利益机制下,严格讲来二者应是统一的、一致的。政党利益与公众利益就如同是一个椭圆上的两个焦点,当这两个焦点隔得较远时,这个椭圆就很扁,当这两个焦点趋于重合时,它就接近一个圆了。如果从 V_1 至 V_2 的长度等于 W_1 至 W_2 的长度,那这个椭圆就成了一个完美的圆了。见下图:

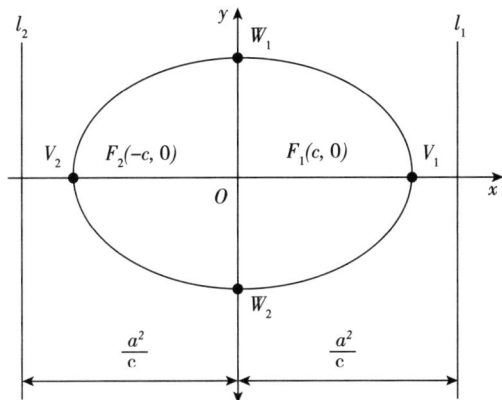

理想的传媒价值体系,其两个核心价值应该是非常一致的。这是因为,对政党的维护,并不一定以损害公民利益为前提,而对公民利益的维护,也不排除对政党利益的更高维护。但是,在我们的实际生活中,是不存在没有冲突的价值体系的,特别是在分配机制不公,多种经济体制并存,多种利益交织在一起的时候,这种矛盾就愈加显得突出。

四、效果评价体系

　　新闻学学科过去很少涉及效果评价体系,以往的理念就是我讲你听,我载你看,效果怎样,全然不管。20世纪80年代以后,西方传播学引入,有同志借鉴传播学的方法做了一些工作,但不系统。社会发展到今天,媒体对于人们的影响,受众对于媒介的发展,特别是受众对媒介的消费,其作用无论怎样评价都不会过分。美国的利昂·纳尔逊·弗林特,早在1925年出版的《报纸的良知》中谈到"报纸影响力"问题时,就曾引用过美国长老会牧师、演说家亨利·沃德·比切的一段话来说明其重要性:"你曾停下来设想过上百万人没有文字,没有学校,没有布道台,而只有报纸的情形吗? 10个人里没有一个会看书,但我们每一个人,除了那些极端贫穷无助的人,每天都用报纸来塞满自己的头脑。它是我们的父母、学校、大学、剧院、布道台、榜样、顾问,(所有这些角色)它都集于一身。我们身上的每一滴血都受它的影响。"100多年过去了,今天的媒体已远远不止报纸,还有广播、电视、网络、数字化通讯等。因此,我们必须注重建立效果评价体系,这个评价体系主要是两方面,一是"传",二是"受"。"传"是影响力之源,"受"是影响力的效果。利昂·纳尔逊·弗林特甚至悲观地说过:"没有人将这个问题简化成一门精确的科学,最多只能得到个大概。"①不过,他还是为这个问题建构了一个数学公式:

---

① 〔美〕利昂·纳尔逊·弗林特著,萧严译:《报纸的良知》,中国人民大学出版社,2005年,第288页。

影响力＝可信度＋说服力/偏见＋惰性

研究新闻传播的效果评价，必须借鉴传播学的理论，像以往的子弹论模式、有限效果论模式、温和效果论模式、强大效果论模式，都要进行扬弃，吸收其合理的内核。

研究新闻传播效果，要建立科学的指标体系、评价标准、评价方法，既考虑到定性，又要考虑定量，从定量中去看定性，从定性中去分析定量。完整的科学的效果评价体系，应当是建立起新闻传播过程中的因果关系的科学体系。

建构新闻学的理论新闻学学科体系，是一项浩大的工程，而这样一篇短文是难胜其任的，只能是一个初步的尝试，只能是一个初步的论纲，更深入的研究，只能俟诸来日，期望得到读者的批评和建议。

原载于《现代传播》2007 年第 5 期
《新华文摘》2008 年第 4 期全文转发

今天，我们应构建什么样的媒介文化

1949 年 9 月 21 日，毛泽东同志在中国人民政治协商会议第一届全体会议上的开幕词中指出："随着经济建设的高潮的到来，不可避免地将要出现一个文化建设的高潮。中国人被人认为不文明的时代已经过去了，我们将以一个具有高度文化的民族出现于世界。"[1]胡锦涛同志在党的十七大报告中明确提出："当今时代，文化越来越成为民族凝聚力和创造力的重要源泉、越来越成为综合国力竞争的重要因素，丰富精神文化生活越来越成为我国人民的热切愿望。要坚持社会主义先进文化前进方向，兴起社会主义文化建设新高潮，激发全民族文化创造活力，提高国家文化软实力，使人民基本文化权益得到更好保障，使社会文化生活更加丰富多彩，使人民精神风貌更加昂扬向上。"[2]现代社会把人们置于一个被媒介信息包围的文化之中，各种文化纷至沓来。仅就电子信息文化而言，诚如由陈默概括的：瞬间性的速度文化、空间性的数量文化、大众性的消费文化、视觉性的感官文化、流动的流

---

[1]《毛泽东选集》（第 5 卷），人民出版社，1977 年，第 6 页。

[2]胡锦涛：《高举中国特色社会主义伟大旗帜，为争取全面建设小康社会新胜利而奋斗——在中国共产党第十七次全国代表大会上的报告》，人民出版社，2007 年，第 33—34 页。

行文化、非中心的多元文化、平面文化、整合文化、同质文化等。
在这样一种文化背景、信息环境下，我们应该建构什么样的媒介
文化，如何推动文化内容、形式、体制机制、传播手段的创新和发
展？本文试图从如何认识、理解媒介文化，建设媒介文化等两个
方面提出一点看法。

一

1. 媒介文化的文化意义

社会发展到今天，铸成这样一个事实：当下文化就是媒介
文化。

古往今来，人们对于文化的定义可以说是汗牛充栋，最为典
型的莫过于克莱德·克拉克洪在其《人类之镜》中用近 27 页的篇
幅把文化定义为①：(1)一个民族的生活方式的总和；(2)个人从
群体那里得到的社会遗产；(3)一种思维、情感和信仰的方式；(4)
一种对行为的抽象；(5)就人类学家而言，是一种关于一群人的实
际行为方式的理论；(6)一个汇集了学识的宝库；(7)一组对反复
出现的问题的标准化认知取向；(8)习得行为；(9)一种对行为进
行规范性调控的机制；(10)一套调整与外界环境及他人的关系的
技术；(11)一种历史的积淀物。最后，或许是出于绝望，他转而求
助于比喻手法，把文化直接比作一幅地图、一张滤网和一个矩阵。
而马克斯·韦伯则提出了这样的文化概念，他认为，"人是悬在由

---

① 参见〔美〕克利福德·格尔茨著，韩莉译：《文化的解释》，译林出版社，1999
年，第 5 页。

他自己所编织的意义之网中的动物"。克利福德·格尔茨也认为：所谓文化，就是这样一些由人自己编织的意义之网。因此，对文化的分析不是一种寻求规律的实验科学，而是一种探求意义的解释科学。澳大利亚的约翰·多克在评价后现代主义时是这样说的："后现代性，也就是后工业时期，是一个信息、电脑、大众媒体、大众传播的年代。"①

如何理解当下媒介文化的文化意义，我以为非常重要的一点就是如何认识媒介与文化的共生性问题。当下中国的媒介文化与大众文化，实际上是一个共生共荣、亦此亦彼的关系。今天的大众文化，从形式到内容，均是依媒体而存在，依媒体而发展。英国的尼克·史蒂文森在谈到大众媒介与文化的关系时曾这样说："许多现代文化是依凭大众传播媒介来传达的。各种各样的媒介传播着古典的歌剧、音乐、关于政客私生活的庸俗故事、好莱坞最新近的流言蜚语以及来自全球四面八方的新闻。这已深刻地改变了现象学意义上的现代生活经验，以及社会权力的网络系统。"②因此，我们在研究当代文化的同时，一定要关照大众媒介本身，从大众媒介自身传播特征的转变，以及对当代文化的重要影响作出深刻分析。尤其是当大众媒介自身制造与传播的文化形式越来越多，以至成为大众文化的主体甚至成为大众文化全部的时候。

2. 媒介文化的政治意义

媒介文化的政治意义，更多是在国家工具的语境下看待的，

---

① 〔澳〕约翰·多克：《后现代主义与大众文化》，商务印书馆，2001年，第142页。
② 〔英〕尼克·史蒂文森：《认识媒介文化》，商务印书馆，2001年，第12页。

突出表现为媒介政治化和意识形态化。这种政治化，一般是通过政府议程设置去巧妙实现的。李普曼曾提出一个著名的"虚拟环境"的概念，强调在今天（此处的今天是指 20 世纪后半叶）人们已经无法直接检验和直接认识周围的事物，"在人的活动范围内，人在对环境进行认知的同时亦是意识对环境的重构。人对环境的认知只能是意识的影像而非现实环境的再现"①。而阿多尼和梅尼则从媒介建构"真实"的角度提出，通过客观真实、符号真实、主观真实等三个"真实"的概念，在议程设置的框架下精心设计出一个现实之外的媒介世界，以改变人们对真实世界的看法。

　　媒介、媒介传播，不仅仅是对人们生存环境和虚拟环境的一种营造，同时在这个过程中，它直接或潜移默化地对受众认知社会、判断事物，产生重要影响力。美国著名社会学家盖伊·塔奇曼（Gaye Tuchman）说，制造新闻的行为，就是建构事实本身的行为，而不仅仅是建构事实图景的行为。她认为，新闻是一种社会资源，对这种社会资源的建构限制了我们对当代生活的分析性思考。"通过新闻的常规运作，通过认定新闻专业工作者具有裁定知识、表述新闻事实的权利，新闻使社会现状合法化了。"②

　　很明显，这种政治影响实际上就是政府借助媒体通过对消息来源的控制，特别是基于政府议程设置以及政府自身需求去实现的。有资料说，富兰克林·罗斯福在其执政的 13 年中，曾根据不同需要适时召开过 900 多次记者招待会，平均不到 5 天就召开

①〔美〕沃尔特·李普曼：《新闻与自由》，普林斯顿大学出版社，1954 年，第 44 页。

②〔美〕沃纳·塞佛林、小詹姆斯·坦卡德著，郭镇之等译：《传播理论——起源、方法与应用》，华夏出版社，2000 年，第 361 页。

一次。

　　媒介文化的政治意义还体现在对意识形态的引导上。霍尔就曾在 1977 年界定过媒体的三种主要意识形态,首先,他认为通过呈现不同社会群体的各种生活方式和行为,媒体提供了有关生活方式和意识形态的详细资料。其次,媒体根据这些材料与社会领域的中心和边缘的关系对它们进行分类和阐释,从而使公众相信中心位置的合法性。最后,为了完成这些任务,通过各种方式将事件进行编码,通过将事件置于赋予它们以不同影响力和重要性的语境之中,媒体赋予事件以不同的阐释[①]。戴安娜·克兰特别强调,有时媒体为了达到这三种意识形态的传播目的,往往运用下面技巧:(1)强调个体的重要性,尤其强调作为被动消费者的个体的重要性;(2)根据占有支配地位的阶级剥削其他社会阶级的程度,掩饰或隐藏社会各阶级之间关系的真正性质;(3)强调社会问题的个体解决办法,而不是强调集体解决办法;(4)兼收并蓄各种对立的或有分歧的视点,从而缓和它们之间的差异;(5)通过掩饰社会各阶级间的真实关系,提供一种社会和谐的幻象。因为社会系统内部有许多矛盾和不一致,媒体并没有成功地产生社会和谐和完全接受主导意识形态[②]。

　　不管在东方还是在西方,媒介的政治意义都突出体现在其工具性、引导性方面,这是媒介文化的规律性使然。在今天,新闻传播已渗透到人类社会的方方面面,成为政治斗争的前沿阵地、经

———————————

[①]〔美〕戴安娜·克兰著,赵国新译:《文化生产:媒体与都市艺术》,译林出版社,2001 年,第 18 页。

[②]〔美〕戴安娜·克兰著,赵国新译:《文化生产:媒体与都市艺术》,译林出版社,2001 年,第 19 页。

济发展的信息杠杆、文化传播的有效载体、监督社会的有益镜鉴、引导舆论的文化先锋。像新闻文化这样一种高位价值体系的媒介角色，无疑是意识形态的前沿，它必然成为政治集团与利益集团争夺的主要对象。

3. 媒介文化的经济意义

媒介文化的经济意义，更多是从消费主义去考虑的，一是反映在媒介推进人们生活消费方面，二是媒介自身也已经成了一个被大众消费的商品。

西方发达国家，特别是在美国，由媒介促成的传媒产业、文化消费，方兴未艾。在今天，许多媒体机构已经完全等同于经济体制下的生产商、受众的消费市场。这种媒介消费一般主要是通过两个途径去实现的：其一是大量对生活类商品的报道，包括对广告内容的选择等，久而久之，这样一些报道对受众起到一个诱导和引导消费生活的作用。其二是媒介节目，特别是电视的大量娱乐性节目，为受众提供充分的消遣功能。这种娱乐化以近年来的"超女"为典型，包括一些情感类节目。

以这样两种途径为主要载体内容，融市场、媒介、文化、受众为一体，导致了当下我国社会消费文化的急剧扩张，媒体在其中不仅成了消费主义的推行者、引导者，更是实践者。以至像默多克这样的传媒消费主义的倡导者、实践者，在展望中国时，都不无溢美地指出，中国已经具有成为一个新的全球性媒体和娱乐中心的潜能，而这种潜能带来的是一个巨大经济利益的市场。

媒介的传播便利性，信息的有用性、使用性，极大地推动了人们的文化消费和生活消费，而这种消费从另一个方面，大大滋养了媒体本身。同时，大众消费为受众制造了一种便利、简捷的商品民主化,有时甚至使消费者的消费行为成为一种经济活动的公共行为。一个成熟的、发展中的媒体,其在今天生产的产品已不再是单一的物质产品,而是成为影响人们消费生活的符号。通过这些符号,不仅可以诱导人们的生活方式,而且牢固地成为人们的生活内容并充斥其生存空间。

4. 媒介文化的民本意义

媒介文化的民本意义,更多是从建立一个公共舆论平台,提供一个公共话语空间去考虑的。不管是德国的哈贝马斯,还是詹姆士·弥尔顿,他们对公共领域都有精到论述。在当下公共领域中,有一种明显的对大众传媒的依赖性。柯伦在1991年讲过,可以把大众传媒看成是公共领域中一个标准的中立区。在这里,人们可以广泛获得影响公共利益的相关信息;人们可以不受限制地进行自由讨论;所有参与者一律在平等的基础上进行辩论。在这个公共领域内,人们以促进社会发展为己任,通过理性辩论,共同作出决策。这些结果转而成为政府决策的依据。大众传播通过为公共辩论提供阵地并把个体的公民重新组成一个以舆论为形式的公共团体,从而完善了这个辩论过程①。

而美国的罗森甚至强调,"新闻本身就可以说是民主实验室的一部分"②。这主要是从大众传媒作为公共领域的意义上来理解的。英国的麦克奈尔在谈到公共领域建设时,特别强调在公共

---

① 转引自〔英〕尼古拉斯·阿伯克龙比著,张水喜等译:《电视与社会》,南京大学出版社,2001年,第208页。
② 转引自吴飞、王学成著:《传媒·文化·社会》,山东人民出版社,2006年,第265页。

领域中媒体要从五个方面深入其中①：

第一，媒体必须告知民众在他们的身边发生了什么，我们把这个称作媒体的"侦察"或"监控"功能。

第二，媒体必须教育民众，让他们知晓发生了的"事实"的意义和重要性。

第三，媒体必须为政治讨论提供一个公共平台，促进公共舆论的形成。

第四，媒体必须给予政府和政治机构曝光率。

第五，在民主社会里，媒体同时作为鼓吹政治观点的一个渠道。

这五个方面，包括了告知、育民、议政、监督、通道等方面的服务功能。近年来，我国在公共领域建设方面，从构建和谐社会，推进民主政治化建设需要，已经有所作为，取得一些成绩。比如，在对热点、难点、焦点问题的引导方面，大众媒体已经比较自觉和主动地设置一些议程，且收到较好效果。不管是对"非典"的报道，还是"孙志刚事件"的监督，特别是今年北京第 29 届夏季奥运会的胜利召开及先前的奥运圣火传递，5 月 12 日汶川大地震等，都有非常好的表现。笔者曾在多种场合提出这样一个问题：假如没有媒体，第 29 届北京夏季奥运会、汶川大地震将如何？

5. 媒介文化的社会意义

在今天这样一个社会，人们的生活已经媒介化了，人们已不仅仅只是一个社会人，更重要的是一个信息人、媒介人。人们的

---

① 参见〔英〕布赖恩·麦克奈尔编，殷祺译：《政治传播学引论》，新华出版社，2005 年，第 21—22 页。

文化、生活、工作，不仅已经程序化，实际上许多都已经文本化了。媒介成了人们生活的重要内容，成了人们的生活方式。广播、电视、报纸、网络、手机短信、流媒体、即时新闻、播客与博客、数字通信等，人们的生活完完全全地被媒体所包围，成了围城中人，所有这一切都是由现代社会中的现代媒体完成的。在这个围城中，媒体文化不仅仅是生活内容，也是生活方式，不仅仅是物质需求，也是精神享受。但是，有一个现象往往被人们忽视或没有引起重视，即现实环境在人们生活中的比重越来越轻，虚拟环境在人们生活中越来越重。其次，媒介围城亦改变了人们生活的公共性与私密性的平衡，公共性越来越多，私密性越来越少，更多的内容被纳入到公共视野中。

诚然，大众媒介最主要的社会意义，还体现在为有效地推进、促进受众形成一种共识创造了快捷条件。这主要是可以借助传播理论来架构一个人们都易于接受的形式或模型，提供一种事实，同时包括对这种事实的欣赏与解读。1989年，由甘森和莫迪格利亚尼提出的"阐释包"的方法是其中的有效形式之一。每一个阐释包都包含构架一个事件的核心思想，核心思想通过典型的意象、隐喻或口号表达出来。构架是使相关的事件有意义的核心思想。它告诉受众，如何去思考一个事件，鼓励他们根据一个关键思想去阐释事件①。

6. 媒介文化的权力意义

媒介文化的权力意义，是指西方把媒体看成是与立法、行政、

---

① 这一部分内容节选自〔美〕戴安娜·克兰著，赵国新译：《文化生产：媒体与都市艺术》，译林出版社，2001年，第81—82页。

司法相提并论的第四种权力，其意义是如何从制度上保证新闻自由和舆论监督。实际上，对自由的理解与表达，不同的人有不同的解释。美国的罗纳德·哈里·科斯等就曾提出：

其一，自由和表达自由是人的天赋权利，人民有知情的权利和知情的自由，因此放松政府对媒体的管制是宪法赋予媒体的一种保障，也是媒体的天职。

其二，人是理性的，能够判别真伪和是非，应当让人民在"思想市场"上发表和接触各种思想，人们能够凭借理性在真实和虚假的各种意见之间作出判断和选择。

其三，在自由竞争思想市场中，何种意见得到多数人的支持，那么这种意见就是国家政策的基础，这正是民主政治"多数统治"理论。

其四，传媒业应成为不受政府干预的独立企业，按照自由经济原则，在公开的市场上参与自由竞争，其兴衰成败取决于社会和公众的信任与支持的程度。

其五，表达自由是寻求真理、保障人民权利的最好办法①。

一般讲，媒介不能作为一种权力。有专家提出"今天的大众传媒既是权力的工具，又是权力的源泉"②。甚至有专家明确提出新闻传媒拥有两种权力③，即：一是采集、编发和传播新闻信息的权力，二是评价事实、表达舆论和监督社会的权力。我比较赞成新闻是一种媒介影响力，不仅对一般受众，也包括对政治家。英国离任首相布莱尔，在很大程度上得益于媒体走上政治舞台，

①转引自吴飞，王学成：《传媒·文化·社会》，山东人民出版社，2006年，第282—283页。

②吴飞、王学成：《传媒·文化·社会》，山东人民出版社，2006年，第165页。

③吴飞、王学成：《传媒·文化·社会》，山东人民出版社，2006年，第166页。

得益于媒体成就了他的政治生涯。他曾坦白地承认："作为领导人物,除了为真正重大的事务作决策之外,他们工作的一大部分是应付媒体,因为媒体的覆盖和影响大。媒体围绕着他们,他们也围绕着媒体。"对媒介文化的权力意义,学界早有不同看法。约翰·菲斯克从"知识就是权力"切入,解读媒介权力。他认为,知识就是权力,知识的传播就是权力的社会分配的一部分。构建一种可以嵌入文化生活和政治生活中的常识性现实的推理权力,是权力的社会关系的关键。知识的权力必须尽量在两个维度上行使自身。首先真实控制"现实",使实在变成可知的事物,它使得作为一种推理建构来创造它成为必要,这种建构的专制性和不适当,都尽可能地被掩盖了。第二种努力是要让这种推理(因而也是社会政治的)建构的真实被那些其利益也许不必通过接受它而被服务的人作为真理接受。推理权力包括建构一种现实(感),并尽可能广泛而顺利地在整个社会中传播这种现实的努力①。

而约翰·菲斯克根据电视新闻从权力与抵制两个坐标来进行考察,他特别注重人们通过生产事实来实现对社会舆论的统治,新闻作为一种社会控制媒体,有非常重要的"推理"职能。通过这种推理,实现对"事件"的控制,而这样一种连续不间断的由新闻报道所产生的推理权力,就不仅仅是社会政治权力了。

实际上,新闻告知人们的已经早已不是对一个简单事实的文本传播,更多是夹杂了许多统治阶级主导价值观的东西。"新闻是一种破碎的意象的拼贴,每一个意象都会产生更多的意象,唤醒更多的意象,每一个意象都是一种类像———一种没有原件的完

---

① 〔美〕约翰·菲斯克著,杨全强译:《解读大众文化》,南京大学出版社,2001年,第159页。

美拷贝。新闻是意象的意象，最终的超级现实主义。历史档案在今天新闻中的应用否定了历史的差异，它否定了历史性并将所有的事物都瓦解后糅进了一种后现代的当下之中。"①

对我国当下的媒介文化来讲，媒介文化的权力意义更多是从两个方面去考虑。一是作为舆论工具、政党工具、喉舌的意义上来考虑的。其次是把提供资讯服务作为公意、民意的监督功能，这种公意、民意是在提供资讯中形成的，是在知晓中达到对政府施政的监督作用，或者说是"守望"功能。

二

我们应建构一个什么样的媒介文化？ 我认为，需要具有三个显著特点：一是有很强的公信力，二是彰显和谐，三是与时俱进、突出创新。

1. 建设一个公信力强的媒介文化

媒介公信力，说到底是媒介在公众当中的一种美誉度和影响力。在我国当下，建构一个有公信力的媒介文化，首先要解决好党报、主流媒体的示范意义、影响作用。

媒介公信力，要注意凝练媒体理念。媒体理念是沉积的品牌，是一个媒体长期积累甚至是几代人不懈努力铸就的文化形象，其影响力是久远的。媒介理念成就媒介影响力、公信力。近年来，国内许多报纸在凝练理念、铸就公信力方面颇下功夫。像

---

① 〔美〕约翰·菲斯克著，杨全强译：《解读大众文化》，南京大学出版社，2001年，第 194 页。

《湖北日报》的"责任铸就公信力",《南方日报》的"高度决定影响力",《河南日报》的"时代高度,中原向导",《南方都市报》的"拒绝平庸,追求卓越",《广州日报》的"追求最出色的新闻",《重庆日报》的"高层次读者,高品质内容,高品位格调,高水平形象"等,都充分体现了一种彰显媒体个性的媒介理念和办报人的新闻理想与职业追求。

党报以及央视和省级卫视,在引领建构有公信力媒介文化中,要充分彰显主流媒体、主导舆论的领唱作用。其一,体现主流媒体在解读党的政策、资讯服务方面的权威性,这是其他媒体无法替代的。这种解读,要体现关注公共议题和问题意识,以及独特的认知价值和吸引读者的文本价值方面。问题意识至关重要,问题意识是一种世界观,问题意识是一种历史观,问题意识是一种认识论,问题意识是一种价值观,问题意识是一种方法论。其二,在构筑公共舆论平台方面,彰显两个喉舌的沟通作用,化解矛盾而不是激化矛盾。其三,在舆论监督方面,既不能缺位,也不能越位,坚持社会效益第一的原则。其四,在引导人们的价值观念,形成社会共识方面,发挥正确的舆论引导作用,尤其是在媒体的职业操守上,要树正气,在解疑释惑等方面作出贡献。因为这是当下新闻媒体的属性使然:意识取向的新闻事业与信息取向的新闻事业;是转型时代的格局使然:进退交织,新旧交替,观念交战;是思想多元的价值使然:启蒙者的使命责任;是信息爆炸的困扰使然:信息超市与信息精品店,信息原料与信息营养。

2. 建构一个和谐的媒介文化

党的十七大报告明确提出要建设"和谐文化",这对媒介文化来说既是机遇,又是挑战。说机遇是讲它为媒体文化提供了一个大有作为的机会，说挑战是讲这项任务任重道远。作为文明古国、礼仪之邦，中国自古就有"和"的传统，从孔子的"和而不同""和为贵""己欲立而立人，己欲达而达人""己所不欲，勿施于人""里仁为美""中庸之为德"，一直到"天人合一"，都是强调一种"和"的精神，爱国、爱家实际上就是一种"和"的精神。

在实行社会主义市场经济的今天，作为社会转型期的重要表现形式，人们的思想激烈碰撞，社会矛盾凸现，这不能不引起足够重视。这恰恰是提出建设和谐文化的深层原因。郑功成教授明确提出当下社会中的"十大不和谐因素"，即：一是贫富差距在持续扩大；二是劳动关系日益失衡；三是乡村流动人口与城市固定户籍人口之间的利益冲突仍在扩张；四是城乡之间发展失衡；五是地区之间的发展差距持续扩大；六是物质文明与精神文明的发展失衡；七是效益与公平失衡；八是经济发展与政治、法制发展失衡；九是人与人的关系不和谐；十是人与自然的关系不和谐。十大不和谐因素，说到底是两个问题，一是环境与发展的矛盾，二是利益不均，贫富差距扩大。

那么，媒介文化在其中的作用是什么呢？其中最主要的是发挥好舆论引导之矢的作用。舆论引导之矢要射热点、焦点问题之的。大多数人关注的热点、焦点问题，一般都具有共同的特性。比如，它们往往集中反映了社会问题的复杂性。再就是普遍性的特点，有许多热点、焦点问题，往往会由一些突发事件诱发出一系列连锁反应，发展速度之快，影响之大往往超乎人们的预料，一旦处置不当，将会造成严重后果。在引导舆论中，要善于把握好舆论引导之"度"。"度"是一种事物的状态，同时又是一种重要的解决问题的方法。中国古代思想家孔子提出的"过犹不及"的思想，讲的就是"度"的问题。毛泽东曾指出："过犹不及，是两条战线斗争的方法,是重要思想方法之一。一切哲学,一切思想,一切日常生活,都要作两条战线斗争,去肯定事物与概念的相对安定的质。"①对热点、焦点问题的引导,都有一个度的问题。有些时候,今天是热点、焦点,明天可能就不是了;今天不是,明天可能就是了。因此,要善于从共性中找个性,透过现象看本质,经常不断地去琢磨,精心策划,防止片面性。作好舆论引导,要深刻理解胡锦涛同志2008年6月20日在人民日报社的讲话中指出的:"必须加强主流媒体建设和新兴媒体建设,形成舆论引导新格局。""把体现党的主张和反映人民心声统一起来,把坚持正确导向和通达社情民意统一起来。""增强新闻报道的亲和力、吸引力、感染力。""尊重人民主体地位,发挥人民首创精神,保证人民的知情权。""用事实说话、用典型说话、用数字说话。""保证人民的知情权、参与权、表达权、监督权。""按照新闻传播规律办事,创新观念、创新内容、创新形式、创新方法、创新手段。"

3. 建设一个创新的媒介文化

对我国人民来说,过去的生活方式、生产方式、消费方式都非常简单,大家生活在一个不患寡而患不均的一大二公的集体所有制下,社会不可能为每一个人的个性发展提供多少条件。改革开放,特别是实行社会主义市场经济以来,为我国人民提供了丰富多彩的生活方式、生产形式和消费内容。公有制为主体,多种所有制经济共同发展,多元价值并存,个人意志有了更大发展空间。在这样一种情况下,新闻媒体面临三个"前所未有",即:各种思想文化相互激荡前所未有;人们的思想活动日趋活跃前所未有;人

———————

① 《毛泽东书信选集》,人民出版社,1983年,第145—146页。

们对精神文化需求的快速增长前所未有。集中到一点，就是社会文化供给与人们的巨大文化需求之间的矛盾越来越突出。

媒体形式增多了，从作为主流媒体的党报，直到晚报、早报、都市报、专业报、时尚报、免费报等，广播电视、数字通信、网络、新媒体不断涌现。特别是网络虚拟环境，对传统的新闻理论更是提出了挑战。从媒体的运转模式上看，由以往的行政拨款支撑媒体运转，到现在把媒体推向市场，许多媒体实行事业化编制，企业化管理。

媒体受众已从过去的免费信息享用者，成为当下媒介信息的主动消费者，从过去单一的你登我看、你播我听、要我看、要我听，到现在的可看可不看、可听可不听、爱听不听、爱看不看……由卖方市场到买方市场。特别是媒体受众已从过去的大众化消费，转变到今天的分众化消费、小众化消费，受众使用媒介的方式也趋于多样化。即时通信、流媒体、博客与播客、短信、MP3等，均已成为人们生活的一部分。受众的喜好已经成了决定媒体生存的核心要素，受众成了真正意义上的媒体上帝。

从体制上，媒体已从过去的事业单位、事业性质，转变为今天的企业单位、集团性质、企业化管理、自负盈亏。从职能上，媒体已从过去的宣传本位、教育本位，向服务型功能转变；从过去的"护""褒"，转变到现在的宣传引导与舆论监督并重。特别是加入WTO后，给我国的媒介市场带来根本性的变化。我国是以发展中国家的资格"入世"的，在"入世"谈判的过程中，尽管我们没有专门就新闻传播事业特别是报业、广电等方面的开放做出任何承诺，但中国已经"入世"，中国报业已经"入世"，这是不依人的意志为转移的必然趋势，必须做出积极的正面应对。

新闻领域里面出现的许多新变化，使得它所彰显出来的已不再只是一门单纯的学问或学科,有时甚至更加世俗化了。比如,新闻更带有:一种突出的功利性;一种更大的意志性;一种太多的包装性;一种极强的工具性;一种背反的异化性;一种渐现的失落性等。新闻明显地成为党派斗争的舆论工具。信息已越来越被控制在政治精英们的手中。现在,媒体已经成了政治家和政府管理中不可缺少的一个重要部分,包括一些发达国家的民主,也因媒体的这种工具性而堕落,政治家们都非常在乎媒体对政治事件的反应。今天的新闻正经历从"无我"到"有我",由"传"变"源"这样一种转化。过去一段时间或者在几年前,大众传媒仍然是社会公共舆论的主体。今天,特别是在网络时代,手机短信时代,草根民众已经在社会公共舆论中扮演起重要角色,不管你承认与否,过去那种大众传媒登高一呼,主宰社会公共舆论的时代已经过去,今天的大众传媒在主导、引导公共舆论方面,已经显得力不从心。因此,从这个意义上来说,我们可以把今天的媒介环境称为"后大众传媒时代"。

新闻客观性受到严峻挑战。客观、公正,是新闻的本质与准则。但是在今天,不管是东方还是西方,新闻的客观性均受到严峻挑战,具体反映在以下诸多方面,比如:新闻人物报道中的欺骗性;媒体发展中的经济依赖性;利益集团对媒体的制约性;受众对新闻时效普遍要求;政治事件中的价值冲突性;政府机构对新闻报道的监控等。

媒介文化必须创新。要按照新闻传播规律办事,创新观念、创新内容、创新形式、创新方法、创新手段、创新体制。比如,在创新体制方面,以往我们是计划经济,事业单位,不存在一个自己养活自己的问题。现在是市场经济,要自己养活自己。既要担负起党和政府喉舌的职能,又要在市场的机制中找到自己的位置与发展的途径。因此，体制、机制上要创新，比如近年来成立的报业集团、广电集团、文化产业等。在创新形式方面，不管是广电还是报纸、网络，受众的品位在不断提高，要求也在不断提高，供求之间的矛盾越来越突出。因此，媒介文化要在满足人们日益增强的文化需求上下功夫，包括媒介质态、形态等方面。

这种创新的媒介文化必须以人为本，只有以人为本才能形成不竭的创新能力。今天的媒介文化，说到底是一种受众消费文化，受众是否消费，爱看不爱看，爱听不爱听，爱买不爱买……受众真正成了媒介文化生存发展的衣食父母。在思维模式上，要从大众传播到分众传播；在产业模式上，要从平面媒体到数字内容；在管理模式上，要从事业法人到企业法人；在竞争模式上，要从同质竞争到策划竞争；在发展模式上，要从规模竞争到品牌竞争；在话语模式上，要从灌输说教到平等传播、从概念套话到陈述事实、从官腔官话到亲民近民、从长官意志到公共话题等。尤其是对主流媒体来讲，要克服党报党刊边缘化的倾向，回归主流，充分利用核心资源、独家资源、传统资源，彰显权威。

媒介文化建设是一个长期的、艰苦的任务，必须不断创新，不断赋予它鲜明民族特点、时代特色。"在时代的高起点上推动文化内容形式、体制机制、传播手段创新，解放和发展文化生产力。"①惟其如此，媒介文化才能在和谐文化建设中作出更大贡献。

原载于《新闻界》2008 年第 4 期

---

① 胡锦涛：《高举中国特色社会主义伟大旗帜，为争取全面建设小康社会新胜利而奋斗——在中国共产党第十七次全国代表大会上的报告》，人民出版社，2007 年，第 36 页。

新闻文化的学科观检讨

新闻是一种文化现象、社会现象和政治现象。作为一种文化现象，新闻有其历史传承、学科体系和价值诉求。作为一种社会现象，它是一种大众文化、信息文化、交流文化、消费文化、关系文化。新闻，就其本质讲，应该是一门关系学。随着信息社会的进步，谁也离不开新闻，它成了人们精神文化方面的第一生活需要。在今天的社会中，每一个人都是信息人、新闻人、社会人。作为一种政治现象，新闻是政治文化、权力文化，是治党、治国、治政之手段和工具。凡是执政党，凡是政治家，没有一个不重视新闻。胡锦涛在党的十七大报告中明确提出："当今时代，文化越来越成为民族凝聚力和创造力的重要源泉，越来越成为综合国力竞争的重要因素，丰富精神文化生活越来越成为我国人民的热切愿望。要坚持社会主义先进文化前进方向，兴起社会主义文化建设新高潮，激发全民族文化创造活力，提高国家文化软实力，使人民基本文化权益得到更好保障，使社会文化生活更加丰富多彩，使人民精神风貌更加昂扬向上。"他还特别强调："推进文化创新，增强文化发展活力。在时代的高起点上推动文化内容形式、体制机制、传播手段创新，解放和发展文化生产力，是繁荣文化的必由之路。"

本文试图就我国新闻文化在当下所面临的挑战与机遇,从学科体系上进行一个扼要的梳理。这里说的"学科体系",是想找到如马克思早在 1843 年就讲过的,即"要使报刊完成自己的使命……必须承认它具有连植物也具有的那种为我们所承认的东西,即承认它有自己的内在规律"①的那部分规律性的东西,以就教于学界、业界的朋友们。

一、对新闻学概念的理解

研究新闻文化不能不涉及新闻学,尤其是新闻学的概念,因为这是其学科基础。否则,新闻文化就成了无本之木,无源之水。在很长一段时间里,人们有一种偏见,认为"新闻无学"。持这种观点的人,不能说没有一点道理,这大概主要基于以下两个原因:

其一,目前在我国许多高校中,新闻学的教师往往不是学新闻出身,大多是从中文等文科专业转过来的,似乎什么人都可以教新闻。尤其是近年来,新闻类专业在全国高校如雨后春笋一般发展起来,据不完全统计,截至 2007 年,大约已有 700 多个新闻类的教学专业,在校生已达到 15 万人。大凡在一个综合类、师范类甚至理工类的高等学校,几乎都设有新闻学、广告学或电视编导之类的专业。因此,新闻类专业似乎成了我国近年来高等教育发展过程中最容易办的专业。

其二,许多新闻类的著述缺乏严格的学理性,应用性、操作性的内容过多,与传统的文、史、哲等学科比较,学养积淀不厚,鲜有

---

①《马克思恩格斯全集》(第 1 卷),人民出版社,1956 年,第 190 页。

洋洋大观之著作。

其实，这只是一种误解。新闻不仅有学，而且大有学问。今天，新闻与传播学已经成为人文社会科学中的一级学科，特别是在快速发展的信息社会中，新闻学无论是在治国、治党、资政，还是在提高人的文化素养、推进社会进步等方面，都已成为一门显学，新闻传播学从来没有像今天这样受到政治家、政府、公民如此高度关注和重视。

一般来说，对一门学科的认识和理解，应有几个切入点：一是设立一组概念，二是梳理一组方法，三是确立一套价值体系，四是建立一套学科评价体系。显然，对新闻学的学科理解也不外乎这几个主要方面。

概念是建构一门学科的基础，也是学科体系中的灵魂。概念就是定理、公理，是讨论问题的前提。任何一门学科或一个理论体系，都是在一组概念下的体系结构和方法关系。长期以来，新闻学的概念界线不清晰，其中许多概念被边缘化了，主观性因素太多，缺乏普适性。应当说，这种缺陷在中西方学界普遍存在。比如一个"新闻"定义，可以说有多少人去研究新闻、解释新闻，就会有多少种关于"新闻"的定义，而这些定义，更多地是反映了解释者的个人喜好和政治倾向。还有一些所谓的概念和定义，其实并不是概念，而是对一些基本概念的延伸。

对国内外关于"新闻"的概念、定义进行统计分析显示，仅从考虑问题的角度，可以将"新闻"的概念分解为外延性概念和内涵性概念两类。"新闻"的外延性概念主要是从范畴上界定，比如有人提出"广义"和"狭义"的概念，在"广义"和"狭义"里面再去细分。"广义"的新闻概念，泛指社会上普遍存在的那些新鲜事物；"次广义"的新闻概念，是指与新闻传播活动相关联的事物；"狭义"的新闻概念,是指媒体进行新闻报道的这种行为本身;"最狭义"的新闻概念,指新闻媒体上所报道的那些新闻。"新闻"的内涵性概念主要是从"源"和"效果"上去理解,有人提出了"事实说""活动说""功能说"。"事实说"把新闻看作是一种事实;"功能说"主要是把新闻放在社会效果与功能评价上。

概而言之,从传统上讲,今天的新闻是明天的历史,这是史的意义;从职业上讲,新闻是一种追求,立足于求实、求真、求新、求快、益智、益乐……;从系统方面讲,新闻是一个传播过程,是从信源到受众的一种信息采集与讲故事;从符号方面讲,新闻是一种有别于其他文本传播的公共性文体。

中国传统的新闻学学科体系,一般是以史、论、业务三大块为架构,包括我们对各个层次人才培养方向的设置,均以三大块为基础。但是在今天社会主义市场经济条件下,老三块的模式已经远远不能适应发展了的学界、业界的需要。因此,对新闻学的学科建设进行革故鼎新,势在必然。

在对西方新闻学学科体系进行较深入的比较研究后,我认为几乎很难找到一个类似于我们的史、论、业务三足鼎立的新闻学架构体系。近年来,我曾利用开国际学术会议和出国访问的机会,多次采访一些西方著名新闻教育家、著名记者,包括普利策新闻奖得主等。调查结果发现,西方的新闻学更多地是一种新闻实务研究,是一种技术、技能培训,是一种职业教育。尤其是将新闻学与传播学进行比较后,感觉更是如此。西方的新闻教育,强调的是一种采集信息、传播信息的本领。美国密苏里大学新闻学院院长迪恩·米尔斯教授曾这样区分新闻与传播:新闻的使命是向公众提供信息并激发讨论;大众传播研究的使命是将我们关于大众媒体与公众互动的理解告知公众。

　　一般来说，一门成熟的、经典的学科，除了其架构体系、相关方法外，它还应具备其可教育性，因为"可教育性"体现了一种文化传承。西方新闻教育尤其凸现了新闻实务性的特色和职业教育的特点。有专家在经过综合研究后，将其概括为人文素养、专业技能、思维培养。图1反映了西方新闻教育的实务性特点。

图1　西方新闻教育的实务性特点

　　在人文素养里面，突出方法养成，包括伦理、法律素养的形成，社会责任感培养等。在专业技能里面，主要是采、写、编、策划等方面的基本功训练。在思维培养里面，强调考虑问题的能力。

　　从西方高等学校的课程设置看，最基本和最主要的是新闻写作、大众传播学概论、传媒研究方法、大众传播法律等主干课程。因此，可以这样说，西方的新闻教育是一种职业教育加专业精神和社会责任。

　　我国当下的新闻学学科体系，"史"已经越来越淡化。在"论"的方面，缺少学术独立性，更多的是一些官方的宣传原则、要求、规范、纪律、文件内容和领导人的讲话等，或者说是对执政党的报纸学解读，是"我注六经"，学理性少，体系性差。我们的报纸有时还是宣传纸、政策纸，并非真正的新闻纸。在实务方面也面临新媒体、新技术的挑战。

改革开放,使中国与世界的关系发生了深刻变化,我国已经完成了如马克思所指出的那样,实现了从"历史向世界历史的转变"的发展过程,全世界都想知道中国的故事,全世界都想了解中国。中国新闻文化面临挑战,中国媒介市场面临挑战。建设一个有中国特色的新闻学学科体系,特别是建构一个与中国经济发展、文明进步相适应的新闻文化环境和发达的媒介市场,已经刻不容缓地摆在人们的面前。建构一个与时俱进的中国新闻文化学科体系,一是要借鉴发达国家的成熟思想;二是要全方位把握当今国际国内的政治环境、经济环境和文化环境。

实际上,在对新闻学的研究和理解上,西方有些学者和报人比我们研究得更深入,理解得更深刻,有更强的超前意识,尤其是在新闻与政治的关系方面。由美国学者 W. 兰斯·班尼特撰写的《新闻:政治的幻象》,是这方面的经典著作,该书自 1983 年出版以来已经再版了 5 次,受到业界、学界普遍称道,值得我们学习和借鉴。比如,对于新闻时态性、发展性,一些西方学者是这样理解的。托马斯·杰弗逊说:"过去的新闻,如果媒体是自由的,每个人都可以阅读,这个世界就是安全的。"在这里,他强调的是新闻的自由性、公共性,这种自由性、公共性,体现了一种对社会安全的责任感。

今天的新闻是什么? W. 兰斯·班尼特说:"新闻就是新闻工作者、政客以及公众在每日交互作用的基础上产生的持续变化的社会产品。"①在这里,他强调的新闻是包括政客、公众和新闻工

---

① 〔美〕W. 兰斯·班尼特著,杨晓红、王家全译:《新闻:政治的幻象》,当代中国出版社,2005 年,第 16 页。

作者在内的三者互动的一种社会产品。这一方面明确了新闻的商品属性，另一方面又告诉人们，这种社会产品不是结论性的、终端式的，而是过程性的、进行式的，是线性的、可连续的。

对未来的新闻，格雷厄姆·默多克和彼得·戈尔丁是这样说的："未来的新闻：是以市场为导向的新传播和信息体系，已经在自由民主范畴里取得一席之地，这种体系正被推销给广大公众，它能提供给人们更多的选择，增加对于自身生活的操控力。它既能给人带来自由，又能给人带来力量……但是，这个体系只把人定位为消费者……在这个过程中，公众的其他所有身份都被边缘化了，甚至被消除了，特别是作为公民的身份。"格雷厄姆·默多克和彼得·戈尔丁对新闻的理解是他们明确提出"人是消费者"，人们可借助新闻操控自己的生活，在媒介市场，在新闻里，人们的其他身份都被边缘化了，唯有消费者的身份得到凸现。

综上所述，托马斯·杰弗逊、W.兰斯·班尼特、格雷厄姆·默多克、彼得·戈尔丁等人对于"新闻"的诸多定义和理解，特别强调了其社会性、时态性、发展性和制度性。这种从新闻生存环境出发，对新闻时态发展所做的分析和把握是深刻的。

基于对上面关于新闻的外延性概念、内涵性概念、时态性概念等的比较分析，我提出对新闻概念的理解应着重从"源"上去解读。因此，可以把新闻的概念区分为"元"概念和"衍生"概念。以往很多新闻学的定义和概念，主观的东西太多，或者被边缘化了，经常会出现亦此亦彼的现象。而用"元"概念和"衍生"概念区分，问题会迎刃而解。

提出"元"概念的初衷，主要是想强化公理性、普适性、共识性，革除主观意识性。所谓"元"概念，是指主概念、大概念、基本概念。比如：什么是新闻、什么是新闻事实、什么是消息、什么是通讯、什么是新闻评论等，都属于"元"概念。新闻的定义，是新闻学学科中最重要的定义。国内外关于新闻的定义有上百个之多，众说纷纭，莫衷一是。实际上，在众多定义背后有几条最根本的东西是得到广泛认同和比较一致同意的：其一，新闻必须是新近发生的真实事实；其二，新闻必须是迅速和广泛传播的；其三，新闻必须是人们所普遍关注的。上述三条构成了新闻定义最主要的核心内容，无论怎么变，都不会离开这三条，且缺一不可。比如，新闻事实，它应属于"元"概念的范畴。所谓新闻事实，是指构成新闻内核的那些东西，即通常讲的5个"W"，何事（What），何人（Who），何时（When），何地（Where），何故（Why）。再加上一个"H"，即怎么样（How）。不管你是谁，也不管你在哪里，这6个因素都是构成新闻事实的核心要素。

强调新闻的"元"概念，目的是突出共享性，只有共享性，才有可能使信息消费者通过阅读信息来理解某种社会生活的"意义"。共享性是"权"的意义价值，概念只有具备了共享，才可以使社会交往存在，使社会关系有意义，使社会有一个共同的语境价值。

"衍生"概念是相对于"元"概念提出来的。"衍生"概念是小概念、子概念，是在"元"概念前提下衍生出来的。比如，新闻真实属于"元"概念，在这一概念下或由这一概念出发，或围绕这一概念能"衍生"出一系列因其存在而存在，与其相关但又不分立的从属于新闻真实性的概念，像宏观真实、微观真实、抽象真实、趋势真实等，这些都属于"衍生"概念。

当然，对新闻学中的"元"概念和"衍生"概念，要认真梳理，区分其范畴、意义和内容。一般来说，"元"概念强调其初始性、公理性、普适性。初始性、公理性和普适性，是一种本性使然，舍弃了社会人主观意识的超然的东西,是放之四海而皆准的。"衍生"概念不如"元"概念那么纯正、客观、超然,它携带和夹杂着人的主观意识。因此,"衍生"概念具有多样性的特点。"元"概念是一种忘我、无我、大我的境界,"衍生"概念往往是有我、小我。

二、新闻学学科体系的建构

新闻学的学科体系是新闻文化中的核心内容和基础。借鉴西方发达国家的经验,在新闻文化研究中,必须高度重视新闻实务在新闻学学科体系中的地位,必须在新闻学学科建设中做到新闻理论与新闻实务的有机结合。基于这种认识,我们提出了"一个主干,两个基本点"的新闻学学科体系结构。所谓一个主干,即以新闻实务为主干。新闻学的学科特点和基础是它的实务性、操作性,实务为本。离开实务,离开采、写、编、评、策划等,新闻学理论就成了无源之水,无本之木。所谓两个基本点,即"文本"和"经营"。

文本第一,内容为王。不管是纸质媒体,还是广播、电视、网络、数字化媒体等,好新闻的关键是要有一个好文本。围绕文本,采、写、编、策划、传播效果等都可以带动起来。不同载体的文本有不同的形态和特点。纸质文本尤其是主流媒体,要把体现党的主张和反映人民心声统一起来,把坚持正确导向和通达社情民意统一起来;增强新闻报道的亲和力、吸引力、感染力;尊重人民主体地位,发挥人民首创精神,保证人民的知情权;用事实说话、用典型说话、用数字说话;保证人民群众的知情权、参与权、表达权和监督权;按照新闻传播规律办事,创新观念、创新内容、创新形式、创新方法和创新手段。目前,主要是突出其资讯的权威性、解读性，文本内容的深刻性、思辨性。电视文本要简洁明快，突出其读图性，强化图文并茂的一致性和互补性。广播文本要易听、好听、易记。网络文本一定要彰显其草根性、互动性、联接性，开门见山。

经营第一，效益为王。当下新闻是买方市场，产供销一体化。成功的媒体都是产品对路，受众消费，公众接受。围绕媒体经营这个中心，企业如何运作，资本如何经营，品牌如何打造，产品如何销售，怎样实现可持续发展，都是媒介经营所要解决的根本问题。

从新闻的学科属性上讲，文本是实务，经营也是实务；文本有方法，经营也有方法；文本有显现的价值评价体系，经营也有显现的效益评价体系。二者互为依存，共生共荣。以实务为主干，统领"文本"和"经营"两个基本点，两手抓，两手都硬，理论与实践有机结合，"文本"与"经营"比翼齐飞。这样一个新闻学的学科体系，不仅解决了新闻理论的根基问题、有用性问题，以及新闻文本传播的最优化问题，同时也解决了媒体的可持续发展问题。

三、新闻文化的价值体系

提出新闻文化的价值体系，实际上是一个标准化问题，是有用性和存在性的问题，是属性使然。基于笔者对新闻文化价值体系的理解，提出一个三元结构的价值体系（见图2）。

图 2　新闻文化的价值体系

1. 自在性价值

自在性价值是指事实本身，是能够使实事成为新闻事实的那些东西。哲学意义上的新闻事实，可以从三个方面来理解：一是客观存在的事实；二是符号再现的事实；三是不依人的意志为转移的规律性事实。新闻真实性至少应在三个方面得到充分体现：其一，新闻报道的事实必须真实；其二，对新闻报道事实的概括必须真实；其三，新闻报道的事实与这类事实的总体发展要一致，实际上是一种趋势真实、规律真实，是一种大真实和规律真实。需要指出的是，尽管我们十分强调新闻的自在性价值，但在任何新闻实践中，都不可能有绝对的、纯客观的自在性价值。因为我们今天所了解到的新闻事实，实际上是一种新闻语境下的新闻事实。比如汶川大地震，除了亲自到灾区去的人外，其他受众所能接触到、看到、理解到的事实，全部或主要是媒介传播后的事实。因此它只能是一个文本事实和语境事实。自在性价值应是一种文本前价值，是存在决定意识的那个"存在"的东西，是源价值。

2. 效果性价值

效果性价值是文本后价值,是通过传播者的选择体现出来的那些东西。比如,从它对人类的致利、致善、致美方面来说,这种效果性价值可能是一种精神价值;从文化传承的角度来看,是一种文化价值;从对世界的解释方面来看,是一种认知价值和信息价值,因为它把真理告知人们,把事实告知人们,给人们提供认识世界、认识人类的资讯服务;从政治学的视野来看,是一种管理的价值;从舆论学的角度来看,是一种引导价值、宣传价值,它可以借助"议程设置"来收到"沉默的螺旋"的效果,达到预期目的;在审美视野里,它具有欣赏和感化的价值,可以使人们的灵魂、人格升华到一个更高的境界。

效果性价值,是受众消费新闻的具体体现,是新闻作品产生的经济效益和社会效益。在国家文化软实力建设中,媒体是最直接的现实生产力。深入研究媒介文化的效果性价值,是使这门学科得以可持续发展的源泉和不竭力量,或者说是社会对它的一种新诉求。

3. 制约性因素

制约性因素是指新闻文本传播过程中的一系列制约关系,是一种非文本自身的东西,它贯穿于文本传播的全过程。今天,新闻传播已渗透到人类社会的方方面面,成为政治斗争的前沿阵地、经济发展的信息杠杆、文化传播的有效载体、监督社会的有益镜鉴、引导舆论的文化先锋,这些均已超出作为一门学科的狭隘的价值体系的意义,成为一个大的社会价值体系中的最重要内容。像新闻文化这样一种高位价值体系的媒介角色,无疑是意识形态的前沿。从本质上讲,制约性因素是一种权力关系的制约力。图 3 为笔者借鉴前人的研究成果并作了一定的修改,反映这种制约性因素的分布内容。

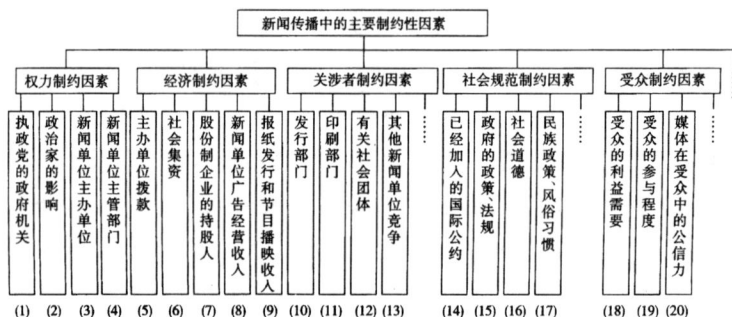

图 3　制约性因素的分布

　　著名传播学家麦奎尔也曾设计了一个图,以说明传媒在社会范围中所受到的来自各方面的压力(见图 4)。由此可见,媒介传播过程中的制约因素的确来自方方面面,如果没有足够的应对能力,则很难实现媒介的可持续发展。

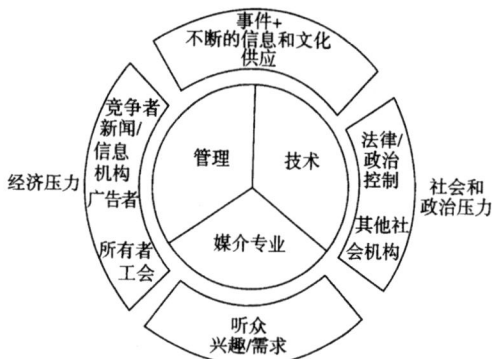

图 4　麦奎尔对传媒所受社会压力的解释

四、新闻文化的政治学意义

多里斯·A.格拉博尔在为 W.兰斯·班尼特的《新闻:政治的幻象》一书写的序言中指出,"传媒是各个政治群体的粘合剂"①。班尼特在这本书中明确指出,目前支撑新闻体系的有政治家、媒体和受众等三块基石。巧得很,这也是一个"三元"结构(见图 5)。W.兰斯·班尼特的三元结构,是基于对当今媒介环境的深刻理解提出的。

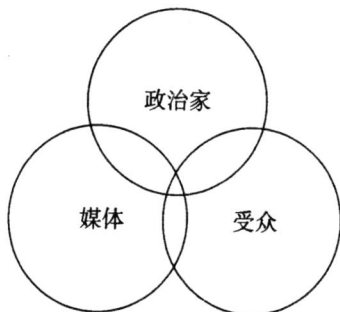

图 5　班尼特的新闻体系三元结构

其一,国家意义下的政治信息体系的新闻,要服务于国家民主化进程的需要。这是因为,政治信息已经成了人们生活不可缺少的最重要的信息需求,在这个信息服务中,人们都在关心,"不同的政治角色——从总统、国会议员到利益集团和激进主义者——如何把他们的信息传递到新闻中。新闻不仅是不同的政

①〔美〕W.兰斯·班尼特著,杨晓红、王家全译:《新闻:政治的幻象》,当代中国出版社,2005 年,第 7 页。

治角色与他们的观众交流的重要媒介,而且是他们——从华盛顿的精英到普通的市民——了解和监督自己的政治利益是如何被公开反映的重要渠道。简而言之,要想了解政府和政治的运转,我们还需要了解是谁在制造新闻、谁没有制造新闻,以及新闻是如何影响公众舆论和解决政治问题的"①。当然,还有一些"把关人"的因素也是不容忽视的。比如:"新闻机构面临的经济压力、公众的疏懒以及政治家的欺骗等。因此,理解什么是新闻的第一步就是,审视政治角色和他们的传媒顾问如何利用新闻管理技巧来使新闻服务于他们的利益。另外一个'把关'因素是记者和新闻机构所面临的经济压力。他们需要在有限的资源和时间里找到能抓住观众的新闻。因此,他们常常要牺牲新闻的深度和多样性来获取圈内人士的观点、丑闻,以及耸人听闻的消息等。"②

　　其二,在民主化进程中,政治家已经很容易与媒体沆瀣一气,非常乐意走到公共舆论的前台。从政治家成功的意义上来讲,权力和影响力,取决于对媒体的掌控力,取决于对信息的掌握和有策略的使用。班尼特指出,政治家们特别关注政府议程设置,经常把一些新闻事件提到公共议事日程的高度去处理。他们认为,"议程设置"的意思就是帮助观众理解社会和政治中哪些是重要的,需要他们来思考的。另外,新闻往往只报道令人瞩目的少数人的观点,例如总统、国会议员以及社会领袖等。因此,在公共事务方面消息灵通,往往意味着从那些熟悉的、经常在新闻节目里

①〔美〕W. 兰斯·班尼特著,杨晓红、王家全译:《新闻:政治的幻象》,当代中国出版社,2005 年,第 2 页。
②〔美〕W. 兰斯·班尼特著,杨晓红、王家全译:《新闻:政治的幻象》,当代中国出版社,2005 年,第 3 页。

露面的人的观点中获得提示,而他们通常都会把自己的观点裁剪成一种易于理解的观点。具有讽刺意义的是,在大众传媒时代,最广泛流传的那部分新闻报道不仅要告诉认真倾听的公众该如何思考,还要告诉那部分消息灵通的公众如何基于主流的、符合政治家和利益集团利益的观点去思考①。非但如此,另有一些政客、政治家,发现自己的信息没能按自己的意思传到受众那里,他们就会花大价钱雇用御用文人以形成传媒攻势,或者采取一种"学术寻租"的方式,替自己推销观点。

其三,媒体生存问题,使得媒体不得不与政治家结成联盟,互为利用。班尼特认为,不管新闻是从大众传媒时代的正常渠道得到的,还是在数字时代通过非正常渠道得到的,信息和权力的政治学都不会对批评性或分析性新闻的产生有任何帮助。恰恰是由于大众传媒时代的新闻机构受到大财团利益制约的压力越来越大,而一种普遍的趋势是寻求最方便采写、也最容易吸引读者的稿子。由于缩减开支,每天硬新闻定额不断减少,新闻越来越向生活方面的特稿和实用新闻靠拢,新闻越来越依赖于公关、政府发言人和传媒顾问提供的精心包装的新闻素材和新闻事件。

在今天的大众传媒中,绝大多数新闻都是日常报道,记者对自己日常分管的采访领域进行报道,完成分配的任务,收集书面材料、新闻吹风以及被采访部门的书面声明等,并把这些内容传递给受众,成为基本的、经常性的工作。再复杂一点,就是在这个过程中,制造新闻的政治角色往往花大量的时间和财力寻找能够更好地推销本人和自己观点的途径,而不是考虑如何邀请公众参

①〔美〕W. 兰斯·班尼特著,杨晓红、王家全译:《新闻:政治的幻象》,当代中国出版社,2005年,第7页。

与这些重要问题。其结果就是,新闻主管祈祷能够不断发现有趣的丑闻来填补每天的新闻空白,而政治家们则祈祷能躲开这些丑闻。

上述这样一些普遍倾向,不仅仅是在发达的美国存在,在发展中国家几乎也都是这样。政治家的丑闻,明星的绯闻等成了媒体追逐的对象。应当说,多里斯·格拉博尔的分析是深刻的。他认为:"并不是所有的信息——包括关于这个世界的最重要的信息——都能被称作新闻。相反,新闻所包含的信息更多的是适时的,经常是煽动性的(丑闻、暴力和人物戏剧经常主宰着新闻)和人们所熟悉的(熟悉的人和生活经历常常使人们在了解远方发生的事情时能找到一种类似于回家的感觉)。从这一观点考虑,新闻常常是由记者、政治家以及公众通过不完善的信息交流,在不断寻求各自不同的过程中,不断变换和调整位置形成的。其结果就是这样一种新闻体系:一边是政治的垄断,一边是新闻机构对政治人物的围追堵截。原来被人们嚼舌头的话题以及小报那种耸人听闻的标题在主流媒体中越来越多地出现。"①

美国政治传播学家戴卫·帕雷兹通过对美国传媒的长期研究,将其对美国媒体与政治家的关系的理解表述为"政治家与媒体互为宠物"②,这一理解非常深刻。

诚如班尼特在其著作中讲的,在美国政治现实中,媒体也有着不同于理想状态下的角色。在更多的情况下,媒体只是政治的

①〔美〕W.兰斯·班尼特著,杨晓红、王家全译:《新闻:政治的幻象》,当代中国出版社,2005年,第12页。
②2007年,我到美国杜克大学作学术访问,这句经典话语是美国著名政治传播学家戴卫·帕雷兹教授与我交谈时所说的。

传导线,把信号传递给人民。媒体不仅负责把政治信息传递给公众,还要负责过滤人民对政府的反应。在这种政治世界中,权力依赖于对信息的掌握,以至于信息本身成了为政治家量身订做的东西。图6是班尼特所揭示的美国政治权力的媒介化现实示意图①。

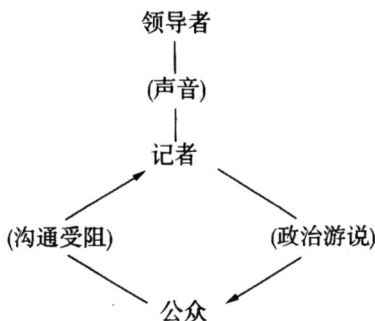

图6 美国政治权力的现实

利用信息控制政治现实成了一种常态。信息是权力的基础。因此,领导者和政治党派深谙信息游戏的潜规则,根本就不愿意改变现在的客观报道方式。在这种体系下,客观性制造了一种幻象,掩盖了新闻作为宣传渠道的真实身份②。

事实上,人们今天并非只是生活在一个比较平静的客观世界里,不是生活在一个大家普遍认可的社会活动的世界里。在很大程度上,人们所生存的这个社会已经成为他们所处社会的一些特

①〔美〕W. 兰斯·班尼特著,杨晓红、王家全译:《新闻:政治的幻象》,当代中国出版社,2005 年,第 310 页。

②〔美〕W. 兰斯·班尼特著,杨晓红、王家全译:《新闻:政治的幻象》,当代中国出版社,2005 年,第 310 页。

定语言支配下的世界。这个所谓的"世界"在很大程度上是由某种既定语言,特别是按统治者所主导的语言模式建构的。我们看到、听到、闻到和体验到的这个"客观世界",存在着一种被社会早已事先确定了的叙述事实、解释社会的选择性语言。班尼特还特别揭示了美国的政治权力和利益集团,是如何利用媒体来获取公众的支持和顺从,或者在公众中制造混乱的(见图7)①。应当说,班尼特的这样一种批判精神是难能可贵的。

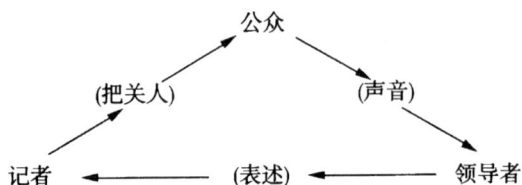

图7　美国的政治权力和利益集团对媒体的利用

　　美国著名记者马文·卞尔布说过,在美国,民主已经堕落到"媒体—政治"时代。因为任何一个在白宫、旧金山或者是五角大楼里做出的重大或微小的决定,都不能不把新闻的因素考虑进去。作为政府的决策者来说,要想把任何一种观点"卖"给美国老百姓,首先需要媒体理解、接受并愿意以一种特定的方式向受众宣传,让老百姓乐于消费。以至有的学者提出,当今世界已进入到新闻执政的时代。

　　在我国汶川大地震发生后开展的抗震救灾中,媒体影响之大,社会效果之最,国内外赞赏之高,前所未有。可以设想一下,假如没有媒体,汶川大地震的后果将是如何? 不管你愿意不愿

①〔美〕W. 兰斯·班尼特著,杨晓红、王家全译:《新闻:政治的幻象》,当代中国出版社,2005年,第309页。

意,也不管你高兴不高兴,今天的社会正在由媒体主宰。离开媒体,我们将无所适从,离开媒体我们将很难生活。

五、受众选择性需求

受众是信息的消费者,受众是媒体生存的衣食父母。因此,媒体必须研究受众消费,培养消费者。美国的一些机构曾对新闻消费者进行过一些调查,尤其是对电视收视率所做的调查,证实了严肃的、有关政治和国际问题的硬新闻不太受欢迎。实际上,最受欢迎的新闻题材是那些在生活方式和消费领域对他们有影响的话题,例如犯罪、名人、明星绯闻、健康以及娱乐。在新闻兴趣方面的调查中,政治新闻和国际新闻的得票率是最低的(除了突发性的国际危机,如"9·11"那样的恐怖袭击事件)。如果我们再看看不同年龄段的结果,这种倾向就更为明显。例如,在50岁以上的年龄组中,对于政治新闻和国际新闻感兴趣的人最多,大约超过20%多一点,但在18岁到29岁的年龄组中,这一比例只有10%。与之相对比,所有的年龄组对于犯罪新闻的兴趣率都达到40%①。

受众对新闻的消费倾向、消费心理和消费效果,是媒体必须认真面对和长期研究的。只要有媒体,就要研究受众,这就如同只要你想种庄稼,就必须研究土地一样重要。

---

① 〔美〕W.兰斯·班尼特著,杨晓红、王家全译:《新闻:政治的幻象》,当代中国出版社,2005年,第10页。

六、结语

上述对新闻文化的概念理解、学科体系的设想，价值体系的提出，政治社会学意义的解读，尤其是对班尼特所提出的公众、政治家、媒介等"三元"结构的理解，无疑可使我们对新闻文化的学科概念、新闻的使命有了进一步的认识和理解。比如，对新闻文化的理解，应对目前的思路作出逆向反观，强调新闻文化以实务为主干，以"文本"和"经营"为两个基本点，这就突出了新闻学异于其他人文社会科学的应用性特点。又如，提出"三元"结构的价值体系，则是强调了新闻学科的价值属性特点，既坚持了存在决定意识的唯物主义辩证法，又顾及了学科发展中的多种制约因素，这也是社会学科、应用性学科的属性所致。再如，明确提出新闻文化的效果性价值，可以正确理解其社会意义。借鉴班尼特等人的观点，特别是政治学意义上的新闻的三个基础，则突出了媒体的关系学研究，同时告诉人们，新闻作为意识形态前沿的权力意义和意识意义。在这一点上，充分说明了东西方的新闻业界和学界，从来就没有否认过"没有超阶级的新闻""没有超阶级的自由"，新闻只能是社会的新闻、国家的新闻。

新闻文化建设是国家综合竞争力中的基本建设，既有历史包袱的影响，又有时代机遇的挑战；既有民主进程的公共舆论要求，又有文化本质所体现出的意识形态制约。如何在这样一种环境中实现中国新闻文化建设的可持续发展，一是需要理论智慧，二是必须按新闻规律办事。唯有如此，新闻文化才能开拓出新境界，在推进社会主义文化建设进程中作出应有的更大贡献。

跋:本文所提出的一些观点,前后历时几年,其间有一个不断发展、完善和自我否定的过程。比如像"三元结构"、"元"概念、"衍生"概念、新闻学的学科体系等,都曾先后在一些著名期刊上发表,并引起学界业界的关注。经过一段时间的再思索后,深感当时大胆提出这些概念还是有勇气的,但我也经常为其中一些欠准确之处感到不安,故特利用本文发表的机会重新给出新的解释和修正,亦作为对我近年来新闻文化研究、新闻学学科体系研究的阶段性总结。作出这一说明目的有二:其一,告诉读者,文中一些似曾相识的东西实际上是新思考;其二,彰显一种尊重读者,敬畏学术,敬畏真理的态度,接受读者的学术监督与批评。

原载于《南京师大学报》(社会科学版)2008年第6期

新闻学是一门"间性"学科

　　新闻学作为一门独立的学科进入高等教育的育人体系,只有上百年历史。与人类的新闻传播活动和新闻纸传播的悠久历史相比,形成极大反差。造成这种现象的原因是多方面的,其中最主要原因是新闻学本身的学科特点所致。新闻学不像哲学、数学等其他古老学科那样,先有一些定义、公式和公理,再在它们的基础上形成自己完备的学科体系。新闻学是先有传播活动、传播载体和传播内容,再有学科体系。它反映了新闻学初始阶段的不完备性以及由此表现出来的依赖于其他学科,特别是依赖于文学写作的寄生性。随着世界范围内人们交往的日渐频繁,尤其是随着大众传播文化时代的到来,新闻的依赖性、寄生性渐渐淡化,随之而来的是交互性、渗透性、独立性和发展性的增强。对这种交互性、渗透性、独立性和发展性的研究,实际上是一种"学科间性"的研究,只不过人们以往没有赋予它这样的名分与意义罢了。本文试图借鉴"间性"理论,对新闻学的学科特点提出一些看法,以就教于同行。

一

　　"间性研究"原本是属于文艺美学研究中的一种新观念和新

方法，主要涉及学科间性、文化间性和主体间性与文本间性等。间性研究着力研究这四个间性之间相关联的综合性、跨越性、交叉性、开放性等。恩格斯曾经讲过，在原有学科的邻接领域将是新学科的生长点。而间性研究恰恰是在学科的邻接领域搭起的一种结构关系，这种关系对于新方法、新理论、新学科的创建具有重要的应用价值和实践意义。

新闻学的间性研究主要是"学科间性"和"文本间性"。学科间性研究是"大间性"研究，文本间性研究是"小间性"研究。人们认为，"间性"概念的始作俑者是巴赫金，他曾在考虑学科设立的两难境地时，提出了一个类似于恩格斯的想法，即每一个学科都处在"边界"上。他说："某一文化领域（如认识、道德、伦理、艺术等领域）作为一个整体构成的问题，可以理解为是这一领域的边界问题。""在这一含义上我们方可说，每一文化现象，每一单独的文化行为，都有着具体的联系；可以说它连着整体却是自立的，或者说它是自立的，却是连着整体的。"①由此可见，领域的边界问题充满神奇、生机和诱惑。

二

同其他一些学科领域的间性研究不一样，新闻学的间性研究，主要是近年来发展起来的，且有明显的成果。比如，新华出版社出版了一套由李元授主编的丛书，无疑是在新闻学的学科间性研究方面特有的开创性工作。这套书一共六本，涉及六个学科，

①〔苏〕巴赫金著，白春仁译：《巴赫金全集》（第1卷），河北教育出版社，1998年，第323页。

有些是填补空白的工作，有些是在前人基础上的集大成。比如，虞达文的《新闻心理学》主要是研究新闻传播者如何通过自身内省与受众心理沟通，互感互动，从而实现新闻价值和导向价值的共同规律。季水河的《新闻美学》，运用新闻学、传播学、美学原理，借鉴社会学、文化学、心理学和语言学等多门学科的研究方法，将新闻纳入人类审美实践活动的总体框架和美学视野中加以考察，系统地论述了新闻的美学性质、美学内容、美学特征；新闻作者的审美心理构成和审美创造能力；新闻写作的美学原则；新闻阅读的审美心理以及新闻作品的形象美、语言美、意境美、结构美和层次美等重要的新闻美学理论问题。

稍后出版的胡兴荣的《新闻哲学》，以哲学为基调，着眼于伦理，对新闻学领域长期潜在的矛盾，特别是新闻实际操作中经常碰到的两个难点：一是新闻理论与新闻实践的两难，二是真实与客观性原则的冲突，以及新闻自由与社会责任等，做了较为深入的探索。

令人欣慰的是，近年来，一门新兴的《政府新闻学》勃然兴起，提出这一想法的是南京市委宣传部叶皓研究员。这是一门交叉学科，包括政治学、行政管理学、公共管理学、新闻学和公共关系学等众多学科领域。其基础理论包括了公共管理学、新闻学的一些基本理论，核心部分是讨论如何建立政府新闻议程，操作部分是关于政府应对媒体的具体方法。该书获 2007 年江苏省优秀社科成果一等奖，评委会高度评价这一成果，认为该书具有中国特色，对加强党政干部新闻素养，提高执政能力具有现实指导意义。

在新闻学的学科间性研究方面，做得较为深入的是近年来新闻文化方面的研究工作。新闻文化作为一种大众文化、媒介文化，其跨学科性、交叉性显而易见。艾丰在 20 世纪 90 年代的一篇文章中曾提出新闻文化是一种载体文化、信息文化、传播文化、交际文化、舆论文化、融合文化和思维文化。而刘智则是基于表层、中层、深层三个架构,以文化论、新闻论、形象论、传播论、符号论、传统论提出新闻文化的架构体系。后来,他又从研究对象与内容,结构与分析,方法与定义,形成机制和实践意义,新闻活动的文化内涵,一直到新闻文化的符号解构,去建立新闻文化的学科体系,他认为"新闻文化是作为群体式类的人在新闻活动中创造的,表现为器物(物质层次)、制度(心物结合)、观念(心理层次)的复合体"①。

自 1990 年以来,我也一直专心于新闻文化的研究,在确立新闻文化的学科体系时,主要是从其学科外延性考虑较多,强调新闻文化的外延性特点,其中包括新闻文化的学科观、社会观、价值观、哲学观、政治观、美学观、发展观、文学观等多个外延性方面的内容。

一般讲,文化的时空观与物理学上的时空观不一样,文化空间是一个语境空间、文字空间,它是对物理世界、几何世界的一种认知和解读。因此,它不可能把所有物理空间、几何空间都覆盖。在这些空间里面,不仅有间隔、空白,更有盲点,而恰恰是这些间隔、空白以至盲点,为我们提供了间性研究的独特"场域"。

实际上,无论是艾丰,还是刘智,他们对新闻文化的理解和学科建构,都是建立在新闻学的学科间性上,但他们却都没有使用"间性"这个词。我于 1993 年出版的《新闻文化导论》一书,将新闻文化定义为"是一种从内涵到外延都极为丰富,且具有较强价值趋向的新闻活动与文化现象"。当时给出这样一个新闻文化定

---

① 刘智:《新闻文化学》,新华出版社,2001 年,第 14 页。

义的理由：一是把新闻当作一种文化主体看待；二是强调其学科外延性。新闻文化的学科间性，主要是体现在它与其他学科的交叉互动上。这种学科间性还反映在新闻文化的价值体系方面，主要是以"自在性价值""制约性价值""效果性价值"为三元架构组成新闻文化价值体系（见图1）。

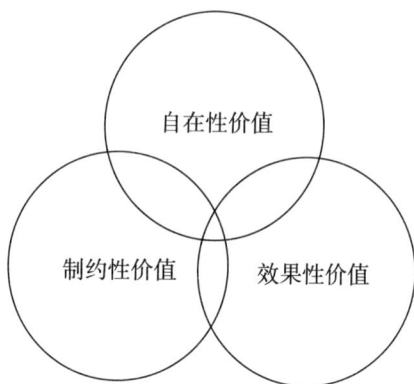

图1　新闻文化的价值体系

　　此外，新闻文化还有另一个非常重要的价值，那就是它的三个属性价值，即工具属性价值、生产力属性价值和文化属性价值。不管到什么时候，新闻总是依附于利益集团和统治阶级的主导思想，其工具属性天然形成。新闻作为一种信息传播，其生产力属性不容置疑，这是一个精神变物质的问题。像1978年胡福明写的《实践是检验真理的唯一标准》，对于推动中国社会生产力发展所产生的影响，今天看来，无论怎样估计，都不会过分的。而它的文化属性则是显而易见的，无须证明。新闻文化的社会作用主要表现在：一是作为最活跃的生产力推动社会发展；二是引导人们的价值行为，影响人们生活方式方面的作用；三是在传播、结晶、

积淀人类文化方面的作用;四是在构建和谐社会方面的人际沟通
作用。

三

　　所谓"文本间性",亦称"互文性"。新闻文化的"文本间性"主
要针对文本。公共性是新闻文本的最主要特性,新闻学作为一门
实务特色显著的学科,其要义是能写出叙述事实清楚、传播事实
效果好的文本,实现新闻传播的价值最大化。法国符号学家克里
斯蒂娃早在 20 世纪 60 年代,就曾提出"任何作品的文本都像许
多行文的镶嵌品那样构成,任何文本都是对另一文本的吸收和转
换。互文性这个概念取代了'主体间性'的位置。诗性语言至少
是作为双重语言被阅读的"①。后来,她又指出,"互文性表示一
个(或几个)符号系统与另一个符号系统的互换;但是因为这个术
语经常被理解成平常迂腐的'渊源研究',我们更喜欢用互换这个
术语,因为它明确说明从一个指意系统到另一个指意系统的转移,
需要阐明新的规定的位置性,即阐明的和表示出的位置性"②。由
此可见,每一个文本都是另一个文本的参照系,互为依存。

　　新闻文本的"间性"特色尤为明显。卡尔文・特里林说:"新
闻是文学的痴情姐妹。"英国诗人、评论家修・阿诺德说:"新闻是
匆忙的文学。"诺贝尔文学奖获得者萧伯纳说:"新闻是文学作品

---

①Kristeva, *Word*, *Dialogue and Novel*, Basil: Blackwell Publishers Ltd,
　1986, p. 37.

②〔法〕克里斯蒂娃著,赛尔译:《诗歌语言的革命》,北京大学出版社,2003
　年,第 422 页。

的最高形式。"

　　我国学者对新闻学的"文本间性"研究,可追溯到 20 世纪初叶。当时的革新人物梁启超,亲自创办报纸,他曾不无自豪地说由自己办报而创造出一种新文体,"启超夙不喜桐城派古文,幼年为文,学晚唐魏晋,颇尚矜练。至是自解放,务为平易畅达,时杂以俚语俗语,及外国文法;纵笔所至不检束,学者竞效之,号新文体。老辈则痛恨,诋为野狐。然其文条理明晰,笔锋常带情感,对于读者别有一种魔力焉"①。

　　1930 年 8 月,黄天鹏先生以《新闻文学概论》为名出版了他的著作,非常精辟地论述了新闻与文学的关系。黄氏认为,在近代中国报业诸多先贤中,梁启超可以说是新闻文学的始作俑者。他指出:"梁启超办《新民丛报》的时代,首先脱离古文的束缚,务为平易畅达的文章,学者竞起效之,号为'新文体',已经立下一个基础。《中国文学大纲》说:'新闻杂志盛行而报章文学兴焉。'"②在新闻文本的"间性"研究方面,蔡元培先生对新闻与史的关系的研究另有高见。他认为,新闻为"史之流裔耳","古之人君,左史记言,右史记事,非犹今之新闻中记某某之谈话若行动乎。不修春秋录各国报告,非犹今新闻中有专电通信若译件乎。由此观之,虽谓新闻之内容无异于史可也"③。虽说新闻可以为史,但非以往之史,乃现代之史,正所谓今天的新闻就是明天的历史,新闻是史的参照系。

　　晚清中国报业处于一个比较开放和发达的时期。后来在很

①黄天鹏:《新闻文学概论》,上海光华书局,1930 年,第 6 页。
②黄天鹏:《新闻文学概论》,上海光华书局,1930 年,第 2 页。
③黄天鹏:《新闻文学概论》,上海光华书局,1930 年,第 2 页。

长一段时间内,关于新闻"间性"研究方面的著述不太多见,尤其自民国以来,新闻媒体更多成了政党工具。直到改革开放以后,对新闻文本的研究才多起来。梁衡在这方面做了大量基础性工作,颇有建树。他曾从12个方面去区分新闻与文学的异同:1.在本质上,新闻是信息,文学是艺术;2.在功能上,新闻满足人们的信息需求,而文学满足人们对美的追求;3.在选材上,新闻以事为主,以事带人,而文学以人为主,以人领事,且有人无事不成新闻,有事无人不成文学;4.在作品的视点上,新闻作品的作用是社会回响,文学作品的作用是通过对人心、人情的打动、审美,发挥社会功能;5.在构思上,新闻要绝对真实,文学却常用虚构;6.在写作过程上,新闻重采访,文学重虚构;7.在作品形式上,新闻尽量淡化形式,文学则尽量强化形式,渲染效果;8.在主客体关系上,新闻要求无我,文学讲究有我;9.在文章风格上,新闻重直白,文学重修饰;10.在修辞分野上,新闻属消极修辞,文学属积极修辞;11.在文章结构上,新闻力求简明,文学则将作者思想深藏于复杂的形式之中;12.在审美取向上,新闻求质朴简洁的美,文学求绚丽多彩的美。

言而无文,行之不远。新闻文本的间性研究,更多是向文学借鉴,这样一种借鉴,是"事学"对"人学"的借鉴。许多大记者,后来成了大作家,像海明威还获了诺贝尔文学奖。应该有这样一个递进模式:消息→通讯→报告文学→散文→小说。

那么,海明威从事文学创作是否从其记者生涯得到过启示?而萧伯纳的"新闻是文学作品的最高形式"是否是上面这种模式的逆推呢?抑或又是其他?如果新闻与文学都舍弃其他一些零星内容的话,它们的共同点摘其要有三:一是语言;二是典型;三是形象思维。但是,文学历史久长,文学历史深厚。因此,我们可以这样说,新闻是依文学而生动,依文学而好看。

新闻学作为一门学科是年轻的,或许正是这种年轻,使得对新闻学的"间性"研究更迫切,范围更宽泛。

关于新闻的实践理性问题,以往我们对新闻学学科体系和理念的理解,往往停留在一种"起源说"上。像五个"W"和一个"H",较多关注的是事实是什么,忽视的是事实背后是什么,事实以后又是什么。而今天人们所普遍关注的则是事实背后是什么,事实以后是什么。关注事实以外,胜过关注事实本身。而这种关注,是一种观念的转变,是从"起源说"向"发生学"的转变。"发生学"注重和致力于探讨、研究事实如何成长,结构如何生成,主客体的内在本质与规律是什么。

关于新闻的消费价值问题。作为一种特殊的商品,恩格斯曾讲过,"报纸是作为社会舆论的纸币流通的"[1]。今天的新闻已经完全具备了商品的属性,受众是信息的消费者。过去,我们是传者为中心,今天是受者为中心。今天的媒介文化,说到底是一种受众消费文化,受众是否消费,爱看不爱看,爱听不爱听,爱买不爱买,决定了媒介文化的生存发展。因此,在思维模式上,要从大众传播到分众传播;在产业模式上,要从平面媒体到数字内容;在管理模式上,要从事业法人到企业法人;在竞争模式上,要从同质竞争到策划竞争;在发展模式上,要从规模竞争到品牌竞争;在话语模式上,要从灌输说教到平等传播、从概念套话到陈述事实、从官腔官话到亲民近民、从长官意志到公共话题等。应对和处理这些问题,必须要有新思想、新方法、新境界。

提出新闻学的"间性"研究,正是基于这样一种需求。这主要

---

[1]《马克思恩格斯全集》(第7卷),人民出版社,1959年,第523页。

是想从学科交叉处来更好地把新闻、新闻学、新闻文化学贯穿起来,力求能使"间性"学研究方法在推动新闻学的学科建设方面作出贡献。

原载于《天津大学学报》(社会科学版)2009年第3期

新闻文学化与文学新闻化的异化现象研究

在 30 年中国新闻改革中,新闻的文学化倾向已经越来越严重。与此同时,文学的新闻化倾向也似乎愈演愈烈。新闻与文学的这种互为异化倾向,是必然还是偶然?它们还能走多远?本文试图借助哲学上的"异化"概念给予分析。"异化"概念源于西方哲学,其中有一个意思是明确的,那就是相似或相同的事物逐渐变得不相似或不相同了。而本文的"异化"概念,是说文学与新闻原本是两个独立学科和不同文本形式,但在市场经济的作用下,他们正逐渐变成对方,并呈现出一种趋同现象。

一、关于新闻的文学化倾向

新闻的文学化倾向,主要体现在新闻作品的散文化、小说化和新闻节目形态的娱乐化等方面。在西方一些发达国家,自 20 世纪 80 年代以后,新闻与娱乐的界线就开始趋向一种边缘化,我国新闻与娱乐的趋同化、边缘化是近年来兴起的。

(一)新闻散文化

我国新闻的散文化,最早是从新闻的可读性、审美性出发提出的。早在 1963 年,穆青就提出"新闻散文化"问题,倡导用散文笔法去写新闻,借鉴散文的形象思维方法,使新闻作品细节生动,文字优美。1982年,他又在《新闻改革的一点设想》中,进一步论述了他近20年前的这个想法,强调新闻报道要注意文采,文字要美。恰恰是在这一年的7月17日,郭玲春同志撰写了《金山同志追悼会在京举行》的白色新闻,郭玲春这条消息在当时新闻界和学界引起强烈反响,似乎是对穆青倡导"新闻散文化"建议的最好诠释。包括后来我国新闻界的现场短新闻竞赛等,其绝大多数获奖作品几乎都是以其细腻、形象、生动、散文化的现场特色,赢得受众和评委的青睐。这一时期的新闻散文化倾向还体现在一些纪实性大特写和深度报道方面,与此同时期出现的周末版、周末报,强调人文趣味,解读文化掌故,推崇美文、美画,重在办出品位与格调,让新闻纸有文化,成为新闻文学化倾向的最突出表现形式。

(二)新闻小说化

　　新闻小说是舶来品,始于20世纪90年代,当时在美国的新闻报道中运用小说技巧的现象已十分普遍,与此同时一些严肃和纯娱乐性的小说也尝试使用像新闻那样即时发生的故事。即使像《洛杉矶时报》的谢尔比·科菲那样主流报纸的主编们,也都号召报纸拿出更多应称之为"文学新闻"的作品来①。他们意识到,为了适应一个赋予消费者以日益猛增的选择性和巨大的即时性

---

① 〔美〕谢尔比·科菲:《九十年代的报纸》,报业系列讲座(加州里弗赛德)第28讲,1993年在加州里弗赛德分校散发。

的信息环境，必须以不合常规的新视野来看待新闻事业的使命①。后来，诺曼·梅勒以其《夜幕下的大军》荣获国家图书奖、普利策新闻奖和波尔克三项大奖，成为"新新闻小说"的代表。所谓新闻小说，就是参照文学创作的手法，融小说创造的想象与新闻采访的技巧为一体，让新闻报道完全投入到报道对象中去，直接介入新闻事件。像克林斯·布鲁克斯和罗伯特·佩恩·沃伦等，在评价这种现象时称，"小说还独特地提出某件重大事情据以发生变化的叙述方式。小说作者将他们的意思嵌入这种变化中。当然，非虚构作品也可以这样做，像许多史籍、传记和新闻作品一样"。在布鲁克斯和沃伦看来，"小说能够产生历史和新闻作品无法达致的效果"②。受美国新闻小说的影响，在我国媒体上也出现了一些纪实小说、纪实文学、深度报道、大特写等，并以其纪实性、自述性、奇特性、揭密性受到读者的追捧。贾东福在论述新闻小说时是这样评价的，作者中的大部分是"知青一代"，一些小说中的自述也往往借助自身的原型，甚至真实姓名。如《一个红卫兵的自白》中的"我"，用的是作者的真名"梁晓声"；《曼哈顿的中国女人》中的"我"，也是用的作者真名"周励"；《血色黄昏》中的"我"，虽然不是真名"马波"，而是"林皓"，但小说中提及的"我"的母亲、著名作家杨沫，的确是作者"马波"的亲生母亲。包括像徐迟的《歌德巴赫猜想》、袁厚春的《百万大裁军——人民解放军精简整编掠影》、茹志鹃的《游美百日记》、王安忆的《美国一百二十

---

① 〔美〕杰克·富勒著，展江译：《信息时代的新闻价值观》，新华出版社，1999年，第149页。

② 〔美〕杰克·富勒著，展江译：《信息时代的新闻价值观》，新华出版社，1999年，第151页。

天》、叶雨蒙的《出兵朝鲜纪实》、叶永烈的《沉重的1957》、邓贤的《中国知青梦》和《大国之魂——第二次世界大战滇缅印战区纵横》、张建伟的《温故戊戌年》、张辛欣的《寻找适合去死的剧中人》、陈建功的《半日追踪》等众多作品,我们都很难说它们到底是新闻作品还是文学作品。但是,这样一些作品确实受到读者欢迎。究其原因,确如诺曼·梅勒讲的,因为好多重大事件、敏感问题,通过正常的新闻渠道可能很难刊发出来,但如果让它们穿上新闻小说的外衣,打着纪实文学的幌子,不仅可以发出来,还可以披露一些鲜为人知的内幕情况,产生重大社会影响。

(三)新闻娱乐化

新闻娱乐化不是中国的创造,西方早在20世纪就有"信息娱乐"①的概念。从内容上讲,一是着力于煽情、刺激、花边新闻、星闻星事等;二是一味追求趣味性,吸引眼球,走所谓新闻故事化、情节化的路子;三是借鉴使用与满足理论下的新闻消费观念,把新闻等同于消费文化。尤其是新媒体、网络的出现,使这种娱乐化愈演愈烈。

例如,由网络推波助澜的杨丽娟事件,很能说明这一问题。2006年3月22日,《兰州晨报》报道《兰州女孩林娟苦追刘德华12年》,把兰州女孩林娟(杨丽娟化名)追星12年和杨父为筹集女儿追星费以致被迫卖肾的事,首次披露出来。此报道在全国产生了较大影响,多家媒体趋之若鹜。1年之后,杨丽娟一家在媒体的鼓励与怂恿下赴港,在单独约见刘德华未果的情况下,杨丽娟父亲

---

① 原文为 infotainment,由 information 与 entertainment 两个单词合成,表示新闻(信息)与娱乐的边界的模糊化以及两者的合流。

于 2007 年 3 月 26 日,跳海自杀。从此,关于事件的报道纷纷扬扬。特别是经媒体娱乐化后,放大了事件中的戏剧冲突要素。比如,杨丽娟会面刘德华的曲折情节;杨父跳海自杀后留下的遗愿,竟是希望刘德华再见女儿一面。据此,几乎每天都有关于杨丽娟行踪的动态消息通过媒体披露出来,令这场媒体大战高潮迭起。媒体在构建娱乐性文本的过程中,大量演义与刻意挖掘与当事人相关的人、事、物。比如网上流行的《史记·杨丽娟传》,洋洋洒洒千余言。后来,这个版本又演义为《聊斋志异·杨丽娟》。像这种类型的文章,套用《史记》《聊斋志异》的经典文本、框架结构进行文字改写、戏说,成为典型的娱乐性新闻文本。新闻娱乐化的倾向使媒体在其中不仅成了消费主义的推行者、引导者,更是实践者。以至像传媒消费主义的倡导者、实践者默多克,在展望中国时都不无溢美地指出,中国已经具有成为一个新的全球性媒体和娱乐中心的潜能,而这种潜能带来的是一个巨大经济利益的市场。

二、关于文学的新闻化倾向

有学者称,改革开放 30 年,在中国文学前所未有的繁荣下,文坛没有大师级的作家,也没有鲁迅先生所言的"纪念碑"式的伟大作品出现①。也有专家在评价近年来茅盾文学奖好稿难求时,称"有高原没有山峰"。而黄发有先生更是以"潮流化仿写与原则性缺失"评价之,明确批评了"文学的新闻化与事件化"的严重倾向。

---

① 曹文轩:《中国八十年代文学现象研究》,作家出版社,2003 年,第 375 页。

　　黄发有指出①,自"新写实小说"形成阵势以后,文学的新闻化与事件化倾向更是不断掀起波澜。像留学生文学、新体验小说、新新闻小说、新都市小说、新现实主义、底层写作接踵而至,这种现象与社会大转型所带来的公众心理的失衡有关,在变动不居的现实面前,人们发现现实的丰富性与复杂性超过了艺术想象的极限,生活的精彩将虚构反衬得苍白无力。这种向新闻靠拢的创作都以现实主义作为外衣,但是其堆砌现实表象的写法,痴迷于追逐如流沙一样的"现在",缺乏历史与文化的景深,在笔端只剩下仿真的"现实",抛弃了对现实进行审美提炼和价值透视的"主义"。他还特别举例说,譬如邱华栋根据相同素材写出了一本特写集《城市的面具——新人类的部族与肖像》和一本小说集《都市新人类》,述平的中篇小说《晚报新闻》用穿插手法将新闻和小说嫁接在一起,须一瓜的《淡绿色的月亮》的素材来自于她对一起抢劫案的采访,张欣的小说《深喉》《浮华背后》都有摹写和影射重大新闻事件的痕迹。尤其在尤凤伟的《泥鳅》、方方的《奔跑的火光》《出门寻死》、曹征路的《那儿》《霓虹》、陈应松的《马嘶岭血案》《太平狗》、刘庆邦的《卧底》《到城里去》、王祥夫的《菜地》《街头》、荆永鸣的《北京候鸟》《大声呼吸》、罗伟章的《大嫂谣》《变脸》、孙惠芬的《歇马山庄的两个女人》《民工》《吉宽的马车》、马秋芬的《蚂蚁上》等代表性作品中,故事叙述几乎全是采用纪实笔法,情节的推进多有巧合与极端化色彩,作家的笔触几乎不触及底层民众的灵魂和情感,对于底层人的个体困惑更是熟视无睹。黄教授尤其抨击作家以虚构的形式表达自己对社会公正、公平的看法。底层

①参见黄发有:《潮流化仿写与原创性缺失——对近三十年中国文学的片面思考》,《当代作家评论》2008年第5期。

写作的素材除了来自于作家的耳闻目睹、道听途说之外,往往来自于各种媒体的报道。方方曾这样回忆写作《中北路空无一人》的过程:"在我正要动笔时,我看到报纸上一场官司的消息。于是这条消息经我改造后,成为我小说中的主线。"①而刘庆邦的《神木》、方方的《水随天去》、胡学文的《飞翔的女人》、张学东的《谁的眼泪陪我过夜》、田耳的《环线车》等作品,作者在创作谈中都提到相关报道或真实案例对于创作动机和创作灵感的触发。贾平凹《高兴》开篇的情节和曹征路的《赶尸匠的子孙》,都容易让人联想到2005年1月13日《南方周末》发表的关于民工千里背尸返乡的调查报道《一个打工农民的死亡样本》。文学对这些题材的跟进,源自于作家"'打破头往前冲'的强势介入生活和艺术的一种姿态"②,"底层"成了被表述的抽象符号,成了"沉默的大多数"。更为悲哀的是,随着90年代以来关注文学外部空间甚至脱离具体的文学创作的文化批评的兴盛,加上媒体对文学中的"趣味"资源的开掘,作家们开始通过明星路线和一些诸如"断裂""美女作家""韩白事件"的"行为艺术"来炒作自己。

这里主要表现的,一是对现实的追捧,二是对纪实的趋从,三是短平快的创作定位,以至于像方方那样,看到报纸上有一场官司的消息,就可以此为主线创作出一部小说来。

文学的新闻化倾向还表现在另外一些方面,比如文学作品的时尚化、消费化,以及以个人表现为特点的商业化炒作。人们更多时候的审美价值标准成了是否"当下""焦点"与"热点",是否"新鲜""权威"与"重点",是否有社会反响,这些都成了一些作家

①林希:《草根写作是文学创作的主流》,《小说选刊》2007年第6期。
②陈应松:《〈太平狗〉及其现实主义》,《中篇小说选刊》2006年第1期。

趋之若鹜的追逐目标。

三、两种异化现象之原委

(一)共同诉求与市场经济环境

　　新闻与文学的异化有其必然性因素。首先是新闻与文学的近缘性,新闻和文学同宗同源,新闻对文学有一种寄生性。文学的写作、修辞、思维等,都是新闻的基础。这种近缘性,使得它们的价值诉求也趋于一致,都是文本文化,都希望取悦于受众和读者。正因为如此,改革开放之初的伤痕文学、纪实文学很快走红。纪实文学的可信性以及对新闻的借鉴,使文学插上了新闻的翅膀。而对新闻来说,纪实作品的出现为新闻文学化应运而生提供了可能。

　　新闻与小说的这种边缘化现象,国外学者多有论述。新新闻主义的代表人物汤姆·沃尔夫强调,在新闻报道中小说写作的力量来自四种手法:1.逐个构思场景,通过场景转换来讲故事,尽可能不去诉诸纯粹的历史叙述;2.记录日常的举手投足、风俗习惯、家具式样、衣着服饰以及其他象征人们社会地位的细节;3.涉及读者的、比任何单一手法更全面的现实对话;4.透过一个特定人物的双眼为读者呈现每一个场景、向读者传递人物内心的情感和对场景的现实经验的技巧①。前三种手法与新闻写作并无二致,而第四种是不同于新闻写作的。作为长期从事记者活动的杰

①〔美〕杰克·富勒著,展江译:《信息时代的新闻价值观》,新华出版社,1999年,第157页。

克·富勒,成年后将大部分年华献给了新闻事业,其间他出版了多本小说。他认为新闻与小说相辅相成,触类旁通,从事小说写作深化和强化了新闻写作,小说也是发现真理的一种方式。但他同时强调,"当小说将人们置于不可能做出道德选择的境地时,新闻必须帮助人们了解影响他们的种种事件,并且无论在任何情况下都能判定什么事情最值得去做。小说以朦胧见长,新闻则寻求哪怕是暂时的消解朦胧之道,然后继续前进","小说和新闻世界可以共享技巧、经验和基本看法,进而相互促进。但是它们必须保持两相分离,即便是在某个一心二用、同时从事这两项工作的写作人的灵魂中也应该如此"①。

　　我认为,新闻与文学,从文本的内容属性上讲,新闻主要强调其信息属性和实事属性,而文学则强调故事情节和审美欣赏。从文本的形态属性上,新闻是源于生活,还原生活,源于事实,还原事实,其着力点在"还原"上。"还原"是一种归真,是对事实的解读、描述和有效传播。诚如马克思讲的,"它是从真正的现实中不断涌出而又以累增的精神财富汹涌澎湃地流回现实去的思想世界"②。而文学的形态是发挥想象力的作用,源于生活,高于生活,源于事实,高于事实。失去了"高",文学作品就成了新闻报道。有学者曾讲过这样一个意思,新闻作品以事实为半径,而文学作品则是以想象力为半径。我想,如果以两个圆来表示的话,新闻圈是随新闻事实重要程度的大小决定新闻圈的大小,我们把这种新闻事实重要程度的大小称之为"事实力",如下图:

---

①〔美〕杰克·富勒著,展江译:《信息时代的新闻价值观》,新华出版社,1999年,第188页。
②《马克思恩格斯全集》(第1卷),人民出版社,1956年,第75页。

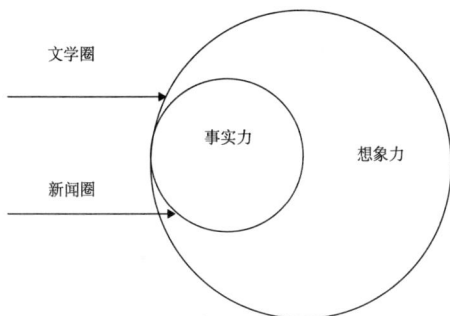

如果，事实力的半径为"0"，新闻圈就成了欧氏几何定义上的一个"点"（点是没有部分的那种东西）。文学作品是以想象力的大小为半径，你的想象力有多大，你的文学圈就有多大。想象力这个半径长度若为"0"的话，那文学圈上的半径就只剩下新闻圈上的事实力半径了。

由上图可以看出，优秀的新闻作品可以成为不朽的文学作品，成为文学的一部分，因为它是含在文学圈里面的。但是文学作品却不能成为新闻作品的一部分，这是文学的本质属性决定的。从信息获取或者说对文本事实的"源"的理解上讲，新闻追求第一落点，要最近、最新、最快，最生动、独家新闻；而文学作品更多的是第二落点，受新闻启发，或把某一新闻事实当作酵母、因子，也会是一组落点，一丛现象……从价值诉求上看，文学主要是审美，是一种美育；新闻是一种信息传播。从人的需求看，新闻是一种比较直接的使用与满足，文学是高层次的精神享受。作为信息资源，新闻是信息传递，文学是锦上添花，二者之间有一个境界的差距。当下的媒介娱乐化，在一定意义上满足了受众的层次需求。

(二)利益驱动下的生存压力

对媒体而言,利益驱动下的生存压力是一个世界范围内的行业课题。作为发达国家的美国也不能摆脱商业主义和利润的冲击。丹尼尔·C.哈林曾在一篇《美国新闻媒介中的商业主义与专业主义》中指出:"1993年10月,丹·拉瑟在广播与电视新闻董事协会上的讲演轰动一时。在讲演中,他抨击了这个在过去十年左右以他作为化身的体制的现状。'不是为了与其他的新闻节目竞争,而是为了与娱乐节目竞争,他们让我们播出像警匪新闻这样越来越多的没有价值的东西,这些娱乐节目中包括貌似新闻节目其实却热衷于死亡、灾变和恐怖故事的节目。'(维拉斯,1993)在其后的星期日(10月17日),《纽约时报》的电视评论家沃尔特·古德曼嘲笑了'牧师拉瑟'对于新闻业责任感的'布道':收视率也许不尽科学,但是业内人士已经认识到,相对于那些心志高洁的记者,这些收视率数字是对于这个国家的趣味更可靠的指南。……从20世纪60年代早期到80年代早期,可能就在这20年的时间中,这个观念被普遍接受。"①他们开发出一种市场导向更为明显的电视新闻模式,这是一种什么模式呢? 实际上就是一种新闻与娱乐的嫁接,成为电视新闻中最为成功的节目类型,它们与顶尖的一些娱乐节目争夺收视率,成为迄今制作的最具盈利性的电视系列节目②。比如像水门事件这一丑闻,一方面严重损害了总统形象,但从另一个方面来说则使得媒体声誉提高,且有丰厚回报。

---

① 〔英〕库兰主编,杨击译:《大众媒介与社会》,华夏出版社,2006年,第226页。
② 〔英〕库兰主编,杨击译:《大众媒介与社会》,华夏出版社,2006年,第214页。

　　诚然,与美国相比,我们的市场经济有自己的局限和特点,从某种意义上讲,媒介的生存压力更大。但从另一个方面上讲,中国传媒又不能摆脱四个"不能变",即:"在任何时候,任何情况下,新闻媒体作为党和人民喉舌的性质不能变,党管媒体不能变,党管干部不能变,党管舆论导向不能变。"①在"四个不能变"的框架下,媒体为了赢得较多的广告份额,电视要看收视率,报纸要看发行量,伴之而生的就是媒体运行和新闻传播中的新闻世俗化倾向越来越严重。新闻客观性受到严峻挑战,特别是新闻人物报道中的欺骗性,媒体发展中的经济依赖性,利益集团对媒体的制约性,受众对新闻时效性、深度性、层次性的普遍要求,政治事件中的价值冲突,政府机构对新闻报道的监控等。正是在这样一种状况下,新闻的文学化、小说化、娱乐化,应运而生。

　　对文学来讲,同样是一种利益诉求和生存问题。表现在文学上的新闻化,是一种急功近利的浮躁和快餐文化。今天,已经很少有人真正沉到生活中去。实际上,不是因为我们的时代不精彩,也不是因为我们的生活不热闹;不是因为我们的时代不厚重,也不是因为我们的人民没有爱。比如像 2008 年,我们有大情,有大爱,有大理……,可是我们没有史诗般的鸿篇巨制。如果只是在名利的驱赶下去从事一点创作,那只能成为生活激流上漂浮的那一点点泡沫而已。

①2003 年 9 月 23 日,李长春同志在同省以上报纸总编、电台电视台台长学习"三个代表"重要思想,进行马克思主义新闻观教育培训班学员座谈时的讲话。

(三)使用满足意义下的社会现实

在今天,不管是新闻的文学化还是文学的新闻化,其实都是在"使用与满足"意义下的社会写照。我们生活在一个被建构的媒介语境世界里,这就是沃尔特·李普曼提出的"拟态环境"。他认为,现实环境复杂巨大而又稍纵即逝,人类根本不可能直接获知,媒介成为公众了解现实世界的最好工具。但是,大众媒介并不能完全还原真实的客观世界,它呈现给公众的只是一个模拟的世界,即媒介所构建的"拟态环境"。

在使用与满足的理念下,各国媒体的新闻报道实际上都强化了一种欲望报道,忽略甚至根本就不注重对事实的选取和报道,只注重形式和包装,传播和效益。杰克·富勒深有感慨地说,无论小说家还是新闻记者,都离真实性准则相去甚远。"它不再首先呈现一个事实,因此它必须提供某种比事实更重要的东西。它所提供的这东西便是写作的风格与质量。人们接触文字新闻越来越多地是为了阅读的快感,而不是像过去那样仅仅获取事实。"①库兰也说过:"现在的新闻变得更加非正式,更加私人化,更富有批判性,同时又有一种犬儒主义的疏淡和冷漠。例如对政治家的态度,在英国的电视采访中,原先显得很正式和恭敬,现在则变得更富攻击性和批判性了,这就迫使政治家在'电视新闻采访中,总得给公众有个交代'。在巴西、阿根廷和智利,对政府丑闻的揭露性报道不再出现在老式的党派新闻业中,而是来自一种新的、更加娱乐化的新闻实践——电视小说之中,陈腐的叙事手

①〔美〕杰克·富勒著,展江译:《信息时代的新闻价值观》,新华出版社,1999年,第155页。

法,针对个人进行喋喋不休的道德说教。丑闻变成了最好的娱乐形式,助长的却是政治犬儒主义……"①在这样一种使用与满足的语境中,电视娱乐、影视娱乐、印刷娱乐等各行其道。

　　新闻的文学化倾向与文学的新闻化倾向现象的存在,是学科生存应对市场经济的一种无奈选择,反映出两种缺失,对文学来说最终导致其人文精神的缺失;对新闻来说最终造成责任缺失,事实缺失,本末倒置,喧宾夺主。我们寄希望通过全社会的努力,在不长时间内使我国成为世界新闻大国、新闻强国,使我们的文学有史、有诗、有大师,有"纪念碑"式的传世之作。

　　原载于《山东大学学报》(哲学社会科学版)2009年第4期

---

① 〔英〕库兰主编,杨击译:《大众媒介与社会》,华夏出版社,2006年,第186页。

马克思主义新闻实践观的比较研究

实事求是是马克思主义新闻实践观的生命，也是最重要的媒介品格。事实第一性，新闻第二性。但在市场经济的环境下，新闻媒体又不能不采取一些实用主义的做法去谋取一定经济利益，以求得事业的发展。马克思主义新闻实践观的实事求是精神与实用主义的实用原则是两种完全不同的世界观和方法论。这两种不同思想在新闻理论和新闻实践中共存，呈现一种既鲜明又模糊，既相互依存又相互排斥的现象。如何处理好两难选择，既是一个理论问题，也是一个实践问题和方法问题。

马克思主义实践观与实用主义实践观的原则分歧

新闻的求真、求实，实际上就是对传播内容的实事求是，这既是马克思主义新闻观的基本要求，也是新闻学的学科要求和新闻传播的行为准则与职业道德。毛泽东早在 1925 年创办的《政治周报》第一期发刊理由中就明确指出："我们反攻敌人的方法，并不多用辩论，只是忠实地报告我们革命工作的事实……我们说：'请看事实。'"①

---

① 《毛泽东新闻工作文选》，新华出版社，1983 年，第 5 页。

抗日战争时期，毛泽东又在其著名的《改造我们的学习》中明确提出要实事求是，他同时分析道："'实事'就是客观存在着的一切事物，'是'就是客观事物的内部联系，即规律性，'求'就是我们去研究。"①邓小平在改革开放之初，也曾对"实事求是"做出过明确解释："实事求是，是无产阶级世界观的基础，是马克思主义的思想基础。过去我们搞革命取得的一切胜利，是靠实事求是；现在我们要实现四个现代化，同样要靠实事求是。""解放思想，坚持实事求是，一切从实际出发，理论联系实际。"②邓小平和毛泽东的观点是一脉相承的，那就是尊重事实，实事求是。"一切从实际出发"是尊重事实和实事求是的逻辑起点，是解决问题的落脚点，这种实事求是是一种大势，一种按规律办事的原则。正是基于这一点，毛泽东同志在他的《关于正确处理人民内部矛盾的问题》这部光辉著作中，明确提出了社会主义建设中最大多数人民的意志和多党派政治主张下的"六条标准"：

1. 有利于团结全国各族人民，而不是分裂人民；

2. 有利于社会主义改造和社会主义建设，而不是不利于社会主义改造和社会主义建设；

3. 有利于巩固人民民主专政，而不是破坏或者削弱这个专政；

4. 有利于巩固民主集中制，而不是破坏或者削弱这个制度；

5. 有利于巩固共产党的领导，而不是摆脱或者削弱这种领导；

---

①《毛泽东选集》（第3卷），人民出版社，1991年，第801页。
②《邓小平文选》（第2卷），人民出版社，1994年，第143页。

6.有利于社会主义的国际团结和全世界爱好和平人民的国际团结,而不是有损于这些团结。①

毛泽东特别提醒,"这六条标准中,最重要的是社会主义道路和党的领导两条","这六条政治标准对于任何科学艺术的活动也都是适用的"。

邓小平在毛泽东"六个有利于"标准的前提下,突出了发展社会主义社会生产力的内容,他后来又提出了"三个有利于",即"是否有利于发展社会主义社会的生产力,是否有利于增强社会主义国家的综合国力,是否有利于提高人民的生活水平"。

因此,我们可以这样说,不仅对整个国家来说要坚持"六条政治标准"和"三个有利于",特别是对处于意识形态前沿阵地的社会主义新闻事业来说,作为一种政治标准、价值标准,在今后相当长时间里,也应当遵循"六条标准"和"三个有利于"。后来,江泽民又提出"三个代表"重要思想,即始终代表中国先进生产力的发展要求,代表中国先进文化的前进方向,代表中国最广大人民的根本利益。"六条标准""三个有利于""三个代表"重要思想是前后贯一的,这是一种大的实事求是原则,不管做什么,它都应当成为我们坚持实事求是的原则,一切从实际出发的立足点,成为社会主义新闻事业的安身立命之本。

那么,实用主义的实用原则又是什么呢?

实用主义是西方国家推崇和信仰的一种经验主义哲学,其最主要的代表人物是詹姆士(William James)等人。19世纪末20世纪初,特别是通过詹姆士以及美国实用主义的另一个代表人物杜威等人的努力,实用主义发展成为在美国历史上影响最大的哲

①《毛泽东著作选读》(下),人民出版社,1986年,第789页。

学流派。应当说,在20世纪40年代以前,实用主义在美国哲学中一直占有主导地位,甚至被视为官方主要哲学。实用主义的根本要旨在于三个方面:一是把确定信念作为出发点;二是把采取行动当作主要手段;三是把获得实际效果当作最高目的。实用主义只管行动是否能给个人或集团带来某种实际的利益和报酬,而不问这种行动是否合乎客观实际,是否合乎一般原则,其只管效用、利益,而不管是非对错。有用即是真理,无用即为谬误,类似于"有奶就是娘"。

实用主义的特点还在于,它把实证主义功利化,把"有用"极致化。其突出"生活""行动"和"效果",把"经验"和"实在"归结为"行动的效果",把"知识"归结为"行动的工具",把"真理"归结为"有用""效用"或"行动的成功"。因此,这样一种工作方法和处事原则,赤裸裸地把一切都架构在一种直截了当的利益关系之中,而不是去真实地反映客观世界的本质和发展规律。

一般来讲,实用主义所表现出的观念与经验的有用性,明显呈一种价值利益的直接有效关系。它可以给人们带来比较直接的利益与好处,在一定程度上满足了人们的主观需要,在一定意义上反映了一种实用与满足的价值兑现。另外,它还可以比较好地协调观念、经验之间的交互关系,如观念与经验、观念与观念以及经验与经验等。

以上分析告诉我们,不管是我们强调的马克思主义新闻实践观的实事求是精神,还是实用主义的一般原则,其共同的前提是基于实际,以实践标准为第一原则。但是,实用主义的效果原则以及有用性,与"实事求是"的原则精神比较,两者之间的不同还是比较明显的。

其一,规律真实与客体满足的差别。我们强调的马克思主义新闻实践观的实事求是原则,是如毛泽东一再明确指出的,是事物的"内部规律性",它既含有初衷,也包括过程,更注重最终的价值诉求,这是一种实践判断与社会真实的一致,是社会发展与人民意愿的一致,是主观要求与客观实际的一致,是社会进步与可持续发展的一致,这是一种大真实,是一种线性的大势、大理和大趋势。而实用主义的实用原则,尽管它也是一种观念与实际的一致,主、客观的一致,但是,这种一致只是一种极端功利主义下的价值兑现行为。它追求个人需要,把个人满足作为第一需要。因此,它只能是一种残缺的主、客观效果,是间断的、非线性的实践过程,它把真理的标准最终降低到仅仅只是人的一种自然需要,这与一般动物的物质需求并无二致。

其二,两者的逻辑起点不一样。马克思主义新闻实践观的实事求是原则,涵盖了客观事物与主观客体的有机统一,既满足和考虑到国家大计的形势与任务、目标与过程,又贴近人们的意愿要求;既有精神层面上的价值理念,又有实际生活中的物质需求,充分体现了辩证唯物主义和历史唯物主义的统一,马克思主义认识论和历史观的统一,共时性与历时性的统一。而实用主义的实用原则,实际上是一种个人直接经验与利益的简单对接,缺乏全方位的社会观照和全局性的可持续发展的意义。诚如实用主义创始人詹姆士所言,那实际上是"感觉的一种原始混沌""一种意识流""一种不可捉摸的内在之流",总之是"一种纷繁庞杂的混乱"。因而,这样一种视野的实用主义原则,就不能不带有经验主义的东西。

其三,马克思主义的实事求是与实用主义的实用原则,尽管都是基于一种对世界的批判态度,但是这种批判的前提有很大不同。前者基于一种求实精神和对客观实际的充分了解,以客观规律的统一性为方法,以解决人们的实际问题为归宿,所体现出的是动机、效果、观念、方法、价值诉求与目的的高度一致性,最大限度地考虑了社会、国家、集体、个人利益的一致性,其价值理念是摒弃了"市侩哲学"的一种可持续的科学发展观。而实用主义的实用原则,说到底是一种极端功利主义的价值诉求。

马克思主义新闻实践观在当下
我国新闻实践中的现实意义

马克思主义新闻实践观的实事求是原则,是新闻客观性的属性要求。但是自 20 世纪后半叶开始,人们对新闻真实的理解已经有很大变化,即使是西方一些著名报人和学者,也是如此。杰克·富勒在其《信息时代的新闻价值观》中公开声称:"没有人达到客观性新闻的境界,也没有人能够做到。"[1]他甚至这样说:"即便接受这样的观点,即新闻的真实性既不如科学那样严谨,又不如宗教省思那样清澈,要给新闻下一个普遍为人接受的定义也是难上加难。"[2]

以《新闻:政治的幻象》声名远扬的 W. 兰斯·班尼特同样认为,"客观性是很难做到的",他提出可否把客观性改为"准确、公正、平衡或者真实",他认为客观性的实现有四点阻碍因素:一是政治事件中的价值观,二是新闻人物的欺骗行为,三是很难做到

---

[1]〔美〕杰克·富勒著,展江译:《信息时代的新闻价值观》,新华出版社,1999年,第 16 页。

[2]〔美〕杰克·富勒著,展江译:《信息时代的新闻价值观》,新华出版社,1999年,第 6 页。

观点的完全中立,四是新闻时效性的要求。由于这些原因,以至于在 1966 年,美国的新闻工作者协会在其道德准则中,竟然把多年来作为核心准则的"客观性"一词删除,而代之以真实、准确、全面等①。

而利昂·纳尔逊、弗特林则是将新闻的标准作为报纸的一种道德品格来要求的。他们在其著作中引用了这样一些重要观点,例如,《展望》杂志的社论对准确性讨论的总结是:"每种专业都有基本的品德要求。因此,正如牧师的基本品德是诚挚,士兵的基本品德是勇气,而新闻记者的基本品德是忠实叙述;胆怯会破坏军队的特殊价值,不诚恳会破坏教会的特殊价值,不能忠实地叙述事实也会破坏报纸的特殊价值,不论它是周报还是日报……让我们换一种说法:如果新闻充斥着虚假,不论是故意的还是由疏忽造成的,那么整个新闻专业都会像充斥着胆小鬼的军队一样毫无用处。"《公共事件》主编提出报纸应铭记:"除了我们有理由坚信是真实的以外,不能刊登任何东西,只有真实是我们经常光顾的最佳消息源泉。一旦在采集的资料中出现错误,就必须马上改正。"俄勒冈新闻伦理规约规定:"我们应将文字的准确性置于一切考虑之上,包括社论、广告、文章或新闻报道。"全国报纸主编协会采用的新闻规范中写道:"对读者诚实是所有配称为新闻事业的新闻事业的柱石。从所有真诚的角度出发,报纸必须诚实。在其控制范围内,不能借口说考虑不周或不够准确,也不能借口

---

① 〔美〕W. 兰斯·班尼特著,杨晓红、王家全译:《新闻:政治的幻象》,当代中国出版社,2005 年,第 237—238 页。

不具备这样的关键素质。标题必须完全符合它代表的报道的
内容。"①

上面诸多西方报人或组织对新闻真实、新闻客观性等方面的
论述，无疑是精到和经典的。笔者认为，对于新闻的求真、求实，
应该有一个层次和过程的要求，这种要求首先是理念层面，其次
是文本层面，再次是效果层面，三个层面是一个整体，且基于一组
"真实"去完成。为此，笔者设计了一个模型，用以说明三个层面
的递进关系（见图1）。

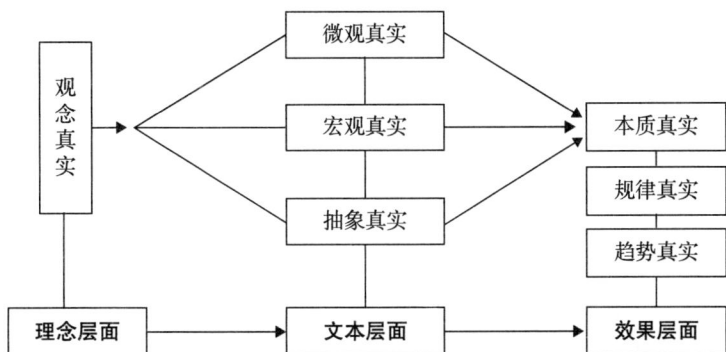

图1　新闻真实的结构性模型

在这个模型中，观念真实是一种理念，是前提和指导思想，是
坚持马克思主义的唯物史观、认识论、方法论的问题。马克思、恩
格斯皆在《德意志意识形态》中指出："思想、观念、意识的生产最
初是直接与人们的物质活动，与人们物质的交往，与现实生活的

---

① 〔美〕利昂·纳尔逊·弗林特著，萧严译：《报纸的良知》，中国人民大学出
版社，2005年，第32—38页。

语言交织在一起的。"①思想观念作为文明之基,体现了一种普遍精神,这种普遍精神基于关系和交往,诚如让·皮亚杰所讲的,人文科学处于既把人作为主体,又把人作为客体这样一个特殊的地位。孔德也曾说过,社会现象就是服从于自然规律的自然事实。但是在"大跃进"浮夸风盛行的年代,"人有多大胆,地有多大产","一觉睡到社会主义","不怕做不到,就怕想不到",所有这些都没有"服从于自然规律",也不是主观对客观认识的正确境界,所以是观念不真实,是反科学的。再比如把特异功能、气功等,吹得神乎其神,都是观念不真实。因此,对新闻工作者来说,他们所面对的新闻事实与人们作为观念存在的事实,从性质上来讲具有明显的不一致性。观念的东西存在于人们的思想之中,不具有直接现实性,只有反映出来的东西,我们才能够真实地去认识它。因此,在强调事实真实的前提下,还应特别注重观念真实。

而文本层面上的三个真实,即微观真实、宏观真实和抽象真实,亦呈一种递进性。所谓微观真实,是相对宏观而言的,它强调新闻事实的细节真实,是指包括通常讲的时间、地点、人物、事件、原委、过程、结局及影响的一切描写,都必须准确无误,言之有据,否则就是不真实。应当说,提出这样的要求无可厚非。诚然,微观描述要遵循真实性的原则,但如果一味追求纯自然主义,也不行。这是因为,那种语境下写出来的新闻只能是社会的一张照片而已,根本谈不上是创造性劳动。新闻作品是创造性劳动,它不仅仅只是一张照片,而是通过媒介传播,使它又有了新的生命和新的升华。

在微观真实的前提下,同样需要宏观真实。宏观真实就是总

①《马克思恩格斯全集》(第3卷),人民出版社,1960年,第29页。

体真实,它不仅仅是指对事与事之间的必然联系、因果关系进行透彻分析时要坚持真实,更主要的是提醒我们不要拘泥于个别现象而做出简单结论。胡乔木同志在《记者的方法》一文中曾强调,"所谓全面,是当作方法来讲的,而不是当作一个具体的东西来说的"。诚然,宏观把握不可避免地会掺杂一些主观的人为因素,而从某种意义上来讲,宏观真实的最高境界就是主观与客观的高度一致性。因此,这需要作为客观事物存在的实事与观念化了的新闻有一个比较契合的一致性要求。

抽象真实是对宏观真实的递进。因为新闻文化不仅仅是一种纪实文化,它同样也是一种思维文化,而思维的过程首先是对一大堆具体的新闻事实进行去伪存真、去粗取精的加工,将一些复杂属性和烦琐过程加以简化和抽象,一方面是对事实的进一步深入,另一方面却往往会出现游离于事实的现象。而抽象真实就是对已有事实的一种冶炼、筛选,一种概括,一种推理、归纳与总结。因此,抽象真实一定要防止以偏概全,"一叶障目,不见泰山",瞎子摸象,顾此失彼。所以,对新闻事实的抽象亦应坚持"思维抽象"真实的态度,只有这样才能保证其在真实性基础上的抽象真实。

在效果层面,主要体现了本质真实、趋势真实、规律真实的高度一致性问题。关于本质真实,在西方新闻中并不多见,可以说是我国新闻思想的土特产。它最早见于1948年华北版《人民日报》,尔后到20世纪50年代,"本质真实论"的想法和论述更多、更明确。但是,在我国新闻界曾有一些争论,其中有代表性的观点是:"片面的偶然的现象不是真实的,只有事物的本质才是真实的。""我们所谓的事实,是本质的事实,是完全真实的事实。所谓真实和本质的事实,就是全面的符合事实发展规律的事实,而不仅是表面的和片面的。新闻不是事物的表面现象的描写,而是事实的本质的报道。"这种观点认为,现象可能是虚假的,而本质才是真实的,事物的本质应该与它的主流是一致的,而揭示事物的本质是无产阶级新闻工作者的责任。但也有的同志不同意本质真实的提法,他们认为,本质存在于现象,真实地报道现象,实际上就是在一定程度上揭示了事物的本质。本质,作为事物客观存在的内容,只能说人们对它是不是已经认识,或者说这种认识是不是正确,但不能讲它是不是真实。因此,就这个命题本身,也存在不科学的问题。实际上,所谓本质真实,说到底是新闻从根本上代表谁、维护谁的问题,是关于社会发展和趋势的恰当概括。江泽民在谈到新闻真实性时曾指出,新闻宣传要从各方面揭示这样一个根本事实,那就是通过建设和改革,使得我们的社会主义物质文明和精神文明会越来越发展,我们的社会主义制度会越来越完善,越来越显示出优越性,我们党和国家的事业是蒸蒸日上的。他特别强调,"尤其要注意和善于从总体上、本质上以及发展趋势上去把握事物的真实性"。在这里,江泽民同志讲的总体上、本质上、发展趋势上,就是社会主义新闻的本质属性和阶级倾向性问题,离开了这个大的前提,就没有什么真实性可言。

实用主义在我国新闻传播发展史上的表现有一个形态不断转变的过程。改革开放之前,我国的新闻实用主义是一种简单的国家实用主义,特别是从1957年到"文化大革命"期间,这种实用主义以单一的政党工具为价值诉求,是一种强势话语体系,以宣传和教育为主要功能,在传播内容与形式上是舆论一律。对于媒体机构而言,那是一种无后顾之忧的工具属性。这是因为党和政府把管媒体、用媒体、养媒体融为一体。

改革开放之后,特别是实行社会主义市场经济以来,中国新闻媒体的角色属性发生了很大改变，已经由单一的政党工具转变为多重角色的媒介属性。从媒体的运转模式上看，已经由以往的党管媒体、用媒体、养媒体，转变为现在的管媒体、用媒体，但不养媒体，把媒体推向市场。从媒体受众方面看也发生了重大变化，媒体受众已从过去的免费信息享用者，成为当下媒介信息的主动消费者，真正由卖方市场变成买方市场。媒体受众已从过去的大众化消费，转变到今天的分众化消费、小众化消费。受众的喜好已经成了决定媒体能否生存的核心要素，受众成了真正意义上的媒体上帝。从经营管理体制上看，媒体已从过去的事业单位、事业性质，转变为今天的企业单位、集团性质、企业化管理、自负盈亏。从职能上看，媒体已从过去的宣传本位、教育本位，向服务功能转变；从过去对政府的"护""褒"，转变到现在的公共平台和舆论监督；从过去党和政府的喉舌的一个功能，转变为现在不仅是党和政府的喉舌，也是人民的喉舌的两个功能。特别是加入WTO给我国的媒介市场更是带来了根本性的变化。因为，中国"入世"意味着我们已经接受了WTO的诸多原则，尽管我们还没有专门就新闻传播事业特别是报业、广电等方面的开放做出任何承诺，但新闻传播的开放和国际大环境的迅急变化，使得作为意识形态前沿领域的新闻传媒，不可能脱离"入世"的大环境。中国已经"入世"，中国传媒当然也要"入世"，这是不以人的意志为转移的必然趋势。

从行业属性上讲，中国传媒永远不能摆脱四个"不能变"，即"在任何时候，任何情况下，新闻媒体作为党和人民喉舌的性质不能变，党管媒体不能变，党管干部不能变，党管舆论导向不能变"。这是我们党的新闻事业的性质决定的，但从另一个方面讲，新闻媒体又要考虑自身的生存、发展，面向市场。因此，在"四个不能变"的框架下走进市场，只能是一种局部的市场化，是一种中国特色的市场化，带有明显的实用主义色彩。为了赢得较多的广告份额，电视要看收视率，报纸要看发行量。随之伴生的就是媒体运行的新闻世俗化倾向越来越严重。比如，新闻更带有一种功利性——体现在它的利益驱动；一种更大的意志性——长官意志、政府意志；一种太多的包装性——新闻策划的异化趋势等。信息已越来越被控制在政治精英们的手中，媒体已经成了政治家和政府管理中不可缺少的一个重要部分。当然，从另一个方面讲，今天的草根民众已经在社会公共舆论中扮演起重要角色，不管你承认与否，过去那种由主流媒体登高一呼，主宰社会公共舆论的时代已经过去，主流媒体在主导、引导公众舆论方面，已经显得力不从心。新闻客观性受到严峻挑战，特别是新闻人物报道中的欺骗性，媒体发展中的经济依赖性，利益集团对媒体的制约性，受众对新闻时效性、深度性的普遍要求，政治事件中的价值冲突性，政府机构对新闻报道的监控等。有人甚至概括出目前媒体面临的最大问题是"三失"。其一是结构失衡，主流媒体边缘化倾向严重，无权威、无主流媒体、无舆论领袖。西方核心价值的传播往往靠教会、学校、主流媒体，我们传播核心价值是靠党团组织、学校和媒体。其二是媒体失信，专业理念淡漠，缺乏社会担当。其三是管理失范，媒介管理无规矩。

1949年9月21日，毛泽东在中国人民政治协商会议第一届全体会议上的开幕词中指出："随着经济建设的高潮的到来，不可避免地将要出现一个文化建设的高潮。中国人被人认为不文明的时代已经过去了，我们将以一个具有高度文化的民族出现于世界。"①2007 年,胡锦涛在党的十七大报告中明确提出:"当今时代,文化越来越成为民族凝聚力和创造力的重要源泉,越来越成为综合国力竞争的重要因素,丰富精神文化生活越来越成为我国人民的热切愿望。要坚持社会主义先进文化前进方向,兴起社会主义文化建设新高潮,激发全民族文化创造活力,提高国家文化软实力,使人民基本文化权益得到更好保障,使社会文化生活更加丰富多彩,使人民精神风貌更加昂扬向上。"2008 年 6 月 20 日,胡锦涛又在人民日报社强调:"必须不断改革创新,增强舆论引导的针对性和实效性。新闻宣传工作必须坚持解放思想、实事求是、与时俱进,适应国内外形势的新变化,顺应人民群众的新期待,以改革创新精神做好工作。要坚持用时代要求审视新闻宣传工作,按照新闻传播规律办事,创新观念、创新内容、创新形式、创新方法、创新手段,努力使新闻宣传工作体现时代性、把握规律性、富于创造性,不断提高舆论引导的权威性、公信力、影响力。"从毛泽东提出"不可避免地将要出现一个文化建设的高潮",到胡锦涛提出"兴起社会主义文化建设新高潮"和"坚持用时代要求审视新闻宣传工作,按照新闻传播规律办事",已经整整 60 年,60 年为了一个目的,那就是中华民族文化的伟大复兴和繁荣。新闻文化作为所有文化中最活跃、最富有生机的一种大众文化,在中华民族文化的伟大复兴中有不可替代的作用和重要位置。我们一定要坚持马克思主义实事求是的精神,坚持马克思主义的新闻观,坚持实事第一性,新闻第二性,摒弃短视的、狭隘的实用主义,坚持按照新闻传播规律办事,真正建设成一个公信力强、文明和谐、与时俱进、富有创新能力的媒介文化,为实现可持续发展,全

---

① 《毛泽东选集》(第 5 卷),人民出版社,1977 年,第 6 页。

面建设小康社会,发挥新闻文化的先进生产力作用,作出我们应有的贡献。

原载于《江海学刊》2009 年第 4 期

我国媒介传播中的悖论问题

改革开放 30 年,成就了我国媒介发展的巨大成就,尤其是现代传媒技术的日新月异,既改变着人们的生活方式,也影响着人们的价值观念。与此同时,在媒介传播中的悖论问题也越来越突出,并受到学界、业界的高度重视。悖论的原意是由已知的真 A 来推导出未知的 B,按常理这是一个顺势的必然,但这种预期的推导结果却出现了自相矛盾,一般我们称其为悖论。很显然,我国媒介传播中的悖论问题的出现,有些是不可避免的社会发展中的伴生品,还有一些是阶段性的或正在进行中。这样一些悖论所带来的直接后果是受众对媒体的信任危机,公众对社会的信任危机等,使得今天我们这样一个社会,出现无权威,无舆论领袖,无核心价值,以致主流媒体边缘化等无政府主义倾向。如果不能很好地解决这些问题,将给我国全面建设小康社会带来直接影响。

悖论之一:事实价值与消费价值

以往,人们对媒介消费的理解,说到底是一种基于事实价值和使用价值前提下的使用与满足。因此,事实价值就是消费价值和使用价值。当下我国的媒介消费似乎已经远远背离了以往的那样一种初衷,即媒介的应用性。基于此,作为新闻传播中的事实价值正在逐渐淡出,且呈一种衰减之势。过去我们判断受众对一条信息的需求与认可度时,往往是用新鲜性、重要性、接近性、显著性、趣味性等标准去考量。但现在人们对一条信息的判断需求,更多表现为时尚性、消遣性、娱乐性等方面。这样一种消费观念,已经演变成了人们的一种生活方式和生存样态,成了现代人生活的轴心,有时甚至成了文化符号。英国的弗兰克·莫特则把消费看成是如列维·斯特劳斯指出的那样,是理解社会的一种"交流系统",这种交流系统说到底就是一个消费与满足的关系问题。我非常赞赏列维·斯特劳斯的这一观点。

近年来,媒介消费的典型特征之一是新闻的文学化倾向问题。这种倾向绝非我国所独有,在西方发达国家更显早些。一般讲,新闻的文学化倾向在文本上主要表现为作品的散文化、小说化以及节目形态娱乐化等。曾以写新闻小说闻名遐迩的美国诺曼·梅勒,是这样评价他的《夜幕下的大军》的意义的:"各种新闻媒介围绕进军五角大楼事件所作的宣传造就了一片模糊的森林,挡住了历史学家的视线,而我们的小说则提供了看清事实的可能性。确切地说,它提供了看清事实的工具。"①包括像克林斯·布鲁克斯和罗伯特·佩恩沃伦等,在评价新闻小说这种现象时也称,"小说能够产生历史和新闻作品无法达致的效果"②。媒介消费下的新闻娱乐化的现象,一般是在商业利益刺激下逐渐兴盛起来的。从其内容上讲,主要集中在以下几点。一是煽情、花边新

---

① 〔美〕诺曼·梅勒著,任绍曾译:《夜幕下的大军》,译林出版社,1998年,第227页。

② 〔美〕杰克·富勒著,展江译:《信息时代的新闻价值观》,新华出版社,1999年,第151页。

闻、星闻星事等。这类新闻的特点,可以用一个字概括,那就是"俗",甚至打一些似黄非黄的擦边球,以吸引人们的眼球。二是一味追求趣味性,走新闻情节化的路子。三是把新闻等同于消费,以商业利益为最终价值追求。如近年来的"超级女生""加油,好男儿""梦想中国""绝对唱响"等,都无不具有强烈的消费意义和市场价值。新闻娱乐化的倾向使得媒体在传播娱乐中不仅成了媒介消费的推行者、引导者,更是践行者。

新闻文学化的倾向,说到底是利益驱动下的生存压力给媒体造成的。在这样一种压力下,新闻报道在很大程度上成了一种欲望报道和谋生途径。杰克·富勒曾深有感慨地说,无论小说家还是新闻记者,都离真实性准则相去甚远。"它不再首先呈现一个事实,因此它必须提供某种比事实更重要的东西。它所提供的这东西便是写作的风格与质量。人们接触文字新闻越来越多地是为了阅读的快感,而不是像过去那样仅仅获取事实。"①这样一种理念和做法,实际上早已在形式上超越了内容,这是对新闻真实性,事实第一性,新闻第二性的背反。库兰也说过:"现在的新闻变得更加非正式……在巴西、阿根廷和智利,对政府丑闻的揭露性报道不再出现在老式的党派新闻业中,而是来自一种新的、更加娱乐化的新闻实践——电视小说之中,陈腐的叙事手法,针对个人进行喋喋不休的道德说教。丑闻变成了最好的娱乐形式,助长的却是政治犬儒主义。"②我们可以设想,在这样一种使用与满

---

① 〔美〕杰克·富勒著,展江译:《信息时代的新闻价值观》,新华出版社,1999年,第155页。
② 转引自仰海峰:《商品社会,景观社会、符号社会——西方社会批判理论的一种变迁》,《哲学研究》2003年第10期。

足的语境中,电视娱乐、影视娱乐、印刷娱乐等各行其道,就是可以理解的了。

悖论之二:新闻真实与虚拟世界

马克思主义的唯物史观告诉我们,存在决定意识。但是新媒体的出现,已经使得现实世界遭遇到严峻的考验,加之市场因素使得当下媒介消费中的"实事"与"意象"越来越分离。

美国著名政治评论家、媒介人李普曼,在其《公众舆论》一书中曾提出一个著名的"拟态环境"理论,其主要观点:其一,拟态环境不是对现实环境"镜子式"的摹写,不是"真"实的客观环境,它部分程度地与现实环境存在偏离;其二,拟态环境也绝不是与现实环境完全割裂,而是以现实环境为原始蓝本。李普曼进一步论述到,在大众传播极为发达的今天,人们的行为正在与三种意义上的"现实"发生着密切联系:一是实际存在着的不以人的意志为转移的"客观现实";二是传播媒介经过有选择地加工后提示出的"象征性现实"(即拟态环境),实际上是一种媒介语境中的社会现实;三是存在于人们意识中的"关于外部世界的图像"的"主观现实",这种主观现实是一种观念化了的现实。以往我们对西方资本主义制度的认知,或者说当下西方对我国的认知,都是延续了人们一种既定意识中的主观现实。比如,在一些从来没有到中国来过的西方人眼里,中国妇女至今还在裹足。而这种所谓"主观现实"是在所谓"客观现实"的基础上逐步形成,它在很大程度上是依据媒体所搭建的"象征性现实"为中介去实现和生成的。很显然,这种"象征性现实"已经不可能成为对客观现实最直接的"镜子式"的反映,而是偏移过后的具有直接因果关系的"拟态"现实。不可否认，我们今天所处的媒介环境充满了浮躁，而这种经过媒介搭建后的"象征性现实"与"客观现实"相比，已经面目全非，有时甚至是"面目可憎"。李希光和刘康撰写于1997年的《妖魔化中国》，至今仍有借鉴意义。

　　法国的德波从"景观社会"的视角出发，提出"在电子媒介的消费引导中，真实的物及其使用价值已不再重要，重要的是电子符号建构出来的物的意象，消费的过程首先是意象的消费"①。德波还说："在真实的世界变成纯粹影像之时，纯粹影像就变成了真实的存在——为催眠行为提供直接动机的动态虚构事物。为了向我们展示人不再能直接把握这一世界，观景的工作就是利用各种专门化的媒介。因此，看的视觉自然就被提高到以前曾是触觉所享有的特别卓越的地位。"②德波认为，是影像成了真实的存在，而这种影像真实，使人们的消费在这里实现了一个跨越，因而，消费影像就成了消费现实。无独有偶，波德里亚则从符号活动、话语符码的意义去解释社会现实中的真伪，他认为："那种建立在真伪基础之上的意义和诠释的传统逻辑遭到了彻底颠覆，而那种和物质财富生产一样被工业化了的言语的生产，也就是所谓神话（或范例），找到了现世事件。"③上述效果完全是因为媒介不断制造消费神话，而恰恰是这样一些神话使得原来的社会真实逐渐失去了意义价值。他甚至坦言，"今天，在我们的周围，存在着

①转引自仰海峰：《商品社会，景观社会、符号社会——西方社会批判理论的
　一种变迁》，《哲学研究》2003年第10期。
②〔法〕居伊·德波著，王昭风译：《景观社会》，南京大学出版社，2006年，第6页。
③〔法〕让·波德里亚著，刘成富、金志刚译：《消费社会》，南京大学出版社，
　2001年，第139页。

一种由不断增长的物、服务和物质财富所构成的惊人的消费和丰盛现象。它构成了人类自然环境中的一种根本变化。恰当地说，富裕的人们不再像过去那样受到人的包围，而是受到物的包围。……从通讯的整个物质机器和职业活动，一直到广告中庆祝物的常见场面，从大众传媒到未成年人崇尚隐隐约约具有强制性的小玩意中所获得的数百万个日常信息……"①

应该说，从严格意义上来讲，这里的"物"已不仅仅只是一些置于我们周围的实在的商品形态，更多的应该是一种被媒介影像碎片化了的商品符号。而这样一些符号呈现出的大都是一种景观表象："在现代生产条件无所不在的社会，生活本身展现为景观的庞大堆聚，直接存在的一切全部转化为一个表象。"②因此，在这样一种影像下，今天的人们已经从过去的被人包围转化到被物包围，又从被物包围转化为被信息包围，实际上已经置于一个被当下人们所编织的大众文化的网络中了，而这样一种网络空间，恰是当下媒体社会的虚拟环境。

悖论之三：新闻策划与策划新闻

新闻策划的问题，实际上是一个"源"与"传"的有效性问题。新闻是对新近发生的事实的报道，事实第一性，新闻第二性，源是"本"，传是"末"。源是有无的问题，而传是时效与传播效果的问题。

---

① 〔法〕让·波德里亚著，刘成富、金志刚译：《消费社会》，南京大学出版社，2001年，第1页。
② 〔法〕居伊·德波著，王昭风译：《景观社会》，南京大学出版社，2006年，第3页。

改革开放以来，随着我国新闻改革的不断深入，在新闻媒介竞争日益激烈的今天，新闻策划越来越受到媒体的关注，其被重视程度可以说是"前所未有"。没有新闻策划就没有新闻精品，已经成为新闻界的共识。尤其是对一些重要题材和重大主题的宣传，各个媒体都是使出浑身解数，精心策划。许多媒体都把新闻策划看作是立报之本、立台之本，在竞争中取胜的最重要"砝码"。所谓新闻策划，实际上就是以最佳传播形式与内容去真实地、忠实地传播新闻事实。新闻策划是过程与效果的完美统一，是理性思维与传播实践的高度统一，是预案与结果的有效统一，是一种建立在信息真实基础上的最佳传播效果，其最终价值诉求是实现对新闻事实传播的新闻价值最大化。

一般讲，新闻策划要有四个重要环节和三个意识，即调查研究是基础，创新思维是关键，找准选题是突破，社会效果是目的；以及开阔的大局意识，强烈的问题意识和独特的认知价值。新闻策划着力于三大块，策划人，策划事，策划文。所谓人，就是名人、要人、有争议的人。所谓事，即大事、大情、大理。所谓文，就是美文、美图、耐欣赏。凡是成功的策划，都是人、事、文的完美统一，都是以扎实的调查研究为基础的，没有调查研究就没有发言权，没有深入的调查研究就不可能发现并提出好的选题。新闻策划是创造性劳动，它不是一般的工作计划或盘算，新闻策划一定要有创造性思维。而这种创造性思维不仅表现在你的立意和包装上面，同时也反映在你的传播形式上。当然，在寻找选题方面，还反映在你如何确立新闻由头上。在新闻策划的过程中，一定要考虑社会效果，必须注重社会效益。

但是令人遗憾的是，近年来新闻策划成了策划新闻，新闻报道远离新闻源。新闻成了无源之水，无本之木，其主要表现：一是无中生有，移花接木，以假乱真；二是炒作，把部分事实当成新闻引子和酵母粉，媒体不是去关注新闻事实，而是用很大的气力去刻意包装那一点点可怜的"新闻引子"，把精力花在对"新闻引子"的"美容"上，成了真正的"功夫在诗外"。

悖论之四：使用价值和身份价值

以往，我们习惯于把新闻传媒作为执政党的工具，当成一种领导工作的方法，这是我党对新闻传媒使用价值和身份价值的界定。

早在1944年3月22日，毛泽东在谈到用报纸指导工作时，称看报比吃饭更重要。他生动地说："关于报纸，现在高级领导同志，甚至中级领导同志都有一种感觉，没有报纸便不好办事。饭来了，报来了，我们有些人是先看报、后吃饭的。"①这种"没有报纸不好办事"的感觉，已经是把报纸当作指导工作的重要工具。邓小平在1950年5月16日召开的西南局新闻工作会议上提出，"拿笔杆子是实行领导的主要方法"。新闻媒体，特别是党报党刊等主流媒体，在属性上充分体现了其对执政党的使用价值和身份价值。

20世纪80年代初，由于受"四人帮"极左思想的影响，在党内和社会上存在着一股严重的无政府主义思潮，一些报刊上出现了一些不正常现象，影响稳定。邓小平及时明确提出："党报党刊一定要无条件地宣传党的主张。"1980年1月，他在《目前的形势和任务》中，语重心长地说："要使我们党的报刊成为全国安定团结

———————
① 《毛泽东新闻工作文选》，新华出版社，1983年，第112页。

的思想上的中心。"①近年来,胡锦涛、李长春等都对新闻宣传做出过多次重要指示,进一步强化了党的主流媒体的"中心"意识和"中心"作用。

在现代社会的文明进步中,对政治力量以及其他权力的监督和制约赋予新闻媒体以神圣职责。大众传播媒介作为公共舆论中的强势舆论,其作用主要反映在以权利制约权力方面,是民主制度在话语领域的最主要力量。在我国,这种功能主要体现为舆论监督和舆论引导,它所表现出来的舆论力量,对推动社会秩序中的公共权力监督和公共舆论引导有着重要影响。新闻传媒因其传播特点,特别是能够通过舆论对政府决策进行引导,发挥对权力的监督制约作用。另一方面,现代传媒也提供了民意上传的便捷通道,公众成员及公众团体可以通过传媒,围绕其自身的利益等公开发出呼声,以此来影响媒介舆论,从而使政府在决策过程中能够听到和参考各方面呼声,这是当今民主政治建设的具体体现。

应当说,近年来,我国各级党组织和政府非常重视发挥新闻舆论的作用,以至党和政府把媒介纳入到政府执政和关注民生方面的运作体系之中,把媒介变成有限公共资源,把批评报道变成民主化进程的内容。所有这些,无疑比较好地提高了媒介的社会作用和地位,解决了一个政府与媒介的交互作用问题。比如:从公共性方面,媒介可以是党和政府的喉舌,这是它的工具性意义;另一方面,他又可以是人民群众的喉舌。前者的喉舌意义是一种权力背景,体现和彰显了党和政府的权威性。而后者的意义,是媒介属性使然,体现了媒体作为公众代言的价值。因此,在当下

---

① 《邓小平文选》(第2卷),人民出版社,1994年,第255页。

我国主流媒体上的许多重要媒介批评、监督，一般讲基本上都是上级党委、政府认可的一种组织态度。通过媒介监督的形式而不是把它列入政府的简单表态，将其纳入到一般意义上的媒介舆论监督，这就使得政府工作可进可退，减少了政府直面受众的压力。

但是，事物往往都有其两面性，我国媒介身份的使用价值在实际执行中，有许多不尽如人意的地方。这主要表现在媒体依附性产生的作用方面，当媒体和政府结合在一起时，就容易把党和政府的行为变相地以舆论监督的形式出现，而这种变相在很大程度上彰显出的是一种权力意义而非公众意愿。因此，当舆论监督以这种形式出现时，新闻媒体就容易失去它的职业品格。

美国著名政治传播学家、杜克大学教授帕雷兹曾提出："现在在美国：媒体与政府互为宠物。"帕雷兹一直强调，美国的政党领袖经常去讨好媒体，希望以他们为题并使用正面报道的框架，推进其政策和个人的目标利益。为了说服百姓，总统要融入公众，正如理查德·布罗迪讲的，"美国人通过大众媒体的日常新闻报道了解并判断总统政策的得失，并以此为根据来评价总统"。基于此，"总统和他们的助手就会为媒体重新编造和解释这些事实，进而蒙蔽公众"。帕雷兹特别列举了里根、乔治·布什、克林顿等与媒体不断博弈的大量事实，以说明"互为宠物"的事实根据和道理。媒体把政府看作是"膝上的狗"，是因为他要吃政府的饭，吃政治家的饭，所以它不得不去报道和展示政府的一些观点；反过来，媒体亦是政府膝上的宠物，政府与媒体互为宠物。

今天，不管是发达国家还是发展中国家，都有一个共同的特点：那就是政治家成了公共舆论平台上的表演家，成了媒体的宠儿，成了公共舆论的中心。政治家要想赢得受众，赢得人民，就必须掌控信源。在今天这样一个信息社会里，新闻已经成为人们赖以生存和生活的最基本和最主要的信息来源,信息是生产力。所有政治家都想借助媒体来美化自己,都想借助媒体的力量来服务于自己,政治家已经习惯从幕后走到前台。新闻媒体成了沟通政府与民众最重要的通道,新闻信息成了当下人们政治生活中的信息内核。

据有关材料证实,包括西方一些发达国家的媒体,其涉及政府及政府官员的内容大大超过一半,有时甚至占到80%以上。今天的政治家几乎个个是著名演员和政治艺术的表演家。他们特别在乎媒体。许多事实证明,凡是成熟的政治家,都会善待媒体,善用媒体。政治家如果不能控制好媒体,那他就不能控制住新闻,那政治家在人民受众的视野里,就等于消亡了一大半。失去媒体就意味着失去江山,巩固权力赖于对信息的掌控,信息资源是行使权力的基础,掌控新闻是一种显性的权力。

政治家通过政府议程设置,借助塑造形象,以实现他的政治目的。而这种设计方法,一是美化符号,二是解读政府(新闻发言人、新闻通气会等)。今天,在大多数情况下,新闻已经成了为政治家和一些利益集团量体订做的那么一些信息集纳,媒体成了他们的代理商。不同媒体对新闻的报道,类似于当下人们到超市去买东西,所不同的是这些信息超市里的产品大部分贴上了政府和政治家的标签,而政府和政治家是这些信息超市里的大股东和东家。

悖论之五:新闻自由与国家意识

新闻自由,就其本来意义,是人们通过出版或其他媒介传播形式获得彰显人权的一种言论自由。新闻自由绝不是无政府主义,它是一种严格法律意义下的言论自由和出版自由,新闻自由必须是国家意识和国家利益下的自由。如果舍弃了这一点,那新闻自由就会回到原点,成为悖论。

马克思和恩格斯对自由的形式与内容曾有过精到论述,在一般情况下,他们是把新闻自由理解为可以自由发表自己的意见,并有坚持这种意见的权力。马克思和恩格斯特别强调在诸多自由中出版自由是最基本的自由,是"人类精神的特权",出版物是"人类自由的实现"。马克思说,"没有出版自由,其他一切自由都是泡影"①。

不管在什么样的社会制度下,新闻自由都无法摆脱强大国家机器对它的严格制约,任何超越国家利益,超越意识形态的"新闻自由"都是没有的。詹姆士·约翰逊曾指出,"每个社会都有维持和平与秩序的权利,因此就有权禁止宣传带有危险倾向性的意见"。萨缪尔·约翰逊也曾强调:"无限制的自由的危险与限制自由的危险,已经构成一个政治学上的问题,似乎人类理智迄今还无法解决。如果除了本国当局事前所批准的东西以外,什么都不能出版,那么权力就永远成了真理的标准;如果每个空想的革新家都可以宣传他的计划,那就将不知所从;如果每个对政府有怨言的人都可以散播不满情绪,那就不会有安定;如果每个神学的怀疑论者都可以宣扬他的愚蠢想法,那就不会有宗教。"尽管上面这些哲人所处的时代可能不一样,他们的身份也可能有很大差异,但有一点认识是共同的,那就是新闻自由绝不是无政府主义,它只能是有条件的自由。这实际上是一个新闻自由的悖论问题。

美国的布拉克斯东曾提出:"新闻自由对于一个自由国家的

① 《马克思恩格斯全集》(第1卷),人民出版社,1956年,第94页。

性质而言,当然是重要的,但是这是指对出版物不加事先的限制,而不是指已经发表了的犯罪的内容可以有逃避检查的自由。每一个自由人具有无可置疑的权利;他想对公众吐露什么心情就吐露什么;禁止人们吐露就是破坏新闻自由;但是如果发表的内容是不正当的、恶意的或非法的,他就必须对自己的狂妄的后果负责……这样,个人的意志仍然是自由的,只是滥用这种自由意志才是法律惩罚的对象;私人的感情仍然有自由,社会要加以纠正的罪行是散布或公开有害于社会目的的不良感情。"①用库利(Cooley)②法官的话说,新闻自由意味着"公民有权自由发布他想发布的东西,并免于由此引发的任何责任,除非他的谩骂、色情和诽谤的言辞造成公害,或者由于他的虚假和恶毒言辞损害了其他人的地位、名声或金钱利益"。《堪萨斯城新闻报》和《堪萨斯城邮报》(Kansan City Post)曾公开宣称并认真践行以下承诺:滥用权力的报纸和任何其他形式的专制一样恶劣;新闻自由得到宪法的保障,但新闻自由并不意味着报纸获得了(任意妄为的)许可证;它不意味着获得了歪曲事实的许可证;它不意味着获得了刊登误导性标题的许可证;它不意味着获得了给公民编黑名单的许可证;它不意味着获得了谋杀个性的许可证;它不意味着获得了攫取政治权力的许可证;它不意味着获得了为私利操纵公共项目的许可证;它不意味着可以肆无忌惮地欺侮广告商、试图建立或

---

① 转引自〔美〕韦尔伯·斯拉姆等著,中国人民大学新闻系译:《报刊的四种理论》,新华出版社,1980年。

② 托马斯·麦金泰尔·库利(Thomas Meintyre Cooley)(1824—1898),美国法官。曾主编《密歇根判例汇编》,1864—1885年间任密歇根州最高法院法官。曾在密歇根大学任美国历史和法律学教授。他对美国法律的许多诠释都被广泛引用。

搞垮某个组织,或出于个人原因,从社会、政治或商业角度毁掉任何个人①。

新闻自由,作为一种进步思想,始于 18 世纪初叶,一直到今天仍然充满活力。新闻自由说到底是一种社会文明,只要有媒体存在,只要社会在发展,就有新闻自由。但是以往,人们在讨论新闻自由时,往往非此即彼,一旦强调新闻自由,似乎就走向无政府主义;而一讲管理媒体,似乎就被卡得很死。从定位上说,管理部门也容易把媒体的新闻自由定位为反叛型或政府的对立面。

新闻自由作为一种制度,必须有法可依,有章可循。不管是在什么样的社会制度下,新闻自由只能是法制条文下的自由,制度下的自由,有条件的自由。

原载于《南京社会科学》2009 年第 10 期

《新华文摘》2010 年第 6 期全文转载

---

① 〔美〕利昂·纳尔逊·费林特,萧严译:《报纸的良知》,中国人民大学出版社,2005 年,第 272 页。

当代中国传媒的价值取向研究

中华人民共和国成立 60 年来的前半段,中国传媒的价值取向主要是作为执政党领导的媒介形式出现的,且集中体现了一种主流媒体的高位主导性和引导性特点,这是中国特色的传媒理念和媒介运行模式。改革开放 30 年来,我国传媒发生了翻天覆地的变化,但迄今为止,对这方面的系统研究尚显欠缺。概言之,一般议论多,精确分析少;我注六经者多,学理研究者少;而从当下我国传媒价值取向进行宏观性论述的更为少见。本文认为,中国传媒 30 年巨变,从根本上说是一次全国范围内最重要的传媒价值转向,而这种传媒价值转向是以"从主体本位向受众本位的公共性转向"为主要价值取向与实践归宿,集中体现在宣传与新闻、计划与市场、主体(传者)与客体(受众)三对关系不断博弈的发展方面,并以此形成了当代中国传媒波澜壮阔的发展态势。由此,受众本位、服务本位、公共平台、公共舆论和公共精神等关键词得以彰显。

一、宣传与新闻

(一)从宣传本位到新闻本位

30 年来,中国传媒已从过去较多注重"宣传""教育",逐步走向"新闻""信息",从过去的"宣传""教育"角色转变为"信息""服务"角色。在过去很长一段时间内,我国媒体更多是履行其宣传教育功能,基本上是一种宣传本位,相对忽视或不太重视其新闻属性。毛泽东早在1944年3月22日谈到用报纸来指导工作时讲过这样一段话:"关于报纸,现在高级领导同志,甚至中级领导同志都有一种感觉,没有报纸便不好办事。"①这种"没有报纸便不好办事"的感觉,实际上就是把媒体作为一种工作纸或宣传纸,这种传统一直持续了很长时间。

改革开放以来,我国主流媒体坚持新闻改革,回归新闻本质,强化信息服务,取得了显著成绩。1990年4月11日,李瑞环在新华社国内工作会议上的讲话指出,新闻工作者要"面向群众,面向实际,面向基层"②。1991年1月8日,他又在同电视剧《渴望》剧组人员座谈时提出"贴近群众,贴近生活,贴近实际"③。2003年,在我国开展"三项学习教育"活动中,中共中央明确把"三贴近"作为贯彻落实"三个代表"重要思想的具体措施。"三贴近"的原则是从最普遍意义上,对服务本位、新闻本位的深刻诠释,它改变了过去那种居高临下,我讲你听,我登你看的新闻传播理念,开始注重从新闻的学科观念、专业理念、职业品格、信息属性看传播形式、传播内容以及传播效果。特别是胡锦涛在2002年全国宣传部长会议上明确指出:"要尊重舆论宣传的规律,讲究舆论宣传的艺术,不断提高舆论引导的水平和效果……真正使我们的宣传报

①《毛泽东新闻工作文选》,新华出版社,1983年,第112页。
②李瑞环:《学哲学、用哲学》(上),中国人民大学出版社,2005年,第127页。
③李瑞环:《学哲学、用哲学》(下),中国人民大学出版社,2005年,第711页。

道贴近群众，打动人心，赢得人心。"①近年来，国内媒体对民生新闻的重视和新闻执政理念的一些提法和做法，都很有代表性。

（二）从路线本位到规律本位

以往我们坚持"政治家办报"的原则，强调新闻的路线方针的指导性。毛泽东明确提出："新闻工作，要看是政治家办，还是书生办。"②他不赞成书生办报，认为书生的通病和最大缺点是多谋寡断。可见，那时的媒体是按党的路线和"执政要求"办报，不太注重按新闻规律办报。胡锦涛在 2008 年 6 月 20 日视察《人民日报》时发表了重要讲话，他深入阐述了新闻宣传工作的重要地位、作用、方针和原则，分析了新闻宣传工作面临的形势和任务，特别强调了新形势下新闻宣传工作的总要求和主要任务，以及提高舆论引导能力的极端重要性。讲话思想深刻，充分体现了马克思主义的新闻观，丰富和发展了中国特色新闻宣传的重要思想，是对改革开放以来我国新闻宣传工作理论成果和实践经验的系统总结，对在新的历史起点开创新闻宣传工作的新局面具有十分重要的指导意义。胡锦涛的讲话有新的判断、表述、突破和要求。作为党的总书记，他明确提出"要按新闻规律办事"，这是自毛泽东、邓小平、江泽民以来，第一次对新闻规律有如此明确的表述。

从 2002 年胡锦涛在全国宣传部长会议上明确提出"要尊重舆论宣传的规律"，到 2008 年再次明确提出"要按新闻规律办事"；从忽视新闻传播规律，到明确提出"要尊重舆论宣传的规律"

---

①《"三项学习教育"活动新闻媒体负责人培训班材料汇编》，学习出版社，2004 年，第 15 页。

②《毛泽东新闻工作文选》，新华出版社，1983 年，第 215 页。

"要按新闻规律办事",这是我党在新闻宣传指导思想和传播理念上的崭新认识和重大转变,是我党新闻思想的新境界,它突破了路线本位的约束框架,实现了由路线本位向规律本位转移的新跨越。胡锦涛还特别强调在报道新闻事实中体现正确的导向,提高舆论的引导能力,这是对"要尊重舆论宣传的规律""要按新闻规律办事"的高度概括。一般而言,"事实"是新闻报道之"源",这是"有"与"无"的问题,事实第一性,新闻第二性;新闻报道是"传",引导是对新闻事实的有效传播,它不只是目的,同时也是过程。因此,新闻舆论引导必须尊重舆论宣传的规律,实现过程和目的的有机统一。

(三)从动机本位到效果本位

以往,我国的新闻传播较多注重传播的动机和目的,忽视或不重视传播过程与效果,或仅仅注重传播者的价值诉求,忽视甚至不考虑受众的价值需求和接受效果。

严格意义上来说,我国至今还没建起真正学术意义上的有中国特色的传播学思想体系。因为中国尚处于社会主义发展的初级阶段,以往的中国传播学更多处于滞后状态。中国新闻传播开始重视传播效果始于1981年11月,在庆祝新华社建社50周年的茶话会上,习仲勋代表中央书记处对新闻报道提出了五点希望:一是"真",新闻必须真实;二是"短",新闻、通讯、文章都要短;三是"快",新闻报道要快发,不快就成了旧闻;四是"活",要生动活泼,不要老一套,老框框,老面孔;五是"强",要做到思想性强、政策性强、针对性强。尔后,在中国又出现"新闻写作散文化"的实践热及研究热,这其中也包括现场短新闻的兴起等。

20世纪90年代以后,我国新闻界出现的新闻策划、议程设置、新闻发言人制度等,都是基于信息传播的形式和效果考虑的,都是为了追求新闻传播的价值最大化。从"传"与"受"的角度评价传播效果,要看受众的认知程度。传播效果一般有三个层面的意义。其一,认知层面的传播效果,它基于定量、定性的逻辑分析,其效果比较广泛,把传播的思想性与可读性、可听性、可视性等有机结合起来。其二,意识层面的传播效果,它纳心理、意识、态度为一体,彰显人的价值理念。比如,媒介传播要有特色、风格、针对性、实效性、吸引力和感染力。其三,行动层面的效果,它是信息传播的终极目的,是传者的目标诉求。

二、主体(传者)与客体(受众)

(一)党性和人民性

党性与人民性,一直困扰着中国新闻界。其最突出的表现是人为地把"党性"同"人民性"对立起来,非此即彼,似乎坚持"党性"就必须放弃"人民性",而坚持"人民性"就是丢掉了"党性"。胡锦涛总书记明确提出,既要强调"党性",又要强调"人民本位",而"以人为本"和"人民本位"则为最后的归结。温家宝在2007年两会新闻记者招待会上也明确提出:"一切属于人民,一切为了人民,一切依靠人民,一切归功于人民。"四个"一切"的最终归宿落脚在"人民"上,突出强调了我党的最终价值诉求就是四个"一切"。因此,从这个意义上说,人民是父母,人民是基础。而从价值诉求上讲,人民性是目的,是归宿,是终极目标。如果我们的新闻宣传脱离了"人民性",那就无"党性"可言,那这个"党性"就只能是空中楼阁、墙上芦苇,是无源之水、无本之木。确立新闻事业的人民性，必须尊重人民群众的权利和主体地位。党的十七大明确提出，保证人民群众的知情权、参与权、表达权、监督权。中央一再强调"权为民所用，情为民所系，利为民所谋"，"群众利益无小事"，"共享发展成果"，经济上更加注重公平正义，政治上努力"从各个层次、各个领域扩大公民有序的政治参与"，文化上突出强调"基本文化权益"，把坚持正确导向和通达社情民意统一起来。坚持"以人为本"的人民性，坚持把实现好、维护好、发展好最广大人民的根本利益作为新闻传播工作的出发点和落脚点，已成为做好新闻传播工作的根本要求。

（二）一律与多元化

有传媒学者称，今天的媒体已成为一种裹挟着庞大的经济实力和意识形态塑造能力的新型权力，成为不同于政治、经济和军事等传统权力的新型权力载体。因此，对大众而言，"制造现实"是媒体的最大的优势与特点。由于新闻媒体的舆论作用是以一种思想观念的形式出现的，它与政治、经济、法律、道德、哲学一起，构成了一个意识形态的完整体系，且成了影响社会综合国力中最重要的文化力，是意识形态的前沿阵地和统治现代社会最重要的工具之一。因此，所有执政党都非常重视新闻舆论。

不可否认，作为执政党，充分利用主流媒体的教育功能是媒介的重要社会功能之一，但如果把这种功能教条化和模式化，那么媒体的社会功能就有可能走向反面。在今天这样一个多种经济成分和多元价值观念共存的条件下，新闻媒体除了反映国家政策和意识形态外，更多的功能是咨询服务。这具体表现在如下几个方面：

在媒体传播的角色定位上，从过去已经比较习惯的宣传本位、教育本位,逐渐转变为符合新闻规律的新闻本位和服务本位;坚持贴近实际、贴近生活、贴近群众的"三贴近"原则;从作为执政党的一个喉舌,转变为党和人民的共同喉舌。

在媒体传播的话语模式上,从过去的训导教育转为平等交流,从容易说套话空话转为尊重事实、陈述事实,从爱说官腔官话转为说民腔讲民话,从服务于长官意志转为"以民为本"。

在媒体言论的特色上,要充分运用个性特色为受众解疑释惑,这是多元价值下媒体言论的必然趋势所致,是新闻媒体属性使然。受众意见取向与媒体信息取向的媒介传播,应力求达到二者的高度统一。诚然,在关注言论的同时,亦应注重传播一些先进的媒介理念。比如,关注社会转型中的公共价值问题,尤其是在经济市场化、政治民主化、社会公民化、国家法治化的今天,媒介对人们在价值观念上的解疑释惑尤为重要。当然,对媒体来说,要倡导和坚持独立思考,以及对社会的批评和反思精神。

(三)新闻自由与国家意识

以往人们谈论新闻自由时,更多注重的是其反叛性和自由性,甚至带有无政府主义的倾向。实际上,新闻自由绝非无政府主义,它是一种严格条件限制下的言论自由和出版自由,新闻自由必须是在国家意识和利益下的自由。"根据马克思主义的观点,国家的定义应为国家是统治阶级的组织,是经济上占统治地位的阶级为维护其阶级利益对社会实行统治的机关;国家是人口、领土、主观三者的总合体。"①"国家"的意义实际上是如汉斯·凯尔森说的:"是由国内的(不同于国际的)法律秩序创造的

---

① 阎铁力、沈火林:《政治学》,中国科学技术大学出版社,1996年,第132页。

共同体。国家作为法人是这一共同体或构成这一共同体的国内法律秩序的人格化。"①国家是"形",而政府是"体",皮之不存,毛将焉附。国家统一、经济发展、人民生活安康是最大的国家利益,这也是大多数执政党和政府所要努力追求的。

国家利益是大道理,即使是像美国这样一直标榜所谓民主、自由的国家,在涉及国家安全时,也是小道理服从大道理。麦克·舒德森的研究证明,《第一宪法修正案》原本规制的是国会和州议会的分权问题,而不是国家要不要和有没有管媒体的权力问题。换言之,《第一宪法修正案》的本质意义是联邦主义而不是自由主义。因此,"国会"是这句话的主语②。

即是说,《第一宪法修正案》并没有为新闻自由提供可以成为垄断资本的工具,也不认为新闻可以不受国家约束而为所欲为。对西方国家来说,"民主"绝不是放在私人媒体拥有者手里,用作社会传播机构的一种个人掌控和不受国家政策干预的自由,这才是《第一宪法修正案》所体现的最根本原则③。用麦切斯尼的话说就是:"共和国的缔造者们没有用《第一宪法修正案》来为一个由公司运作的、以牟利为目标的、以商业化为驱动的媒体制度授权。"④

对《第一宪法修正案》的最经典诠释,莫过于 1971 年由原兰

---

①〔奥〕汉斯·凯尔森著,沈宗灵译:《法与国家的一般理论》,中国大百科全书出版社,1996 年,第 203 页。

②Michael Schudson, *The Good Citizen : A History of American Civie Life*, New York: The Free Press, 1988, p. 73.

③参见赵月枝:《为什么今天我们对西方新闻客观性失望》,《新闻大学》2008年第 2 期。

④Robert A. MeChesney, *Communication Revolution : Critical Junctures and the Future of Media*. New York: The New Press, 2007.

德公司雇员丹尼尔·埃尔斯伯格,把美国政府在越南战争问题上的诸多文件透露给《纽约时报》而引发的所谓五角大楼文件案。自冷战开始以来,美国政府出于维护国家安全的考虑,在内部逐渐形成了一套保密制度。然而,过度的信息保密必然会伤害民主,不利于公众对政府的舆论监督。为此,在1966年国会通过了美国历史上第一个《信息公开法》,其中规定除九种例外情况外,必须公开政府信息。五角大楼文件案,是美国新闻出版自由与国家安全方面的第一个直接面对面的案件,是对《信息公开法》的严峻考验。该案反映的突出问题是,当新闻媒体通过非法途径获得政府保密的信息时,媒体是否有权发表。报方认为,新闻出版自由与公众知情权可为其发表这类文件提供最充分的辩护;而政府则认为,文件的保密属性与国家安全直接相关,政府有权禁止报纸发表。双方针锋相对,不分伯仲。后来,最高法院以"表达自由的事先限制必须承担重大举证责任"为由,判报纸胜诉,但却又在未能清晰界定"国家安全"涵义的情况下,支持政府行使特权及其保密制度。最高法院的这个结果,使得该案的判决非但未能给所谓的新闻出版自由提供充分的保护,反而成为政府限制新闻出版自由的法律基础。这从一个方面说明,不管在何种国情和法律情况下,国家利益至上是不容怀疑的①。

新闻自由从它诞生之日起,似乎就有一种与生俱来的叛逆性和背反性。新闻自由思想是新闻传播的核心精神与灵魂。可以说,没有新闻自由就没有马克思主义和马克思主义的传播。我国宪法第35条规定,中华人民共和国公民有言论、出版自由。但是

①五角大楼案件资料,转引自颜廷、任东来:《美国新闻出版自由与国家安全》,《新闻与传播研究》2008年第6期。

长期以来,作为意识形态领域的敏感问题,我们很忌讳谈论新闻自由,对新闻自由持一种偏见,这从某种程度上影响了对新闻自由的学术研究。今天,我们应当理直气壮地高扬新闻自由的旗帜,但同时也必须坚决反对片面的、超阶级的新闻自由。马克思、恩格斯、列宁均明确提出了新闻自由的局限性。他们认为,不能把新闻自由解释成为所欲为。马克思特别强调:"应当认为没有关于出版的立法就是从法律自由领域中取消出版自由,因为法律上所承认的自由在一个国家中是以法律形式存在的。法律不是压制自由的手段……恰恰相反,法律是肯定的、明确的、普遍的规范,在这些规范中自由的存在具有普遍的、理论的、不取决于个别人的任性的性质。法典就是人民自由的圣经。"①不管到何时,也不管在什么社会环境中,人们和媒体的权利,都不会也不可能超越社会经济结构以及受制于该基础的社会文化结构。

　　一般讲,新闻自由是从政府新闻许可制度或检查制度中解放出来的,借用库利(Cooley)②法官的话说,它意味着"公民有权自由发布他想发布的东西,并免于由此引发的任何责任,除非他的谩骂、色情和诽谤性的言辞造成公害,或者由于他的虚假和恶毒言辞损害了其他人的地位、名声或金钱利益"。利昂·纳尔逊·弗林特也说:"自由不是说报刊可以无所顾忌地危害公共安全、宣扬犯罪,或破坏有组织的社会。'合法政府会保护它自己。自由

---

① 《马克思恩格斯全集》(第1卷),人民出版社,1956年,第71页。
② 托马斯·麦金泰尔·库利(Thomas Meintyre Cooley,1824—1898),美国法官。曾主编《密歇根判例汇编》,1864—1885年间任密歇根州最高法院法官。曾在密歇根大学任美国历史和法律学教授。他对美国法律的许多诠释都被广泛引用。此内容转引自利昂·纳尔逊·弗林特著,萧严译:《报纸的良知》,中国人民大学出版社,2005年,第90页。

并不是使社会败坏的许可证。合法政府会利用其警察力量,采取合理措施,维护人们的道德观,毕竟政府是民享和民治的政府。'自由不意味着可以恶意刊登虚假新闻。自由也不意味着可以侵犯人们的生命、自由和合法享有财产的权利。……一般来说,出版自由的边界非常清楚,报纸可以自由刊登它想刊登的内容,但要为之负责。"①

尼采曾说:"要使一个事件有伟大之处,必须汇合两个东西:完成它的人的伟大意识和经历它的人的伟大意识。"新闻自由何尝不是如此。对新闻自由来说,不管是作为一种思想还是制度,必须有法可依,有章可循。不管是在什么样的社会制度下,新闻自由只能是法制下的自由、有条件的自由。我们高扬新闻自由的旗帜,是因为如果媒体舍弃了新闻自由,那新闻传播就失去了它的人文灵魂和干预社会②的动力。但另一方面,新闻自由如果丢弃了国家意识和法典的名分,游离于立法和法律之外,那它在实践中就会走向反面,从而导致举步维艰。

三、计划与市场

(一)社会效益与经济效益

我国新闻媒体长期在计划经济体制下运转,新闻媒体作为事业单位是政府机构和国家政权的重要组成部分。在这一机制下,

---

①利昂·纳尔逊·弗林特著,萧严译:《报纸的良知》,中国人民大学出版社,2005年,第90页。

②《马克思恩格斯全集》(第7卷),人民出版社,1959年,第3页。

运营经费和发行都是由国家和政府包下来的。

　　1985 年,新闻界提出新闻体制改革的设想,当年的《洛阳日报》开报纸自办发行之先河,多家报纸纷纷效法。到 1991 年前后,我国大部分报社又先后兴起一个创办"周末版"、周末报和晚报的浪潮。报业的这些举措,率先从办报形式上对传统办报体制进行改革。20 世纪 90 年代以后,都市类报刊的再度兴起,包括广播、电视的一系列改革,成为中国传媒逐步走向市场化的进一步尝试。1996 年,广州日报报业集团成立,从此在深层次上拉开了中国报业新一轮体制改革的序幕。据不完全统计,改革开放 30 年来,中国传媒实现了跨越式的快速增长,包括网络媒体的发展,都取得了令世界瞩目的成就,我们从表 1 和表 2①中可以清晰地看到这种变化。

　　10 多年间,中国的媒介产业取得了重大成就,在体制转型和结构转化上成就了中国传媒的可持续发展。借鉴亚当·斯密的"看不见的手"和约翰·梅纳德·凯恩斯的"看得见的手",我们对这种可持续发展的解读主要体现在两个层面:其一,市场经济这只"看不见的手"从机制上推动媒体进入市场,这是一种被动的体制转型;其二,国家干预下推行的媒体改革这只"看得见的手"推动新闻媒体进入市场,这是一种推动性的体制转型。从市场机制被动改革到政府介入推进改革,再到媒体主动要求自身改革,中国传媒 30 年体制改革呈现出一种"市场驱动→政府推进→内核裂变"的发展态势,而这种态势最终呈现的是一种外部体制转型和内部结构转化的相互依存与互动发展的倍增效应。

－－－－－－－－－－

① 两个表格由璩文双整理汇制,在此表示感谢。

表 1　中国媒介事业 30 年发展概览

类别／年份	规模									从业人员（单位：人）		广告收入（单位：亿元）			
	报纸				广播电台（座）	电视台（座）		网络							
	种数（种）	总印数（亿份）	晚报数（种）	都市报数（种）		总数	上星电视数	网站数（个）	网民数（亿人）	报业系统	广播电视系统	报纸	广播电台	电视台	网络
1978	186	127.8	—	0	93	32	0	—	—	—	—	—	—	—	—
1983	792	155.1	15	0	122	52	0	—	—	—	194 406	0.73	0.18	0.16	—
1988	1 276	267.8	38	0	461	422	3	—	—	60 153	331 686	5.01	0.7	2.72	—
1993	1 788	263.8	104	0	282	324	9	—	—	—	392 210	37.71	3.49	29.44	—
1998	2 053	300.4	114	—	298	347	41	3 700	0.021	194 675	459 700	104.35	13.3	135.63	0.3
2003	2 119	383.1	278		277	317	49	595 550	0.795	509 176		243.01	25.57	255.04	6.2
2008	(1 938)	(4 380)	289		(263)	287	(52)	1 919 000	2.53		645 251	(322)	(65.39)	519.21	172.17

1

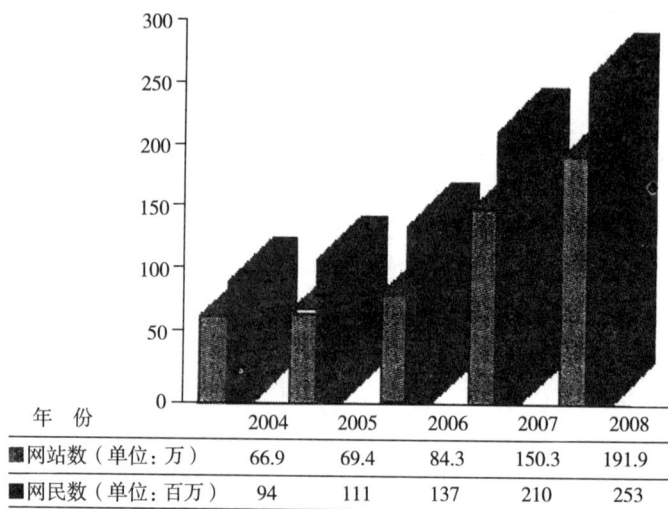

年 份	2004	2005	2006	2007	2008
■网站数（单位：万）	66.9	69.4	84.3	150.3	191.9
■网民数（单位：百万）	94	111	137	210	253

表2　近5年来网络发展概况

数据来源：依据中国互联网络信息中心（CNNIC）历年报告自行整理。

（二）应对"入世"与市场挑战

2001年,中国加入WTO,这一重大事件给我国的媒介市场带来巨大变化,它加快了中国传媒业市场化和国际化的步伐。中国"入世"意味着已经接受了WTO的有关原则,比如,无歧视待遇原则、最惠国待遇原则、贸易自由化原则、互惠原则、取消数量限制原则、市场准入原则、透明度原则和国际贸易中公认的其他游戏规则。当然,我们国家是以发展中国家的身份"入世"的,因此在"入世"谈判过程中,也没有专门就新闻传播业特别是报业、广电等方面的开放做出任何承诺。所以,在长达15年的过渡时间里,新闻传播业开放与否主要还是取决于我们自己。但是,作为意识形态前沿领域的新闻传媒,不可能脱离"入世"和当下世界

一体化的大背景,尤其是我国已在与新闻传播业有关的方面做出以下承诺:

1.逐步减让和降低新闻纸、激光照相排版设备、胶印机、打印机、复印机、光导纤维、各种摄影器材等和新闻传播业有关的物品的进口税。有的立即取消,有的顺延2—3年,其余的顺延至2006年。届时所有这些产品的最终约束关税都将降为零。2.三年内逐步开放图书、报纸和期刊的分销业务。3.逐步开放广告市场。4.开放电信服务市场。5.开放音像和娱乐软件市场。6.全面执行《与贸易有关的知识产权协定》(《TRIPS协定》)。

中国已经全面"入世",中国报业也理应"入世",这是大势所趋,落后或背离于这个潮流,将会被时代抛弃。

从2004年开始,中国传媒业又被作为文化产业的重要组成部分,加入体制改革的进程,其中一部分将作为公益事业给予保护和扶持,绝大部分将转为经营性产业进入市场。以往,政府养媒体、管媒体、用媒体的一体化模式将不复存在,现在是把媒体交给市场,虽然政府不养媒体,但仍要管、要用。媒体作为党和人民喉舌的性质不能变,党管媒体、党管干部和党管舆论导向不能变,这四个"不能变"①将严峻考量媒体如何应对市场的机遇与挑战。社会效益与经济效益博弈,生存与消亡,将一直伴随传媒产业发展的全过程。

---

① 李长春同志曾讲过:"任何时候、任何情况下,新闻媒体作为党和人民喉舌的性质不能变,党管媒体不能变,党管干部不能变,党管舆论导向不能变。"见《"三项学习教育"活动新闻媒体负责人培训班材料汇编》,学习出版社,2004年,第22页。

(三)媒介商品与受众消费

对我国人民来说,过去的生活内容、生产方式和消费理念都非常简单,大家生活在一个不患贫而患不均的"一大二公"的集体所有制社会。在这样的生活环境中,社会不可能为每个人的个性发展提供相应条件。实行社会主义市场经济以来,人民的生活内容、生产形式和消费理念都发生了很大改变,公有制为主体、多种所有制经济共同发展、多元价值并存,个人意志有了更大的发展空间。在此情况下,新闻媒体面临各种思想文化的相互激荡,人们思想活动的日趋活跃以及对精神文化需求的快速增长,都将是前所未有的,而社会文化供给与人们的巨大文化需求之间的矛盾也变得越来越突出。

媒体受众已从过去的免费信息享用者,成为当下媒介信息的主动消费者。在社会主义市场经济的推动下,我国人民基于文化传播的媒体消费得到了充分彰显。一是它不仅表现在推进人们的生活消费上,也反映在对商品广告的推广方面;二是媒介自身的文化、信息,亦都成了被受众消费的直接商品。当然,这种媒介消费一般主要通过两个途径:一是媒体对生活类商品的大量报道,包括对广告内容的选择等,这些报道对受众消费起到一定诱导作用;二是大量电视娱乐性节目为受众提供了充分的消遣娱乐功能。这种娱乐化以近年来兴起的"超女"等娱乐文化现象为最,它推动了电视真人秀的升温,比如"我型我秀""加油好男儿""梦想中国""绝对唱响""第一次心动"等,把娱乐与商业、欲望与成功、竞争与民主、功利化与粗俗化、民主评判与价值观念等交织在一起。

以这两个途径为主的媒介消费内容,把市场、文化、媒体、受众融为一体,从而导致当下我国消费文化的急剧扩张,使媒体不仅成了消费主义的推行者、引导者,更是实践者。以至像默多克那样的传媒消费主义倡导者、实践者,在展望中国经济发展时都不无溢美地指出,中国已具有成为一个新的全球性媒体和娱乐中心的潜能,而这带来的是一个巨大经济利益的市场。

这一看法是有道理的,因为他具有前瞻性地看到了中国的整体转型。不过,我们也必须充分认识到,当下我国的媒介消费中也出现了一些背反现象。比如,实用价值和消费价值、物质丰盛与精神匮乏、现实环境和虚拟环境、主观性价值与客观性价值、时尚与实用、节俭与奢侈、目的与手段等,都存在一些不谐调因素,需要进行调整和改革。

对今日中国来说,媒介成了人们生活的重要内容和最直接的生活方式。人们对媒体的消费及媒介信息的依赖程度,从未像今天这样形影不离、亦步亦趋。人们的生活内容和工作环境已完全被媒体所包围,受众成了媒体"围城"中失去个人自主性的媒介人、信息人,而所有这一切都是在改革开放后不长的时间内完成的。在这个"围城"里,媒体文化不仅是人们的生活内容,也是人们的生活方式;它既是物质需求,也是精神享受。

四、媒体的公共性转向

30年来,中国媒体的最大变化是实现了从主体到客体的公共性转向,这既表现了我国人民民主意识的增强,同时也反映了我国媒体社会批判意识的彰显。中国媒体的公共性转向以公民意识、服务意识、人文关怀为最大特点,集中体现在公共平台建设、公共舆论引导和公共精神建设等方面。

(一)公共平台建设

中国特色社会主义市场经济的不断成熟,民主政治化进程的不断加快,为媒体的公共性转向创造了条件和可能,其主要内容之一是公共平台建设。

公共平台建设基于公共领域、公共舆论的不断开放和完善。中国的公共领域建设与西方发达国家有明显不同,西方国家的公共领域建设一般都是在民选制度的推动下逐步建立完善的,一般媒体的公共性角色并非强势。而我国的公共领域建设,对大众传媒有明显的依赖性,这主要是由于中国几千年封建社会所形成的农业经济所致。但这恰恰为大众传媒提供了一个大有作为的机遇。柯伦在 1991 年说过:"可以把大众传媒看成是公共领域中一个标准的中立区。在这里,人们可以广泛获得影响公共利益的相关信息;人们可以不受限制地进行自由讨论;在这里,所有参与者一律在平等的基础上进行辩论。在这个公共领域内,人们以促进社会发展为己任,通过理性的辩论,共同做出决策。这些结果转而成为政府决策的依据。大众传播通过为公共辩论提供阵地并把个体的公民重新组成一个以舆论为形式的公共团体,从而完善了这个辩论过程。"①美国的罗森甚至强调:"新闻本身就可以说是民主实验室的一部分。"②这主要是从大众传媒作为公共领域的意义上来理解的。英国的麦克奈尔在谈到公共领域建设时特

---

① 转引自〔英〕尼古拉斯·阿伯克龙比著,张永喜等译:《电视与社会》,南京大学出版社,2001 年,第 250 页。
② 转引自吴飞、王学成:《传媒·文化·社会》,山东人民出版社,2006 年,第 265 页。

别强调,媒体必须告知民众在他们身边发生了什么;媒体必须教育民众,让他们知晓发生了的"事实"的意义和重要性;媒体必须为政治讨论提供一个公共平台;媒体必须给予政府和政治机构曝光率;媒体要尽可能作为鼓吹政治观点的一个渠道①。近年来,中国在公共领域建设方面,特别是结合构建和谐社会,推进民主政治化进程方面取得一些成绩。尤其是在对热点、难点、焦点问题的引导方面,主动地设置一些有特色和新意的媒体议程,收到很好的效果。

(二)公共舆论引导

公共舆论引导是媒体公共性转向的重要内容之一。媒体的公共舆论引导要充分体现政党利益和民众意愿的一致性。2008年6月20日,胡锦涛在《人民日报》视察时提出,"舆论引导正确,利党利国利民;舆论引导错误,误党误国误民","要把提高舆论引导能力放在突出位置"。他特别强调,在"坚持党性原则,牢牢把握正确舆论导向"的同时,"必须坚持以人为本,增强新闻报道的亲和力、吸引力、感染力"。在此前提下,他又提出"两个统一",即"把体现党的主张和反映人民心声统一起来,把坚持正确导向和通达社情民意统一起来"。这一新提法,既与三代中央领导集体的新闻思想一脉相承,又有新思考和新境界。通达社情民意,引导社会热点,疏导公众情绪,体现了一种双向呼应的效果。社情民意的提法对应的则是表达人民心声。最近几年,党中央多次强调,随着经济体制深刻变革、社会结构深刻变动、利益格局深刻调

---

① 〔英〕布赖恩·麦克奈尔编,殷祺译:《政治传播学引论》,新华出版社,2005年,第21—22页。

整、思想观念深刻变化,人们思想活动的独立性、选择性、多变性、差异性明显增强,而伴随利益的多元化,社情民意的多样化倾向则日益显现。

实际上,民意问题直接关系国计民生。以往,我国主流媒体关注"国计"多,关注"民生"少,近年来这一状况大有改变。比如,《人民日报》在这方面有突出的表现。非公有制经济方面的人士、自由择业知识分子等构成的新社会阶层,曾一度受到社会各界的广泛关注。对于这个游离于旧体制之外,创造和掌管着巨大财富的新兴社会群体,很长一段时间内,人们的评价褒贬不一,甚至在有些人眼里他们都是些为富不仁的暴发户。尽管这部分新兴社会阶层人士的身份在社会上已逐渐清晰,但他们的社会地位却一直不被重视。2007年6月,《人民日报》以开阔的胸襟大胆推出《新社会阶层身影日渐清晰》《新阶层怎么看自身》《让新阶层走向成熟》等三组系列报道,从理论和实践的高度对这一新阶层给予客观、科学的分析与梳理。作为党中央机关报刊,当时登载这组报道还是有风险的,但四个月后,这一新阶层的代表堂堂正正走进人民大会堂,成为党的十七大会议上媒体聚焦的亮点。

坚持正确的舆论导向,既体现党的主张又通达社情民意,这种相互联系、作用、转化,实际上是一个人民性与党性的统一问题。一个以人民利益为最高追求的政党,一个把"以人为本"视为执政理念的政党,必须高度重视人民群众的所思、所盼、所想、所求,体现对人民群众主体地位的尊重。在强调"必须加强主流媒体建设和新兴媒体建设,形成舆论引导新格局"时,胡锦涛又提出:"从社会舆论多层次的实际出发,把握媒体分众化、对象化的新趋势,以党报党刊、电台电视台为主,整合都市类媒体、网络媒体等多种宣传资源,努力构建定位明确、特色鲜明、功能互补、覆盖广泛的舆论引导新格局。"应该说,在我党新闻宣传史上,提出媒体布局中的"舆论引导新格局"也是一个历史性突破,它明确了对多种新闻宣传资源的合理配置,意味着鼓励各种媒体形式在新的舆论格局中找到自己的位置,办出自己的特色,发挥自己的作用。而"必须不断改革创新,增强舆论引导的针对性和实效性",则是对"提高舆论引导能力,不仅需要显著增强把握正确导向的自觉性,而且需要显著提高舆论引导的有效性"的进一步深化。

　　媒体公共舆论引导的要旨是,如何从制度上保证新闻自由和舆论监督。一般地讲,不能把媒体作为一种权力看待。有专家提出,"今天的大众传媒既是权力的工具,又是权力的源泉"①。有人甚至明确提出新闻传媒拥有两种权力,一是采集、编发和传播新闻信息的权力,二是评价事实、表达舆论和监督社会的权力②。我比较赞成新闻传媒是一种媒介影响力,是文化力、生产力。借助物理学上的"矢量"意义来解释新闻舆论引导更加直观和准确。我以为,舆论引导具有矢量意义,不仅有先后,而且有方向和大小。亚伯拉罕·林肯曾在评价报纸影响力时说过:"有公众意愿的支持,没有什么会被击败;没有公众的支持,没有什么能成功。因此,塑造公众意愿的人能比颁布法令或下达命令的人走得更远。"③而"塑造公众意愿",恰恰是媒体本质使然,是对新闻舆论的有效引导。

―――――――――

①吴飞、王学成:《传媒·文化·社会》,山东人民出版社,2006年,第165页。
②转引自吴飞、王学成:《传媒·文化·社会》,山东人民出版社,2006年,第165—166页。
③〔美〕利昂·纳尔逊·弗林特著,萧严译:《报纸的良知》,中国人民大学出版社,2005年,第291页。

　　我对当下中国媒介权力的考虑主要表现在两方面：一是作为工具理性意义的舆论工具、政党工具、喉舌工具，这是所有媒体的共有本质，不管在西方还是在我国都是一样的，只不过服务的政党对象不同，服务的形式也有区别；二是作为价值理性的意义，这主要表现为民本理念、民主意识的觉醒。改革开放30年来，我国媒体在价值理性的转变与实践上成绩斐然。实际上，在今天这样一个信息环境下，新闻告知人们的早已不是简单事实的文本传播内容，更多的是一个夹杂了许多由主政者的主导价值观叠加起来的复合物。约翰·菲斯克说："新闻是一种破碎的意象的拼贴，每一个意象都会产生更多的意象，唤醒更多的意象，每一个意象都是一种类像——一种没有原件的完美拷贝。新闻是意象的意象的意象，最终的超级现实主义。""后现代经验……在今天新闻中的应用否定了历史的差异，它否定了历史性并将所有的事物都瓦解后糅进了一种后现代的当下之中。"①正是在这一新闻意象的意义下，公共舆论的两种价值都得到了充分体现。

（三）公共精神建设

　　媒介在建构公共精神方面具有得天独厚的优势，这就是媒介理念的影响力。新闻学作为一门新兴的入世学科，与传统的文、史、哲不同，它具有鲜明的学术品格，而这种品格是通过新闻实践和媒介理念去实现的。马克思说过，人们读报是为了在"报纸上去寻找当代的精神、时代的精神"②。照此意义，报纸、媒体尤其

---

① 〔英〕约翰·菲斯克著，杨全强译：《解读大众文化》，南京大学出版社，2001年，第194页。
②《马克思恩格斯全集》（第1卷），人民出版社，1956年，第38页。

是主流媒体,更应是时代的表征。马克思这些话对于我们今天理解如何通过新闻媒体去建构公共精神,具有重要意义。

在我国当下,媒介的公共精神建设首先要有一个具有公信力的媒介形象。媒介的公信力体现在媒体理念上,而媒体理念则是一种沉积的品牌,是一个媒体长期积累甚至几代人不懈努力铸就的媒体形象,是一个媒体的文化精神和风骨。媒体理念成就媒体影响力,铸就媒体公信力。近年来,国内许多报纸在凝练理念和铸就公信力方面颇下功夫。像《湖北日报》的"责任铸就公信力",《南方日报》的"高度决定影响力",《南方都市报》的"拒绝平庸,追求卓越",《广州日报》的"追求最出色的新闻"等,都充分彰显了媒体理念和办报人的新闻理想与职业追求。

新闻媒体的理念铸就主要表现在两个方面。一是干预运动的战斗性。新闻媒体要仗义执言,马克思、恩格斯一再强调,"报纸最大的好处,就是它每日都能干预运动,能够成为运动的喉舌,能够反映出当前的整个局势,能够使人民和人民的日刊发生不断的、生动活泼的联系"①。二是尊重事实的客观性。今天,媒介的真实性受到严峻考验,敬畏真实应成为一个媒体人、一个媒体最基本的价值趋向。E.迪尔凯姆在其《社会学方法的准则》中指出:"凡是实在的东西都有一种必然有的、我们必须重视的本性,甚至在人们能够排除它们的作用时,也决不能把它们完全消灭。"②他进一步指出:"关于社会事实的客观实在性的观点是全部社会学

---

①《马克思恩格斯全集》(第7卷),人民出版社,1965年,第3页。
②〔法〕E.迪尔凯姆著,狄玉明译:《社会学方法的准则》,商务印书馆,1995年,第18页。

的出发点。"①其实,社会事实的客观性何止是社会学的出发点,对新闻媒体更应该是如此。

媒介公共精神建设,说到底是一种人文价值关怀,是对文明生活的倡导和引领。比如,从它对人类的致利、致善、致美方面讲,它是人类文化的一种精神价值与品格;从文化传承的角度讲,它是一种久远的传统文化积淀以及对当下文化的观照;从对世界的诠释方面讲,它具有认知价值和信息价值,因为它把真理告知人们、给予启蒙,把事实告诉人们,为人们提供认知世界、服务人类的资讯;在审美视野里,它可以使人的灵魂得到净化,升华到一个更高的境界。

媒介的公共精神建设是建设和谐社会,全面实现小康社会的一个具有重大现实和历史意义的课题。30年的改革开放,中国传媒基本实现了从一律到多元、从主体本位到受众本位的历史性跨越。因此,在价值取向视野下研究这些转变,有助于厘清我国传媒发展的规律性问题,以实现更宽视野和更高层面的新跨越。

(四)对媒体公共性转向的模式解读

新闻与宣传、计划与市场、主体与客体这三对关系的演进和推动,构成了中国传媒业30年来波澜壮阔的发展态势。这种更迭与变换,有些是局部的,也有些是全局的;有些是过渡性的,也有些是填补空白的;有些是渐进式的,也有些是螺旋式递进的;有些是共时性的,也有些是历时性的;有些是独立行进的,也有些是交互共进的;有些是颠覆性的,也有些是改进式的;有些是可逆

①〔法〕E.迪尔凯姆著,狄玉明译:《社会学方法的准则》,商务印书馆,1995年,第20页。

的,也有些是不可逆的;有些是非线性的,也有些是连续的、线性的;有些是已完成了阶段性使命的,也有些还正在建构和进行之中。

对于上述众多模式之间的彼此关系,其中最具核心价值和主导意义的是主体(传者)与客体(受众)的转换关系。从一般意义和本文的逻辑起点看,这里的"主体"是传者,亦即媒体,尤其是主流媒体。这里的"客体"是受者,是数以亿计的读者和听众。

需要特别给予关注的是:这里的"主体"处于高位和强势,而"客体"处于低位和弱势。令人欣慰的是,中国社会主义市场经济的实行,已经把媒体生存权交给了它的产品的直接消费者——受众。因此,对今天的任何一个媒体来说,受众消费不消费、认可不认可至关重要,受众实际上成了媒体的衣食父母和上帝。从此意义上说,以往作为"客体"的受众,亦有转换成为主体的潜能,而原本作为"主体"的传媒则成了服务受众的客体。由主体到客体,再由客体到主体,这是一个既互相为"主"又互相为"仆"的关系,是一个互为主、客体的角色转换过程。从传者主体到受众客体是"顺主体",它反映了信息传播的矢量方向和性质,体现在政党功能、国家意识、导向意识等方面;而从受众主体到传者客体则是"逆主体"关系,它反映了受众消费下的市场机制的反作用,这是一种被动作用,取决于媒介市场化程度的高低。

在当下中国社会中,由于这种传者与受者互为主、客体制约关系,而他们的互动、制约、渗透,自然形成了一种主体间性和客体间性的传播特色,两者之间的共有性就构成了一种共同主体性和共同客体性,成为当下我国媒体运行的必然趋势。

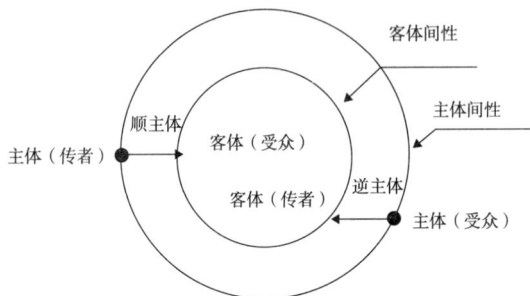

主、客体间性示意图

我们可从内里的小圆探讨当受众和传媒都是客体角色时二者的异同,而从外面的大圆探讨传媒与受众都是主体角色时二者的异同。这样一种由"顺主体"和"逆主体"联结而成的互动双圆结构,反映了这样一个重要事实,即:主体间性制约客体间性,主体间性包含客体间性,而这种制约与包含的关系,恰是我国社会主义市场经济条件下媒体生存发展的奥妙所在。而这一充满活力的带规律性的运行模式还将继续被证明,那就是由主体本位向受众本位转向的当代中国传媒价值取向。

原载于《中国社会科学》(内部文稿)2009 年第 6 期

论新闻舆论的新境界

进入 20 世纪以来，面对飞速发展的媒介社会环境，特别是以全球化、网络化、信息化、市场化为典型特征的公共空间的拓展以及公共媒体的壮大，媒体新闻舆论面临前所未有的挑战，日渐力不从心，疲于应付。应当说，新闻舆论所面临的严峻挑战，既有媒介环境、社会环境变化的影响，又有机制、体制方面的原因。一个相对传统且受到多方面条件限制的新闻舆论，面对一个不断开放的社会，一个不断扩大的公共空间，一个在新旧体制转轨中体制问题、经济问题、政治问题、利益问题相互交错的媒体发展与生存环境，必然导致许多不对称和不平衡。因此，必须用新思路、新境界去应对新闻舆论引导的新挑战。

新闻舆论引导，历来为马克思主义政治家所关注。马克思和恩格斯长期战斗在新闻第一线，他们把"批判和实际斗争看作同一件事情"[1]来做。他们对新闻舆论的理解就是"干预运动"，能够在人民与媒体之间产生一种"连续的""剧烈的相互作用"[2]。列宁对报纸的舆论作用也一直非常重视，他曾十分明确地提出："报纸要是落后，就会毁灭。报纸都应该是走在大家前头。……

---

[1]《马克思恩格斯全集》(第 1 卷)，人民出版社，1956 年，第 418 页。
[2]《马克思恩格斯全集》(第 7 卷)，人民出版社，1959 年，第 3 页。

单调和迟误都是与报刊工作不相容的。"①1962 年 9 月,在党的八届十中全会上,毛泽东曾讲过一段流传广泛的话:"凡是要推翻一个政权,总要先造成舆论,总要先做意识形态方面的工作。革命的阶级是这样,反革命的阶级也是这样。"②舆论的重要性可见一斑。

当下我国媒介环境

目前,世界正处在一个大发展、大变革、大调整的时期,在和平与发展这个大背景下,世界多极化、经济全球化,给我们的工作带来了巨大挑战。对此,胡锦涛在 2008 年 6 月 20 日视察人民日报社时明确提出并给予"特别注意","当前,世界范围内各种思想文化交流、交融、交锋更加频繁,'西强我弱'的国际舆论格局还没有根本改变,新闻舆论领域的斗争更趋激烈、更趋复杂。在这样的情况下,新闻宣传工作任务更为艰巨,责任更加重大"。改革开放的 30 年来,尽管我国媒体实现了跨越式发展,但与西方发达国家相比,无论在媒体规模还是在技术实力等方面都还是相对薄弱的,尤其是当遇到一些突发性事件、敏感事件时,非常容易受到西方强势舆论的打压与诋毁。经济全球化、媒介信息化的趋势,为西方传媒扩大渗透其意识形态的影响带来便利条件,给我国的舆论安全带来巨大压力。

经济全球化、信息化,直接催生了公共空间、公共意识和公共

---

① 《列宁全集》(第 35 卷),人民出版社,1963 年,第 23 页。
② 据《中国共产党中央委员会关于无产阶级文化大革命的决定》(一九六六年八月八日通过)。

群体的时空繁荣与传播活动。以往,哈贝马斯界定的公共领域,包括如约翰·基恩界定的公共领域,一般是指只要两个以上原先单独行动的个人聚集在一起探讨他们自己的相互作用以及他们始终置身其中的更广泛的社会和政治权力关系,一个公共领域便形成了。应该说,这样一个公共领域还是相对较小的,或者说受到一些区域或空间的限制。而全球化、信息化,特别是网络化、数字化以后,媒体格局突破了原先的局限,极大地拓展了公共领域的公共空间。网络催生的这个公共空间,比以往任何时候的公共领域更开放、更透彻、更自由,从现实空间到虚拟空间,把无数草根网民联系在一起,形成了一个既分散又集中,既单一又复杂,虚实结合、超越时空的公共空间。

　　"世界范围的各种思想文化交流更加频繁、更加活跃,开放合作,互利共赢成为国际社会广泛共识,国与国相互联系更加紧密。"①诚如美国著名社会学家罗兰·罗伯森在描述经济全球化影响文化全球化态势时说的:"全球资本主义既促进文化同质性,又促进文化异质性,而且既受到文化同质性制约,又受到文化异质性制约。"②这样一种同质、异质的碰撞与交互所显现出的,依然是西方强势话语权下的一种不对称。比如有西方学者曾这样评价:"全球化的释义中最普遍的是这样一些观念:通过一种技术的、商业的和文化的趋同,世界正在显得更加一致和更加标准化。"对这样一种评价,我们可以理解成这样一个信息,人类进步和社会发展,只能集约式前进。虽然不同地区、不同国家、不同种

---

① 《胡锦涛在世界媒体峰会上的致辞》,《人民日报》2009 年 10 月 10 日。
② 罗兰·罗伯森著,梁光严译:《全球化:社会理论和全球文化》,上海人民出版社,2000 年,第 24 页。

族,基于主权文化与民族利益的立场彰显出一种本位意识,但对异质文化的理解与接受,会不断生成出一种有利于全社会共同发展的公共意识。比如环保问题、可持续发展问题等,恰如胡锦涛在世界媒体峰会上说的:"这次世界媒体峰会以'合作、应对、共赢、发展'为主题,反映了人们对全球传媒业发展面临挑战的关切,显示了各媒体加强交流合作,寻求共同发展的愿望,体现了媒体从业者致力于促进世界和平与发展的决心。我相信,会议围绕这一主题深入探讨、广泛交流,有助于加强世界各地媒体合作,有助于推动全球传媒业健康有序向前发展,有助于增进各国人民相互了解和友谊。"①

伴随世界经济一体化、信息国际化的趋势,一种基于新媒体共同关心的新公共群体出现了。我国社会主义市场经济实行多种经济成分和多元价值并存,人们从过去的组织人、国家人转变为现在的个体人、社会人。其次,媒介消费又从这批人中培养出一大批自主意识强,权力意识强,社会责任心强,参与热情高的公众群体。过去,媒体和受众的关系是宣传与被宣传、教育与被教育,是主和仆的关系,"主"体现在高度集中和舆论一律等方面。过去那种主仆关系今天已经消逝,代之出现的是分散化、多元化、个性化。分散、多元、个性,无疑有利于增强民主活力与创造力。而恰恰是这样一个公共群体,又催生出一个"公众时代"的到来。

自20世纪90年代以来,媒体市场化成为一个大的趋势。过去,国家管媒体、用媒体、养媒体,现在是管媒体、用媒体,但不养媒体。应当说,市场经济为繁荣媒体提供了前所未有的机遇,一大批有影响力的新媒体如雨后春笋。值得注意的是,在这样一种

---

① 《胡锦涛在世界媒体峰会上的致辞》,《人民日报》2009年10月10日。

媒体繁荣的背后,主流媒体被边缘化,影响力不断弱化。而这样一种边缘化和弱化,表现在媒体受众已从过去的免费信息享受者,成为当下媒体信息的主动消费者,媒体市场真正由卖方市场转变为买方市场。媒体受众已从过去的大众化消费,转变到今天的分众化消费、小众化消费,受众的喜好成了决定媒体生存的核心要素,受众成了真正意义上的媒体上帝。从经营管理方面看,媒体也已从过去的事业单位、事业性质,转变为今天的企业单位、集团性质,企业化管理、自负盈亏,而新一轮文化体制改革将给媒体的市场化带来更大挑战。

从信息传播过程来看,媒体运行中的新闻世俗化倾向越来越严重。比如,新闻更带有一种利益驱动、一种长官意志和政府意志等。信息越来越被控制在政治精英的手中,媒体成了政治家和政府管理中不可缺少的重要工具。今天,草根民众已经在社会公共舆论中扮演起重要角色,不管你承认与否,主流媒体在引导公众舆论方面,已经显得力不从心。新闻客观性受到激烈挑战,特别是媒体发展中的经济依赖性,利益集团对媒体的制约性,突发事件和政治事件中的价值冲突性,政府机构对新闻报道的监控等。有人甚至概括出目前传媒市场面临的最大问题是"三失",其一是主流媒体边缘化严重,无权威,无主流价值,无舆论领袖;其二是媒体失信,专业理念淡漠,新闻理想缺失,鲜见社会担当;其三是管理失范,媒介管理无序,人大于法。

新闻舆论新境界架构的设想

在对当下媒介社会环境进行大致梳理后,如何建构一个科学的新闻舆论引导模型,把我国的新闻舆论引导提高到一个新境界，这不仅是摆在传媒人、业界、学界面前的一个重要课题，同时也是各级党委政府和主要领导同志的一项重要工作，是提高我们党执政能力的重要工作抓手之一。

胡锦涛在视察人民日报社时提出："新闻舆论处在意识形态领域的前沿，对社会精神生活和人们思想意识有着重大影响。当今社会，随着经济社会快速发展和科技不断进步，信息传递和获取越来越快捷，新闻舆论的作用越来越突出。做好新闻宣传工作，关系党和国家工作全局，关系改革和经济社会发展大局，关系国家长治久安。"一个"全局"和一个"大局"，加上三个"关系"，可以说语重心长。他又强调："新形势下，新闻宣传工作要高举旗帜、围绕大局、服务人民、改革创新，坚持正确舆论导向，提高舆论引导能力，营造良好舆论环境，更好地发挥宣传党的主张、弘扬社会正气、通达社情民意、引导社会热点、疏导公众情绪、搞好舆论监督的重要作用。要把提高舆论引导能力放在突出位置，进行深入研究，拿出切实措施，取得新的成效。"他在这次讲话中还指出"要从社会舆论多层次的实际出发，把握媒体分众化、对象化的新趋势，以党报党刊、电台电视台为主，整合都市类媒体、网络媒体等多种宣传资源，努力构建定位明确、特色鲜明、功能互补、覆盖广泛的舆论引导新格局"。那么，这样一个"新格局"与过去的格局有什么不同？"新"在哪里？这是一个时代课题，必须做出明确回答。

我们正在经历一场巨大的传媒革命，它以经济全球化，信息数字化，经营市场化，个人社会化为典型特征。媒体是文化的传承与载体，是文化的延伸，它几乎囊括了所有人类生活内容中结晶和未结晶的东西。新闻舆论引导从本质上来说是一个复杂的新闻传播过程。今天，新闻舆论引导越来越受到来自媒体内外各种因素的影响,包括国内与国外、主流与非主流、媒体舆论与群众舆论、传统舆论与新媒体舆论等。借鉴生态学的系统结构,本文提出新闻舆论引导决策的系统结构,以及研究如何实现新闻舆论引导价值最大化的方法与途径,有效形成和发挥生态系统的优化效应,进而实现新闻舆论引导的科学化、规范化、传播效果最大化。

所谓生态系统,实际上是一个占据一定空间,具有一定结构,执行一定功能的平衡系统。新闻舆论引导作为一个系统性、动态性鲜明的可建构的生态系统,其特点在于:其一,新闻舆论引导纳媒体高层、制度、政策、体制、机构、国内外大环境及政治架构等为一体,构成了新闻舆论引导的大框架生态系统;其二,为了实施、维护这一有效系统,使新闻舆论引导始终处在一个可控的、有效协调的状态,必须实现内外协调,信息与资源合理使用的效果最大化。在生态学的视野下研究新闻舆论引导,有助于转换传统的思维定势,树立科学引导的观念。长期以来,我们的新闻舆论引导,实际上是一种权力意志下的高位指导,是一种政府意志的体现,忽视或不重视社情民意,往往主观性、随意性和排他性较强,只注重形式,忽视或根本不注重效果。

提高新闻舆论引导能力,实现舆论引导的价值最大化,必须充分认识到每一个舆论引导的行为都不是孤立的,包括决策主体、客体、监督目标与社会受众之间,都是有密切的"关系效应"以及诸多因素之间的相互联系和相互交融;新闻舆论引导、新闻舆论监督,不能违背社会发展的规律,它对社会应该是无害的。可以这样说,舆论引导这一传媒行为本身就构成了一个包括新闻舆论引导决策内核、新闻舆论引导决策亚内核和新闻舆论引导决策外围三个圈层的生态系统结构,见图1:

图 1　新闻舆论引导生态系统结构图

在这样一个生态系统里面，最外围是国际国内大环境，我这里主要列了政治、经济、文化、社会、军事、自然等六个方面。最里层是新闻舆论引导内核的决策层。最外层和最里层二者之间是新闻舆论引导的亚内核系统，包括三个层次中的九大要素，这是一个非常重要的三元结构。它既连接外围的国内外大环境，又制约最里层的核心决策者。

理念层面，主要涉及三个问题：一是时代精神，二是按规律办事，三是媒介责任。

时代精神。新闻传媒的发展是紧紧依附于时代的，媒体、新闻，是时代的风向标，舆论引导必须牢固树立大局意识、全局意识。大局意识、全局意识就是大视野。邓小平曾从政治的高度谈大局，他说："我这里说的政治，是国内外阶级斗争的大局，是中国人民和世界人民在现实斗争中的根本利益。"①邓小平还讲到"治

————————
① 《邓小平文选》（第 2 卷），人民出版社，1994 年，第 179 页。

理国家,这是一个大道理,要管许多小道理"①。

今天的大局意识,一定要着眼于时代特点,首先是要统筹好国内国际两个大局,实际上是国际舆论与国内舆论的共赢问题,尤其是要努力营造一个良好的国际舆论环境。

按新闻规律办事,是我国经济社会快速发展、对外开放不断扩大、国际地位不断提高下的一个极其重大而紧迫的任务。

以往,我们的媒体是按党的路线、方针和"执政要求"办事,不太重视按舆论规律和新闻规律办事,基本上是一种路线本位。胡锦涛在 2008 年 6 月 20 日视察人民日报社时明确提出"要按新闻规律办事",这是自毛泽东、邓小平、江泽民以来,中国共产党最高领导人,第一次对按新闻规律办事有如此明确表态。从 2002 年胡锦涛在全国宣传部长会议上提出"要尊重舆论宣传的规律",到 2008 年再次明确提出"要按新闻规律办事",这是我党在新闻宣传指导思想和新闻传播理念上的崭新认识和重大转变,是中国共产党执政思想的新境界,它突破了路线本位的约束框架,实现了由路线本位向规律本位转移的新跨越。

早在 1843 年,马克思在谈到报刊内在规律时就讲过,"要使报刊完成自己的使命,首先不应该从外部施加任何压力,必须承认它具有连植物也具有的那种为我们所承认的东西,即承认它具有自己的内在规律,这种规律它不能而且也不应该由于专横暴戾而丧失掉"②。当然,时过境迁,但马克思的话并没有过时,对新闻"内在规律"的寻求,永远是新闻学研究者的不二使命。马克思当年从报刊的"使命"入手,提出报刊内在规律,无疑是一针见血

①《邓小平文选》(第 3 卷),人民出版社,1994 年,第 124 页。
②《马克思恩格斯全集》(第 1 卷),人民出版社,1956 年,第 190 页。

的。而马克思同时提醒我们也不能忘记:如果"给随便遇到的平凡的事实加上一个响亮的名称,把它吹嘘为自然规律,甚至吹嘘为基本规律,那么科学的'更加深刻的基础的奠定'和变革,实际上对任何人来说……就都是可以做到的"。我们今天的研究,就是要找寻被马克思称之为"内在规律"的那些东西。我们讲按新闻规律办事,主要体现在四个方面的显示度。其一是真实性规律。真实性是新闻的生命,事实第一性,新闻第二性,而这种真实要反映趋势真实,本质真实,规律真实。其二是受众本位规律。这是媒体的商品属性使然。受众消费,受众赞成,传媒就发展;受众不消费,受众不赞成,传媒就没法发展。其三是舆论可导规律。舆论有正负作用,具有典型的两面性,这样一种两面性为我们实施正确引导提供了可能,江泽民的"福祸论",胡锦涛的"利误论"均是基于舆论的可导性提出的。其四是媒介品格,或者说媒介责任。我在一篇论文中曾提出建设有中国特色的媒介品格①,新闻学作为一门新兴入世学科,与传统的文、史、哲不一样,它具有鲜明的学术品格,而这种品格通过新闻实践,体现得更加淋漓尽致。马克思说过,人们读报是为了在"报纸上去寻找当代的精神、时代的精神"②,从这个意义上来讲,报纸、媒体应是时代的表征,时代的旗帜。他曾用德国报刊的报道,说明1858年"法国内在生命复活的征兆"③。马克思的这些话对于我们今天应如何理解新闻媒体的品格具有重要意义。我认为,新闻媒体的品格可以概括为四

①方延明:《社会主义市场经济观照下的媒介品格研究》,《现代传播》2008年第5期。
②《马克思恩格斯全集》(第1卷),人民出版社,1956年版,第8页。
③《马克思恩格斯全集》(第44卷),人民出版社,1982年,第429页。

个方面 16 个字,即:客观公正、自由开放、真实可信、平等交流。

　　传媒文化建设是一个长期艰苦的任务,必须不断创新,不断赋予它鲜明的实践特色、民族特点、时代特色。"在时代的高起点上推动文化内容形式、体制机制、传播手段创新,解放和发展文化生产力。"①只有这样,传媒文化才能在和谐社会建设中发挥应有作用。

　　制度层面。胡锦涛在党的十七大报告中明确提出:"当今时代,文化越来越成为民族凝聚力和创造力的重要源泉、越来越成为综合国力竞争的重要因素,丰富精神文化生活越来越成为我国人民的热切愿望。要坚持社会主义先进文化前进方向,兴起社会主义文化建设新高潮,激发全民族文化创造活力,提高国家文化软实力,使人民基本文化权益得到更好保障,使社会文化生活更加丰富多彩,使人民精神风貌更加昂扬向上。"②现代社会把人们置于一个被媒介信息包围的文化之中,各种文化纷至沓来。在这样一种文化景观、信息环境下,建构什么样的传媒文化,在很大程度上取决于媒体的责任意识和职业理想。在亚内核层的制度层面,主要是以下几点:

　　一是以"政策"为主要内容的党的路线、方针、政策,这是大道理。作为执政党的新闻媒体,其工具属性是不能变的,这就是李长春同志多次强调的"四个不能变"的道理,即:媒体作为党和人民喉舌的性质不能变,党管媒体不能变,党管干部不能变,党管舆

---

① 引自胡锦涛:《高举中国特色的社会主义伟大旗帜,为争取全面建设小康社会新胜利而奋斗——在中国共产党第十七次全国代表大会上的报告》,人民出版社,2007 年,第 36 页。

② 引自胡锦涛:《高举中国特色的社会主义伟大旗帜,为争取全面建设小康社会新胜利而奋斗——在中国共产党第十七次全国代表大会上的报告》,人民出版社,2007 年,第 33—34 页。

论导向不能变①。

　　二是纪律、规范，实际上是舆论引导的合法性问题。新闻舆论引导和监督，作为我国社会主义民主政治建设的一个重要内容，在我们党的几次全国代表大会上多次给予明确肯定，但在实际工作中如何引导，怎样引导，如何监督，怎样监督，一直没能很好解决，与党和人民的要求还有很大距离。

　　三是机制问题。改革开放30年，我国传媒体制改革实现了根本性转变，这种转变伴随市场化、城市化、国际化快步推进。诚然，传媒领域的一些阶段性特征、结构性问题也以各种形式出现。从总体上说，中国传媒市场依然存在着"增长与发展不对称"的非均衡现象，且不同程度地影响着中国传媒市场的可持续发展。近年来，中国传媒始终是沿着两条途径不断推进，其一是市场经济体制推动媒体进入市场，这对媒体来说是一种被动的体制转型；其二是媒体内部的改革（如广州地区的媒体改革）又推动了媒介市场的完善，这是一种主动适应和改造。从政府推动改革到媒体主动要求改革，呈现出一种"市场驱动（外部助推）—内核变革（自身需求）"的变化态势。而这样一种态势的最终目的是，体制转型与结构转化的依存、交叉、互动，构成了中国传媒事业发展的"异质性"结构特征：其一，在体制转型方面，市场化改革将面临政治体制改革等其他因素制约，将面临持续深化的内部需求；其二，在结构转化方面，会不断呈现一个"总量飞速增长"与"结构性问题突出"的两难境地。体制转型凸显的是市场意义，而结构转化使新闻传媒在机制、体制方面的问题更加突出。中国传媒发展的实

①《"三项学习教育"活动新闻媒体负责人培训班材料汇编》，学习出版社，2004年，第20页。

践告诉我们,中国传媒的"中国特色"还会长期持久地发展下去,在体制转型和结构转化的双轮驱动下,这种发展的特点:一是体现了一种中国传媒依附经济发展的共时性;二是体现了一种在不同路径发展过程中的历时性;三是体现了一种在不同结构转换过程中的交互性、制约性和共同促进性,而舆论环境必须基于这个基础。

技术层面,主要是新媒体、媒体策划和传播价值的最大化问题。

新媒体的加入使我们对物质世界和现实生活,以至"存在决定意识",都面临一种新的挑战和新的认识,尤其是网络事件的不断出现,使得当下舆论环境更难把握。

新闻策划是从技术层面实施舆论引导的重要方法和路径。新闻策划实际上是一个"源"与"传"的有效性问题。在新闻传媒竞争日益激烈的今天,新闻策划越来越受到媒体关注,其重视程度可以说是"前所未有"。没有新闻策划就没有新闻精品,已经成为新闻界的共识。一般讲,新闻策划要有四个重要环节和三个意识,即调查研究是基础,创新思维是关键,找准选题是突破,社会效果是目的,以及开阔的大局意识,强烈的问题意识和独特的认知价值。新闻策划着力于三大块,策划人、策划事、策划文。所谓人,就是名人、要人、有争议的人。所谓事,即大事、大情、大理。所谓文,就是美文、美图、耐欣赏。凡是成功的策划,都是人、事、文的完美统一,都是以扎实的调查研究为基础的,没有调查研究就没有发言权,没有调查研究就不可能发现并提出好的选题。新闻策划是创造性劳动,它不是一般的工作计划或盘算,新闻策划一定要有创造性思维,而这种创造性思维不仅表现在你的立意上,同时也反映在你的传播形式上。在新闻策划的过程中,一定要考虑社会效果,必须注重社会效益。成功的新闻舆论引导,一定是成功的新闻策划。

传播效果最大化。舆论引导是一个目的与效果的有效统一,成功的舆论引导一定要考虑传播效果最大化。对舆论引导的有效性要有新思维,比如从过去的主体(引导者)与客体(被引导者)的对抗性转变为非对抗性,转变为共赢;从过去只注重引导者的初始目的,转到注重过程与目的的高度一致性;从过去的单向引导,到现在的双向互动,共同引导。

新闻舆论亚内核系统的三个层面,是一个协调的系统架构,理念层面体现价值诉求,实际上是为谁服务和遵循规律的问题;制度层面是新闻舆论引导和新闻舆论监督,如何按规范办事,是合法性的问题;技术层面实际上是一个有效引导和效果最大化问题。尊重规律、依法办事、效果最大化,三者有机统一,就可以实现新闻舆论引导的新境界。

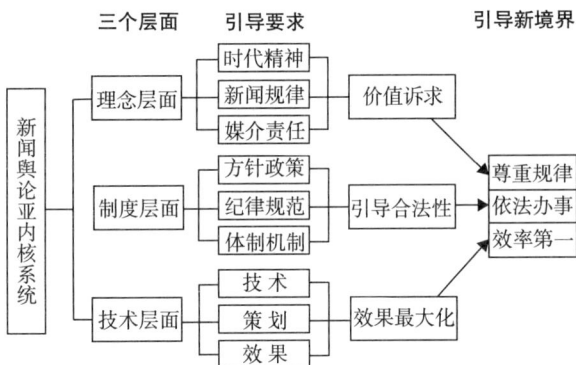

图 2　新闻舆论引导的亚内核系统结构模型

新闻舆论引导的新境界,关键是看亚内核系统如何实现各要素之间的互动优化。

其一,两个舆论圈共振的优化原则。在两个舆论圈共振、优化方面,由于西强我弱的格局没有根本变化,以往国内国际两个舆论圈大都是背反的,没有什么交互,更谈不到上重叠、共振和优化。改革开放,特别是加入 WTO 之后,中国传媒必须融入国际大环境,中国传媒要在国际上有自己的声音,让世界了解中国,让中国知道世界,这为两个舆论圈的交互与共振提供可能。2008 年的汶川大地震以及北京奥运会的成功报道,就是这种国际、国内两个舆论圈交互、共振和优化的成功范例。在国内舆论方面一般有个舆论圈,一是主流媒体舆论圈,二是以网络等新媒体为主要载体的公众舆论圈。

其二,舆论监督的新境界要实现两个最大。一是在导向正确的前提下实现效果最大化,这样一种最大化就是利党利国利民的最大化,就是针对性、实效性的最大化,公信力、影响力的最大化,传统媒体与新媒体力量合作的最大化。二是主流媒体与非主流媒体合作中的政府意志和民众意愿的一致性,是两种利益的"最大公约数"。主流媒体要和非主流媒体合作共赢,"主"不是自封的,是在合作中自然形成的一种权威性性、公信力,实际上是两个舆论能力的集约性。在当下,这种集约力受到来自公众舆论以及公众时代舆论勃兴的影响。美国的尼葛洛庞帝在其《数字化生存》中强调,"我们无法否定数字化时代的存在,也无法阻止数字化时代的前进,就像我们无法抗拒大自然的力量一样"①。他甚至指出,"数字化生存有四个强有力的特质,将会为其带来最后的

---

① 〔美〕尼葛洛庞帝著,胡泳等译:《数字化生存》,海南出版社,1997 年,第 269 页。

胜利。这四个特质是：分散权力、全球化、追求和谐和赋予权力"①。而这四个特质，集中到一点就是一种政治效应。葛玮曾这样论述公众时代蓬勃兴起的公共舆论的"政治效应"②的特点：一是舆论活动从相对平衡到非常活跃；二是舆论价值从单一价值到多元价值；三是舆论结构从相对简单到日益复杂；四是舆论发展从无限到有限发展；五是舆论影响从小范围覆盖到大范围覆盖；六是舆论管理从相对容易到越来越难。他认为，这样一种公众舆论给公共权力亦造成压力和活力，当汹涌的舆论大潮向政治权威扑面而来，越来越碎片化的公众舆论包围着政府，形成压抑的、质疑的、批评不断的"舆论氛围"，必将影响权力机关的公正权威，影响权力主体的正常运行。这意味着公众政治参与的意愿越来越强，给社会管理带来压力越来越大，也对传统政府社会管理的理念、制度、组织、方法带来极大的挑战和冲击。如果政府不能够从传统的思维方式中走出来，形成适应时代要求的战略和策略，而继续延用大众社会的舆论视角、思路和办法，必将承受巨大的压力③。我们把这种集约化的舆论引导力用下面的一个累加表示：

$$\sum_{i=1}^{n} k_i = 1$$

我们用"1"表示社会在比较平衡状态下舆论引导力的最大值，以 k_1、k_2、k_3……k_n 分别表示来自社会各方面的经济、政治、文化等社会诸要素在"1"中所占的比例。这里的"1"，实际上就是

①〔美〕尼葛洛庞帝著，胡泳等译：《数字化生存》，海南出版社，1997年，第269页。

②转引自葛玮：《公众崛起：社会治理的新环境》，《理论学刊》2009年第6期。

③转引自葛玮：《公众崛起：社会治理的新环境》，《理论学刊》2009年第6期。

一个累加的集约力。当我们这个社会遇到一些不安定因素时,舆论引导这个集约力就会呈下面的样子:

$$\sum_{i=1}^{n} k_i \leqslant 1$$

此时就需要向舆论生态系统注入"必要功能"c_i,以通过改变舆论引导力中的协调作用,促进社会和谐。这样公式就变成:

$$\sum_{i=1}^{n} (k_i + c_i) = 1$$

当 $c_i = 0$ 时,表示 k_i 不需要注入"必要功能",那这个舆论引导力就是有保证的,是"1"。当 $0 < c_i < 1$ 时,表示 k_i 要注入"必要功能",以形成有影响力的舆论引导,促进社会和谐,这种和谐的最主要标志,即政府与公民利益的共享性,也即形成一种政府与民意在利益诉求实现方面的"最大公约数",而这个"最大公约数",就是"让党放心,让人民满意"①。

新闻舆论引导,是治党治国治军的大道理,是提高我们党执政能力的重要内容。党中央高度重视舆论建设,一直强调要为推动社会又好又快发展提供有力支持,特别是要兼顾国内和国际两个大局的舆论氛围,即为加强社会主义核心价值体系宣传,巩固壮大主流思想舆论,维护社会稳定营造良好的舆论氛围,为加强改进对外宣传营造国际舆论环境,任重道远。作为一种尝试,本文提出舆论引导的新境界并建构一个由三个层面九个要素组成的亚内核生态模型(图3)。

① 引自 2008 年 6 月 20 日胡锦涛在人民日报社的讲话。

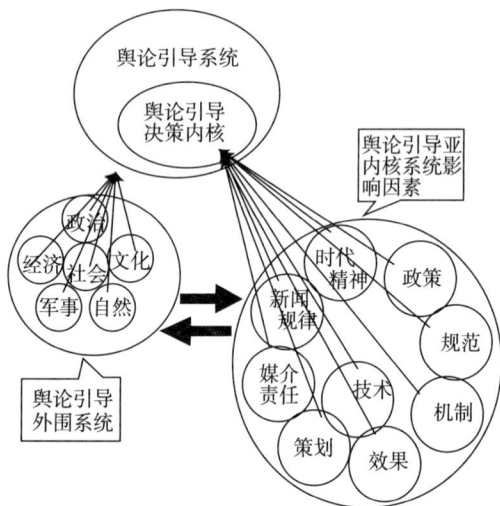

图4　新闻舆论引导内生态系统互动图

图 3　新闻舆论引导内生态系统互动图

在这个模型中,外围系统作用于舆论引导的亚内核系统,亚内核系统直接作用于舆论引导的内核决策者,内、外系统互动。通过优化新闻舆论亚内核系统中的理念、制度及实施路径,实现各种积极力量的集约化效应,提高舆论引导的规律意识,依法办事的科学素养,传播价值最大化的效率诉求,把我国的新闻舆论引导提高到一个新境界,为夺取全面建设小康社会新胜利,推动中华民族伟大复兴作出应有贡献。

原载于《现代传播》2010 年第 3 期

中国共产党 90 年新闻思想
自觉与新闻实践新境界

历史铸成这样一个事实:讲中国的社会主义革命与建设,不可不讲中国共产党 90 年新闻思想与新闻实践。历史已经证明,没有有效的新闻传播,我们既不可能夺取政权,也不可能维护好政权、建设好政权。中国共产党 90 年新闻历程,始终坚持以党性原则为主要特色的马克思主义新闻观,坚持理论联系实际,走出了一条起承转合的实践之路,不断由"思想自觉"推动"理论自觉",进而实现"规律自觉"的新闻实践新境界。认真总结建党 90 年来的新闻思想与新闻实践,对于全面建设小康社会,实现中华民族文化的伟大复兴,不仅有深远的历史意义和重要的理论价值,同时也具有重要的现实意义和实践价值。

一、坚持马克思主义新闻观,
走出了一条起承转合的探索之路

马克思主义新闻观的主旨,说到底是它的党性原则,且充分体现在新闻宣传与建党目的、建党使命等方面。把新闻宣传与建党融为一体,是马克思主义创始人最早的党刊目的,恩格斯在《共产主义者和卡尔·海因岑》中指出:"党刊的任务是什么呢? 首先是组织讨论,论证、阐发和捍卫党的要求,驳斥和推翻敌对党的妄想和论断……人民只要不掌握政权就不可能改善自己的处境。"①

1901年5月,列宁为《火星报》第4号写的社论中,明确提出建立全俄马克思主义政党的计划,而创办一个全俄战斗的政治机关报是这个计划的"第一步"。他指出:"没有政治机关报,就不可能称得上政治运动的运动。没有政治机关报,就绝对不能实现我们的任务——把一切政治上不满的进行反抗的分子集合起来,用他们来壮大无产阶级的革命运动。""报纸的作用并不限于传播思想,进行政治教育和吸引政治同盟军。报纸不仅是集体的宣传员和集体的鼓动员,而且是集体的组织者。"②

媒体作为政党建设的一个重要内容,也一直为中国共产党人所遵循和重视。中国共产党创办的第一份党报是由蔡和森主编,于1922年9月13日创刊的《向导》,此前还有一份由李达主编的《共产党》月刊。就目前资料看,《向导》前后历时近5年,共出版201期。《向导》从创办始,就紧紧围绕党的中心工作,宣传中国共产党的路线、方针、政策,指导中国工人阶级的革命运动。早期中国共产党的新闻思想集中体现在毛泽东、蔡和森、恽代英、萧楚女和瞿秋白等人的党报理论方面。毛泽东在《〈政治周报〉发刊理由》一文中明确指出:"为什么出版《政治周报》? 为了革命。为什么要革命? 为了使中华民族得到解放,为了实现人民的统治,为了使人民得到经济的幸福。""'向反革命宣传反攻,以打破反革命宣传',便是《政治周报》的责任。"③中国共产党成立之初的20多

---

①《马克思恩格斯全集》(第4卷),人民出版社,1965年,第300—301页。

②《列宁全集》(第28卷),人民出版社,1959年,第7—8页。

③《毛泽东新闻工作文选》,新华出版社,1983年,第3—5页。

年,党的报刊主要是宣传革命主张,维护党的生存,服务于武装斗争。这一时期的党报思想与主旨,同样也反映在毛泽东1939年在中共中央创办的《共产党人》发刊词中提出的"为了建设一个全国范围的、广大群众性的、思想上政治上组织上完全巩固的布尔什维克化的中国共产党,这样一个刊物是必要的"①。

中国共产党形成比较完备的新闻思想体系与内容,以延安《解放日报》创刊以及后来的《解放日报》改版为典型标志。

新中国成立后,中国共产党新闻宣传的党性原则主要体现在政治家办报、党报"中心"、正确引导舆论等方面,包括理论联系实际、用媒体指导工作的新闻价值诉求等方面。

中国共产党的新闻90年,是一个不断深化思想自觉、理论自觉、规律自觉的90年。90年是一个起承转合的全过程,前30年是"起",其间经历了第一、第二次国内革命战争以及抗日战争、第三次国内革命战争等。延安时期和中华人民共和国成立之初,是这个"起"的两个最重要时期,它基本形成了中国共产党新闻思想的体系架构与核心内容。这一时期中国共产党的新闻思想,一是集中体现在直接继承马克思列宁主义的新闻观等方面②。1942年7月18日,《解放日报》在《把我们的报纸办得更好些》中明确提出,"要彻底实现列宁的指示"。1942年4月1日《解放日报》刊登的《致读者》中明确提出党报的"四项品质",即:第一,贯彻着坚强的党性;第二,密切地与群众联系,反映群众的情绪、生活需求和要求,记载他们可歌可泣的英勇奋斗的事迹,反映他们身受的

①《毛泽东选集》(第1卷),人民出版社,1991年,第602页。

②中国人民大学新闻系:《中国报刊工作文集》(上),中国人民大学新闻系,1962年,第77页。

苦难和惨痛,宣达他们的意见和呼声;第三,洋溢着战斗性;第四,响应党和政府的号召,或者根据党的方针倡导各种群众运动,经常注视和指导运动的展开,具体地帮助各种群众运动和工农大众的斗争。这"四项品质"的提出,充分反映了在革命斗争中我党对新闻宣传工作深刻认识的阶段性理论成果。二是体现在我党进城后的一些新闻宣传理念的转变。这些重要思想和实践为中国共产党夺取政权、建立新中国发挥了重要作用。

自新中国成立至"文化大革命"结束这20多年是"承"。新中国成立后,中国共产党新闻宣传的主要思想集中体现在,一是政治家办报的原则;二是党报"中心"的原则;三是正确引导舆论的原则。这三个原则密切联系实践,指导社会主义建设工作的新闻价值诉求,在第一代中央领导集体中基本上形成共识。这一时期的党报等主流媒体,集中体现了作为执政党的媒体高位主导性和引导性这一特点。

改革开放至21世纪初的20多年是"转"。"转"的最典型特点就是回归新闻的本质属性,从单一的意识形态属性转向意识形态属性和商业属性并存,媒体开始进入市场。从根本上说,这是一次全国范围内的最重要的传媒转型和价值转向,而这种转向是以"从主体本位向受众本位的公共性转向"为主要价值取向与实践归宿,集中体现在宣传与新闻、计划与市场、主体(传者)与客体(受众)三对关系不断博弈的发展中,并以此形成了当代中国传媒波澜壮阔的发展态势。由此,受众本位、服务本位、公共平台、公众舆论、公共精神、舆论监督、信息公开等关键词得以彰显。

21世纪这十年是"和"。特别是党的十六大以后,以胡锦涛为总书记的新一代中央领导集体,对新闻宣传的开放意识,尊重新闻舆论规律,按照新闻传播规律办事的规律意识,以及推动构建和谐社会、实现可持续发展的新闻传播大局观,为构建和谐社会发挥了重要作用。

英国著名学者汤因比,曾形象地把人类历史的前进发展归结为"挑战和应战"的模式,他认为"挑战的严重性达到了最高程度,应战的成功情况也会达到最高点","不仅在一个应战对某一个挑战取得了胜利,而且还在这个应战进一步引起了新的挑战的时候,而且又引起了一次胜利的应战的时候,生长的情况才出现"①。中国共产党90年新闻实践的思想自觉、理论自觉和规律自觉,就是在革命斗争中的不断挑战和应战中逐步升华和超越自我的。

二、中国共产党90年历程中的
六次主要新闻思想自觉

历史地去看中国共产党新闻90年的非凡历程,我以为其间有六次主要的新闻思想自觉。

第一次思想自觉是在延安整风背景下,以延安《解放日报》改版为主要内容的党报改革。在延安《解放日报》改版之前的20年中,中国共产党的新闻传播机制、体系与机构,大都是区隔的、零散的,有时甚至是间断的,它只是简单地服务于战争需要,根本谈不上一个完整的思想体系。或者说,党的第一代中央领导集体还没有顾得上整体考虑新闻传播的问题。长征结束到达陕北,革命根据地相对稳定和巩固,新闻媒体作为夺取政权和巩固政权的重

---

① 〔英〕阿诺德·约瑟夫·汤因比著,曹未风等译:《历史研究》(上),上海人民出版社,1986年,第181、318页。

要工具被提到议程。基于这样的背景,1941 年 5 月 16 日,在延安创办了根据地第一张大型党中央机关报《解放日报》。延安整风是中国共产党在全党范围内进行的一次以反对主观主义整顿学风、反对宗派主义整顿党风、反对党八股整顿文风为内容的整风运动,其核心是反对主观主义,而作为党中央机关报的《解放日报》自然要走在前面。1942 年 4 月 1 日,《解放日报》在中共中央的指导下实行改版。

以《解放日报》改版为主要内容的这次思想自觉,其目的是要解决一个真正的党的机关报的问题,"就是要使《解放日报》能够成为真正战斗的党的机关报。要达到这一目的的主要的环节,就是要使我们整个篇幅贯彻党的路线,反映群众情况,加强思想斗争,帮助全党工作的改进。这样来贯彻我们报纸的党性、群众性、战斗性和组织性"①。随着整风运动的深入,《解放日报》又提出了"全党办报"的主张与方针。这次思想自觉的一个重要成果,是1943 年 9 月 1 日陆定一发表在《解放日报》上的《我们对于新闻学的基本观点》。这篇文章用辩证唯物主义的观点、方法,深刻阐述了中国共产党新闻思想的多个基本问题。文章对"新闻"作出明确界定:"新闻的定义,就是新近发生的事实的报道。"除此,文章还论述了"新闻如何能真实";新闻"五要素";加强新闻工作者的党性修养,确立"人民公仆"的思想;坚持"政治第一,技术第二"的原则,反对"技术第一,政治第二"的观点;反对党八股,树立生动活泼的马列主义文风;发扬党报理论与实践相结合、和人民群众紧密地联系在一起以及自我批评的三大作风等内容。

第二次思想自觉是新中国成立前后,围绕全国解放、中国共

---

① 《中国共产党新闻工作文件汇编》(下),新华出版社,1981 年,第 51—52 页。

产党进城以后如何搞经济建设的中心工作展开的。这次思想自觉主要是基于纠正土地改革宣传中的"左"倾错误开始的，其主要理论内容反映在1948年4月2日毛泽东接见《晋绥日报》编辑部人员的那篇重要讲话，以及后来刘少奇对华北记者团的讲话中。毛泽东在谈话中指出：

> 报纸的作用和力量，就在它能使党的纲领路线，方针政策，工作任务和工作方法，最迅速最广泛地同群众见面。

> 就是要充分地利用报纸。办好报纸，把报纸办得引人入胜，在报纸上正确地宣传党的方针政策，通过报纸加强党和群众的联系，这是党的工作中的一项不可小看的、有重大原则意义的问题。

> 报纸也要靠大家来办，靠全体人民群众来办，靠全党来办，而不能只靠少数人关起门来办。

> 我们党所办的报纸，我们党所进行的一切宣传工作，都应当是生动的，鲜明的，尖锐的，毫不吞吞吐吐。这是我们革命无产阶级应有的战斗风格。我们要教育人民认识真理，要动员人民起来为解放自己而斗争，就需要这种战斗的风格。①

刘少奇在对华北记者团的讲话中强调：

> 新闻工作的影响是很大的。你们的工作做得好，就很好；做得不好，就要受历史的处罚。

> 报纸要能够密切联系群众，那是很好的；但是，如果给群众以错误的东西……就要犯大的错误。因此，报纸工作如果做不好，就是最厉害的脱离群众，就会发生很危险的情况。②

---

① 《毛泽东选集》（第4卷），人民出版社，1981年，第1318—1322页。
② 《刘少奇文集》（上），人民出版社，1985年，第396—407页。

　　刘少奇还对新闻工作者提出了要有正确的态度、必须独立地做相当艰苦的工作、要有马列主义修养、要熟悉党的路线和政策等四条要求。刘少奇的这篇重要讲话，充分论述了党报与群众的关系，党报要成为联系人民群众的桥梁。

　　自 1948 年下半年起，中共中央、中央宣传部、新华社总社根据党的中心工作的转移情况，陆续发出一系列有关城市新闻工作方针的指示与决定。1949 年，毛泽东在七届二中全会上明确指出，"从我们接管城市的第一天起，我们的眼睛就要向着这个城市的生产事业的恢复和发展"，城市中其他的工作，包括报纸、通讯社、广播电台的工作，"都是围绕着生产建设这一个中心工作并为这个中心工作服务的"①。1949 年 10 月 30 日，中共中央宣传部和新华通讯社就中央人民政府成立后，宣传工作中应注意的事项向新华社各分社和各地党报发出指示："各地中国共产党报的社论、论文和新闻标语，也要注意不再用行政命令的态度和口气，而应该用号召、建议和商讨的态度和口气。报纸用行政命令的态度和口气，不仅现在是错误的，就是过去也是不对的。"②

　　积极开展批评与自我批评，也是新中国成立初期新闻工作的一大特色。1950 年 4 月 19 日，中共中央颁发了《关于在报纸刊物上展开批评和自我批评的决定》。该决定从政权建设的高度指出："如果我们……不能公开地及时地在全党和广大人民中展开批评与自我批评，我们就要被严重的官僚主义所毒害，不能完成新中国的建设任务。"因此，中共中央特决定："在一切公开的场合，在人民群众中，特别在报纸刊物上展开对于我们工作中一切

①《毛泽东选集》（第 4 卷），人民出版社，1991 年，第 1428 页。
②《中国共产党新闻工作文件汇编》（上），新华出版社，1981 年，第 324 页。

错误和缺点的批评与自我批评。"实行批评独立与责任独立相统一的原则,把报刊独立进行批评的权力和独立的责任统一起来:"在今后,报纸刊物的人员对于自己不能决定真伪的批评仍然可以而且应当征求有关部门的意见,但是只要报纸刊物确认这种批评基本上是正确的,即令并未征求或并未征得被批评者的同意,仍然应当负责加以发表。""凡在报纸刊物上公布的批评,都由报纸刊物的记者和编辑负独立的责任。"①

在这次思想自觉中,邓小平强调的党报中心工作思想也非常重要。1950 年 5 月 16 日,邓小平在西南区新闻工作会议上说:"报纸要结合实际,结合当时当地的中心任务……时时和领导取得联系,根据本地当前任务的变化,随时调整自己的报道方针。""拿笔有多种。党和政府写决议、指示、计划,发电报,这是很重要的,但指示、电报只能传达到一定范围的干部。任何政策如果只同干部见面,不同群众见面,是不能发生效果的。拿笔杆子中,作用最广泛的是写文章登在报纸上和出小册子,再就是写好稿子到广播电台去广播。出报纸、办广播、出刊物和小册子,而又能做到密切联系实际,紧密结合中心任务,这在贯彻实现领导意图上,就比其他方法更有效、更广泛,作用大得多。"②

第三次思想自觉是围绕 1956 年的《人民日报》改版进行的。这次《人民日报》改版的背景主要是 1954 年以后,新闻界学习苏联新闻工作经验,《人民日报》全面模仿《真理报》,以致在工作中形成新的教条主义。比如,片面强调"为没有错误的报纸而奋斗"等,致使报纸单调、呆板。

---

①《中国共产党新闻工作文件汇编》(中),新华出版社,1981 年,第 5—6 页。
②《邓小平文选》(第 1 卷),人民出版社,1989 年,第 145—146 页。

　　上述现象,引起广大读者不满,也引起毛泽东、刘少奇等人的关注。1955年12月,毛泽东在《合作社的政治工作》的按语中批评说:"我们的许多同志,在写文章的时候,十分爱好党八股,不生动,不形象,使人看了头痛。""哪一年能使我们少看一点令人头痛的党八股呢?"①这话虽不专指《人民日报》上的内容,但却反映了毛泽东对文风的基本态度。1956年4月25日,毛泽东在中共中央政治局扩大会议上作了《论十大关系》的报告,总结了社会主义革命与建设的经验教训,深刻分析了学习苏联经验过程中出现的弊端。他指出:"我们的方针是,一切民族、一切国家的长处都要学,政治、经济、科学、技术、文化、艺术的一切真正好的东西都要学。但是,必须有分析有批判地学,不能盲目地学,不能一切照抄,机械搬运。他们的短处、缺点,当然不要学。""对于苏联和其他社会主义国家的经验,也应当采取这样的态度。过去我们一些人不清楚,人家的短处也去学。"②毛泽东的这一讲话精神,也为后来的《人民日报》改版奠定了思想基础。1956年6月19日,刘少奇召集中央分管宣传工作的胡乔木和新华社负责人谈话,明确指出:"不分好坏,不看条件,一律接收,一律学习,一律照办,就是教条主义,就是盲从,就是迷信。在我们的同志中间要破除迷信。""我们的新闻报道,学习塔斯社的新闻格式,死板得很,毫无活泼……我们不能学这种党八股。"③

　　以1956年《人民日报》改版为主要内容的这次思想自觉,其主要精神内容反映在中共中央于1956年8月1日批转的《人民日

①《毛泽东新闻工作文选》,新华出版社,1983年,第180页。
②《建国以来毛泽东文稿》(第6册),中央文献出版社,1992年,第102页。
③《中国共产党新闻工作文件汇编》(下),新华出版社,1981年,第359页。

报》的改版报告中。文件还特别就报纸上展开自由讨论指出："为了便于今后在报纸上展开各种意见的讨论,《人民日报》应该强调它是党中央的机关报又是人民的报纸。过去有种论调说:'《人民日报》的一字一词都必须代表中央','报上发表的言论都必须完全正确,连读者来信也必须完全正确'。这些论调显然是不实际的,因为这不仅在事实上办不到,而且对于我们党的政治影响也不好。今后《人民日报》发表的文章,除了少数的中央负责同志的文章和少数的社论以外,一般地可以不代表党中央的意见;而且可以允许一些作者在《人民日报》上发表同我们共产党人的见解相反的文章。这样做就会使思想界更加活泼,使马克思主义的真理愈辩愈明。各级党委今后也要强调地方党报是地方党委的机关报,又是人民的报纸。我们党的各种报纸,都是人民群众的报纸,它们应该发表党的指示,同时尽量反映人民群众的意见;如果片面强调它们是党的机关报,反而容易在宣传上处于被动地位"①,这充分体现了中国共产党对新闻规律的认识态度。

　　第四次思想自觉始于"文化大革命"结束后的1978年,由"实践是检验真理的唯一标准"大讨论引发的思想解放运动。"文化大革命"十年,新闻传媒助纣为虐,成为"四人帮"篡党夺权的舆论工具。粉碎"四人帮"伊始,"左"的思想依然禁锢着人们。1978年3月26日,《人民日报》发表了一组理论文章,其中有一篇短文提出"真理的标准只有一个,就是社会实践"。但这组文章当时并未引起太大反响,不过已经给人们透露出一个解放思想的重要信息。真正在全国掀起轩然大波的,是5月11日在《光明日报》发表的《实践是检验真理的唯一标准》这篇特约评论员文章。自此,

---

①《中国共产党新闻工作文件汇编》(中),新华出版社,1981年,第483页。

一场全国范围内的"真理标准大讨论"全面展开,冲破思想牢笼成为解放思想的最强音。由于这篇文章的强烈针对性,在全国引起很大争论。邓小平对此给予高度关注,他在当年12月13日的中共中央工作会议上,对真理标准大讨论有一段精辟论述:

> 目前进行的关于实践是检验真理的唯一标准问题的讨论,实际上也是要不要解放思想的争论。大家认为进行这个争论很有必要,意义很大。从争论的情况来看,越看越重要。一个党,一个国家,一个民族,如果一切从本本出发,思想僵化,迷信盛行,那它就不能前进,它的生机就停止了,就要亡党亡国。这是毛泽东同志在整风运动中反复讲过的。只有解放思想,坚持实事求是,一切从实际出发,理论联系实际,我们的社会主义现代化建设才能顺利进行,我们党的马列主义、毛泽东思想的理论也才能顺利发展。从这个意义上说,关于真理标准问题的争论,的确是个思想路线问题,是个政治问题,是个关系到党和国家的前途和命运的问题。①

在这样一个大环境下,新闻界又陆续开展了诸如新闻价值问题,新闻的党性、人民性,新闻规律性等诸多问题的讨论。这次思想自觉极大地推动了我国新闻事业的发展。

第五次思想自觉是基于1989年后,对新闻舆论的深刻反省与认识。20世纪90年代,是一个世界范围内的多事之秋,由于"新闻改革"引发舆论失控而导致苏联解体,带给我们深沉的思考。本来,苏联的新闻改革是戈尔巴乔夫推行"民主化""公开性"的重要内容,但由于他的改革偏离了事实,走上否定马克思主义新闻观、否定社会主义制度、否定党的领导、新闻责任缺失的歧

---

① 《邓小平文选》(第2卷),人民出版社,1983年,第143页。

途,为西方意识形态入侵大开方便之门,致使形形色色反苏、反共、反社会主义思潮如洪水猛兽般肆虐。苏联解体后,曾有学者对苏联的新闻改革与丧失政权的过程概括出这样一个模型,即:

新闻改革→媒体放开→外力介入→阴暗面曝光→群众不满情绪积累→反制无力→舆论彻底失控→政权丧失、国家解体

由此可以看出,舆论失控是苏联解体的重要原因之一。

1989 年 11 月,江泽民、李瑞环代表党中央,在中宣部举办的新闻工作研讨班上分别发表了《关于党的新闻工作的几个问题》和《坚持正面宣传为主的方针》的重要讲话。江泽民的讲话重点论述了党的新闻工作的性质、地位与基本方针,突出强调了新闻工作是党的整个事业的重要组成部分,必须坚持党性,要反对所谓人民性高于党性的主张。新闻宣传必须在政治上与党中央保持一致,新闻宣传必须旗帜鲜明、坚持不懈地反对资产阶级自由化。而后,江泽民在多种场合下一再强调,新闻宣传必须把握正确的舆论导向。后来,他又提出了有名的"舆论导向正确,党和人民之福,舆论导向错误,党和人民之祸",对于巩固安定团结的大好形势,推动社会主义现代化建设发挥了重要作用。

第六次思想自觉始于党的十六大后,以尊重舆论宣传规律、按照新闻传播规律办事为特点,集中体现在以"以民为本",以提高舆论引导力为目的,推动构建和谐社会,实现可持续发展的思想自觉的新境界。

2002 年 1 月 11 日,时任中共中央书记处书记的胡锦涛在全国宣传部长会议上提出,"要尊重舆论宣传的规律"。2008 年 1 月 22 日,胡锦涛同全国宣传思想工作会议代表座谈时说,"要坚持高举旗帜、围绕大局、服务人民、改革创新"。2008 年 6 月 20 日,他

在视察人民日报社时又进一步提出,做好新闻宣传工作,关系党和国家工作全局,关系改革和经济社会发展大局,关系国家长治久安。我们要充分认识新闻宣传工作的重大意义,更好地发挥新闻宣传工作在推动经济发展、引导人民思想、培育社会风尚、促进社会和谐等方面的重要作用。他强调,"要把提高舆论引导能力放在突出位置,进行深入研究,拿出切实措施,取得新的成效"。"要坚持用时代要求审视新闻宣传工作,按照新闻传播规律办事,创新观念、创新内容、创新形式、创新方法、创新手段,努力使新闻宣传工作体现时代性、把握规律性、富于创造性,不断提高舆论引导的权威性、公信力、影响力。"2009年10月9日,他在世界媒体峰会开幕式上再次向全世界的新闻媒体说,"要切实承担社会责任,促进新闻信息真实、准确、全面、客观传播","中国政府始终高度重视媒体发展,鼓励和支持中国媒体贴近实际、贴近生活、贴近群众,创新观念、创新内容、创新形式、创新方法、创新手段,增强亲和力、吸引力、感染力,在弘扬社会正气、通达社情民意、引导社会热点、疏导公众情绪、搞好舆论监督和保障人民知情权、参与权、表达权、监督权等方面发挥重要作用"。应当说,自2008年以来胡锦涛三次重要讲话的内容,是对第六次思想自觉内容的高度概括和凝练,特别是他在世界媒体峰会开幕式上的讲话,贯穿了一个完整的思想体系内容。我们可以从三个层次上理解:第一个层次,"贴近实际、贴近生活、贴近群众"是强调了保证新闻源真实的本质问题;第二个层次,"创新观念、创新内容、创新形式、创新方法、创新手段"是一个创新传播途径的系统工程,从观念、内容、形式、方法一直到手段;第三个层次,"增强亲和力、吸引力、感染力,在弘扬社会正气、通达社情民意、引导社会热点、疏导公众情绪、搞好舆论监督和保障人民知情权、参与权、表达权、监督权等方面发挥重要作用",是中国共产党领导下的新闻传播的最终价值诉求。

除此,在第六次思想自觉中还包括以下几个方面的内容:

1."以人为本"始终是一条主线,以贴近实际、贴近生活、贴近群众为切入点,重点解决一个新闻为谁服务的问题。2003 年 3 月 28 日,以胡锦涛为总书记的党中央召开政治局会议,专门研究进一步改进会议和领导同志活动新闻报道的问题,明确指出:"新闻单位要坚持正确的舆论导向,大力宣传党的理论路线方针政策,多报道对工作有指导意义、群众关心的内容,力求准确、鲜明、生动,努力使新闻报道贴近实际、贴近群众、贴近生活,更好地为人民服务、为社会主义服务、为党和国家工作大局服务。"这浓墨重彩地拉开了第六次思想自觉的序幕。紧随其后的是自 2003 年以来在全国范围内开展的新闻战线三项教育活动,立足于社会主义初级阶段这个实际,深入到现实生活中,扎根于群众的丰富内涵,突出了用"三个代表"思想统领新闻宣传的必然要求。

2.突出"高举旗帜、围绕大局、服务人民、改革创新"十六字方针的总要求。这是第六次思想自觉的普遍要求。旗帜问题至关重要,围绕大局就是国家意识。胡锦涛一再强调,"宣传思想工作是党和国家工作的重要组成部分,在中国特色社会主义事业全局中具有重要地位,发挥着不可替代的作用"。"重要地位"和"不可替代",决定了新闻媒体的国家意识和执政党的媒体责任。

3.不断把提高舆论引导能力放在突出位置。市场经济条件下,媒体的发展已经建立在受众消费与认同的基础上。胡锦涛特别注重要把提高舆论引导能力放在突出位置。为此,他还特别强调要统筹好国际国内两个方面,两个统筹的观点是第一次提出来,充分反映了新一代中央领导集体开阔的国际视野。

三、以舆论监督、信息公开和建构舆论
引导新格局为抓手的新闻实践新境界

自 2003 年以来,在全国媒体界开展的"三项教育学习",促进了中国共产党的理论自觉和规律自觉,而这样一种新闻思想自觉,是以舆论监督制度化、信息公开制度化和建构舆论引导新格局为重要抓手,推进媒体的市场化进程,不断提高理解新闻的新境界,以实现新闻传播的规律自觉。

新闻实践新境界的第一个特点是逐步把舆论监督制度化。自 1987 年党的第十三次全国代表大会提出"舆论监督",即"提高领导机关的开放程度,重大情况让人民知道,重大问题经人民讨论","要通过各种现代化宣传工具,增进对政务和党务活动的报道,发挥舆论监督的作用,支持群众批评工作中的缺点错误"。之后的十四大、十五大、十六大、十七大,都在党的政治报告中一再强调"舆论监督"。但是,真正把舆论监督纳入党的法规,使舆论监督制度化,则是始于 2003 年 12 月,中共中央颁布《中国共产党党内监督条例(试行)》,将"舆论监督"专设一节,明确规定新闻媒体要发挥舆论监督作用,强调党的各级组织要重视和支持舆论监督。2004 年 9 月,中共中央十六届四中全会通过了《中共中央关于加强党的执政能力建设的决定》,在第五项中强调,"加强对权力运行的制约和监督","各级党组织和干部要自觉接受党员和人民群众监督。拓宽和健全监督渠道,把权力运行置于有效的制约和监督之下"。把加强对权力运行的制约和监督提到党的执政能力建设的高度,更加提升和强化了新闻舆论监督的重要意义和作用。2004 年 12 月,中共中央又印发《建立健全教育、制度、监督并

重的惩治和预防腐败体系实施纲要》的通知,再一次将"舆论监督"列入实施纲要"监督"的重要组成部分,把舆论监督问题上升到关系党的生死存亡的高度。

新闻实践新境界的第二个特点是积极推进信息公开制度化。我国的信息公开,以 2003 年的"非典事件"为激发点。当年 5 月 9日,国务院发布《突发公共卫生事件应急条例》,规定国家建立突发事件应急报告和信息发布制度,及时准确、全面地报告和发布突发事件信息,不得隐瞒、缓报、谎报或者授意他人隐瞒、缓报、谎报。《条例》对于突发性公共事件的信息公开提供了法制保障,对当时"非典"的防治工作起到了推动作用。是年 8 月,中共中央发布《关于进一步改进国内突发事件新闻报道工作的意见》,对国内突发事件的公开报道、信息发布等问题作出明确规定,推动了对公众反应强烈的突发事件报道的改革。2007 年 8 月 30 日,十届全国人大常委会第 29 次会议通过了《中华人民共和国突发事件应对法》。该法在二审草案中,删除了有关新闻媒体不得"违规擅自发布"突发事件信息的规定,以立法的形式最大限度地保证了信息发布的畅通与透明,保障了媒体的采访报道权。

新闻实践新境界的第三个特点是打造舆论引导新格局。舆论引导新格局的前提是胡锦涛讲的"当前,世界范围内各种思想文化交流、交融、交锋更加频繁,'西强我弱'的国际舆论格局还没有根本改变,新闻舆论领域的斗争更趋激烈、更趋复杂"。而这样一种格局意识反映在两个方面,一是适应国内外形势变化的对国际国内的两个统筹,二是在国内市场"从社会舆论多层次的实际出发……努力构建定位明确、特色鲜明、功能互补、覆盖广泛的舆论引导新格局"。要架构这样一个新格局,必须重点打造主流媒体,把发展主流媒体作为战略重点。其次是充分认识以互联网为代表的新兴媒体的社会影响力,高度重视互联网的建设,从机制上保证传统主流媒体和网络等新媒体共生共荣。

新闻实践新境界的第四个特点是按照新闻传播规律办事。对新闻传播规律性的认识反映在不断改革创新,增强新闻宣传的针对性和实效性。要不断提高新闻宣传的权威性、公信力、影响力,认真研究各类受众群体的心理特点,议程设置,增加信息透明度等。特别是"要坚持用时代要求审视新闻宣传工作,按照新闻传播规律办事",形成舆论引导新格局,统筹好国际国内两个方面。格局意识和国内国际两个统筹的第一次提出,充分反映了新一代中央领导集体开阔的政治视野和重视新媒体的思想意识。

中国共产党 90 年新闻历程,有时不太重视新闻规律,甚至违背新闻规律。毛泽东在 1955 年写过一篇《驳"舆论一律"》,其中谈到在人民内部是允许舆论不一律的问题,他说,我们的舆论,是一律,又是不一律。1957 年,他在谈到报纸要有领导时又说,"马克思主义是按情况办事的,情况就包括客观效果"。但在后来的"大跃进""文化大革命"中,做了许多违背新闻规律的事,给党的事业造成重大损失。前车之鉴,2002 年,胡锦涛在全国宣传部长会议上提出"要尊重舆论宣传的规律"。2008 年 6 月 20 日,胡锦涛再次明确提出,"按照新闻传播规律办事"。历经 90 年时间历练,中国共产党从忽视、不重视,甚至违背新闻传播规律,到"要尊重舆论宣传的规律",再到"按照新闻传播规律办事",这是自毛泽东、邓小平、江泽民以来,中国共产党最高领导人第一次对新闻规律有如此明确的要求。这是党在新闻宣传指导思想和新闻传播理念上的崭新认识和重大转变,是中国共产党新闻宣传思想的新境界,它突破了以往路线本位的约束框架,实现了由路线本位向规律本位转移的新跨越。

　　在对中国共产党 90 年的新闻实践进行大概梳理后发现,这样一种"思想自觉""理论自觉"和"规律自觉",具有典型的中国经验特色。特别是六次主要的新闻思想自觉,是中国共产党 90 年新闻实践的智慧结晶,只要我们坚持按新闻传播规律办事,坚持中国经验、中国特色,就一定能够在全面建设社会主义小康社会的实践中作出更大贡献。

原载于《社会科学战线》2011 年第 6 期
《中国社会科学文摘》2011 年第 11 期全文转载

什么样的作品、怎样才能获得中国新闻奖

关于什么样的作品才能获中国新闻奖,实际上评选细则对报奖作品的要求已经说得清清楚楚。我以为,中国新闻奖的获奖作品,是对中国问题的中国媒体解读,是一种媒体内容与传播形式的完美呈现,是传播内容和社会效果的有机统一。其媒体类型包括广播、电视、报纸、通讯社、网络等;其呈现体裁有消息、通讯、评论、系列、副刊、图片、访谈、直播、编排(版面)、论文等。对作品的字数、时长等都有具体要求,包括错别字、标点符号、口误等。作为第23届中国新闻奖评委之一,我在今年评审会议上发言时提出,中国新闻奖获奖作品,尤其是一、二等奖,要能成为"范文",像中小学课本一样。此话得到记协主席、中国新闻奖评委会主任田聪明同志和评委们的一致认同。什么样的作品才能获中国新闻奖,我认为概而言之有三。

获奖作品的"四个意识"

一是大局意识。大局意识就是国家意识、全局意识。在今年的获奖作品中,中央电视台的《习近平在参观"复兴之路"展览时强调,承前启后,继往开来,继续朝着中华民族伟大复兴目标奋勇前进》获特别奖。该作品突出彰显了作者的大局意识,形象地展

示了新一届中央领导集体参观"复兴之路"展览的过程和情景,高屋建瓴地阐释了新一届中央领导集体的执政思路和发展理念。作品充分运用习近平总书记7分多钟的同期声,展示了总书记从容大气的风范。其中"空谈误国,实干兴邦"的警句,掷地有声地昭示了实现中华民族伟大复兴,实现"中国梦"的宣言,以同期声的形式完整呈现给观众,给人以极强的视觉震撼力。

二是问题意识。马克思1842年曾说过一句话,人们读报是为了"到报纸上去寻找当代的精神、时代的精神"。好新闻作品一定要回答时代问题,彰显时代特点,留下时代印痕。

江苏电视台电视访谈节目《如何理解"中国式民主"》,取自"时代问答"这一档大型理论访谈栏目。节目邀请马克思主义理论研究和建设工程首席专家、复旦大学副校长林尚立教授做客"时代问答",以时事热点"埃及动乱"开篇,把"世界上究竟有没有一种放之四海而皆准的民主模式"的问题巧妙切入,进而探讨中国民主政治的发展应该选择何种道路,中国特色社会主义民主政治的特点和优势体现在哪里。专家的解答环环相扣、引人入胜,娓娓道来、旁征博引,从国际讲到国内,从历史讲到现实,深入剖析了"中国式民主"的深刻内涵,点评了中国大地上涌现出的各类生动的民主实践,展望了"中国式民主"的发展前景,突出了理论自信、道路自信、制度自信,取得很好的社会效果,受到评委普遍好评。

三是创新意识。创新是出好作品、出精品的不竭源泉。一是形式新。江苏卫视的"新闻眼",坚持"看天下,知冷暖"的理念,内容涵盖新鲜资讯、真情故事、深度解读等方方面面。主持人突出率真的个性,独特解读社会热点话题,运用比较、联想、延展等方法,打破常规编排,创新电视形态,彰显节目个性,推出"微评""新闻显微镜""关键帧""图说天下"等多个特色板块,旁征博引,虚实结合,丝丝入扣,提升了节目的可看性和影响力。二是立意新。苏州台的电视评论《"寒山闻钟"新"官"念　自揽监督网民意》,说的是沧浪医院非法购置带有射线的伽玛刀,引发周边居民集体上街抗议,由政府主办、纪委跟踪督办的网络论坛"寒山闻钟"及时跟进,成功进行舆论监督的事情。作品强调了论坛重建政府与民众间沟通渠道这一事实和意义,不仅如此,论坛还释放出更多正能量,以至直接推动地方性政策法规的出台。而这些成就的背后,是一整套专门解决网友诉求,且高效运转的机制做保障。类似的舆论监督新闻在全国肯定不少,但这个作品能够获奖,全在"立意"上。一是巧寓寒山寺的"钟声",以喻警钟长鸣;二是用"网民意"来喻兼听则明,作品的文气、格调一下子被提升起来了。

四是特色意识。有许多地方媒体一直抱怨它那个地方没有好新闻,没法与中央媒体竞争。其实,古语说,"十步之内,必有芳草",好多好东西出自基层一线,就看你有没有特色意识和敏锐眼光去发现它。江苏省今年是获奖大户,有 6 个一等奖,均是本地特色,但却呈现出全国视野。在今年的获奖作品中,地方好作品可以说是信手拈来。比如:《神舟九号返回舱成功着陆四子王旗草原　三名航天员平安归来》(内蒙古电视台),《山东作家莫言获诺贝尔文学奖》(《大众日报》),《艾山江·买买提:从大学生村官到北京十渡人》(《新疆日报》),《南沙航行日记》(海南台),《共和至玉树:国内首条高速化公路挺进三江源　草皮巧搬家:隧道穿冻土施工无痕迹》(《青海日报》),《马国良:戈壁创业人》(新疆电视台)等,均是由基层媒体人创作的。

获奖作品的着眼点

一、更多关注非事件性新闻

通观这些年来的获奖作品，有两个特点：其一是事件新闻少。第23届中国新闻奖获奖作品中，除北京台的《雨中进行时——7·21北京特大暴雨》大型直播报道外，其他有特色的事件新闻就很少了。其二，非事件性新闻多。比如，今年的《火车站见证兰考经济变迁》《寻找最美乡村教师》《胶囊里的秘密》《雷锋，距离我们并不遥远》《"三西"扶贫记》等，都是非事件性新闻。而非事件性新闻获奖带给我们最重要的启示是，对非事件性新闻报道的精心策划，大有可为。在今天这样一个时代，没有策划就没有精品。非事件性新闻策划，是一种基于发散性思维的预案，是在已知素材前提下有条不紊地策划活动。新闻策划实际上是一个完整的程序和预案，是理性思维与实践活动的高度统一，是预案与结果的有效统一，它实现了新闻传播的价值最大化。诚然，非事件性新闻策划一定要突出大局意识，示范意识，独家特色。这是因为，非事件性新闻策划与事件性新闻比风险小，但是出彩难，因此就更需要有示范意义。

二、要彰显高端、大气

比如，今年获奖的《如何理解"中国式民主"》，集名人名校于一体，林尚立教授是马克思主义理论研究和建设工程首席专家、复旦大学副校长；访谈内容又是高端敏感问题，显然是大手笔。再比如央视的现场直播《东非野生动物大迁徙》，李长春同志和刘云山同志都对其给予高度评价,直播突出了生命礼赞的主题基调,恢宏壮观,荡气回肠,是对"国际题材"进行"中国表达"的有益尝试,产生了重要的"国际影响"。

三、弘扬时代风范、大爱真情

2012年是一个英雄辈出的年代,从哈尔滨最美女教师张丽莉,到杭州"最美司机"吴斌,再到南通优秀青年周江疆,他们的事迹如泣如诉,感动天地。获奖作品里有《我心是海洋——访最美女教师张丽莉》,张丽莉的事迹在全国可以说是妇孺皆知。杭州"最美司机"吴斌,5月29日驾驶大巴在无锡返回杭州的途中,被对向车道飞来的铁块击中腹部,76秒,8个动作,挽救了24名乘客。江苏南通28岁优秀青年周江疆,在山东烟台舍身救人,两次冲进火海的英雄事迹,不仅感动了两座城市,更感动了全国。其实,他是完全可以保全自己生命的,但这个80后小伙子,这个富家子弟,却把生的希望给了他人,用青春诠释了质朴的人生价值诉求。除此,还有老红军余新元,他先后送雷锋、郭明义及自己的老儿子参军,成就了两个伟大的时代英模,是他一生的骄傲,这种巧合背后隐含的是余新元对老红军精神的坚守。

四、共同关注

好新闻作品一定要关注民生,关注社会,关注焦点,剖析热点,解读难点。在今年的获奖作品中,评论:《转变,中国道路的历史性跨越——从十六大到十八大(上)》(《人民日报》),组合报道:《向网络谣言"亮剑"》(《今晚报》),《胶囊里的秘密》(中央电视台),《中国面临的挑战》(上海电视台),《"富豪相亲"浊化社会空气》(《新华日报》),《爱国和害国,只有一步之遥》(《中国青年报》),无一不是体现共同关注的社会民生问题。

获奖作品的内容如何体现

一、以小见大,四两拨千斤

面面俱到那是工作报告,不可能成为好新闻作品。好作品一叶知秋,四两拨千斤。扬州电台的广播评论《"一张道歉条",触动了我们什么?》,说的是凌先生和几个朋友吃完饭回到停车点,突然发现自己的宝马车有一道深深的划痕,后视镜也被撞坏了。气恼的凌先生刚要发火,意外地看到前挡风玻璃上贴着一张字条,上面写着:"尊敬的车主,在今天中午的上学途中不小心弄坏了您的车,主要是一划痕及左后视镜,我无法及时赔偿,联系方式如下……"后面还写上了大大的一行"对不起"。冷静下来的凌先生被小孩的举动所感动,这一消息不胫而走。评论最后说:"试想,如果徐砺寒的字条换来的不是车主的感动与宽容,反是家长的赔偿与烦恼,不是社会对诚信少年的赞美,反是旁人取笑的呈堂证供。那么,孩子下次遇到此类事件是原地守候还是溜之大吉,答案将很难预料。诚信美德这一正能量需要家庭的熏陶、学校的培育,同时也需要社会的正向回馈。"这段评论员的话,心平气和,但掷地有声,发人深思。再比如,《临沂大学八位处长辞职当教授》(《光明日报》)、《中共中央党史研究室主任披露七常委参观"复兴之路"出行不封路》(《长江日报》)、《一天陪洗八次澡 迎来送往该改了——来自基层的中国民生见闻》(新华社)等。

二、见事见人，以人领事，以事带人

刘延东同志代表党中央、国务院到哈尔滨亲切看望慰问"最美教师"张丽莉，黑龙江台当晚以此为主要内容制作了一期黑龙江省的新闻联播，编排巧妙，特色突出，画面中有大量同期声。刘延东在告别张丽莉时有一个很平常但不常见的动作，平实感人。刘延东低着头对张丽莉说，"我现在戴口罩，真想亲亲你"，"那就亲亲你的手吧"……说着就把张丽莉的手送上自己的面颊。而此时激动不已的张丽莉接过话茬说："你好年轻，好漂亮。"刘延东又接着说："以后你可以叫我姐姐。"精彩的现场同期声，打破了领导人时政活动传统报道的窠臼，随后的报道也都洋溢着浓浓的人文情结。好新闻作品，一定要见事见人，以人领事，以事带人，绝不能空对空，大而化之。

最近，我分别在新疆和海南应邀给媒体做讲座，在和媒体同志交流时，常议论这样一个问题："今年还有几个月，明年我们拿什么样的作品去冲击中国新闻奖？"比如在新疆，我以为出好新闻正当其时。恰好那几天习近平主席正在访问中亚四国，重提丝绸之路，提议共建"丝绸之路经济带"。我国周边形势，彰显新疆周边地区的特殊重要位置。在这里，问题意识就显得特别重要，我以为新疆的就是全国的。比如，可不可以搞一个"丝绸之路"升级版的系列报道，涉及丝路文化，丝路经济，丝路风情？也可以搞《共建"丝绸之路经济带"：你准备好了吗？》系列访谈，包括中亚四国周边行，通过对丝绸之路沿线有关国家高管的访谈，了解他们对共建"丝绸之路经济带"的看法和理解，也可以对国内相关部门的应对策略进行采访。在这里，新疆地区的地缘优势其他地区不可替代，加之新疆媒体的同志很有智慧，如果早行动早谋划，节目做好了,明年评奖,舍我其谁啊?

在海南,我与朋友们聊到南海问题。恰好中共中央政治局在2013年7月30日刚刚就建设海洋强国问题进行第八次集体学习。习近平在会议上强调,建设海洋强国是中国特色社会主义事业的重要组成部分,是十八大做出的建设海洋强国的重大部署,要进一步关心海洋、认识海洋、经略海洋,推动我国海洋强国建设不断取得新成就。中国工程院院士曾恒一、国家海洋局海洋发展战略研究所研究员高之国就这个问题进行讲解。坚持陆海统筹,坚持走依海富国、以海强国、人海和谐、合作共赢的发展道路。习近平强调,要提高海洋资源开发能力,着力推动海洋经济向质量效益型转变,使海洋产业成为国民经济的支柱产业;要保护海洋生态环境,着力推动海洋开发方式向循环利用型转变;要发展海洋科学技术,着力推动海洋科技向创新引领型转变,重点在深水、绿色、安全的海洋高技术领域取得突破。我以为,这次会议传出的重要信息,尤其是其中"关心海洋、认识海洋、经略海洋""深水、绿色、安全""陆海统筹,依海富国、以海强国、人海和谐、合作共赢"的理念和认识大有文章可做。海南的"三沙卫视"已于今年9月3日正式开播,创造了新的宽阔平台,前景无限。在这样一个大背景下,要报道的题材太多了。包括由南京大学牵头,协同中国南海研究院、海军指挥学院、中国人民大学、四川大学、中国社科院边疆史地中心、中科院地理资源所等科研单位,组建的全国首批"2011计划"14个中心之一的"中国南海研究协同创新中心",可以深度报道的东西很多,恰逢其时。

"2011计划"是继"211""985"之后第三个体现国家意志的战略性计划,支持力度大,要求高。首批全国有4个"2011计划"国家协同创新中心,包含了科学前沿、文化传承、行业产业和区域发展四大类,研究内容涵盖了量子物理、化学化工、生物医药、航空航天、轨道交通、新型材料、纳米科技、现代农业以及司法文明、海洋权益等各个领域。这些研究方向体现了我国的重大需求,也是参与国际前沿竞争的需要。而涉及海洋的目前只有"中国南海研究协同创新中心",把这个中心宣传好,占尽天时、地利、人和诸多有利条件。这种地缘优势和科研优势也是其他地区不可比拟的,南海的就是国家的。

因此,我觉得当下开放发展的国际国内形势,为媒体提供了大有作为的实践内容和机遇,可遇而不可求。

概言之,中国新闻奖的获得,不能靠急功近利,要靠平时的养成。好作品,新闻精品,一定是区域特色与新闻人智慧的经典合作。在新闻人的人文素养和业务素养方面,功夫在诗外。比如,我们在六个方面要强化自己:丰厚的文化底蕴(多读书,不能没有文化);执着的职业理想(有追求,不怕吃苦受累);着迷的新闻敏感(有智慧,充满着好奇心);快捷的写作速度(能即兴运笔,倚马可待);开阔的政治胸襟(有大家风范,举重若轻);虔诚的仁爱之心(要爱人,爱家,爱祖国)等。只要我们坚持三贴近原则,勤勤恳恳,假以时日,写出获奖的好作品,就是水到渠成的事了。

原载于《中国记者》2013 年第 12 期

非均衡条件下的中国藏语媒体发展问题研究

我国藏区解放 60 年来的前半段，藏区新闻传媒的价值取向主要是作为执政党领导的媒介形式出现的，彰显百万农奴翻身得解放，当家做主人的世纪之变。这样一种机制，集中体现了一种主流媒体高位主导的特点，这对推动藏区跨越式发展、促进民族团结，作出过重要贡献。改革开放 30 多年来，我国藏区新闻传媒发生了巨大的变化，但对这方面的系统性研究尚显欠缺。概而言之，定性套话多，定量分析少；空泛议论多，理论原创少，鲜有对当下我国藏区新闻传媒的影响力问题做出透彻论述的成果。中国藏区新闻传媒 30 多年来的巨大变化，从根本上说是一次全藏区范围内的最重要的价值转向，而这种价值转向是以藏区经济建设和社会发展为其主要价值取向与实践归宿的。但由于藏区与内地经济社会发展的差距和文化环境差异，致使这种转向要比我国其他地区尤其是中东部地区缓慢得多，这集中表现在非均衡条件下的经济落后与媒体快速发展、国家需要与市场引导、新型媒体与传统媒体、民族文化传承与大文化融合、艰苦条件与留住人才等突出问题，并以此形成了当代中国藏区新闻传媒的诸多非均衡困顿现象。破解藏区新闻媒体的困境，必须有大智慧、大格局、大宣传，要五省区藏区优势共享，要有"同期声""大合唱"，在特色中突出共享，在共享中彰显特色。同时要建立一个富有民族特色且具备一种自我调节、自我完善功能的藏区新闻媒体舆论引导体系。

一、目前藏区新闻传媒的非均衡问题

1. 经济落后与新闻媒体快速发展

我国西藏、青海、甘南、川西、川北、云南等藏区地广人稀,藏族同胞大约 600 多万人口,主要居住地占近 1/4 国土面积,但是经济发展总量小,单位经济水平低。仅以西藏地区为例,全自治区有 290 万人口,2012 年的 GDP 不足 695.58 亿元(2008 年为 342.19 亿元),尽管发展速度已经很快,4 年翻了一番,但这样的经济规模和产值总量,仍然不能给新闻传媒业以更大支持。《西藏商报》作为西藏唯一的都市类报纸,每期发行量仅为 1.7 万份;自治区党委机关报《西藏日报》,每期发行总量为 5.7 万份,其中包括汉文版、藏文版,其单语种报纸的发行量也没有逾越 3 万份门槛;其他报刊的发行量大都在 1 万份以内,如《山南报》1 万份,是西藏地市级报纸中发行量最大的。在广告方面,即使是像《西藏日报》这样的报纸,年广告收入也不过 600 万元左右,而其他藏文报刊则基本上没有广告。因此,藏语新闻媒体的正常运作经费几乎全部靠国家全额拨款。这样一种运行模式,除了每个人的人头费,即使是藏区的人员经费已经有了很大的扶持倾斜,但相对于我国中东部发达地区来说,仍然偏少很多,藏语媒体从业人员工资普遍偏低。

与此同时,新媒体的发展也受到经费困境的制约。中国藏族网通(www.tibet3.com)是在上级主管部委及青海省委省政府大力支持下,于 2006 年 6 月 29 日正式开通运行的。按照建设规划,一期建设达到可运作水平;二期建设达到日发布信息量 5000 条,日访问量 1000 万次,可支持 1 万人同时在线;三期最终建成大型藏文新闻综合门户网站。目前运行的前两期工程基本满足了建设规划要求,能够按时发布相关新闻信息,供网民上网查询浏览。中国藏族网通网站基本达到藏语言网络版的技术要求,且日均点击量和访问量也有明显上升,目前日均点击量和访问量保持在 10 万人次左右,最高达到 30 万人次,其中藏文网页点击量最高达 17 万人次,受到广大网民的青睐,尤其是藏语新闻、藏族音乐、藏族文化和宗教哲学浏览量倍增。但中国藏族网通目前面临三大瓶颈。一是体制瓶颈。中国藏族网通是由青海日报社主管主办的民族新闻网站,人力成本、运营成本全部依靠自筹解决。目前网站的事业编制尚未解决,大部分工作人员靠社会招聘。加之青海日报社目前还在负债运营阶段,对网站的支持已呈难以为继之势。二是资金瓶颈。网站建设是一项高投入的项目工程,要求技术含量和硬件设备配置高。就目前网站运营情况来看,仅靠青海日报社自身的资金能力,很难在较短的时间内解决在建项目工程中更新设备配置,提高技术含量的问题,无法实现网站建设的预期目标。三是人才瓶颈。依据网站特点,熟练掌握藏、汉语或藏、英语或汉、英语的编采人员远远不能满足发展的需要。实际上,许多报纸也都有这样的困惑,在社会舆论场中被"边缘化"。

2. 国家需要与市场引导

长期以来,由于藏区的特殊任务和社会环境,使得这些地区一直处于反分裂、反渗透的前沿,这是国家大计、民族大计之需,是藏区新闻媒体一项重大的政治任务,他们肩负着用马克思主义思想引导多元、多样、多变的社会思潮的重任,是反分裂斗争的中坚力量。多年来,我国藏区新闻媒体为了宣传藏区的发展与稳定,始终坚持把社会效益放在第一位,追求社会效益最大化。在国家和西藏等五省区地方政府的大力支持下,《人民日报》藏文版每天向西藏和四省藏区行政村、基层教学点、寺庙免费赠阅近5万份;《西藏日报》(藏文版)、《青海藏文报》《甘南日报》(藏文版)、《阿坝日报》(藏文版)、《甘孜日报》(藏文版)等藏文报,几乎都是向农牧区、寺庙、学校免费赠阅。除此,像西藏地区的《高原新农村》杂志每期向农牧区免费赠阅1万份;《西藏日报》《西藏商报》数字报免费向网民开放;《西藏法制报》藏文报也将免费进入行政村和学校、寺庙。

在这样一种媒介生存环境和媒体运行模式下,藏区新闻媒体还不能像中东部发达地区那样,运用经济发达和市场经济的政策养活自己。这不仅因为藏区新闻媒体的受众不一样,且媒体的宣传任务、政治责任和生存环境都大相径庭。此外,市场经济的土质还很贫瘠。尽管藏族地区地大物博,但大多数藏民都在牧区,经济总量少。许多工程都是基本建设,很少有企业主动到藏语媒体投入广告。比如,整个西藏自治区的广告大约有5000万元左右,与内陆发达地区没法比。就报纸的发行来看,作为龙头老大的《西藏日报》汉、藏文两种报纸加起来也不过6万来份,很难吸引广告客户。对东部发达地区,媒体的一个重要属性和功能就是为受众提供消费服务。这种消费涉及信息、文化、娱乐、购物等多方面。但对藏区的媒体而言,除了上述消费以外,更多的是传递党中央的声音,这是由其特殊社会环境和特殊政治任务决定的。在这里,媒介消费处于次要位置,正确的舆论引导、维护民族团结和可持续发展,是最重要的媒体任务,是社会稳定的基本建设。

因此,在我国藏区一个相当长的时间内,不管是传统媒体还是新媒体,媒体走市场这条路暂时是走不通的,这甚至还会经历很长时间。

3. 新型媒体与传统媒体

随着我国藏区社会经济的快速发展和基础设施条件的逐步改善,新型媒体与传统媒体的交互碰撞,给藏区新闻媒体的发展带来很大挑战与机遇。2012年5月,我们通过24部电话调查系统,对拉萨市随机取样获得的521位电话调查对象的问卷数据表明,91.46%的藏区受众能收看到电视信号,57.79%的居住地有广播,且66.58%的受访者家中可以收听广播;分别有81.91%和82.41%的民众所在地能够订阅报纸和杂志。与此同时,新媒体的发展速度更是超乎预料,75.63%的受访者表示在居住地可以上网,85.95%的人拥有手机。与20世纪早些时候他们开始接触报纸、广播、电视等传统媒体相比,他们今天接受新媒体的速度丝毫不亚于东部发达地区。此次调查结果还显示,在报纸、电视、广播和新闻网站等四类媒体中,电视的影响力总值为54.96,位居第一,占总体的60%;广播以18.02的影响力总值列第二,占总体的19.1%;报纸影响力总值为11.65,列第三,占总体的12.7%;新闻网站影响力总值为7.05,占总体的8.2%。上述数据与全国媒体影响力的整体格局相比,新闻网站的影响力份额低于全国水平(10%)。

需要指出的是,这次对拉萨市的电话调查,是一次真正意义上的对藏区藏语媒体影响力的大样本随机抽样调查,充分体现了随机性、客观性、无障碍性等特点。所有参与电话调查的访问者均为南京大学在校的藏族同学,受访的拉萨市民听到来自遥远的藏族学子的乡音,都给予热情配合。样本的分布涉及各个人口统计小组,增强了调查结果的可信度。调查的主要结论呈现:第一,与全国总体媒体格局类似,藏语电视仍然是第一媒体,影响力总体份额高达 60％,但是藏语电视的公信力平均水平较低,仅为 0.64;第二,藏语广播超过藏语报纸居影响力第二位,其影响力份额高达 19.7％,而同期广播在全国媒体的影响力份额仅为 7％,藏语广播的公信力在各类媒体中排名第一,彰显了广播媒体在藏族受众中的影响力的重要性;第三,藏语报纸的影响力低于广播;第四,藏语新闻网站的影响力列最后,但藏语新闻网站的主流人群比率指标居各类媒体之首。

　　与拉萨市不同,在一些边远地区,媒体的困境远不止如此。比如四川的甘孜藏族自治州,报纸覆盖率仅有 1/100,且发行范围集中在政府机关,而牧区、学校、寺院很少及时送达,有效阅读率大打折扣。州县没有自己的广播电视专用传输线路,有线电视覆盖不到 1/50。因此,藏区老百姓看不到、听不到州、县的广播电视节目,而报纸又受到时空条件的限制,甚至成为月报,老百姓不知道州委州政府在干什么,州本地的新型媒体基础薄弱,基本上是空白。甘孜全州仅有的几家网站,大部分停留在有框架没内容的状态,全州至今没有一家机构完备、功能完善的新闻外宣网站。特别是在应对突发事件方面,有时想发声发不了,不想发声时到处乱发声。许多基层领导同志在接受采访时强调,新媒体在当下的新闻宣传中,具有跨时空的便利条件,尤其要把手机报等新媒体像办“村村通”那样去做扎实。在西部欠发达地区,要把解决手机终端问题,作为国家工程来做。

　　从整个藏区来说,受时空影响,传统纸媒已经越来越淡出,而新媒体正以不可阻挡之势雀跃走来。尤其是在应对一些难点、热点、焦点问题方面，或者在应对突发事件时，网络、微博、博客、微信等客户端更是异常活跃，新媒体的异常快速发展不能小视。因此，西部藏区应当采取巩固传统媒体，做强、做大新媒体，使传统媒体的信度和深度与新媒体的广度和速度优势互补，相得益彰。

4. 民族文化传承与大文化融合

藏族地区特殊的文化背景对藏语新闻媒体有直接影响。本次对藏区一般受众进行的入户调查资料显示：藏语媒体和藏族传统文化面临的最大危机是来自汉语媒体等主流文化和以新媒体为代表的现代文化的冲击。汉语媒体以其丰富多彩的内容，热闹的外部世界，开阔的视野冲击着藏语媒体的属地职位，这样一种大趋势不可阻挡。数据表明，就藏区民众接触汉语媒体的时间来看，整体上要少于藏语媒体，且多集中于"半小时以内"和"基本不接触"两个选项；报纸和杂志等纸媒仍然是短时间内较多接触的媒介，选择"半小时以内"阅读报纸和杂志的比例分别是 45.48% 和 23.37%。而电视和网络则是接触时间比较长的媒介，选择每天使用电视和网络 3 小时以上的受访者分别有 13.07% 和 15.07%。而广播依然占据"基本不接触"中 40.45% 的比例。藏区民众对汉语媒体的偏好没有藏语媒体强烈，他们还是更容易亲近本民族语言的媒体。调查发现：阅读藏语报纸的主要目的，一方面是了解社会动态、知悉党和政府相关政策，关注较多的还是"硬新闻"；另一方面，是关注本地藏区发生的新闻。目前，世界正处在一个大发展、大变革、大调整的时期，特别是网络化、数字化以后，媒体格局突破了原先的局限，极大地拓展了公共领域的公共空间。网络催生的这个公共空间，比以往任何时候的公共领域更开放、更透彻、更自由，从现实空间到虚拟空间，把无数草根网民联系在一起,形成了一个既分散又集中,既单一又复杂,虚实结合、超越时空的公共空间。"世界范围的各种思想文化交流更加频繁、更加活跃,开放合作,互利共赢成为国际社会广泛共识,国与国相互联系更加紧密。"①诚如美国著名社会学家罗兰·罗伯森在描述经济全球化影响文化全球化态势时说的,"全球资本主义既促进文化同质性,又促进文化异质性,而且既受到文化同质性制约,又受到文化异质性制约"②。这样一种同质、异质的碰撞与交互所显现出的,依然是西方强势话语权下的一种不对称。

对于我国广大藏区的民众来说,面对国际化和信息化的冲击,他们面临双重压力和挑战,一是要面对来自世界范围内的文化全球化的压力,二是要面对融入民族大家庭所带来的国内主流文化的压力。藏区新闻媒体面临"两种矛盾"和"三个前所未有"的深刻背景,就显得特别突出。两种矛盾,一是藏区人民日益增长的物质文化需求同落后社会生产力之间的主要矛盾;二是各族人民同达赖集团为代表的分裂势力之间的特殊矛盾。三个前所未有是,各种思想文化相互激荡前所未有;人们的思想活动日趋活跃前所未有;人们对精神文化需求的快速增长前所未有。在这样复杂的文化冲突与融合中,藏区民众的媒介接触和使用状况正发生着潜移默化的变化,问卷调查发现:在使用习惯方面,藏区民众媒介使用非常频繁,电视最受欢迎;纸媒的权威性依然受到青睐;网络等新媒体已为广大藏族同胞接受。在使用动机方面,藏区民众更加注重学习比较实用的知识,关注完善自身个体发展,

①《胡锦涛在世界媒体峰会上的致辞》,《人民日报》2009年10月10日。
②〔美〕罗兰·罗伯森著,梁光严译:《全球化:社会理论和全球文化》,上海人民出版社,2000年,第24页。

对媒介功能有更高要求和依赖。在对待汉语媒体和新媒体方面，他们有一种矛盾而复杂的心情，既被深深吸引，又有一种狭隘的民族文化认同感。

5. 艰苦条件与留住人才

为了能真正了解藏语媒体人员的工作学习情况，本次调查重点关注藏语媒体人员的职业稳定程度、职业满意程度、职业保障情况、职业忠诚度、职业道德、工作绩效以及对媒介融合、藏语媒体发展和改革等方面的看法。调查数据主要来自拉萨、西宁、阿坝、日喀则、甘孜、甘南、迪庆7个藏族聚居地的藏语媒体工作人员。本次调查共发放问卷240份，回收有效问卷218份，其中有197名为藏族，回收率为90.83%。218份问卷中，西宁占32.1%、拉萨占21.1%。样本中有135位男性，占61.9%，有83位女性，占38.1%，男女比例约为1.6:1。被调查人员中，35岁以上的中年人占46.3%，其中，年龄在35岁到49岁之间的调查对象有79人，50岁到60岁的调查对象有22人，35岁以下的青年人则占53.7%；其中35岁到25岁的调查对象有85人，25岁以下的调查对象有32人。

从工作单位的分布来看，有39.9%的人在报纸工作，有25.2%和24.3%的人在广播电台和电视台工作，有10人在杂志工作，13人在互联网工作。

调查结果显示，整个藏语新闻媒体从业人员队伍，是一个学历水平整体较高的群体。本科学历有143人，占所有调查对象的66.5%；研究生数量为14人；大专及高中以下学历者有55人，占总体的25.6%。绝大多数的从业者（83.1%）认为，自己所学专业与新闻传播有相关性。因此，从整体来看，藏语媒体从业人员的专业基础是相对不错的。

从调查情况来看他们的工作、生活情况,藏语新闻媒体从业人员在经济收入方面较低,收入在 1500—3000 元和收入在 3000—5000 元的各占 38.6％和 44.2％;收入在 1500 元以下的有 28 人,收入在 5000 元以上的仅有 9 人。藏语新闻媒体从业者的平均收入是 3000 元左右,明显低于全国媒体从业者的 3677 元。在住房条件方面也不是很理想,拥有商品房者数量不多。24.3％的人自行租房居住,有 19.6％和 16.4％的人是单位集资房和福利房,仅有 17.8％的人买了商品房,还有一小部分人目前仍和父母居住在一起或者借住在亲友家中,没有自己的住房。但是,从本次问卷调查总体来看,藏语新闻媒体从业人员的职业忠诚度比较高,有 75.5％的调查对象对自身所从事的职业满意或很满意,有 63.4％的调查对象从事这份职业是为了个人喜好和新闻理想。

由于生活条件等方面的因素影响,藏族地区高学历、高水平的新闻人才缺乏。尽管近些年来藏区的新闻媒体在内地吸引了一些新闻专业人才,当地的高等院校,特别是民族院校也培养、输送了一批新闻专业人才到藏区的新闻媒体工作,其中不少人已成为所在单位的业务骨干,但从总体情况看,目前藏区的新闻专业人才依然紧缺。加之在公务员招聘等方面存在的一些问题,使得当地的一些媒体机构难以引入那些真正需要的新闻专业人才。有些媒体几年进不到大学毕业生,上级部门便要求他们从现有机关人员中调剂。由于找不到适合的人,反而为有关部门塞插无关人员提供了方便。

二、破解难题要有大宣传，大格局，大智慧

我国藏区媒介发展正逢其时，上述困难是前进中的困难，但要真正做好这篇破解难题的文章，需要大宣传，大格局，大智慧，要跨越式，高起点。历史已经证明，新闻传媒事业的发展是紧紧依附于时代的，必须牢固树立大局意识、全局意识、政治意识，着眼于大道理。大局意识、全局意识就是大视野，邓小平曾从政治的高度谈大局，"我这里说的政治，是国内外阶级斗争的大局，是中国人民和世界人民在现实斗争中的根本利益"①。邓小平还讲到"治理国家，这是一个大道理，要管许多小道理"②。今天藏区媒介发展的大局意识，就是2010年1月18日至20日召开的中央第五次西藏工作座谈会议上强调的当前和今后一个时期西藏工作的指导思想中的"一、二、四"，即：一个"中心"，坚持走有西藏特点的发展路子，以经济建设为中心；两件"大事"，紧紧抓住发展和稳定两件大事；四个"确保"，即：确保经济社会跨越式发展，确保国家安全和西藏长治久安，确保各族人民物质文化生活水平不断提高，确保生态环境良好，努力建设团结、民主、富裕、文明、和谐的社会主义新西藏。这一指导思想，同样适用于青海、四川、甘肃、云南等省的其他藏区。冈纳·缪尔达尔的循环累积因果论曾强调，二元经济条件下的区域经济发展轨迹必然是非均衡的，但当经济发展到一定水平时，要防止累积循环因果造成贫富差距的无限扩大，政府必须制定一系列特殊政策来刺激落后地区的发

①《邓小平文选》（第2卷），人民出版社，1994年，第179页。
②《邓小平文选》（第3卷），人民出版社，1994年，第124页。

展,以缩小经济差异。借鉴这一非均衡发展理论的思想,国家应当在多个层面上给予藏区新闻媒体以更大支持。加快我国藏区新闻媒体的快速发展,提高我国藏语新闻媒体的影响力,这是我国少数民族文化建设的重要内容之一。2009 年,《国务院关于进一步繁荣发展少数民族文化事业的若干意见》明确指出:"加大对民族类新闻媒体的扶持力度,加快设备和技术的更新改造,提高信息化水平和传播能力,扩大覆盖面和受益面。对涉及少数民族事务的重大宣传报道活动、少数民族文字重大出版项目,给予重点扶持。"可以说,这为少数民族新闻事业发展提供了大好机遇。中央第五次西藏工作座谈会议还强调,"支持西藏语文书报刊等文化产品的出版和发行","加强党报党刊设备更新改造,支持藏语文音像制品、书报刊等文化产品的出版和改进","逐步实现向少数民族群众和民族地区基层单位免费赠阅宣传党和国家大政方针、传播社会主义核心价值体系、普及科学文化技术知识的图书、报刊和音像制品等出版物"。但从这次大型调查的结果来看,落实情况不容乐观。

1. 大格局、区域化建设

随着互联网等新媒体的出现,媒体格局、舆论格局发生了巨大变化,新闻传播呈现出许多新的特点和规律。藏区新闻界需要顺应当前媒介融合的趋势,立足藏区新闻工作实际,理智分析各自地区当下的新闻传播特点和规律,弄清不同传播媒介的优势与不足,尽快制定新闻业中长期发展规划,要强调大格局、区域化建设。就目前来看,我国藏区的报纸、广播、电视等传统媒体各省区相对独立,电视主要有以"卫藏语"为方言的西藏藏语卫视、以"安多语"为方言的青海藏语卫视、以"康巴语"为方言的康巴藏语卫视等三家。网络等新媒体发展也很不平衡,总体而言,重复建设多,单体能量小。因此,对藏区的媒体来说,特别需要一种集约化的区域化建设,发挥集约效应。比如在报纸的印刷方面,2011年4月27日,云南迪庆藏族自治州在迪庆投资320多万元建成滇西北党报彩印中心,为这一地区的纸媒发展注入活力。彩印中心完全有能力承接西藏昌都地区和四川甘孜地区的一些纸媒印刷任务,大大缩短因远离印点造成的报纸送达滞后问题。就目前看来,三家藏语卫视在人员配备、节目采编、电视剧购买等方面都有一些困难,包括门户网站的建设等方面,五省区藏区有关部门可以实实在在地做一些资源共建共享的事。根据藏区的特点,进一步加强五省区藏区之间的合作,共同开展一些大的选题,精心策划,开展"大合唱""同期声",提高藏区新闻媒体的覆盖率、吸引力和影响力,使藏区新闻传媒获得事半功倍的倍增效应,而不是某一区域的孤军作战。

此外,本地区也可以共享共赢。比如《青海日报》社现有《青海藏文报》(原为双日版,后改为周报,具有60年办报历史)、中国藏族网通(成立于2006年6月29日)、《藏文法制报》(法制类专业报纸,成立于1983年,在安多和康巴方言区内颇有影响)三个藏语文媒体,而且在青海省尚有《藏文科技报》《刚健少年报》和州一级时政类报纸以及《青海藏族教育》《青海群众艺术》等10多种期刊,基本上涵盖了所有使用藏语文的地区,甚至延伸到海外。但是这些媒体至今尚未形成合力,其影响力和传播力大打折扣。究其根由,不外乎体制机制瓶颈(依附于母体,编采人员待遇等)、发展资金瓶颈(资金使用权即中央和地方的专项资金用不到刀刃上)和人才瓶颈(提供事业可持续发展人才支撑)三方面原因,为此,建议整合现有资源,成立《青海日报》社藏语文传播中心。

2. 逐步引入市场机制

我国实行社会主义市场经济以来，极大地推进了我国新闻事业的蓬勃发展。实践证明，集团化运作是新闻传媒业实现规模发展，形成整体效益的有效途径。在国家实施文化产业大发展总体战略的大背景下，尽管藏区的经济基础还比较薄弱，市场化程度还比较低，但这并不影响藏区新闻界创造条件，在一些经济相对发达的地区试点媒介集团化运作和文化产业化发展工作，通过整合媒体现有资源，努力提升自身信息与新闻传播能力。可以先行在部分新闻媒体进行试点，给予优惠政策，探索改革路径，然后再逐步推开。为了使这种试点少走弯路，可以加强内地发达地区的新闻媒体对口援助藏区的力度，以帮助藏区新闻媒体实现跨越式发展。这样一种支援，不仅仅停留在经费、物质、设备、人才等措施中，更重要的是要在媒介经营管理、资本运作等媒介管理的理念上给予扶持。

3. 筑巢引凤，人才强媒

本次大型调查中有一个重要信息，即藏区媒体人才匮乏，尤其是州级新闻媒体。《日喀则日报》整个报社共有 23 人，一线采访的记者只有 3 人，这对满足汉文报周五刊、藏文报周三刊的正常出版非常吃力。日喀则电视台也有类似的情况，仅有 5 个记者。《甘孜日报》一线记者只有 8 人，州电视台一线记者只有 5 人。迪庆州广播电视一共才 15 人。与此同时，藏语媒体管理机构缺失的程度也不容忽视，特别是言论节目上不去。有些重要时事性评论，甚至没有人审稿子。这种审稿人的要求，不仅仅是懂语言，更重要的是政治敏感和政治视野。尤其对多民族地区的少数民族语言作品的管理与审读,很长时间以来就没有解决好。说到底是专门人才,特别是高层次的少数民族新闻人才的专门性培养缺失。

建议实施民族新闻人才培养工程。设立专项基金,通过重点培养、定向培训、对口帮扶等形式,着力培养民族新闻事业的领军人物和专业人才、掌握现代传媒技术的专门人才、懂经营善管理的复合型人才,为民族地区的新闻事业提供坚实的人才保障,由相关部门安排对口帮扶或给予费用支持异地常规培训。要加强对藏语新闻媒体编辑记者的语言培养,拿出专门计划,培养高素质的双语人才。

4. 宗教文化与新闻文化

我们要向世界展示一个多元文化的藏区新闻传媒。藏区传媒的触角、理念与内容应更多展现一个多元文化的融合区域,这里面不应忽视藏区的宗教文化。在多元价值并存的今天,共同信仰形成与塑造亦在变化。大众媒体的广泛传播,使得不同区域参与者的兴趣和需求更加复杂,塑造信仰的难度系数也不断加大。一般讲,不同信仰带来的仪式解读变化,受民族文化传统影响较深,体现了较多的宗教元素。而当下,有大众媒体介入到公共空间,使得非宗教色彩的诸多内容得到较多人的认同。

大众媒体的介入为不同民族之间的交往提供了便利机会,在这个过程中,人们在相互交流中融合成新思想和新观念。"信仰是舆论的状态,是由各种表现构成的;仪式则是某些明确的行为方式。这两类事实之间的差别,就是思想和行为之间的差别。"①

①〔法〕爱弥尔·涂尔干著,渠东、汲喆译:《宗教生活的基本形式》,上海人民出版社,2006年,第33页。

宗教仪式象征的过程，从一个重要的方面说明其有整合力，能通过缩减差异，传播共有文化内容，并使其成员的思想、情感与行为变得相近，从而有助于社会凝聚。大众媒介为这种传播提供了更多的平台和渠道，它可以很方便地借助报纸、网络等大众媒介表现出来，在这个转换过程中，原始宗教文化信仰很自然地得到传承与改变。

藏语新闻媒体作为藏区新闻文化的主要载体，具有与汉语媒体和世界新闻媒体的结缘条件，它在与宗教文化的交互中，既要彰显社会主义核心价值观，同时又要尊重藏区的宗教文化。利用这样一个平台，既可以弘扬光大藏族文化，又可以在维护藏文化的过程中，很自然地实现对社会主义核心价值观的愉快接受。诚如十八大报告中提出的，从国家层面倡导富强、民主、文明、和谐；从社会方面倡导自由、平等、公正、法治；从公民方面倡导爱国、敬业、诚信、友善，积极培育社会主义核心价值观，实现正能量传播，以推动社会和谐。

5. 办好媒体与培养受众

办好藏语媒体，媒体定位问题非常重要，要弄清楚是为谁办、给谁看，不能自娱自乐。在藏区，一般公务员、机关干部，不是藏语媒体的主要阅览对象。藏文媒体的受众主要在农牧区、寺庙和学校。新闻宣传绝不能只做面子工程，其中一个重要的任务是要有自己的受众，培养自己忠诚的听者、阅者，使我们办的藏语媒体有人看，有人读，有人听。没有受众，到头来只能是一种自娱自乐。实现藏语媒体的受众多元化，必须提高藏区民众的媒介素养，培养忠诚的藏语媒体受众。

三、建立一个富有民族特色的舆论引导体系

如何建构一个科学的新闻舆论引导模型,把我国藏区的新闻舆论引导提高到一个新境界,不仅是摆在我国广大藏区传媒人、业界、学界同人面前的一个重要课题,同时也是藏区各级党委、政府和主要领导同志的一项重要工作,是领导同志媒体素养的体现,是提高我们党执政能力的重要工作抓手之一。

依据多年来的研究成果,同时结合本次大型调查,我们以为可以建构成一个包括新闻舆论引导决策内核、新闻舆论引导决策亚内核和新闻舆论引导决策外围三个圈层的生态系统结构,见下图:

图 1　藏区新闻舆论引导生态系统结构图

在这样一个生态系统里面,最外围是国际国内大环境,这里主要列举了政治、经济、文化、社会、宗教、自然等六个方面。宗教

问题对藏区的舆论引导、社会环境来说，是一个不可逾越的重要问题，是一个必须慎之又慎认真对待的重要问题。最里层是新闻舆论引导内核的决策层。中间层是新闻舆论引导的亚内核系统，包括三个层次中的九大要素，这一部分内容实际上就是我们当下的媒介环境。这是一个非常重要的内容结构，它既连接外围的国内外大环境，又制约最里层的核心决策者。

理念层面，主要涉及三个问题。一是政治担当。在藏区，政治问题必须旗帜鲜明，立场坚定。二是民族特点。这是藏区新闻宣传的最大特点，民族问题是大是大非问题。三是按照新闻传播规律办事。这既是一个政治性很强的业务工作，也是一个业务性很强的政治工作。以往，我们的媒体不太重视按新闻规律办事，胡锦涛在2008年6月20日视察《人民日报》时明确提出"按照新闻传播规律办事"，这是自毛泽东、邓小平、江泽民以来，中国共产党最高领导人第一次对按新闻规律办事有如此明确的表态。从2002年胡锦涛在全国宣传部长会议上提出"要尊重舆论宣传的规律"，到2008年再次明确提出"按照新闻传播规律办事"，这是我党在新闻传播理念上的崭新认识和重大转变，它突破了路线本位的约束框架，实现了由路线本位向规律本位转移的新跨越。

在亚内核层的制度层面，主要是以下几点。一是以"方针、政策"为主要内容的党的路线、方针、政策，包括党中央国务院在涉藏方面的一系列重要指示精神，这是大道理。二是"纪律、规范"，实际上是舆论引导的合法性问题。三是"体制、机制"问题。从总体上说，中国传媒发展的实践告诉我们，在藏区实行中东部地区的市场化机制，目前条件还不成熟，当前状况可能还会长期持久地发展下去。这种发展的特点：一是体现了一种藏语传媒依附经济发展的共时性，没有发达的经济基础，很难有发达的市场媒体；

二是体现了一种在不同路径发展过程中的历时性；三是体现了一种在不同结构转换过程中的交互性、制约性和共同促进性。

在技术层面，主要是媒介融合、新闻策划和受众效果的最大化问题。新媒体的加入，使得物质世界、现实世界、虚拟世界交互在一起，以至"存在决定意识"都面临一种新的挑战和新的认识，使得当下舆论环境更难把握。媒介融合已经成了当下新闻传媒摆脱困境的唯一道路，谁都不可能逾越。新闻策划是从技术层面实施舆论引导的重要方法和路径。

新闻舆论亚内核的三个层面，是一个协调的系统架构，理念层面体现价值诉求，实际上是为谁服务和遵循规律的问题；制度层面是新闻舆论引导和新闻舆论监督，如何按规范办事，特别是我国的民族政策、宗教政策等，实际上是一个合法性的问题；技术层面实际上是一个有效引导和效果最大化问题。尊重规律、依法办事、效果最大化，三者有机统一。

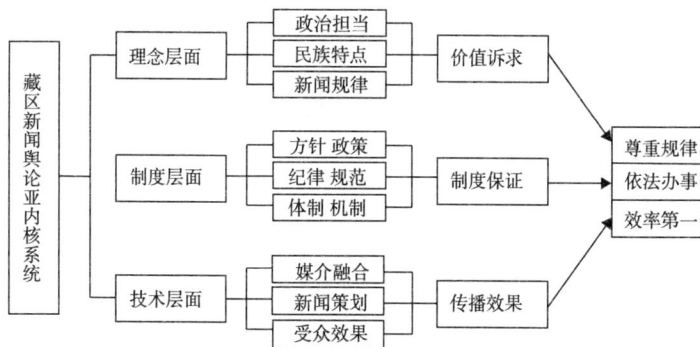

图 2　藏区新闻舆论引导的亚内核系统结构模型

新闻舆论引导的新境界要实现两个最大：一是在导向正确的前提下实现传播效果最大化，这样一种最大化就是利党利国利民的最大化,就是针对性、实效性的最大化,公信力、影响力的最大化,传统媒体与新媒体力量合作的最大化;二是媒体与政府意志和民众意愿的一致性,这是一种利益的"最大公约数",是在合作中自然形成的一种权威性、公信力,实际上是舆论能力的集约性。如果政府不能够从传统的思维方式中走出来,形成适应时代要求的战略和策略,而继续延用大众社会的舆论视角、思路和办法,必将承受巨大的压力。我们把这种集约化的舆论引导力用下面的一个累加来表示:

$$\sum_{i=1}^{n} k_i = 1$$

我们用"1"表示社会在比较平衡状态下,藏区舆论引导力的最大值,以 k_1、k_2、k_3……kn 分别表示来自藏区社会各方面的经济、政治、文化等社会诸要素在"1"中所占的比例。这里的"1",实际上就是一个累加的集约力的全部,它实现了政府与藏区公民利益的共享性,即政府与藏区民众在利益诉求方面的"最大公约数"。

当我们这个社会遇到一些不安定因素时,舆论引导这个集约力就会呈下面的样子:

$$\sum_{i=1}^{n} k_i \leqslant 1$$

此时就需要向舆论生态系统注入"必要功能"c_i,以通过改变舆论引导力中的协调作用,促进藏区社会和谐。这样公式就变成:

$$\sum_{i=1}^{n} (k_i + c_i) = 1$$

藏区的新闻舆论引导,是藏区媒介影响力的重要组成部分,是维护民族团结,反对民族分裂的大道理,党中央对此高度重视。

作为一种尝试,本文提出藏区新闻媒体舆论引导的建构模型,是一个由三个层面九个要素组成的亚内核生态模型。在这个模型中,外围系统作用于舆论引导的亚内核系统,亚内核系统直接作用于舆论引导的内核决策者,内、外系统互动。通过优化新闻舆论亚内核系统中的理念、制度及实施路径,实现各种积极力量的集约化效应,提高舆论引导的规律意识,依法办事的科学素养,传播价值最大化的效率诉求,把我国藏区的新闻舆论引导提高到一个新境界。

原载于《社会科学战线》2014 年第 1 期

创新中国新闻学理论体系与话语体系

一

1850年11月1日,马克思和恩格斯在《国际述评(三)》中指出,"报纸是作为社会舆论的纸币流通的"①。在新媒体蓬勃发展的今天,中国新闻学正展现出一种学科体系上的裂变和全方位转变。比如,从以往的重报道结果到今天的重事实缘由,从重文本时效到重传播过程,从重传播事实到重传播意见,从重直观报道到重介入式策划报道等诸多转变。这样一种转变,更注重方法,更注重应用,更注重社会效益。较之其他学科,新闻文化无疑是最具认知性和挑战性的领域,它已经成了当下一道流动的社会风景。

作为一种记录文化、传播文化、大众文化和生活方式,新闻文化始终面临着一连串的社会挑战、理论窘迫和方法危机。当前,媒介技术变革不断挑战传统理论的解释能力,自由的、批判的、草根的社会舆论,以其鲜明的创造活力抢占平台。以往,人们通过新闻报道,尤其是媒体所呈现的新闻事件来观察世界,分享媒体

---

① 《马克思恩格斯全集》(第7卷),人民出版社,1959年,第523页。

意见的阅读方式,正在成为河岸上杨柳的倒影。如今,受众的存在意义成为衡量新闻价值的重要标准,这不能不说是对传统新闻理论和新闻价值的颠覆性突破。当下,大多数媒体受众,包括新闻工作者,更多关心的是普通老百姓自身生存问题,新闻传播已经不再是简单的资讯服务。记者需要更多公共意识和更多独立思考,而读者关注的不只是对事实的了解,更重要的是在传播事实过程中加载的那些观点和意见,恰如格拉瑟提出的,"新闻学主要的贡献不是提供信息和理解,而是规范什么话题值得关注、交谈和进一步的质询"①。倘若我们把这一观点矗立于新闻学殿堂的入口处,类似作为伟大哲学家柏拉图学园门上的一句广为流传的名言"不懂几何者莫入",那将是这个社会的全体受众和媒体的幸事。

新闻学的直接渊源应是"报纸学"。从理论上真正去研究新闻学的专著,当是20世纪初在美国相继出版的休曼的《实用新闻学》、李普曼的《舆论学》以及约斯特的《新闻学原理》。一直到后来的杜费法特的《论报纸》《报学》和弗林特的《报纸的良知》、特劳布的《新闻的基本概念》、布伦菲巴的《近代新闻学》、罗伯逊的《现代新闻学导论》、威廉姆斯的《报刊、议会与人民》、凯塞尔的《一种自由的死亡》、希伯特与施拉姆等人的《报刊的四种理论》等几十种代表性著作,逐步形成西方新闻学理论体系。这样一个新闻学的理论体系,比较集中地突出了关于媒介独立性、新闻真实性、社会责任论等主要媒介体制和新闻报道原则。但是,真正把报纸、新闻事业、媒体从业者作为一门学科来研究,是始于1908年密苏里大学建立的新闻学院。因此,新闻学这门学科在世界范围内是

---

① 转引自刘建明:《当代西方新闻理论的完型》,《当代传播》2014年第5期。

年轻的。我曾向美国新闻传播学教育协会主席、亚利桑那州立大学沃尔特·克朗凯特新闻与传播学院前院长乔·福特（Joe Foote）等十几所西方著名大学新闻传播学院的院长请教过这样一个问题，即"西方有没有一个比较完备的新闻学学科体系"，回答是否定的。他们普遍的看法是，在西方发达国家，实际上并没有一个非常完备的新闻学的学科体系，新闻学大多主要还是从实践层面，包括文本和方法上考虑较多，有时更多是一种职业教育的理念和体系。

我国新闻学与西方新闻学的历史几乎同时起步，从王韬、康有为、梁启超办报始，到孙中山吸收列宁的办报思想，把鼓吹民族民主革命作为报纸的首要任务，极力强调报纸在夺取政权中的作用，形成晚清和民国初年的报学。1918年北京大学新闻学研究会成立，表明我国对新闻的研究有了正式机构。中国新闻学研究自1919年徐宝璜的《新闻学》起，之后有邵飘萍、任白涛、戈公振等人的著作出版。尤以徐宝璜的《新闻学》、邵飘萍的《实际应用新闻学》和戈公振的《中国报学史》三本著作为代表，涵盖新闻理论、新闻业务和新闻史，建构起我国新闻学的史、论、业务三大板块，这与休曼的《实用新闻学》、李普曼的《舆论学》和约斯特的《新闻学原理》的功能不谋而合，有异曲同工之妙。

作为东西方新闻思想的精华，马克思、恩格斯、列宁、毛泽东，从革命的立场和意义出发，提出了系统的报刊新闻思想以指导社会主义革命和建设，直到今天，他们的许多著作仍不失其正确性，许多重要论述依然闪耀着真理智慧的火花。但是，需要指出的是，世界范围内的无产阶级新闻学，包括我国的新闻学研究，在很长一段时间里更多还是一门党报学或者说是党报宣传学。毫无疑问，强调马克思主义对新闻学的研究与指导是必须坚持的，这是由我国哲学社会科学的学科属性决定的,是由无产阶级新闻事业的性质决定的。但是,一个学科的发展必须遵循其规律,诚如1843年马克思在谈到报刊的内在规律时曾讲过的一段非常精辟的话:"要使报刊完成自己的使命,首先不从外部为它规定任何使命,必须承认它具有连植物也具有的那种通常为人们所承认的东西,即承认它具有自己的内在规律,这些规律是它所不应该而且也不可能任意摆布的。"①100多年过去了,人们一直在不断追寻马克思告诫的报刊"内在规律",虽然马克思没有直接给我们以答案,但他从报刊的"使命"入手,提出报刊的"内在规律"问题,无疑是一针见血的。不过,马克思同时也提醒,如果"给随便遇到的平凡的事实加上一个响亮的名称,把它吹嘘为自然规律,甚至吹嘘为基本规律。那么科学的'更加深刻的基础的奠定'和变革,实际上对任何人来说……就都是可以做到的了"②。应当说,改革开放近40年来,对新闻学的学科研究已经取得不少成绩,但在学科体系的深入研究方面还较欠缺。概而言之,空泛议论多,精确分析少;我注六经多,学理研究少;鲜有从解读中国实践,构建中国理论上提炼出的标识性概念,以及为国际社会所理解和接受的新概念、新范畴、新表述。其实,在世界范围内,新闻学都在面临一系列挑战。美国新闻学者巴拉·穆萨和辛迪·赖斯在《当代新闻学的紧迫议题》一书中特别强调:"在加速变革时代,媒体的新闻供给极度紧张,新闻内容和新闻文化的巨变,使媒介所有权和管理结构发生变革。信息娱乐化、互联网普及、小报化、诽谤泛滥和新闻检查等各种新议题迎面扑来,大量新闻学论著提出新的论

①《马克思恩格斯全集》(第1卷),人民出版社,1956年,第190页。
②《马克思恩格斯全集》(第20卷),人民出版社,1973年,第241页。

证,创造了新的研究框架。"①

二

新闻学学科体系建设必须弄清楚三个重要问题,这三个问题是新闻学学科体系的基石,即:一是关于这门学科的概念描述,这样一些概念应该是具有普适性的,不是自娱自乐的,要为东西方学界和业界普遍理解和接受;二是关于这门学科的场域确定,或者说它的范畴包含哪些东西;三是关于学科体系的架构和主要内容。接下来就是在这样三个重要基石之上,如何实现新闻学与传播学、传统媒体与新媒体、新闻理论与新闻实践、媒体平台与技术支持等方面的有机结合。

1. 学科概念描述

"经世致用"是新闻学研究的一个好传统,新闻学研究还是要直面社会,直面当代,激浊扬清,资政育人。关于这门学科的概念,或者说"何谓新闻学",我以为:新闻学是以文为主,描述社会,呈现社会,传播社会,引导人们生活,融合理工,兼备工具意义的一门异于其他哲学社会科学的学科。从它的文本意义上看,新闻学无疑是属于社会科学;但从它的传播通道和公共平台的技术支撑方面看,新闻学又属于理工结合的新技术领域,媒介即信息是也;如果再从它对社会的价值诉求方面讲,新闻学具有极其强烈的社会评判的价值意义。因此,从来没有哪一门学科像新闻学这样涉及文、理、工多学科交叉,学科之多,影响受众面之广,把政

---

① 转引自刘建明:《当代西方新闻理论的完型》,《当代传播》2014年第5期。

府、政治家、社会贤达和"草根"阶层结合得如此紧密,且每时每刻正在不间断地改变着人们的生活方式。

2. 新闻学的学科场域

我以为,新闻学是一个寄生性的新型学科,它缺少一个自身独有的学科内核,舍此(文、理、工多学科交叉),其新闻实践就无法进行。换句话说,它没有唯一的排他性,这是新闻学的悲哀,亦是其幸运。我曾在一次全国性的新闻传播学院院长系主任会议上说过一句话:"倘若把全国的新闻传播院系统统都关停,报纸照出,广播电视照播出。你们信不信? 反正我信。"因此,就一个学科的场域内容而言,新闻学可以不求所有、但求所用。所以,创建新闻学的学科体系,一定要有自己独有的概念、理念、方法和实践价值。我试图提出新闻学的"场域"概念。何谓新闻学的"场域"? 借鉴法国社会学大师皮埃尔·布迪厄(Pierre Bourdieu)的"场域"概念,我提出一个新闻学的"学科场域"。所谓新闻学的"学科场域",无非是各种结缘于新闻学科的相关学科之间,所存在着的一个时空关系和网络环境。就新闻学来讲,在它的"场域"里,包括哲学社会科学方面如文学、历史学、哲学、政治学、社会学、文化学、心理学、美学、管理学、广告学、营销学等;理工方面如数理统计、概率论、信息科学、计算机科学等学科。这样一个新闻学的场域,每个相关学科在其中都是有明确内含和力量的,有生气,有潜力。比如,我们可以设想有一个"文本场域",其涉及学科有文、史、哲、美学等;有一个"舆论场域",其涉及学科有政治学、社会学、人类学、数理统计等;有一个"营销管理场域",其涉及学科有经济管理、市场营销等,每个"场域"都有非常明确的价值诉求。而这样一个"新闻场域"概念的提出,可以使多学科有机联系且充满生机和力量。

3. 关于学科体系的架构和主要内容

关于新闻学的学科体系架构和主要内容，我以为应该包括概念体系、理论体系、方法论、市场营销、技术意义、效果评价体系。以往的史、论、业务三大块已经不能满足社会发展的需要，按照立足中国、借鉴国外，把握当代、面向未来的思路，着力构建一个体现中国特色、中国风格、中国气派的新闻学学科体系尤为迫切。

对新闻学的学科体系建构，拟提出一个"元"的概念。所谓"元"概念，是指那些具有明显普适性和共识性的主概念，它们是客观的、真实的、可靠的，不以群体和社会制度而改变，这样的概念是为学界共同接受的大概念，是起统领作用的。比如新闻、事实、价值、自由等，东西方都有一个比较一致的约定俗成。关于新闻的定义，据说国内外有上百个之多，以至于有多少人去解释新闻，就有多少个"新闻"定义。但是有几条根本原则在国内外学界、业界是被普遍认同的：其一，新闻必须是新近发生的事实；其二，新闻必须是广泛传播的；其三，新闻必须是人们所普遍关心的。

与"元"概念一并提出的还有"衍生"概念。"衍生"概念是相对于"元"概念提出来的，实际上是许多"元"概念的嫁接与组合。比如新闻事实、新闻价值、新闻效果、新闻自由等。新闻、事实、价值、效果、自由等，单个来看都是"元"概念，但是这种结合下的新闻事实、新闻价值、新闻效果、新闻自由等不同词组就大不一样了。这些词组的一个很大的变化就是其本意已经异化了，它们有了明显的主观意识和阶级意识，不同传播主体赋予它们不同的概念意义。诚如西方有些专家在对新闻事实理解方面的主张一样，

"新闻是建构出来的。他们认为经验真实与符号真实是两个建立在不同层面上的真实，而对任何事实都有不同类型的处理方式，重要的是以哪种类型处理事实较为妥当。记者的强势则在于故事中总有事实，但对事实的报道不是新闻学的根本，掌握选择和处理事实的本领才是新闻学的基本价值，这一视域蕴含理论探讨的无限空间"①。

关于方法论体系，我是这样看的，方法论是任何一门学科实现有机联系的重要内容，没有方法论，这门学科就运转不起来。新闻学的方法论是什么？概而言之，我以为可以分为三个层面。宏观层面上的方法论，这是大方法、指导性的。比如，马克思列宁主义的唯物辩证法、对立统一、主客观统一，以及像毛泽东同志的《矛盾论》《实践论》等。这些都是大方法、大道理，带全局性、决定性意义，这些方法对我国新闻学的学科建设和新闻实践起指导性作用。中观层面上，我以为就是我们通常讲的马克思主义新闻观。微观上面的方法，比如采、写、编、评、新闻策划等，包括在市场经济条件下，媒体如何运营等，这类方法主要是从实践意义上指导媒体和媒体人如何去工作。

改革开放近40年，中国经济快速发展，伴随工业化、市场化、城市化、国际化的推进，中国新闻传媒业实现了快速增长，特别是在以网络传播为主要内容的新一代信息高速公路发展中，中国正在走向传媒大国。中国传媒发展的持续演进主要体现在两个层面上：其一，市场经济体制推动媒体改革，使其进入市场，这对媒体来说，是一种被动的体制转型；其二，媒体改革又推动了媒介市场的完善，这是一种主动应战。从过去的政府推动改革，到媒体

①转引自刘建明：《当代西方新闻理论的完型》，《当代传播》2014年第5期。

主动要求改革,呈现出一种"市场驱动(外围影响)—内核变革(自身需求)"的变化态势。而这样一种态势的最终目的是:体制转型—结构转化的依存、交叉、互动。在这样一种社会背景下,新闻传媒的体制转型、结构转化,明显呈一种加速度,而作为对媒介实践的理论指导,新闻学必须给出理论阐释。

1964年,加拿大学者麦克卢汉对传播媒介在人类社会发展中的地位和作用做出了一个高度概括,即"媒介即讯息",也称作"媒介即信息"。如今,互联网技术的飞速发展,为"媒介即信息"提供了强有力的佐证。从1936年英国数学家A. M. Turing发明图灵机,为现代计算机硬件和软件做了理论上的准备,到1942年世界上第一台电子计算机ABC研制成功,一直到今天的IT虚拟化等,新技术正在深刻改变着人们的交流方式、生活习惯,进而影响政治、经济、文化和社会的发展。基于智能、高速、开放共享的大数据、云计算、移动互联、微传播等,已经成了人们社会交往、工作学习生活的新常态。因此,新闻事业不能不研究互联网技术,舍此则寸步难行。互联网已经不是一个简单的行业,而是一种支撑社会的强大技术形态和基础设施。互联网技术的普遍应用,已经成了人类进入信息社会的标志。以条码阅读器为主的传感器技术,已经成了人们感觉器官的延伸与拓展;以传递信息为主要功能的通信技术则成了人们神经系统的延伸与拓展;计算机技术则扮演了人们大脑功能延伸与拓展的重要角色。

除此,还有一个价值体系的问题也是非常重要的。每一门学科都有自己的价值体系。借鉴数学上的"三点共圆",我们提出新闻学学科体系的"三元价值"结构,即自在性价值、制约性因素、效果性价值,并由这三者构成一个新闻文化的完整价值体系。这个三元结构的价值体系,主要是从媒介生态学意义上去考虑的,或者说是从新闻本体论的框架结构上去理解的。不管到什么时候，也不管是什么人去研究新闻或去从事新闻工作，都是围绕如何处理好这三者之间的关系来进行的，对它们的内容亦是常谈常新。

自在性价值主要是指新闻事实本身。新闻事实可以从三个方面来理解：一是客观存在的事实；二是通过一种符号再现的新闻文本中的客观事实；三是对真实性的描述。关于新闻的真实性，我认为至少应当在三个方面给予充分体现：其一是新闻报道的事实必须真实；其二是对新闻报道事实的概括必须真实；其三是新闻报道的事实与这类事实的总体价值目标要一致，这是一种趋势真实，一种规律真实的大真实。制约性因素，因为新闻只有传播出去才能产生价值，在今天，新闻传播已渗透到人类社会的方方面面，成为政治斗争的前沿阵地，经济发展的信息杠杆，文化传播的有效载体，监督社会的有益镜鉴，引导舆论的文化先锋，所有这些已完全超出以往对新闻价值的狭隘理解，成为一个庞大社会价值系统中的重要环节，受到方方面面的制约。媒体人不是属于媒体人自己的，而是社会人，是阶级人。效果性价值与其他价值不一样，效果性价值主要是指新闻传播产生的社会效益和经济效益。自在性价值、制约性因素和效果性价值三位一体，比较系统地构成了一个完整的新闻传播价值体系，这一体系结构集中地体现了传播活动的目的性，彰显了自在价值和制约因素、自律与他律、精神与物质、社会与个人的有机统一，是一种集约型的价值最大化和利益最大公约数。

我以为，一门学科的价值所在，一定要对这个社会有用，可以提高人民的生活质量，推动社会文明进步。否则，再精致的学科、再好看的模型也没有什么意义。

三

关于新闻学的话语体系建设,我以为主要应注意三方面的问题:

1. 如何处理"共享"的问题

"共享"问题有三个方面的内容,一是主流媒体与非主流媒体的信源共享;二是技术共享;三是利益共享。

在价值取向上,中国传媒一向是作为执政党领导的媒介形式存在的,且集中体现了一种主流媒体的高位主导性和引导性特点。因此,在很长一段时间内,新闻信源大都掌握在主流媒体和政府、政党手里。随着政府信息公开,尤其是网络媒体的倒逼作用,使得新闻信源在一种半推半就的过程中,逐渐为主流媒体与非主流媒体共享创造了可能。在媒介平台方面,以互联网为纽带而兴起的网络技术、数字平台、移动技术和移动平台等各种通道,使主流媒体和非主流媒体处在同一使用过程中。2006 年,美国《时代》周刊将"互联网上内容的所有使用者和创造者"评为当年的"年度人物",不能不说是对这种使用过程的最大褒奖。网络等新媒体的出现,尤其是它的便捷性、互动性、草根的反叛性,在很大意义上挑战西方的"沉默的螺旋"(spiral of silence)理论,人们不再总是倾向于与社会主流意见保持一致,"共享"的问题已经受到学界和业界的高度重视。面对这样的媒介生态,有学者把传播主体分为职业新闻传播、民众个体传播和非民众个体组织传播。不管是对传播主体的"共享",还是对"信源""信道"的共享,抑或受众资源共享,这种共享突出了媒体传播的通透性,主流媒体与非主流媒体的环境共生和受众利益诉求，以及执政党对媒体传播的政治期待的社会治理，创造了全社会各类媒介传播的共生空间。

2. 如何解决好官方舆论与民间舆论的效益最大化问题

一是在导向正确的前提下实现传播效果最大化，这种最大化就是利党利国利民的最大化，就是针对性、实效性的最大化，公信力、影响力的最大化，传统媒体与新媒体合作的最大化。二是主流媒体与非主流媒体合作中的政府意志和民众意愿的一致性，这种一致性是两种利益的"最大公约数"。主流媒体要和非主流媒体合作共赢，"主流"不是自封的，是在合作中自然形成的一种权威性、公信力，实际上是两个舆论场的社会公信力和社会影响力的集约性。在当下，这种集约受到来自公众舆论勃兴的影响。尼葛洛庞帝在其《数字化生存》中强调，"数字化生存有四个强有力的特质，将会为其带来最后的胜利。这四个特质是：分散权力、全球化、追求和谐和赋予权力"①。而这四个特质，集中到一点就是政治效应。葛玮认为，当汹涌的舆论大潮向政治权威扑面而来时，越来越碎片化的公共舆论包围着政府，形成压抑的、质疑的、批评不断的"舆论氛围"，必将影响权力机关的公正权威，影响权力主体的正常运行。这意味着公众政治参与的意愿越强，给社会管理带来的压力越大，也给传统政府社会管理的理念、制度、组织、方法带来极大的挑战和冲击。如果政府不能够从传统的思维方式中走出来，形成适应时代要求的战略和策略，而继续延用大众社会的舆论视角、思路和办法，必将承受巨大的压力。我们把

---

① 〔美〕尼葛洛庞帝著，胡泳等译：《数字化生存》，海南出版社，1997年，第269页。

这种集约化的舆论引导力用下面的一个累加来表示其功效：

$$\sum_{i=1}^{n} k_i = 1$$

我们用"1"表示社会在比较平衡状态下的舆论引导力的最大值，以 k_1、k_2、k_3……k_n 分别表示来自社会、经济、政治、文化等各方面的诸多要素在"1"中所占的比例。这里的"1"，实际上就是一个累加的完整的理想状态的满负荷集约力。当我们这个社会遇到一些不安定因素时，舆论引导这个集约力就会呈下面的样子：

$$\sum_{i=1}^{n} k_i \leqslant 1$$

此时就需要向舆论生态系统注入"必要功能"c_i，c_i 是面对不安定因素所确定的应对措施，通过改变舆论引导力中的协调作用，促进社会和谐。公式就变成了：

$$\sum_{i=1}^{n} (k_i + c_i) = 1$$

当 $c_i = 0$ 时，表示 k_i 不需要注入"必要功能"c_i，那这个舆论引导力就是有保证的，是"1"。当 $0 < c_i < 1$ 时，表示要注入 c_i，以形成有影响力的舆论引导，促进社会和谐，这种和谐的最主要标志，就是政府与公民利益的共享性，形成一种政府与民意在利益诉求实现方面的"最大公约数"，而这个"最大公约数"，就是"让党放心，让人民满意"。

3. 如何理解党性与人民性统一的问题

党性与人民性统一的问题是媒体与社会的重要关系问题。长期以来，党性与人民性统一的问题一直困扰着政府和媒体。党性与人民性有无区别？如果有，在哪里？矛盾在哪里？从社会变迁过程中的"国家与社会""政党与个人""制度与生活"间的关系来讲,不管到什么时候,也不管在哪个国家,媒体只能是社会的媒体,是在这个社会的笼子里运作与生存的,而记者、编辑等媒体从业人员则是媒体笼子里的笼中鸟。媒体与受众的关系,不是老子和儿子的关系,而是鱼水关系,是庄稼和土地的关系,这里面有一个水土服不服的问题。没有超阶级的媒体,只有社会的媒体、阶级的媒体和媒体人。

关于党性和人民性的关系问题,马克思、列宁、毛泽东、邓小平、江泽民、胡锦涛和习近平,都是一脉相承的,但又是长期反复强调和重述的。这说明在实际工作中二者并不是一回事,还有不一致的地方。何谓党性?习近平同志在党的新闻舆论工作座谈会上强调:"党的新闻舆论工作坚持党性原则,最根本的是坚持党对新闻舆论工作的领导。党和政府主办的媒体是党和政府的宣传阵地,必须姓党。党的新闻舆论媒体的所有工作,都要体现党的意志、反映党的主张,维护党中央权威、维护党的团结,做到爱党、护党、为党;都要增强看齐意识,在思想上政治上行动上同党中央保持高度一致。"①他多次强调,"新闻的党性原则,是发展社会主义新闻事业的根本原则,是我们党代表和维护人民群众根本利益的本质要求"②。"坚持党性,核心就是坚持正确政治方向,站稳政治立场,坚定宣传党的理论和路线方针政策,坚定宣传中央重大工作部署,坚定宣传中央关于形势的重大分析判断,坚决

①《习近平在党的新闻舆论工作座谈会上强调坚持正确方向创新方法手段提高新闻舆论传播力引导力》,《人民日报》2016年2月20日。
②习近平:《2004年8月4日在省委新闻宣传工作座谈会上的讲话》,习近平:《干在实处,走在前列——推进浙江新发展的思考与实践》,中共中央党校出版社,2006年,第308页。

同党中央保持高度一致,坚决维护中央权威。"在当前,强调坚持新闻的党性原则,具有十分重要的意义。何谓人民性?他指出"坚持人民性,就是要把实现好、维护好、发展好最广大人民根本利益作为出发点和落脚点,坚持以民为本、以人为本"①。应当说,坚持党性与人民性相统一,确有矛盾和统一的问题。党性和人民性,严格讲来都是整体性的政治概念,党性是就全党的整体利益而言,我们不能简单从某一级党组织或某一个领导人或某一部分党员、某一个党员来理解党性。人民性应该是对全体人民而言的,不能简单地从某一群体或某一个体的人来理解人民性。坚持党性与人民性相统一,要把党的路线方针政策变成人民群众的自觉行动,及时把人民群众的利益诉求和实际情况反映出来。我们之所以始终不渝地坚持党性与人民性相统一,正在于党性包含着人民性的深刻内涵,我们党是代表人民最根本利益的党,它没有独立于人民利益的自身利益。我们党既代表人民的眼前利益,也代表人民的长远利益;既代表人民的局部利益,也代表人民的全局利益。因此,在根本上来讲,党所代表的是人民的长远利益和全局利益,党性是人民性最根本、最集中的体现。党性寓于人民性之中,没有脱离人民性的党性,也没有脱离党性的人民性。

马克思、恩格斯指出:"一切划时代的体系的真正的内容都是由于产生这些体系的那个时期的需要而形成起来的。所有这些体系都是以本国过去的整个发展为基础的,是以阶级关系的历史形式及其政治的、道德的、哲学的以及其他的成果为基础的。"②

---

① 习近平:《把宣传思想工作做得更好》,《习近平谈治国理政》,中国外文出版社,2014年,第153页。
② 《马克思恩格斯全集》(第3卷),人民出版社,1960年,第544页。

今天,坚持和发展中国特色社会主义,统筹推进"五位一体"的总体布局和协调推进"四个全面"战略布局,实现"两个一百年"奋斗目标,已成为中华民族的强国梦,我国新闻学可以而且能够大有作为。"理论只要说服人,就能掌握群众;而理论只要彻底,就能说服人。所谓彻底,就是抓住事物的根本"①,这应该成为我国新闻学领域学界、业界努力的方向和矢志不渝的追求。

原载于《社会科学战线》2017年第1期
《中国社会科学文摘》2017年第6期转载

---

① 《马克思恩格斯选集》(第1卷),人民出版社,1995年,第9页。

第二部分　论中国传统文化

试谈孔子的理想人格

孔子思想是我国先秦思想的重要组成部分,在两千多年的中国封建社会中,一直处于统治地位。中华民族之所以有灿烂悠久的文化,堪称文明古国、礼仪之邦,与孔子思想是分不开的。孔子奠定了封建社会的伦理思想,作为中国古代封建思想的支柱,一直凝聚在民族精神之中。今天,中国的封建社会已经过去,但孔子在中国历史上的地位和影响并没有因时代过往而失去。作为一代哲人的孔子,其思想精华是多方面的,本文着重就孔子伦理思想中的理想人格谈谈自己的看法,以求教于学术界的前辈和专家。

孔子,鲁国(今山东曲阜)人,出生于公元前 551 年,卒于公元前 479 年。孔子所处的时代,正是春秋末年,"礼乐征伐自诸侯出""陪臣执国命"是那个时代的特点。社会秩序混乱,剧烈动荡,需要有一种新的思想体系来调和社会各种矛盾,维护社会安定。正是在这种形势下,孔子继承了周礼中的"孝"和"礼"等内容,建立了自己的思想体系。

孔子用"仁"来定义他心目中的理想人格。郭沫若曾在《十批判》书中,称"仁"是孔子对人的新发现。尽管在孔子之前也有"仁"的说法,但作为一个哲学体系的"仁"是孔子首先提出来的。孔子以前的仁与孔子的仁不一样,《诗经·齐风》中"卢令令,其人美且仁"。再如(《尚书·金縢》)载周公祝词:"予仁若考,能多材多艺,能事鬼神。"这里的仁,似指仪文美备的意思。而孔子的仁,有其新的内容,它既是人与人之间关系的准则,又是一种独立的精神世界。"仁"是全部孔学的出发点,是孔子伦理思想的本质,几乎包括了所有做人做事的道理。

一般讲,仁可以从两个方面去讲,一是对自身的修养,二是对个人之外的他人的关系处理。反映在这两个方面的具体内容,又以"忠""恕"作为两条基线和准则,例如:

颜渊问仁。子曰:"克己复礼为仁。一日克己复礼,天下归仁焉。为仁由己,而由人乎哉?"颜渊曰:"请问其目。"子曰:"非礼勿视,非礼勿听,非礼勿言,非礼勿动。"(《颜渊》)

仲弓问仁。子曰:"出门如见大宾,使民如承大祭。己所不欲,勿施予人。在邦无怨,在家无怨。"(《颜渊》)

樊迟问仁。子曰:"居处恭,执事敬,与人忠,虽之夷狄,不可弃也。"(《子路》)

子张问仁于孔子。孔子曰:"能行五者于天下为仁矣。""请问之。"曰:"恭、宽、信、敏、惠。恭则不侮,宽则得众、信则人任焉,敏则有功,惠则足以使人。"(《阳货》)

子曰:"何事于仁! 必也圣乎! 尧舜其犹病诸! 夫仁者,己欲立而立人,己欲达而达人。能近取譬,可谓仁之方也已。"(《雍也》)

于贡问为仁。子曰:"工欲善其事,必先利其器。居是邦也,事其大夫之贤者,友其士之仁者。"(《卫灵公》)

"仁者不忧。"(《子罕》)

"刚、毅、木、讷近仁。"(《子路》)

孔子一生最喜欢谈仁,仅《论语》中讲到仁的地方就有 58 处,而仁字出现则达 105 次,《六经正伪》解释"仁为众德之说"是有道理的。最能集中反映孔子"仁"的思想,是孔子在回答颜渊的时候讲的"克己复礼为仁。一日克己复礼,天下归仁焉。"这句话有三层意思,其一是克己,这是对自身要求;其二是复礼,这是政治企图与要求;其三是归仁,是克己复礼的直接价值诉求。孔子的"仁"大部分是从这句话发挥和引伸出来的。孔子讲仁,始终离不开一个总的原则,贯穿于"忠""恕"两条线之中。朱熹曾提出"尽己之谓忠,推己之谓恕",这是合乎孔子思想的。孔子的伦理思想体系是一个以"仁"为核心,以礼为承载,以忠、恕、孝为主要内容的体系。

"仁",作为孔子伦理思想体系的核心,几乎尽人皆知。但是,对于一个具体人来说,到底怎样才能达仁? 换句话说,孔子的理想人格是什么样子,应该具备哪些最主要和最基本的素养呢? 诚如许多历史人物一样,孔子的人才观,深刻反映了他的政治思想和处世哲学。

孔子首先提出理想人格,这在孔子之前是没有的。

孔子用"仁"来定义心目中的理想人格,可以从孔子对历史人物的评价,以及对"君子"的寄托两个方面分析得出。

孔子评价过的历史人物很多,上自尧、舜、禹、汤、文、武、周公,下至伯夷、叔齐,及春秋时期的管仲、子产,以及他的弟子,但在如此众多的人物之中,孔子很少以仁许之。周公是孔子心目中最崇敬的完人。管仲"相桓公,霸诸侯,一匡天下","桓公九合诸侯,不以兵车,管仲之力也。如其仁! 如其仁!"(《宪问》)。诚然,孔子认为管仲也不是尽善尽美,他说:"管仲之器小哉!"管氏"焉得俭?""管氏而知礼,孰不知礼?"(《八佾》)尽管如此,孔子认为管仲业绩大,仍以"仁"许之。孔子对子产很赞赏,这不仅因为子产与孔子有很类似的地方,更重要的是孔子非常佩服子产的为人与才能,也以"仁"许之。再如对伯夷、叔齐,孔子说他们是"求仁而得仁"。殷纣残暴虐民,孔子讲"微子去之,箕子为之奴,比干谏而死",称他们为殷之三仁。而对尹子文、臧文仲、陈文子等,都不以仁许之。可见孔子许仁的尺度,除了对国家有大功者,便是品德高尚,有才能的人,或者是反抗暴君的人。这种以才和德去评价人的观点,直到今天仍然不失其进步意义。

孔子把仁义之人分为圣人和君子两类。在孔子看来,圣人是最崇高的,因此也是极难得的。他说:"圣人,吾不得而见之矣;得见君子者,斯可矣。"(《述而》)君子是孔子理想人格的典范,对它的寄托,包括了人的智、情、意三种活动的合理发展,他极力倡导君子之三道:"仁者不忧,知者不惑,勇者不惧。""知"同"智",才慧也;情,即爱人;意,恒毅、勇也。由此而形成一个具有仁智勇三德,守死善道、杀身成仁的理想人格。孔子在《论语》一书中,有100余次谈及君子,反复说明一个人要想从行动、生活和学习各方面成为一个有理想人格的君子,并不容易。几千年来,人们崇拜君子、向往君子、敬仰君子,其真谛就在于此。君子所具备的品质是多方面的,最主要的有:孝悌、忠信、修己、有志、举贤、好学六个方面。

孝悌。这是孔子仁学的出发点,也是孔子理想人格的重要内容,是继承周礼的最主要的内容。《尚书·康诰》说:"元恶大憝,矧惟不孝不友。子弗祗服厥父事,大伤厥考心。于父不能字厥子,乃疾厥子。于弟弗念天显,乃弗克恭厥兄。兄亦不念鞠子哀,大不友于弟。惟吊兹,不于我政人得罪,天惟与我民彝大泯乱。曰:乃其速由文王作罚,刑兹无赦。"《酒诰》说:"嗣尔股肱,纯其艺黍稷,奔走事厥考厥长。肇牵车牛,远服贾用,孝养厥父母。"这些都是宗法制度下的伦理,孔子在此基础上系统化,规范化,"其为人也孝悌"(《学而》),"弟子入则孝"(《学而》)。孔子对孝的论述,一般都是根据不同人问孝而有针对性指出的,他主张缺什么就加强什么。如子游问孝,孔子就强调不仅要养父母,还要尊敬,否则与牛马无异。樊迟问孝,子曰:"生,事之以礼。死,葬之以礼,祭之以礼。"(《为政》)"父在,观其志;父没,观其行;三年无改于父之道,可谓孝矣。"(《学而》)可见,这种孝是以在家为前提,仅限于事父母及长辈。孔子又把这种家庭范围的孝予以引伸,他说:"君子务本,本立而道生。孝弟也者,其为仁之本与!"(《学而》)这可以说是孔子论孝悌的纲领。君子务本,本就是孝悌,仁是在孝悌的基础上光大的。做人要先从孝悌做起,这是基本要求。只有先孝悌,尔后才能达忠信。当然,从孝悌本身来讲,它有其封建性,容易在这个招牌下塞进传统宗法思想。但是,它在指导人们孝敬父母,尊敬长辈诸方面,则是中华民族家庭的优良传统。

忠信。忠信是孔子伦理思想的一条主线,孔子认为做人首先必须忠诚,有信用:

为人谋而不忠乎? 与朋友交而不信乎?(《学而》)

人而无信,不知其可也。大车无輗,小车无軏,其何以行之哉?(《为政》)

社会人是活生生的,不能没有欲望,但是不能为了满足自己的欲望而做不忠不信的事。具体地讲,忠是对个人而言,"三省吾身",经常想想给别人办事有没有不忠信的事。信是对他人而言,古时候"信"字为"伈",从人口,是人口中发出音的意思,与鸟口发声为"鸣"一样的道理。随着人类社会进步,人们逐渐意识到人说话与鸟发音具有本质不同,人们讲话是由人的思想所支配,是有意识的,言为心声就是这个道理。所以,后来人们将"伈"改为

"信"，其意取人言也。信是人类道德上的一大进步，也是一种重要的品质。信就是不说诳言，言之有理，有信，不失约，讲信用。如果人与人之间互不相信，那就根本谈不上立己立人，这就如同车子没有𫐐一样，寸步难行。因此，孔子把忠、信列在文、行、忠、信四教之中。同孝悌一样，孔子的忠信有其封建糟粕，大都建立在臣忠君和民忠臣的封建等级制度上。诚然，去掉它的封建性，仍然是我们今天所要遵循的做人准则。

修己。这是孔子理想人格中的又一方面，他特别强调修己正身。修身，实际上是对个人自觉的一种表现，即把个人修养到完善的地步，实际上是个人自我完善的过程。孔子认为无论什么人，上至天子下至庶民，都应当修身。他主张，自天子至庶民皆以修身为本，都应该从智、仁、勇三方面去发展人的理想。智，同知，即通达事理。仁，在于发展善念，修身正行。勇即做事有恒，坚定不移。

孔子不仅要求别人修己正身，他自己也是终身奉行的实践者。"不患人之不己知，患不知人也。"（《学而》）"不患无位，患所以立。不患莫己知，求为可知也。"（《里仁》）即使有周公之才，之美，"使骄且吝，其余不足观也已。"（《泰伯》）孔子还特别强调个人示范作用："其身正，不令而行；其身不正，虽令不从。"（《子路》）

孔子不仅强调修身，还深得其法，并详尽地叙述修身的步骤。"欲修其身者，先正其心；欲正其心者，先诚其意；欲诚其意者，先致其知。致知在格物。"（《大学》）这就是修身的办法和宗旨；反推之便是修身的步骤。

格物致知，即先明白事物的道理，研究清楚，而不致为其蒙蔽。第二是诚意，诚者故能恒，恒者故不为物欲所蔽，辨其是非。否则，意志不坚。因而要去心之不诚，"释善而固执之"。三要正心,正心必修身,不游移疑惑,故道可以立也。孔子的修身思想,曾为历代有志之士所效法。

有志。这在孔子理想人格中占有比较重要的位置。他自己也经常勉励自己,锐意进取,其目的就是要达到一种高标准的境界。例如有一次他和颜渊、子路在一起,各言其志。孔子说他的志向就是要使"老者安之,朋友信之,少者怀之"(《公冶长》),这反映了一种忘我为人的思想境界。孔子还说:"三军可夺帅也,匹夫不可夺志也。"(《子罕》)又说:"志士仁人,无求生以害仁,有杀身以成仁。"(《卫灵公》)

孔子寄希望于要把个人利益服从于阶级利益,从自身做起,三军可夺帅,而一个人不可丧志,要像松柏那样坚贞不屈。孔子的这些思想为历代文人志士所称道。一个人不能为了追求个人私欲而损害仁,宁可杀身也在所不计,在个人与他人、个人与大家、个人与民族利益发生冲突的时候,宁愿牺牲自己。文天祥的绝命诗:"孔曰成仁,孟曰取义。惟其义尽,所以仁至。读圣贤书,所学何事,而今而后,庶几无愧。"写下了"人生自古谁无死,留取丹心照汗青"的千古绝唱。即使到了近代,中国革命的许多先烈也都曾用杀身成仁来表示对祖国、对人民的忠诚。

举贤。孔子在理想人格中特别强调举贤,不妒才。"见贤思齐焉,见不贤而内自省也。"(《里仁》)这在几千年来一直被传为美谈,这种思想在当时是很难得的。据《左传》载:"武王克商,光有天下。其兄弟之国者十有五人,姬姓之国者四十人,皆举亲也。"《左传·宣公十二年》载,当时选用官吏的范围"内姓选于亲,外姓选于旧",不管贤不贤,皆因亲不亲,全是举亲故也。孔子一反周礼中的举亲故,选贤任能:

> 仲弓为季氏宰,问政。子曰:"先有司,赦小过,举贤才。"

曰:"焉知贤才而举之?"曰:"举尔所知;尔所不知,人其舍诸?"(《子路》)

(樊迟)问知。子曰:"知人。"樊迟未达。子曰:"举直错诸枉,能使枉者直。"樊迟退,见子夏曰:"乡也吾见于夫子而问知,子曰,'举直错诸枉,能使枉者直',何谓也?"子夏曰:"富哉言乎!舜有天下,选于众,举皋陶,不仁者远矣!"(《颜渊》)

哀公问曰:"何为则民服?"孔子对曰:"举直错诸枉,则民服;举枉错诸直,则民不服。"(《为政》)

举正直的人,而罢邪恶的人,"能使枉者直"这话包含了很深的丰富内容。例如,舜有天下,在众人中举了一皋陶,扶正压邪;汤有天下举伊尹,使不仁的人变仁了,孔子用这些实事来说明举贤任能使无道者有道,教不善的人去行善,这样人民自然就会以善相勉。的确,孔子的荐贤思想影响是很大的,孟子曾讲:"尊贤使能,俊杰在位,则天下之士皆悦而愿立于其朝矣。"(《孟子·公孙丑》)所以,许多封建地主阶级的杰出代表人物,无不对孔子的举贤才倾心向往,认真效法。

好学。这也是孔子理想人格中的重要品质。孔子特别强调到实践中学习,他曾自述:"我非生而知之者,好古,敏以求之者也。""吾十有五而志于学,三十而立,四十而不惑,五十而知天命,六十而耳顺,七十而从心所欲,不逾矩。"可见孔子的博学多才也是一个从不成熟到成熟的发展过程,为了获得知识,他"发愤忘食,乐以忘忧,不知老之将至云尔"。

在学习上,孔子主张"学而不思则罔,思而不学则殆"。遇事要多想,多考虑。"君子有九思:视思明,听思聪,色思温,貌思恭,言思忠,事思敬,疑思问,忿思难,见得思义。"在学习态度上,孔子极力反对弄虚做假,以"子绝四——毋意,毋必,毋固,毋我"作为座右铭。不懂不要装懂。要不耻下问,"知之为知之,不知为不知,是知也"。不怨天尤人,学而不厌,诲人不倦。所有这些都在中国文化史下留下光辉一页,他被后世奉为万代师表。

上面简单讲述了"君子"的主要素养和品质。与此相反,在《论语》中,孔子有十几个地方在论述到君子时,提出"小人"的概念,作为君子的对立面。从君子与小人的比较中,我们更能直接看到孔子的人才观和理想人格。

孔子认为,凡小人,大都是"喻利""戚戚"之人,无勇无义,目光短浅。孔子是比较注重德才的,一般讲小人是指无才无德的人,或有才无德的人。值得注意的是,孔子以小人、君子喻在位的当权者,这更难得。他说:"君子易事而难说也。说之不以道,不说也;及其使人也,器之。小人难事而易说也。说之虽不以道,说也;及其使人也,求备焉。"这就是说,如果在位者是一位君子,在他手下做事是很容易的,不过要投其所好,却是难的。因为用不正当的道理去投其所好,他是不喜欢的。如果在位者是个小人,在其手下做事是很难的,但投其所好却是容易的。从这一点上讲,孔子对人的品质要求是不分什么人的,就如同他讲每个人都要修身一样,反映了他的取人之术和做人之道。所以孔子讲,"女为君子儒,无为小人儒"。

当然,孔子在小人的定义里包含了更多的封建思想和不合理划分,如"唯女子与小人为难养也";樊迟请学稼,学圃,都不为孔子所赞许,反而称其为小人。这种轻视妇女、轻视劳动人民的思想对后世影响也是很大的。

李大钊曾在《自然的伦理观与孔子》一文中说:"孔子于其生存时代之社会,确足为社会之中枢,确足为其时代之圣哲,其说亦确足以代表其社会时代之道德。"可见孔子思想对中国社会影响之深。评论一个历史人物的保守与革命,不能把历史人物放在今天的社会中,要放回他所处的那个时代去考察,以人论世,以世论人。孔子思想之所以发展,很重要的一个原因就是他适合中国国情,不像老子那样排斥仁义,"绝仁弃义,民复孝慈"(《老子·十九章》);反对礼,"夫礼者,忠信之薄而乱之首也"(《老子·三十八章》)。也不像墨子那样凡天下人都爱之;更不同于韩非,只认法不要德,过分夸大法的地位和作用,否定德化的功能和作用,"治民无常,唯法为治"(《韩非子·心度》),从而否定了道德本身。司马谈说,"法家不别亲疏,不殊贵贱,一断于法,则亲亲尊尊之恩绝矣。可以行一时之计,而不可长用也"。其结果,"刑罚积而民怨背",秦王朝很快统一,又很快灭亡的历史就是一个很好的教训。王充在《论衡》中说:"韩子之术不养德,偃王之操不任力。二者偏驳,各有不足。偃王有无力之祸,知韩子必有无德之患。"因而,秦以后的统治者大都接受了以往统治者的教训。在中国长期的封建社会中,仁不仅反映了大多数人的要求(即它的民主性),也适应了统治阶级的需要,兼顾两方面,所以缓和了阶级矛盾,客观上减轻了人民的负担。

今天,我们国家正在全面开创建设社会主义现代化建设新局面,实事求是地批判继承过去的道德遗产,必将大大促进我国的精神文明建设。当然,在继承人类道德遗产时,不能颂古非今,而必须根据社会实践的需要,加以扬弃。

原载于《南京大学学报》(哲学·人文科学·社会科学)1982年第4期

孔子思想民主性源流之我见

孔子的思想,存在两重性,就其所处的历史时代来说,有进步的一面,也有落后保守的一面,对后代影响亦如此。孔子思想有没有民主性? 如果有,民主性表现在什么地方? 内容是什么? 它的源与流又是怎样呢?

两千多年来,人们对孔子思想的研究一直没有间断过,诸家纷纭。但是,专门对孔子思想中的民主性进行研究,并不多见。本文试图在这方面将自己的一些看法提出来,以就教于方家和读者。

把"民主性"这顶帽子戴在孔子头上妥当不妥当,是不是厚古薄今了呢? 我们说,提出这个问题不是无中生有,这实际上涉及到如何继承中华民族精神文明遗产的问题。毛泽东早在《新民主主义论》中就写道:"中国的长期封建社会中,创造了灿烂的古代文化。清理古代文化的发展过程,剔除其封建性的糟粕,吸收其民主性的精华,是发展民族新文化提高民族自信心的必要条件;但是决不能无批判地兼收并蓄。必须将古代封建统治阶级的一切腐朽的东西和古代优秀的人民文化即多少带有民主性和革命性的东西区别开来。"[1]列宁也曾讲过:"每个民族的文化里面,都

---

[1]《毛泽东选集》(第2卷),人民出版社,1991年,第707—708页。

有一些哪怕是还不大发达的民主主义和社会主义的文化成分,因为每个民族里面都有劳动群众和被剥削群众,他们的生活条件必然会产生民主主义的和社会主义的思想体系。"①根据马克思主义经典作家的论述,古代民族文化中的精华,即是"民主性的东西"。每个民族文化中必然含有民主性的精华。那么,到底什么是民族文化中的民主性呢?我以为,凡是在人类文化文明史上,反映了劳动者的利益、愿望和要求,在一定时期内推动社会向前发展的东西,哪怕只是一小部分,都应该是民主性的东西。其中,当然也包括统治阶级思想中那些对社会起过积极作用的民主性内容。

孔子思想对中华民族的文化所起的作用是复杂的。然而,其影响之巨大,在中国两千多年的封建社会中,几乎没有任何人能与之媲美。直到今天,他的思想中有些仍然闪耀着真理火花,在人们的思想、行为中潜移默化地起着作用。究其原因,与孔子思想中的民主性精华是分不开的。当然,孔子思想中的民主性,严格讲来并不是我们今天所讲的现实意义上的民主,而是一种带有浓厚民本主义色彩的思想。今天,对孔子思想要批判继承,去除其糟粕,吸收其精华。

孔子思想中的民主性是从哪里来的呢?它的源在哪里呢,孔子自己讲过:

　　　郁郁乎文哉!吾从周。(《论语·八佾》)

　　　甚矣吾衰也!久矣吾不复梦见周公!(《论语·述而》)

　　　如有用我者,吾其为东周乎?(《论语·阳货》)

　　　我非生而知之者,好古,敏以求之者也。(《论语·述而》)

---

① 《列宁全集》(第20卷),人民出版社,1963年,第6页。

　　可见,孔子是非常崇拜西周和周公的。有人因此说孔子思想就是周公思想,这种说法很片面。孔子的确继承了周公的一些思想,但在他思想中占主导地位的则是他自己的思想,这是孔子不同于周公的伟大之处。

　　中国历史上的民主思想源远流长。早在周之前的殷,就已经有一些重民思想萌芽,到了周代,这种重民思想有了新的发展,这是在阶级社会中古代民主思想的最初表现形式。西周亡殷之后,并没有忘记殷纣时期人民的痛苦,出于维护刚刚取得的统治政权的需要,他们继承和发展了先前敬德保民的思想。作为大政治家的周公,在这方面的见识是当时少数先觉之士中的最杰出代表。今天,我们能看到反映他思想的史料多见于《尚书·周书》。《周书·无逸》篇最能反映周公思想。周公作《无逸》,逸者,安逸也,有时也指奢侈、享乐。周公在《无逸》中详细叙述了三代殷王,中宗、高宗、祖甲的政绩,概述其之所以能够长治久安,是因为能"知小人之依","能保惠于庶民"。因此,周公强调"君子所其无逸。先知稼穑之艰难乃逸,则知小人之依"。此处的"无逸"是"不过于逸"的意思,而"乃逸"则是指有逸,即有享受的权力。周公并不否认统治阶级有逸,但他只是提出这种逸应以知稼穑之艰难,知小人之依为前提。事实上,周公对于统治阶级的享受(指从劳动人民中剥削来的那一部分)提出了一个"度"的问题。周公还列举文王的政绩,"文王卑服,即康功、田功。徽柔懿恭,怀保小民,惠鲜鳏寡。自朝至于日中昃不遑暇食,用咸和万民。文王不敢盘于游田,以庶邦惟正之供。"蔡沈《书经集传》释:"上无滥费,故下无过取,而惟以庶邦(万民)惟正之供。于常贡正数之外,无横敛也。"此说很有见地。文王以万民惟正之供,可见他比殷的三王更开明一些,所以周公非常感慨地说:"呜呼,继自今嗣王,则其无淫于观、于逸、于游、于田,以万民惟正之供。"一言以蔽之,周公讲'无逸',实际上是说国家要长治久安,就必须以万民惟正之供。如果"不知稼穑之艰难,不闻小人之劳,惟耽乐之纵。自时厥后,亦罔或克寿"。长则十年八年,少则几年就会亡国。再如《周书·康诰》篇中的:

> 别求闻由古先哲王,用康保民。
>
> 天畏棐忱,民情大可见。小人难保,往尽乃心,无康好逸豫,乃其乂民。
>
> 汝惟小子,乃服惟弘王,应保殷民,亦惟助王宅天命,作新民。
>
> 惟民其敕懋和,若有疾。惟民其毕弃咎,若保赤子,惟民其康乂。
>
> 肆汝小子封,惟命不于常,汝念哉! 无我殄享,明乃服命,高乃听,用康乂民。

武庚之乱后,周公以王命封康叔于卫,施以重任,行前反复叮咛,故作《康诰》。他要康叔不能只图安逸,到了卫国之后应该让那里的殷民做新民,要像保护赤子那样爱护他们,否则,刚刚得到的政权就会断送。后来,为了使人们休养生息,迅速医治战争创伤,周公在定田赋法时又坚持了施恩惠要深,用民力要平,收租税要轻的三个原则。周公作为三代元老辅佐文、武、成王,推行封建制度,在当时对周围邻国影响很大。"周公南征而北国怨,曰:'何独不来也!'东征而西国怨,曰:'何独后我也!'"(《荀子·王制》)周公所采取的因革措施,对于促进周朝经济发展起了重要作用。周公这些重民思想到春秋时得到进一步的发展:

> 夫民,神之主也。是以圣王先成民,而后致力于神。(《左传·桓公六年》)

国将兴,听于民;将亡,听于神。(《左传·庄公三十二年》)

季梁公然说民是神之主,而史嚚则说"听于民国将兴,听于神国将亡"。郑国子产断定陈国必亡:"陈……聚禾粟,缮城郭,恃此二者,而不抚其民……能无亡乎?"(《左传·襄公三十年》)

鲁昭公被季氏驱逐出国,死在国外。晋国的赵简子问史墨:"季氏出其君,而民服焉!"史墨说:"鲁君世从其失,季氏世修其勤,民忘君矣。虽死于外,其谁矜之? 社稷无常奉,君臣无常位,自古以然。故诗曰:'高岸为谷,深谷为陵。'三后之姓,于今为庶,主所知也。"(《左传·昭公三十二年》)

所有这些比起周公受命于天,敬德保民的思想又前进了一步。但是,这毕竟只是少数进步之士的思想。春秋时期,整个社会动荡不安,礼乐崩溃,民不聊生。在这样一个大动荡的时代之中,一些已经居于统治地位的贵族统治者,仍然企图用过去管理奴隶的一套办法来治理国家,而刚刚从奴隶主枷锁下解放(还未彻底解放)出来的新兴自由民,已经不再甘于忍受非人的生活,他们强烈要求在社会中给他们以应有的人格。由此,整个社会迫切需要有一种新的思想来调试这个社会秩序,这正是孔子生存时代的社会特点。他积极参加了当时的社会实践,在借鉴前人成果的基础上,独立思考,产生出伟大的孔子思想不是偶然的,它是历史的产物。孔子期望能寻求出一条治国安天下之大策,他在民主方面提出的一些主张、措施,主观上虽说是为封建统治阶级服务的,但客观上起到了减轻劳动人民负担,同情劳动人民疾苦的作用,适应了社会发展的潮流。正是由于孔子思想封建性与民主性融为一体的特点,才使得它能在长达两千多年的中国封建社会一直占主导地位,"天不能死,地不能埋"(《荀子·王制》),"而王公不能与之争名"(《荀子·王制》)。

　　以上我们主要追溯了孔子思想中民主性内容的源。下面对孔子思想中"民主性"的定义再分类叙述其主要内容和沿革,拟分"大同思想""敬德重民""主富民,反苛政""贤人政治""施教于民"等几个方面。

大同思想

　　大同思想是中华民族精神文明的心理基础,是人民意志要求的反映。自从有了大同思想,中国思想史上才有了人民性思想的传统。大同是孔子的最高理想,也是他的施政目的。大同是孔子思想的归宿,而"仁"则是大同思想的理论体系。中国之有大同思想为世界之最早,这是中华民族的骄傲。陈毅讲:"中国历来是多产思想的国度。《礼运》提出天下为公,比起西方的乌托邦的空想早了一千七百年。"①大同思想在孔子之前就有萌芽,《周易·同人》有:"同人于野,亨。利涉大川,利君子贞。"这里似指大家合作,同舟共济之意。《周易·大有》又说:"大有,元亨。"大有者,极富有也,不同何以有大有呢?《尚书·洪范》释大同为"汝则有大疑,谋及乃心,谋及卿士,谋及庶人,谋及卜筮。汝则从,龟从,筮从,卿士从,庶民从,是之谓大同"。这里的大同是指大家看法一致。《诗经》中的一些田园诗所反映出来的人们对于美好生活的向往,也多少带有一定的大同色彩。但是,从一个社会制度方面去考虑大同,则首推孔子。他继承了人们对于上古社会天下为公的传说,目睹社会现实,出于对劳动人民的同情,以他的民本主义思想为基础,提出了大同世界的思想。在这个思想中,寄托着人

---

①《陈毅诗词选集》,人民文学出版社,1977年,第219页。

们对压迫的反抗以及对于美好生活的向往。

> 大道之行也，天下为公，选贤与能，讲信修睦。故人不独
> 亲其亲，不独子其子。使老有所终，壮有所用，幼有所长，矜、
> 寡、孤、独、废、疾者皆有所养，男有分，女有归。货恶其弃于
> 地也，不必藏于己；力恶其不出于身也，不必为己。是故谋闭
> 而不兴，盗窃乱贼而不作，故外户而不闭。是谓大同。（《礼
> 记·礼运》）

这样一种理想社会，天下为公，选贤使能，和平共处，老人得
到赡养，无年老之忧，壮有所用，各尽其能，小孩子健康成长。即
使是孤寡老人和失去劳动能力的人也都能得到社会保护，生活有
保障，男女都有工作干，各得其所。人们都讨厌浪费财物和对资
源不开发利用，同时也反对那些把财物占为己有的行为。不劳而
获固然不好，但是只为了自己而不顾别人也不对。因而生活在这
样一个社会环境里，就不会有搞阴谋诡计的，社会秩序安定，没有
盗窃，国泰民安，夜不闭户，这就是孔子所主张的大同社会。

两千多年前的孔子向往、憧憬的大同社会，的确是美好的，他
把整个社会设想得如此完美、幸福。我们可以毫无夸张地说，孔
子是世界上最早设想人类理想社会的人。英国的空想社会主义
者托马斯·莫尔的《乌托邦》一书，只是两千年以后的事情，而莫
尔的几个主要思想与孔子的"天下为公""壮有所用""选贤任能"
是何其相似乃尔。事实上，莫尔并没有超出孔子大同思想的
范围。

孔子的大同思想在《论语》中也多有论述：

> 老者安之，朋友信之，少者怀之。（《论语·公冶长》）
> 子路、曾皙、冉有、公西华侍坐。……子曰："何伤乎？亦
> 各言其志也。"曰："莫春者，春服既成，冠者五六人，童子六七

人，浴乎沂，风乎舞雩，咏而归。"夫子喟然叹曰："吾与点也！"（《论语·先进》）

尤其是曾皙所描绘的，正是孔子大同盛世的生动写照，所以引起了孔子的同感，表示："吾与点也！"

孔子的大同思想对后世影响很大，宋代有两位大思想家极为推崇孔子的大同思想。张载曾认为，应该把自君主以至庶民的一切人，都看作是兄弟。他的《西铭》篇卷首记有："民吾同胞，物吾与也。""大君者，吾父母之宗子；其大臣，宗子之家相也。尊高年，所以长其长；慈孤弱，所以幼其幼。""凡天下疲癃残疾、惸独鳏寡，皆吾兄弟之颠连而无告者也。"邓牧也曾借助孔子的大同思想描绘出一个美好的乌托邦，在那个乌托邦社会里，也有皇帝，但只是最高事务的管理者，而不是最大的剥削者和掠夺者；皇帝的生活和老百姓一样，"饮食未侈"，"宫室未美"，其身份和地位与老百姓差不多，"其分未严也"，"其位未尊也"，"君民间相安无事"（《吏道》）。

近代资产阶级改良派代表康有为，以大同思想作为自己的"灵魂"和"经世"最高理想，构画出一个"大同"社会，"全世界人类尽为平等"（《大同书》），基本内容也不外是孔子所设计的那个大同。康有为企图不通过政权斗争，而幻想以统治者的善心来逐步实现"大同"，这当然是不可能实现的。但是，他的"大同"社会确也在一定程度上体现了人道主义，同情人民疾苦，客观上反映了人民的要求。民主革命的伟大先行者孙中山，提出"天下为公"，"民族、民权、民生"的三民主义，在一定程度上也是继承了孔子的大同思想，只不过又赋以更新的内容罢了。诚然，不管是孔子，还是张载、邓牧、康有为，以及孙中山，他们的理想最终也不过是理想而已，在那个时代是不可能实现的。毛泽东同志在谈到康有为的

《大同书》时说:"康有为写了《大同书》,他没有也不可能找到一条
到达大同的路。"①

只有在共产党领导下,才能真正找到一条到达大同的理想
之路。

敬德重民

敬德重民是孔子思想民主性的重要内容,除大同思想之外,
它最能从政治主张方面反映孔子思想中的民主性。敬德主要是
"施仁政",重民则是"爱人"。孔子希望有一个合理的君、臣、民关
系和一个安定的社会环境,由此他非常注意提高"民人"的地位,
承认人的存在价值,人的社会作用。郭沫若在《十批判书》中说,
孔子的"仁"发现了"人",这是一点也不过誉的。在《论语》中,孔
子这方面的言论所占数量最多:

　　道千乘之国,敬事而信,节用而爱人,使民以时。(《论
语·学而》)

　　君子笃于亲,则民兴于仁;故旧不遗,则民不偷。(《论
语·泰伯》)

　　厩焚。子退朝,曰:"伤人乎?"不问马。(《论语·乡党》)

　　子贡问政。子曰:"足食,足兵,民信之矣。"(《论语·颜
渊》)

　　为政以德,譬如北辰,居其所而众星共之。(《论语·为
政》)

可见,孔子对君主的要求是立足于施仁政。这些思想继承了周公

────────────

①《毛泽东选集》(第4卷),人民出版社,1991年,第1471页。

"怀保小民""以万民惟正之供"的思想,所不同的是更注重从制度上讲,更注重这种仁政"众星共之"的效果。

郑国的子产实行惠民政策,深得治民之法,视民如子。孔子谓子产有君子之道四焉:"其行己也恭,其事上也敬,其养民也惠,其使民也义。"(《论语·公冶长》)尤其是子产不毁乡校之事,使孔子大加赞赏。

与重民相应,孔子坚决反对酷刑,"刑罚不中,则民无所错手足"。孔子认为,单靠刑罚是不行的,要靠德行。"君子之德风,小人之德草。草上之风,必偃。"(《论语·颜渊》)人民受到德化,成风化雨,就会上行下效,自觉服从。

孔子除了要求统治阶级对劳动人民施仁政以外,在上至天子下至庶民中,极力提倡忠恕,即推己及人的处世哲学,把人的道德观念转化成为道德行为。"己欲立而立人,己欲达而达人。能近取譬,可谓仁之方也已。"(《论语·雍也》)"己所不欲,勿施于人。"(《论语·颜渊》)"忠"恕"不仅是对平民而言,对所有统治阶级本身也是这样。因为他们更需要"博施于民而能济众"(《论语·雍也》)。通过忠、恕,把人与人间的关系融洽了,使其各自将心比心,修己达人。孔子提倡的这种借助人的内在自觉心理去处理人与人之间的关系(包括统治阶级与被统治者之间的关系)的作法,很容易为大多数人所接受。孔子提出:"君使臣以礼,臣视君以忠。"尽管这种提倡并不是真正的平等,但也足以说明,君使臣以礼是上行的先决条件,而臣使君以忠则是下效的报应。这绝不是因个人感情而言,而是以对待国家、人民利益的共同态度为基础,所体现的是一种君、臣、民一体的责任感。

正是在这种君、臣、民一体思想指导下,孔子特别强调天子的榜样对于施仁政的影响作用。

政者,正也。子帅以正,孰敢不正?(《论语·颜渊》)

名不正,则言不顺。(《论语·子路》)

其身正,不令而行;其身不正,虽令不从。(《论语·子路》)

作为一个君主,应该是全国道德行为的最高典范,国君要行"九经",尊"五美"。九经即"修身也,尊贤也,亲亲也,敬大臣也,体群臣也,子庶民也,来百工也,柔远人也,怀诸侯也"(《中庸》);五美即"君子惠而不费,劳而不怨,欲而不贪,泰而不骄,威而不猛"(《论语·尧曰》)。孔子还总结出不能搞一言堂,要广泛听取群众的意见。

定公问:"一言而可以兴邦,有诸?"孔子对曰:"言不可以若是其几也。人之言曰:'为君难,为臣不易。'如知为君之难也,不几乎一言而兴邦乎?"曰:"一言而丧邦,有诸?"孔子对曰:"言不可以若是其几也。人之言曰:'予无乐乎为君,唯其言而莫予违也。'如其善而莫之违也,不亦善乎? 如不善而莫之违也,不几乎一言而丧邦乎?"(《论语·子路》)

孔子的敬德重民思想比起他的先辈来,从内容、范围、形式、措施都大大前进了一步。这种思想一直为后世儒家和一些进步思想家所继承。

孟子在对待君民关系上,较之孔子有过之而无不及。

民为贵,社稷次之,君为轻。(《孟子·尽心下》)

孟子的政治是典型的道德政治,而道德政治的主要特征即贤人政治,所以他特别推崇尚贤,而尚贤的极致就是"禅让"。孟子认为,对于一切人民反对而不受人民拥护的君主,人民受不了他们的压迫,怎么办呢? 只好以暴力来推翻。在人民没有武器的情况下,这种改朝换代只好由诸侯、大夫来从民命去执行,即所谓"诸侯危社稷,则变置"(《孟子·尽心下》)。他又说:"贼仁者谓之贼,贼义者谓之残。残贼之人,谓之一夫。闻诛一夫纣矣,未闻弑君也。"(《孟子·梁惠王下》)像纣那样的暴君,是人人可以得而诛之的。如果把这种理论和诛杀的行动结合起来,实际上就成了人民反暴政的纲领。孟子的这些主张在封建地主阶级看来简直是大逆不道的,就连朱元璋看到"君之视臣如手足,则臣视君如腹心;君之视臣如犬马,则臣视君如国人;君之视臣如土芥,则臣视君如寇仇"(《孟子·离娄下》),都大吃一惊,发怒要把孟子的神位撤出圣庙,删改孟子的书。

稍后于孟子的荀子,同孟子一样,继承了孔子的重民反暴政的思想。"夺然后义,杀然后仁,上下易位然后贞,功参天地,泽被生民,夫是之谓权险之平;汤武是也。"(《荀子·臣道》)他主张,君不好就应该更换,夺杀皆可,不仅无罪,反而"功参天地"。孟、荀的思想在此后不久的亡秦兴汉中得到证明。贾谊从亡秦的历史教训中,进一步发挥了孔子的仁政思想,他认识到人民的力量,"民为邦本,本固国宁","民无不为本也","夫民者,万世之本也,不可欺","士民皆爱之,则其国必兴矣;士兵皆苦之,则国必亡矣"(《新书·大政》)。

除贾谊外,这一时期的重民思想家中还有荀悦等人。对于如何治理人民,荀悦认为:"为之限,使勿越也;为之地,亦勿越。故水可使不滥,不可使无流。善禁者,先禁其身而后人;不善禁者,先禁人而后身。善禁之至于不禁,令亦如之。若乃肆情于身而绳欲于众,行诈于官而矜实于民,求己之所有余,夺下之所不足,舍己之所易,责人之所难,怨之本也,谓理之源斯绝矣。"(《申鉴·政体》)这就是说,治理人民要划定一个范围,如同不能让水到处流,却又不能不让其流。这就像君主管理人民一样,君主自己先约束于礼,然后才能示范于众。如果自己放纵情欲,行诈使伪,一味地掠夺财富,却要人民老实守法,那么这些都是由怨而来,国家是要给搞坏的。这正是苟悦对君臣民一体学说的发挥。

一直到宋元明清,许多同情人民疾苦的思想家仍然不断地继承发展孔子的重民思想。叶适在《财计》篇中说:"夫聚天下之人,则不可以无衣食之具。"又说,"以天下之财与天下共理之","不以自利,虽百取而不害","有民而后有君,有君而后有国"。这实际上是取之于民,用之于民,民为邦本的思想。戴震则说:"在位者多凉德而善欺背,以为民害,则民亦相欺而罔极矣;在位者行暴虐而竞强用力,则民巧为避而回遹矣;在位者肆其贪,不异寇取,则民愁苦动摇不定矣。凡此,非民性然也,职由于贪暴以贼其民所致。"(《原善》)把劳动人民反统治阶级的斗争归结为是统治者逼迫而成,尤为精辟。孔子的敬德重民思想,两千多年来是一直为明君志士所重视的。

主富民,反苛政

主富民,反苛政,同敬德重民一样,是孔子思想民主性的重要内容。"所重:民、食、丧、祭。"(《论语·尧曰》)孔子把民与食放在最前面,是谓重要。孔子提出"庶、富、教"(《论语·子路》)的思想。另外,鲁哀公问有若:"年饥,用不足,如之何?"有若对曰:"盍彻乎?"曰:"二,吾犹不足,如之何其彻也?"曰:"百姓足,君孰与不足? 百姓不足,君孰与足?"有若的思想完全代表了孔子的思想。因此,孔子认为,仅仅言语是不行的,要有具体的措施,要从那些人们能看得见,体会得到的方面做出努力。他首先注意到要薄税敛。因为统治者的横征暴敛,竭泽而渔,是导致人民生活困难的主要原因之一。"有德此有人,有人此有土,有土此有财。"(《大学》)劳动人民是社会财富的真正创造者,只能用德去化育他们,才能保证财富的来源。如果老百姓穷竭了,那么国家也就干涸了。"季康子患盗,问于孔子。孔子对曰:'苟子之不欲,虽赏之不窃。'"(《论语·颜渊》)如果统治阶级不穷奢极欲,聚敛无度,那么你奖励老百姓去偷窃,他们也不干。孔子发出"苛政猛于虎也"(《礼记·檀弓》)的呼声。"季氏富于周公,而求也为之聚敛而附益之",孔子说他"非吾徒也。小子鸣鼓而攻之,可也"(《论语·先进》)。

孔子是一个注重理想与实际相结合的人,他首先承认"富与贵是人之所欲也"(《论语·里仁》),"贫与贱是人之所恶也"(《论语·里仁》),"贫而无怨难"(《论语·先问》)。穷必滥,因此就必须富,而富就是要有物质基础,然后才谈得上施之以教。两汉时候的王充提出,"礼义之行,在谷足也"(《论衡·治期》),王符在其主要著作《爱日》里说:"国之所以为国者,以有民也;民之所以为民者,以有谷也;谷之所以丰殖者,以有人功也;功之所以能建者,以日力也","今民力不暇,谷何以生? 百姓不足,君孰与足? 嗟哉,可无思乎!"这都是孔子"庶、富、教"的思想,如果老百姓连饭都吃不上,何以谈礼义之教。

在社会劳动产品的分配上,孔子也有其独到之处。他在得知季氏准备攻打颛臾的消息时,对弟子们说:"丘也闻有国有家者,不患寡而患不均,不患贫而患不安。盖均无贫,和无寡,安无倾。"(《论语·季氏》)这话反映了孔子平均主义的思想,这在我国历史上是最早论述分配的平均主义的。后来,荀子曾在讨论富国的问题时也讲到了"节用裕民",认为只有百姓富了国家才能富起来。

王充、王符、刘安等进步思想家,继承了孔子反聚敛的思想。刘安认为聚敛必然会弄得"民力竭于徭役,财用殚于会赋,居者无食,行者无粮,老者不养,死者不葬,赘妻鬻子,以给上求,犹弗能澹;愚夫蠢妇,皆有流连之心,凄怆之志"(《淮南子·本经训》),也就是连最低生活水平也达不到。王充特别反对聚敛:"误设计数,烦扰农商,损下益上,愁民说主。损上益下,忠臣之说也;损下益上,佞人之义也。'季氏富于周公,而求也为之聚敛而附益之,小子鸣鼓而攻之可也。'聚敛,季氏不知其恶,不知百姓所共非也。"(《论衡·答佞》)两汉时的一些统治者比较注意进步思想家们的呼声,采取了一些相应的措施。文帝采取了贾谊、晁错重农业、减田赋的建议,有利于人们的休养生息,促进了汉农业的经济发展。

到了宋代,尤其是北宋时代,人们的苛捐杂税越来越多,贫富不均日趋激化,怨声载道,王小波起义时就对老百姓讲:"我疾贫富不均,今为汝均之。"张载、李觏在当时都非常尖锐地提出贫富不均的问题。李觏主张"强本节民",力劝皇帝要躬行节俭,损上益下,以减轻人民负担。"人所以为人,足食也;国所以为国,足用也。"(《周礼致太平论·国用篇》)"孔子谓'既庶矣,富之;既富矣,教之'。管子有言,'仓廪实,知礼节;衣食足,知荣辱'。然则民不富,仓廪不实,衣食不足,而欲教以礼节,使之趋荣而避辱,学者皆知其难也。"(《周礼致太平论·国用篇》)张载则更激进:"利,利用民则可谓利;利于身,利于国皆非利也。"这尖锐地指出民、国之间的区别。

明朝的黄宗羲和顾炎武都提倡爱民,顾炎武曾提出:"民之所以不安,以其有贫有富。贫者至于不能自存,而富者常恐人之有求,而多为吝啬之计,于是乎有争心矣!"(《日知录·庶民安故财用足》)他们都主张宽以爱民,务农重谷。

贤人政治

孔子不光提出一些具有民主性的政治主张,同时更注重寻找出一套实施这个主张的措施。孔子终生所努力的正是后者,荐贤使能是这种努力的重要内容,它是孔子思想体系中含有民主性那部分政治主张在组织路线方面的体现。孔子寄希望和依靠的主要力量是下层庶民中的士,他想通过荐贤使能,把他们推向政治舞台,从而逐步施以仁政而完成大同之理想。

孔子面对礼乐崩溃的社会现实,首先注意到贤能之士对于改造社会的作用,"舜有臣五人而天下治"(《论语·泰伯》)。由此他得出人存政举的结论。孔子认为帝王之治,君子为政,知人为大。怎样"知人"呢?孔子与仲弓有一段对话很说明问题:

　　仲弓为季氏宰,问政。子曰:"先有司,赦小过,举贤才。"曰:"焉知贤才而举之?"曰:"举尔所知;尔所不知,人其舍诸?"(《论语·子路》)

孔子还说:

　　听其言而观其行。(《论语·公冶长》)

　　视其所以,观其所由,察其所安。(《论语·为政》)

　　举直错诸枉,能使枉者直。(《论语·颜渊》)

　　举直错诸枉,则民服;举枉错诸直,则民不服。(《论语·为政》)

这就是说要举自己知道的正直人,而这种"举"正是在平时观察、考验中发现的。孔子不以言举人,也不因人废言。子羽想拜孔子为师,孔子见其貌丑陋,以为材薄,差点拒之门外。但是子羽受业修行,日渐进步。宰我利口辩辞,孔子取之,接着发现宰我中午睡午觉,又与田常作乱,便斥之为朽木不可雕也。后来孔子后悔地说:"吾以言取人,失之宰予;以貌取人,失之子羽。"(《史记·仲尼弟子列传》)尤其是在对管仲的评价上,孔子认为"管仲之器小哉","焉得俭","孰不知礼"(《论语·八佾》);但他又觉得管仲功大,"桓公九合诸侯,不以兵车,管仲之力也","相桓公,霸诸侯,一匡天下,民到于今受其赐。微管仲,吾其被发左衽矣。岂若匹夫匹妇之为谅也,自经于沟渎而莫之知也?"(《论语·宪问》)孔子仍以仁许之:"如其仁,如其仁。"(《论语·宪问》)这说明孔子在评价人时看大节,不求全责备。

孔子带头打破士族门第观念,积极将弟子向鲁定公推荐从政。"子谓仲弓,曰:'犁牛之子骍且角,虽欲勿用,山川其舍诸?'"(《论语·雍也》)仲弓的父亲是一个贱人,而仲弓却是一个有德才的人,孔子称他是"可使南面"的将侯之才,如果犁牛之子能够得上祭祀条件的话,山川之神也不会因其身价低贱而嫌弃它。《左传·昭公二十八年》载:晋国魏献子为政,分了贵族祈氏和羊舌氏的田为十个县,选派一批贤能之士去任职,他的儿子也是其中之一。"仲尼闻魏子之举也,以为义,曰:'近不失亲,远不失举,可谓义矣。'"《周书·静帝本纪》载:"人臣报国,荐贤为重。"孔子说:"知贤,智也;推贤,仁也;引贤,义也。有此三者,又何加焉?"(《韩诗外传》)"臧文仲其窃位者与!知柳下惠之贤而不与立也。"(《论语·卫灵公》)臧文仲从政于鲁,如果说不知柳下惠是贤是不明的话,那么知道不举就是蔽贤。不明事小,蔽贤罪大。臧文仲知而不举,无异于窃位也。韩愈发挥了孔子的荐贤思想,"世有伯乐,然后有千里马。千里马常有,而伯乐不常有"(《杂说四·马说》),至今有口皆碑。

孔子的举贤思想是我国最早的人才思想,在我国人才学史上占有非常重要的位置。他举贤才的主张并没有为当时统治阶级所重视，却为后来的诸子百家，以及一些进步的思想家所反复提倡、利用和发挥。孟子的"尊贤使能，俊杰在位"（《孟子·公孙丑上》），荀子的"内不可以阿子弟，外不可以隐远人"（《荀子·君道》），韩非子的"内举不避亲，外举不避仇"（《韩非子·说疑》），以及墨子的"有能则举之"（《墨子·尚贤》）等主张，都无不受孔子举贤思想的影响与启迪，这对促进我国战国时期人才辈出，以及封建社会的发展，都产生过重要作用和深远影响。桓谭曾说过，为政一定要珍视贤才，"得十良马，不如得一伯乐；得十利剑，不如得一欧冶；多得善物，不如少得能知物。知物者之致善珍，珍益广，非特止于十也"（《群书治要》卷四十四）。司马光提出："才者，德之资也；德者，才之帅也。"（《资治通鉴》）阐述了德靠才发挥，才靠德统帅的辩证法。龚自珍主张"我劝天公重抖擞，不拘一格降人才"，魏源主张"量能而授之职"。纵观整个社会文明发展史，在每一个社会变革的开头，总有一些进步的思想家提出人才问题。而一些有建树的开明统治阶级代表人物，大多采纳和吸取了这些主张。孔子举贤才思想对后世选官制度产生了重大的影响，"学而优则仕"的主张，从隋唐以后一直作为制度为历代封建统治阶级所采纳。直到今天，孔子举贤才思想对我们选用人才，仍有其值得借鉴的意义。

施教于民

　　孔子举贤才的另一个措施就是施教于民。孔子终身从事教育，是我国乃至世界一位伟大教育家，他在中国和世界文化文明史上都有重大影响。从孔子的教育实践看，教育是其政治思想和政治活动的重要内容，他实际上是想通过伦理的手段在对道德生活目的的求知中去力行,淑善个人的生质,安定社会秩序。

孔子提出有教无类,把文化从宫府中解放出来,广布于平民之中,在中国教育史上是开天辟地的伟大思想。一种伟大思想的产生总有一定的哲学基础,孔子教育思想的哲学基础是他的"性习"说:"性相近也,习相远也。"(《论语·阳货》)所谓"性",就整个人类而言是指人所具有的共同本性,或者说本性使然;"习"是指后天影响等。孔子认为,就人的本质而言每个人是相近的,差不多的,后天习染以显示其差别。因此,孔子主张每个人都有教育的可能和受教育的权力,都可以经过教育而获得技能、知识。孔子的"性习"说强调了实践第一的观点,他在两千五百年前就已经自觉不自觉地运用了辩证法思想,尤其是在"学与思""知与行""里与表""人与己"以及人格感化、循循善诱等方面,形成了中国教育的传统特色。

两千多年前的孔子思想承前启后,所谓"承前",是说他的思想是他先前文化之集大成;所谓"启后",孔子开诸子百家争鸣之先声,为中国封建社会的文化奠定了继往开来的坚实基础。

纵观孔子思想中的民主性内容,是相当丰富的。毫无疑问,我国古代文化遗产中的民主性思想基本上是由孔子奠定的,它在很大程度上,客观地反映了劳动人民的利益、愿望和要求。孔子的核心思想是仁,这是他整个思想体系之综合,他的崇高理想是大同社会,这是政治纲领,他试图通过施仁政和贤人政治来实现这个理想,有其明显的进步意义。但是,孔子毕竟是一个维护封建统治阶级的思想家,他不是一个真正的人民代言人。因此,他的思想是明显为统治阶级服务的。正是由于孔子思想具有两重性(封建性与民主性),所以历代统治阶级都用滚雪球的方法,把他思想的封建性糟粕加上一层又一层的"新"内容,把孔子神圣化，借以欺骗和愚弄劳动人民。特别是汉、宋以后的孔子，几乎完全变成了地主阶级的卫道士，成了束缚人民的精神枷锁。"五四"运动提出"打倒孔家店"，对于解放思想反封建，无疑是正确的，必要的。但是，那种把后来儒家的东西都加在孔子头上的简单作法也是不科学的。在建设社会主义精神文明的今天，我们应该以科学的态度来恢复孔子的本来面目，研究、探讨他思想中对于形成中华民族优秀文化传统的那部分民主性精华，对孔子及其思想给以公正评价。如果真正做到这一点，那我们就为建设具有中国特色的我国文化作出了贡献。

原载于《中华文史论丛》1983 年第 4 辑

中国古代大同思想源流管见

　　每一个民族的古代文化里面,都有其代表性的文化精华,以至超出民族界限,在整个人类文化文明史上产生不可抹灭的影响。中国古代大同思想是中华民族历代杰出文化的代表,是劳动人民意志、希望、价值诉求的反映。自从有了大同思想,中国思想史上才真正有了一个人民性的思想传统。

渊源及其形成

　　关于大同思想的渊源,有人说是《礼运·大同章》,这是不对的。其实,早在孔子之前就已经有了这方面的思想萌芽。笔者认为,最早的大同思想主要是两个方面的内容,一是古人对于远古时代无阶级社会的神话传说,特别是关于尧、舜、禹禅让的内容;二是周和周之前的"和""同""平""均"等思想意识。

　　关于古代神话传说,当时的传播形式一是民间的口耳相传,二是典籍记载。由于文字记载工具的限制,这方面的内容不仅很少,而且极难保留下来。直到春秋战国时期,才在诸子百家的著作中较多看到这方面的记载。其中有代表性的像孔、墨对尧舜时代的描述,老子对黄帝时代的描述,许行对神农时代的描述。在这些描述中,不外是关于远古时代人们的生活习俗、财产分配,以及寄希望圣君圣行等。

> 长幼侪居，不君不臣；男女杂游，不媒不聘；缘水而居，不耕不稼；土气温适，不织不衣。(《列子·汤问》)

> 神农之世，卧则居居，起则于于，民知其母，不知其父，与麋鹿共处，耕而食，织而衣，无有相害之心，此至德之隆也。(《庄子·盗跖》)

> 甘其食，美其服，安其居，乐其俗；邻国相望，鸡犬之声相闻，民至老死不相往来。(《老子·第八十章》)

尽管上述这些文献出现晚于孔子，但在孔子之前通过口耳相传而流传于世则是可能的，否则后来的大同思想就是无源之水。

关于"和""同""平""均"的思想，在原始社会反映了一种安康均平的社会秩序，而在奴隶社会和封建社会则明显表现为一种重民思想。

和。周初的统治者们为了巩固自己的政权，提出"和怿先后迷民"(《尚书·梓材》)，只有推行和的仁政，才能感化殷民。再如"自作不和，尔惟和哉。尔室不睦，尔惟和哉"(《尚书·多方》)，"推贤让能，庶官乃和"(《尚书·周官》)，都是讲团结。

同。"同人于野，亨，利涉大川，利君子贞。"(《易·同人》)武王伐殷，师渡孟津而作《泰誓》，其中特别强调"同心度德，同德度义，同心同德"。同的思想较之和则更趋于一致。

平。"王道平平""平康正直""家用平康"(《尚书·洪范》)；"赫赫师君，不平何谓"(《诗·小雅·节南山》)；"云行雨施，天下平也"(《易·乾》)，平的思想应该说是最早的平均主义思想萌芽。再如"大夫不均，我从事独贤"(《诗·小雅·北山》)等，都是这个意思。

把古代神话传说与"和""同""平""均"的思想结合起来，便构成了我国古代大同思想的渊源。不过，真正从社会制度方面考虑大同,则是从春秋末年的诸子百家开始。当时较为突出的代表人物有孔子、墨子、老子、庄子、孟子等。孔子是其中最杰出的代表。这不仅因为他有大同思想,更重要的是作为思想家、教育家、政治家的孔子,较之其他诸子,有更高的审时度势的能力和远大政治理想。

以孔子为代表的大同思想,是一种基于对远古时代的怀念,出于对当时社会的不满所构画出的一个安居乐业、丰衣足食的社会,在一定程度上反映了被剥削被压迫者的愿望与要求。孔子的大同思想在《论语》中多有论述:

> 老者安之,朋友信之,少者怀之。(《论语·公冶长》)
>
> 子贡曰:"如有博施于民而能济众,何如? 可谓仁乎?"子曰:"何事于仁! 必也圣乎! 尧舜其犹病诸!"(《论语·雍也》)

孔子把这种能够广泛谋幸福于人民的行为称之为"圣",是比仁更高的道德境界。他认为,即使像尧舜那样的"圣王"也难以做得好。其实,所谓"博施于民而能济众",正是"老安,少怀,友信"的思想反映和价值诉求。在这种思想指导下,孔子极力主张"有国有家者,不患寡而患不均,不患贫而患不安。盖均无贫,和无寡,安无倾。"(《论语·季氏》)

而墨子所希望的社会是以"尚同""兼爱"为典型特征的,"天下之人皆相爱,强不执弱,众不劫寡,富不侮贫,贵不敖贱,诈不欺愚"(《墨子·兼爱中》),以期达到"老而无子者,有所得终其寿;连独无兄弟者,有所杂于生人之间;少失其父母者,有所放依而长"(《墨子·兼爱中》)的理想社会。墨子提倡"赖其力者生,不赖其力者不生"(《墨子·非乐上》),同时还提出了"有财者勉以分人"(《墨子·尚贤下》)的分配原则。

孟子继承了孔子老安,少怀,友信的思想,提出了"老吾老,以及人之老；幼吾幼，以及人之幼"(《孟子·梁惠王》)的思想。

与孔、墨、孟不同的另一种乌托邦思想，是老子的"小国寡民"和庄子的"至德之世"。老子的"小国寡民"没有文字，复结绳而用，没有交换。而庄子的"至德之世"只不过是"同与禽兽居"，人都是一些无知无欲的愚民而已。他在《山木篇》中描述的那个建德之国："其民愚而朴，少私而寡欲；知作而不知藏，与而不求其报；不知义之所适，不知礼之所将；猖狂妄行，乃蹈乎大方。其生可乐，其死可葬。"从老、庄的思想来看，他们一方面反对现实，另一方面又盲目复古，否定文明进步，希望回到原始时代中去。

在先秦的思想家中所反映出来的大同思想，主要是以孔、墨为代表和以老庄为代表的两种不同思想体系。而比较完整和系统的大同思想，当推《礼运·大同章》：

> 大道之行也，天下为公，选贤与能，讲信修睦。故人不独亲其亲，不独子其子。使老有所终，壮有所用，幼有所长，矜、寡、孤、独、废、疾者皆有所养，男有分，女有归。货恶其弃于地也，不必藏于己；力恶其不出于身也，不必为己。是故谋闭而不兴，盗窃乱贼而不作，故外户而不闭。是谓大同。

《大同章》仅仅百余字，却言简意赅地刻画出一个理想的社会制度。用今天的话来讲，天下为公就是大同的最高理想和政治纲领；选贤任能是组织路线；各尽其能，各得其所是分配原则；讲信修睦是人们要遵循的社会道德规范。这样一个社会设想是美好的，对后世产生了深远影响。《大同章》虽说是后儒撰写的，但主要思想与孔子是一脉相承的，作为一个完整的思想体系，将其冠在孔子头上，他亦是当之无愧的，也是先秦其他诸子不能与之相争的。

大同思想对后世影响的三条基线

自从孔子提出"大同"以后,一直为历代思想家和人民群众所重视,并在两千多年的中国封建社会产生了久远影响,这种影响基本上是沿着三条线传播的:

一是古代进步的思想家,包括近代资产阶级民主革命启蒙思想家的继承。他们主要承袭了孔子大同思想中积极的内容,而这种继承总的说来是以反苛政、施仁政、举贤才为主要表现形式的,因此是积极的。

二是一部分士大夫对老、庄"小国寡民"以及"至德之世"思想的继承。这种继承内容是消极的。

三是人民大众对大同思想的继承,主要是指历代农民起义领袖提出的那些政治纲领和救世之道。这种思想以孔子的"大同"理想为蓝图,基本上是以平均主义为主要内容的。

沿着这三条线,使得"大同"思想在中国两千多年的封建社会里深入到中国文化、生活和精神之中,形成了具有中国传统的讲信修睦,荐贤使能,向往幸福,追求美好生活的民族传统和良风美俗。

关于进步思想家的继承

历史上曾出现过几个对大同思想继承、发扬、光大的主要时期,而这几个主要时期又是以杰出思想家为代表的。

公元前三世纪,秦丞相吕不韦主编的《吕氏春秋》,提倡"天下为公"。

"治天下也必先公,公则天下平矣,平得于公。尝试观于上志,有得天下者众矣,其得之以公,其失之必以偏。凡主之立也生于公。……天下非一人之天下也,天下之天下也。"(《贵公篇》)《吕氏春秋》还借神农之口,描绘了一个男耕女织,人人都参加劳动的世界。

> 神农之教曰:"士有当年而不耕者,则天下或受其饥矣。女有当年而不绩者,则天下或受其寒矣。"故身亲耕,妻亲绩,所以见致民利也。(《爱类篇》)

由于秦的暴政,秦王朝很快就灭亡了。代之后起的汉代有许多思想家总结了亡秦的教训,在主张施仁政的前提下,希望有一个"同忧同乐,同好同恶"(《六韬·文师篇》)的社会。西汉晚年的扬雄和尔后的何休,都极力提倡井田制。扬雄在其《先知篇》中说:"或问:'为政有几?'曰:'思斁。'……或问:'何思? 何斁?'曰:'老人老,孤人孤,病者养,死者葬,男子亩,妇人桑之谓思。若污人老,屈人孤,病者独,死者逋,田亩荒,杼轴空之谓斁。'"他提倡男耕女织,老有所养,孤独的人和病人也都能得到照顾。何休在他理想的井田制社会里,不仅能保证耕者有其田,而且对人民的衣、食、住、行、教、养等都做了详细安排,连农、林、牧、储、分配、劳动纪律都有章程可循。这样一个均财力,同苦乐,丰衣足食的社会,正是何休所希望的"升平"世,但这并不是何休的最终目的,他希望的是"太平世"。"太平世"不是一族一国之治,而是天下为一家,中国如一人,没有中、外,诸夏、夷狄之分。所以,后人多把何休的"升平世""太平世"看成是孔子的"小康"与"大同"。

魏晋之际,无神论思想家鲍敬言依托于渺茫的太古时代,提出一个无君无臣的国家,那里没有军队,"干戈不用,城池不设";没有徭役和赋税,"身无在公之役,家无输调之费",大家过着"穿井而饮,耕田而食,日出而作,日入而息。泛然不系,恢尔自得,不竞不营,无荣无辱。山无蹊径,泽无舟梁。川谷不通,则不相并兼;士众不聚,则不相攻伐"(《诘鲍篇》)的生活,确有点像老子"小国寡民"的情形。但是,在鲍的更多言论中表现出来的还是他反封建、反奴役、反剥削的精神。他反对统治阶级无休止地剥削人民。"劳之不休,夺之无已,田芜仓虚,杼柚之空,食不充口,衣不周身,欲令勿乱,其可得乎!""夫谷帛积,则民有饥寒之俭;百官备,则坐靡供奉之费。宿卫有徒食之众,百姓养游手之人,民乏衣食,自给已剧,况加赋敛,重以苦役,下不堪命,且冻且饥。"(《诘鲍篇》)劳动人民辛勤劳动取得的成果,被统治阶级剥削一空,养活了一批不劳而获的寄生虫。因之,他把统治阶级与老百姓的关系形象地比作獭食鱼、鹰吃鸟的关系。

宋朝的张载、邓牧更是格外推崇大同。张载在其著名的《西铭篇》中说:"乾称父,坤称母,予兹藐焉,乃混然中处。故天地之塞,吾其体;天地之帅,吾其性。民吾同胞,物吾与也。大君者,吾父母之宗子;其大臣,宗子之家相也。尊高年,所以长其长;慈孤弱,所以幼其幼。圣其合德,贤其秀也。凡天下疲癃残疾,惸独鳏寡,皆吾兄弟之颠连而无告者也。"他基于《大同章》的精神,发挥了敬老、慈幼、扶困、济贫的良好愿望。

稍后于张载的邓牧,继承了鲍敬言的思想,把人民反对统治阶级的反抗看作是不得不如此的。"夫夺其食,不得不怒;竭其力,不得不怨。人之乱也,由夺其食;人之危也,由竭其力,而号为理民者,竭之而使危,夺之而使乱!"(《伯乐琴·吏道》)他提出了一个与鲍不同的理想社会,在那个社会里也有皇帝,但他只是国家事务的最高管理者,而不是最大的剥削者和掠夺者,皇帝的身份和地位都与老百姓差不多,只不过是"其分未严""其位未尊"(《吏道》),当皇帝的主要是替人民做好事。"生民之初,固无乐乎为君,不幸为天下所归，不可得拒者，天下有求于我，我无求于天下也……夫然，故天下乐戴而不厌，唯恐一日释位而莫之肯继也。"（《君道》）每个人都可以当皇帝，如果这人一旦不干了，还怕找不到继承人，在皇位面前人人是平等的。社会上自然也有官吏，不过由于人民之间关系密切，民间相安无事。为了实现这个理想社会，邓牧主张"得才且贤者用之。若犹未也，废有司，去县令，听天下自为治乱安危，不犹愈乎？"（《吏道》）就其政治主张，邓牧则更接近于《大同章》。但这也暴露了他"听天下自为治乱安危"的消极处世思想。

公元十七世纪中叶，是我国资本主义萌芽的前期，出现了许多大胆反对封建社会的早期启蒙思想家，像何心隐、黄宗羲、颜元、龚自珍等，他们几乎生活在同一时期，像一颗颗银汉星斗，相映争辉。

何心隐是一个封建社会的叛逆者，他被当时的统治阶级视为"鸠聚徒众，讥切时政"的妖人，欲将其置死地而后快。他终生向封建势力进行坚决的斗争，最后被杖死在狱中，临死前他无丝毫乞怜之态，表现了崇高的气节。何心隐希望的社会是每个人都能得到充分的满足，尤其是人性上的满足，这是何的理论基础。他借助儒学齐家治国平天下的模式来阐发他的理想。黄宗羲评价他是"谓大学先齐家，乃构萃和堂以合族"。不过这只是第一步，因为齐家只是就家而言，之后才是治国，逐渐达到平天下。为此，何氏企图设计一个新的社会制度，他主张人要把自己的财产拿出来，使大家经济上互通有无，让一族人集体居住，还要让大家接受定期的教育，鳏寡孤独之人由集体救济。这一套老有所养，幼有所长的方案，被邹元标推举为"数年之间，一方几于三代"。何氏的大同思想有一个很突出的特点，就是实行义务教育，这是前代思想家中所没有的。

黄宗羲与何心隐是同时代人，他极赞成何的主张，称之为"行之有成"。不过，黄更注重对于未来世界的理想，他反封建并借追想古代，设想出一个"天下为主，君为客"(《原君》)的社会。贵不在朝廷，贱也不在草莽，这种变更君民位置，彻底主张平等的思想，首开中国资产阶级民主思想之先声。

颜元主张均田，"非均田则贫富不均，不能人人有恒产"(《拟太平策》卷二)，表现了他对社会改革的一种设想。

龚自珍，生于鸦片战争前夕，当时中国的封建社会已经开始走向崩溃，他继承了先前其他进步思想家的积极精神，在其《平均篇》里通过追述古代社会，以说明过去的美好社会被后代人破坏了。因此，他提出要均贫富，去悬殊，倡导劳心者与劳力者有相互更替的权利，以此来避免贵贱之差别。他的思想较之前人则带有资本主义的思想意识。

鸦片战争以后，以康有为为代表的中国资产阶级改良主义者，期望向西方寻找"真理"来"维新"风烛残年的清王朝。他领导了戊戌维新变法运动，尽管变法失败了，却在历史上写下不可磨灭的一页。康有为在其《大同书》里提出一个"太平世"的乌托邦，他的理想基础就是《礼运篇》的大同思想。他认为："大道者何？人理至公，太平世大同之道也。三代之英，升平世小康之道也。孔子生据乱世，而志则常在太平世，必进化至大同，乃孚素志，至不得已，亦为小康。而皆不逮，此所由顾生民而兴哀也。"(《礼运注》)这进一步发挥了孔子的大同思想。《大同书》是根据汉代公羊家据乱、升平、太平三世学说，比之当时的西方资本主义国家，提出的一个"大同之世，天下为公，无有阶级，一切平等"的社会，在那里，"去国界，合大地；去阶级，平民族；去种界，同人类；去形界，保独立;去家界,为天民;去产界,公生产;去乱界,治太平;去类界,爱众生;去苦界,至极乐",对公有制进行了大胆讴歌。他对这个"极乐世界"竭力渲染,以至对器皿、家俱、生活细节等都规定了模式,这就不能不使他的理论必然产生荒唐可笑的结果。

尽管康有为的理论并没有科学基础,但在对大同的设计中他却提出一些富有生命力的新论,这比起以往传统的封建思想来,毕竟有了一些新的内容和意识,激发了人们关心国家大事,启发人民探求治国之路。康氏的理想是美好的,所起的影响和作用是不可低估的,但路子却是走不通的。

资产阶级民主主义革命的领袖孙中山,最早提出推翻清王朝,建立资产阶级共和国。

当时,中国资产阶级民主主义者狂热地向往着一个理想的"家给人乐""民有所养"的"大同"社会。孙中山正是在这个潮流中依据《大同章》的理想,继承了"天下为公"的主要思想,他在《社会主义之派别与方法》(1912年)中,对"社会主义"作出如下描述:

> 鄙人对于社会主义,实欢迎其为利国福民之神圣。……实行社会主义之日,即我民幼有所教,老有所养,分业操作,各得其所……予言至此,极抱乐观。[1]

> 我们要解决中国的社会问题……就是要全国人民都可以得安乐,都不致受财产分配不均的痛苦……我们三民主义的意思,就是民有、民治、民享。这个民有、民治、民享的意思,就是国家是人民所共有,政治是人民所共管,利益是人民所共享。……这就是孔子所希望的大同世界。[2]

---

[1]《孙中山全集》(第2卷),中华书局,1981年,第510页。
[2]《孙中山选集》(第2卷),中华书局,1981年,第843—844页。

孙中山所提出的社会主义,正如列宁所指出的,"孙中山纲领的每一行都渗透了战斗的、真诚的民主主义","是真正人民的真正伟大的思想"。但列宁又同时指出,它是小资产阶级的空想①,因为这种"家给人乐""幼有所教""老有所养"的设想,实际上是不可能由资产阶级革命来完成的。不过,孙中山的伟大之处,正是他不断适应已经发展了的革命形势,自觉接受中国共产党的建议,重新说明三民主义的内容为联俄、联共、扶助农工的三大政策,他不仅接受了中国共产党关于建立人民共和国的纲领,并且为这个纲领终生奋斗。孙中山在其革命生涯中,的确曾经沿袭中国传统的大同思想来描述社会主义,但在十月革命以后,孙中山对社会主义革命有了更明确的认识,并以十分敬佩的心情讴歌十月革命:"像俄国的人民,可以说自幼而老,一生无忧无虑,推究他们这种幸福,是由于革命而来的。"②

关于进步思想家对古代大同思想的继承方面,我们历数了以上几个主要时期的代表人物和思想流派,不难发现,这种继承主要反映在反苛政,均财产,选贤任能诸方面。其中,许多思想直至今天仍不失其进步意义。

关于消极方面的继承

自汉以后的我国封建社会里,老子"小国寡民"和庄子"至德之世"的思想,也曾一度被一些企图逃避现实和一味追古的文人所继承,像《列子》中的"华胥国"和"终北国";鲍敬言的"无君国";

①《列宁选集》(第2卷),人民出版社,1972年,第426页。
②《救国救民之责任在革命军》,胡汉民编:《总理全集》(第2集),上海民智书局,1912年,第409—411页。

康与之的《昨梦录》，以及桃花源、《镜花缘》中的"君子国"等，都属于这一类。尽管它们多少也反映了一些劳动人民追求幸福的愿望与要求，但其处世态度却不像《大同章》那么积极，严格讲来是一种原始、朴素、消极无为的后退思想。

《列子》中的"华胥国"："其国无师长，自然而已；其民无嗜欲，自然而已。不知乐生，不知恶死，故无夭殇；不知亲己，不知疏物，故无爱憎；不知背逆，不知向顺，故无利害。"（《黄帝篇》）民没有什么欲望，似乎都是麻木之人。而终北国："人性婉而从物，不竞不争；柔心而弱骨，不骄不忌；长幼侪居，不君不臣；男女杂游，不谋不聘；缘水而居，不耕不稼；土气温适，不织不衣；百年而死，不夭不病。"这里展现的实际上是原始社会的杂婚时代。

东晋时代的陶潜，在其《桃花源记》中描写了一个大家共同劳动，安居乐业的世外桃源。

南宋时代的康与之描写的理想社会里，"此间居民虽异姓，然皆信厚和睦，同气不若也，故能同居；苟志趣不同，疑间争夺，则皆不愿其来。……吾此间，凡衣服饮食牛畜丝纩麻枲之属，皆不私藏，与众均之，故可同处。子果来，勿携金珠锦绣珍异等物，在此俱无用，且起争端，徒手而来可也"（《昨梦录》）。在这个与世隔绝的村庄，尽管大家都不是同宗同祖，却非常和睦，没有争执，一切按人的需要均分财物，金珠财宝俱无用。

类似上述思想还有不少代表人物，他们的处世态度总的说来是消极的，把人们对现实生活的不满和对未来生活的向往，简单寄托于一种虚无缥缈的幻境，这本是一种微弱无力的思想，忽视了人们实现理想的可能，因而是没有前途的。

历代农民起义领袖对大同思想的继承

在中国长期的封建社会中,除了上述两方面的继承之外,还有一个重要的方面,那就是在历代农民起义领袖提出的纲领中所反映出来的对大同思想的继承。过去,人们在讨论、研究大同思想时往往不够重视这一点。值得引起注意的是,在几个主要进步思想家的继承时期,恰恰是封建统治阶级的暴政时期。由之,我们认为:一方面,那些进步思想家在了解、认识农民被压迫的遭遇之后,提出了一些改革主张,尽管他们并不是真正的劳动人民代言人,但他们反对压迫,追求美好,寄希望于一个好社会则是真的。与此同时,另一方面,人民不忍受暴政,必然迫使农民爆发起义。所以就形成了进步思想家从理论主张方面反对苛政,而农民起义则从行动上去推翻苛政两条路线的必然结合。这种历史现象有时是思想家鼓舞人民,有时是人民起义启发、感化思想家。当然,不管是进步思想家还是农民起义领袖们,他们都不可能认识到生产关系对生产力发展的阻碍,而只能寄托在改朝换代,他们的生活要求也只能是一种平均主义的作法。不过,这毕竟冲击了那个腐朽社会制度,成为推动历史前进的动力。

东汉末年,农民起义此起彼伏,当时流行在农民中的《太平经》曾经以宗教的形式反映了农民的要求。如"智者当保养愚者""力强当养力弱者""后生者当养老者",他们还坚决反对剥削阶级聚敛财富,"积财亿万,不肯救穷施急,其罪不除",主张救贫济穷,反懒惰,自食其力……所有这些在人民中广泛形成一种强烈要求。张角就曾在农民中间传播了十几年的"太平道",而后带领各地农民起义队伍反对统治阶级,"众徒数十万,连结郡国,自青、徐、幽、冀、荆、扬、兖、豫八州之人,莫不毕应"(《后汉书·皇甫嵩传》)。而同时代的张鲁所传播的"五斗米道"基本上与"太平道"相类似,他在汉中实行了一种空想的政治、经济主张。

> 鲁遂据汉中,以鬼道教民,自号"师君"。其来学道者,初皆名"鬼卒"。受本道已信,号"祭酒"。各领部众,多者为治头大祭酒。皆教以诚信不欺诈,有病自首其过,大都与黄巾相似。诸祭酒皆作义舍,如今之亭传。又置义米肉,悬于义舍,行路者量腹取足;若过多,鬼道辄病之。犯法者,三原,然后乃行刑。不置长吏,皆以祭酒为治。(《三国志·张鲁传》)

由此看来,张鲁的主张(或称纲领),一是设置义舍,二是以祭酒代替官吏,三是对犯错误者先实行教育等。张角仍然主张有一个"天","苍天已死,黄天当立""岁在甲子,天下大吉",只不过这个"天"是他自己罢了;而张鲁则是以祭酒为治。

隋唐以后,"等贵贱,均贫富"的思想在农民中表现得尤为突出。这时,生产力的发展使得一些农民以实物地租代替劳役,农民实际上可以占有或使用一部分土地,并能在多劳的情况下多得一些收入。但由于土地的临时性和天灾人祸的降至,农民在受别人支配的情况下仍不能摆脱贫困。富者更富,贫者更贫,继续加剧,这就使得农民运动必然要提出均分土地的要求,这种平均主义思想自然就成了农民起义的纲领和旗帜,因此具有极大的号召力。

唐末王仙芝起义,其自称"天补平均大将军"。宋朝的王小波在起义时对群众讲"吾疾贫富不平,今为汝均之"(《渑水燕谈录》卷八)。因此,王小波的起义失败若干年后,人们仍然思念着他,不仅想念他的那种均产、疾贫富不均的革命行动,同时更希望有那么一个平均而安居乐业的时代。

宋朝的钟相起义是继王小波、方腊之后的又一次大的农民起义,他提出"等贵贱,均贫富"的口号。在封建社会严格的等级制度下,贵贱是以人的等级高低为区别,同时又是以地产多少作为经济基础的。贵者等于富者,贱者等于贫者。由这种贵贱等级制度,必然会得出贫与富的隶属关系。农民要求"等贵贱,均贫富",其目的在于要废除封建专制与特权,所以钟相"持此说以动人民,故环数百里间,小民无知者翕然从之"(徐梦莘:《三朝北盟会编》卷七三),一时间起义军就控制了十九个县。他起义之后捕杀土豪劣绅和一些不劳而食者,得到广大人民群众的同情与拥护。农民起义不光提出"等贵贱,均贫富"的口号,而且把这种口号付诸实践。明末农民起义领袖李自成就是以"均田免粮"为纲领,反映了农民的要求。"李严教自成以虚誉来群望,伪为均田免粮之说,相煽诱。"(《罪惟录·传》卷三十一)其具体表现形式是"耕者有其田""不纳税,不交粮",反映了农民的要求和理想。

　　鸦片战争以后,中国地主阶级和农民阶级这两大阶级间的矛盾更加尖锐复杂,中国人民深受外国侵略者和本国封建统治阶级的双重压迫和剥削。封建统治阶级对于农民的剥削使他们的生活再也不能有微小的改善,这就迫使被压迫的农民为解决这些矛盾,为争取自身命运的解放而组织起来,去寻求一种途径。但是,当时一些农民可以利用的组织并无力来承担这个使命,而必须由更明确的纲领,更新的组织来完成。因此,洪秀全便成了那个时代的宠儿。他把基督教中某些平等的思想与中国古代的大同思想以及广大农民群众的愿望、要求给合在一起,创造了一个所谓太平世,建立了太平天国。太平天国在中国历代农民起义中是规模最大,纲领最明确的运动,它不仅提出了反清王朝的政治纲领,并颁布了一套反映农民要求的土地纲领,企图造就一个"天下一家"的理想国家。洪秀全在其《原道醒世训》中直接继承《大同章》来表述他的理想:"遐想唐、虞、三代之世,有无相恤,患难相救,门不闭户,道不拾遗,男女别涂,举选尚德。尧舜病博施,何分此土彼土;禹稷忧饥溺,何分此民彼民;汤武伐暴除残,何分此国彼国;孔孟殆车烦马,何分此邦彼邦。……是故孔丘曰:‘大道之行也,天下为公……是谓大同。’而今尚可望哉!"他确信这种理想能够实现:"乱极则治,暗极则光,天之道也。于今夜退而日升矣。惟愿天下凡间我们兄弟姊妹跳出邪谋之鬼门,循行上帝之真道,时凛天威,力遵天诫,相与淑身淑世,相与正己正人,相与作中流之砥柱,相与挽已倒之狂澜。行见天下一家,共享太平。"

　　农民的革命理想是什么? 从封建专制桎梏下解放出来的农民到底应建立怎样的国家? 历代一些进步思想家与农民起义领袖都试图回答和解决这个问题,但只有太平天国的领袖们作出最好的答案。他们并没有停留在对统治阶级的善心和仁政上,在《天朝田亩制度》里面提出了经济上的平等思想。规定"凡分田,照人口,不论男妇,算其家口多寡,人多则多分,人寡则分寡"。还规定田分九等,其总的精神是"有田同耕,有饭同吃,有衣同穿,有钱同使,无处不均匀,无人不饱暖"。这样的分田办法,集中体现和反映了农民的愿望与要求,剥夺了两千多年来的地主土地所有权。列宁曾高度评价农民的这种平均主义思想:"在反对旧专制制度的斗争中,特别是反对旧农奴主大土地占有制的斗争中,平等思想是最革命思想。"①的确,除了资本主义、社会主义之外,平均主义与封建主义相比,难道不是平均主义所包含的平等思想是最革命的吗? 天朝田亩制度所设计的社会是理想的,其内容与形式确也具有了共产主义的朴素形态。但是,太平天国的这幅图画所展现出的社会,毕竟是现实与梦幻的杂合,是不可能实现的,但

①《列宁全集》(第13卷),人民出版社,1959年,第217页。

却为后来的资产阶级民主革命提供了宝贵的经验。

简单的结论

上面我们论述了中国古代大同思想的渊源及其形成时代，又从三条基线分析了它对后世的影响，那么我们现在可以对中国古代大同思想给出一个简单的结论。

大同思想产生于中国两千多年之前，是中华民族文化遗产的精华，它的发展与历代被压迫阶级的政治斗争密切相关，在一定程度上反映了被压迫人民的要求，因此在历史上起过积极的作用。正如列宁所指出的：“剥削的存在，永远会在被剥削者本身和个别‘知识分子’代表中间产生一些与这一制度相反的理想。”“这些理想对马克思主义者说来是非常宝贵的。”①中国古代大同思想有其明显的特点，那就是农民起义运动与知识分子思想的彼此呼应。由此而形成了一个人民性思想的传统，而所有这些古代进步思想家与农民起义领袖所提出的纲领、社会思想，都是贯穿反苛政，施仁政，均贫富，等贵贱一条主线。

诚然，我们也不能过高地苛求于前人，这是他们的历史局限。诚如毛泽东在谈到康有为《大同书》时说的：“康有为写了《大同书》，他没有也不可能找到一条到达大同的路。”②

原载于《南京大学学报》（哲学·人文科学·

社会科学）1984 年第 2 期

《新华文摘》1985 年第 8 期转发论文摘要

---

①《列宁全集》（第 1 卷），人民出版社，1959 年，第 393—394 页。
②《毛泽东选集》（第 4 卷），人民出版社，1991 年，第 1476 页。

从方法论看孔子"过犹不及"的中庸思想

　　孔子思想是我国古代第一个完整的哲学思想体系,对中外文化的交流与传承都产生了极其深远的影响。孔子继承了中国奴隶社会以及初期封建社会的民本思想、宗法思想、中庸思想、大同思想,并以此形成了一个以"仁"为中心内容,以"礼"为表现形式,以"中庸"为思想方法,以"大同"为远大政治理想的思想体系。过犹不及的中庸思想,是孔子学说的重要思想方法,也是孔子唯物主义思想中最核心的内容,是辩证法在孔子思想中的典型运用,中庸贯穿于整个孔子思想体系之中。

　　最近,我在阅读《毛泽东书信选集》时,看到毛泽东关于中庸思想的论述,非常精辟,使我更加深了对孔子"中庸"思想的理解。本文仅就这方面谈几点看法,以就教于学术界专家与广大读者。

　　据考古材料,甲骨文上有"中"字,其原意是立于正中央的旗帜或徽识,反映了古代氏族军队以旗帜为中心这样一个实事。《礼记·投壶》有:"主人奉矢,司射奉中,使人执壶。"这是说古人在举行"射礼"时,司射手执装有筹码的木箱,以箭有没有偏离,是否投中来计算射者成绩的优劣。应该说,此处的"中"比较确定的是指方位上的"正"。"中"有时也指适中、符合的意思,"惟精惟一,允执厥中"(《尚书·大禹谟》),是说思想要精诚专一,办事要允执中道,不偏陂。而"言中法,则辩之;行中法,则高之;事中法,则为之"（《尚君书·君臣》），也是讲办事公道执中。"中"有时也作为一种美德。"丕惟曰：尔克永观省，作稽中德；尔尚克羞馈祀，尔乃自介用逸。"（《尚书·酒诰》）这是周公告诫康叔的一段话，意思是讲，你如果能够经常反省自己，力行中德，那么你就可以保住地位，获得酒足饭饱。而"庸"，有时是指"用"，"无稽之言勿听，弗询之谋勿庸"（《易·大禹谟》）；有时也作"常"讲，"天秩有礼，自我五礼有庸哉"（《尚书·皋陶谟》）。《易》在多处反映了"中"的思想，例如"中以行正"（《易·未济》），"中以为志"（《易·损》），"中以为实"（《易·鼎》），"中行无咎"（《易·夬》），"中正以观天下"（《易·观》）等，均反映了执中行道的思想。中和庸二字联起来用，始于孔子，究其本意，即取中之用也。

　　周之前，还没有人系统提出中庸思想。不过，周初就已经有了这方面的萌芽。"君子所其无逸，先知稼穑之艰难，乃逸，则知小人之依。"（《尚书·无逸》）逸，安逸也，有时也指奢侈享乐。此处的"无逸"即不过于逸的意思，而"乃逸"则是指有逸，抑或指有享受的权力。很显然，周公在这里并不否认有逸，只是这种逸应当以"知稼穑之艰难，知小人之依"为前提，这实际上是一个享受有度的问题，还不是明确的中庸思想。

　　孔子一提出中庸，就把它广泛应用于各个方面，并由此构成了以中庸为脉络的整个孔子思想体系。没有中庸，就没有孔子思想。孔子的中庸思想是他认识客观世界，修养主观世界的一个基本观点和方法。毛泽东同志指出："这个思想（指中庸思想——引者）的确如伯达所说是孔子的一大发现，一大功绩，是哲学的重要范畴，值得很好地解释一番。"①

---

①《毛泽东书信选集》，人民出版社，1983年，第147页。

最能反映孔子中庸思想的是孔子答子贡的一段对话。

子贡问："师与商也孰贤?"子曰:"师也过,商也不及。"曰:"然则师愈与?"子曰:"过犹不及。"(《论语·先进》)孔子认为,"过"与"不及"都不好,都不是中庸。"依照现在我们的观点说来,过与不及乃指一定事物在时间与空间中运动,当其发展到一定状态时,应从量的关系上找出与确定其一定的质,这就是'中'或'中庸',或'时中'。"①孔子认为最好则是把握两端,取其中间。当然,这里的中间不是一个简单的长度概念,也并非刚好二分之一处,实际上是恰到好处、适中的意思。怎样才能取得这个理想的"中"呢? 子曰:"可与共学,未可与适道;可与适道,未可与立;可与立,未可与权。"(《论语·子罕》)

"权"本指秤锤,"权,然后知轻重"(《孟子·梁惠王上》)。毛泽东明确指出:"'权'不是质的观念,是规定此质区别异质的方法,与儒家'执两用中'之'执'同。"②"质",实也,"权"即实现过程的方法。墨子言:"权者,两而无偏。"这就是说,一种事物的一定的质,不使其左右偏离。但是过去的传统说法,总认为"无偏""执中",就是不偏离,把事物的两个方面折衷在一起,其实这是错误的。毛泽东指出:"一个质有两方面,但在一个过程中的质有一方面是主要的,是相对安定的,必须要有所偏,必须偏于这方面,所谓一定的质,或一个质,就是指的这方面,这就是质,否则否定了质。所以墨说'无偏'是不要向左与右的异质偏,不是不要向一个质的两方面之一方面偏(其实这不是偏,恰是正)。如果墨家是唯物辩

①《毛泽东书信选集》,人民出版社,1983年,第146页。
②《毛泽东书信选集》,人民出版社,1983年,第142页。

证论的话,便应作如此。"①毛泽东在这里讲得非常清楚,即无偏就是偏的正。而墨子"无偏"的思想与孔子无过无不及的"中庸"思想是一回事。为了进一步说明这种质的两方面偏离程度,毛泽东又说,"一定的质被包含于一定的量之中……但重要的是从事物的量上去找出并确定那一定的质,为之设立界限,使之区别于其它异质,作两条战线斗争的目的在此"②。如何通过"权"来找到那个需要设立的"界限",譬如说,液态的水加热到一百度以后,就变成气态了,若温度降低到零度,就开始变成固态。因此,我们就可以确认,一百度是水由液态变成气态的"界限",零度是水由液态变成固态的"界限"。升温或降温的过程就是"权",而零度与一百度则是使水这种质由一方面向另一方面必须要有所偏的界限,是权的佳点(即中庸)。

随着人们认识的提高,后来,就逐渐地把"权"应用于对事、对物、对人的态度上了。具体到孔子的哲学思想方法来说,"道"是孔子的总原则,是纲领,而"权"则是对道的政策性与灵活性的结合。正如前面引用《论语·先进》中说的,权的前提是"可"与"不可",而"可"与"不可"就是审理事物,具体情况具体分析。"道"由"中庸"来实施,"中庸"通过"权"来实现。

中庸与折衷调和是两回事。毛泽东是反对把中庸说成折衷调和的。他在批评陈伯达的"两而无偏,恰是墨子看到一个质之含有不同的两方面,不向任何一方面偏向,这才是正,才真正合乎那个质"时说:"则甚不妥,这把墨家说成折衷论了。"③毛泽东还

---

①《毛泽东书信选集》,人民出版社,1983年,第142页。
②《毛泽东书信选集》,人民出版社,1983年,第146页。
③《毛泽东书信选集》,人民出版社,1983年,第142页。

讲过,"'权者两而不偏',应解作规定事物一定的质不使向左右偏(不使向异质偏),但这句话并不及'过犹不及'之明白适当"①。简言之,两而无偏不可以说成折衷,过犹不及的中庸就更不好说成是折衷了。折衷是有确定意义的,列宁在批评布哈林的时候讲过:"'又是这个,又是那个','一方面,又另一方面'——这就是布哈林在理论上的立场,这就是折衷主义。"②因此,折衷是无原则地把两个无关的东西结合起来。而调和是什么呢?《说文》:"调,和也。"它的意思与折衷不尽一样,隐约含有事物两方面的对立统一思想,但如果与折衷在一起讲,则与折衷是一个意义。所以,孔子的中庸,同墨子的两而无偏一样,与折衷调和是两回事。

中庸是审时度势的重要思想方法。

毛泽东指出:"'过犹不及'是两条战线斗争的方法,是重要思想方法之一。一切哲学,一切思想,一切日常生活,都要作两条战线斗争,去肯定事物与概念的相对安定的质。"③孔子终生奉行中庸之道,以图能求得一个符合仁礼的安定的质。在孔子那里,不论是从其表现形式还是思想内容,都极为丰富,诸如:

在人伦方面,中庸主要体现了一种美德,"中庸之为德"。孔子要求"君子矜而不争,群而不党"(《论语·卫灵公》),"君子贞而不谅"(《论语·卫灵公》),"君子和而不同"(《论语·子路》),"君子泰而不骄"(《论语·子路》),"君子尊贤而容众"(《论语·子张》)。在上述诸方面,矜与不争,群与不党,贞与不谅,和与不同,尊贤与容众,都是事物的两个方面,孔子均取其适中,既考虑此又照顾彼,防止一

①《毛泽东书信选集》,人民出版社,1983年,第142页。
②《列宁选集》(第4卷),人民出版社,1972年,第449页。
③《毛泽东书信选集》,人民出版社,1983年,第145—147页。

种倾向掩盖另一种倾向。

在教育上,主要反映在"性""习"之间的辩证关系上。"性相近也,习相远也。"(《论语·季氏》)一近一远,奠定了人可以施教的思想基础,并由此产生出其他许多至今仍然闪耀着真理光芒的思想,像"学而不思则罔,思而不学则殆"(《论语·为政》),"先行其言而后从之"(《论语·为政》),"讷于言而敏于行"(《论语·里仁》),"博学之,审问之,慎思之,明辨之,笃行之"(《中庸》)。孔子主张学、思、行兼顾,学、思、行构成了孔子教育的全过程,体现了学思一致,知行合一,并行不悖,相得益彰的有机关系。

在启发式教育方法上,孔子明确提出"不愤不启,不悱不发"(《论语·述而》)的思想。"可与言而不与之言,失人;不可与言而与之言,失言。知者不失人,亦不失言。"(《论语·卫灵公》)"言未及之而言谓之躁,言及之而不言谓之隐,未见颜色而言谓之瞽。"(《论语·季氏》)都是一个适中,恰到好处的思想。

在人格培养方面,中庸则表现为文质兼备。"文质彬彬,然后君子。"(《论语·雍也》)文,文身之俗,一般指礼乐修养的外在美。质,人的本质,泛指道德品质,气质。"质胜文则野,文胜质则史。"(《论语·雍也》)孔子认为光有仁义道德的质,而无礼乐修养的文,尽管朴实,但未免显得干瘪,贫乏,土头土脑,不配成为君子。反之,仅有礼乐修养的文,而没有仁义道德的质,就显得华而不实,虚伪,同样不配称为君子。

在应事态度上,中庸不拘泥于教条:"子绝四——毋意,毋必,毋固,毋我。"(《论语·子罕》)

在评价人方面,中庸则表现为"无求备于一人"(《论语·微子》),"君子不以言举人,不以人废言"(《论语·卫灵公》)。对管仲,孔子曾讲他,"不知礼""焉得俭""管仲之器小哉!"(《论语·八佾》)

考虑到管仲有大功,仍然以"仁"许之。

在对待天命鬼神方面,中庸则表现为既相信,又怀疑,而最终是不信。"道之将兴也与,命也;道之将废也与,命也。"(《论语·宪问》)反之,"天何言哉? 四时行焉,万物生焉,天何言哉?"(《论语·阳货》)他既不否认鬼神的存在,"祭如在,祭神如神在"(《论语·八佾》);同时又告诉人们,不要沉溺于盲目的迷信之中,"敬鬼神而远之"(《论语·八佾》),"子不语怪,力,乱,神"(《论语·述而》)。

在强调人的作用时,中庸则表现为"为人由己,而由人乎哉?"(《论语·颜渊》)"发愤忘食,乐以忘忧,不知老之将至云尔。"(《论语·述而》)毛泽东同志特别提出:"观念论哲学有一个长处,就是强调人的主观能动性,孔子正是这样,所以能引起人的注意与拥护。"①孔子在这方面是很突出的。

在施政方面,中庸则表现为宽猛相济。"道之以德,齐之以礼,有耻且格。"(《论语·为政》)"季孙欲以田赋,使冉有访诸仲尼。仲尼……私于冉有曰:'君子之行也,度于礼。施取其厚,事举其中,敛从其薄。'"(《左传·哀公十一年》)施与敛是绝然不同的,施是给予,敛是索取,但孔子主张施厚敛薄,事举其中,正是其仁政的具体体现。

仅从以上九个方面,足见孔子的中庸思想的确闪耀着辩证法思想的光芒。孔子提出了中庸思想,但是在他的一生中,除了在教育实践和道德修养方面较好地实践了中庸外,在其他方面都没能很好地实践。可见中庸的实施也是受到各方面条件限制的。

在评价孔子中庸思想时,我们也应该看到,中庸思想有它本身自带的一些弱点,正像毛泽东同志指出的,孔子在认识论上与

①《毛泽东书信选集》,人民出版社,1983年,第145页。

社会论上,有不少是形而上学。他不是,也不可能是一个彻底的唯物主义者。作为那个时代的杰出思想家,自然要受到时代的限制。就中庸思想来说,科学的解释应当是毛泽东同志讲过的:"说这个事物已经不是这种状态而进到别种状态了,这就是别一种质,就是'过'或'左'倾了。说这个事物还停止在原来状态并无发展,这是老的事物,是概念停滞,是守旧顽固,是右倾,是'不及'。孔子的中庸观念没有这种发展的思想,乃是排斥异端树立已说的意思为多,然而是从量上去找出与确定质而反对'左'右倾则是无疑的。"①

另外,尽管中庸与折衷调和有本质的不同,但作为一种方法,中庸又很容易为唯心主义改造,修正为折衷主义和调和主义。譬如当矛盾的双方由于质的变化已经不能归于统一时,人为地非要把两个东西凑合在一起,则必然是折衷、调和。尤其是当新的革命到来的时候,如果不加时间、条件、地点各方面的限制,而一味大谈什么中庸,也往往会成为维护旧势力的反动理念。今天,我们在评价已经有两千五百年历史的中庸思想时,指出这一点尤为重要,目的是吸取中庸思想的"合理内核",为当前和今后的社会主义精神文明建设和物质文明建设服务。

原载于《晋阳学刊》1984 年第 6 期

---

① 《毛泽东书信选集》,人民出版社,1983 年,第 146—147 页。

孔子与"君子"

　　"君子",寄托了孔子的理想人格,荟萃了历代华夏志士仁人人格的优良品质,几乎成为中国传统道德的化身,对于形成具有浓郁东方色彩的传统道德,起了非常重要的奠基作用。这不仅对汉民族,包括对朝鲜、日本、越南,以及东南亚诸国,都产生了不可低估的影响。但在以往的学术研究中,由于受左的思潮影响,很少有人专门论及这个问题。"知人论世",今天实事求是地评价"君子"在中国传统道德中的作用,不仅有利于正确评价孔子,而且对建设中国特色社会主义精神文明和物质文明,亦大有裨益。

"君子"的本来涵义

　　"君子"的概念,在中国历史上源远流长,它是作为小人的对立面与小人同时出现的。君子与小人最早是从地位的尊卑贵贱上区分的,后来逐渐转变成了品德高低优劣的分野。完成这个转变的是孔子。在孔子之前,一般讲"君子"是指上层统治阶级,"小人"指下层庶民。这方面的材料极为丰富,以《尚书》和《诗经》中的君子来看,几乎全部是对统治阶级的专称。

　　"我西土君子"(《尚书·泰誓》),"君子"显系指兴起于中原地区西部的周氏先祖。

"君子万年"（《诗·小甫瞻》），是指周的先王。

"君子所其无逸，先知稼穑之艰难，乃逸，则知小人之依。"（《尚书·无逸》）成王幼，周公恐其成年后有所淫逸，故以先王之道告诚他。小人指庶民百姓。

上述君子都是特指周的先祖或最高统治者。此外，君子有时也指某些卿大夫层的人，如：

> 其君子，上中正而下诣谀。（《管子·五辅十》）
>
> 庶士有正，越庶伯君子。（《尚书·康诰》）
>
> 凡我有官君子，钦乃攸司，慎乃出令，令出惟行，弗惟反。

（《尚书·周官》）

君子和小人在当时的区别是非常明显的，君子被称为"贵人"，"君子子者，贵人之子也"（《仪礼·丧服》），"君子小人，物有服章"（《左传·宣公十二年》），君子、小人连衣服穿戴都不一样。不仅如此，君子可以不受劳役之劳，同时被认为是在社会上尽心的人，小人是尽力的。"狎侮君子，罔以尽人心；狎侮小人，罔以尽其力。"（《尚书·旅獒》）后来孟子的"劳心者治人，劳力者治于人"的思想大概就源于此。

孔子生长在春秋末年，那是一个礼乐崩溃，在思想文化方面沸腾的时代，文化激流预示着一个思考时代的到来。孔子从纷乱的社会现实出发，经过冷静思考，注意到社会思想混乱与道德乖谬之间，失于正名与树立道德法则及生活和谐的不可能性之间，有不可分割的联系。他认为天下应从道德乖谬与政治混乱中解放出来，首先是"正名"，而正名的真正意义在于使人与人之间的相互关系以及对社会的义务、制度尽可能符合责任，而"君子"便是其寄托的典范。伯鲁尔论述奥古斯特·孔德的哲学时有几段论述，对于了解孔子思想很有启发："孔德说，制度依赖于道德，而道德则依赖于信仰。要是道德得不到重建，要是为了达到这目的，一切人都承认的、关于信念的通常制度尚未确立，则一切新制度的设计都将是无用的。""那混乱不稳定的运动弥漫着当代的社会，带来烦恼与激动，而且，除非合理的和谐终于确立，这些运动就会威胁着它的生存。它们并不完全是政治的原因，它们起自道德的混乱，而道德的混乱又起自思想的混乱。也就是说，起自所有的人欠缺共同的原则，起自普遍承认的概念与信仰。"孔子几乎和孔德一样，以图用合理的方法建立关于人、社会和世界共同信仰的道德规范。约而言之，对一个具体的人来说，他应该具备怎样的人格、气质，孔子借用了传统"君子"这个名称，赋予它新的内涵，并以此作为理想人格的集中代表。一直到今天，君子仍然是承载人们一切美好道德的象征。

"君子"是孔子的理想人格

孔子之所以成为中国传统道德的伟大奠基人，其中很重要的原因之一是他塑造了"君子"这样一个理想寄托，完善并形成了一套关于君子的思想体系。自此之后，在整个封建社会，可以说是前无古人，后无来者。

孔子把培养君子作为他入世行道的一个主要任务。他一生设教授徒，弟子三千，其目的无非是想通过培养造就一批立朝执政的君子，以达到实现其政治理想的目的。他所要造就的不是一个、十个，而是一大批"君子儒"。孔子认为："圣人，吾不得而见之矣；得见君子者，斯可矣。"（《论语·述而》以下凡引《论语》只注篇名）圣人、贤人是尊贵高尚的，但在现实生活中是可敬而不可得的。只有君子，经过努力是可能达到的。他把君子作为人的典范，集所有美德于其一身。到底什么样的人才能配称为君子呢？"子路问君子。子曰：'修己以敬。'曰：'如斯而已乎？'曰：'修己以安人。'曰：'如斯而已乎？'曰：'修己以安百姓。修己以安百姓，尧、舜其犹病诸？'"（《宪问》）孔子认为，作为君子，首先应该以严肃认真（敬）的态度来修养自己，修养自己使上层的人安乐，修养自己使所有的人都安乐，君子简直成了一个严格修行而又全力谋幸福于所有人民的人了。

怎样才能修养成为一个合格的君子呢？孔子极力倡道君子有"三道"，亦即通常讲的"仁者不忧，知者不惑，勇者不惧"（《宪问》）。所谓君子"三达德"，成君子者非此三德不行。

仁。作为孔子思想体系的重要内容，此处指道德而言。关于仁德，在孔子所塑造的君子中，几乎包括了所有德目。谢无量曾将散见于《论语》《诗》《书》《易》《礼》《春秋》中的德目汇集如下：

> 曰诚，曰敬，曰恕，曰忠，曰孝，曰爱，曰知，曰勇，曰恭，曰宽，曰信，曰敏，曰惠，曰慈，曰亲，曰善，曰温，曰良，曰俭，曰让，曰中，曰庸，曰恒，曰和，曰友，曰顺，曰礼，曰齐，曰庄，曰肃，曰悌，曰刚，曰毅，曰贞，曰谅，曰质，曰直，曰廉，曰洁，曰决，曰明，曰聪，曰清，曰谦，曰柔，曰愿，曰正，曰睿，曰义。[1]

这些无一不是出于孔子之口——当然这里面也有许多是托孔子之口说的。其中最根本的，我以为是孔子答子贡问仁的一段话与答颜渊问仁的一段话："己欲立而立人，己欲达而达人。"（《雍也》）"克己复礼为仁。"（《颜渊》）前者讲立己达人，后者讲克己复礼。前者从积极方面讲，后者从约束修己方面讲。复礼则集中表现了这种仁的政治倾向性。实质上，仁即处事处人之道，不过这种

---

[1] 谢无量：《中国哲学史》，中华书局，1924 年，第 65 页。

"道"是有崇高境界的,毛泽东同志把"仁"说成友爱团结是有道理的。

知。同智,才慧也。"智者不惑",一个人只有掌握了全面的知识,才不致被假象所迷惑,才有可能从必然王国走向自由王国。孔子提倡在前人的基础上学习,"不践迹,亦不入于室"(《先进》)。他强调"博学于文","学而不厌","发愤忘食""君子食无求饱,居无求安,敏于事而慎于言,就有道而正焉,可谓好学也已"。他自己正是这样好学一生的人,所以才取得比同时代所有其他人,以至在以后相当长时间内无人可以与之比拟的学问。他自己讲:"吾十有五而志于学,三十而立,四十而不惑,五十而知天命,六十而耳顺,七十而从心所欲,不逾矩。"(《为政》)可见他好学求知的境界。

勇。孔子谈勇并不多,但它是达仁成君子的重要一条。"勇者不惧",主要指一个人的气质、胆略。如果一个人胆小怕事,无论如何成不了大事业。仁、知、勇三德融为一体,并由此构成一个笃信好学,守死善道,杀身成仁的理想人格。

孔子不仅从宏观上确定了作为君子三德的仁、知、勇,而且深入细微地研究了君子所应具备的气质。读孔子书,如见其人,正在于此。为了更深入了解孔子的理想人格,细致检讨"君子"之精神、风范、气度,拟从十个方面逐一论述。

立本重道。孔子特别强调孝:"君子务本,本立而道生。孝弟也者,其为仁之本与!"(《学而》)孝是基础,仁是孝的光大,先孝弟而后才能达忠信。"道"者,仁礼之道也。孔子认为君子不仅要重道,而且要行道,一心想着道德,"君子怀德";关心法度,"君子怀刑"(《里仁》);不能为了谋食而忘记了行道,"君子谋道不谋食""君子忧道不忧贫"(《卫灵公》)。宁可做一个君子儒,也不要做一个"怀土""怀惠"的小人儒。为了寻求真理,哪怕牺牲一切! 就是早上知道了真理,晚上死了也没有什么遗憾的了,"朝闻道,夕死可矣"(《里仁》)。因之,立本重道是做君子的根本。

文质兼备。孔子提出:"质胜文则野,文胜的质则史。文质彬彬,然后君子。"(《雍也》)孔子认为,光有仁义道德的质,而无礼乐修养的文,尽管朴实,但未免显得干瘪、贫乏、土头土脑,不配成为君子。反之,仅有礼乐修养的文,而没有仁义道德的质,就显得华而不实、虚伪,同样不配成为君子。

立志。人不可无志,"三军可夺帅也,匹夫不可夺志也"(《子罕》),"君子周而不比"(《为政》),"君子和而不同"(《子路》)。孔子强调一个人要有自己的志向、见解与主张,他从不因困难挫折而改变主意,盲目附和别人的意见。堕三都受挫之后,季桓子迷于声色,荒于政务,于是孔子辞官离鲁。当时他有两条路,一是可以贪恋高官厚禄,放弃原则,与季氏沆瀣一气;一是坚持原则。他宁肯坚持后者,开始了颠沛流离的十四年周游列国。尤其难能可贵的是,在多次碰壁之后,他仍然以"席不暇暖","知其不可而为之"的精神工作奋斗着。

谨慎律己。他时常告诫弟子们,要泰而不骄,要安详,不管遇到什么事情,都不要盛气凌人,即使"有周公之才之美,使骄且吝,其余不足观也已"(《泰伯》)。他不仅严于要求别人,更注重身体力行,没有架子,平易近人,弟子们视之如父。孔子死后,弟子皆服丧三年,子贡结庐于墓旁守护六年才离去。

慎独。君子不能因时因地而改变自己处人、处事的行为,不是做给别人看的,而是严格修行之必需。"居处恭,执事敬,与人忠。虽之夷狄,不可弃也。"(《子路》)即使到了夷狄,也不能丢弃。"不患人之不己知,患不知人也。"(《学而》)不要怕别人不知道自己,怕的是自己不知道别人。"不怨天,不尤人"(《宪问》),见好的就学习,见不贤的就内省。

友爱团结。君子要成人之美,"矜而不争,群而不党"(《卫灵公》),庄矜但不争执,合群而不搞宗派。严格要求,"君子求诸己"(《卫灵公》),讲大信,不讲小信;"君子贞而不谅"(《卫灵公》),"不逆诈,不亿不信,抑亦先觉者"(《宪问》),这样才能算一个君子。

心胸坦荡。君子要心胸坦荡,不能像小人那样"长戚戚",不能患得患失。

言行一致。君子要言必信,行必果。"君子耻其言而过其行"(《宪问》),"讷于言而敏于行"(《里仁》),"见利思义,见危授命,久要不忘平生之言"(《宪问》),这样才能够真正从道德认识、道德情感、道德行为、道德意志的全过程去完善自己。

重义轻利。君子穷不失义,弱不丧志,"君子固穷,小人穷斯滥矣"(《卫灵公》)。孔子是一个很重实际的人,他承认"富与贵,是人之所欲也"(《里仁》),也讲过"富而可求也,虽执鞭之士,吾亦为之"(《述而》)。不过,他仍把利看得比较轻,并把它看成是区别君子与小人的分界线。"君子喻于义,小人喻于利。"(《里仁》)一个人如果只看到利,见利就干,必然多怨,"放于利而行,多怨"(《里仁》),"不义而富且贵,于我如浮云"(《述而》)。他一生栖栖遑遑,生活贫困,但仍保持着旺盛的精神状态,成为弟子的榜样。

温威相兼。孔子认为君子应当有君子的温容和威风,"温而厉,威而不猛,恭而安"。"君子无众寡,无小大,无敢慢,斯不亦泰而不骄乎?君子正其衣冠,尊其瞻视,俨然人望而畏之,斯不亦威而不猛乎?"(《尧曰》)孔子甚至讲,如果君子不庄重的话,那么用在学习上也是不巩固的:"君子不重,则不威,学则不固。"(《学而》)可见温威兼备在孔子的理想人格中,是具有多么重要的位置。

　　关于君子的气质、风范,我们从以上十个方面的分析,基本可以给出一个明确的轮廓。另外,孔子十分注意提出了一些避免消极因素的问题,这一部分内容也相当丰富。例如君子的"三愆""三戒""损者三友""损者三乐""四恶""四毋""六蔽""九思"等。

　　"三愆"即:"言未及之而言谓之躁,言及之而不言谓之隐,未见颜色而言谓之瞽。"(《季氏》)

　　"三戒"即:"少之时,血气未定,戒之在色;及其壮也,血气方刚,戒之在斗;及其老也,血气既衰,戒之在得。"(《季氏》)

　　"损者三友"即:"友便辟,友善柔,友便佞,损矣。"(《季氏》)

　　"损者三乐"即:"乐骄乐,乐佚游,乐晏乐,损矣。"(《季氏》)

　　"四恶"即:"不教而杀谓之虐;不戒视成谓之暴;慢令致期谓之贼;犹之与人也,出纳之吝谓之有司。"(《尧曰》)

　　"四毋"即:"毋意,毋必,毋固,毋我。"(《子罕》)

　　"六蔽"即:"好仁不好学,其蔽也愚;好知不好学,其蔽也荡;好信不好学,其蔽也贼;好直不好学,其蔽也绞;好勇不好学,其蔽也乱;好刚不好学,其蔽也狂。"(《阳货》)

　　"九思"即:"君子有九思:视思明,听思聪,色思温,貌思恭,言思忠,事思敬,疑思问,忿思难,见得思义。"(《季氏》)

　　像上面这些内容,已经成为人们的格言,透明而不浅薄,深刻而不费解,至今仍闪耀着智慧的火花。

"君子"之于后世

　　由孔子创立的以"君子"为理想人格的伦理思想,对两千多年来的中华民族产生了极其深远的影响,这从先秦以至后来的史籍中可以看得很清楚。如《易传》中提出的"元、亨、利、贞"四德,实际上是"仁、礼、义、智"四种基本品德的要求。围绕四德提出的"正中、信谨、诚谦、善世、化人"以及"学、问、宽，仁"，无不受孔子影响。像孟子、荀子，他们在继承孔子"仁、智、勇"三达德的同时，又从自己的实践体验中去传道立说。孟子以"人性善"为内容，提出了"仁、义、礼、智"，尤其从"义"的方面突出强调人的气节。荀子则突出强调君子的"德操"，他认为这是"权利不能倾，群众不能移，天下不能荡"，"生由乎是，死由乎是"的最重要品格。荀子的学生韩非，后来又发展了荀子的思想，把其中的一些内容推向极端，只认法，不要德，过分夸大法的地位和作用，否定了德化的功能和作用。"治民无常，惟法为治。"（《韩非子·心度》）司马谈说："法家不别亲疏，不殊贵贱，一断于法，则亲亲尊尊之恩绝矣。可以行一时之计，而不可长用也。"

宋以后的思想家对孔子的理想人格进行了修正，除了继承前人的道德传统以外，更加维护宗法的尊卑贵贱，提出了"忠、孝、仁、义"，此外还强调妇女要守节。这样，使得孔子"君子"思想中的那些美德逐渐蜕化为封建道德规范。而像王夫之、戴震等思想家则从唯物主义自然观出发，反对朱熹等人的天理人欲不可两立的唯心主义说教，强调道德不可能离开一定的物质利益，表现了其对社会的一定进步性、革命性。资产阶级革命家孙中山，根据"三民主义"学说的宗旨，强调要恢复中国固有道德，提出以"忠孝、仁爱、信义、和平"八个字为核心的品德要求，这八个字在归纳了中国封建社会传统的"忠、孝、仁、爱、信、义、和、平"的旧道德的基础上，加进了资产阶级民主主义的新内容。

马克思早就说过："整个历史也无非是人类本性的不断改变

而已。"①中国的传统道德,经历几千年沿革与洗筛,形成了中国人民优良品德的结晶,像忠诚、坚定、正直、热忱、勇敢、刚毅、谦虚、谨慎、克己、节制、明智、勤劳、艰苦、朴素、文明、善良、团结、互助等。这些优良品德作为传统道德的范畴,已经深深凝聚在中国人民的生活之中,同时也激励着人们用相应的道德行为去实践。

原载于《东岳论丛》1985 年第 2 期

①《马克思恩格斯全集》(第 4 卷),人民出版社,1958 年,第 174 页。

"郑声"非《诗经》郑风辨

自从孔子提出"郑声淫"(《论语·卫灵公》)、"恶郑声之乱雅乐也"(《论语·阳货》)之后,历时两千多年,文人骚士各抒己见,猜度圣人之言。智者见智,仁者见仁,莫衷一是。传统的说法都认为孔子讲的"郑声"就是《诗经·郑风》,这似乎已成为学术界的定论。例如汉代的许慎就说:"郑诗二十一篇,说妇人者十九矣,故郑声淫也。"(《五经异义》)他武断地把"郑风"中的爱情诗与"淫诗"画上等号。更有甚者,宋儒朱熹把"郑风"中的所有作品都斥之为"淫奔之诗",以致对整个"郑风"作出这样的判词:"郑、卫之乐,皆为淫声。然以《诗》考之,卫诗三十有九,而淫奔之诗才四之一;郑诗二十有一,而淫奔之诗已不翅七之五;卫犹为男悦女之辞,而郑皆为女惑男之语;卫人犹多刺讥惩创之意,而郑人几于荡然无复羞愧悔悟之萌。"(《诗集传》)朱熹不仅把"郑风"斥责一番,而且把整个郑国人民统统挖苦,实在是对孔子思想的歪曲。本文谨就愚见所及,提出一些不成熟的看法,以就教于有道。

一、"郑声"与"雅乐"之区别

何为声?《礼记·乐记》卷首云:

> 凡音之起,由人心生也。人心之动,物使之然也,感于物

而动,故形于声。声相应,故生变,变成方,谓之音。比音而
乐之,及干戚、羽旄,谓之乐。(《乐本篇》)

情动于中,故形于声,声成文,谓之音。(《乐本篇》)

声是人的感情反映。所以,不同的感情所发出来的声音是不一样
的,故:

其哀心感者,其声噍以杀;其乐心感者,其声啴以缓;其
喜心感者,其声发以散;其怒心感者,其声粗以厉;其敬心感
者,其声直以廉;其爱心感者,其声和以柔。(《乐本篇》)

据此,不同的心情产生不同声音,又表现于不同的音乐之中。事
实上,心、声、音、乐是融为一体的。打一个不很恰当的比方,声就
如同照相的底片,音就是相片,一个人的形象如何,通过摄片而成
像可知,这一过程完全类似于声乐的产生。

那么,郑声又是怎样产生的呢?约而言之,郑声是商音乐的
继承和发展。为了说明这个问题,有必要追溯一下郑声的历史沿
革与内容。郑国(春秋时期)就其地域而言,它本来是西周末年周
宣王庶弟(即郑桓公)的封国,初封在今陕西华县,后郑桓公东迁,
于是乎就到了河南。"郑"这个国名也随之东移,并命名为"新
郑",即现在河南省新郑一带。郑国是西周末年、东周初年最大的
封国。郑国在东周初年相当长一段时间内,可以说是诸侯国中最
强的国家,它交通发达,处于济水、洛水、黄河、颍水之间。西临东
周国都洛阳,南、东、北分别与楚、宋、鲁、齐、卫、晋为邻,是中原地
区的商旅云聚之地,阮籍《咏怀诗》其二十七有"周郑天下交,街术
当三河。妖冶闲都子,焕耀何芬葩"的诗句,正是对郑国文化繁
荣、经济发达的生动描写。郑国疆域本属商的遗地,周灭商之后
这个地区主要是商的遗民。周初的统治者为了巩固刚刚取得的
政权,采取一系列安抚殷民的措施,像"应保殷民""若保赤子""别

求闻由古先哲王,用康保民"(均见《尚书·康诰》)。显然,在这种安抚政策之下,郑国殷民中赖以存在的生活习俗、文化生活,也就在很大程度上保留了商的遗风,而商音乐得以流传也就是很自然的事了。

据史料记载,商文化大大进步于周文化,郭沫若曾讲过,"我们根据底下发掘出的史料来研究,周朝文王以前的周氏族还在原始时代"(《今昔集》)。而商代的音乐较之周音乐,确实更臻于丰润,商文化属"巫文化",与周文化风格特征大不一样。据冯洁轩分析,"就音乐文化而言,如果说周音乐(雅乐)明显地受着理论支配的话,商音乐倒更多地受着自然习惯的支配。它是从原始音乐比较直线地(自然地)发展过来的,即使是商代贵族的大型祭祀乐舞,也比较热烈奔放、活泼浪漫。民间的乐舞倒更有生气,所不同的恐怕只在于内容上并没有贵族乐舞的神秘和狂怖,而更加世俗化些"[1]。我以为这个分析是有道理的。因此,商音乐格调大胆、泼辣,侧重男女爱情等特点,自然成为郑音乐的直接来源是可信的。

周亡商之后,周朝的统治者们为了巩固其统治,必然地要建立自己的上层建筑,其中包括制定一系列典章制度(像礼乐)。但在文化方面,周又不得不继承商文化,这种排斥与吸收,不可避免地导致商周文化之间的承继矛盾,而郑声与雅乐之间的斗争,就是这种矛盾的继续和发展。

郑声,我们现在已无从查寻。根据史料,恐怕它主要是指郑国的一些世俗音乐,有很强的地方特色,通俗、上口、活泼,其中绝大多数描写男女爱情。从声乐上讲,三国时代思想家嵇康在《声

---

[1]冯洁轩:《论郑卫之音》,《音乐研究》1984年第1期。

无哀乐论》中明确指出:"若夫郑声,是音声之至妙。"从形式上看,大概就是《淮南子·精神训》记载的:"今夫穷鄙之社也,叩盆拊瓴,相和而歌……"这样一些世俗音乐,据说它可以使闻者导欲增悲,沉溺而忘返。有人说,郑声即"桑间濮上之音"①。其实并非如此,桑间濮上是在卫,绝不是郑,孔子只是讲"郑声",从未讲过"郑卫之声"。

"雅乐"者,古乐也。雅,一般训为"正",言王政之所由废兴也。"政有大小,故有《小雅》焉,有《大雅》焉"(《诗·大序》)。在先秦,礼乐是融为一体的,雅乐主要是为礼服务的。周音乐是一套严格的礼制产物,它是巩固统治者推行封建制,实行礼乐治国的重要工具,是所有典章制度中最主要的内容之一。后世多把周时各国礼仪用的音乐称之为雅乐,其内容主要是宣扬周如何夺取政权,实行仁政,以及古代圣王的事迹,《韶》《武》大概就是其中最杰出的代表。

由上可知,声非诗也。声与诗在孔子那里是概念分明的,其社会作用也是不同的。

声与诗有着密切的联系,尤其是在古代,声乐依诗而存,诗是内容,乐是表现形式。到了春秋时期,诗与乐的分工更明确,这就是《诗经》与《乐经》,这是文化进步的必然结果。司马迁对诗、声(乐)的作用有过精到论述。他说"乐以发和"是有道理的。对一个人来讲,通过乐的陶冶,可以使性更臻于完美,"治乐以治心",

---

① 昔殷纣使师延作长夜靡靡之乐,以致亡国。武王伐纣,此乐师师延将乐器投濮水而死。后晋国乐师师涓夜过此水,闻水中作此乐,因听而写之。既得还国,为晋平公奏之,师旷抚之曰:"此亡国之音也,得此必于桑间濮上乎? 纣之所由亡也。"

"乐则安,安则久,久则天,天则神。天则不言而信,神则不怒而威"(《乐记》)。礼乐治国是从整个社会而言,具体到一个人来讲,礼以治表,乐以治心。乐不仅可以改变一个人的习惯、性情,同时可以进一步促使人们自然而然地在社会之间和睦相处,达到人格完善。反之,消极的音乐可以使人丧志失格。

> 凡奸声感人而逆气应之,逆气成象而淫乐兴焉。正声感人而顺气应之,顺气成象而和乐兴焉。倡和有应,回邪曲直,各归其分,而万物之理各以类相动也。是故君子反情以和其志,比类以成其行。奸声乱色,不留聪明,淫乐慝礼,不接心术,惰慢邪辟之气不设于身体,使耳目鼻口心知百体皆由顺正以行其义,然后发以声音,而文以琴瑟,动以干戚,饰以羽旄,从以箫管,奋至德之光,动四气之和,以著万物之理。(《乐记·乐象》)

这就是说声有奸正之别,人的气质禀赋也有逆顺之分。如果两两之气相投,则可形成完全相反的"正乐"与"淫乐",孔子深知其理,提出了"兴于《诗》,立于礼,成于乐"(《论语·泰伯》),把乐作为最高思想境界。

那么,诗的功用与乐有什么不同呢? 一般讲,礼以治表,乐以治心,而诗则兼而有之。孔子把诗当作修养道德、陶冶性情、齐家治国的教科书。"小子何莫学夫诗? 诗,可以兴,可以观,可以群,可以怨。迩之事父,远之事君;多识于鸟兽草木之名。"(《论语·阳货》)这是孔子对诗的社会作用的最精辟概括。兴即提高想象力,感发意志;观即考见时政得失;群即群居相切磋;怨即讥切时政。孔子要求学生,不仅要学会背诵,还要达于时政,"诵《诗》三百,授之以政,不达;使于四方,不能专对;虽多,亦奚以为?"(《论语·子路》)

诗与声的区别很清楚,这不仅因为孔子一直把"郑声"与"雅乐"成对同时提出,即使其他文献记载也是如此。孔子一生与子夏言诗最多,子夏可以说是最能领会孔子对诗的意见的。《乐记》载子夏与魏文侯言声乐时,均把声严格区别于诗。

> 魏文侯问于子夏曰:"吾端冕而听古乐,则唯恐卧;听郑卫之音,则不知倦。敢问古乐之如彼何也? 新乐之如此何也?"子夏对曰:"今夫古乐,进旅退旅,和正以广;弦匏笙簧,会守拊鼓;始奏以文,复乱以武;治乱以相,讯疾以雅;君子于是语,于是道古,修身及家,平均天下,此古乐之发也。今夫新乐,进俯退俯,奸声以滥,溺而不止;及优侏儒,犹杂子女,不知父子;乐终,不可以语,不可以道古。此新乐之发也。"……文侯曰:"敢问溺音者何从出也?"子夏对曰:"郑音好滥淫志,宋音燕女溺志,卫音趣数烦志,齐音敖辟乔志。此四者,皆淫于色而害于德,是以祭祀弗用也。"(《礼记·乐记》)

稍晚于魏文侯的梁惠王,在与孟子谈论声乐时,也有类似记载。

梁惠王对孟子说:

> 寡人非能好先王之乐也,直好世俗之乐耳。(《孟子·梁惠王下》)

魏文侯承认自己不喜欢听古乐而迷于郑卫之音,但不知何故,所以问子夏。而梁惠王则很自觉地告诉孟子,他所好的就是世俗之乐。从这两段史料看,至少可以说明四个问题:

其一,郑卫之声有很大的魅力,连魏文侯那样的人对它都非常着迷。

其二,子夏同孔子一样,把郑卫之声与古乐(雅乐)并提,将郑卫之声作为新乐的代表。

其三,既然新乐那么有群众性,为什么孔子竭力反对,而一再提倡枯燥无味的古乐呢? 这主要是看乐是否合于礼,是否有礼的内容。合于礼,就能够道古、修身、齐家、治国、平天下。否则就列入淫声,祭祀不用也。

其四,子夏把郑、宋、齐、卫四国之音并提,而斥之为溺音。如果"郑声"等于"郑风"的话,那除三百篇之外是否还有"宋风"呢? 结论是否定的。所以,把"郑风"等同于"郑声"于情理不通,也不符合孔子的一贯思想,结论只能是声而非诗。

二、孔子无"淫诗"概念

孔子言《诗》很多,仅在《论语》中就有十八处提及《诗》。孔子整理文献,修诗、书,定礼、乐,赞易,从来就没有一个"淫诗"的概念。为了说明这个问题,拟从三个方面作简要论述,亦即从孔子的时代看,从"淫"本身的含义看,从孔子一贯主张和行为看。

"以世论人"是我们研究历史人物的方法和尺度,它可以更好地把握历史人物的时代感,客观地评价其思想。孔子的生存时代是一个礼崩乐坏的时代,他试图拨乱世、反之正,恢复文武周公之道,这种思想不仅反映了他的政治主张和政治理想,也深刻反映在他的诗学观方面。"诵诗三百,授之以政"。其实在孔子同时代的人中,议论《诗》评价《诗》的人已经不少。墨子提出:"诵诗三百,弦诗三百,歌诗三百,舞诗三百。"(《墨子·公孟》)可见,三百首诗早已流传于世,尤其对《诗经·郑风》的评价,也不乏其人。《左传·昭公十六年》曾记载郑国子产等六位大臣在接待晋使赵宣子的宴会上赋诗的情形:

夏,四月,郑六卿饯宣子于郊。宣子曰:"二三君子请皆赋,起亦以知郑志。"子齹赋"野有蔓草"。宣子曰:"孺子善哉! 吾有望矣。"子产赋郑之"羔裘"。宣子曰:"起不堪也。"子大叔赋"褰裳",宣子曰:"起在此,敢勤子至于他人乎?"子大叔拜。宣子曰:"善哉! 子之言是。不有是事,其能终乎?"子游赋"风雨",子旗赋"有女同车",子柳赋"萚兮",宣子喜曰:"郑其庶乎! 二三君子以君命贶起,赋不出郑志,皆昵燕好也。"

所赋诗,皆为"郑风",而其中有五首全部是爱情诗。春秋时期,尤其是在诸侯会盟时,常常是以赋诗作为外交辞令来抒发人的胸怀。特别像子产这样的大政治家,我想绝不至于糊涂到在宴会上带领众卿去吟诵淫诗,更何况宣子听完以后,又是如此感激高兴。再如地处西陲的秦国,由于当时交通各方面的限制,礼乐对其影响很小,战国初年荀子入秦,发现"秦无儒"。但是,早在孔子之前的秦缪公(穆公)时代(公元前659年—621年在位),已有淫乐之说。《论衡·谴告篇》记载:"秦缪公好淫乐,华阳后为之不听郑、卫之音。"可见淫乐并非指郑卫之音。

事实上,从孔子出生的时代来看,凡生在那个时代的人,不论是孔子、子产还是其他人,都不会因赋歌爱情诗而被斥之为淫荡。因为在春秋时代,男女自由相爱非常普遍,《诗经》中关于这方面的记载很多。那时虽然已经有了一些制约男女结合的礼俗,但对于正常的男女结合,自由相爱还是比较开放的。《周礼·媒氏》有"中春之月,令会男女。于是时也,奔者不禁",对他(她)们并不禁止。相反,如果大男大女不及早结婚,反而要受到当局的责备。越王勾践就作过这样的规定:"女子十七不嫁,其父母有罪;丈夫二十不娶,其父母有罪。"足见社会对于男女婚姻之关心。其实,即使在郑国的上层社会中,婚姻制度,男女来往,封建礼教的束缚也还是比较少的。鲁僖公二十二年,楚伐宋以救郑,楚胜宋经郑,"郑夫人芊氏、姜氏劳楚子于柯泽,楚子使师缙示之俘馘。君子曰:'非礼也,妇人送迎不出门,见兄弟不逾阈。'"(《左传·僖公二十二年》)这从反面证明,郑国妇女在接人待宾方面不拘泥于旧礼教的约束。又如鲁昭公元年,公孙楚子南、公孙黑子晳,都想娶徐吾犯的妹妹为妻。当时子产就给徐吾犯出了个主意,叫子晳、子南都去徐吾犯家,由他妹妹自己挑选决定,于是"子晳盛饰入,布币而出;子南戎服入,左右射,超乘而出。女自房观之,曰:'子晳信美矣!抑子南,夫也……'适子南氏。"(《左传·鲁昭公元年》)至于所谓男女郊游、自由相爱,那就自然不在约束之内了。以郑为例,每年三月三日,在溱洧二河的边上,都要举行盛大集会,男男女女在一起尽情歌舞。《诗经·郑风》中的"溱洧"篇就是描写这种郊游盛况的:

> 溱与洧,方涣涣兮。士与女,方秉蕑兮。女曰:"观乎?"士曰:"既且,且往观乎?"洧之外,洵訏且乐。维士与女,伊其相谑,赠之以勺药。溱与洧,浏其清矣! 士与女,殷其盈矣。女曰:"观乎?"士曰:"既且,且往观乎?"洧之外,洵訏且乐。维士与女,伊其将谑,赠之以勺药。

《韩诗内传》云:"……郑国之俗,三月上巳之辰,于此两水(案:指溱洧两水)之上,招魂续魄,拂除不祥。"那时,人们有这样一种习俗和传统,每年三月三日,男女临水洗手洗澡,以清除不祥,像这样一些活动形式,必然要有音乐伴奏。《白虎通》说:"郑国人民,男女错杂,为郑声以相悦怿。"我国一些少数民族至今仍保持着泼水节之类的活动,大概就是受这种传统的影响。

其实,非但"郑风",其余十四国风,有一大半是记载男女爱情的。尤其是"齐风"中的一些内容,竟然把齐襄公和他同父异母妹文姜通奸的事也保留下来了。但孔子从来也没有讲过齐风淫,更没有在删《诗》时删掉。所以,孔子没有淫诗的概念,从时代方面讲是不言而喻的。

从"淫"的含义来看。

自从孔子提出"郑声淫"之后,孔子并没有说郑声到底淫在什么地方。不过从后人的注疏来看,大概有这样几种说法:

1. 淫于色而害于德之说。春秋时候,淫有纵欲放荡的意思。如《石碏谏卫庄公宠公子州吁》中有:"骄奢淫佚,所自邪也。"再如《国语·周语》有"淫佚荒怠",都是纵欲放荡的意思。

2. 过分过度之说。《丹铅录》(杨慎)载:"淫者过也。水过于平曰淫水,雨过于节曰淫雨,声过于乐曰淫声。谓郑故乐之声淫,非谓郑声皆淫也。"所言极是。而《管子·五辅》中"毋听淫辞,毋作淫巧",也是指过分过度的意思。

3. 病声之说。医书以病声之不正者为淫声。

究竟哪一种说法比较符合孔子思想,我认为,过分过度之说较符合实际。陈启源《毛诗稽古篇》云:"朱子以郑声淫一语断尽郑风二十一篇,此误也。夫子谓郑声淫耳,曷尝言郑诗淫乎?声者乐音者,非诗词也。淫者,过也,非指男女之欲也。"陈启源此说很有见地。两千多年来,人们一直以诗混声,实在非孔子本意。不过,早在孔子同时代的季札,已经对"郑声"有过评价。《左传·襄公二十九年》载,吴公子季札在鲁国观周乐时,听到了"郑风",他赞美说:"美哉!其细已甚。"意思是说,曲调美但琐碎,细腻得太过分了。他对"豳风"说:"美哉!荡乎,乐而不淫。"对"周颂",他说:"至矣哉!直而不倨,曲而不屈,迩而不逼,远而不携,迁而不淫,复而不厌,哀而不愁,乐而不荒,用而不匮,广而不宣,施而不费,取而不贪,处而不底,行而不流,五声和,八风平,节有度,守有序。""乐而不淫",是讲欢乐而不过分,"乐而不淫"是说虽经迁徙,变化多端但不过分。所有这些讲了一个音乐曲调的适度问题。从"郑诗"的词句上看,我们也可以清楚地看到,郑诗的格句变化很大,有时甚至一首诗中出现一、四、五、六言式,大概是受其声乐节奏的影响。因此,语言变化多,节奏明快,自然不符合古板的雅乐。因此,"郑声淫"的本意,大概是说,郑的音乐节奏过分跳跃、曲折、新巧而已。所以《左传·昭公元年》记:

> 先王之乐,所以节百事也,故有五节。五降之后,不容弹矣。于是有烦手淫声,慆堙心耳,乃忘平和,君子弗听也。物亦如之,至于烦,乃舍也矣……

意思是说,音乐的快慢本来是互相调节的,声音和谐然后再停下来。五声下降而停止以后,就不要再弹了。这时候再弹就是烦琐的弹奏手法和靡靡之音,使人心荡耳烦,忘记了平正和谐,君子是不听的。事情也同音乐一样,一旦过了度就应该罢休。所以有足够的理由说明,所谓"淫声",在孔子看来,即忘记了平正和谐,过分烦琐、细腻、新巧的意思,绝不是"郑风"淫荡之说。

从孔子的一贯立场看。

今存《诗经》,分"风""雅""颂"。"风"最多,有一百六十篇,大都是各国民歌。十五"国风"集中反映了那时的民风习俗。孔子删诗以垂教立训,我们很自然地窥见到他的诗学观和人生观。

"诗三百,一言以蔽之,曰:'思无邪。'"传统的说法,"思无邪"亦归于正,无邪念。《左传·隐公三年》记石碏劝谏庄公教育其宠子公子州吁时说:"臣闻爱子,教子以义方,弗纳于邪,骄奢淫佚,所自邪也。"此处就是把"骄奢淫佚"等同于"邪"的。因此,孔子的"思无邪",是说三百首诗中没有淫佚的内容。

对于"郑风",孔子在整理《诗》时,给予相当重要的份量。"郑风"二十一篇,居十五国风之首。孔子还特意把《周南·关雎》这首爱情诗放于卷首,这一精心编排耐人寻味。《关雎》篇写一个青年男子爱上了一个美丽的姑娘,因"求之不得"而"辗转反侧",无法入睡。孔子认为君子对淑女产生爱慕之情不仅是允许的,也是神圣的,其求之不得的难过心情是可以理解的。难能可贵的是,君子并未过分放纵自己的情感以致失去理智。因此,孔子称赞《关雎》"乐而不淫,哀而不伤"(《论语·八佾》),"洋洋乎盈耳哉"(《论语·泰伯》)。"哀而不伤",从内容上讲;"乐而不淫""洋洋乎盈耳",从声乐上讲。尽管谈情说爱,情绪热烈,但并不显得淫乱。

而被人称之为"淫奔之作"的"郑风",又是怎样呢?就拿《将仲子》来说,写一个女子劝告她的恋人,不要夜里跳墙过来与她幽会,她怕父母哥哥指责,也怕旁人议论她:

将仲子兮,无逾我墙!无折我树桑!岂敢爱之?畏我诸兄。仲可怀也,诸兄之言亦可畏也。

再如《狡童》,是写一对恋人偶尔产生矛盾,女方为之不安:

彼狡童兮,不与我言兮。维子之故,使我不能餐兮","彼狡童兮,不与我食兮。维子之故,使我不能息兮。

《子衿》是一首女子思念恋人的短歌:

青青子佩,悠悠我思。纵我不往,子宁不来?挑兮达兮,在城阙兮。一日不见,如三月兮。

这些内容表现出来的爱情,真挚热烈,没有丝毫的忸怩做作。像"维子之故,使我不能餐兮","维子之故,使我不能息兮","一日不见,如三月兮",同《关雎》一样,极细致地刻画了男女之间纯贞执一的爱情。它浓郁的诗意,优美的乐曲,坦率自如的诗风,比较全面地再现了古代郑国人民的风范习俗。它的大胆泼辣,热情奔放的情感,曾引起历代仁人志士的共鸣。不难得出结论,孔子删

《诗》时把"郑风"保留下来便是可能的了,这恰与孔子的仁爱思想一以贯之。因为他在教育方面主张不分族类、贵贱,那么在爱情问题上,理应使每个人都获得相爱的权力。

对于《诗经》中的爱情诗,孔子还曾慎重其事地教导他的儿子伯鱼学习。尤其要学好《周南》和《召南》。

> 子谓伯鱼曰:"女为《周南》、《召南》矣乎? 人而不为《周南》、《召南》,其犹正墙面而立也与?"(《论语·阳货》)

二"南"中的爱情诗所占的比例仅次于《郑风》。当然,二"南"与"郑风"比较起来,爱情的表现显得更含蓄、深沉一些。不过像"未见君子,惄如调饥"(《汝坟》),"求我庶士,迨其吉兮"(《摽有梅》),"有女怀春,吉士诱之"(《野有死麕》)等,也够热烈和露骨的。孔子为人师表,严于教子,如果这些算是淫诗的话,那孔子教子又如何解释呢?

由此,爱情诗不等于淫诗,"郑风"不等于淫诗。那么,孔子为什么又一再反对"郑声",自卫返鲁,然后乐正,雅颂各得其所呢?我以为,孔子一贯崇周,尤其崇拜周文化,很自然把深受商音乐影响的郑声放在排斥之列。《汉书·礼乐志》载:"然自雅颂之兴,而所承衰乱之音犹在,(师古曰:言若周时尚有殷纣之余声。)是谓淫过凶嫚之声,为设禁焉。"由此可见,其所要禁的显然是指商音乐。《荀子·王制》有:"修宪命,审诗商,禁淫声,以时顺修,使夷俗邪音不敢乱雅,大师之事也。"那么,作为继承了商音乐的"郑声"自然不能例外。在先秦,礼乐是一体的,行礼有乐伴奏,而作乐的同时则是整个行礼过程。在礼的制约下,乐服务于礼,反过来乐又催化礼。雅乐正是严格的礼,表现了它的等级观念。所以季氏八佾舞于庭,孔子深恶痛绝、斥之为"是可忍也,孰不可忍也?"(《论语·八佾》)

同其他上层建筑意识形态一样,音乐有两个基本社会职能。其一,是它的阶级性。一定的音乐,反映一定统治阶级意志的内容。其二,娱乐性。音乐本身毕竟是一种享乐的东西。它必然地以其独有的形式和内容给人以美的享受。在这一点上,它又有阶级性之外的普适性。春秋时期,礼崩乐坏,社会处在激烈的大动荡之中,雅乐再也不能维系那个已经腐败了的周天子,远远不能适应已经前进了的新文化、新音乐。社会不可避免地窒息了新音乐的发展。《礼记·郊特牲》中直言:"《武》,壮而不可乐也。"那何况别的呢?再说这种宫廷雅乐,一般老百姓是很难听得到的。即便是孔子也是到齐国后才听到《韶》《武》,竟然闻《韶》三月而不知肉味。雅乐的衰败究其原因,除了它不为人们所知道外,更主要的是乐曲陈腐,使它失去了赖以生存的基础。相反,作为世俗音乐的郑声,受礼的约束很小,加之郑的地理条件,决定了这种世俗音乐得到广泛传播的可能与条件。周统一以后,在一个较长的时期内是比较安定的。因此,作为较早封国的郑,在经济、文化各方面完全可以在过去的基础上迅速发展。春秋时期,郑、卫一带的商业经济已经非常发达,各国商人都到这里活动。"三河为天下之都会,卫都河内,郑都河南……据天下之中,河山之会,商旅之所走集也。商旅集则货财盛,货财盛则声色辏"(魏源《诗古微·桧郑答问》),正是这种经济文化发展的生动写照。而作为郑文化典型代表的郑声,便随着商业的扩大不翼而飞。这样,在以雅乐为代表的旧文化日趋衰败的同时,新文化勃兴而起,郑、卫一带过去那种不被统治阶级重视,或者禁而未绝的世俗音乐,便由一种潜流汇集起来,并逐渐形成一股势力浩大的"新乐"潮流,在礼崩乐坏中推波助澜,冲击荡涤着社会。而"郑卫"之声则是其中的杰出代表。在这种情况下,对于一贯复礼维周的孔子来讲,大声疾呼"放郑声""恶郑声之乱雅乐",也就是可以理解的了。

　　以上我们分别就"郑声"的沿革、内容,声与诗之别等,作了一系列检讨,无非要说明这样几个问题:

　　"郑风"绝不等于"郑声"。

　　孔子讲的"郑声"是当时郑国一带流行的世俗音乐,这种音乐有很大的人民性、艺术性,尽管大部分是写男女爱情的,但内容是健康的,非淫奔之作,亡国之音。

　　孔子在爱情问题上的观点,并不是绝对排斥的。

　　根据前人考证的结果,孔子删《诗》不是删去淫诗,而是作了删繁就简的工作,"删诗云者,非止全篇删去,或篇删其章,或章删其句,或句删其字"(《吕氏家塾诗记》引欧阳修语),"去其重者,谓重复倒乱之篇"(魏源《诗古微》卷一)。而孔子"正乐",也主要在声乐上,以求合《韶》《武》《雅》《颂》之音。

　　　　　　　　　原载于《文献》1985年第3期(总第25期)

孔子思想的四个来源和四个组成部分

孔子思想学说是我国古代第一个完整的哲学思想体系。它在整个中华民族，乃至世界文明史上产生过极其深远的影响。本文试图依据马克思主义的基本原理和历史唯物主义的分析方法，概括提出孔子思想的四个来源与四个组成部分，即：孔子继承了中国奴隶社会以及中国初期封建社会的民本思想、宗法思想、中庸思想和大同思想，并以此形成了一个以"仁"为中心内容，以"礼"为表现形式，以"中庸"为思想方法，以"大同"为远大理想的思想体系。据此，以求教于学术界，使得能在对孔子思想再研究再评价方面尽微薄力量。

一、源于民本主义的"仁"的思想

孔子学说是仁学，它源于民本主义，其主要内容是继承西周以来的敬德保民思想。

"民"的意识产生于原始社会末期，伴随着阶级的出现，一部分人对另一部分人便构成了一定隶属关系。而这种关系通常又以压迫和被压迫的形式出现，一个要扩大这种权力，一个要反对这种权力。因此，如何处理好统治者与被统治者之间的关系，就提到了统治者的面前。《尚书·皋陶谟》中记载了皋陶与大禹的一段对话,讲到为政时称,"在知人,在安民","知人则哲,能官人;安民则惠,黎民怀之"。在这里,皋陶已经向大禹提出治国安民,必须谨慎律己,处理好族类之间的关系。到了商代,原始社会氏族中那种原始民主、平等的思想,随着国家机器的强大而趋于削弱,奴隶主阶级开始用镇压手段来迫使民去顺从自己的意志。《尚书·盘庚》三篇,是记载盘庚迁都于殷,遭到下面反对的事,盘庚开始是劝告,后来就是威胁了。到了商朝后期,纣王无道,民不聊生,遭到文王的指责。奴隶主和奴隶之间日趋尖锐激烈的阶级斗争,必然产生这样一个问题,单靠强大的国家机器去制服民,已不可能奏效。武王灭商,建立周朝,开始进入初封建社会。周亡商,在一定意义上体现了民心向背的社会力量。因此,在这一时期,"显民""爱民""重民""保民"的思想,表现得尤为突出和迫切。作为大政治家的周公,在这方面的见识更是当时少数先觉之士中的杰出代表。灭商后,周公立即采取措施把社会安定下来,有步骤地进行整顿,并着重在统治阶级的顶层设计方面统一治国理政的指导思想。

武庚之乱后,周公又以王命封康叔于卫,施以重任,行前反复叮嘱,故作《康诰》。他告诫康叔:"天畏棐忱,民情大可见。小人难保,往尽乃心,无康好逸豫,乃其乂民。""应保殷民,亦惟助王宅天命,作新民。"从历史唯物主义的观点来看,周公为了巩固一个刚刚建立的新政权所采取的因革措施,的确促进了周朝的经济发展,周公的这些重民思想到春秋时期又得到了进一步发展。

《左传》载:

　　夫民,神之主也,是以圣王先成民而后致力于神。

　　虢其亡乎!吾闻之,国将兴,听于民;将亡,听于神。

　　苟利于民,孤之利也。天生民,而树之君,以利之也。民既利矣,孤必兴焉。

这些重民轻天,重民轻君的思想,比起周公受命于天的敬德保民思想无疑是前进了一大步。正是在这样的社会条件下,千百次历史经验所反映在进步思想家中的"高岸为谷,深谷为陵""社稷无常奉,君臣无常位""国将兴,听于民"等思想,使得孔子能在借鉴前人成果的基础上深察社会,独立思考,终于产生出伟大的孔子思想。

仁学是孔子首创的,但"仁"字却早就出现在孔子之前。《尚书》中《仲虺之诰》有"克宽克仁,彰信兆民",《大甲》有"民罔常怀,怀于有仁",《泰誓》有"虽有周亲,不如仁人",《金縢》有"予仁若考,能多材多艺;能事鬼神"。不过,这里多指才的周延性。《诗经》中有"岂无居人,不如叔也,洵美且仁""卢令令,其人美且仁"。似指仪文美备的意思。只是到了春秋时期,仁的含意才逐渐趋于伦理而作为一个德目出现,内容也开始明确。《国语·周语》说:"仁,所以行也。""仁,所以保民也……不仁则民不至。""爱人能仁。""仁,文之爱也。"孔子继承了先民中的部分仁的思想,最终把仁发展、完善成为一个完整的体系。仁在孔子思想中占有极其重要的位置,它有以下三个主要特征:

其一,人道主义。孔子非常重视人和人的社会作用,他第一次把人们对于社会所承担的义务与责任归之于伦理。事实上,他所希望的社会就是要有一个圣君、贤臣、好民。由此出发,他提出了"泛爱众而亲仁"的思想。孔子的人道主义,在当时客观地起到了照顾人民利益的作用,很自然地把人与君,人与臣,臣与君,以及人与人之间的关系协调起来,使得每个人都能感觉到达仁是修身的目标。

其二,理想人格。它侧重于人格完善,以扬真、善、美,抑假、丑、恶为宗旨,通过人的自觉行为去追求仁,确如"民之于仁也,甚于水火"(《论语·卫灵公》,下引《论语》不再注明)。孔子的理想人格主要反映在他对圣人、君子、仁人、成人的寄托上。他把人所具有的最美好的品德都集"君子"一身,这种借助自觉力量去求仁的功夫,完全区别于宗教式的盲目信仰。孔子一再宣称一个人的气节与操守:"可以托六尺之孤,可以寄百里之命,临大节而不可夺也。""任重道远,仁以为己任,不亦重乎? 死而后已,不亦远乎?""志士仁人,无求生以害人,有杀身以成仁。""岁寒,然后知松柏之后凋也。"一句话,孔子的理想人格就是要做仁人,使得人的世界观与理想融为一体,并由此形成孔子伦理思想的典型特征。

其三,协调作用。由上述人道主义、理想人格所规范的行为准则,必然构成一种以人格完善为目的,具有一定广泛性,并为人们所接受的心理结构,协调人们之间的关系。概括起来讲,是从"立己""立人"开始,以推己及人之道为手段,最终在全社会范围内达到一个老安、少怀、友信的理想社会。这种协调关系就是"己欲立而立人,己欲达而达人"和"己所不欲,勿施于人"两句话。这样一种思想境界是崇高的,逾几千年而不衰,并深深凝聚在民族精神之中,成为有别于其他国家和民族的中国人民独有的美德。

二、源于宗法制的"礼"的思想

"礼"产生于氏族公社后期的宗法制,是孔子礼的思想的直接来源。章学诚讲:"孔子之大,学周礼一言,可以蔽其全体。"(《文史通义·原道下》)从字义上讲,礼的原意是在一个奉神之器里盛着两串玉,初意是指祭奉神鬼和祭祀祖先之事。在祭祀的时候,组织和参加祭祀的人,因其身份不同而自然形成一种仪式和规矩,而这种仪式在它的表现形式上,体现了一种上下有序的关系,因此就产生了原始的仪礼。据说在原始社会末期,就已经有了不同形式的祭祀活动。夏以后,这种祭祀活动便更加广泛与普遍,其中一部分内容不断改变,尤其是把对鬼神的敬重演变成了对君王的尊敬,以至在尊贵的前提下,形成了以区别尊卑为主要内容的宗法典章。《礼记·曲礼上》说:

> 夫礼者,所以定亲疏,决嫌疑,别同异,明是非也……道德仁义,非礼不成;教训正俗,非礼不备;分争辨讼,非礼不决。君臣上下,父子兄弟,非礼不定;宦、学事师,非礼不亲;班朝、治军,莅官、行法,非礼威严不行;祷祠、祭祀,供给鬼神,非礼不诚不庄。

可见,礼的实质是以血缘为基础,以尊敬神主和祭祀祖先为内容,以尊卑有序,贵贱有等为主要特征。到了春秋末年,人们议论礼的内容逐渐臻于深刻。《左传·昭公二十五年》载:"闻诸先大夫子产曰:'夫礼,天之经也,地之义也,民之行也。'天地之经,而民实则之。则天之明,因地之性……为君臣上下,以则地义。为夫妇外内,以经二物。为父子、兄弟、姑姊、甥舅、婚媾、姻亚,以象天明。为政事、庸力,行务,以从四时。为刑罚威狱,使民畏忌,以类其震曜杀戮。为温慈惠和,以效天之生殖长育。民有好、恶、喜、怒、哀、乐,生于六气。是故审则宜类,以制六志。"在先秦典籍中很少有这样的长篇政论。这段对话的内容,至少可以说明两个问题,其一,礼不再是原始氏族简单的仪礼,已经成了几乎包括所有政治、军事、法律、宗教、伦理、文化、教育各个方面内容的行为规范和典章制度;其二,这种规范化了的礼,从人性出发,制六志,以满足人们的某种欲望为目的。因此,不仅内容明确,且接近人情,容易让人接受。

　　孔子的礼,大则治理国家之大法,小则为人处事之礼貌,它有三个主要特征:

　　尊卑之序。这是孔子礼的核心内容之一。孔子终生恪守周礼,尤其是在对待君、臣、父、子关系方面,表现得更为淋漓尽致。《论语·乡党》记述孔子路过君位,虽然君并没有在那里,只是一个空位子而已,可他仍然毕恭毕敬,面色矜庄,言语中气不足,憋着气好像不能呼吸一样,大有在公门无容身之地的样子。一直到退到堂屋,降下一级台阶后,他面色才稍微放松一点,足见其恪守周礼是何等忠诚。他对一切不守礼的行为一概进行批评,季氏八佾舞于庭,他对此深恶痛绝,斥之为"是可忍也,孰不可忍也"。当然,孔子对周礼中的长幼之序,君臣民之间的关系,也在强调等级有序的前提下,增加了君使臣以礼,臣事君以忠,以及父慈子孝等内容,使得礼多少带上一点共享的色彩。

　　节己修身。孔子把礼为节序又应用到节己修身方面,"非礼勿视,非礼勿听,非礼勿言,非礼勿动"。他非常注意强调人们要"忠""信""义""让""敬"等,对于这些内容,孔子并不是单单对上层统治阶级而言的,而是对所有的人都是适用的。孔子的礼不像过去的刑不上大夫,礼不下庶人,而是广泛于所有民众之中,大家都有行礼达仁的权力,从天子以至庶人都被制约在礼之中。因此,这种礼的下放,严格讲来也是提高庶人地位,不管什么人,只要按礼去规范自己的行动,并在能近取譬中去达仁,都可以成为高尚的人。从这个意义上来讲,孔子的礼已经不再是专为统治阶级服务的专利品,而是大家共同遵守的准则。

　　仁、礼的相互制约性。仁是内容,礼是形式,相得益彰,融为一体。礼是宗法制的产物,其实质是它的等级性、保守性和由此表现出来的反动性。仁是在原始民本主义基础上逐渐形成的,有其明显的民主性和进步性。因此，从客观上讲，仁的民主性无疑要冲击礼的局限，而礼的保守性又必然千方百计地限制仁的民主性。值得注意的是，仁、礼这样一对矛盾在孔子那里终于很巧妙地结合在一起了，珠联璧合，真正达到了内容与形式的完美统一，这是孔子的新贡献。

三、无过无不及的"中庸"思想

无过无不及的中庸思想，是孔子学说的哲学方法，也是孔子的唯物主义思想部分中的最核心内容，是辩证法在孔子思想中的典型运用，中庸贯穿于整个孔子思想体系。

据考古材料，甲骨文上有"中"字，其原意是立于正中央的旗帜或徽帜，反映了古代氏族中的军队以旗帜为中心这样一个事实。《礼记·投壶》有："主人奉矢，司射奉中，使人奉壶。"这里是说在举行"射礼"时，司射手执装有筹码的木箱，以计算射者成绩的优劣，看来当时"中"只是从方位上讲。"中"有时也指适中、符合的意思，"惟精唯一，允执厥中"（《尚书·大禹谟》），是说思想要精诚专一，办事要允执中道，不偏执。"言中法，则辩之；行中法，则高之；事中法，则为之"（《商君书·君臣》）是讲办事执中公道。而"庸"有时是指"用"，"无稽之言勿听，弗询之谋勿庸"（《尚书·大禹谟》）。有时也作"常"讲，"天秩有礼，自我五礼有庸哉"（《尚书·皋陶谟》）。把中庸二字联起来用始于孔子，究其本意即取中之用也。

尽管周之前还没有人系统提出中庸的思想，但周初就已经有了这方面的萌芽。"君子所其无逸，先知稼穑之艰难，乃逸，则知小人之依。"（《尚书·无逸》）逸，安逸也，有时也指奢侈享乐。此处的"无逸"即不过于逸的意思，而"乃逸"则是指有逸，即有享受的权力。周公在这里并不否认有逸，只是提出这种逸应当以"知稼穑之艰难，知小人之依"为前提，这实际上是一个享受有度的问题。周公还曾对康叔讲"尔克永观省，作稽中德"（《尚书·酒诰》），这可能就是后来孔子"中庸之为德"的直接来源。

孔子一提出中庸，就把它广泛应用于各个方面，并由此构成了以中庸为脉络的整个孔子思想体系。中庸在孔子思想中之所以非常重要，如同我们今天讲辩证法在马克思主义哲学中的作用一样，没有辩证法就没有马克思主义；同样，没有中庸就没有孔子思想。孔子的中庸思想是他认识客观世界和修养主观世界的一个基本观点和方法。最能反映孔子中庸思想的是孔子答子贡的那段对话，子贡问："师与商也孰贤？"子曰："师也过，商也不及。"曰："然则师愈与？"子曰："过犹不及。"孔子认为，"过"与"不及"都不是中庸，这就如同我们现在讲"左"与"右"都不好，最好是把握两端，取其中间。当然，这里的中间不是一个简单的长度概念，并非刚好二分之一处，实际上是恰到好处，即适中。那么怎样才能取得这个理想的"中"呢？子曰："可与共学，未可与适道；可与适道，未可与立；可与立，未可与权。""权"，本指秤锤，"权，然后知轻重"（《孟子·梁惠王上》）。后来人们逐渐地把它应用于对事、对物、对人的态度上。其实，"道"是孔子的总原则，而"权"就是对道的政策性与灵活性的结合。"权"的前提是"可"与"不可"，而"可"与"不可"，即审理事物，具体事物具体分析。"道"由"中庸"来实施，"中庸"通过"权"来实现。孔子的中庸不是折中调和，他认为"过"与"不及"都不是中庸，恰到好处才是中庸。而折衷调和是无原则地把两个不同的思想或概念混糅在一起，这与中庸是两回事。

中庸的表现形式和内容极为丰富，在人伦方面它体现了一种美德，中庸之为德，"君子矜而不争，群而不党"，"君子贞而不谅"，

"君子和而不同","君子泰而不骄"。孔子在强调一方面时,又照顾到事物的另一方面,防止一种倾向掩盖另一种倾向。中庸在教育上则主要反映和体现在"性""习"之间的辩证关系方面。"性相近也,习相远也",一近一远,奠定了人可以施教的思想基础,并由此产生出其他许多至今仍然闪耀着普遍真理光芒的思想。像学思行兼顾,"不愤不启,不悱不发"等。孔子明确提出过:"可与言而不与之言,失人;不可与言而与之言,失言。知者不失人,亦不失言。""言未及之而言谓之躁,言及之而不言谓之隐,未见颜色而言谓之瞽。"这些都有个中庸的问题。在应事态度方面,孔子不拘泥于教条,"子绝四——毋意,毋必,毋固,毋我"。在评价人方面,中庸则表现为"无求备于一人","君子不以言举人,不以人废言"。在对待天命鬼神方面,中庸则表现为既相信天命,又怀疑天命,"道之将兴也与,命也。道之将废也与,命也。"反之,"天何言哉?四时行焉,百物生焉,天何言哉?"在强调人的作用时他又不相信天命,"为人由己,而由人乎哉?""发愤忘食,乐以忘忧,不知老之将至云尔",以这样的精神状态去入世行道。在对待鬼神的态度上,他也是既不否认鬼神,"祭如在,祭神如神在";不废祭祀之礼,"生,事之以礼;死,葬之以礼,祭之以礼",同时又告诉人们,不要沉溺于盲目的迷信之中,"敬鬼神而远之","子不语怪,力,乱,神"。在施政方面,中庸则表现为宽猛相济。总之,中庸在孔子思想中处处可见,一部《论语》几乎每一句话都贯穿着中庸思想。孔子提出了中庸,但在他的一生中,除了在教育实践和道德修养方面较好地实践了中庸,在其他方面都没能很好地实践。可见,中庸的实施也是受到社会和其他许多方面限制的。

四、天下为公的"大同"思想

　　大同思想是孔子思想的重要组成部分,对于形成一个完整的孔子思想体系,它是一个奋斗目标,是纲领,寄托了孔子的远大政治理想,是孔子入仕行道,终生为之奋斗的最终目的。

　　关于大同思想的渊源,在孔子之前只是一些处于萌芽的思想,根本就没有构成体系,甚至连"大同"这两个字都极少看到。至目前,见之于典籍的只是在《尚书·洪范》上有"汝则有大疑,谋及乃心,谋及卿士,谋及庶人,谋及卜筮。汝则从,龟从,筮从,卿士从,庶民从,是之谓大同。"而这里的大同只是指大家看法一致的意思。再说《洪范》虽在《尚书》里面,是不是一定就产生在孔子之前也很难说。因此,我们今天在追寻大同思想的渊源时,如果只从字面上去考虑,那只能走进死胡同。科学的态度则是从古人所反映出来的关于早期大同思想意识方面去寻找。我国古代大同思想在孔子之前基本上是两个方面的内容,一是人们对于远古时代无阶级社会的神话传说,特别是关于尧、舜禅让的传说;二是周和周之前的"和""同""平""均"等方面的思想。

　　关于古代神话传说,当时的传播形式一是民间的交耳口传,二是典籍记载。由于文字工具的限制,这方面的内容不仅很少,而且也很难保留下来,直到春秋时期以至后来的战国诸子百家著作中,才较多地看到这方面的内容。古代哲人从各自的愿望出发,把人们交耳口传的那些内容记载下来,其中有代表性的如孔墨对尧舜时代的描述,老子对黄帝时代的描述,许行对神农时代的描述等。这些材料有的早于孔子,有的晚于孔子。我们认为,尽管从文献记载上讲是晚于孔子,但这些内容在孔子之前就应该已经通过交耳口传而流行于世则是可能的。不然的话,后人便无素材可记录,有关内容只能是无源之水。

关于"和""同""平"的思想,在原始社会主要是反映一种安康均平的社会现象,而在奴隶社会和封建社会则表现为一种重民思想。"和怿先后迷民"(《尚书·梓材》),只有推行仁政,才能和悦殷民,周初的政治家们称殷民中的顽固分子为"迷民"。周公发布诰令称:"自作不和,尔惟和哉;尔室不睦,尔惟和哉。"(《尚书·多方》)"咸和万民。"(《尚书·无逸》)"推贤让能,庶官乃和,不知政庞。"(《尚书·周官》)这些都是强调"和"。"同"是讲同心无私,齐力涉难。武王伐殷,师渡孟津而作《泰誓》,其中有"同心度德,同德度义,同心同德"。《易·同人》卦有"同人于野,亨,利涉大川,利君子贞"。《杂卦》说:"同人,亲也。"同的思想较之和的思想更趋于一致。"平"是讲治理国家要秉公办事,无偏无私,以求太平安康。"王道平平","平康正直","家用平康"(《尚书·洪范》),"赫赫师尹,不平谓何"(《诗经·小雅·节南山》),"云行雨施,天下平也"(《易·乾》)。可见,在孔子之前,这方面的思想就已经很丰富了。除此之外,还有"均"的思想。《诗经·小雅》说:"大夫不均,我从事独贤。"孔子基于对远古社会的追念和对当时社会的不满,以人道主义为出发点,借助神话传说的内容、形式,继承和发扬了和、同、平、均等思想,构画出了一个以"天下为公"为主要特征,老安,少怀,友信的社会,客观上反映了被压迫者的愿望与要求。关于这方面的内容,《论语》中已经很多,但更完整和有代表性的,还是《礼运·大同章》。

《大同章》仅仅百余字,却言简意赅地刻划出了一个理想、幸福的社会制度,它有以下四个特征:天下为公是理想和政治纲领;选贤与能是组织路线和用人政策;各尽所能,各得其所,则是分配原则;讲信修睦,社会是一个团结的大家庭。这样一个以"天下为公"为远大理想的社会,对后世产生了久远的影响,一直到洪秀全、康有为、孙中山。《礼运》成书晚于孔子,因此后世学者大都怀疑《大同章》不属孔子思想。关于《礼运》的成书年代,后世学者大都以为在战国末年或秦汉之际,也就是说比孔子晚了二百来年或再长一些,我认为这种说法基本是可信的。但是,这并不能因此而否定《大同章》就不是孔子的思想。事实上,以往人们忽视了这样一个问题,严格讲来,后人研究孔子所依据的材料,没有一点是第一手资料,包括《论语》其内容也非孔子亲自著撰,而是其弟子或再传弟子记录整理的。遗憾的是,迄今为止就考古所见,孔子也没有留下一个字,而后人所见到的散见于先秦以至秦汉的所有典籍中那些托孔子之口的所谓"子曰"之类的话,也都是真假掺拌。若全盘否定,那么研究孔子就是虚无主义;若全盘肯定,则是盲从,二者均不可取。科学的态度是既不迷信"子曰"全是孔子之说,也不轻易否定"子曰"就不是孔子之说,而只能在对孔子思想进行全面分析,并在融会贯通的基础上得出结论。我以为,联系孔子的一贯思想和主要倾向,《礼运·大同章》虽是后儒撰写,但其主要思想应该是孔子的,作为一个完整的思想体系,冠在孔子头上他亦是当之无愧,也是先秦其他诸子不能与之争的。

原载于《求索》1985 年第 5 期
《新华文摘》1986 年第 2 期转发论文摘要

关于我国文化发展战略问题

——兼谈中国文化的第四次重构问题

　　文化发展战略是一个博大宏深的问题,在改革经济体制以发展商品经济、改革政治制度以发展政治民主的今天,重新规划与现代化要求相适应的文化发展战略,实现从传统文化观念到现代化文化观念的转变,亟待解决。不如此,社会主义精神文明建设就搞不上去,经济建设也不会有持续发展的后劲。现代化是世界性的历史进程,它不仅仅是经济的现代化,同时也是政治、社会心理、人民文化等多方面同步前进的现代化。要完成这样一个伟大艰巨的历史性任务,实际上是一个中国文化与外国文化的重构问题。因为在中国历史上曾有过三次大的文化重构,加之今天的文化内容、对象已经发生了深刻的变化,故本文首次提出中国文化"第四次重构"的概念。基于这样一个前提,笔者认为,社会主义初级阶段的文化发展战略,必须是以马克思主义为指针,对外实行引进开放,纳世界先进文化之精华,对内采取批判继承,扬弃民族文化的全方位、多层次开放体系。由于笔者所据材料及视野的局限,特别是涉及文化发展战略的范围之广、内容之多,本文不可能对我国目前的文化发展战略做出全面考虑,而只能就愚见所及,在文化重构的几个主要方面提出一些看法,供读者讨论。

关于文化范畴的界定

　　讨论文化发展战略,首先是文化定义问题,什么是"文化"? 什么不是"文化"? 它的内涵与外延是什么? 据说国内外关于"文化"的定义有数百种,众说纷纭,莫衷一是。毛泽东同志曾讲过:"一定的文化是一定社会的政治和经济在观念形态上的反映。"[①]尽管这不是给文化的明确定义,而只是对意识形态而言,但对我们界定文化无疑具有指导意义。现在一般把文化分为广义文化和狭义文化。广义文化是指人们世代相传的生活方式,举凡人类的衣、食、住、行,社会活动,科学技术,思想观念等,统属文化之列。狭义文化的概念指的是世界观、价值观、行动准则、道德准则等观念形态。余英时先生提出文化变迁的"四层次说",即"物质层次""制度层次""风俗习惯层次""思想与价值层次"[②]。有人据此又提出物质态文化、社会关系态文化、观念态文化、心态文化四种文化形态,前三者人们都可以感受到它们的存在,而心态文化则是内心无形的深层结构。

　　事实上,社会的发展就是文化的发展,文化产生于历史传统、社会结构、社会实践之中,是联结社会群众与自然环境的纽带,如实反映了人类在一定历史阶段认识自然,改造自然的能力,"是人类生活的样态"。同文化代表了人类的主要特征一样,所有文化都代表了一个民族、一片土地的传统结果。不管是东方、西方,文

---

①《毛泽东选集》(第 2 卷),人民出版社,1991 年,第 694 页。

②余英时:《从价值系统看中国文化的现代意义——中国文化与现代生活总论》,时报文化出版,1984 年。

化只能是一个概括的复杂统一体,本文讲的文化主要是指意识形态方面。

文化"国际化"大势所趋

文化隔绝,即使是相对而言,在今天对任何国家也都不再是可能的。文化发展首先是一个文化国际化问题,马克思早在140年前的《共产党宣言》中就曾预言:

> 资产阶级,由于开拓了世界市场,使一切国家的生产和消费都成为世界性的了。……过去那种地方的和民族的自给自足和闭关自守状态,被各民族的各方面的互相往来和各方面的互相依赖所代替了。物质的生产是如此,精神的生产也是如此。各民族的精神产品成了公共的财产。民族的片面性和局限性日益成为不可能,于是由许多民族的和地方的文学形成了一种世界的文学(指科学、艺术、哲学等方面的书面著作)。①

全国解放后,毛泽东同志也曾在《论十大关系中》指出:"对外国的科学和技术,不加分析地一概排斥,和前面所说的对外国东西不加分析地一概照搬,都不是马克思主义的态度,对我们的事业不利。"②但是,由于后来特殊的国际环境及众所周知的原因,我国不得不在较长的时间内关起门来搞革命、搞建设,使得刚刚从半封建半殖民地脱胎而来的落后的经济基础与发达国家的距离继续扩大。而在思想文化方面,依然深受封建文化的严重影

---

①《马克思恩格斯选集》(第1卷),人民出版社,1995年,第267页。
②《毛泽东选集》(第5卷),人民出版社,1977年,第287页。

响,以致失落于世界文化发展的大道,陷入了作茧自缚的自我封闭状态。

党的十一届三中全会之后,在开放政策的影响下,当代西方各种思潮,无论自然科学、社会科学、人文科学,包括新技术革命、第三次浪潮等一股脑涌了进来,令人目眩,使得人们在自觉不自觉中对生活方式产生了新的变化要求,特别是商品经济观念成为社会主义的主要观念之后,导致了人们对文化的重新思考和抉择。仅以教育、科技的国际化而言,十分清楚地说明这样一个事实:文化国际化势在必行。日本首相中曾根康弘曾在 1983 年 12 月提出:

> 为培养具有国际社会生活能力的日本人,应加强国际理解的教育,改善外国语教育,促进高等教育机构的国际化。

1986 年 4 月通过的《日本临时教育审讨会关于教育改革的第二次咨询报告》又指出,"大学教育面对着国际化和信息化、生涯学习社会化和高龄化社会的到来",应当"培养具有国际视野的世界中的日本人"。"从根本上来说,大学理应具备国际性质,学术研究归根到底是人类共同的工作……要求从国际角度出发,以完善高等教育的基础,采取措施进一步加深学术与文化的国际交流"。

美国、西欧、苏联、东欧以及第三世界等国家的高校也都在积极参与这一教育国际化活动。

科学无国界,它最能体现国际化的合作领域。科学的发展尤其需要一种超越国界的协调努力。全球范围内数以千计的学术团体之间的科技交流、研讨,都反映了文化国际化的趋势,尽管各国各民族文化都保持着各自的基本姿态和内容,但当代文化信息的媒介作用在日益加速它们之间的相互吸收和融合,呈现出一派各国各民族文化相互开放，相互借鉴，共同繁荣的局面。在这样的情况下，任何一种企图抑制文化撞击的做法都是徒劳的。因为，文化的交流性、开放性是由文化自身的性质决定的。由各民族文化撞击所直接产生的反响是民族文化与世界文化大趋势的矛盾协调。世界文化的国际化，对每一个民族文化来说，都面临着新的选择、组合、重构。应当指出的是，任何一种异质文化都不可能照搬在另一个异地文化场，否则，必然窒息原来的文化。人类文化发展的文明水平，与文化的民族性是结合在一起的。因此，一个落后民族的文化，要完成自己民族文化的现代化过程，就必须把民族文化置于人类文化的大系统中，通过交流、抉择来消除传统文化系统中的文化熵增。今日世界，不会也不可能有一个国家的民族文化脱离今天的世界文化而独立存在。

　　文化国际化的另一个重要方面，就是加强语言工具。语言是文明的钥匙，只有了解语言，才能使文化卓有成效地进入外国思想的灵魂，进入其文学、智力和精神遗产。我国有十亿人口，约占世界的五分之一，但由于语言难度和以往历史上闭关锁国的原因，汉语至今在世界上仍不很普及，与中国的大国地位极不相称。而使用英语的人口只占世界的十分之一，但它的覆盖面积却占世界的四分之一，全世界几乎有 70％以上的科技书刊、译著是用英语出版。因此，掌握语言工具一定要解决一个"双向"问题，亦即在国外创造扩大汉语交流的市场、条件，在国内创造更多有利于中国人学习外语的条件，减少由于语言障碍而造成的文化隔绝。

文化重构的历史回顾与启示

借鉴国外先进文化以发展民族文化,是文化重构中两个主要方面之一。通过比较,了解中外文化的优劣,以决定取舍。中国几千年的文化史,特别是汉唐以来,中外文化在中国这块土地上一次一次地汇聚,一次一次地冲突、矛盾、融合,经历了无数次的分化吸收和扬弃,留下了许多至今仍值得让人们沉思的问题。为此,有必要回顾一下中国历史上的三次大的文化重构。

第一次是公元一世纪就开始的印度佛教思想的引入,自永明求法一直到玄奘西访,历时八百年,终于把佛教这一异地文化移植到中国大地上,创立了中国的佛教宗派,形成了中国的禅宗文化。尔后,中国化了的佛学又以其新的思想面貌传向东南亚各国,继而传到更广的世界各地,成为世界三大宗教之一。

第二次是"文艺复兴"以后的西学东渐,西方传教士到中国来设道布教。利玛窦1582年首次来华,作为传教士带来的西方自然科学知识和对自然的思维方式,与中国正在酝酿的思想启蒙和学风巨变一拍即合,在中国学术界引起强烈反响。在其影响下,中国已从中世纪的思想枷锁下开始向近代的民族觉醒和思想启蒙进步。遗憾的是在清雍正、乾隆年间,伴随着复杂的政治背景和社会环境,风行一时的传教士被一概驱逐出境,清政府采取了对外闭关锁国,对内实行"文字狱"的封建专制文化主义,窒息了正在兴起的各种启蒙思想。当时中国面临的世界大趋势是"四海变秋气,一室难为春"。经历了十七世纪西方传教士的主动设教布道,十八世纪清王朝闭关锁国,一直到十九世纪初叶,西方资本主义列强用大炮轰开了中国的大门,破关而入。伴随着帝国主义的炮火,在中国这块大地上燃起了鸦片战争、洋务运动、甲午战争、戊戌变法,一直到辛亥革命,中国古老文化在同几个异于本土文化的文化交构中被动地经历着痛苦的蜕变,一方面承受中国文化的传统考验,一方面接受西方文化的挑战。但是,由于这种被动,人们并没有从深层机理方面去考察,而是简单从表面上认识到西学是"中体西用",古已有之。

　　第三次是"五四"新文化运动。辛亥革命的失败,使中国人民从迷惘和痛苦中觉醒,开始反思第二次文化重构中的几百年历史,认真比较中西文化异同。这一时期最伟大的成就是马克思主义在中国的传播,使"中国产生了完全崭新的文化生力军,这就是中国共产党人所领导的共产主义的文化思想",是中国的新文化,"是新民主主义性质的文化,属于世界无产阶级的社会主义的文化革命的一部分"①。"五四"新文化运动迎来了以"民主""科学"为主要内容的文化革命,是对近四百年来西学东渐的历史性总结。从而在思想文化方面彻底解决了革命的道路问题,直到建立新中国。

　　较之以往的三次文化重构,今天的中国文化重构已不是历史的简单重复,因为它面临的资本主义制度不再是一个不发达的初级阶段资本主义,而是一个仍然有着旺盛生长机制的资本主义。它面临的世界是一个开放体系,作为主体本身的中国也已不再是半封建半殖民地的中国,它已经初具社会主义的强大规模,但较之世界科技文化发达国家,它仍然是贫穷的。因此,如果说中国的第三次文化重构是解决了中国革命的道路问题,那么今天的第四次文化重构则要解决中国社会的"富强、民主、文明"问题。

---

① 《毛泽东选集》(第2卷),人民出版社,1991年,第697—698页。

文化重构应坚持的诸多原则

文化重构必须遵循各种比较原则,例如客观性原则、可比性原则、层次性原则、实践性原则、结构性原则、区域性原则等,否则得出的结论就难免会有偏颇。

客观性原则:就是要跳出国家文化、民族文化的小圈子,不偏向任何一方,站在更高的视野位置去评价,不如此,就会"自是而相非"。

可比性原则:就是要依据一个公平的可比性原则,在比较研究中对思维对象、概念、判断遵守同一率。

层次性原则:主要是从整体、局部、宏观、微观、历时性和共时性的总体上去考虑。譬如说,在文化发展的序列上,有大文化、小文化、古文化、中古文化、近代文化,在文化区域上有中国文化、外国文化、东方文化、西方文化,在中国古文化方面有黄河文化、江淮文化、珠江文化等。

实践性原则:坚持以世论人和以人论世,理论与实践相统一的原则,面对现实而不是空洞地议论。

结构性原则;实际上是层次性的深入,譬如说像生产资料、生活工具等,属于表层文化结构。人们在长期社会生活中沉积而成的社会心理、人生价值观、善美标准、审美意识、人伦观念、思维模式等,属于深层文化结构。这些一旦孕育形成,就会长期绵延,不易改变。而介于表层和深层之间的人们在社会生活中形成的社会制度、人际关系、礼乐典章、道德规范则属于中层结构文化。

除此,还有文化的属性问题,像文化的民族性、国家性、宗教性、时代性、社会性,都有其形成机理和深入研究的必要。中外文化不同的因素是多方面的,既有地理环境的区域因素,也有民族心理因素,既有历史的,也有现实的。中外文化交流是历史的必然,它不依人的意志为转移,这种交构不是历史的简单重复,而是向着更高层次的重构发展。

扬弃传统文化

去其糟粕,吸取精华,扬弃民族传统文化,是文化重构在自我完善方面的重要内容。因为就一个民族而言,文化是使它区别于其他民族的各种因素的总和,并由多种价值观构成民族文化的主要内容,它不仅具有导向和整合的功能,同时呈现出一种规范模式,反映了一种群体的凝聚力,有着顽强的承袭性和相对稳定性。只要有人类的地方就有传统,离开了传统,文化就无法承袭和运转。传统既有积极的一面,又有消极的一面,是一个东西的两个方面,不是想丢就丢,也不是想拣就可以拣得到的。在人类文化这个大系统中,各族文化以其不同于其他民族的独特性,显示了它存在的必要性和存在的价值。毛泽东同志曾在《中国共产党在民族战争中的地位》中指出:

> 今天的中国是历史的中国的一个发展;我们是马克思主义的历史主义者,我们不应当割断历史。从孔夫子到孙中山,我们应当给以总结,承继这一份珍贵的遗产。这对于指导当前的伟大的运动,是有重要的帮助的。①

中国的传统文化,绵延五千年,是一个包容性、吸纳性、影响性都很强的文化,是中华民族的一大财富,它曾在相当长一段时

①《毛泽东选集》(第2卷),人民出版社,1991年,第534页。

间内引领过世界文化潮流,尤其在东亚文明史上,对东亚各国文化产生了难以估量的影响。日本一位著名汉学家内藤湖南就曾说过:"日本民族未与中国文化接触以前是一锅豆浆,中国文化就像碱水一样,日本民族和中国文化一接触就成了豆腐。"①但是在近代,由于封建制度的腐朽和帝国主义的侵略,中国文化落伍了。因此,从长期封建性所造成的影响来看,中国传统文化对今天实现民族现代化来说,又是一个不小的包袱。

近年来,人们在省思中国传统文化方面做了不少努力,但往往宏观评议多,微观分析少;就理论而理论多,着眼实际少;历史概括多,现实观照少。因此,使得传统文化研究浮于表层。尤其是对其吸收性、排外性、内聚性、区域性等文化机制方面的研究还比较零乱。所以,作为第四次文化重构,在制定文化发展战略时,必须彻底深刻反思当下中国文化场的机制,真正扬弃五千年文化传统,才能构建出具有吐故纳新能力的新文化。以下只举几个方面的例子作扼要叙述。

关于区域形态

从历史性上看,与世界其他一些民族文化不同,中华民族文化是一个以汉文化为主体、多民族文化长期融合而成的文化,你中有我,我中有你。从空间结构上看,中国文化又是一个多区域多层面文化并存的复合体。九百六十万平方公里,地域复杂,不管是在语言传承、生活习俗,还是心理思维等方面,从来就没有一种完备整合的文化,而是各具相对独立性,但又都被一个共同的东西——民族凝聚力所紧紧黏合在一起。这是中国文化的最大

①〔日〕内藤湖南:《唐代文化与天平文化》,《光明日报》1963 年 3 月 16 日。

特点之一,也正是不能以片言只语给中国文化下断语的难点所在。即使在今天,中国文化仍然有着不同区域的文化特色,例如西部文化区所辖的三晋文化(山西)、中原文化(河南、河北)、关中文化(陕西)、荆楚文化(湖北、湖南)、淮南文化(安徽)、赣文化(江西)、巴蜀文化(四川)、滇黔文化(云、贵);东部文化区所辖的岭南文化(广东、福建)、江浙文化(江苏、浙江)、上海文化、齐鲁文化(山东)、京津文化(北京、天津)、关东文化(东北大部)、台湾港澳文化等,都有其明显的区域特点和时代特色。认真研究文化的区域特征,可以更深入地了解和认识中国各种文化的种属的发生发展情况,有助于判别各民族各地域的心理行动和价值观念,在制定文化发展战略时,就可以在宏观指导和微观措施上充分考虑到区域、自然和人与社会的交互问题。

少数民族文化研究

中国文化以汉文化为主要代表,其一直走在各民族文化的前面。分布在区域辽阔的东北、西北、西南各少数民族地区的青藏文化、新疆文化、内蒙古文化、宁夏文化、广西壮文化、东北满文化等,在与汉文化的长期交构中,已经成为中华文化中的宝贵财富和重要组成部分。但近年来,人们在对中国传统文化的研究方面,普遍存在以汉文化代替中国文化的偏向。譬如在中西文化比较中,极少甚至没有考虑到少数民族文化在与西方文化交流中产生的作用。我国大多数少数民族都是分布在与其他国家接邻的地方,它们的特殊地理位置,起到中外文化交流的桥梁作用。这方面的研究工作是制定文化发展战略所不能忽视的。

怎样对待三种主要文化形态

长期以来,由中国传统文化反映出来的连续性与相对性、同一性与多样性、内聚性与排斥性、民主性与封建性,和资本主义文化、社会主义文化密切交织在一起。今天的中国文化形态实际上是由封建主义文化、资本主义文化和社会主义文化交融的复合体,各种文化都企图占领阵地,因此,反映在意识形态领域的斗争非常激烈。有一个现象是不能忽视的:有不少人,甚至包括一些系统学习并掌握了相当多马克思主义的思想家、领袖人物,比较容易接受封建主义文化的影响,封建主义的东西在他们那里容易找到市场。相反,在对待资本主义文化方面,同样是这些人,却表现出异乎寻常的"排资"性,甚至联合封建主义文化来一道对付资本主义文化。资本主义较之封建主义是一个很大的进步,这是谁都知道的,可在对待资本主义文化,尤其是在意识形态方面的全盘否定,不能不说是一个后退。可以这样说,一个不想继承借鉴资本主义先进文化的社会主义,不是名符其实的社会主义,它只能导致落后与愚昧。

文化比较研究要立足近现代

我曾在《中西文化比较研究之我见》①一文中提出:

时下中西文化比较研究有一个倾向,研究传统文化多,研究近现代文化少。在传统文化中,又是古代的多、先秦的多、儒家的多。似乎中国传统文化只在古代有、先秦有,只有

---

① 方延明:《中西文化比较研究之我见》,《文汇报》1988 年 3 月 20 日。

儒家有。相对之下，在对应中国传统文化的西方文化研究中，则是资本主义时期多，近现代的多。试问，对今天轰轰烈烈的生动社会实践不去研究，对今天的重大理论问题不去触及或根本没有触及，那么文化比较的意义何在？中西文化比较研究应以近现代为主，特别是将鸦片战争以后的中国文化与西方资本主义文化进行比较。强调这一点，决不意味着否定传统文化对今天的影响，我只是想，站在近现代文化的水平上，以新的视角来检讨中西文化的异同，应当比站在传统文化水平线上所做出的判断更准确，更有时代感，更有深远意义。

提出把中外文化比较研究的重点放在近现代，还有一个原因，那就是中国要实现现代化，主要是借鉴资本主义文明，而鸦片战争正是使中国卷入了资本主义文明的潮流。马克思在《中国革命和欧洲革命》①一文中指出：

> 清王朝的声威一遇到不列颠的枪炮就扫地以尽，天朝帝国万世长存的迷信受到了致命的打击，野蛮的、闭关自守的、与文明世界隔绝的状态被打破了。

中华民族从此"完全卷入全世界资本主义文明潮流"②，掀开了中国近代史的第一页。如果说，把英帝国的大炮比作助产婆的话，那阵痛后的产儿就是"亚洲一个最落后的农民国家"③的瓦解和"沉睡在中世纪停止状态"④的中华民族的觉醒。它一方面在政

---

① 《马克思恩格斯选集》(第2卷)，人民出版社，1972年，第2页。
② 《列宁选集》(第2卷)，人民出版社，1972年，第424页。
③ 《列宁选集》(第2卷)，人民出版社，1972年，第428页。
④ 《列宁选集》(第2卷)，人民出版社，1972年，第448页。

治上和经济上遭受压迫和剥削,另一方面又在文化方面学习西方国家的物质文化,学习制度文化,并逐步向更深层结构的文化领域渗透。在英帝国大炮摧残下被迫展开的这场"最广义的文化冲突"是扩张的国际贸易和战争同坚持农业经济和官僚政治的中国文明间的文化对抗。研究这期间繁杂的中国近代史,不仅可以了解中西文化物质层方面的剧烈变化,也可以了解制约文化整体蜕变的机理,从中窥见中西文化更深层方面的心理状态、价值观念、民族性格,透视中西文化交互的折光。不是吗? 正是在中西文化的强大冲击下,孙中山领导的辛亥革命成功了,它从文化制度层面、国家政体方面完成了历史性的变革,推翻了清王朝。辛亥革命的成功,不仅为中国人民最终选定马克思主义这一人类最进步文化奠定了基础,同时也为马克思主义在中国大地扎根提供了养殖土壤。

文化研究的结合点

近 20 年来,世界许多国家都在考虑本国文化建设问题,日本在六十年代末就着力于批判本国传统文化,七十年代以后日益重视本国文化的特点与发展。在许多发达国家,都非常重视文化与现代化以及本国文化与别国文化的研究,都在着力寻找它们之间的"结合点",而这个结合点就是"人的现代化问题"。

时代发展告诉我们,任何国家的文化建设,都要回答解决一个问题,那就是人的塑造问题,亦即人的现代化。这不仅是今天中西文化比较的结合点,同时也是传统文化与现代化的结合点。可以设想,当人们的心理和精神还被牢固地锁在传统文化的意识之中,并且已经构成了对经济建设与社会发展的严重障碍时,那么再完美的现代社会制度和管理方式,再先进的技术工艺,也只能在一群传统人的手中变成一堆废纸。人的现代化,是社会主义现代化不可缺少的最主要因素之一,它非但不是现代化过程结束后的副产品,反而是现代化生产、现代化制度、经济生产赖以发展并取得成功的条件。否则,高速稳定的经济生产是不会实现的。

万里曾在1985年的全国教育工作会议上大声疾呼:"我们需要许多才华横溢的人才。我们为了发展社会主义现代化建设事业,当然需要马克思这样的伟人,同时也需要牛顿、瓦特、爱迪生、爱因斯坦以及各个学术文化领域的伟人,需要这些伟人的综合。现在才华横溢的人太少。"党的十三大报告中指出:"从根本上来说,科技的发展,经济的振兴,乃至整个社会的进步都取决于劳动者素质的提高和大量合格人才的培养。"的确,我们的时代太需要巨人和人才了,它应当而且能够产生巨人。我们国家的现代化不同于西方资本主义现代化,经历了一个几百年渐进的发展时期,而是从一个一穷二白的破烂摊子上建立起社会主义制度的,如不尽早实现人的现代化,经过几代人努力争取来的先进社会主义制度就不可避免地在科技现代化、管理现代化等层面产生结构上的脱节。

人类文化应当是人的不断自我解放的历程。文化发展就是对人的肯定。在文化发展的各个阶段上,都可以发现并证实一种新的力量——建设一个人自己的世界,一个理想世界的力量。马克思在《共产党宣言》中曾指出:"在那里,每个人的自由发展是一切人的自由发展的条件。"①对这种自由发展,马克思又补充说:"它是人和自然界之间,人和人之间的矛盾的真正解决,是存在和

①《马克思恩格斯选集》(第3卷),人民出版社,1995年,第294页。

本质、对象化和自我确立、自由和必然、个体和类之间的抗争的真正解决。"①他甚至设想过"完整的人",寄希望"人以一种全面的方式……作为一个完整的人,占有自己的全面的本质"。如果说,中国几千年的传统文化所塑造的人还只是实现了人的部分本质的话,那么以马克思主义为指导的中国社会主义现代文化将使人们逐渐从片面向完整转化,最终实现人的全面本质。这是一个历史的渐进过程,是中国文化乃至整个人类文化发展的必然趋势。

坚持马克思主义中国化

在中国历史上,中西文化交流最伟大的成就是马克思主义在中国的广泛传播,并产生了与中国革命实践相结合的中国马克思主义——毛泽东思想。作为工人阶级的科学世界观和人类文化文明的伟大成果的马克思主义,不仅是社会主义事业和党的领导的理论基础,而且是制定文化发展战略的指导思想,同时也是文化重构中的最主要内容之一。

马克思主义本身就是文化的产物,是两千多年来人类思想文化成果的结晶,作为一种现代最先进的文化形态,它不仅已在全世界范围内广泛传播,而且在社会主义国家中已成为指导地位的文化。

马克思主义同中国革命实践的结合已经 60 余年,其间经历了寻找"中国特色的革命道路"的飞跃阶段。今天,面对现代化建设和全面改革的复杂创新事业,人们已经不能从马列的书本上找到现成的答案。"公式的马克思主义者,只是对于马克思主义和

---

①《马克思恩格斯全集》(第 42 卷),人民出版社,1979 年,第 185 页。

中国革命开玩笑。在中国革命队伍中是没有他们的位置的。"①
如何正确运用马克思主义的基本原则和基本方法,创造性地解决
改革、观代化中出现的新问题,已不只是理论工作者的任务,它严
峻地摆在全党全国人民的面前。不过,足以令人振奋的是今天十
亿人民正在进行的丰富生动的社会实践,无疑为发展马克思主义
提供了取之不竭的源泉,为检验理论提供了实践基地。

原载于《中州学刊》1989 年第 1 期

---

①《毛泽东选集》(第 2 卷),人民出版社,1991 年,第 707 页。

当代中国传统文化面临六个转变

改革开放使中国文化从过去的单一型一下置于世界文化的万花筒中,就如同长江水一下出了吴淞口,涌进无边无际的大海当中,这是世界的民族文化之海。追忆过去,面对世界,展望未来,人们反思中国传统文化为什么在近百年来落伍了,是由于传统的包袱,还是什么?主张彻底抛弃传统的有之,主张批判继承的有之,智者见智,仁者见仁,莫衷一是。事实上,传统这个东西不是随便丢就可以丢得下,也不是随意捡就可以捡得起来的,正如黑格尔说的,"传统并不是一尊不动的石像,而是生命洋溢的,有如一道洪流,离开它的源头愈远,它就膨胀得愈大"(《哲学史讲演录导言》)。我们正处在一个伟大的变革时代,传统文化首当其冲要接受这种挑战和考验,它不可能按过去的老样子走下去。中国传统文化面对挑战,应该如何迎战呢?本文拟从六个方面提出传统文化的六个转变,以就教于读者。

一、从人伦为本转变为知识为本

中国传统文化是一种偏重伦理型的文化形态,在主体对客体的评价上总是以人伦道德为原则,"百行以德为首","德者,本也;财者,末也"。中国传统有着足够的精神文化,更有宏大的物质文化生产队伍,但遗憾的是比较缺乏自然科学的发展。诚然,这种重人伦,轻科学知识的传统思想,已经远远不能适应飞速发展的国际形势,必须彻底改变这种传统文化与科学知识间的相悖现象。

自从人类踏进文明的门槛,人与人之间的血缘关系便从未完全断去,特别是在中国这样一种以小农生产方式为经济基础,封建家族为主体,家庭既是社会活动结构的细胞,又是社会活动的元素的封建社会中。因此,赖以存在的君君,臣臣,父父,子子的人伦宗法观念相当巩固,几千年不变。中国的传统文化不像西方文化那样,一开始就把求"实"、求"真"看得非常重要,"知识就是道德"(苏格拉底语),"知识就是力量"(培根语)。对中国传统文化,中国古代贤哲们看中的是"学也者,使人求于内也;不求于内而求于外,非圣人之学也","格物之功只能在身心上做","圣也者,尽伦者也"。在这种舆论下,尽人伦才是圣人,求于内者才是圣人,科学是无地位可言的。求于外的技术只能称作是"雕虫小计","奇技淫巧"(《庄子·天地篇》)。"有机械者必有机事,有机事者必有机心。机心存于胸中,则纯白不备;纯白不备,则神生不定;神生不定者,道之所不载也。"为了求得不丧失心灵而不用机械,使得中国机械不能很好地发挥作用;而科学知识恰是从求于外的实验而获得。基于这样的社会背景,所以对社会化大生产的需要来说,皇权宗法专制与近代西方民主国家的观念是格格不入的。科学技术是近代文明的杠杆,传统重义轻利的文化模式严重阻碍了中国近代科技发展,只有从传统的人伦观念中解放出来,才能真正实践知识为本的价值取向。

二、从民本意识转变到民主意识

中国封建社会传统太多,但民主主义的东西并不多,民主的东西太少。因此,当民主大潮涌来之时,许多人猝不及防,有人甚至把"民主"同传统文化中的"民本""重民"思想混为一谈。应当指出,不正确区分"民主"与"民本"两种意识,是不可能真正建成社会主义现代化的。

中国传统文化中的民本思想,不仅源远流长,而且很发达。从先秦的周公、孔子、孟子,一直到历代开明君主和思想家,无不把民本视为治国之道,像"民为邦本","民者国之先","天视自我民视,天听自我民听","国将兴,听于民;国将亡,听于神"。但这种重民,绝不是以提倡人本为目的,反对封建的不平等,提倡人格独立和尊严。在中国传统文化里,从来都是君本,而不是民本,重民的要害之点是由统治阶级来"重",统治者是主体,民是客体;统治者是主动的,民是被动的。重不重民,不是由民来决定的,而是由君决定,带有一定的恩赐性质。这种重民不是出于自愿,是考虑到统治阶级的地位沉浮。荀子说得好,"君者,舟也;庶人者,水也。水则载舟,水则覆舟"。荀子还讲过:"有社稷者而不能爱民,不能利民,而求民之亲爱己,不可得也。民不亲不爱,而求其为己用,为己死,不可得也。民不为己用,不为己死,而求兵之劲,城之固,不可得也。"孟子讲,"得其民,斯得天下矣"。因此,重民是统治阶级为巩固自己的统治所采取的宽猛相济政策的一个方面,绝不是从民的个人权利上来考虑。

民主则不一样，"民主是一种国家形式，一种国家形态"①。民主以尊重个人权利为前提，它的主体是人民自己，人民自己当家做主人。这是和在封建专制权利下的民本完全不相容的。中共十三大报告中指出："社会主义民主政治的本质和核心，是人民当家做主，真正享有各项公民权利，享有管理国家和企事业的权力。"民主的产生、发展过程，就是专制削弱、灭亡的过程，这是全人类共识的真理。但是由于历史的原因，在"五四"运动以来的半个多世纪里，民主一直在中国的国门徘徊。十年动乱把高度集权推向了极端。粉碎"四人帮"后，人民终于迎来了民主，尽管它姗姗来迟，但毕竟来了。它一来到，就以势不可挡之势向着旧的、传统的专制思想发出挑战。

中国不能没有民主，社会进步不能没有民主。传统文化中的"民本"不是中国的民主。虽然民主的进程极其艰难，也可能出现短期的反复，但我们毕竟要从传统的民本意识跳跃到民主意识中来，只要坚持往前走，就不愁达不到高度民主的境界。

三、从重视人生功名主义转变为重视物质功利主义

中国传统文化比较重视人生功名主义，忽视物质功利主义，把物质和精神对立起来。这使得精神文化变成物质文化的桎梏，导致人民对物质追求的长期淡漠，而囿于"安贫""乐道"，遏制了物质文化的飞速发展，这不能不说是导致中国经济发展缓慢的重要原因之一。

功利一般是指由功业带来的利益或物质上的功效和利益，而

---

① 《列宁选集》（第 3 卷），人民出版社，1972 年，第 257 页。

中国传统文化不是在持续推动社会物质文化发展的前提下建立起精神文化的。儒家文化的目的是维持人自身的心理平衡,佛教文化是寻求人生的精神解脱,但它们大都自觉或不自觉地走上对物质文化的部分或全部否定。

　　传统儒学从孔子开始就极其强调人生功名,否定物质功利主义,把"义""利"之分作为评价人的重要标准之一。孔子讲,"学而优则仕","三军可夺帅,匹夫不可夺志","己所不欲,勿施于人","子罕言利","君子喻于义,小人喻于利"。孟子讲"仁义而已矣,何必曰利"。秦汉以后的儒家,倡导"正其义不谋其利,明其道不计其功","存天理,灭人欲"。王阳明的"知识欲广而人欲愈滋,才力愈多,而天理愈蔽",他们都把言利和对"名""利"的追求,把一切物质欲望看成是鄙贱和不道德的事,尽管孔子也曾讲过"富与贵,是人之所欲也",然而他又告诫,"不以其道得之,不处也;贫与贱,是人之所恶也;不以其道得之,不去也","不患寡而患不均,不患贫而患不安"。所有这些,用对道德的追求代替了对物质利益的要求。从社会影响来看,这种义利观的必然结果是造成人们空谈心性,空谈实践,偏重向内心寻求"天理""良知",而鄙视向外界探求客观世界,以致阻滞了对知识的探索和改造世界的雄心,最终把人们束缚在一种低层次的自给自足之中,这是中国社会经济长期以来得不到充分发展,在意识形态方面的主要原因之一。

　　因此,作为中国传统文化的非功利主义,虽然有赖以产生的物质条件,但却不是为了向更高水平去发展社会生产。在这种情况下,精神文化似乎是既定的涵盖一切的,物质要求必须首先以道德标准为前提。直到新中国成立后,像"一大二公""穷过渡""穷平均",宁可大家穷,不可一人富,富了就要割尾巴,从根本上压制个人和集体的物质利益追求,无不深受中国功利观的影响。

十年来，我们看到传统的"功利"观正在转变，为"名""利"正名，承认"利"的合法性。实惠观，感观欲，打破铁饭碗，让一部分人先富起来，极大地推动了国家的经济建设。

精神文化的发展不应当抑制或否定物质文化的不断发展，它应当反映人们对更高的物质文化的需要，推动物质文化的进步。现代化进程应当而且必须是精神文化和物质文化的共同进步。

四、从坐而论道转变到参与社会现实

从坐而论道转变到参与社会现实，实际上是一个文化教化功能的问题。世界被人们塑造，人也被社会制约塑造。本质意义上的人，实际上就是文化意义上的人。由此可以这样说，文化研究不仅要满足社会发展需要，还要满足人们完善、充实、提高自身的需要。中国传统文化长于坐而论道，理想化的东西太多。孔子就提出"人能弘道，非道弘人"，希望天下是一个"有道"的社会，以至提出"小康""大同"思想，并且要求通过"格物、致知、正心、诚意、修身、齐家、治国、平天下"来完成他的理想。从孔子一直到后来的太平天国，都极富理想主义色彩。中国的一些先哲，包括一些农民起义领袖提出的"治国平天下"的思想，大都借助了人们对原始无阶级社会的美好向往，设想有一个和平理想的世界。但他们大都脱离现实生活实际，因而不可能实现，到头来只能是一种梦幻的破灭。

文化研究必须立足于人类现实社会的基础，特别是要唤醒人们的自我意识，要让人们感悟到在政治与社会管理方面去参与竞争，而不是像孔子那样采取"道不行，乘桴浮于海"，"用之则行，舍之则藏"的消极处世态度，需要的是摆脱旧传统的坐而论道，参与政治,实现"人的现代化",人类发展应当是人的不断自我解放的历程。文化发展是对人的肯定,在文化发展的各个阶段上,都可以发现并证实一种新的建设一个自己世界的力量,一个理想世界的力量。

五、从重视群体价值转变到重视个人价值

道德价值直接隶属于最高级的人类价值,是人类本质的内在反映。中国传统的道德价值观比较注重群体价值,忽视或者轻视作为个人价值的实践作用。几千年的中国历史都可以说是个体归属于群体的历史,是个体积极性受压抑的历史。

儒家思想作为中国文化的主体,其传统价值观在忠孝的观照下过多地强调人的个人完善和义务,突出服从封建主义统治(君使臣以礼,臣事君以忠)。尽管孔子也提出"志士仁人,无求生以害仁,有杀身以成仁","三军可夺帅也,匹夫不可夺志也",但他从来都没有真正把个人置于社会之上。个人价值与社会作用、责任、群体义务,从来都是联系在一起的,个人只是道德的工具,只能去自我净化,"克己复礼","己欲立而立人,己欲达而达人"。这种价值观一直影响到今天。诸如"无条件服从",理解的要执行,不理解的也要执行等。诚如梁漱溟讲的,"数千年以来使吾人不能从种种在上的威权解放出来而得自由,个性不得伸展,社会性亦不得发达,这是我们人生上的一个最大的不及西洋之处"①。

的确,中国文化的传统价值观,完全区别于西方文艺复兴以

①梁漱溟:《东西文化及其哲学》,《梁漱溟全集》(第1卷),山东人民出版社,1989年,第151—152页。

来的那种讲究独立人格，天赋人权，强调个性解放，带有强烈个人主义的人本主义。中国传统文化强调人的使命感，忽视应有的权力，只求他尽五伦的义务，却很少讲作为独立"人"的权力和价值。人的价值只能表现在与他相联系的关系者身上，离开这种关系，就很难讲人的价值、个性和自由。这种"人"是被动的，不可能产生真正的民主思想。西方人本身就是目的，不把人当作一种工具或手段，而中国较多强调人作为工具价值的那一面，其结果使中国传统文化的价值观逐渐趋于单一化，使人的个性、创造性受到禁锢，不求进取，消极处世。因此，中国人的价值观，既要强调个人独立人格，又要把它融解在人伦群体之中；既要提倡个人权利，又要把它诉之于权威制约。

六、从保守型文化转变为开放型文化

中国文化较多强调安分守己、与世无争，"和为贵"，开放竞争意识比较淡漠。文化的交流性是由文化自身的开放性来决定的。文化隔绝，即使是相对而言，不管过去还是现在，对任何国家也都不再是可能。中国历史曾经有过辉煌灿烂的中外文化交流，特别是自汉唐以来，中外文化在中国这块古老土地上一次又一次地冲突、矛盾、融合，经历了无数次分化吸收和扬弃。但中国文化始终保持自己的个性和特色，只是到了18世纪清政府闭关自守后，加之西方传教士带给中国的基督教文化的抑制作用，阻碍了中国文化的发展，与蓬勃兴起的西方文化形成明显落差，闭关自守窒息了当时正在兴起的各种启蒙思想。到19世纪初叶，西方资本主义列强用大炮轰开了中国的大门，破关而入，伴着帝国主义的炮火，在中国这块土地上燃起鸦片战争、洋务运动、甲午战争、戊戌变法。一直到辛亥革命,中国古老文化在同几个异于本土文化的异国文化激烈交互中被动经历着痛苦蜕变。它一方面承受民族文化的传统考验,一方面又接受着西方文化的挑战。但是,由于这种被动,人们并没有从深层机理方面去考察,而是简单从表面上认识到西学是"中体西用","古已有之"。这种思想后来逐步演化成一种普遍社会心理,以致那些先哲们在倡导"西学"的同时,又不得不从传统经典中寻找寄托,像康有为《大同书》中的"三代说""托古改制"等,便是典型。

后来,"五四"运动开始的中西文化比较以及对传统文化的批判,本应收到更好效果,但由于恰逢民族危机加深的大环境,故没有在中国思想史上占主导地位。因此,"五四"时期兴起的中西文化交流,缺乏广泛的群众基础和理论深度。新中国成立后的一段时间里,由于特殊国际环境和众所周知的情况,我国不得不在较长时间内关起门来搞建设,无暇顾及与世界先进文化的交流,以致仍然被束缚在传统文化的桎梏中,失落于世界文化大道,重新陷入了作茧自缚的保守状态。

事实上,科学文化的国际化早已随着"大科学"时代的到来而迅速发展。尽管各国各民族文化都保持着各自的基本姿态和内容,但当代文化信息的媒介作用在日益加速它们之间的相互吸收和融合,呈现出一派各国文化相互开放、相互借鉴、共同繁荣的局面。在这种情况下,任何一种企图抑制文化撞击的做法都是徒劳的。现代社会的多样化和多元化,使得文化开放性必然导致传统文化在历时性上的传承和变异矛盾,转变为在共时性上的民族化与国际化的矛盾。中国文化要完成自己民族的现代化过程,必须打破过去的民族保守主义,立足开放,面向世界,把中华民族文化置于人类文化的大系中,把中国文化汇入世界文化之"海"。通过交流，抉择，吐故纳新，继往开来，造就真正的立于世界民族之林的新文化。

　　文化讨论关系整个民族和国家的命运，不能图一时痛快，不能以感情代替理智。以上讨论了六个方面，只是想说明传统文化面对优胜劣汰的规律，必须从根本上去转变传统文化。现代化不是凭空造出来的，它是传统文化在现代化条件下的凤凰涅槃，是创新、发展、变化了的一种中国文化。任意去取传统文化，甚至彻底抛弃，或者因循守旧，都是不可取的。科学的办法是需要从传统文化中找到其与四个现代化的结合点和共振点，这是生长在今天这个时代的每一个中国人所需要努力做到的。

原载于《南京大学学报》(哲学·人文科学·
社会科学)1989 年第 2 期
《新华文摘》1989 年第 6 期转发论文摘要

近年来中西文化比较研究情况述评

中西文化比较研究这个题目,自"五四"运动以来,已冷落了半个世纪。

近年来,由于以下四个方面的原因,尤其是国内实行改革开放措施,使得中西方文化比较研究重新活跃起来:1. 东亚工业的兴起,引起一些学者思索,是否有一种东方企业精神在支配,他们认为这个精神追溯求源的话就是儒家的传统文化;2. 当代西方基督教人文主义思潮的盛行,与中国传统文化的人文主义特征形成了文化上的交叉点;3. 西方世界的精神危机,使人们企图从东方文化中找寻补救良药;4. 科学技术的发展,西方在转变着他们的某些思维方式,从而促使某些学者对东方思想特别是中国思想产生兴趣。

在学术活动方面,1984年12月在上海召开了首届东西方文化比较学术讨论会,1985年4月又在深圳召开了东西方文化比较研究协调会议,同年3月在北京举办了中国文化讲座班,1986年1月上海召开了国际文化学术讨论会,1987年9月又在曲阜召开了国际儒学研讨会,真可谓学术活动频繁。

短短几年时间,见之于报端、杂志直接涉及中西文化比较研究的文章就有700余篇。这些文章在思想文化领域对分析和省悟中国传统文化,建设具有中国特色的社会主义起了积极推动作用。认真总结三年来在中西文化比较研究中提出的一些主要观点，对进一步深化中西文化比较研究，无疑具有重要的现实意义和历史意义。

现将有关问题综述如下：

进行中西文化比较的原则和方法

比较中西文化，首先碰到的是标准和原则方法问题。所谓标准，亦即"文化"定义，什么是文化？它的范畴和界限是什么？所谓原则方法，就是说我们在文化比较研究中应遵循的原则和研究方法。

关于"文化"的定义，国外在这方面有不下上百个，莫衷一是。国内外较普遍的看法是将其分为广义文化和狭义文化。广义文化指人们世代相传的生活方式，包括物质文明和精神文明两个方面，举凡人类的衣食住行、社会活动、科学技术、思想观念等统属文化之列；狭义文化亦即世界观、价值观、行为准则、道德标准等观念形态和上层建筑，其中哲学是核心，占主导地位。而比较研究的文化主要指的是后者。王俊义、房德邻认为，如果对文化的定义只停留在广义与狭义之分上，不做深入具体的研究，是难于前进的。这种作法实际上是把文化等同于一般人类历史的观点。马克思主义经典作家虽然没有给文化下过明确定义，我们却可以运用马克思主义基本原理研究文化定义问题。毛泽东同志曾提出过："一定的文化（当作观念形态的文化）是一定社会的政治和经济的反映，又给予伟大影响和作用于一定社会的政治和经济。"这可作为研究文化定义的指导性理论。一些文化研究者认为，"文化是人类所创造的精神产品和物质产品上所表现出的精神因素的总和",这样就可把文化同一般人类的活动区别开来,把文化史同一般人类历史区别开来①。周谷城认为:"所谓文化,无论是中国的或世界的,东方的或西方的,都只能是一个概括的、复杂的统一体,而决不是铁板一块,不是针插不进,水泼不进的东西。"②降大任认为:"文化不是文学、艺术、法律等具体意识形态的组合体,而是隐藏于其背后的东西。意识形态只是文化的外,介于哲学与一般意识形态之间,是从后者中提炼出来,但尚未上升到哲学高度的民族的心理结构、思维方式和价值体系。"③尽管这个定义有点偏颇,但它启发人们,只有通过对文化范畴各个部分进行综合评价,才能真正把握民族文化的实质。英国著名文化人类学家汤因比曾将世界文明根据区域划分为 21 个文明单位,有人据此又推演出"文化圈"。就大的文化圈而言,有远东文化圈,包括中国文化、印度文化、日本文化、东南亚文化等;中近东文化圈,包括埃及文化、两河流域等;西方文化圈,包括欧洲文化和北美文化。目前对东西方文化的定义,比较一致的看法是,东方文化主要以中国传统文化为代表;西方文化,近代以北美西欧为代表,古代以希腊文化为代表。

　　方法问题是比较文化研究的重要原则之一,而将两种或两种以上的文化进行比较,求其异同,是文化研究中最普通也是最基本最重要的方法。但比较研究必须遵循可比性的原则,所谓可比性,是指用来比较的对象(两个或两个以上)在范围、时间、内容等

---

① 王俊义、房德邻:《关于文化研究中的几个问题》,《中国人民大学学报》
　　1987 年第 4 期。
② 周谷城:《中国传统文化的再估计》,上海人民出版社,1987 年,第 372 页。
③ 降大任:《文化研究十五问》,《晋阳学刊》1987 年第 1 期。

方面具有对等条件。刘伟同志曾提出过文化对比中的三个对等原则,即在时间上注意年代的相同或相近;在空间上注意"文化圈"的划分;在内容上,注意文化构架自身的复杂性。我以为这种分法是很好的。现在有些人则不遵守可比性原则,例如在时间上,有人把中国的孔子与西方的空想社会主义者比较,把庄子与萨特比较。再如有一篇文章中写道:"中国哪一部经书中找得到人权天赋说、三权分立说、劳动价值论、空想社会主义、阶级斗争论?"试问,产生于公元前若干个世纪的中国经书里怎么会有西方十七、十八世纪才产生出的社会学说呢? 仍然是这位作者,甚至责备庄子和陶渊明"设计不出民主、自由、平等、博爱的理想国"。这种比较显然是非科学和非历史主义的,他将中国的封建文化和西方资本主义文化这两种不同历史发展阶段的文化硬拉在一起。列宁曾指出:"在分析任何一个社会问题时,马克思主义理论的绝对要求,就是要把问题提到一定的历史范围之内;此外,如果谈到某一国家(例如谈到这个国家的民族纲领),那就要估计到在同一历史时代这个国家不同于其他各国的具体特点。"[①]列宁又说:"马克思主义要求我们一定要用历史的态度来考察斗争形式问题,脱离具体的历史环境来提这个问题,就等于不懂得辩证唯物主义的起码要求。"[②]马克思也曾指出:"极为相似的事情,但在不同的历史环境中出现就引起了完全不同的结果。"[③]因此,在当前的文化研究中一定要坚持马克思主义的历史观和科学态度,切忌从不同文化中捡来片言只语,就以为发现了什么新大陆,马上断

---

①《列宁选集》(第2卷),人民出版社,1960年,第512页。
②《列宁选集》(第1卷),人民出版社,1960年,第673页。
③《马克思恩格斯全集》(第19卷),人民出版社,1963年,第131页。

言中国文化如何,西方文化如何。科学的态度是花大力气搞清楚中西文化中最根本性的差异所在,而这种差异我认为应当是一个多元的复合体,绝非是单一的某个模式。

中西文化上的宏观差异

非宗教性与宗教性

在文化比较研究中不少同志注意到了中国文化的非宗教性,以区别于西方文化的宗教性。李泽厚指出,中国文化是乐感文化,而不是罪文化,中国智慧的最高层是美学而非宗教。中国整个文化心理的一个重要的民族特征是"实践理性"。所谓"实践理性",是说把理性引导贯彻在日常现实世间生活、伦理感情和政治观念中,不作抽象的玄想①。李存山撰文写道,中国传统文化是入世的而非出世的,是道德的而非宗教的,是皇权的而非神权的,这与西欧中世纪的基督教统治恰成对比。中国传统文化重道德而轻自然,重集体而轻个人,重传统轻创作,重等级秩序轻人权平等,重实际应用轻科学理论,重直觉体验轻逻辑分析和实验证明。在自然观上,西方人抹掉了上帝笼罩在自然界之上的神圣灵光之后,自然界就成为人类征服和无限制地索取的对象。西方文化重实证,重分析,重形式逻辑,主张为科学而科学,作纯智慧的探讨②。袁济喜也指出,西方文化追求无限和宗教意识,中国文化

---

① 李泽厚:《美的历程》,文物出版社,1989 年。
② 李存山:《中国传统文化与中国现代化》,《人民日报》(海外版)1986 年 8 月　19 日。

注重人际关系,追求人生境界和人格的自我完善①。

伦理型与科学型

　　不少人很强调中国文化的伦理性,以此作为区别于其他民族的文化特征。张岱年认为,中国传统文化有四个特点,主张"天人合一",比较重视人与自然,人与人的和谐统一;重视人伦关系;爱好和平,主张"协和万邦";对宗教比较宽容②。冯天瑜指出,中国文化归于以"求善"为目标的伦理型;希腊文化属以"求真"为目的的科学型。中国文化系统的"重人"意识,并非尊重个人价值和个人自由的发展,而是将个体与类,人与自然和社会交融互摄,强调人对宗族和国家的义务。作为"科学型"的希腊文化,其思维方式较多强调对立面的冲突和斗争,"此岸世界"与"彼岸世界"、物质世界与精神世界、肉体与灵魂、本质与现象、内容与形式,都是彼此对立,不相融合的;而作为强调人际关系和谐一致的"伦理型"的中国文化,其思维方式则趋于寻求对立面的统一,长于综合而短于分析。在天与人、理与气、心与物、体与用、文与质等诸组范畴的两两关系上,中国哲人虽然也讲对立面的斗争,但总的倾向是不主张人为割裂,而习惯于融汇贯通地加以把握,寻求一种自然和谐③。庞朴指出,希腊文化注重人与自然的关系,中东文化注重人与神的关系,中国文化注重人与人的关系。赵平之认为,中国传统文化是一种带时间型特点的文化,即无单个独立元素,

①袁济喜:《中国传统文化自我与西方文化自我的研究》,《文汇报》1986年4月1日。

②张岱年:《中国文化的前途何在》,《文史知识》1987第1期。

③冯天瑜:《中国古代文化的伦理型特征》,《江海学刊》1986年第3期。

具有时间的连续性、内在性、变化莫测等特点的文化;而西方文化是一种空间性特点强,外显的、分离自在的文化,即具有空间的确定性和自我规定等特点;从思维方式上,中国传统文化具有整体性、意会性、模糊性,进行直觉判断等特点;它对概念是采取外延确定,概念不可分解,追求相对,没有怀疑精神的思考,西方文化则注重分析性思考,对概念是内涵确定,概念可以分解为子系统,具有内部规定性,它追求绝对,判断遵循逻辑过程①。

别于内外的中西人文主义

在中西文化比较研究中,比较集中的是把中国传统文化冠以人文主义。在这方面有比较全面论述的是庞朴,他于 1986 年 1 月 6 日在《光明日报》撰文《中国文化的人文精神(论纲)》,引起很大反响。庞朴从九个方面论述了中国传统文化的人文主义,他认为,天中有人、人中有天、主客观互融的"天人合一"思想构成了中国人文主义。他认为中国文化的人文精神给我们的民族和国家增添了光辉,也设置了障碍;它向世界传播了智慧之光,也造成了中外沟通的种种隔膜;它是一笔巨大的精神财富,也是一个不小的文化包袱②。何新虽不十分同意庞朴的意见,但他也主张中国传统文化是一种人文主义,他认为早在三千多年前的文化典籍中,就已经出现崇尚文明,肯定人的价值,倡导主体道德人格理想的人文主义精神。汤一介也指出,中国传统文化中存在着一种人

---

① 赵平之:《东西方文化比较研究全国讨论会综述》,《上海社会科学》1985 年第 1 期。
② 庞朴:《中国文化的人文精神(论纲)》,《光明日报》1986 年 1 月 6 日。

本主义的倾向,但不同于文艺复兴以来西方那种反对神本主义,讲究独立人格、天赋人权,强调个性解放,带有强烈的个人主义色彩的人本主义。中国传统文化中的人本主义主要是从这样的角度出发的:人在宇宙中有其重要的核心地位,所谓"人"与"天""地"并立为"三才",只有"人"才可以"参天地,赞化育"①。成中英也指出,中国人文主义是内在的,通过道德的反省实现人与人、人与自然的和谐统一;西方的人文主义是外在的,强调人的权利、尊严,人应控制和支配自然。

　　对中国文化的人文主义,也有不少同志提出相反意见。黎鸣认为,与其说中国文化具有"人文精神",不如说具有"伦文主义"(等级主义)精神更恰当。他认为中国历来只有"天",而无"人"。"天人合一"是不存在的,归结为"人文精神"是欠妥的②。刘泽华则明确指出,中国传统的人文思想,从其主流看,导向的是王权主义,即君主专制主义。中国古代的人文思想很发达,君主专制主义也很发达,专制主义恰恰是以具有浓厚人文色彩的儒家思想为统治思想。他认为,王权主义与人文主义不是两种对立的思想体系,前者是后者的一部分。而且,专制君主主义正是以人文思想很浓的儒家思想为统治思想的,这种情况与西方近代历史过程有极大的不同,因为近代西方的人文思想与封建专制是对立的。中西之所以会有这样大的差距,关键是人文思想所依靠的历史条件不同。在以小农为主的自然经济基础上,不可能产生民主思想,

---

①汤一介:《略论中国文化发展的前景》,《理论月刊》1987年第1期。
②黎鸣:《中国传统文化有人文精神吗?》,《光明日报》1986年3月17日、8月4日。

而只能产生家长主义,而家长主义正是王权主义的最好伴侣①。

异于伦理与科学的中西价值观

中西价值观是中西文化比较研究中的热点之一。道德价值是直接隶属于最高级的人类价值,是人类本质的内在反映,是表现人类社会道德的确证,它在人同自然、社会、个人及自我关系中表现出深刻的广度,是以人论世的试金石。因此,对价值观的讨论触及文化的深层内容。有人把中国哲学史上的价值观概括为肯定价值观、道德价值观、功利价值观、自由价值观、天命价值观、先天价值观、后天价值观、人道价值观、等级价值观、无为价值观等 10 个方面。

张岱年强调,在中国传统思想中,儒家思想的中心,最主要的是关于人生价值的观点。儒家肯定人的价值,肯定生活的价值和道德的价值,肯定生命的价值和现实生活的价值,从来不讲"来生""来世"。西方传统就是宗教发达,反宗教的传统也很发达,中国传统哲学的核心部分是价值观,西方一些思想家认为,每个人生来就有天赋的权利,它不是别人给的,而是人本来固有的权利。中国传统文化中没有"天赋人权",但有天赋价值思想②。

在价值观的讨论中,不少人注意到了中国传统价值观念中的集体原则。郑晓江、钟向东认为,中国传统价值观的根本特点可以一言蔽之:以伦理原则作为绝对的价值尺度。中国传统价值观使人的价值活动一元化、简单化,使人的精神生活、物质生活贫乏

---

① 刘泽华:《战国传统人文思想中的王权主义》,《光明日报》1986 年 8 月 4 日。
② 参张岱年在 1987 年国际儒学学术讨论会上的发言。

化。它导致人的抽象化,使人的个性和创造力受到全面压抑,忽视对自然的科学探求,而执着于"独善其身",造成人们心理上、精神上表现出的一种平庸消极的态度①。张岂之认为,中国传统思想文化的核心是关于人的完善、人的义务(缺乏权利观念)思想。儒学在中国历史上沿着两个方向发展,一个是力求将人的完善和义务屈服于封建主义统治,再一个方向则是将人的完善和义务与人的知识以及人的自觉性提高密切结合起来。

异于集体义务与个人权利的理想人格

在中西价值观的比较中,还有一个值得引起人们重视的内容,那就是关于理想人格的讨论。梁漱溟在他的多篇著述中强调,数千年以来使吾人不能从种种在上的权威下解放出来而得自由,个性不得伸展,社会亦不得发达,这是我们人生上的一个最大的不及西洋之处。汤一介指出,中国特别强调"人"的历史使命感和社会责任,把人放在一种特定的社会关系中,来讲"人"应该如何负起自己作为"人"的责任,而忽视人应有的权利。只要求他尽"五伦"的各种各样的义务,但很少讲作为独立的"人"应享有的权利。所以,尽管人很重要,但人必须在五伦关系中生活,人的价值只能表现在与他相对的关系者身上,离开这种相对的关系,很难讲人的价值,人没有独立的人格,更谈不上个性的解放和个人的自由。

作为新儒家的代表人物,杜维明则认为,西方犹太教思想认为个人人格的完成可以直接通过信仰和上帝的恩宠来实现。印

①郑晓江、钟向东:《对中国传统价值观的思考》,《学术月刊》1986年第3期。

度教思想认为个人真我的完成可以直接回到梵天,不需要经过社会转化。儒家认为,个人的完成不能离开群体大众完成。何兆武指出,中国的人格,个体没有独立存在的价值,他的存在和价值首先而且主要地是在于作为这个集体的一员,而不是在于他本身的内在尊严和意义。他的人格只能从属于或者融合在一个更大的集体生命之中(例如家庭或家族),并从其中得出他本身的生命权和自由权,获得他自己的价值。他首先要实现的并非是他个人内在的目的或价值,而是他的家族或集体的目的或价值。西方宗教追求的是个人的不朽。西方的权利观诉之于自然原则,中国的自然观诉之于权利原则。西方把个人当作单子,中国把个人当作细胞;西方个人权威是目的,集体是为目的服务的手段;中国个人与集体统一,个人是埋没在集体之中的。

对中西人格,庞朴认为,在中国传统文化里面,唯一的平等观念就是"人人在道德面前平等"。他认为中国文化使人具有"社会的人格",但这种社会人格是缺乏人格独立的人格。他认为西方没有形成一种社会的人格①。

在理想人格讨论中,许金声提出中国传统文化比较强调力量型人格。他认为,中国传统哲学强调"真"与"善","知识"与"道德"之间的同一性以及相互转化。但特别强调"善"是目的,"真"是手段;道德是目的,求知是手段。西方哲学中对"真"一开始就有相当重要的位置,苏格拉底说"知识就是道德",培根说"知识就是力量"。而中国的陆九渊说"不识一个字也要堂堂做一个人",他还指出,中国人的普遍人格长期是"自我萎缩型人格",没有向较高层次(如自尊需要、自我实现需要等)特别是后者发展,而是

---

①庞朴:《中国文化的人文精神(论纲)》,《光明日报》1986年1月6日。

停留在较低的层次(如归属需要、安全需要,甚至最低层的生理需要)的人格。许金声从人格三因素设计出了一个中国文化与中国人格之间形成恶性循环的示意图(如下图所示,箭头表示相互影响的关系)①。

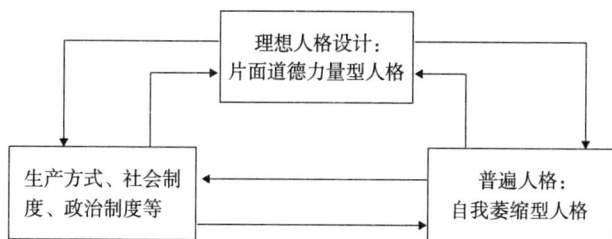

```
          ┌───────────────────┐
          │  理想人格设计:      │
  ┌──────→│  片面道德力量型人格 │←──────┐
  │  ┌───→│                   │       │
  │  │    └───────────────────┘       │
  │  │                                │
┌─┴──┴──────────┐         ┌──────────┴─────┐
│ 生产方式、社会制 │←────────│  普遍人格:      │
│ 度、政治制度等   │         │  自我萎缩型人格  │
└───────────────┘         └────────────────┘
```

基于社会、自然、人的认识论差异

文化思想比较是关于社会、自然、人的认识论的差异的反映,而人与自然的关系问题,几千年来一直是人类思考和面对的永恒话题。中西文化比较在这方面的差异非常显著,而这方面的理论进展也颇为生动活泼。

1987 年 7 月,国际形而上学学会与北京大学联合召开了"人与自然"学术讨论会,多角度多层次地进行了对话。张岱年教授在论述中国哲学中人与自然学说时指出,人与自然的关系在中国古代哲学中主要表现为天人关系论,具体表现为天人相分。汤一介、张世英在赞成此论的基础上,进一步指出,中国哲学中天人相分的学说影响太小,没有充分发展起来。张世英还对中西哲学在

---

① 许金声:《从"人格三要素论"看西方近现代文化与人格》,《学习与探索》1988 年第 4 期。

天、人方面进行比较后提出,中国哲学的发展缺乏主体与客体的分离阶段,缺乏彼岸世界的思想观念;中国哲学缺乏以主体性为原则的宏大哲学体系,单纯重人的思想并不等于主体性原则的确立;中国哲学史上,主体性思想发展的障碍不像西方那样主要来自彼岸世界,而是来自此岸世界的君权。汤一介指出,人与自然的关系在中西方文化中的表现形式和价值取向是不同的。在西方,神是超然的,人与自然或神的关系是垂直性的;在东方,人与自然往往处于同一层面。同时,中国哲学中人与自然、主体与客体的分离程度确实不及西方,但中国哲学中对主客统一(天人合一)的偏重也有合理性一面;而西方哲学过于强调人与自然的分离和对立,有其不合理的地方。李真则从另一方面强调了中西哲学在人与自然问题上的相似性,他认为中国古代哲学和古希腊、古罗马哲学对人与自然的理解都具有朴素性与多样性特征,两者都反映出人类社会早期在人与自然的关系链条中所处的被动性"奴隶"地位。也有人指出,如果说西方文化是"自然本位"的文化形态的话,那么,中国文化则是一种"人本位"的文化形态。前者在人与自然的关系上表现为人的自然,后者表现为"自然(化)的人"①。

　　自然观,是人们对自然界总的看法,是世界观的重要组成部分,中西自然观差异很大。李志林从个体性和整体性、间断性与连续性、有形性与无形性、结构性与功能性、组合性与化生性、机械性与辩证性、思维性与直观性等七对矛盾的对比中指出,西方原子论下一开始便孕育着机械论的萌芽,摆脱了那种朴实的、直

----

①万俊人:《关于"人与自然"的国际文化对话》,《中国社会科学》1987年第6期。

觉的、具体的思维方式的局限,"第一次给作为一切现象的基本的质料以相当清楚的概念"。但是在辩证论方面比不上中国的气—元论;中国的气—元论一开始就体现了辩证法思想,较正确地掌握了世界总画面的一般性质,但它构画的世界整体却是模糊不清的、笼统的,缺乏精确性,不能说明构成世界总画面的具体细节。如果说西方原子论强调的个体性、间断性、有形性、结构性、组合性、机械性、思辨性观念作为一种世界观的方法论,曾对古希腊的自然哲学和欧洲近代科学理论思维产生了巨大影响的话,那么中国的气—元论所强调的整体性、连续性、无形性、功能性、化生性、辩证性、直观性概念,则为中国两千多年的哲学理论思维和古代科学定下了基调①。陈望衡在哲学的自然观方面指出,东方哲学强调"天人合一",西方哲学强调"天人对立";东方哲学偏重于从伦理学上处理人与自然之间的关系,西方哲学偏重于从认识论上处理人与自然之间的关系;中国哲学宗教气息比较淡薄,西方哲学宗教气息比较浓厚。中国较多地注重自然物与人的关系,特别是精神关系方面的联系,认为自然美主要在社会性;西方则较多地注重自然物本身的性质,认为自然美主要在其自然性。中国的哲学传统不是认识论,而是伦理学,自然观服从于伦理观②。

中庸,在中西哲学中都曾产生过久远的影响。罗祖基认为,中西方的中庸思想都是从氏族传统中发展起来的政治伦理范畴;作为一种准则,同为当时统治阶级意志的反映;作为一种思想方

①李志林:《论中西传统自然观的差异和当代合流之趋势》,《华东师范大学学报》(哲学社会科学版)1986年第6期。

②陈望衡:《中西自然美学观比较研究》,《湖南师范大学学报》(哲学社会科学版)1985年第6期。

法,都表现出原则性与灵活性的相统一特点;在准则意义上,同具有作为错误之二端的过与不及相对立的特点。另外,在中国,中庸是对宗法关系的哲学概括,具有阶级社会中"永恒"道德的性质;在希腊,中庸反映的是"中间阶级"利益,随着古典奴隶制的衰亡而消逝,并未成为永恒的社会原则。中国中庸在认识论路线上则因为封建化的加深和皇权的发展需要而逐步绝对化和神秘化,带有唯心主义与形而上学的特点,古希腊中庸则随着哲学思维的发展,而表现出唯物与辩证的特点。在社会基础上,中国中庸是君子之德,带有宗法性和贵族性的特点。即便到了后来封建社会,仍然是封建士大夫的修身之道,而希腊中庸则以适宜大多数人的生活方式为标榜,具有平民性①。

关于封闭性问题

在中西文化比较研究中,不少人强调中国传统文化有一种固有的"封闭性",他们甚至认为中国古代文化的哲学使中国人养成了"封闭、保守、狭隘"的心理,思维机制是"粗糙模糊直观的",理论是"支离破碎"的,中国必须首先发展西方文化,然后才能考虑继承自己的文化。对此,一些同志提出了自己的看法。

降大任指出,传统文化既是相互交流的历史现象,又是不断运动发展变化的,它在本质上就不会是封闭的。任何事物的运动从哲学上讲,必然要体现事物之间的联系。传统文化的发展变化,其动力不仅来自自身内部的矛盾斗争,同时也来自外部文化

---

① 罗祖基:《试论我国儒家中庸与希腊中庸之异同》,《吉林大学社会科学学报》1987 年第 2 期。

的交流和渗透,有冲突也有融合。中国传统文化发展到近代,由
于封建制度的腐朽和闭关锁国政策的束缚,在同外部文化的交流
方面显得比较被动,这是事实;但这并不是什么文化固有的封闭
性所致。文化的交流性、开放性,是文化自身性质决定的,任何一
种文化形态必然随着经济基础的变化而变化,难道世界上有任何
国家的传统能够比得上一个世纪以来,中国传统文化的新陈代谢
更剧烈更迅速吗①? 王俊义等认为,中国封建经济和封建文化的封
闭性是相对资本主义竞争经济和与之相适应的开放性文化而言的,
如无这种比较,是无所谓封闭性的。就文化本身的特性而言,它是
交流的,而不是封闭的,因为任何文化现象都是人类在某种范围中
交流的产物,从这个角度来看,中国的传统文化又具有兼容性、开放
性。正因为中国传统文化具有封闭性和兼容性这两重性,所以在近
代西方资产阶级文化涌来之后,中西文化既有冲突,又有交融,从
而形成近代中国资产阶级文化形态②。杜维明先生说:"中国文
化有它自己的多元性,我不赞成把它说成是一个封闭的系统,或
说它越来越整合,越来越内倾,越来越丧失向外拓展的意愿。"

中西文化比较展望

对中西文化比较研究的前景、趋势,人们都非常关心,发表不
同的意见,从总体看大家大都持乐观的态度,既重视传统文化中
应当积极继承的积极因素,也不忽视传统文化的消极因素。

---

① 降大任:《文化研究十五问》,《晋阳学刊》1987年第1期。
② 王俊义、房德邻:《关于文化研究中的几个问题》,《中国人民大学学报》
    1987年第4期。

张岱年先生指出,中国传统文化应当否定的是等级思想、家族本位传统、直觉神秘主义、笼统思维方式;应当继承的有无神论传统、辩证思维传统、以人为本位的思想传统、爱国主义传统。他还指出,中国文化面临三条路:一、自我封闭,因循守旧,以高明自居,以大国自足,是没有前途的;二、全盘西化,最终有丧失民族独立性的危险;三、主动选择,学习吸取,自我更新,学习世界先进文化,同时保持发扬民族文化的优良传统。他特别强调,民族的独立与民族文化的独立性是分不开的,如果一个民族丧失了民族文化的独立性,沦为别的民族的文化附庸,也就必然要丧失民族的独立性①。牟钟鉴指出,中国传统哲学具有强烈的社会现实性,博大的系统性,鲜明的立体性意识,高度的辩证思维。传统哲学在未来的命运决定于它本身是否具有不可磨灭的价值和我们后人阐发、鉴别、利用的能力。

对中西文化比较,到底是"中体西用"还是"西体中用",近年来也颇有一番争论。"中体西用"曾在 19 世纪末、20 世纪初产生过广泛影响。事隔数年之后,又提出了一个"西体中用"的口号,反其道而行之。"西体中用"的积极倡导者是李泽厚。他指出,"西体者,社会主义现代化是也。而所谓中用,就是怎样结合实际运用于中国,也就是马克思主义的中国化"。"之所以提出'西体中用'这个并不科学和准确的词语,正是为了与'全盘西化'和'中体西用'相对立的,即认为未来的道路应是社会存在的本体(生产方式、上层建筑和日常现实生活)的本体意识(科技思想、意识形态)的现代化(它源自西方,如马克思主义)和中国实际(包括儒学

①张岱年:《中国文化的前途何在》,《文史知识》1987 年第 1 期。

作为中国文化心理的客观存在这个实际）相结合。"①

对李泽厚提出的"西体中用"，有些同志提出不同意见。方克立认为，"西体中用"在思维结构上与"中体西用"并无二致，都没有超出中西对立、体用二元的思维模式。不过他在体用概念的含义上提出了一种新的见解，那就是他一反传统文化体用观以"治心"的内学为体，以"治事"的外学为用，或谓以精神文明为体，以物质文明为用的观点。在用词上，把科技和科技理论混为一谈了。方克立认为，无论"中体西用"，还是"西体中用"，都不能解决古、今、中西文化的关系问题，都不能作为社会主义新文化建设的指导方针，"中学"和"西学"都不能把它们的体用割裂开来。"遗其体而求其用"或"取其体而舍其用"都不是文化继承的科学正确态度，因为"世无无体之用，亦无无用之体，有用而无体，体用只是诈伪；有体无用，其体必多缺陷"②。郭齐勇说，李泽厚同志的"西体中用"不是一个科学的口号，任何文化的本体和功能都是不能割裂的。中西文化的互为体用之说很难避免割裂体用，甚至可能重蹈"全盘西化"或"本位文化"的覆辙。"西体中用"说既不能概括 19 世纪以来中西文化交融的历史，也不能预测 21 世纪中国文化发展的前景。郭齐勇预言，中国文化的现代化模式，既不是"儒学复兴""彻底重建"，也不是"西体中用"，可能是中西文化不分主从地更加广泛深入地互相渗透、补充、综合，是自 17 世纪以来中国文化西方化和西方文化中国化的进一步发展③。

①李泽厚：《中国思想史杂谈》，《复旦学报》（社会科学版）1985 年第 5 期。
②方克立：《评"中体西用"和"西体中用"》，《哲学研究》1987 年第 9 期。
③郭齐勇：《现代化与中国传统文化刍议》，《武汉大学学报》（人文科学版）1986 年第 5 期。

张岱年也主张不能以中西分"体""用",他指出,中国的社会主义文化本身就是一个完整的体系,社会主义的原则是"体",科学技术、文化艺术是"用",中国特色的社会主义文化之"体",就是"民主、科学、社会主义"①。

一点讨论

在作了以上综述之后,不难看出近年来中西文化比较涉及范围之广、内容之多,真可谓轰轰烈烈,大大开拓了人们的视野,解放了思想。但我感觉,热热闹闹有余,冷静沉思还嫌不够,有必要进行一番认真的总结。

首先要防止学术评价武断化。学术研究是科学研究,对一些涉及民族文化原则的问题,不应过早下结论,那种动辄给一个民族文化冠以"科学型""伦理型""封闭型"的做法是不可取的。像有些人借用马克思的话说,中国文化属于"人类史上的动物时期",在道德的光谱上"闪现的却是各种动物式的自然的色彩",这样就必然导致民族虚无主义。

其次,要注重科学性。把西方文化中属于意识形态的那些内容同科学技术等非意识形态的内容区别开来,把西方文化中阶级性很强的东西同我们可以借鉴学习的某些知识性、方法性、技术性、技巧性的东西区别开来。同时,一定要坚持比较研究中的可比性原则。

第三,不能低估"全盘西化"的影响。改革开放确实大大启迪了人智,但有人乘机搞"全盘西化",的确使一些人增长了妄自菲

---

① 张岱年等:《董仲舒的地位及其研究方法》,《河北学刊》1987年第1期。

薄的思想。在有些人眼里,文化引进往往仅仅只是肤浅地移植在欧美文化的表层方面。受这种思想影响下的自我否定的心理状态,与实现中国特色现代化所要求的民族精神是格格不入的。作为一种先决条件,必须以民族主体意识为主,科学地对外来文化和传统作深入透彻的研究和把握,以完善、丰富、健全民族文化的代谢机制,不可顾此失彼。西方文化有西方文化的民族性和时代性,中国无法全盘接受。

此外,中西文化比较研究应以近现代为主,时下中西文化比较研究,研究传统文化多,研究近代文化少。在中国传统文化中,又是古代的多,先秦多,儒家多。

实际上,中国传统文化远不止先秦,西方传统文化也远不止资本主义文化。自马克思主义诞生以来,西方无产阶级就有了自己完整的文化形态,同时对亚洲和其他地区也产生了巨大影响,这一文化形态在社会主义国家已成为占统治地位的文化形态。应当说,把这一文化形态与今天资本主义国家的文化进行比较研究,较之传统文化研究,意义更深远。因此,中西文化比较研究应以鸦片战争以后的中国近代文化与西方同时期的资本主义文化比较为主,尤其是以当代中国文化与当代西方资本主义文化进行比较。强调这一点,绝不意味着否定传统文化对今天的影响,我只是想,基于现当代文化的视野来检讨中西文化异同,应当比站在传统基础上所作出的判断更准确,更有时代感,更有深远意义。

中华民族曾在人类历史上有过灿烂辉煌的一页(即使在今天),她曾被誉为"发明与发现的摇篮","在公元3世纪到13世纪之间保持一个西方望尘莫及的科学知识水平"①。但在近代,由于封建制度的没落和帝国主义侵略而落后了。"新中国的成立,在社会主义基础上开始了伟大的中国文明的复兴"②,中国人没有失掉自信力。对今天每一个能参加"复兴中国文明"的人来说,是无上光荣和幸运的。而认真总结中西文化比较,对加快建设中国特色的社会主义大有裨益,这便是本文写作的初衷。

　　　　　　　　　　　　　原载于《史学理论》1989年第2期

---

① 〔英〕李约瑟:《中国科学技术史》(第1卷第1分册),科学出版社,1975年,
　　第3页。
② 《中共中央关于社会主义精神文明建设指导方针的决议》(1986)。

我国文化现代化的未来趋势

　　40多年来,伴随中国现代化的每一次高潮,都曾出现相应的文化高潮。这种经济与文化的交互影响,反映了人类文化的自身规律,也是中国现代化进程之必然。今天,在小平同志南巡讲话精神的鼓舞下,我国改革开放进一步深化,对外开放,对内搞活,一派生机勃勃,正在给我国的政治生活、经济生活带来深刻变化。在这种情况之下,文化观念的转变、更新,特别是文化本身的现代化问题,日益引起人们的广泛关注。本文拟从经济建设的新发展对文化的要求入手,提出文化现代化以及文化现代化的发展趋势问题,以就教于读者。

一、文化现代化是时代发展提出的新课题

1. 从改革深入发展的需要看

　　自从党的十一届三中全会以来,围绕如何建设中国特色社会主义,我国政治、经济、科技、教育等领域都发生了一系列巨大变化。改革中提出的许多问题,需要人们通过文化研究去认识。

　　比如,我们特别需要转变社会主义与资本主义全然对立的二元认识观,树立社会主义与资本主义既对立又统一的观念。资本

主义和社会主义作为两种对立的阶级制度,无疑从根本上是对立的。但是,我们也应该意识到它们之间的对立是一种发展中的对立,是旧与新的对立统一中的对立,不可能绝对对立,不可能没有一致点。

再比如,邓小平同志在南巡讲话中提出的关于经济发展速度快与慢的问题;关于反"左"为主还是反"右"为主的问题;关于改革开放姓"社"姓"资"问题;关于吸收全人类文化文明成果的问题;特别是刚结束的党的十四大提出"建立社会主义市场经济体制"的重要思想等,都需要通过文化研究,用马克思主义的理论回答人们提出的问题,都需要提倡一种"让思想冲破牢笼"的创造性精神。

2. 从高技术对文化的要求看

以文化技术为内容的第四次浪潮的提前到来,使得发展高技术成为反映综合国力的主要指标之一。高技术不单是一个纯科学技术问题,它必然要影响到人们的价值观念及价值取向。

首先,高技术对文化结构的物质层面发生直接作用。因为科学技术介入人类的生活,总是要有与之相适应的物化形式,而这些物化形式的内容就是现代高技术为人们提供的物质生活和文化生活用品。当高技术作用于文化系统的时候,最先做出反映的就是它们。比如高技术产品的先进性和实用性,使人们直接感受到了高技术给自己带来的许多好处,这对于物质层次水平较低的文化系统来说,便具有很大的吸引力。

其次就是高技术对文化结构的制度层面的影响。文化结构的制度层面主要是指政治组织制度,文化、科技、教育机构及其设施等。应用和发展高技术必然使得高技术与人的联系也具有社会性。每一项高技术的诞生,无不在改变着人类自身的命运,形成高技术与人的更密切联系。

当然,文化对人们影响最大的还是高技术对文化结构中观念层的影响。观念层是文化结构的核心,它总是凝结着每个社会的深层文化,隐藏着民族的心理素质。科学技术对价值观念的影响,首先表现在它对价值要素和价值关系的影响上。由于高技术的应用,传统的以体力劳动为主的劳动价值观已开始转变为以脑力劳动为主的劳动价值观;知识更新周期越来越短,使教育价值观也从一次性教育转向终身教育、回归教育;劳动生产率的提高,人民闲暇时间的增多,自然使人们从过去的以物质生活为主转向以精神生活为主,用更多的精力来思考业余文化。高技术使人们逐渐形成的新价值观念,最终将导致整个文化结构的大嬗变,形成新的文化结构。

3. 从文化对综合国力的制约影响看

世界跨入 20 世纪 90 年代,整个世界格局发生了重大变化,国与国之间的竞争最终落在综合国力的竞争上。综合国力的强弱,已成为直接影响国家政局稳定和国际经济新秩序建立的最重要杠杆之一,而文化在其中扮演着极其重要的角色。

应当说,当前在世界范围内兴起的变革,不是什么社会制度的变更,而是不同制度的各自完善,是在不同社会条件下的商品化、社会化、科学化向着深度和广度的空前发展。完全可以这样说,今后几十年内,社会主义和资本主义两种社会制度都将发展到一个新水平。尽管这两种社会制度从根本上来讲是不同的,但它们在共同发展中一定会存在着一些共有的人类文明进步的内容。在社会主义和资本主义之间,将是一场规模空前的两种制度的较量。小平同志告诫我们要抓住时机、争取时间,就是这个意思。面对这样一个严峻的事实,对文化提出了更新更高的要求。

4. 从文化对经济的影响看

文化观念可以通过诱导人们价值观念的追求,推动社会的消费需要,调节整体的经济行为,从而达到影响一个民族或国家运行机制的作用。文化价值是一个有着复杂结构的有机整体,但从微观的角度看,文化价值的各部分又具有很大游离性、裂变性。因之,文化的总体价值必然会影响或削弱文化价值的实现。在一段时间之内,或许会出现一些价值追求上的偏离。比如,在思想价值与经济价值的选择上偏向于经济价值;在审美价值与愉悦价值的选择上偏重于愉悦价值,如社会上出现的所谓"享受热";在自我价值与社会价值的选择上偏重于自我价值;在智能价值与功利价值的选择上偏重于功利价值。当然,我们无意过多评价这些偏离的是非,但至少可以从一个重要的方面说明,由于文化进入经济建设,进入人的观念领域,使得以往的纯文化越来越带有商品的属性,这已经成为时代大趋势。

5. 从学术文化研究的整合趋势看

文化现代化已成为历史发展的必然趋势。随着时间的推移,旧有学科中的许多问题得到解决或初步解决,一些新的跨学科意义的问题被提到日程上来,许多研究者的视野从一门学科拓展到两门或两门以上学科。与此相适应,新兴学科和交叉学科大量出现。我国著名科学家钱三强生前曾预言:"本世纪末到下一个世纪初是一个交叉科学时代。"他认为,本世纪中期以来,由于传统单一学科前锋受阻,出现了大规模智力横向转移或"回采"旧学科领域的现象，激发起一个又一个交叉学科。由于文化学横跨于诸多层次交叉的学科之上，所以在未来的交叉学科时代，文化将占有极为重要的地位，而文化的现代化正是顺应了这个学术研究的整合趋势的要求。

6. 从世界文化研究的现状与发展看

当今世界，特别是发达国家，在最近二三十年中，文化研究异常活跃。从总体上来说，世界上的文化研究大体分为三类：

一是关于基本理论的研究，着重讨论文化概念、文化结构、文化群体、文化载体、文化传播、文化及与其他学科之间的关系问题；

二是关于一定历史时期，或一定范围内的文化史研究；

三是比较文化研究，这是近年来才兴起的，其主要内容是将一个国家或地区的文化与其他国家、地区的文化加以比较，求解形成不同文化的原因，探求它们之间的异同。比较文化一经出现，就成为世界文化研究中的热门课题。

总之，经济建设要上新台阶，新技术革命浪潮对文化结构的新要求，综合国力竞争的需要，学术研究的整合趋势，以及世界范围内文化研究的新走向、新课题，都需要文化现代化，都需要我们面对许多未知的新领域、新事物、新矛盾，用文化研究作出新的分析。

二、文化现代化的几个趋势

1. 经济、政治、文化一体化

毛泽东同志早在《新民主主义论》中就说过："一定的文化（当

作观点形态的文化)是一定社会的政治和经济的反映,又给予伟大影响和作用于一定社会的政治和经济;而经济是基础,政治则是经济的集中表现。这是我们对于文化和政治、经济的关系及政治和经济的关系的基本观点。"①

社会主义文化,是社会主义政治、经济的直接反映,它应当与政治、经济融为一体。

社会主义制度的建立,开创了人类社会的崭新阶段,它必将产生一种全新的社会主义经济、社会主义政治,并在此基础上生成社会主义的新文化。社会主义商品经济,不仅需要与其相适应的政治体制,而且需要与其相适应的文化精神。同时,社会主义民主政治的完善和发展,也会对新文化的建立和发展提出自己的要求。经过40多年的曲折努力,特别是改革开放以来的实践,我们已经找到了一条适合中国国情的有特色的社会主义经济模式,即:"有中国特色社会主义的经济,必须坚持以生产资料社会主义公有制为主体,允许和鼓励其他经济成分的适当发展,既不能脱离生产力发展水平搞单一的公有制,又不能动摇公有制经济的主体地位,不能搞私有化,必须实行以按劳分配为主体,其他分配形式为补充的分配制度,既要克服平均主义,又要防止两极分化,逐步实现全体人民的共同富裕;必须建立适应社会主义有计划商品经济发展的、计划经济与市场调节相结合的经济体制和运行机制,在国家法律法规和计划的指导下发挥市场调节的积极作用,既要克服过去那种过分集中、管得过多过死的弊端,又不能过于分散和削弱宏观调控。"②

---

①《毛泽东选集》(第2卷),人民出版社,1991年,第663—664页。
②摘自江泽民同志1991年7月1日在建党70周年大会上的讲话。

并在此基础上逐步建成社会主义的政治,即:"有中国特色社会主义的政治,必须坚持工人阶级领导的、以工农联盟为基础的人民民主专政,不能削弱和放弃人民民主专政;必须坚持和完善人民代表大会制度,不能搞西方那种议会制度;必须坚持和完善中国共产党领导的多党合作和政治协商制度,不能削弱和否定共产党的领导,不能搞西方那种多党制。"①

中国特色社会主义文化,即:"有中国特色社会主义的文化,必须以马克思列宁主义、毛泽东思想为指导,不能搞指导思想的多元化;必须坚持为人民服务、为社会主义服务的方向和'百花齐放、百家争鸣'的方针,繁荣和发展社会主义文化,不允许毒害人民、污染社会和反社会主义的东西泛滥;必须继承发扬民族优秀传统文化而又充分体现社会主义时代精神,立足本国而又充分吸收世界文化优秀成果,不允许搞民族虚无主义和全盘西化。"②

要使经济、政治、文化一体化,最终决定社会主义走向的当然是经济和政治的走向。这不仅因为今天的政治文化、经济文化的转变视经济作为最主要的杠杆,还因为它本身就处在社会文化的共时结构中。

中国特色社会主义的经济、政治、文化,是有机统一不可分割的整体,特别是要始终抓住经济建设这个中心。但长期以来,我们在文化研究、文化建设方面,与经济建设和发展社会主义商品经济形成一种背谬现象。比如,忽视建设性文化,强调革命性文化,不分条件地提倡"破"字当头;忽视经济文化,忽视发展生产力,一讲发展生产力、一讲商品经济,就是"资本主义尾巴",就是

①摘自江泽民同志1991年7月1日在建党70周年大会上的讲话。
②摘自江泽民同志1991年7月1日在建党70周年大会上的讲话。

"唯生产力论"；片面强调"以阶段斗争为纲"，"政治可以冲击一切"等，严重影响了发展社会主义生产力。因此，我们在强调实现现代化时，要坚持三者同步现代化。历史已经证明，不可能有一个落后文化或者落后政治体制下的经济现代化。

2. 文化现代化主要是人的现代化

时代的发展告诉我们，任何国家的文化建设，都必须回答"人的现代化"问题。可以设想，当人们的心理和精神还被牢固地锁在传统文化的意识中，并且已经构成了对经济建设和社会发展的严重障碍时，那么再完美的现代社会制度和管理方式，再先进的技术工艺，只能是在一群传统人的手里变成一堆废纸。人的现代化是社会主义现代化的最主要条件，它不是现代化建设过程中的副产品，而是最重要的先决条件。

人的现代化，首先是观念现代化，从文化观念上来讲，就是要实现文化本质上的"人化"。实际上，文化是人类在其物质活动与精神活动中的自我创造，自我生产；是人类实现自身本质，满足自身需要，适应生态环境而创造出来的生活方式；是在这个过程中累积下来的物质与精神成果的总和，其内核是人的自身发展，是人的全面性和完整性的发挥。在文化中，人是主体，人又是自己活动的结果。

当然，文化是受人的实践制约的。文化具有社会性，社会系统的运作和发展不可能脱离文化。文化对历史过程的主要作用是造就人，如果说中国传统文化所塑造的人只实现了人的部分本质的话，那么以马克思主义为指导的中国社会主义现代文化，将逐渐使人从片面向完整跃进，最终实现人的全面本质化。这是一个历史渐进过程，是中国文化乃至整个人类文化发展的方向。因此,在实现现代化的过程中,我们必须把文化的"人化",也就是说人的全面本质的实现,作为一个重要的文化建设内容。

3. 实现社会科学与自然科学的有机结合

近年来,关于社会科学与自然科学结合的问题,已经普遍引起一些学者和专家的关注。钱学森曾指出:"当代哲学社会科学研究离开了自然科学的基础,就形成不了跟上时代发展要求的有真实价值的学术思想。"

长期以来,我国社会科学研究与自然科学脱节,社会科学相对普遍落后于自然科学。在 10 多年的改革开放中,有不少东西都是先干起来,取得了成绩,理论工作者才开始去研究。因此,搞好自然科学与社会科学之间的有机结合更显迫切。实际上,这个问题并不是一个新问题。早在一个半世纪前,马克思就曾预言,科学将沿着逐步克服自然科学和人文科学相互对立的方向发展,并最终导致一门统一的科学的建立。恩格斯也敏锐地发现:在各学科的"接触点"上出现的科学问题往往被各学科宣称为"与己无关",然而恰恰是在这些"接触点"上"可望取得最大的成果"。19世纪末叶以来,科学继续分化的结果,正是在这种"接触点"上不断生长出具有过渡性、中介性的"中"间学科、"边缘学科"或"综合性学科",以至产生了在方法论上具有较普遍意义的"横断科学",这样就不仅在相邻学科之间,而且在过去看来是完全互不相干的科学门类之间建立起相互联系的桥梁。列宁在 20 世纪初也曾指出,从自然科学奔向社会科学的强大潮流,在 20 世纪就"更加强大了"。

马克思和列宁作出这种预言的根据,就在于他们所揭示的唯物辩证法基本规律在整个世界的普遍适用性。自然科学和社会科学的统一性,来源于整个世界各个领域以及运动着的各种形式的物质统一性,人类社会和自然界的物质统一性。曾经为各门科学分割开来加以研究的物质世界的各个部分,本来就是一个普遍联系的有机整体的不同侧面。历史上一度出现的各门科学之间的相互隔离状态和"门户之见",与其说是由对象本身决定的,毋宁说是人类活动的狭隘性和认识能力的局限性的反映。

4. 关于国际化趋势

文化的交流性、开放性,是文化自身决定的。任何一种文化形态,必须随着经济基础变化而变化。当代文化的发展趋势,可以用一句话来概括,这就是国际化趋势。具体一点讲就是当代文化在加速相互吸收和融合的同时,正以多元化基本势态,呈现一种各国、各民族文化相互开放、相互借鉴、共同繁荣的局面。

近一个世纪,随着现代化生产方式在世界范围内不断发展,开放已经成为一个极其普遍的世界性现象。特别是在破除了"欧洲中心论"之后,全球意识的多元化日趋形成。正如马克思、恩格斯在《共产党宣言》中所指出的那样:"过去那种地方的和民族的自给自足和闭关自守状态,被各民族的各方面的互相往来和各方面的互相依赖所代替了。物质的生产是如此,精神的生产也是如此。"①

当然,在文化交汇中,每一种文化系统都会存在着一种双向辐射现象。一方面是内辐射,产生向心力,发挥凝聚功能;一方面是外辐射,产生发散力,发挥融合功能。这两个方面的互相协调,是文化形态在保持完整的同时得以不断发展的内在规律之一。

----

①《马克思恩格斯选集》(第1卷),人民出版社,1995年,第276页。

每一个民族的文化都不可能不考虑它们所处时代和面对的世界文化趋势，都不可能不去努力解释现实世界给人们提出的重大课题。未来的文化形态取决于不同文化选择机制，而文化选择机制主要与两点有关：

其一是人们对文化科学了解的程度，亦即社会科学所达到的水准；

其二是人们选择的权利。现代社会包括文化学在内的科学发展和普及，以及一般民主化的增强，使得文化选择机制日趋合理。

党的十一届三中全会之后，在开放政策的影响下，当代西方各种思潮一股脑涌了进来，令人目眩。这使得人们在自觉不自觉中对生活方式产生了新的变化要求，特别是商品经济观念成为人们的主要观念之后，导致了人们对文化的重新思考和抉择，它十分清楚地说明文化国际化势在必行。

世界文化的国际化，对每一个民族文化来说都面临着新的选择、组合、重构。应当指出的是，任何一种异质文化都不可能照搬在另一个异地文化场，否则，必然窒息原来的文化。人类文化发展的水平，是与文化的民族性结合在一起的。因此，一个落后民族的文化，要完成自己民族文化的现代化过程，就必须把民族文化置于人类文化大系统中，通过交流、抉择来消除传统文化系统中的文化熵增。今日世界，不会也不可能有一个国家的民族文化脱离今天的世界文化而独立存在。

5. 关于文化传播手段现代化

从产业革命开始，人类就一直进行着一场伟大的斗争，其目的就是用物质手段的进步强化人们对客观世界的作业能力，而文化传播手段现代化就是其中的重要内容之一。

信息载体现代化，把人与世界的距离大大缩小了，仅以新闻文化而言，已由过去的横向传播发展为竖式传播，或者叫做垂直传播，像广播、电视、传真、卫星，包括报纸等文化信息的传播，可以超越时空，跨越不同空间区域和社会群体，传播到四面八方。

由于传播手段的现代化，以及它具有的超时空特点，冲垮了各种社会藩篱，打破了不同区域的封闭性文化体系，对社会产生了直接影响。学部委员罗沛霖曾设想 21 世纪先进的综合文化系统，将包括四个主要部分：用户终端——视听交互终端；一个无往不达的很宽频带的信息网络和交换机；一种储存量极大，吞吐能力很高的文字、声音、图片国家信息库；还有多种文化信息采集组合。

如果从用户方面来考察一下这个系统的功能，还可以衍生出许多内容。

——文化艺术欣赏。通过交互终端，可以调看调听各种文艺节目，好像现在看电视、听广播一样。在屏幕上阅读任何著作犹如读书一样，只要信息库中有的，不受个人藏书的范围限制。不出家门就可访问电子戏院、电子影院、电子演奏厅，还有电子图书馆、电子博物馆等。

——写作和美术、艺术创造。视听交互终端备有自己的信息存储和处理能力。只要是要求不太复杂，一般计算机能做的工作，都能进行。

——电子印刷和发行。进一步把书籍报刊用软盘或光盘等电子手段发行，达到取消纸张的目标。把光盘或类似的媒体发行到用户手中，用户就可借助视听交互终端把它的内容再现出来，或用家用印刷机印出。

——电视会见。用电视来会见。可以开会议,可以会亲友,有如亲临。这将比现在的可视电话先进得多,不但是实时传输的,而且色彩和分辨率都要高许多。

——远程教育。首先是交互型的,即学生与教师可以对话,学生可以提问,"系统"按事先预定的方案答复,甚至以人工智能的方法自编答复。

——电子旅游是这个系统的又一个服务项目。它的原理和文艺欣赏一样,不过所调看调听的是由艺术家编制的名山大川、名胜古迹的电视节目,有景物有配音,调看中如同亲临其境。也可以调看调听博物馆和其陈列的展品。

从以上绚丽多彩的前景,我们可以看到这种被称之为先进的文化与知识信息综合技术系统的巨大作用。它将对知识的传播、思想的交流、社会的发展,以及人民素质的提高、人民生活的充实,作出无以比拟、无法估量的巨大贡献。

6. 关于文化方法论问题

文化研究、发展,不能离开文化的方法论问题。文化方法论的问题,一靠实践,二看效果。近年来的文化研究为我们提供了不少有益的启示。文化方法论,一般应具有如下功能:

导向功能。发挥文化舆论的导向作用,就是要鼓舞和启迪人们发展社会生产力,鼓舞和启迪人们坚持四项基本原则,坚持改革开放;鼓舞和启迪人们推进社会主义精神文明建设;鼓舞和启迪人们热爱伟大祖国,弘扬民族文化;鼓舞和启迪人们维护国家统一和民族团结;鼓舞和启迪人们为推动世界和平与发展而斗争。导向功能是文化方法论的主要功能。

描述性功能。即说明社会科学家实际上是怎么做的,他们的思维轨迹是什么。

规范性功能。把社会科学家的工作方式、行为方式和思想方式的共同性方面抽象出来，作为规范性的规则，要求科学研究按照这些规范去做，才能创造出合乎科学发展规律的先进成果来。

预测性功能。通过揭示隐藏在科学发现背后的证据，为提出课题和达到目标提供可借鉴的预测。

文化方法论不是空洞的教条，有它本身的内容，最主要的就是毛泽东同志一贯提倡的"批判继承"的二分法思想。但是围绕着二分法，我们可以分离出一些具体的方法论的内容。一般讲，我们通常在判断方法论时是从是否具有独创性、认知性、实践性、人类性、可发展性、可操作性等方面考察的。例如，有的专家认为，文化可以作为一种生产力，因为人类的一切物质创造都可以看作是自然之物通过"文化"加以人工组合的。在一定条件下，文化的发展程度和合理化程度可以在相同数量和质量的物质中产生完全不同的产品，获得迥异的效益。从这个意义上说，一切生产力的实施必然以人及其活动为中介，以文化形态为中介，文化本身也就成了一种生产力。文化可以作为信息或知识，人类通过创造信息、接收信息、分析信息、加工信息、传播信息和贮存信息来促进社会文明。文化可以作为一种弥散于特定人群（大至民族，小至一个家庭）的文化心态和氛围而被人们所感觉和概括。文化又可作为一种世代之间的遗传机制。就目前文化研究中的方法论问题，一般可概括为如下几种：

（1）定量与定性相结合的系统研究方法

作为现代社会科学基础的定性与定量相结合的分析方法，不在于强调通常意义下的具体做法，而是强调一种系统研究方法。其实质就是能够以足够复杂的研究主体去研究复杂的客体。传统社会科学的文化研究方法比较注重搜集材料、获取经验,这主要是靠个人聪明才智的发挥,因此导致长期以来文化领域老是一种墨守成规的"个体手工式"的研究方法,极不适应现代化的需要。而定量定性的系统论方法,旨在通过建立研究主体的系统结构以及研究过程中的综合效应,真正实现经验数据与理论分析、价值判断与科学判断、实证研究与经验判断的统一,克服人的主观因素所占过大过多比重的倾向,使其更客观,因而有理由把社会科学的研究从传统水平提高到现代化水平。

(2)个体论与整体论相结合的综合研究方法

个体论与整体论本来是一对矛盾,此种方法的结合旨在把两者有机地结合起来,形成优势。个体论者认为,社会研究的基本单元是个人行动,而个人行动又是受动机驱使的,所以应该从主动动机去解释人的行为及其意义。而极端的个体论者则得出了社会科学只能追求个别性认识,不能获得普遍性规律,不能作出预言等等结论。整体论者认为,社会是具有结构的整体,整体大于个人的总和。个人存在依赖于整体,一个社会事实只有通过与其他社会事实整体联系才能得到解释,不能由个人的动机去解释人的活动,而要由社会的整体联系去解释人的活动。整体论者相信社会科学发现规律,作出预言是可能的。顾此失彼,都不行,只有把两者有机地结合起来,才能避免从一个极端走向另一个极端,达到辩证综合,实现"超越"。

(3)以人论世和以世论人的历史辩证法

文化和传统是一种具有生命活力的东西,它永远不可能处在一种完成状态中,它是一个向未来敞开的运动过程。所以对文化的研究,包括对思想史的研究,一定要坚持以人论世和以世论人的历史辩证法。

　　文化和传统绝不是存在于过去时间中的人类全部活动及其结果的全体，仅仅是那些对现代人们仍然产生影响力和支配力（通过语言、习俗、生产技艺以及一切遗存）的内容的总和。一切保持下来的历史遗存，由于它们已经脱离了当时的创造者及其背景，它们便成为一种自身封闭的没有指称的意义总体。正像一本书离开作者之手，便成为一个自身完整的内容总体一样。不过，正因为这种总体离开了创造者之手，它便给现代人重新理解它、解释它、想象它、引申它，留下了宽广的余地。

　　（4）在历时性研究（过程比较）与共时性研究（结构比较）中的比较方法

　　历时性研究，即把比较文化作为手段，以确立某些文化观象之间的关系；而共时性研究则是侧重于结构之间的异同。在研究历时性和共时性时，离不开文化的时空观念。基于这样的前提，可以提出如下比较原则，例如：客观性原则、可比性原则、层次性原则、实践性原则、结构性原则、区域性原则等，否则得出的结论就难免会有偏颇。

　　（5）实证性和评价性相结合的集成研究方法

　　文化科学中的事实和价值的二律背反现象，是关系到社会科学性质的根本问题，实际上，文化研究不可能不研究事实。只要承认事实和价值的划分，那么，不论是建立于经验事实之上，并以经验事实的确实性来保证科学理论的确实性的实证研究，还是建立于价值之上，并以价值的可理解性来保证理论的可接受性的非实证研究，在这个意义上都有其合理性。因此，“实证”原则和“评价”原则都有存在的理由，实证性研究和评价性研究并不是互不相容的。对两者实施集成方法，关键是要找出异同以及彼此联系中的“中介”性质，进而使它们在相互过渡、相互补充、互为根据中得到统一。

三、超越 借鉴 转换 重构

当代文化呈现出的开放性、多元化发展趋势,必然导致文化发展中两种基本矛盾的加剧,即在历时性(纵向)上表现为传承与变异的矛盾,在共时性(横向)上表现为民族化与国际化、闭锁与开放的矛盾。而解决这两个矛盾的主要方法就是对传统文化和外来文化的批判继承,扬弃吸收,以便达到在转换中实现新文化的重构。

小平同志在南巡讲话中一再强调:"总之,社会主义要赢得与资本主义相比较的优势,就必须大胆吸收和借鉴人类社会创造的一切文明成果,吸收和借鉴当今世界各国包括资本主义发达国家的一切反映现代社会化生产规律的先进经营方式、管理方法。"改革开放10多年,包括东西方在内的现代世界文化大量涌入国内。因经济体制改革而引起的我国社会主义经济基础的变革,不断地改变着人们的生活方式,尤其是商品经济观念成为我国社会一种较主要观念形态后,导致了在广泛的社会范围内对旧传统观念和传统文化的扬弃。现代科学技术的普及与全民文化素质的普遍提高,使得人们从来没有像今天这样具有创新文化的能力。上述几方面互相紧密联结成一股巨大的浪潮,击荡着千百年来的传统文化壁垒,无疑将成为新文化的助产婆。

下面,我们拟从几个方面来扼要分析一下目前面临着的几个必须进行的文化转型问题,不搞好文化转型,就不可能实现真正意义上的文化"超越"。

1. 跳出传统和西方的二元对立,实现文化阶级形态向社会化 形态的转变

文化具有阶级属性。从历史的角度看,它曾经表示着一种社会的进步,它表示着分工的发展,也表示着文化意识的反醒。

如果说文化的阶级性,强调了人们自己的社会认同和社会归宿的话,那么文化的阶级化则是人为地强化了这种属性,从而使本来意义上的文化内容发生阶级分化。从价值角度来分析,我们不能不指出,文化的阶级化是一种不完整或者说不健全的文化形态,因为它在文化创造和文化产品的分配上都被制约在一个由阶级界定的范围之内,使人们无法完整地继承全部文化内容,无法享有人类共有的全部文明成果。同时,阶级文化作为一种断代的文化形态,不可避免地带上较多人为因素,而忽视了文化的内涵。随着文化国际化趋势和人类文明的进步,非阶级化文化应当被视为新文明的标志。

2. 从文化的国家形态转化为世界形态化

所谓文化的国家化形态,是指以民族文化圈为主要内容的国家文化。国家文化是民族文化的集中体现。而文化的世界形态化就是要破除各民族、各国家的文化圈,并以此形成一种相互融合的文化。但必须强调指出的是,这种融合是以保留本民族、本国家特点为前提的,也就是每个民族、每个国家在文化形式和内容上都呈现一种开放的态势,相互间保持文化的流动。20世纪以来的文化国家化使我们与世界上一些发达国家拉大了经济、文化、科技的时间差,成了世界文化潮流中的落伍者。为了尽快赶上,必须实行文化世界化,作为世界大家庭中的一员,参与到世界

文化进步的大潮中。只有在改革开放中,才能求得更大的发展。反过来,文化发展了,才能更好地开放。

3. 从过去的单一化转到多样化

文化上的单一化是因为经济上的单一化造成的。自 20 世纪 50 年代后期开始,由于缺乏经验和"左"的错误的影响,我们在经济建设上急于求成,盲目求纯,从而形成了过分单一的所有制结构和僵化的经济体制,以及在这种经济体制基础上形成权力过分集中的政治体制。与此相应,轻视文化在社会发展中的作用,强求"舆论一律",要求建立纯而又纯的无产阶级文化,使社会主义文化建设遭到空前浩劫。

一定的文化是一定社会的政治和经济在观念形态上的反映,社会主义现代化建设要求在公有制为主体的前提下发展多种所有制经济。这种经济成分上的多样性反映在观念形态上,必然是文化的多样性。例如现在兴起的企业文化、乡镇文化、特区文化、军营文化、校园文化等,都是文化多样化的具体体现。

另外,代表不同经济利益,处在不同社会地位的人们对同一问题会从不同的角度和不同的侧面,运用不同的方法分析,发表不同的意见。对于这些不同意见,长期以来我们总是采取非此即彼的态度,认定不是社会主义必是资本主义,动不动就戴帽子,打棍子,而不善于在各种不同意见中过滤出它们包含的合理因素,造成万马齐喑的局面。

因此我们说,社会主义现代化的文化应当是多种类型的,这一方面反映了经济体制改革和建设社会主义市场经济的必然要求,同时也为多种经济成分存在寻找舆论氛围。从人类文化发展的历史看,文化只有在多种成分的互相竞争、冲突、渗透、融合中才有生命力,才能繁荣发展。单一的文化是僵化的、枯竭的文化,它只能导致人类文化的退化。

4.克服僵化,提倡开化,创造宽松自由的文化氛围

努力创造一种宽松自由的文化环境,是发展社会主义文化的重要内容。文化研究不仅需要内在自由(即创新意识),同时也需要外在环境(学术氛围中的自由争鸣),在此基础上形成真正的"百花齐放,百家争鸣"的局面。

文化是一种精神创造,所以,它既是一个现实世界,又是一个意义世界和理想世界,因此尤其需要一种宽松的环境。马克思曾在《1844年经济学哲学手稿》中指出:"生活活动的性质包含着一个物种的全部特性,它的类的特性,而自由自觉的活动恰恰就是人的类的特性。生活本身仅仅表现为生活的手段。"在这里,人的本质特性被规定为"自由自觉的活动",只有这种"自由自觉的活动",才是真正的人的活动,才是真正的历史活动的目的。人只有在文化活动中才能获得真正的自由,每个人的自由发展都是所有人的自由发展的前提,全面的自由个性是文化发展的中心。

诚然,借鉴、转换、重构的文化类型还有好多,比如像有的同志曾提出的:从革命性文化转向建设性文化;从政治倾向文化转向经济倾向文化;从整体文化转向个体性文化;从单一维度文化转向多样维度文化;从精神偏重文化转向物质偏重文化;从原则论证文化转向操作论证文化;从目标分析文化转向过程分析文化;从社会主义计划经济体制下的文化转向社会主义市场经济体制文化;从理想描绘文化转向现实描绘文化;从单渊源文化转向多渊源文化;从衍生性文化转向创新性文化。这其中,每一个命题都有丰富多彩的内容。转换给文化提出的新任务,必然要求我

们去克服过去的本本主义文化、经院文化,而要大胆面向社会,面向现代化,面向世界。以社会为工厂,以经济建设为轴心,以提高人的素质,实现人的现代化为最终目的,那我们就能够创造出无愧于伟大时代的社会主义文化。

原载于《科学学研究》1992 年第 4 期

《新华文摘》1993 年第 4 期转载论文摘要

孔子和孔子思想的"境界观"

　　孔子是我国古代最伟大的思想家之一。孔子思想在形成中国传统文化的过程以及对东南亚文化的发展，产生过不可低估的重要作用，即使是在今天。为什么孔子思想历经两千五百年仍然具有经久不衰的生命力？魅力何在？我以为原因有二，一是从统治阶级方面来看，孔子仁政礼治的思想有利于治国安邦；二是从广大劳动人民方面来讲，孔子思想中的那些为人处事的朴素道理，以及孔子高尚的人格力量，深得人们尊崇。但是，后来人们研究孔子和孔子思想，大都着眼于仁、礼、教育等方面，较少有人从他的思想境界和人格境界上去挖掘。本文拟在理想境界、方法境界、人格境界三个方面扼要勾勒孔子和孔子思想的"境界观"，以图从中借鉴其合理的思想内核。

一、理想境界

　　孔门弟子颜回和子贡在讲到孔子时，各有一段精彩的话：

　　　仰之弥高，钻之弥坚。瞻之在前，忽焉在后。夫子循循然善诱人，博我以文，约我以礼，欲罢不能。既竭吾才，如有所立卓尔。（《论语·子罕》）

　　　叔孙武叔毁仲尼。子贡曰："无以为也！仲尼不可毁也。

他人之贤者,丘陵也,犹可逾也;仲尼,日月也,无得而逾焉。人虽欲自绝,其何伤于日月乎?"(《论语·子张》)

孔子在讲到自己的治学经历时说过:

吾十有五而志于学,三十而立,四十而不惑,五十而知天命,六十而耳顺,七十而从心所欲,不逾矩。(《论语·为政》)

由上面三段引文看,那种"瞻之在前,忽焉在后""不可毁""日月也""不惑""知天命""耳顺""不逾矩"的说法,都是一个境界问题。谈孔子思想的境界,首先是他的理想境界。因为,理想是追求,是目标,是一个人的精神支柱。孔子生逢社会转变的动荡时代,他是一个积极的入世者,有自己的抱负和理想。为此,他"席不暇暖","发愤忘食,乐以忘忧,不知老之将至云尔"(《论语·述而》),"朝闻道,夕死可矣"(《论语·里仁》)。为了自己的理想追求,他甚至不惜离家离国,周游列国十三年,处处碰壁,仍不改初衷,有人说他"知其不可而为之"。孔子所要追求、向往的理想境界,是《礼记·礼运》篇中描写的:

大道之行也,与三代之英,丘未之逮也,而有志焉。大道之行也,天下为公,选贤与能,讲信修睦。故人不独亲其亲,不独子其子,使老有所终,壮有所用,幼有所长,矜、寡、孤、独、废、疾者皆有所养,男有分,女有归。货恶其弃于地也,不必藏于己;力恶其不出于身也,不必为己。是故谋闭而不兴,盗窃乱贼而不作,故外户而不闭。是谓大同。

今大道既隐,天下为家,各亲其亲,各子其子,货力为己,大人世及以为礼,城郭沟池以为固,礼义以为纪。以正君臣,以笃父子,以睦兄弟,以和夫妇,以设制度,以立田里,以贤勇、知,以功为己。故谋用是作,而兵由此起。禹、汤、文、武、成王、周公,由此其选也。此六君子者,未有不谨于礼者也。

以著其义,以考其信,著有过,刑仁讲让,示民有常。如有不由此者,在执者去,众以为殃。是谓小康。

这里描述的"大同""小康",正是孔子所向往的。"大道之行"就是"大同",而"三代之英"的六君子所处的时代就是"小康"。"大同"与"小康"比较,前者是"天下为公,选贤与能",而后者是"天下为家""大人世及"。在《论语》中,孔子大同理想反映得也很充分。孔子在与弟子谈论志向时,言谈举止中也都活脱脱地展示了他的这些想法,如:

> 颜渊季路侍。子曰:"盍各言尔志?"子路曰:"愿车马衣轻裘与朋友共敝之而无憾。"颜渊曰:"愿无伐善,无施劳。"子路曰;"愿闻子之志。"子曰:"老者安之,朋友信之,少者怀之。"(《论语·公冶长》)

从"大同""小康",再到老安、友信、少怀,这里所反映出的理想境界是一脉相承的,它体现了孔子理想境界的高度和它超越时代局限的深远意义。

关于孔子思想中"大同"的理想境界,实际上在孔子之前就已经有一些思想萌芽散见于典籍和人们的口耳相传中。就目前文献看,主要反映在一些诸如"和""平""同""均"的思想方面,这些内容可以看作是"大同"理想比较直接的思想渊源。孔子寄希望的大同社会的理想境界,用今天的话来说,可以概括为天下为公的政治纲领;选贤任能的组织路线;各尽所能、各得其所的分配原则;讲信修睦,老安、友信、少怀的道德规范。这样一个美好的理想境界,既深刻反映了当时人们的社会向往,又反映了孔子远见卓识的思想境界和伟大政治抱负,对后世产生了久远影响。公元前三世纪,秦丞相吕不韦在《吕氏春秋·贵公篇》讲到治国时,就继承了孔子"天下为公"的思想,描绘了一个"治天下也必先公,公则天下平矣,平得于公。尝试观于上志,有得天下者众矣,其得之以公,其失之必以偏。凡主之立也生于公……天下非一人之天下也,天下之天下也"的景象。尔后,像西汉晚年的扬雄、何休,也都不同程度地继承了"大同""小康"的思想内容,提出"升平世""太平世"的理想。宋朝的张载、邓牧,更是基于"大同"的精神,提出自己的美好设想。

公元十七世纪中叶,在中国思想界涌现出了许多大胆反对封建主义的早期启蒙思想家,像何心隐、黄宗羲、颜元、龚自珍等,他们对孔子的大同思想又有新的继承和发展。直到鸦片战争以后,以康有为所代表的中国资产阶级改良主义期望向西方寻找"真理"来"维新"风烛残年的清王朝。康有为依据《礼运篇》的大同思想,在其《大同书》里提出了一个"大同之世,天下为公,无有阶级,一切平等"的社会。民主革命的先行者孙中山,在其《三民主义》中也提出:"我们要解决中国的社会问题……就是要全国人民都可以得安乐,都不致受财产分配不均的痛苦……我的三民主义的意思,就是民有、民治、民享。这个民有、民治、民享的意思,就是国家是人民所共有,政治是人民所共管,利益是人民所共享。……这就是孔子所希望的大同世界。"孙中山所提出的三民主义,正如列宁所指出的,"孙中山纲领的每一行都渗透了战斗的、真诚的民主主义","是真正人民的真正伟大的思想"①。但列宁同时又指出它是小资产阶级的思想,这种"家给人乐""幼有所教""老有所养"的设想又是不可能由资产阶级革命来完成的。

产生于两千五百多年前的孔子的大同理想,是中国传统文化的思想精华,是孔子思想中的最高理想境界,它在一定程度上反

①《列宁选集》(第2卷),人民出版社,1972年,第426页。

映了人民大众的愿望和要求。但是，对它的评价也不能像孙中山先生讲的"夫苏维埃主义，即孔子之所谓大同"。当然，我们也不能太苛求古人，因为这是历史的局限。

二、方法境界

作为孔子思想的方法论，中庸是一以贯之的。中庸在孔子思想体系中，既是方法（手段），又是目的，也是过程，更是一种崇高的境界，是孔子方法论的精髓，是孔子认识问题、分析问题、解决问题的一种高超技艺。这里主要从方法、德行、境界、效果等方面讲。比如从方法上讲：

子曰："吾有知乎哉？无知也。有鄙夫问于我，空空如也。我叩其两端而竭焉。"（《论语·子罕》）

子贡问："师与商也孰贤？"子曰："师也过，商也不及。"曰："然则师愈与？"子曰："过犹不及。"（《论语·先进》）

子曰："不得中行而与之，必也狂狷乎！狂者进取，狷者有所不为也。"（《论语·子路》）

孔子认为，"过"与"不及"都不好，都没有达到中庸，最好是叩其两端，取其中。然而，这里的"中"不是一个简单的长度概念，它实际上是一个恰到好处的境界。怎样取得这样一个恰到好处的"度"呢？孔子又讲："可与共学，未可与适道；可与适道，未可与立；可与立，未可与权。"（《论语·子罕》）"权"，本指秤锤，"权，然后知轻重"。

在孔子之前，没有人系统提出"中庸"的概念和思想。《礼记·投壶》的"主人奉矢，司射奉中"的"中"主要是从方位上讲。而"惟精惟一，允执厥中"（《尚书·大禹谟》）是说思想要精诚专一，办事要允执中道,不偏陂。再如"言中法,则辩之;行中法,则高之;事中法,则为之"(《商君书·君臣》),也是讲办事公道。"丕惟曰:'尔克永观省,作稽中德。尔尚克羞馈祀,尔乃自介用逸'"(《尚书·酒诰》),这是周公告诫康叔的话,希望他能经常反省自己,力行中德。"庸"有时指"用","无稽之言勿听,弗询之谋勿庸"(《尚书·大禹谟》)。有时也作"常"用,"天秩有礼,自我五礼有庸哉"(《尚书·皋陶谟》)。再者,《易》中也多处反映了"中"的思想,如"中以行正"(《易·未济》),"中以为志"(《易·损》),"中以为实"(《易·鼎》),"中行无咎"(《易·夬》)"中正以观天下"(《易·观》)等。但是,把"中"与"庸"连起来,始于孔子,意为取中之用。孔子一提出中庸,就把它广泛用于各个方面,并以此构成了以中庸为方法论的孔子思想体系。

　　毛泽东对孔子的中庸有过分析,他早在延安时期就撰文指出:"这个思想的确如伯达所说是孔子的一大发现,一大功绩,是哲学的重要范畴,值得很好地解释一番。"[1]他认为:"权不是质的观念,是规定此质区别异质的方法,与儒家'执两用中'之'执'同。"[2]何为"质"? 实也。"权",即实践过程的方法。与孔子同时的墨子说:"权者,两而无偏。"这里的意思是说,一种事物的一定的质,不使其偏离。但是传统的说法,往往认为"无偏""执中",就是不偏离,把事物的两个方面合在一起。必须明确指出,这是错误的,它歪曲了"两而无偏"的本来意思。"一个质有两方面,但在一个过程中的质有一方面是主要的,是相对安定的,必须要有所偏,必须偏于这方面,所谓一定的质,或一个质,就是指的这方面,

---

① 《毛泽东书信选集》,人民出版社,1983 年,第 147 页。
② 《毛泽东书信选集》,人民出版社,1983 年,第 142 页。

这就是质,否则否定了质。所以墨子说'无偏'是不要向左与右的异质偏,不是不要向一个质的两方面之一方面偏(其实这不是偏,恰是正)。"①毛泽东在这里已经讲得非常清楚,偏恰是正。墨子"无偏"的思想与孔子"过犹不及"的"中庸"思想,从本质上讲是一回事。为了进一步说明这种质的两方面的偏离程度,毛泽东又说:"一定的质被包含于一定的量之中……但重要的是从事物的量上去找出并确定那一定的质,为之设立界限,使之区别于其它异质,作两条战线斗争的目的在此。"②毛泽东不同意把中庸说成折衷调合,他在批评陈伯达的"两而无偏,恰是墨子看到一个质之含有不同的两方面,不向任何一方面偏向,这才是正,才真正合乎那个质"时说:"则甚不妥,这把墨家说成折衷论了。"③毛泽东还指出,"权者两而无偏",应解作规定事物一定的质不使向左右偏(不使向异质偏),但这句话并不及"过犹不及"之明白恰当④。因此,我们不能把"两而无偏"说成折衷,更不能给过犹不及的中庸冠以折衷的帽子,折衷是有明确含义的。作为孔子思想方法的中庸,从根本上讲是一种审时度势的方法,是"过犹不及"的最佳境界。

从目的方面讲,中庸是最高的道德境界和标准,这也是孔子所一直追求的。子曰:"中庸之为德也,其至矣乎!民鲜久矣。"《论语·雍也》孔子把中庸视为最高的道德,并把它应用于各个方面。

---

①《毛泽东书信选集》,人民出版社,1983年,第142页。
②《毛泽东书信选集》,人民出版社,1983年,第146页。
③《毛泽东书信选集》,人民出版社,1983年,第142页。
④《毛泽东书信选集》,人民出版社,1983年,第142页。

在教学方法方面。中庸表现为学、思、性、习的辩证统一。"学而不思则罔,思而不学则殆"(《论语·为政》),"知之为知之,不知为不知,是知也"(《论语·为政》),"不愤不启,不悱不发"(《论语·述而》),"性相近也,习相远也"(《论语·阳货》)集中体现了孔子的实践观、学思观,性习观。性、习的一"近"一"远"告诉人们,施教有很大的余地。特别是在"学"的问题上,他认为单是好仁、好知、好信、好直、好勇、好刚而不好学的话,就会走向它的反面,即:"好仁不好学,其蔽也愚;好知不好学,其蔽也荡;好信不好学,其蔽也贼;好直不好学,其蔽也绞;好勇不好学,其蔽也乱;好刚不好学,其蔽也狂。"(《论语·阳货》)这说明"学"在两端中间的重要性。

在言与行方面。中庸表现为言行一致,先行后言或多行少言。孔子主张"先行其言而后从之"(《论语·为政》),"君子欲讷于言而敏于行"(《论语·里仁》),"君子耻其言而过其行"(《论语·宪问》),"君子不以言举人,不以人废言"(《论语·卫灵公》)。

在应事态度方面。中庸表现为不走极端。孔子认为,要"绝四——毋意,毋必,毋固,毋我"(《论语·子罕》),即不要凭空揣测,也不要绝对肯定,不拘泥固执,不唯我。对贫富而言,他希望"贫而无怨难,富而无骄易"(《论语·宪问》)。对人,他认为"可与言而不与之言,失人;不可与言而与之言,失言。知者不失人,亦不失言"(《论语·卫灵公》)。

在人与自然的关系方面。中庸表现为一种"和谐"。《周易》在论及人生的最高境界时提出"与天地合其德,与日月合其明,与四时合其序,与鬼神合其吉凶"(《乾·文言》),以求达到人与自然的协调统一。

在用人和评价人方面。中庸表现为不求全责备。孔子希望"贫而乐,富而好礼"(《论语·学而》),"先进于礼乐,野人也;后进于礼乐,君子也。如用之,则吾从先进"(《论语·先进》)。对那些心口不一的人,他则认为"说而不绎,从而不改,吾末如之何也已矣"《论语·子罕》)。他"无求备于人"(《论语·微子》),不以言举人,也不以人废言。像管仲,孔子曾讲他"不知礼","焉得俭","管仲之器小哉!"(《论语·八佾》)但是从总体考虑,用"中庸"去权衡管仲的功过是非,他仍以"仁"许之。

在运筹方面。孔子提出"人无远虑,必有近忧"(《论语·卫灵公》),把长远目标与当前实际结合起来。"无欲速,无见小利。欲速,则不达;见小利,则大事不成。"(《论语·子路》)凡事,盲目图快是不行的,一味图快,反而不能达到目的,不能因小利而失大事。

在对人的气质要求方面。中庸则表现为文质兼备。孔子主张"质胜文则野,文胜质则史。文质彬彬,然后君子"(《论语·雍也》),如果朴实多于文采,就未免有点粗野,而文采多于朴实,又显得虚浮,只有文质兼备,才称得上是君子。子贡深得孔子之道,他在与棘子成的问答中,比较好地发挥、阐述了孔子的意思。"棘子成曰:'君子质而已矣,何以文为?'子贡曰:'惜乎,夫子之说君子也!驷不及舌。文犹质也,质犹文也。虎豹之鞟犹犬羊之鞟。'"(《论语·颜渊》)本质与文采同等重要,不管丢掉哪一方面,顾此失彼,都会失去它的本来意义。

在审美方面。中庸表现为内容与形式的完美结合。"子谓《韶》,'尽美矣,又尽善也'。谓《武》,'尽美矣,未尽善也'。"(《论语·八佾》)《韶》是反映尧舜禅让的,《武》是反映武王伐纣的,尽管《武》很壮美,但因为有战争,所以孔子认为未尽善也。对绘画也是如此。"子夏问曰:'"巧笑倩兮,美目盼兮,素以为绚兮。"何谓也?'子曰:'绘事后素。'曰:'礼后乎?'子曰:'起予者商也!始可与言《诗》已矣。'"(《论语·八佾》)再如对《诗》,孔子认为,"《关雎》,

乐而不淫,哀而不伤"(《论语·八佾》),快乐但不放荡,悲哀又不显痛苦,这是一种中庸的境界。在这里,孔子的"绘事后素"以及子夏的"礼后乎"都被视为达到中庸的境界。果能这样,孔子认为就可以与子夏论《诗》了。

在施政方面。中庸则表现为宽猛相济,举直错枉,尊美摒恶。"哀公问曰:'何为则民服?'孔子对曰:'举直错诸枉,则民服;举枉错诸直,则民不服。'"(《论语·为政》)"子张问于孔子曰:'何如斯可以从政矣?'子曰:'尊五美,屏四恶,斯可以从政矣。'子张曰:'何谓五美?'子曰:'君子惠而不费,劳而不怨,欲而不贪,泰而不骄,威而不猛。'……子张曰:'何谓四恶?'子曰:'不教而杀谓之虐;不戒视成谓之暴;慢令致期谓之贼;犹之与人也,出纳之吝谓之有司。'"(《论语·尧曰》)《论语》里面,孔子直接论为政的内容不是太多,但从上面三段主要内容来看,集中体现了孔子仁政礼治的思想。在这里,中庸作为一种最高境界,就是追求最佳的为政效果,这种为政效果恰如孔子自己讲的:"为政以德,譬如北辰居其所而众星共之。"(《论语·为政》)

在评价孔子的方法境界时,我们除了应充分认识中庸作为一种方法论,当然也应看到中庸作为一种方法,由于受时代局限以及它本身属性方面的影响,亦存在着弱点这另一面,有时甚至显得不可避免。

三、人格境界

孔子和孔子思想的人格境界,集中反映在他的理想人格方面。孔子的理想人格主要有两方面的内容,一是孔子心目中的理想人格,它比较高远、完美,主要体现于孔子对"仁""圣"的寄托上;二是孔子的人格境界,作为一个提倡者和实践者,孔子是孔子理想人格的最典型实践代表。孔子心目中的最高人格境界是"圣"。"子贡曰:'如有博施于民而能济众,何如? 可谓仁乎?'子曰:'何事于仁! 必也圣乎! 尧舜其犹病诸!'"(《论语·雍也》)当然,圣人毕竟遥远,因为即使连尧舜这样的人也未必能达到"博施于民而能济众"的程度。所以孔子讲:"圣人,吾不得而见之矣;得见君子者,斯可矣。"(《论语·述而》)既然孔子讲圣人不得见之,得见君子就已经很不错了,所以孔子在塑造理想人格境界时,把许多美好的仁德品质都集于君子一身。

怎样才能成为一个君子呢? 一部《论语》,"君子"在其中出现达107次之多。从总的方面讲,孔子寄希望的君子应具备这样的品质,首先是"三达德",即"知者不惑,仁者不忧,勇者不惧"(《论语·子罕》)。非有此三德,不成为君子。知,同智,才慧也。"知者不惑",是说一个人只有掌握了全面的知识,才不致被假象所迷惑,才有可能从必然王国走向自由王国。怎样才能获得知,主要是学习,"博学于文""学而不厌""发愤忘食""每事问"。孔子主张要借鉴总结前人的成果,因为只有"践迹",才能"入于室"(《论语·先进》)。"仁者不忧",是说要具备仁德,就可豁达乐观。"勇者不惧",指一个人的气魄和胆略,胆小怕事干不成大事业。孔子对君子还提出了其他一些要求,比如:"子谓子产有君子之道四焉:其行己也恭,其事上也敬,其养民也惠,其使民也义。"(《论语·公冶长》)"孔子曰:'君子有三戒:少之时,血气未定,戒之在色;及其壮也,血气方刚,戒之在斗;及其老也,血气既衰,戒之在得。'"(《论语·季氏》)"孔子曰:'君子有九思:视思明,听思聪,色思温,貌思恭,言思忠,事思敬,疑思问,忿思难,见得思义。'"(《论语·季氏》)

诚然,在对君子理想人格的要求中,孔子也有自相矛盾处,这是他的思想局限性所不能逃脱的。比如,"孔子曰:'君子有三畏:畏天命,畏大人,畏圣人之言。'"(《论语·季氏》)但是,这并不影响孔子的人格境界。孔子对"君子"的寄托,几乎包括了所有最美好道德品行,而这些美好的道德,大都是在与小人的对偶思维或者说是相对性思维中提出的,实在地体现了雅俗分明、是非分明的界限及标准。试举部分:"君子周而不比,小人比而不周。"(《论语·为政》)"君子怀德,小人怀土;君子怀刑,小人怀惠。"(《论语·里仁》)"君子喻于义,小人喻于利。"(《论语·里仁》)"君子坦荡荡,小人长戚戚。"(《论语·述而》)"君子和而不同,小人同而不和。"(《论语·子路》)"君子泰而不骄,小人骄而不泰。"(《论语·子路》),等等。

孔子的一生是循礼践仁的一生,他崇尚"圣""仁",崇尚"君子"。他自谦地说:"若圣与仁,则吾岂敢?抑为之不厌,诲人不倦,则可谓云尔已矣。"(《论语·述而》)他还说:"君子道者三,我无能焉:仁者不忧,知者不惑,勇者不惧。"(《论语·宪问》)尽管如此,但孔子还是去努力地使自己成为仁人和君子,他相信"仁远乎哉?我欲仁,斯仁至矣"(《论语·述而》)的道理,相信只要经过自己的努力,是一定能够达到的。作为孔子的人格境界,我以为主要反映在以下方面:

其一,忠恕。曾子问道于孔子,孔子告诉他:"参乎!吾道一以贯之。"当孔子走后,别的学生问曾子,曾子回答说:"夫子之道,忠恕而已矣。"(《论语·里仁》)又有一次,子贡问孔子:"有一言而可以终身行之者乎?"孔子回答:"其恕乎!己所不欲,勿施于人。"(《论语·卫灵公》)子贡说:"我不欲人之加诸我也,吾亦欲无加诸人。"孔子讲:"赐也,非尔所及也。"(《论语·公冶长》)子贡认为,他不希望别人把一些不情愿的事强加给他,他自己也不希望强加给别人什么。但孔子认为子贡是做不到的,足见要达到"己所不欲,勿施于人"是何等之难,即使是在今天,能做到"恕"也不是一件容易的事情。在"恕"之外,孔子对自己有更高的要求,那就是不仅自己不愿意干的事不强加于别人,同时,"己欲立而立人,己欲达而达人"(《论语·雍也》)。自己要想实现的,也为他人创造条件去实现。怎样才能达到这种境界呢?孔子认为,"见贤思齐焉,见不贤而内自省也"(《论语·里仁》)。看到好的就要想法子学习赶上,见不好的就应该引起警惕,自己也要进行反省。

其二,坚持真理,光明磊落。作为一个伟大的思想家,孔子勇于坚持真理,保持了伟大的人格和气节,他强调一个人要正直、正派,"其身正,不令而行;其身不正,虽令不从"(《论语·子路》),"三军可夺帅也,匹夫不可夺志也"(《论语·子罕》),"岁寒,然后知松柏之后凋也"(《论语·子罕》)。这些思想已经融入中华民族的优秀传统文化中,成为历代志士仁人的做人准则,成为他们的座右铭。孔子在鲁国做官,推行自己的政治主张,"如有用我者,吾其为东周乎?"(《论语·阳货》)其实,孔子也不是照搬东周,他知道时代变了,有些典章制度要"损益"。对伯夷、叔齐等先贤,孔子就讲过:"我则异于是,无可无不可。"(《论语·微子》)孟子也讲过孔子为"圣之时者"(《孟子·万章下》)。齐国送"女乐"给鲁公,鲁公三日不朝,孔子只好依依不舍地告别父母之国,"'迟迟吾行也',去父母国之道也"(《孟子·万章下》)。孔子从不隐瞒自己的主张和观点,他对弟子们讲:"二三子以我为隐乎?吾无隐乎尔。吾无行而不与二三子者,是丘也。"(《论语·述而》)他认为自己没有一点东西对弟子们隐瞒,这就是他的为人。

其三,寄希望后人。孔子一生,弟子三千,贤者七十二。据说孔子之后,儒分八派,子夏居西河受到魏文侯重用,其他也都影响很大,对中国的传统文化作出不朽贡献。孔子非常爱学生,主张

“有教无类”，“自行束脩以上，吾未尝无诲焉”（《论语·述而》）。孔子对后辈寄予厚望，“后生可畏，焉知来者之不如今也？四十、五十而无闻焉，斯亦不足畏也已”（《论语·子罕》），“年四十而见恶焉，其终也已”（《论语·阳货》）。他认为，年轻人可畏，但如果四十、五十还搞不出什么名堂，或者四十岁了还被人家讨厌，那这个人也就这么回事了。孔子死后，学生如同死了父母一样对待他，在孔子墓旁结庐而居，三年而后去，而子贡又继续住了三年。这种师生情谊，这种人格境界，直到今天仍是难能可贵的。

其四，充分尊重人的主观能动性。孔子在治学做人方面，充分尊重人的主观能动性。他主张，“不怨天，不尤人，下学而上达”（《论语·宪问》），靠自己的学习，可以从平凡中学到深奥的道理。他相信“人能弘道，非道弘人”（《论语·卫灵公》）。尽管孔子也讲过，“生而知之者上也，学而知之者次也；困而学之，又其次也；困而不学，民斯为下矣”（《论语·季氏》），但他还是相信学而知之，他本人就是学无常师，入泰庙，每事问。“我非生而知之者，好古，敏以求之者也”（《论语·述而》），“三人行，必有我师焉：择其善者而从之，其不善者而改之”（《论语·述而》），“盖有不知而作者，我无是也。多闻，择其善者而从之；多见而识之；知之次也”（《论语·述而》）。冉求有一次对孔子说：“非不说子之道，力不足也。”不是不喜欢您的学说，是我的力量达不到，能力不够。孔子批评冉求偷懒：“力不足者，中道而废。今女画。”（《论语·雍也》）

其五，安贫乐道，积极进取。孔子一生穷困潦倒，颠沛流离，仕途也不愉快。但他仍然豁达乐观，对不义之富贵和来路不明的钱财视同浮云。他潜心治学，诲人不倦，不以功利为唯一目的，他甚至说过：“三年学，不至于谷，不易得也。”（《论语·泰伯》）学习三年，还不存在做官的念头，不为俸禄而学，是很难得的。孔子很少言利,所以他才能够达到"学如不及,犹恐失之"(《论语·泰伯》),"发愤忘食,乐以忘忧,不知老之将至云尔"(《论语·述而》)的乐水、乐山境界。

其六,进步的自然观。作为先秦伟大的思想家,孔子具有朴素的自然观。孔子不迷信鬼神,"子不语怪,力,乱,神"(《论语·述而》)。当子路问事鬼神之事时,他明白地告诉他"未能事人,焉能事鬼?""未知生,焉知死?"(《论语·先进》)他怀疑鬼神的存在,说什么"祭如在,祭神如神在"(《论语·八佾》)。祭祀的时候好像在那里,实际上是不存在的。楚昭王病重,拒绝祭神,孔子称赞昭王"知大道",就是懂大道理,这里的"大道"就是自然观。臧文仲相信占卜,养了一只大乌龟,并给它以很华丽的地方住,孔子就批评他很愚蠢。孔子病重,子路请求祈祷,也被孔子婉言拒绝。庄子称"六合之外,圣人存而不论",实际上,孔子对"天""命""鬼""神"这些"六合之外"的东西,一般是持否定态度的。庄子对孔子的评价是比较公允的。孔子相信自然规律,他说:"天何言哉? 四时行焉,百物生焉,天何言哉?"(《论语·阳货》)"逝者如斯夫! 不舍昼夜。"(《论语·子罕》)他认为自然规律不可抗拒,是不以人的意志为转移的。

两千五百年前的孔子,是中国古代最伟大的思想家之一,他人生实践中的理想境界、方法境界、人格境界,集中代表了先秦中华民族最高的理论思维,是先秦文化思想的集大成者。但是,由于时代局限,孔子美好的理想境界不会也不可能实现,而只能是空想社会主义的早期理想而已;他的方法境界——中庸,虽然具有辩证法的思维,但有时也逃脱不了折衷调和的困扰;他的人格境界最终也只能是君君、臣臣、父父、子子旧礼制、旧秩序的牺牲品。这种矛盾,在孔子的一生中都困扰着他,以致他有时也显得很无奈,"道之将行也与,命也;道之将废也与,命也"(《论语·宪问》)。即使如此,孔子思想(这里讲的孔子思想是他本来的内容,而不是汉以后罢黜百家、独尊儒术,宋明以后经历代统治阶级加在孔子身上的封建礼教的内容)仍然是不朽的,它对中国传统文化的影响与作用是巨大的。今天,扬弃孔子思想中的精华与糟粕,仍然是加强社会主义精神文明建设不可缺少的重要内容。

原载于《中国文化研究》1998年夏之卷(总第20期)

中国古代吏治思想之检讨

中华民族的历史源远流长,自夏商以来,伴着国家政权的出现便开始有吏,以辅佐帝王治国。杨泉《物理论》称:"吏者,理也,所以理万机,平百揆也。"有吏必然就有吏治的道理和思想。长期以来,我国古代文献中留下了大量丰富的吏治思想,包括近年来出土的一些秦代竹简。睡虎地竹简记载:"凡为吏之道,必精絜(洁)正直,慎谨坚固,审悉毋(无)私,微密纤(纤)察,安静毋苟,审当赏罚。严刚毋暴,廉而毋刖,毋复期胜,毋以忿怒夬(决)。宽俗(容)忠信,和平毋怨,悔过勿重。兹(慈)下勿陵,敬上勿犯,听间(谏)勿塞。审智(知)民能,善度民力,劳以衔(率)之,正以桥(矫)之。反敕其身,止欲去顋(愿)。中不方,名不章;外不员(圆)。尊贤养孽,原壄(野)如廷。断割不刖。怒能喜,乐能哀,智能愚,壮能衰,愚(勇)能屈,刚能柔,仁能忍,强良不得。审耳目口,十耳当一目。安乐必戒,毋行可悔。以忠为榦,慎前虑后。君子不病殹(也),以其病病殹(也)。同能而异。毋穷穷,毋岑岑,毋衰衰。临材(财)见利,不取句(苟)富;临难见死,不取句(苟)免。欲富大(太)甚,贫不可得;欲贵大(太)甚,贱不可得。毋喜富,毋恶贫,正行修身,过(祸)去福存。"即使是用今天的眼光去看其中的思想,仍然闪耀着智慧的思想火花。江泽民同志在十五大报告中提出要学习历史,继承传统文化的精华,最近,江泽民同志又强调以德治国,德治和法治相结合。吸取中国古代吏治思想的精华,对于完善社会主义法制,勤政廉政,以德治国,推进社会主义精神文明建设,都有极大的好处。中国古代吏治思想,内容丰富,文献浩瀚,本文扼要介绍几个方面的内容,以就教于方家。

尊重人才　举贤使能

我国前代的尚贤任能由来已久,上自商汤,下至民国,上下五千年。早在《孟子》中就已经写道,商汤派人五次往返,"以币聘"伊尹(《孟子·万章》)。这可以说是我国古代最早的招聘纳贤之举。《礼记·月令》上讲,周代于每年三月,"聘名士,礼贤者"。周文王时,招聘了不少贤才。战国时代,群雄割据,有的国家利用招聘办法取得不少贤才,使国家兴盛起来。到了春秋时期,诸子百家争鸣,特别在思想界,是一个人才辈出的时代,尚贤、任贤、聘贤成为一种时尚。孔子答仲弓问政,"先有司,赦小过,举贤才"(《论语·子路》)。《左传》中的例子更多。桓公为争夺霸主,接受鲍叔牙的建议,从鲁国迎回管仲,而管仲又举荐了隰朋、宁戚、王子城父、宾胥无、东郭牙等五位人才。晋国的景公、悼公也是荐贤任能,有口皆碑。"祁奚请老,晋侯问嗣焉,称解狐,其仇也。将立之而卒。又问焉,对曰:'(祁)午也可。'于是羊舌职死矣,晋侯曰:'孰可以代之?'对曰:'(羊舌)赤也可。'于是使祁午为中军尉,羊舌赤佐之。君子谓:'祁奚于是能举善矣。称其仇,不为谄;立其子,不为比;举其偏,不为党。《商书》曰:"无偏无党,王道荡荡"。其祁奚之谓矣。解狐得举,祁午得位,伯华得官,建一官而三物成,能举善也夫。惟善,故能举其类。'"再如与黄金台传说有关的燕昭王求贤的故事。公元前315年,燕国被齐国攻破,国中大乱。燕昭王即位后，采纳大臣郭隗的建议，从郭隗筑宫，树立礼贤样板，卑身厚币招聘天下贤才，乐毅从魏国来，邹衍从齐国来，剧辛从赵国来，一时间形成"士争趋燕"的局面（《史记》卷三四）。有诗曰："岂伊白璧赐，将起黄金台。""燕昭北筑黄金台，四方豪杰乘风来。"秦重用他国人，韩非是韩国人，张仪、范睢是魏人，商鞅、吕不韦是卫国人，魏冉、李斯是楚人，蔡泽是燕人，楼缓是赵人，"皆委国而听之不疑，卒之所以兼天下者，诸人之力也"（《容斋随笔》卷二）。

但是，春秋战国时期，王室衰微，大国争霸，举贤任能不可能从根本上形成大气候。在我国历史上举贤任能、招贤纳士的黄金时期当推汉唐，尤其是两汉，包括后来宋、明的部分时期。

刘邦战胜项羽后，建立汉朝，全国归于统一。作为政治家的刘邦，深感贤士对于一个国家的重要。刘邦于高祖八年发布诏令："盖闻王者莫高于周文，伯者莫高于齐桓，皆待贤人而成名。今天下贤者智能岂特古之人乎？患在人主不交故也，士奚由进！……贤士大夫有肯从我游者，吾能尊显之。布告天下，使明知朕意。"（《汉书》卷一下）。他还明确指示，发现了贤才，郡守要亲自劝勉，驾车送至京师，如果不这样做，就要受免职处分。汉武帝即位初，下诏招聘人才，"待以不次之位。四方士多上书言得失"（《册府元龟》卷六七），应聘者上千人。后来，汉武帝又命令各州县推荐"吏民有茂材异等可为将相及使绝国者"（《汉书》卷六）。当时的萧何、曹参、周勃等人都在刘邦的重用下，充分施展了他们的治国才能。

汉代的荐贤使能制度表现在招聘人才方面，归纳起来有如下特点：

一是按州县定名额，与地方官的举荐合在一起。

二是招聘专长于某门学科或技术的人才。如汉昭帝始元五年,招聘精通《保傅传》《孝经》《论语》《尚书》的专门人才(《汉书》卷七)。

三是类似于现在的特聘,专为某一事而办,事毕而罢。如汉高祖五年,刘邦采纳博士叔孙通建议,到鲁地招聘30多位演习朝仪的人,加上叔孙通的弟子,共聘用了100多人。再如,建元元年,汉武帝打算建明堂,用以朝诸侯和祭祀,明堂的建设很有些讲究,于是派使臣到鲁地把申公聘请来,指导建明堂(《汉书》卷六)。

四是招聘来的人如果不合格,可以罢免、斥退,并非只进不能退。在多数情况下,应聘者要进行严格的考试,"其不足采者辄报,闻罢"(《册府元龟》卷六七),考试不合格者一律刷掉,即使有些已经当了官,经实践证明是不称称职的仍要辞退。《史记·平津侯传》载,公孙弘被招聘为博士,出使匈奴,回来后不合上意,汉武帝认为他无能,被免官回老家。又过了几年,葘川国又推荐公孙弘,他才又重新走上仕途,官至丞相,可谓能上能下。

五是各级都有招聘人才的权力,都可自行征聘人才。

由于汉代有一个比较宽松的政治环境,尚贤用贤的思想也极为丰富。当时一批著名思想家如陆贾、贾谊、董仲舒、王充、仲长统、王符等,对贤才在治国中的重要性普遍取得共识。他们认为"任贤臣者,国家之兴也"(《春秋繁露·精华第五》),他们对于"佞臣蔽贤"和"流言诬贤"深恶痛绝。同时,他们也清醒地估计到这些人的能量,指出:"谄佞之相扶,逸口之相誉,无高而不可上,无深而不可往者何?"(《新语·辨惑第五》)

对于什么样的人才可以称得上是贤才,汉代的思想家也多有论述。比如,将正直敢言作为首要的标准。陆贾认为,贤才应当是"行不敢苟合,言不为苟容"(《新语·辨惑第五》)。王符也指出,贤才必须不畏强暴,"不挠法以吐刚"(《潜夫论·潜叹第十》)。其次是爱民重民，"简士苦民者是谓愚，教士爱民者是谓智"（《新书·修政语下》），"以仁抚世，泽及草木，兼利外内"（《潜夫论·忠贵第十一》）。诚然，汉代思想家提出的贤才不仅仅是指思想与品格，同时还应注重治国办事的工作能力，董仲舒提出"贤愚在于质，不在于文"的看法，要求选用贤才应从本质入手，不可为表面现象所迷惑。王充和王符都主张，没有实际工作能力的人，虽然有贤才之名也不可录用，而能够作好工作，即使外有愚名也应该量才使用（参见《论衡·定贤篇》和《潜夫论·思贤第八》）。可见，汉代思想家的贤才标准已经非常重视"质""文"合一，"德""才"并举，包括理论联系实际的能力。当然，他们同时主张尊贤、尚贤、用贤，应不分贵贱，唯才、唯贤是用。汉代思想家已经开始意识到"居高位者未必贤"。他们借史明理，以世论人，指出"二世所以共亡天下者，丞相，御史也。高祖所以共取天下者，缯肆，狗屠也。骊山之徒，巨野之盗，皆为名将。由此观之，苟得其人，不患贫贱；苟得其材，不嫌名迹"（《潜夫论·本政第九》）。

　　唐太宗的"选贤任能"，主要是使在职官吏"各当所任"。贞观元年，他曾对房玄龄等人说："官在得人，不在员多。"（《资治通鉴》卷一九二）又说："致理之本，惟在于审。量才授职，务省官员。……若得其善者，虽少亦足矣。其不善者，纵多亦奚为？古人亦以官不得其才，比于画地作饼，不可食也。"（《贞观政要》卷三）贞观初，唐高祖之女襄阳公主的丈夫，又历任右领军、大理卿、宗正卿等要职的窦诞，已经衰老，不能工作，唐太宗就毫不姑息地请他退休回家。由唐太宗下达的诏书说："朕闻为官择人者治，为人择官者乱。窦诞比来精神衰耗，殊异常时。知不肖而任之，睹尸禄而不退，非唯伤风乱政，亦恐为君不明。考绩黜陟，古今常典。"（《旧唐书》卷六一《窦诞传》）对一些地方官员的选任，唐太宗也很重视，他对大臣们说:"朕每夜恒思百姓间事,或至夜半不寐。惟恐都督、刺史堪养百姓以否。故于屏风上录其姓名,坐卧恒看,在官如有善事,亦具列于名下。朕居深宫之中,视听不能及远,所委者惟都督、刺史,此辈实治乱所系,尤须得人。"唐太宗亲自抓刺史人选工作。他说:"刺史,朕当自简择。"(《贞观政要》卷三)贞观三年,他对杜如晦说:"比见吏部择人,惟取其言词刀笔,不悉其景行。数年之后,恶迹始彰,虽加刑戮,而百姓已受其弊。"贞观六年,他又对魏征说:"古人云,王者须为官择人,不可造次即用。""用得好人,为善者皆劝,误用恶人,不善者竞进。……用人弥须慎择。"(《贞观政要》卷三)

贞观元年,唐太宗颁布《纠劾违律行事诏》,明文规定:"自今以后,官人行事,与律乖违者,仰所司纠劾,具以名闻。"(《唐大诏令集》卷八二)关于职官违制事,《新唐书·选举志》规定:"凡贡举非其人者、废举者、校试不以实者,皆有罚。""凡官员有数,而署置过者有罚。"(《新唐书》卷四四)职官违制应当受到什么样处罚呢?《唐律》中规定:"诸贡举非其人,及应贡举而不贡举者,一人徒一年,二人加一等,罪止徒三年。""诸官有员数,而署置过限,及不应置而置,一人杖一百,三人加一等,十人徒二年。"(《唐律疏义》卷九)这些法令,对不按规定人数置官和不慎重选官的人,都作了强制性的法律规定。唐太宗李世民在位二十三年,励精图治,使唐帝国成为当时世界上最强大、昌盛、文明的国家,这与他正确任用贤能之士是分不开的。他曾总结他事业成功的经验有五条:"自古帝王多疾胜己者,朕见人之善,若己有之。人之行能,不能兼备,朕常弃其所短,取其所长。人主往往进贤则欲置诸怀,退不肖则欲推诸壑,朕见贤者则敬之,不肖者则怜之,贤不肖各得其所。人主多恶正直,阴诛显戮,无代无之,朕践阼以来,正直之士,比肩于朝,未尝黜责一人。自古皆贵中华,贱夷、狄,朕独爱之如一,故其种落皆依朕如父母。此五者,朕所以成今日之功也。"(《资治通鉴》卷一九八)这五条中,最核心的就是敬重贤才,不妒贤忌能,不随意黜责一人,才使得"正直之士,比肩于朝",取得成功。

唐以后,宋、元一些开明君主在举贤任能方面也多有建树。不过,比较突出的还是明初朱元璋,他通过发诏书,广招贤士。早在金陵时朱元璋就录用夏煜、孙炎、杨宪等儒士。龙凤十年,他命中书省引拔卓荦奇伟之才,洪武元年诏《征天下贤才为守令》,"有能辅朕济民者,有司礼遣",指示有关部门"以礼聘致贤士"(《明史》卷二)。朱元璋选人,不分种族,皆以才为举,明确规定蒙古人、色目人中有才能的,也同样擢用。朱元璋在位时,几乎每年都要分派学士詹同、魏观等分行天下招聘人才。《春明梦余录》上讲,洪武初,"设礼贤馆而得刘基、宋濂、章溢、叶琛,称之为四先生。下镇江而得秦从龙,下金陵而得陈遇,皆人杰也。俱于征聘得之,孰谓晚季乏才"。洪武二年,为修元史,招聘山林隐逸汪克宽等16人共同纂修。在明朝初年,作为开国皇帝,朱元璋把招贤纳士作为聘任官吏的重要渠道,曾有一次招聘到1900多人,最多一次达3700多人。在洪武六年其下的诏书中说:"朕设科举以求天下贤才,务得经明行修,文质相称之士,以资任用。今有司所取多后生少年,观其文词,若可与有为,及试用之,能以所学措诸行事者甚寡。朕以实心求贤,而天下以虚文应朕,非朕责实求贤之意也。"(《明太祖实录》卷七九)虽要求甚严,但他也不是求全责备。洪武二十五年,他说:"良工琢玉不弃小疵,朝廷用人必赦小过。故改过迁善,圣人与之;录长弃短,人君务焉。苟因一事之失而弃一人,则天下无全人矣。"(《明太祖实录》卷二二三)他教育皇太子:"纯良之臣,国之宝也;残暴之臣,国之蠹也。自古纯良者为君造福,而残暴者为国致殃。何谓纯良？处心公忠,临民岂弟,虽材有所不逮也,亦不至于伤物,所谓日计不足,月计有余者也。何谓残暴？恣睢击搏,遇事风生,锻炼刑狱,掊克聚敛,虽若快意一时,而所伤甚多。故武帝任张汤而政事衰,光武褒卓茂而王业盛,此事甚明,可为深鉴。"(《明太祖实录》卷一五八)

人才是治国的根本,特别是杰出人才,历来受到重视。贺长龄《清朝经世文编》中载:"国有大事,重臣一言镇之,重臣之益于国也如是。泛论名实者,谓时危乃见重臣。夫国家何日无大事？疆场何以警,盗贼何以兴,赋何以增,兵何以叛,官何以贪不息,民何以穷无日,此重臣之职也。重臣一言,则大纲理。重臣不言,则百官言之进者杂,人君之听之者不专,事之几泄,纲目乱矣,大事安得成？人君其敬大臣哉？大臣其善自重哉!""治事,人最要有略,方处置得宜。然有大略,有远略,有雄略。目前紧要著数,得一二可当千百者,曰大略。事机出耳目之表,利害在数十百年之后,曰远略。出奇履险,为人所不敢为,不斤斤于成败利钝之算,而目无全牛,气足吞敌,曰雄略。识不远者不能见大略,器不大者不能知远略,识远器大而无雄才壮气者,不能具雄略。雄略天授,不可学而至,故人当以拓充器识为先也。"因此,重臣、雄才大略者历来受到重用,并作为治国之大策。

忠君保民　尽职尽责

如果说"举贤任能"是古代吏治的组织路线的话,那么"忠君""保民"则是古代官吏施政的最重要的政治原则。当然,不管是多大的官吏,忠君是第一宗旨,第一原则;而保民则只是忠君的手段,或者说是忠君的具体措施。《尚书·五子之歌》有"民惟邦本,本固邦宁",为忠君而保民,保民是为了更好地忠君;"吏以爱民为忠",忠君保民可以说是中国几千年封建社会吏治思想中的核心和灵魂。

　　忠君是古代官吏的第一职责,臣不能二心,"为臣事君,忠之本也"。薛瑄称:"不欺君,不卖法,不害民,此作官持己之'三要也'。"(《薛文清公读书录》)原繁曰:"苟主社稷,国内之民,其谁不为臣?臣无二心,天之制也。"(《春秋左传注》)历代君王都十分强调这一点。马融在其《忠经》中说:"忠臣之事君也,莫先于谏。……谏于未形者,上也;谏于已彰者,次也;谏于既行者,下也。违而不谏,则非忠臣。"讲到报国之道,他又称,一曰贡贤,二曰献猷,三曰立功,四曰兴利。唐代武则天称:"夫人臣之于君也,犹四肢之载元首,耳目之为心使也。相须而后成体,相得而后成用。故臣之事君,犹子之事父。父子虽至亲,犹未若君臣之同体也。故《虞书》曰:'臣作朕股肱耳目,余欲左右有人,汝翼;余欲宣力四方,汝为。'故知臣以君为心,君以臣为体。"(《臣轨上》)在这里,臣之事君纯粹是工具,只是君的"四肢""耳目",只好听凭于君"心"的指挥,"君者臣之天,父者子之天,故臣之爱君,子之爱父,天也。其身可杀,而爱父之心不可解,夫是之谓天。天下之事,凡其加以人者,久则必渝;而其久而莫之渝者,天也"(许月卿《百官箴序》)。

　　历代君主都深知,"得百庸臣不如得一能臣,得一能臣,不如得一尽心之臣"(王永吉《御定人臣敬心录》卷三〇)的道理。但是,怎样才能使忠君保民得以实现,历代君主都强调官吏清明,把吏治清明作为忠君的重要内容和必备条件。中华民族几千年,历代兴衰,早已清楚地表明,君民关系如同舟水的关系,水可载舟,亦可覆舟。不保民,则民反,保民是手段,忠君是目的。清代的康熙在治理国家中就特别注重对吏的保民要求,他多次颁谕强调,"为治

之道,要以养爱百姓为本"(《大清圣祖仁(康熙)皇帝实录》卷一二九),
"民生之安危由于吏治之清浊,吏治之清浊全在督抚之表率。若
督抚清正,实心爱民,则下吏孰敢不洁己秉公"(《大清圣祖仁(康熙)
皇帝实录》卷一四)。另外,历代君主都特别重视对州县一级父母官
的严格要求,因为州牧县令是最直接与老百姓联系者,抓住了老
百姓的父母官,老百姓就安于田地,社会就安定,否则,官逼民反,
皇帝的天下也坐不稳。雍正就多次下谕:"朕惟国家,首重吏治。
尔州牧县令,乃亲民之官,吏治之始基也。贡赋狱讼,尔实司之,
品秩虽卑,职任綦重。州县官贤,则民先受其利;州县官不肖,则
民先受其害。"(《大清世宗宪(雍正)皇帝实录》卷三)他们都深深体会
到:"办事爱民,莫亲于县令。县令得人,则事办而民安;举非其
人,同事不办而民失业。"(《吏学指南》)"谕内阁:县令为亲民之官,
关系民生休戚,最为切近,是以自古帝王,慎重司牧之选,以端化
民俗之原。"(《大清圣祖仁(康熙)皇帝实录》卷一五三)

　　中国古代的吏治思想,特别强调尽职尽责,不浮躁,"不为新
奇,不宜粉饰,只须将应行事件,实力奉行"(张廷骧《入幕须知五
种》)。什么样的吏才算尽职尽责呢?概而言之:"清、慎、勤三字以
为当官之法,其言千古不可易。"(吕本中《官箴》)吕本中还特别强调
当官者要"以暴怒为戒",要"但务着实"。"居官有五要:休错问一
件事,休屈打一个人,休妄费一分财,休轻劳一夫力,休苟取一文
钱。"(吕坤《呻吟语》)为了能够使官吏们都能严于律己、尽职尽责,
历代都曾对官吏进行严格的考核,特别是明代的官吏考核制度,
这种考制分考满与考察,所谓考满即根据官吏任职内的表现分别
以称职、平常、不称职三种,分上、中、下考核、评比。而所谓考察,
是在全国范围内,对所有官吏的素质、品行,分贪、酷、浮躁、不及、
老、病、罢、不谨八种。考满的办法是三年初考,六年再考,九年通

考,根据其职权范围工作的情况、政绩大小,分别给予升降,如此都有明文规定。而考察办法,京官六年一次,像四品以上还要提供述职报告,五品以下须造册奏请御批等。洪武十八年的考课结果,全国 4117 位被考官吏中,称职的占十分之一,平常的十分之七,不称职的十分之一,贪污、阘茸的十分之一。凡称职的给予提升,平常的给予复职,不称职的降级使用,贪污的送司法论罪,而阘茸的免为庶民。

赏罚分明　兴利除弊

赏罚分明与兴利除弊,一直作为吏治的主要思想和内容之一。赏罚是上对下,或者指政府对个人采取的措施。兴利除弊,既可作为一种施政的方针或指导思想,也可视为吏的职责职能。赏罚是他律,引以为戒,约束自己。用赏,劝吏治善;用罚,惩吏之恶,做到赏有功,罚有罪。否则,功不能赏,是非不分,无以服人,更不能取信于民,最终导致国家危亡。是否能够做到兴利除弊,也是判断一个官吏好坏的直接标准。

关于赏罚

赏罚历来被认为是国之大柄,发挥着重要的杠杆作用,这在古代文献中多有记载:

圣人之为国也,壹赏,壹刑,壹教。(《商君书》)

赏罚者,利器也。君操之以制臣,臣得之以拥主。故君先见所赏,则臣鬻之以为德;君先见所罚,则臣鬻之以为威。(《韩非子》)

赏罚,政之柄也。明赏必罚,审信慎令,赏以劝善,罚以

惩恶。(荀悦《申鉴》)

治国有二柄,一曰赏,二曰罚。(《全晋文》卷四七)

治民御下,莫正于法;立法施教,莫大于赏罚。赏罚者,国之利器,而制人之柄也。(《刘子》卷三)

所有这些内容,无不强调赏罚。司马光在谈到"致治之道"时,特别强调是"在三而已",一曰任官,二曰信赏,三曰必罚,可见赏罚在治理国家中的分量。沈琯在其上书中说:"夫国之所以为国者,正是非,明赏罚。是非不明,赏罚不正,其能国乎?"沈长卿上书中也说"臣闻国之威柄,惟赏与罚"。应当说,人们对于"赏""罚"在管理中的杠杆作用的认识是比较清楚和统一的。既然赏罚被视为国之大柄,那么赏罚标准的准确与否就显得至关重要。如果乱赏乱罚,那就失去了赏罚的本来意义。在睡虎地秦墓出土的竹简中记载说:"凡良吏明法律令,事无不能殹(也);有(又)廉絜(洁)敦愨而好佐上;以一曹事不足独治殹(也),故有公心;有(又)能自端殹(也),而恶与人辨治,是以不争书。恶吏不明法律令,不智(知)事,不廉絜(洁),毋(无)以佐上,缩(偷)随(惰)疾事,易口舌,不羞辱,轻恶言而易病人,毋(无)公端之心,而有冒抵(抵)之治,是以善斥(诉)事,喜争书。争书,因恙(佯)瞋目扼掊(腕)以视(示)力,讦询疾言以视(示)治,诬认醜言廘矿以视(示)险,阮阆强肮(亢)以视(示)强,而上犹智之殹(也)。故如此者不可不为罚。"

范仲淹作为北宋的政治家,出仕后有敢言之名,曾任参政知事,他就主张严密的任官制度,推行法制,赏罚分明。他曾就自己的政治主张得不到实行,罢去执政。他在《上执政书》中详细阐述道:"夫赏罚者,天下之衡鉴也;衡鉴一私,则天下之轻重妍丑,从而乱焉,此先王之所慎也。……盖由三司之官,不制考限,不责课最，朝受此职，夕求他官，直云假途，相与匿祸。天下受弊，职此之由，岂圣朝之意乎！宜其别制考课，重议赏罚，激朝端之俊杰，救天下之疲瘵，其庶几乎！又古之勋臣，赏延于世，今则每举大庆，必行此典。自两省以上，奏荐子弟，并为京官。比于庶僚，亦既优矣。而特每岁圣节，各序子孙，谓之赏延黩乱已甚。先王名器，私假于人，曾不谓之过乎？非君危臣偾之朝，何其姑息之如是耶！遂使荫序之人，塞于仕路，曾未稽古，使以司民。国家患之，屡有厘革，然但革其下而不革其上，节于彼而不节于此，天下岂以为然哉！我相府岂惜一孺子之恩，不为百辟之表乎！又远恶之官，多在寒族，权贵之子，鲜离上国。周旋百司之务，懵昧四方之事。况百司者，朝廷之纲纪，风教之户牖，咸在童孺，曾无激扬，使寺省之规，剥床至足，公卿之嗣，怀安败名。未尝试难，何以致远！非独招缙绅之议，实亦玷钧衡之公。此则禄赏未均，任使未平，纲纪未修之类也。斯弊已久，何可极乎！惟我相府能革其弊，能变其极，而天下化成，不为难矣。"

赏罚在中国古代吏治中一直作为非常重要的内容。

兴利除弊

与赏罚并重的同时，兴利除弊也是吏治的主要内容。就其本来意义说，兴利除弊是吏的主要职责职能，诚如马融所言，"仁以怀之，义以厉之，礼以训之，信以行之，赏以劝之，刑以严之"（《忠经·武备章》），非如此，不足以治国。孔子早在两千五百年前就大声疾呼，苛政猛于虎。而邓牧在《吏道》中称贪官污吏似虎豹蛇虺，"吏无避忌，白昼肆行，使天下敢怨而不敢言，敢怒而不敢诛；岂上天不仁，崇淫长奸，使与虎豹蛇虺，均为民害邪？"吕坤在《实政录》中，还提出吏治不严的"六虚"："虚文日盛而实政亡，厚道日隆而公法废,人事日精而民务疏,颓靡日甚而振举难,懵昧常多而精明少,为家念重而为国轻。"

　　那么,到底怎样才能兴利除弊呢? 首先要按规矩办事,有法必依。王安石在《上运使孙司谏书》中曾这样谈吏治的师法问题:"且吏治宜何所师法也? 必曰'古之君子'。重告讦之利以败俗,广诛求之害,急较固之法,以失百姓之心,因国家不得已之禁而又重之,古之君子盖未有然者也。犯者不休,告者不止,巢盐之额不复于旧,则购之势未见其止也。购将安出哉? 出于吏之家而已,吏固多贫而无有也,出于大户之家而已,大家将有由此而破产失职者。安有仁人在上,而令下有失职之民乎? 在上之仁人有所为,则世辄指以为师,故不可不慎也。使世之在上者指阁下之为此而师之,独不害阁下之义乎? 上好是物,下必有甚者。阁下之为方尔,而有司或以谓将请于阁下,求增购赏,以励告者。故某窃以谓阁下之欲有为,不可不慎也。"吕本中在其《官箴》中也讲:"当官大要,直不犯祸,和不害义,在人消详斟酌之尔。然求合于道理,本非私心专为己也。"无法可依,或者执法不严,都会带来损失。所以,在《吏学指南》的附录"杂著"中胡祇遹分析说:"作事而不立法,事终不能成。治汉人必以汉法,治北人必以北法,择其可使而两用之,参用之亦可也。未有无法而能立事者也。官制之立,后世有繁而无省。何则? 恃权贪利,天下之心一也。苟可以得之,安知所谓蠹国生事,祸及其身者耶? 国家主持名器,相事之烦简、人之贤否而授之。今使贪利窃权之小人自售自鬻,曰'我可为某官,我愿为某职',不惟不责其实,罪其妄,又从而信用之。一人得之,千人举而谋之,万人跂而冀之,然则官制何时而定乎? 又安得而省之哉?"做事没有法不行,而且要根据不同情况,有区别地制定法规。如果恃权贪利,那就必然一害自己,二害国家。

　　另外,兴利除弊的关键在机关,特别是要精简机构。几千年来,我国古代政治家、思想家早就都注意到这一点。胡祗遹对此论述甚详,他认为"官冗则事繁,欲多则财伤,政紊则民病,吏不循良而祸速"。他还写道:"文冗则吏冗,吏冗则事冗。不削冗文,则不能减冗吏;不减冗吏,则不能除冗事。三冗欲除,大臣之中,必得识时务通儒、明断不烦有为之材,为之纲领,定立规模,精选六部左右司官吏。事有条不紊,自上及下,自内及外,各有攸司,遵法奉行,无丛脞,无推递,怠堕违越,必罚不贷。文有典册,有案牍,举首见尾,问无不知,受授相承,有行无滞。人材精,政要举,文案明,三冗不除,未之有也。人材不精,则政要不举;政要不举,则文案日烦。纷然沸羹,日甚一日,何以为治?"胡祗遹认为,"冗文当革,冗文不革,则冗吏不能减"。什么是冗文?他说:"无妄受,无越诉,无疏驳不法,无申呈无度,如是则冗文十去其七八。"因为冗文不减,何谈减冗吏,冗吏不能精减,除冗事只能是一句空话。正是为简政减员,所以在用人与机构的设置上,胡氏也提出,为官择人,根据需要,根据岗位去挑人,而不是因人设官。"立功责效,为官择人,未闻为人择官者也。故《书》曰:'任官惟贤才,左右惟其人。''官不及私,昵惟其能;爵罔及恶,德惟其贤。'又曰:'贤者在位,能者在职。'又曰:'无旷庶官,天工人其代之。'即今注官不问其才之可否,一听求仕者之所欲,有平生不执弓矢而为县尉捕捉之职者,有'未具如前'四字不能解说而为首领官吏员者,有《孝经》、《论语》不知篇目而为学士者,有众星不能辨次而主天文者,何乖谬之若是也。推原其弊,人皆知之,而不能革者,何也?请托得行而无败官责成之罚耳。市井细民,欲营一室,欲造一器,亦必问其匠之工拙,未有求金工于木工之门,责陶埴于织纴之手者。职官则问其材之能否,吏员则试以案牍,然后委任。"事实上,只有精减机构,减人除冗文,才能有效地提高管理的水平和效率。

从谏如流　　舆论监督

我国古代封建社会对君臣的监督机制是比较脆弱的,舆论监督只是其中的一小部分内容。而这里所说的舆论监督主要是指两方面内容,一是作为君或臣,主动地接受下面的监督,这主要表现在纳谏方面;二是史官的监督作用,这在当时传媒不发达,政务不甚分开的情况下,算是舆论方面的主要监督内容和渠道了。

关于纳谏,这方面的内容在古代文献中相当丰富,白居易曾说过:"天子之耳,不能自聪,合天下之耳听之而后聪也;天子之目,不能自明,合天下之目视之而后明也;天子之心,不能自圣,合天下之心思之而后圣也。若夫天子唯以两耳听之,两目视之,一心思之,则十步之内,不能闻也;百步之外,不能见也;殿庭之外,不能知也,而况四海之大,万几之繁者乎?圣王知其然,故立谏诤讽议之官,开献替启沃之道,俾乎补察遗阙,辅助聪明。"即使是天才,也必须得"合天下之耳"而后聪,"合天下之目"而后明,"合天下之心"而后圣。所以,自很早以来,在广开言路这方面就有比较成功的例子。"古之治天下,朝有进善之旌,诽谤之木。"(《史记·孝文本纪》)所谓进善之旌,就是在道路当中立一旗幡,凡要进言的人,使其在幡下立言,而诽谤之木就是在道路之中立一木牌,上面写上各种告示或关于政治得失的评语。

关于立言官,据史载,"国家置台谏官,以为天子耳目,唯恐政事有阙失,百姓有疾苦,大臣专恣,左右奸邪,天子深居九重,不能得闻故也"(司马光《司马文正公传家集》卷四四)。"国家设立言官,原为朝廷之耳目。知无不言,言无不尽者,职也。"(《寒松堂集》卷三)

当时的言官,实际上就是朝廷的耳目,起到一个下情上达的作用。"国家设立都御史及科道官员,以建白为专责,所以达下情而袪壅蔽,职任至重。使言官果能奉法秉公,实心尽职,则间阎疾苦咸得上闻,官吏贪邪皆可厘剔。故广开言路,为图治第一要务。"(《大清圣祖仁〈康熙〉皇帝实录》卷一八〇)

应当说,天子设立言官的出发点无疑是积极的,但这一制度真正发挥监督作用还是比较困难的,因为在很多时候,言官也只能起到"拾遗补阙"的作用。

关于史官的监督作用,对天子、大臣来说往往是被动而非主动的。史官是我国长期封建社会制度的产物,左史记事,右史记言。古代天子怕史官,大臣也怕史官。《涑水纪闻》曾记载这样一件事:"太祖尝弹雀于后园,有群臣称有急事请见,太祖亟见之,其所奏乃常事耳。上怒,诘其故。对曰:'臣以为尚急于弹雀。'上愈怒,举柱斧柄撞其口,堕两齿,其人徐俯拾齿置怀中。上骂曰:'汝怀齿欲讼我耶?'对曰:'臣不能讼陛下,自当有史官书之。'上悦,赐金帛慰劳之。"宋太祖赵匡胤因臣下奏事耽误他弹雀,而举柱斧柄殴伤臣下,臣下自然无处申诉,因为太祖大权在握当然不怕,所以他敢说你把牙齿收起来是想告我吗?当大臣答自有史官记录下此事时,太祖即刻改变态度,反而和颜悦色赏赐金帛慰劳臣下。这件事充分说明,作为一国之君,殴打一个大臣而致其牙齿堕掉两颗,大臣本奈何不了他什么,可是如果史官给他记上一笔,那就留恶名于后世。恰恰是缘由在此,赵匡胤才赏赐金帛慰劳臣下,以息事了之。再如公元327年,东晋成帝咸和二年,历阳内史苏峻谋反,骁骑将军钟雅率领精勇千人御之。因兵少,退还,改任侍中。这时,苏峻军进逼,钟雅与刘超一起侍卫成帝。危难之时,有人为钟雅谋划说:"见可而进,知难而退,古之道也。君性亮直,必不容于寇仇,何不随时之宜而坐待其毙。"作为侍中,钟雅回答说:"国乱不能匡,君危不能济,各逊遁以求免,吾惧董狐执简而至矣。"(《晋书·钟雅传》)此后不久,苏峻强迫成帝去石头城,当时天下大雨,道路沉陷,"(刘)超与侍中钟雅步侍左右,贼给马不肯骑,而悲哀慷慨"(《晋书·刘超传》)。后来的结局,钟雅和刘超均被苏峻杀害,以身殉职。仔细分析,其实钟雅并非不想活,无奈更怕"秉笔直书"的史官记上自己弃君逃命一笔。董狐何许人也?春秋时,晋国的太史。公元前607年,晋灵公宴请赵盾,企图席间杀之,赵盾逃脱,不过逃走不远,没有跑到国外去。灵公后被赵盾的从兄弟赵穿杀死,赵穿接回赵盾,赵盾继续担任正卿的职务。晋太史董狐因此记下"赵盾弑其君",公布于朝。赵盾对此极力辩解,董狐曰:"子为正卿,亡不越境,反不讨贼,非子而谁!"(《春秋左氏传·宣公二年》)尽管赵盾当时有权有势,但董狐还是照实去写,孔子称赞董狐为"古之良史"。

良史的另一个典范是齐太史。公元前548年,齐国大夫崔杼杀齐庄公。"太史书曰:'杼弑其君。'崔子杀之。其弟嗣书,而死者二人。其弟又书,乃舍之。南史氏闻太史氏尽死,执简以往。闻既书矣,乃还。"(《春秋左传·襄公二十五年》)齐太史有兄弟四人,为直书"崔杼弑其君"而死了三个,仅存的四弟仍不屈不挠,坚持直笔,崔杼无可奈何,只得听之。更有南史怕太史一家被杀绝,执简前去准备继承太史氏遗志,结果听说已经写了,便回来了。史官为了直写一笔而前仆后继,其执着的品德难能可贵,流芳千古。

我国古代史官,代代相传。司马迁在《史记·太史公自序》中讲到他写《史记》是继承父志,像《汉书》作者班彪、班固、班昭,也是父子兄妹继承。正是由于许多史官秉笔直书,甚至以生命来维护,所以一些有丑行的人总是逃脱不了史官的实录与挞伐。历代一些君王、大臣因此都害怕史官,不敢恣意妄为,为非作歹,而是洁身自爱。当然,这种史官的监督制约同上面讲的纳谏是一样的,它所起的作用也是很有限的。

廉洁奉公　节操自爱

官吏不廉,危害大甚。真德秀在《西山政训》中讲到他与同僚共勉的"四事",其一律己以廉,其二抚民以仁,其三存心以公,其四莅事以勤,其中律己以廉为首。班固也曾说过"吏不廉平,则吏道衰"。我国古代吏治思想中的廉政勤政大体有如下方面。

守纪为廉

早在《尚书·周官》中就有"位不期骄,禄不期侈。恭俭惟德,无载尔伪"。秦代以法律的形式明确规定:为吏之道,必清廉无私,"廉而勿刖"。睡虎地出土的秦墓竹简中载吏有"五善""五失"。五善即:"一曰中(忠)信敬上,二曰精(清)廉毋谤,三曰举事审当,四曰喜为善行,五曰龚(恭)敬多让。五者毕至,必有大赏。"五失即:"一曰夸以迣,二曰贵以大(泰),三曰擅裚割,四曰犯上弗智(知)害,五曰贱士而贵货贝。一曰见民倨(倨)敖(傲),二曰不安其毫(朝),三曰居官善取,四曰受令不偻,五曰安家室忘官府。一曰不察所亲,不察所亲则怨数至;二曰不智(知)所使,不智(知)所使则以权衡求利;三曰兴事不当,兴事不当则民伤指;四曰善言隋(惰)行,则士毋所比;五曰非上,身及于死。"汉武帝、文帝时就曾多次颁诏荐举"廉吏",并称"廉吏,民之表也",因而"贵廉洁,贱贪污"。历代政治家、思想家均以"廉"为吏之宝,士之美。武则天提倡"恭廉守节,则地与之财。君子虽富贵,不以养伤身;虽贫贱,不以利毁廉。知为吏者，奉法以利人；不知为吏者，枉法以侵人。理官莫如平，临财莫如廉。廉平之德，吏之宝也"（武则天《臣轨·廉洁章》）。真德秀《西山政训》中称："士之不廉，犹女之不洁。不洁之女，虽功容绝人，不足自赎。不廉之士，纵有他美，何足道哉！"张伯行在其《困学录集粹》中特别提道："为人要诚实，存心要谨慎，学术要醇正，品行要端方，操守要清廉，任事要勤敏，此居官之急务也。""居官者，须茹蘗饮冰以存心，正大光明以行事，精励敏捷以勤政，甘雨和风以宜民，斯事治而人悦矣。"

监察以廉

对我国古代官吏的监察，由来已久，周代已形成制度。自汉以后，像《监御史九条》《刺史诏六条》，晋制定的"察郡""察长吏"的律条，隋的《司隶六条》，唐的《六条察郡》，均将"察官人贪残害政""官人之善恶"列为监察之首。陈襄在《州县提纲》中强调，"吏之贪，不可不惩；吏之欲，不可不治"。元朝所颁布的《台纲三十六条》，明确规定御史要"奏赏廉能，纠劾污滥"。胡祗遹《杂著·民间疾苦状》载："贿赂公行，则百务紊乱，民冤无诉，宜禁治严切。欲断贿赂，莫若赏廉罪贪。"明太祖朱元璋，特制定了《百官责任条例》。《明史·循吏传》载："明太祖惩元季吏治纵弛，民生凋敝，重绳贪吏，置之严典。"在太祖下给众卿的谕旨中规定："除亲属别议外，但凡奴仆一犯，即用究治，于尔家无所问；敢有恃功藏匿犯人者，比同一死折罪。尔等各宜谨守其身，严训于家……"并规定了九条，从不受钱财，不私役官军，不强占官民财产，一直到不仗势欺人，欺压良善等。因为他们都知道，"盖督抚廉，则吏治清，民生遂，而天下安。督抚不廉，则吏治不清，民生不遂，而天下不安也。语云：'源清则流清，源浊则流浊。'理固然矣"（《寒松堂集》卷三《奏疏》)。

考评以廉

官吏的"廉",历来都是作为考评其称职与否的首要条件。"公事在官,是非有理,轻重有法,不可以己私而拂公理,亦不可徇公法以徇人情。"(真德秀《西山政训》)"莅官之要,曰廉与勤,不特县令应尔也。然县有一州之体,而视民最亲,故廉、勤一毫或亏,其害于政也甚烈。……其要莫若崇俭……其要莫若清心……此廉、勤之大略也。"(胡太初《昼帘绪论·尽己篇》)所以,商时的"三风""十罪"之一便是"殉于货色",而"廉善""廉正""清廉无谤"均是周、秦开明君主和思想家倡导的善德之首。尔后的汉、晋,也都把对官吏的"廉察"作为考评官吏政绩的最重要内容,特别是晋元帝时,官吏相互"检察"的制度更是使一些贪官污吏"皆望风自引去"。唐代对流外官行"四等第考课法",首为"清谨勤公",末为"贪浊有状";"四善二十七最考课法"中的四善之一为"清慎明著",二十七最之一为"扬清激浊"。明代亦非常注重"任官之法,考课为重",朱元璋认为:"唐虞、成周之时,所以野无遗贤,庶绩咸熙者,用此道也。若百司之职,贤否混淆,无所惩劝,则何以为治?故鉴物必资于明镜,考人当定以铨衡。……考核务存至公,分别臧否,必须循名责实。其政绩有异者,即超擢之,庶几贤者在位,而人有所劝矣。"(《明太祖实录》洪武十七年秋)吕坤认为居官有"五要",把廉具体化为"休错问一件事,休屈打一个人,休妄费一分财,休轻劳一夫力,休苟取一文钱"。张廷骧在《入幕须知五种》里,特别强调廉不是做给别人看的,作为吏治,"不为新奇,不宜粉饰,只须将应行事件,实行奉行",即自有公论。

俸禄以廉

应当说,古之为官,廉否与俸禄是有关的。"周礼有云:'禄以驭其富。'又曰:'夺以驭其贫。'盖古者禄以公田,既予以爵,则随予以田,故筮仕者无患贫之心,而不营心于财利。今则俸禄甚薄,而听入仕者各以私计谋生。若守礼安分,徒资俸禄,则饔飧不给,失驭富之道矣。古者禄田之外,别无私田,既夺其爵,随收其禄田,则无所藉以资生,故贪墨知畏。今则贪墨者无所限制,田连阡陌,即被剥夺,而拥资甚厚,无从损其毫毛,失驭贫之道矣。然而廉吏何所藉而为廉,贪吏何所戒而不为贪乎?"(陆世仪《思辨录辑要》卷一二)实际上,俸禄厚可以养廉,也可以养奢;俸禄薄可以养廉,但也容易造成贪官,关键取决于官吏的修养与品行。《汉书·宣帝纪》中载:"吏不廉平则治道衰。今小吏皆勤事,而奉禄薄,欲其毋侵渔百姓,难矣。其益吏百石以下奉十五。"《周书》中曾记载一位裴侠,躬履俭素,爱民如子,所食唯菽麦盐菜而已,吏民莫不怀之。

我国古代吏治思想,是我国古代政治思想、法制思想、管理思想、德治思想的重要组成部分,尽管这些内容随着时间的推移,有些已经失去意义,甚至成为糟粕,但它们中的相当一部分,至今仍有值得我们借鉴的地方,取其合理的内核,对于完善社会主义法制,促进社会风气的根本好转,推动精神文明建设,是大有裨益的。

原载于《南京农业大学学报》(社会科学版)2001 年第 1 期

第三部分　论数学文化

关于数学文化的学术思考

为什么把数学作为一种文化来研究,而不是只把它局限于科学的范畴呢?一是因为文化的含意比科学更广泛。蔡元培说,"文化是人生发展的状况",胡适说,"文明是一个民族应付他的环境的总成绩,文化是一种文明所形成的生活方式"。文化涵盖所有科学,而数学具备这种广泛的涵盖性,既表现在它的原创性方面,也表现在它的应用性方面。数学影响其他的东西,感化和支配别的东西,它具备了"大文化"概念所具有的"真"(真理化)、"美"(艺术化)、"善"(道德化),体现了一种精神的显现。数学作为文化,还在于它表现了一种前所未有的探索精神、创新精神,它的理性思维的功能发挥得淋漓尽致,它提供给人们的不仅仅是思维模式,同时又是一种有力的解决问题的工具和武器,既反映了思维上的合理性和价值趋向,又拓展了人们的思想解放之路,因为数学常常是自己否定自己的。我通过多年研究,深感数学作为一种重要的社会文化,在推动社会进步,提高人类素质等方面具有其他学科无法替代的作用。本文仅从以下方面扼要叙述,以就教于方家。

一、数学文化的学科观

没有任何一种科学能像数学这样泽被后人。爱因斯坦在谈到数学时说:"数学之所以有高声誉,还有另一个理由,那就是数学给予精密自然科学以某种程度的可靠性,没有数学,这些科学是达不到这种可靠性的。"①

M.克莱因说:"数学不仅是一种方法、一门艺术或一种语言,数学更主要的是一门有着丰富内容的知识体系,其内容对自然科学家、社会科学家、哲学家、逻辑学家和艺术家十分有用,同时影响着政治家和神学家的学说;满足了人类探索宇宙的好奇心和对美妙音乐的冥想;有时甚至可能以难以察觉到的方式但无可置疑地影响着现代历史的进程。""实际上,在现代经验科学中,能否接受数学方法已越来越成为该学科成功与否的主要判别标准。"

早在1959年5月,著名数学家华罗庚就在《人民日报》上发表了《大哉数学之为用》的文章,精彩地论述"宇宙之大,粒子之微,火箭之速,化工之巧,地球之变,生物之谜,日用之繁"等方面,无处不有数学的重要贡献。由中国科学院数学物理学部王梓坤先生起草的《今日数学及其应用》课题报告中,特别强调了数学的贡献,他说:"数学的贡献在于对整个科学技术(尤其是高新技术)水平的推进与提高,对科技人才的培养和滋润,对经济建设的繁荣,对全体人民的科学思维与文化素质的哺育,这四方面的作用是极为巨大的,也是其他学科所不能全面比拟的。"②

1."数学"是什么?

数学是什么?迄今为止,众说纷纭,莫衷一是。

---

① 许良英等编译:《爱因斯坦文集》,商务印书馆,1976年,第136页。
② 王梓坤:《面向21世纪的中国数学教育》,江苏教育出版社,1994年,第34页。

英国的罗素说:"数学是我们永远不知道我们在说什么,也不知道我们说的是否对的一门学科。"而法国的 E. 波莱尔则提出另一个与其针锋相对的说法:"数学是我们确切知道我们在说什么,并肯定我们说的是否对的唯一的一门科学。"两者各执一词,不能说没有道理,但罗素的定义似乎陷入了虚无主义的态度。

关于"数学"是什么,大概有以下说法:

(1)万物皆数说。"万物皆数"的始作俑者是毕达哥拉斯,他说:"数统治着宇宙。"这一说法在长时间内得到不少人的赞同。苏格拉底甚至强调,学习数学是"为了灵魂本身去学"。柏拉图称"上帝乃几何学家",他在自己学园门上写着:"不懂得几何学的不得入内。"

(2)哲学说。自从古希腊人搞哲学开始,数学就成为哲学问题的重要来源。古希腊的大哲学家几乎都是大数学家,这就难怪为什么他们比较容易从哲学上来定义数学。亚里士多德说:"新的思想家虽说是为了其他事物而研究数学,但他们却把数学和哲学看作是相同的。"

对数学给予哲学的定义,首推欧几里得,欧氏在《原本》中对数学的定义几乎都是从哲学方面提出的。比如:

①点是没有部分的那种东西;

②线是没有宽度的长度;

③直线是同其中各点看齐的线;

④面是只有长度和宽度的那种东西;

……

⑮圆是包含在一(曲)线里的那种平面图形,使得从其内某一点达到该线的所有直线彼此相等;

……

　　牛顿在其《自然哲学之数学原理》第一版序言中曾说,他是把这本书"作为哲学的数学原理的著作","在哲学范围内尽量把数学问题呈现出来"。罗素则更直接,他说:"为了创造一种健康的哲学,你应该抛弃形而上学,且要成为一个好数学家。"他把数学的素养作为创造健康哲学的基本条件。

　　(3)符号说。数学被人们普遍公认为是一种高级语言,是符号的世界。伽利略的一段话流传颇广,即:"宇宙是永远放在我们面前的一本大书,哲学就写在这本书上。但是,如果不首先掌握它的语言和符号,就不能理解它。这本书是用数学写的,它的符号是三角形、圆和其他图形,不借助于它们就一个字也看不懂,没有它们就只会在黑暗的迷宫中踯躅。"

　　(4)科学说。此说认为,数学是一门科学。C. F. 高斯说:"数学,科学的皇后;算术,数学的皇后。"培根说:"数学是科学的大门和钥匙。"赫尔巴黎说:"数学是我们时代有势力的科学,它不声不响地扩大它所征服的领域;那种不用数学为自己服务的人将会发现数学被别人用来反对他自己。"

　　(5)模型说。把数学定义为模型古已有之。怀特海认为:"数学的本质就是研究相关模式的最显著的实例。"约翰逊·格伦说:"数学为逻辑提供了一个理想的模型,它的表达是清晰的和准确的,它的结论是确定的,它有着新颖和多种多样的领域,它具有增进力量的抽象性,它具有预言事件的能力,它能间接地度量数量,它有着无限的创造机会……"雷尼说:"甚至一个粗糙的数学模型也能帮助我们更好地理解一个实际的情况。"除以上这些说法之外,还有很多,比如创新说、工具说、审美说、逻辑说、直觉说、结构说、集合说、活动说、艺术说,但不管哪种说法,都很难用一句话把数学说全,这可能就是数学异于其他科学而作为文化的最主要的特点,数学是属于世界的,它几乎无所不有。

2. 关于数学文化的学科体系

数学文化的体系框架是什么? 或者说它的支撑点是什么? 我在这里提出现实世界、概念定义和模型结构的数学文化的"三元结构",三者缺一不可。数学起源于现实世界,特别是现实世界中发生在人与自然之间的诸多问题,是数学科学的基础。人们通过对现实世界的大量观察以及对这些问题间相互关系的了解,包括借助经验的发展,经过类比、归纳,当然其中有逻辑的也有非逻辑的,进而抽象出概念(包括一些定义或公理)。

概念定义是理性了的东西。定义、公设、定理,从根本上讲,比较真实地反映了现实世界的诸多关系和内容。比如,欧氏几何的定义、公设、定理,2000多年来一直被人们奉为经典,就是因为它解决了人们生活实践中的问题。

S.麦克莱恩把人类活动直接导致的部分数学分支列举如下:

计数:算术和数论;

度量:实数,演算,分析;

形状:几何学,拓扑学;

造型(如在建筑学中):对称性,群论;

估计:概率,测度论,统计学;

运动:力学,微积分学,动力学;

证明:逻辑;

分组:集合论,组合论。

人类的这些不同活动不是完全独立的,它们以复杂的方式相互作用、活动。这些活动给人类提供了对象和运算,同时也导致了后来嵌入形式公理系统各种概念。数学概念的形成,是人们对客观世界认识科学性的具体体现。数学概念的抽象、归纳,实际上为建立模型奠定了基础。数起源于人类各式各样的实践活动,又从这些活动中抽象出许多一般的但又不是任意的、有确切内容和明确含意的概念,然后将这些概念应用到现实世界中去,把问题化归为一种形式结构,这就是我们讲的模型结构。模型是数学思想活的灵魂,千姿百态的模型,反映了一个精彩纷呈的世界。

事实上,相对于数学模型,有时数学对象具有一种双重意义。单就其所表现的要领以及形式结构而言,数学模型是对现实世界的对象物化了的东西,它已经不是原来的对象,不是一个真实的存在,而是一个抽象过后的产物。然而,就它蕴含的内容来看,数学概念、形式结构,又的确是客观世界的真实反映,不然:

为什么物体运动的牛顿力学的形式计算被证实是符合实际运动的?

为什么微分方程边值问题的理论性质能极适当地描述电子学、光学、机械学、流体力学、电动力学的许多现象?

为什么微积分对物理学和对经济学的局部极大值问题都适用?

所以,从现实世界中经过逻辑的、非逻辑的诸多方法,化归抽象出一些基本的概念、定义,然后再用这些定义、概念去梳理和构建现实世界中的各种数学模型,以便给出确切的数、量、形关系。归纳、抽象、演绎、构模、计算,这就是数学的本质和魅力所在。

3. 关于数学文化的外延性特点

数学文化外延非常宽泛,它涉及多种学科。马克思早就说过:"一种科学只有成功地运用数学时,才算真正达到完善的程度。"近年来,特别是数学文化在人文、社会、科技进步等方面的成功渗透,更充分地证明了马克思这一论断的正确性。

数学与教育、数学与文化、数学与史学、数学与哲学、数学与社会学、数学与高科技等交叉的方面,都派生出一些新的学科生长点。以数学与经济学的结合为例,数学与经济学可以说密不可分,以至于在今天不懂数学就无法研究经济。在宏观经济活动中如何及时刹住经济过热,又不至于滑入灾难性的经济衰退的危险中,可从最优控制理论获取方法上的帮助。正是由于运用了控制理论和梯度法,人们求解了韩国经济的最优计划模型。在微观经济中,数学的作用也极为广泛。比如在提高产品的成功率方面,若某一产品的质量是依赖于若干个因素,而这若干个因素的每个因素又都受一些条件的制约,如何挑选出最优搭配,实际上就是一个统计实验设计(SED)的问题。当今世界,运用数学建立经济模型,寻求经济管理中的最佳方案,运用数学方法组织、调度、控制生产过程,从数据处理中获取经济信息等,使得代数学、分析学、概率论和统计数学等大量数学的思想方法进入经济学,并反过来促进了数学学科的发展。今天,可以毫不夸张地说,一位不懂数学的经济学家是绝不会成为一位杰出经济学家的。1969—1981 年间的 13 位诺贝尔经济学奖的获得者中,有 7 位获奖者是因其杰出的数学工作起了主要作用。其中,苏联数学家坎托罗维奇因对物资最优调拨理论的贡献而获 1975 年诺贝尔奖,他被公认为是现代经济数学理论的奠基人;Klein 因"设计预测经济变动的计算机模式"而获 1980 年诺贝尔经济学奖;Tobin 因"投资决策的数学模型"获 1981 年诺贝尔经济学奖;Debren 获 1982—1983 年诺贝尔经济学奖,然而他的主要工作都反映在数学上。

其实,除上面我们列述的许多方面,数学还广泛渗透到其他领域。有位数学家甚至断言:"只要文明不断进步,在下一个两千年里,人类思想中压倒一切的新鲜事物,是数学理智的统治。"①

二、数学文化的哲学观

自从有哲学以来,数学就成为哲学问题的一个重要来源,为哲学的思考与发展提供了丰富的实践环境。古希腊时代的许多大哲学家,多数是大数学家。在他们眼里,数学与哲学是同宗同源的。数学文化的哲学观,从根本上来讲就是把数学作为一门思维学科,特别是其中的哲学思维内容以及比较具体一点的对思维。

1. 关于哲学思维

(1)抽象思维。抽象思维是数学文化哲学思维中最根本、最基础的内容之一,是灵魂。所谓抽象,就是把同类事件中最关键、最根本的本质性的东西拎出来,加以归纳,使其具有更大的推广性和普适性。比如人们常谈到的哥尼斯堡七桥问题,欧拉就是通过抽象,把两岸及两岛想象为四个点(因为点的大小是无关紧要的,事实上几何的点也无大小),把七座桥想象为七条线(线的形状如何,线的宽窄都是无关紧要的,事实上几何的线也无宽窄)。这样,就成了联结四个点的七条线。通过对七桥问题的解决,发现真正的问题是"奇点""偶点"的问题,这就把七桥问题的最本质的东西——组合拓扑性质凸显出来了。今后凡是类似的问题,不管是七桥还是八桥、九桥都可以解决了。

抽象有多种办法来实现,比如强抽象、弱抽象、构象化抽象、公理化抽象等。

---

① 斯蒂恩主编:《今日数学》,上海科学技术出版社,1982年,第38页。

　　(2)逻辑思维。数学不能完全归结为逻辑思维,但逻辑作为数学基础却始终占据着数学哲学最主要的位置。逻辑思维是整个数学科学各分支之间联结的纽带。

　　其一,逻辑思维可以用来检验、证明数学真理。这种检验和证明,主要是借助演绎与归纳的方法:一是通过演绎把数学真理从一般推到个别,二是通过归纳把个别推广到一般。

　　其二,逻辑思维使数学文化系统化、体系化、科学化。逻辑对数学来讲,有时是起一条线的串联作用,它把许多零碎的东西串起来。通过去伪存真、去粗取精、化归统一,最终形成一个抽象的、简洁的、形象的、生动优美的结构系统。罗素说过:"逻辑即数学的青年时代,数学即逻辑的壮年时代,青年与壮年没有截然的分界线,故数学与逻辑亦然。"

　　其三,逻辑思维既可以经过归纳、演绎、推理获得新的结果,也可以重新审视一下已有逻辑,换一种思路,进到一个新的领域中,如前面讲的非欧几何、群论等;再就是根据需要,发展或确立新的数学对象和领域。

　　(3)形象思维。数学中的形象思维是激励人们的想象力和创造力的,它常常导致重要的数学发现。数学中的形象思维具有一般形象思维的性质与内容,但它又与一般的形象思维(专指文学艺术类)不同,它的对象是数学的内容。数学的形象思维,按照徐利治先生的意见可分为四个层次:第一层次为几何思维;第二个层次是类几何思维;第三个层次是数学思维;第四个层次是数学观念的直觉,它类似第三个层次,但这里更强调对数学观念性质、相互联系以及重新组合过程的形象化感觉,由这种形象化感觉而反映出来的直觉,是无法用逻辑思维解释清楚的,但它确实又存在着。

数学文化的形象思维，在其过程中主要借助数学想象，这种想象包括视觉想象、听觉想象和触觉想象。正如维纳所言："就我而言，最有用的资质，乃是广泛持久的记忆力，以及犹如万花筒一般的自由的想象力，这种想象力本身或多或少会向我提供关于极其复杂的思维活动的一系列可能的观点。"

（4）直觉思维。直觉思维是数学哲学思维中的重要内容之一。

首先，这种直觉思维是非逻辑的，不是靠推理和演绎获得的。数学的猜测和想象，都已经具有一定的非逻辑性。越是复杂的数学想象，可能越缺少逻辑。因为在逻辑苍白无力的地方，恰恰是直觉在发挥着重要的作用。直觉思维是一种很可珍贵的精神状态，它的特点就是突然出现和非预期性。这种突然出现，有时如"狂涛暴涨"一样震撼人的心灵，把人引到一种兴高采烈、眉飞色舞的境界。庞加莱曾这样说过："逻辑可以告诉我们走这条路或那条路保证不遇到任何障碍，但是它不能告诉我们哪一条道路能引导我们到达目的地。为此，必须从远处瞭望目标，而数学教导我们瞭望的本领是直觉。没有直觉，数学家就会像这样一个作家：他只是按语法写诗，但是却毫无思想。直觉实际上是一种机敏的洞察力，是一种无法言传身教但又是每个数学家所必不可少的素养。"应当指出的是，数学家们的"神来"之笔及突然"顿悟"，恰恰是平时苦心经营、功夫到家后的水到渠成，是经过千锤百炼之后熟能生巧所产生出的触类旁通。诚然，由于数学直觉思维的非逻辑性、突发性等特点，很难说它有什么规律可循。

2. 关于对思维

数学文化的"对思维"，并非专指矛盾的双方，实际上是指一个问题的两个方面，它集中反映在如下方面：

（1）宏观与微观。对于认识世界来说，哲学着眼于大范围内的宏观考虑，是望远镜，它可以无所限制地任思想自由飞翔。数学则不然，它属于精密科学，来源于实践，不像哲学那么宏观，数学对象是一些具体问题，是一门实践科学，它研究现实世界与人类经验多方面的各种形式模型的结构。数学细致入微，容易进入到一些成熟学科中，并从中获得足够丰富的营养基，拓宽自己的思路，发挥自己的作用。

（2）抽象与具体。哲学所涉及的问题，能够被不同程度地认识和理解，但是，哲学有时往往会有这样的情况，有些问题，看起来似乎很具体，但实际上很模糊，难以驾驭和把握，有一种看似容易实则难的感觉。数学与哲学不一样，数学源于实践，但又研究抽象。数学的定义、定理、公设，是源于实践的，但又是高度抽象的。因此，能进入到数学的领地，不具有相当高的思维水准是不可能的，外行是不可能理解数学的定义、公设和公理的。比如，"点"是什么？"线"是什么？如果一个老师在黑板上用粉笔点一个"点"，再划一根"线"，那"点"和"线"又是很具体的。这时的点、线都是可视的、具体的、容易理解的。

（3）证明与非证明。黑格尔说："证明是数学的灵魂。"数学是研究结构的，通常情况下，如果它受什么条件制约的话，则必有什么性质；假如具备什么条件的话，则必然有什么结果。例如，两个三角形三条边对应成比例，则这两个三角形相似。对应成比例是条件，相似是结论。数学从不先肯定"是什么"，它总是首先注重前提，然后才是结论。

而哲学无须证明，也无须"假设"。哲学的命题从来都是不含糊的、肯定的、唯一的。比如"世界是物质的。""一切事物都包含着矛盾。""物极必反。"……对这些命题，你能说"不"吗？这些命题不要先决条件。

(4)概念的约束与非约束。数学依赖于客观世界,经过抽象形成自己的概念,但概念一旦形成,就有它自己的固有性质了。因此数学概念一旦形成,数学本身也就把自己制约在概念中了。比如 C.康托尔和戴德金在开始建立实数理论时,本打算证明实数与自然数的对应关系,但没有想到结论是实数比自然数多,他们更没有想到一小截线段上的点竟然可以和全部空间的点一一对应。集合论的每一个新发现都使 C.康托尔感到吃惊。其他一些数学概念的形成,都具有同样的道理。哲学则不然,它不受概念的限制与约束。

(5)有限与无限。无限王国,把数学一步一步引向深入。你看:

为解决无限的问题,由欧氏几何产生了非欧几何;

为解决无限的问题,从常量到变量,产生了微积分;

为解决无限的问题,集合论的产生完善了数学大厦的基础;

……

正因为如此,希尔伯特说:"从来就没有任何问题能像无限那样,深深触动着人们的情感;没有任何观念能像无限那样,曾如此卓有成效地激励着人们的理智;也没有任何概念能像无限那样,是如此迫切地需要予以澄清。"我们可以这样考虑问题,多边形是由有限条直线段组成的,把有限化为无限,多边形就变成了一条环形的封闭曲线。

(6)量变与质变。数学是研究事物关系的模型以及对事物运动状态进行描述的科学,其中一个非常重要的本质性问题就是量变与质变的问题。比如,若一平面与一个圆锥相截,其截口的几何图形的性质就会随平面与圆锥体截面的交角不同而变化,若交角是直角,则截面是圆;若交角稍变一点(大于 90°或小于 90°是一个道理),则截面是椭圆;若再变下去,当变到一个关键点时,椭圆就变成抛物线了。再比如对数曲线,它的每一个循环,都呈一种攀升的螺旋状式周期变化,我们可以看作是否定之否定的结果。

(7)必然性和偶然性。准确地给出一个大家都能接受的关于偶然与必然的哲学定义,是十分困难的。数学中的概率论,为我们科学认识必然与偶然提供了最佳工具。W. S. Jerons 说,概率论是生活真正的领路人,如果没有对概率的某种估计,那么我们就寸步难行,无所作为。拉普拉斯(Laplace)称,虽然它(概率论)是从某一低级的赌博开始的,但它却已成为人类知识中最重要的领域。概率论的目的就是从偶然中探求必然的规律,它是机遇的模型,这种模型面对的是自然界中的必然现象和随机现象(我们称之为偶然现象)。

三、数学文化的社会观

我们将数学作为一种文化来思考,还有一个原因,就是它具有明显的社会化功能:

1.符号功能。符号是数学抽象物的表现形式。M. 克莱因称:"数学的另一个重要特征是它的符号语言。如同音乐利用符号来代表和传播声音一样,数学也用符号表示数量关系和空间形式。凭借数学语言的严密性和简洁性,数学家们就可以表达和研究数学思想,这些思想如果用普通语言表达出来,就会显得冗长不堪。这种简洁性有助于思维的效率。"美国数学史家 D. J. 斯特洛伊克曾经指出:"一种合适的符号要比一种不良的符号更能反映真理,而合适的符号,它就带着自己的生命出现,并且它又创造出新生命来。"数学符号的这种奇特性质受到人们的普遍注意。许多数学家都有一种感觉,从符号中得到的东西比输入的更多,它们好像比它们的创造者更聪明。有些符号似乎具备一些神奇的力量,能在其内部传播变革和创造性发展的种子。有些时候,可能仅仅是由于选择到适当的符号,就会导致十分重要的数学成果。

2. 模型功能。甚至一个粗糙的数学模型也能帮助我们更好地理解一个实际的问题。一个数学模型即使导出了与事实不符合的结果,它也还可能是有价值的,因为一个模型的失败可以帮助我们去寻找更好的模型。数学模型的最优之处,就是它扬弃了具体事物中的一切与研究目标无本质联系的各种具体的物质属性,是在一种纯粹状态下的数量、关系的结构,因此更具有普适性。数学学科以外的诸多自然科学和人文、社会科学,只有成功地建立起数学模型,才算得上趋于成熟和完善。国际数学教育委员会将数学教育的研究课题分为 15 个专题,其中第 7 个方面的问题是"问题解决,模型化和应用",他们把解题和构造模型放在一起,称之为当今数学教育发展的三大趋势之一。

3. 审美功能。数学文化的另一个重要功能是在美学方面,这种功能是鼓舞人们把对数学的追求化为一种对审美的追求。人们期待它的构造在"美学上"的"雅致性"和在叙述问题时的自如性,如果你能自如地叙述问题,把握它和企图解决它,那么你在某些使人惊奇的探索过程中遇到的曲折会变得少很多。如果推导是冗长的或者复杂的,那就应该存在某些简单的一般原则,可以用来"说明"复杂性和曲折性。这些标准显然就是对任何创造性艺术所提的标准。

罗素这位数学大师就曾这样毫不掩饰地说过:"数学,如果正确地看它,则具有……至高无上的美——正像雕刻的美,是一种冷而严肃的美,这种美不是投合我们天性的微弱的方面,这种美没有绘画或音乐的那些华丽的装饰,它可以纯净到崇高的地步,能够达到严格的只有最伟大的艺术才能显示的那种完美的境地。一种真实的喜悦的精神,一种精神上的亢奋,一种觉得高于人的意识——这些是至善至美的标准,能够在诗里得到,也能够在数学里得到。"

4. 数学是推动社会发展的先进生产力。著名数学家 A. Kaplan 指出:"由于最近 20 年的进步,社会科学的许多重要领域已经发展到不懂数学的人望尘莫及的阶段。"在人类社会的发展史上,有三次重大的社会进步是与数学密切相关的。第一次是牛顿时代的科学革命,牛顿用几个最著名的数学公式去描绘宇宙图景:

$F = G \cdot m_1 m_2 / r^2$(万有引力定律)

$F = ma$(牛顿运动定律)

还有微积分等。牛顿使科学在社会上取得重要地位,成为 18 世纪思想启蒙运动的先导者之一。第二次是达尔文进化论影响了他的表弟哥尔顿发展了相关及回归的概念,孟德尔遗传规律的发现和发展引发了数理统计的建立和发展,今天,统计数学已成为发展的重要工具。第三次,也是最近的,就是计算机的产生与发展,导致了人类社会的重大变化,人类已由过去的工业经济进入到信息化时代,以至知识经济时代。

数学研究现实世界的数量关系和空间形式。数学中的根本矛盾,在于数学从纯粹形态上研究现实形式和关系。数学发展过程中不断出现矛盾又不断解决矛盾。数学本身由于研究变数而进入辩证法的领域。数学在推动可持续发展,实现科技进步最优化,以及经济发展等方面都有不可替代的作用。美国国家研究委员会所属的数学委员会在一份报告中，曾就数学科学对于经济竞争力的生死攸关性给出了六点说明，以说明数学在技术转移中的作用。

四、数学文化的美学观

数学文化的美学观是构成数学文化的重要内容。古代哲学家、数学家普洛克拉斯断言："哪里有数，哪里就有美。"开普勒也说，"数学是这个世界之美的原型"。对数学文化的审美追求已成为数学得以发展的重要原动力，以至法国诗人诺瓦利也曾高唱："纯数学是一门科学，同时也是一门艺术。""既是科学家同时又是艺术家的数学工作者，是大地上唯一的幸运儿。"古往今来，许多数学家、哲学家都把"美"作为决定选题、选题标准和成功标准的一种评价尺度，甚至把"美的考虑"放在高于一切的位置。著名数学家冯·诺伊曼就曾写道："我认为数学家无论是选择题材还是判断成功的标准，主要都是美学的。"庞加莱则更明确地说："数学家们非常重视他们的方法和理论是否优美，这并非华而不实的作风，那么，到底是什么使我们感到一个解答、一个证明优美呢？那就是各个部分之间的和谐、对称，恰到好处的平衡。一句话，那就是井然有序、统一协调，从而使我们对整体以及细节都能有清楚的认识和理解，这正是产生伟大成果的地方。"

数学家 L. 斯思也曾指出："在数学定理的评价中，审美的标准既重于逻辑的标准，也重于实用的标准；美观与高雅对数学概念的评价来说，比是否严格正确、是否可能应用都重要得多。"显然，这种"美学至上"的观点是片面的。因为，数学的"审美标准"与"实践的标准"事实上是互相联系的，而且，美学的考虑之所以有意义,主要也就因为它能预示相应的研究是否会"富有成果"。

审美追求作为数学发展的重要原动力,其中一个主要内容就是创造性的需要,它起着一种激活作用。冯·诺伊曼说:"数学家成功与否和他的努力是否值得的主观标准,是非常自足的、美学的、不受(或近乎不受)经验的影响。"因此,冯·诺伊曼断言:"数学思想一旦……被构思出来,这门科学就开始经历它本身所特有的生命,把它比作创造性的、受几乎一切审美因素支配的学科,就比把它比作别的事物特别是经验科学要更好一些。"可见,审美作为一种支配因素,对数学科学的发展是多么重要。

数学美的主要内容一般反映在对称美、简洁美、奇异美等方面。

高等数学发展到今天,数学内容和含意高度抽象深刻,符号也愈益丰富。例如:

$\propto$　　正比于;

$\gg$　　远大于;

$a \equiv b \pmod{m}$　　a 与 b 对模 m 同余(即 $a-b$ 被 m 整除);

$\oint$　沿正方向闭路积分;

$\forall$　一切的、所有的、任意的,对于每一个;

$\exists$　存在、至少有一个。

当你掌握了这些语言的时候,就会更加体会到数学符号的精炼、准确、简洁,无懈可击,更了解数学美。据说,大数学家高斯有一个思维特点,他的著作力求简洁、清晰、优美。他时常提醒并要求自己"把每一种数学讨论压缩成最简洁优美的形式"。

奇异美就是数学文化中的创造性美。培根说:"没有一个极美的东西不是在调和中有着某些奇异!"的确如此。比如说,在数学中,曲线上的奇点,微分方程的奇解,线性代数中的奇异矩阵,分析中的奇异积分,奇异函数(即广义函数——分布),复变函数中的孤立奇点等所带给我们的美学思考,很值得研究。其中不少奇异之处恰好是最值得注意的地方。谈到数学的奇异美,是不能不讲优美漂亮的欧拉公式的:

$$e^{-2\pi i}=1$$

在这里,我们不能把它简单地看成只是一个公式而已。事实上,只要我们稍微仔细分析,就会发现它的神奇和不可思议:

"1"是实数中最基本的单位,有丰富的内涵,它是整数的单位,数字的始祖。是真分数(纯小数)和整数的分水岭。远古人类能抽象出 1 这个概念的时候,便是数学的真正萌芽。1 也可以代表事物的整体,或者各部分的总体,甚至整个宇宙,这就是所谓"浑一"。

i 是复数的基本单位,它来源于解二次方程 $x^2+1=0$,长期被人们认为不可捉摸。

π 是圆周率。一位德国数学家指出:"在数学史上,许多国家的数学家都找过更精密的圆周率,因此,圆周率的精确度可以作为衡量一个国家数学发展水平的标志。"

奇异美是建立在求异思维的基础上的。比如,有理数稍一扩展,新数就被称为"无理"的;实数再一扩展,新数就被叫做"虚"的。实数之后出现"超实数",复数之后出现"超复数",有穷数之后又有"超穷数"……

和谐是数学美的最高境界。实际上,和谐就是一个度,是一种中庸的最佳状态。比例是关于模数与整体在测量上的协调。比例给人一种和谐,莫过于黄金分割法。

数学所讨论的宇宙,远比现实的所谓宇宙宏伟雄大;通常所说的宇宙只是三维空间,而数学则建立起了仅把三维空间作为一部分的四维空间、五维空间……n 维空间。数学是一座远远地超越了我们想象的华丽宫殿，站在这个无比庄严、宏伟的宫殿前的数学家们，以崇敬赞叹的目光远眺着它的壮观、它的美妙，那些能够感受到这种数学美、宇宙美的人，是可以被称之为爱因斯坦所谓的"有宇宙宗教性的人"。

五、数学文化的创新观

英国数学家哈代（H. Hankel）说过："在大多数科学里，一代人要推倒另一代人所修筑的东西，一个人所树立的另一个人要加以摧毁。只有数学，每一代人都能在旧建筑上增添一层楼。"数学文化几千年的发展实践已经充分说明了这一点。为什么说数学能够不断建立起新的楼层？数学是一门创造性的学科，一方面它是一种创造性活动，另一方面它为自然现象提供合理结构，这是其他学科所望尘莫及的。创新是数学文化发展的强大活力，没有创新，数学就会停滞不前。

数学是人类科学文化中的基础性学科之一，它具有典型的学科独立性，不受其他学科的制约，它不像物理、化学、天文等受制于数学，缺少一种独立性。数学的创新特点主要有两个方面：一是原创性（发明和发现），二是继承性（亦即创造性地去完善）。

原创性，是指数学文化在其形成过程中的一些最基本的原理和内容，这些内容不是由其他学科延伸发展过来的，而是由人们在生产实践中直接发明或发现的。这种原创性得到许多著名学者和大师的公认。爱因斯坦在 1940 年美国科学会议的报告中，甚至这样给物理学下了一个定义："在我们的全部知识中，那个能够用数学语言表达的部分，就划为物理学的领域。随着科学的进步,物理学的领域扩张到这样的程度,它似乎只为这种方法本身的界限所限制。"我体会,这种方法就是指数学的方法。后来他又讲过,"理论物理学家越来越不得不服从于纯数学的形式的支配",理论物理的"创造性原则寓于数学之中"。

我们讲数学的原创性特色,是就它的思想源、辐射源而言的。众所周知的欧氏几何的公设、定义、定理都具有典型的原创性。比如关于点、线(直线)、面、圆的定义等就充分反映了这种原创性。这些内容直到今天,人们仍然使用,具有明显的原创性特色。另外,笛卡尔关于坐标的建立,也是一项非凡的创造性工作。笛卡尔认为,数学方法超出它的对象之外。他说:"它是一个知识工具,比任何其他由于人的作用而得来的知识工具更为有力,因而它是所有其他知识工具的源泉。"正是由于数学文化的原创性,所以它对其他新兴学科也起到了重要的支撑作用。

继承性(创造性地去完善)。与原创性创新相比,继承性创新同样具有不可忽视的作用,特别是对推动科学发展具有重要价值。比如,欧氏几何是原创性的工作,它把数学变成一门不依赖经验主义的纯粹科学。但是,2000多年间,欧氏几何仍然有很多缺陷,甚至是严重缺陷,一直困扰着学术界。直到希尔伯特的《几何基础》在1899年出版,才从根本上修正了这些缺陷,建立起新的几何学基础。

再比如,20世纪中叶的查德创立了模糊集合论,这也是一项原创性的工作。尔后,人们又在此基础上建立了模糊测度、模糊拓扑等。尽管这些工作是继承性的,但它对推动学科发展作用很大。实际上,一门学科的完善、发展,继承性创新工作不可忽视。因为一门学科的完善,特别是作为支撑这门学科的那些关键性理论框架结构、定理、定律、公式、模型等,往往要经过反复推敲、改进、验证，使其越来越清晰、明了、简洁，不仅方便推广和深入人心，同时也可在科学研究和生产实践中发挥更大作用。像 20 世纪六七十年代华罗庚教授对优选法的推广就是最好的例证。

六、结语

从文化的角度去看数学，是一个新问题，因此，本文的一些看法、设想只能是一家之言。不过我相信，一旦你踏进数学文化的门槛，就会惊奇地发现这是一个美轮美奂的奇异世界。而本文所提及的一些东西还只是隔岸观火的皮毛，相信随着人们对数学文化的深入研究，数学一定会呈现给人类一个更加精彩的世界。

原载于《自然杂志》2001 年第 1 期

我为什么要写《数学文化》

　　如何评价摆在读者面前的《数学文化》，这是读者的事了。但是我自己应该有一个起码的认识。我想，就这本书而言，我希望她基本上是一个健康的足月儿。不过，这确实是有点奢望了。既然已经生出来了，世人评说就由不得自己了。到目前为止，我未见报道过关于数学文化方面的专著，虽然此前国内外出版了一些类似的书，但大都是从某一方面论述或研究数学与文化、哲学、社会等方面的内容，这些书的作者并没有把数学单独作为一门文化来研究，且给出数学文化的严格的学科定义与框架结构。因此，这在客观上就增加了本书写作的难度。其中，主要表现在参考书少，也缺乏参照系。但从另一角度看，也有令人高兴的地方，那就是使得我们面前这个不太成样子的东西，有机会成为数学文化学科里的一块引玉之砖，这是令人欣慰的。它使我想起了一位比牛顿晚生了大约整整一个世纪的著名数学家拉格朗日，他在评价牛顿时，不无溢美又有一点遗憾地说："牛顿，无疑是特别有天才的人，但是我们也必须承认，他也是最幸福的人，一个人建立世界体系的机会只有一次。"他又说："牛顿是多么幸运啊，在他那个时候，世界的体系仍然有待开发呢！"①当然，我这里绝无类比的意

①〔美〕E. T. 贝尔著，徐源译：《数学精英》，商务印书馆，1994年，第197页。

思,而只是说,能有机会写这样一本《数学文化》的感觉,或者说踏进这块处女地是幸运的。

我为什么要写这本书呢?

首先,最直接的原因是,我认为数学文化在提高人的素质,推动社会进步方面扮演的角色太重要了。诚如一位大数学家讲的,一个时代的总的特征在很大程度上与这个时代的数学活动密切相关。著名科学家、X射线的发现者伦琴在被问到科学工作者必须具备什么素养时,他回答说:"第一是数学,第二是数学,第三还是数学。"《数学家言行录》一书中有一部分是专门记录对数学的评价的,其中许多内容深刻论述了数学教育与人的素质之间的关系,比如:

1.数学能够集中、加速和强化人们的注意力,能够给人发明创造的精细与谨慎的谦虚精神,能够激发人们追求真理的勇气和自信心……数学比起任何其他学科来,更能使学生得到充实和增添知识的光辉,更能锻炼和发挥学生们探索事理的独立工作能力。

——狄尔曼(E. Dillamnn)

2.教育孩子的目标应该是逐步地组合他们的知和行。在各种学科中,数学是最能实现这一目标的学科。

——康德·依曼努尔(Kant Immanuel)

3.一门科学都有制怒和消除易怒情绪的功效,其中尤以数学的制怒功效最为显著。

——鲁什(Rush)

4.数学能唤起热情而抑制急躁,净化灵魂而使之杜绝偏见与错误。恶习乃是错误、混乱和虚伪的根源,所有的真理都与此抗衡。而数学真理更有益于青年人摒弃恶习。

——阿尔布斯纳特·约翰(Arbuthnot John)

再比如,数学家迪玛林斯(B. Demollins)说:

　　没有数学,我们无法看透哲学的深度;没有哲学,人们也无法看透数学的深度;而若没有两者,人们就什么也看不透。

数学家艾伦多弗(C. B. Allendoerfer)说:

　　当前最令人兴奋的发展是在社会科学和生物科学中数学模型的构造。

A. Kaplan 指出:

　　由于最近 20 年的进步,社会科学的许多重要领域已经发展到不懂数学的人望尘莫及的阶段……我们向读者提出,在社会科学中不断扩大的数学语言的应用是具有重要意义的。

A. N. Rao 指出:

　　一个国家的科学的进步可以用它消耗的数学来度量。①

M. 克莱因说:

　　数学不仅是一种方法,一门艺术或一种语言。数学更主要的是一门有着丰富内容的知识体系,其内容对自然科学家、社会科学家、哲学家、逻辑学家和艺术家十分有用,同时影响着政治家和神学家的学说;满足了人类探索宇宙的好奇心和对美妙音乐的冥想;甚至可能有时以难以察觉到的方式但无可置疑地影响着现代历史的进程。

　　实际上,在现代经验科学中,能否接受数学方法已越来越成为学科成功与否的主要判别标准。

　　应该指出的是,近代科学的发展,使得数学成为表现科学的

————————

①转引自张顺燕:《数学的思想、方法和应用》,北京大学出版社,1997 年,第 7—8 页。

理想形态的最好方式,数学化已经进一步成为科学所追求的目标。胡塞尔已指出了这一点:"通过伽利略对自然的数学化,自然本身在新的数学的指导下被理念化了;自然本身成为用现代的方式来表达———一种数学的集(Mannigfaltigkeit)。"①诚然,自然的数学化往往意味着将自然还原为数量关系及形式的结构,其逻辑的结果则是远离日常的、具体的世界。在数学的模型与符号的结构中,世界常常失去了感性的光辉。对此,雅克·马利坦作了如下评价:"科学(在同哲学相区别的意义上)越来越倾向于自身的纯粹形式,这实际上表明了它不是智慧的一种形式。它在科学中构成的一个自主解释的世界,以及成为一个去除了可感现象的概念的符号系统,就揭示了这一点。"②但是,不管怎么说,对超越混沌的直观,达到认识的严密性,无疑具有不可忽视的意义。

………

或许正是由于人类进步,才把数学推到这样重要位置的,所以 1992 年联合国教科文组织在里约热内卢宣布"2000 年是世界数学年",其目的在于加强数学与社会的联系。里约热内卢宣言明确指出:"纯粹数学与应用数学是理解世界及其发展的一把主要钥匙。"

人类文明的进步需要这把钥匙,中国的现代化需要这把钥匙。

早在 1959 年 5 月,著名数学家华罗庚就在《人民日报》上发

———————

① 〔德〕胡塞尔著,张庆熊译:《欧洲科学危机与超验现象学》,上海译文出版社,1988 年,第 27 页。
② 〔法〕雅克·马利坦著,尹令黎、王平译:《科学与智慧》,上海社会科学院出版社,1992 年,第 32 页。

表了《大哉数学之为用》,精彩地论述"宇宙之大,粒子之微,火箭之速,化工之巧,地球之变,生物之谜,日用之繁"等方面,无处不有数学的重要贡献。中国科学院数学物理学部由王梓坤先生起草的《今日数学及其应用》课题报告中,特别强调了数学的贡献,他说:"数学的贡献在于对整个科学技术(尤其是高新技术)水平的推进与提高,对科技人才的培养和滋润,对经济建设的繁荣,对全体人民的科学思维与文化素质的哺育,这四方面的作用是极为巨大的,也是其他学科所不能全面比拟的。"①

前任武汉大学校长齐民友教授甚至说:"没有现代的数学就不会有现代的文化,没有现代数学的文化是注定要衰落的。"

美国科学院院士 J. G. Glimm 曾幽默地说过一句话:"40 年前中国有句话说'枪杆子里面出政权',而从 90 年代起,在全球应是'科学技术里面出政权'。"

高技术是保持国家科技竞争力的关键因素,而高新技术的基础是基础研究,基础研究的基础是数学。

近年来,数学教学作为培养高层次人才的重要内容之一,已越来越受到全社会特别是高等学校的重视。南京大学在全校学生中(包括全部人文、社会科学)开设高等数学课,学生必须参加全校数学统考且过关,否则不授予学位。北京大学从 1994 年起,也第一次为文科实验班,文、史、国际政治、外语等专业开设高等数学。但是,对更多的学校来说,普及高等数学的任务还相当艰巨。据说,美国大学招生的 SAT(能力测验)只考数学和英语两个科目,各科满分是 800 分。1997 年,数学平均 515 分,英语

①严士健主编:《面向 21 世纪的中国数学教育》,江苏教育出版社,1994 年,第 34 页。

506 分。

二是我个人的体会。近年来，我接触了一些年轻人，包括我自己指导的研究生。在与他们的交往以及指导研究生论文的过程里，我发现，有些人尽管说话条条是道，或者说已经占有了大量资料和素材，甚至有的资料可以倒背如流，但是做起文章来，往往不着要领，思路不清楚，立意不新颖，缺少思想火花。之所以如此，我以为一个重要的原因就是他们缺少方法论方面的基本素养。而方法论方面的基本知识，除了从哲学中获取，还应从数学那里获取。历史地看方法论，我以为是数、哲同源。我后来就经常介绍他们看一些数学、哲学方面的书，特别是数学方面的书。大多数人反映啃起来很痛苦，但有少数硬着头皮坚持下来的，说读了数学之后，简直是顿开茅塞，获益匪浅，真有点开窍了的感觉。所以，我也就产生了要写一本数学方面的书的想法。因为哲学这方面的书太多了，可以说汗牛充栋，无须我再浪费时间，况且哲学的深奥也是我力所不逮的。

三是自己具备一些基本条件。这些年来，我主要从事文化方面的研究，包括中西文化比较，中国传统文化，以及结合我从事的工作而进行的新闻文化方面的研究，应当说我对文化问题有一些自己的想法。再者从所学专业来讲，我本来是南京大学数学专业毕业的，虽说读书时受左的思潮影响，一些课程没有学好，加上二十年又不搞数学，以致大部分东西都已还给老师了。不过有时心血来潮，再翻翻数学专业方面的书，一些基本东西还是可以温习掌握的。因此，从这个意义上来说，由我来搞数学文化，兼跨两个行当，有一定优势，既不像一些纯搞文的人来搞数学，那可以说如读天书；而对大多数一直搞数学的人来讲，同时具有较好文化研究方面素养的也不多见。

四是近年来在数学与文化研究方面取得的成果。国内学术界，这些年来出版或者翻译出版了一些数学与文化方面的著作，取得了一些重要成果。应当承认，由于多方面的原因，有些很不错的书，未在社会上产生大的反响。比如湖南教育出版社翻译出版了一批国外的数学思想史、方法论方面的书。所有这些，尽管不是从一个完整的体系上研究数学文化，但也从多方面提供了可资借鉴的东西，拓宽了我的视野，增强了我的信心。还有，我在新闻文化研究方面已经出版了三本书，从写作的体例上，也为我撰写《数学文化》提供了经验。

采用什么样的体例，或者说怎样写，如何定位，这是写作这本书碰到的第一个问题。我想，首先这不是一本数学专著，写数学专著是数学家的事，再说我也力不能及。当然，这也不是一本科普读物，它既不同于克莱因的《古今数学思想史》，也不同于 R. 柯朗、H. 罗宾的《数学是什么》。《古今数学思想史》原著洋洋洒洒51 章共 1230 页，翻译本有 1435 页。我写这本《数学文化》，是把数学当作一种文化去研究，当作一种文化现象、思想方法、艺术追求。早在明末清初，我国就有一批志士先贤以包容的心态接受了西方传进的数学思想，把数学看成是一种崭新的文化，是人类如何对待世界的一种新的态度，新的思维方法。最典型的要数徐光启翻译了欧几里得的《几何原本》。他在一篇《几何原本杂议》中说："此书有四不必：不必疑，不必揣，不必试，不必改。有四不可得：欲脱之而不可得，欲驳之而不可得，欲减之而不可得，欲前后更置之而不可得。有三至三能：似至晦，实至明，故能以其明明他物之至晦；似至繁，实至简，故能以其简简他物之至繁；似至难，实至易，故能以其易易他物之至难。易生于简，简生于明，综其妙，简明而已。"当时徐光启已充分认识到这种新数学的特点在于它追求完全确定的知识,并以此驾驭人类的一切知识。特别是在提高人的认识能力的作用上,他说:"此书为益,能令学理者祛其浮气,练其精心;学事者资其定法,发其巧思。故举世无一人不当学。"在与当时(17世纪初)中国固有的数学文化比较时,徐光启尖锐地批评了封建社会末期中国文化中的落后成分,这就是"其一为名理之儒,土苴天下之实事;其一为妖妄之术,谬言数有神理"。三百多年前的徐光启正是按这个意义来理解现代数学作为一种新的文化的意义的。

可以这样说,没有任何一种科学能像数学那样泽被后人。数学是一种完全的可靠的知识,是一种科学,它给人以理性。

爱因斯坦在谈到数学时说:

> 为什么数学比其他一切科学受到特殊的尊重,一个理由是它的命题是绝对可靠的和无可争辩的,而其他一切科学的命题在某种程度上都是可争辩的,并且经常处于会被新发现的事实推翻的危险之中。[1]

> 数学之所以有高声誉,还有另一个理由,那就是数学给予精密自然科学以某种程度的可靠性,没有数学,这些科学是达不到这种可靠性的。[2]

把数学作为一种文化研究,还在于它表现了一种前所未有的探索精神,创新精神,它的理性思维的功能发挥得淋漓尽致,它给人提供的不仅仅只是思维模式,同时又是一种有力的解决问题的工具和武器,既反映了思维上的合理性和价值趋向,又拓展了人们的思想解放之路,因为数学常常是自己否定自己的。

---

[1]《爱因斯坦文集》(第一卷),商务印书馆,1994年,第136页。
[2]《爱因斯坦文集》(第一卷),商务印书馆,1994年,第136页。

　　正是基于上面的这些原因和想法,我在本书中提出了数学文化的学科观、社会观、哲学观、美学观、创新观、方法论等,试图从数学文化的内涵和外延方面,尽量给人一个清晰的轮廓,最终使数学和非数学专业的人都能从中获得一种知识思维的力量,推动人们的素质提高。

　　一般讲,每个人都有一个或几个美好的愿望。美好的愿望能给人以力量。但是,美好愿望的实现往往与付出的劳动成正比,愿望越美妙,那付出的劳动就越大。我产生写《数学文化》的想法最早始于1991年。记得1997年看到一本《数学精英》(这是美国著名数学家贝尔写的,由商务印书馆于1994年翻译出版),其中有一节是这样写的:

　　　　当我们开始从数学史中理出一条特殊的线索时,我们很快就会产生一种沮丧的感觉:数学本身就像一个巨大的墓地,不断添进需要永久纪念的新死者。对这些新死者,如同对5000年前为永久纪念而安葬在里面的那少数死者一样,必须这样展示,以使他们似乎仍保持着生前充沛的活力;事实上,必须造成这样的幻觉:他们的生命从来也没有终止。这种假象必须十分自然,甚至挖掘这一陵墓的最多疑的考古学家也会为之感动,而与活着的数学家们一起宣称:数学真理是不朽的、不可磨灭的。昨天如此,今天如此,永远如此;它们是形成永恒真理的真正材料,是人类在生、死和衰退的循环往复背后瞥见的永恒。

　　　　对于任何科学的进步,发明者和完善者都是必要的。每一个探索者,除了他的"侦察兵"以外,还必须有追随者,由他们去告知世界他发现了些什么。但是对人类的大多数来说,公正与否无关紧要。首先指出新途径的探索者更引人注目,即便他本人只向前蹒跚地跨出了半步。因而我们将追随创造者而非发展者。幸而历史是公正的,数学上大多数开创者也是无可匹敌的发展者。

为发明那些现在视为常识般简单的东西——例如,我们写数字的方式,它的值的"定位系统",以及符号零的引进,后者最终完善了定位系统——人们花费了难以置信的劳动。甚至更简单的东西,包括最基本的数学思想——抽象和概括,人们一定也经过了多少个世纪的斗争才设想出来;然而,它们的创始人已经湮没无闻,他们的生活和特点没有留下任何痕迹。比如,伯特兰·罗素曾说过:"一定经过了许多年代,人们才发现了一对野鸡和两天都是数字 2 的例子。"罗素自己的"2"或任何其他正整数的逻辑定义的形成,大约经过了 25 个世纪的文明。

还有,我们在开始学习几何时就(错误地)认为我们完全了解了的点的概念,它在人类作为一个艺术的、洞穴绘图动物的生涯中,一定出现得很晚。英国的数学物理学家拉姆·霍勒斯就曾想要"为那些把数学点做了最高类型的抽象的无名数学发明者竖一座纪念碑,因为这种抽象从一开始就是科学工作的必要条件"。

那么,究竟是谁发明了数学点呢?在某种意义上是兰姆的被忘却了的人;在另一种意义上,是欧几里得及他的定义"一个点就是既无大小也无长度";而在第三种意义上是笛卡尔及他的"点的坐标"的发明;直至最后,正如一些专家今天在几何学中所作的,神秘的"点"被一些更为有用的东西——以确定次序写成的一系列数——所代替。它们把被忘却了的人和他全部永久湮没了的神联系在一起。①

抄录完上面这一大段话后，我掩卷沉思，思绪万千。

我想，人类文明的生生不息，总是薪尽火传的。无数的人都在如数学的"点"那样去做出自己的工作，但是真正像"点"一样刻写在那块发明者的纪念碑上的人毕竟是少数，但人们并没有因此而失去追求。

因此，那次阅读之后，我完成了一本《数学文化导论》，并于1999年由南京大学出版社出版。《数学文化导论》出版7年来，一直受到学界的关心。随着时间的推移，我对那本书越来越不满意，且有了一些新资料和新想法。2006年秋天，我到北京遇着老朋友，清华大学出版社梁恩忠先生，我告诉他想出一本新的数学文化的书的想法，他很支持。2006年11月下旬，我接到恩忠的信及合同书，知道选题已获批准，便立即投入写作工作，期望能早日交稿。

从体系到内容，《数学文化》对《数学文化导论》都是一个大的超越。首先是调整了体系结构，增加了"数学文化的学科体系"的内容，提出数学文化体系的"元"概念，特别是关于数学文化体系的"三元结构"。应当说，这个思想还是有创意的。用自在价值、应用价值、工具价值构建数学文化的学科体系，具备了较高的理论思维和开阔的学术视野。

其次是增加了一些较直观的图例，比如在讲到逻辑思维时，增加了一部分关于"错觉"的内容，让人在欣赏中不自觉地就获得了知识。包括对弱抽象与强抽象的理解，也和第一版时有明显不同。

---

① 〔美〕E. T. 贝尔著，徐源译：《数学精英》，商务印书馆，1994年，第9—13页。

再者就是提出了数学文化是先进生产力的概念，同时还增加了数学与信息传播的内容，这在许多著作中是没有的。数字化时代，数学文化的作用更大。

另外，还增加了数学文化与构建和谐社会的内容，这部分内容主要还是从法律模型切入。

写一本数学文化方面的书是我多年来的一个希望。但是，作为博大精深的数学学科，对它在文化上的理解，对人类启蒙作用的诠释，无论怎样去评价它的重要性，我想都不会过分的。或许正是由于这一点，越是深入进去，越觉着此事之艰难。这种艰难更多的是体现在对数学学科缺乏了解、缺乏研究。记得让·迪厄多内曾讲过一句话："对每年发表的无数数学论著进行分类整理是一项只有超人才能完成的任务。"以此类推，完成一本数学文化的著作也应是超人的事，因为涉及方方面面太多内容了。因此，从这个意义上来讲，我是知其不可而为之。

由此，我的做法是：先建一个框架体系，然后再去理解数学文化，更多的是从文化的层面理解数学思想；其次，遇到一些比较专业的数学内容，直接引用或借鉴名家名作，但绝不掠人之美，均注明出处。但是有一些转引且又很难查到原著的，没有作注，亦请原著者谅解。基于这方面的考虑，因此本书的署名用编著，特此说明，并向所有被本书引用的著作者表示最诚挚的谢意，因为我们都是为了普及数学文化。

数学作为一门学科，已经是枝繁叶茂。研究数学与文化的文章和书籍已出版不少，但是明确提出"数学文化"概念的书未见报道。所以，本书的出版只能说是对自己过去研究的一个补充或者说是一种执着吧。因此，恳请读者批评指正，同时也希望以后有更好的数学文化方面的著作出版。

从我 1991 年就执意要闯进这个未开垦的处女地始,一直到今天提笔写这篇前言,整整 17 年,其间甘苦自不必说。确实,我真的并不在乎是不是能像著名数学家贝尔说的那样,可以往那纪念碑上刻写下"点"的记录,我只在乎自己是否努力了,只要真心努力了,哪怕只是跋涉了一小步,我也就觉得不愧对自己了。

原载于《数学文化》(修订版)"序言"

(清华大学出版社 2009 年出版)

数学是什么①

　　1999年，当我出版第一版《数学文化导论》时，我在绪论中写道，我被日本著名数学家米山国藏的数学精神所深深感染。他在他的《数学的精神、思想和方法》②中说："数学的精神、思想、方法是创造数学基础，发现新的东西，使数学得以不断向前发展的根源。"作为一个教育学家，他深深体会到，许多人在学校学习到的数学知识，如果毕业后进入社会没有机会去用的话，不到一两年，就忘掉了。"然而，不管他们从事什么业务工作，唯有深深铭刻在头脑中的数学的精神，数学的思维方法、研究方法、推理方法和着眼点等（若培养了这方面的素质的话），却随时随地发生作用，使他们受益终生。"

　　我总觉得，数学对一个时代的影响，对一个人的素质养成太重要了。M. 克莱因甚至讲过，"一个时代的总的特征，在很大程度上与这个时代的数学活动密切相关"。伟大的物理学家、天文学家、X射线的发现者伦琴，在回答人们问他"作为一个科技工作者的必修学科"时答道："第一是数学，第二是数学，第三还是数

① 本节有许多引文，且大多数是转引的，考虑到篇幅，不一一列出出处。
② 〔日〕米山国藏著，毛正中、吴素华译：《数学的精神、思想和方法》，四川教育出版社，1986年。

学。"我以为,这里的数学不是指一般的数学知识,而是指有关数学的精神、思想、方法,我写这本书的目的就在于此。我想用较多的篇幅,在这篇引论中介绍一下什么是数学,以及数学学科的特点和学习数学的时代意义与价值。

数学是什么?古往今来,许多数学家、哲学家,对此留下很多深刻见解,给后人以启迪。

数学是什么?随着人类社会的进步和科学发展,以及人们对数学文化的不断研究,认识也逐渐深入。数学最引人注目的特点是它的确定性、抽象性、精确性、应用性、广泛性和它的纯净美。不过,要给它下一个科学的、大家公认的定义绝非一件易事。

数学是什么?英国的罗素说:"数学是我们永远不知道我们在说什么,也不知道我们说的是否对的一门学科。"而法国的 E. 波莱尔则提出另一个与其针锋相对的说法:"数学是我们确切知道我们在说什么,并肯定我们说的是否对的唯一的一门科学。"两者各执一词,可以说各有各的道理,但罗素的定义似乎陷入虚无主义的态度。布莱克似乎也有类似之说:"据其自撰奇想之论推讲,难知何是似是而非之说。"M. 克莱因曾这样评价数学与社会的关系:"数学决定了大部分哲学思想的内容和研究方法,摧毁和构造了诸多宗教教义,为政治学说和经济理论提供了依据,塑造了众多流派的绘画、音乐、建筑和文学风格,创立了逻辑学,而且为我们必须回答的人和宇宙的基本问题提供了最好的答案。……作为理性精神的化身,数学已经渗透到以前由权威、习惯、风俗所统治的领域,而且取代它们成为思想和行动的指南。最重要的是,作为一种宝贵的、无可比拟的人类成就,数学在使人赏心悦目和提供审美价值方面,至少可与其他任何一种文化门类媲美。"

　　美国著名数学家 R. 柯朗与 H. 罗宾，为此专门写了一本《数学是什么》。这本书颇受学术界称道，是一本对数学的实质、数学的历史、数学的哲学思想、数学的思维方法，以及数学各个主要分支和主要内容都做了深入研究的书。应当说，这本书更多地是侧重于数学本身。R. 柯朗在这本书中写道："数学，作为人类智慧的一种表达形式，反映生动活泼的意念，深入细致的思考，以及完美和谐的愿望，它的基础是逻辑和直觉，分析和推进，共性和个性。"

　　著名美籍华裔科学家王浩在论及数学是什么时说："我希望检查少数片面的数学观点来澄清模糊思想。"他所检查的"少数片面的数学观点"，即：1. 数学是（逻辑上）有效的或必然的命题"p 蕴涵 q"的类；2. 数学是公理集合论；3. 数学是研究抽象结构的；4. 数学是加快计算速度的。到底什么是数学？王浩没有直接回答。他最后讲："最基本的问题之一是，我们还没有关于什么是实数或者整数集合是什么的权威性理论。也许我们绝不会有一种权威的理论。"这种说法遭到了 S. 麦克莱恩的激烈批评。

　　米山国藏先生总结了三种意义上的数学定义：

　　其一，从研究方法的特征上去定义，像罗素和皮尔斯就属于这一类。罗素讲"数学是所有形如 p 蕴涵 q 的命题的类"，皮尔斯讲"数学是得出必要结论的科学"；

　　其二，从数学的各种研究对象之间的某些相似之处或共同特征去定义；

　　其三，从研究方法及研究对象的特征去定义，比如凯塞的"数学是使思维经济有用的学问"，庞加莱的"数学是给予不同东西以相同名称的技术"等。米山国藏讲，与其定义不好，还不如暂不定义。他主张可以分类定义，比如先定义出数学研究方法的特征，数学对象的特征,数学本质的特征,应用方面的数学特征,把它们集合起来,一个完全的数学定义就有了。

胡作玄先生是这样理解数学的,他认为从数学所属的工作领域看,数学是技术,是逻辑,是自然科学,是科学,是艺术,是文化……从数学的对象来看,数学研究计算,研究数与量,研究现实世界的数量关系与空间形式,研究数学模型,研究结构,研究演绎系统、形式系统,研究无穷……从数学的社会价值看,数学是语言,是工具,是框架,是符号游戏……但这些看法还是有片面性的。实际上,关于数学是什么,的确是一个迄今仍然很难用几句话就能说清楚的问题。尽管有许多数学家试图给出近代数学的定义,但是总很难找到比较称心和完美的表述,因为这涉及到一个从哪方面定义的问题。从学科本身讲,给数学下定义是数学家的事,这不是本书的范围。本书的数学文化的概念主要是从人文、社会方面讲,并不过多涉及数学学科本身的内容,即使有一些内容,也是从思想方法等方面给出解释和理解。不管"数学是什么"如何难以理解,我们必须对此明确给出一个较为实际的说法。不然,我们怎么可能去研究数学文化呢?

根据多年来搜集到的从公元前 5 世纪一直到今天的有关数学方面的资料,我对数学的定义略加分类列述如下,主要是希望读者能从先贤们那些原汁原味的论述中去体会数学是什么。

万物皆数说

"万物皆数"的始作俑者是毕达哥拉斯,他说:"数学统治着宇宙。"这一说法曾在长时间内得到不少人的赞同。他的一个信徒菲洛劳斯(Philolans)说过:"如果没有数及其性质,那么任何存在的事物,无论是其本身还是它们之间的关系,对任何人来讲都是不清楚的。……不仅在上帝和魔鬼的行动中,而且在人类所有的行为和思想中,在手工艺制品和音乐中,人们都能看到数本身所发挥的作用。"①苏格拉底甚至强调,学习数学是"为了灵魂本身去学"的。柏拉图称"上帝乃几何学家",以至他在自己的学园门口写上"不懂几何学者不得入内"。当然,他们中的一些代表人物还有其他一些说法,比如,利奥波德·克罗内克说:"上帝创造了整数,所有的其余的数是人造的。"C. G. J. 雅克比说:"上帝乃算术学家。"詹姆斯·克拉克·麦克斯韦说:"这样,可以说是数统治着整个量的世界,而算术的四则运算可以被看作是数学家的全部装备。"开普勒说:"对外部世界进行研究的主要目的在于发现上帝赋予它的合理次序与和谐,而这些是上帝以数学语言透露给我们的。"穆尔说:"所有科学,包括逻辑和数学在内,都是有关时代的函数——所有科学连同它的理想和成就统统都是如此。""万物皆数"说现在看来似乎是很荒谬的,但是它的提出,在当时以至其后上千年时间里,的确推动了人们对世界的研究和了解。据说,它后来遇到的挑战也是由毕达哥拉斯学派自己发现的。相传有一次毕达哥拉斯在观察地板上的方形图案时,发现直角三角形斜边上正方形的面积恰好是两条直角边上正方形面积之和(图1),于是受到启发,进一步找出了一般证明的方法。

---

① 〔美〕M. 克莱因著,张祖贵译:《西方文化中的数学》,复旦大学出版社,2005年,第75页。

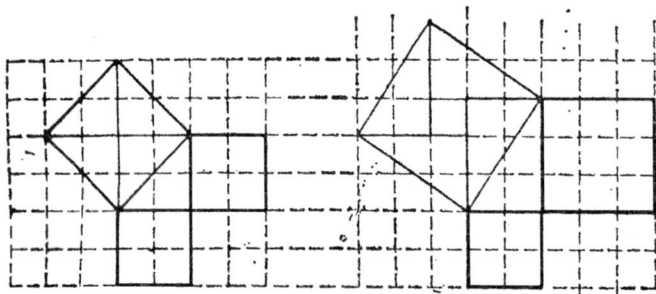

图1

　　根据勾股定理：边长为 1 的正方形，其对角线的长度应当是 $\sqrt{2}$。毕达哥拉斯（也许是他的门徒）发现，$\sqrt{2}$ 既不自然数，也不是分数。因为，如果有两个自然数 m 和 n 使

$$\sqrt{2}=\frac{n}{m}(\frac{n}{m}\text{既约})　　　　　　(1)$$

则两端平方以后便可得

$$2m^2=n^2　　　　　　(2)$$

　　从（2）可见 n 是偶数，因为 $\frac{n}{m}$ 既约，所以 m 是奇数。于是（2）左端不能被 4 整除，右端可以被 4 整除。这是个矛盾。

　　这个事实的发现，是毕达哥拉斯学派的一大成就。因为它不能从经验与观察中得出，只能靠抽象的思考证明，它标志着人类思维的进步已经达到一种更高的抽象境界。

　　实际上，数的概念，不是用简单的物的概念就可以解释的，而是物的数学特征在人脑中的反映。柏拉图讲过这样的话，在我们的周围存在两个世界，一个是人们可看、可听、可感的，由具体事物组成的一个实实在在的世界；而另一个则是由理智、才能把握

的理念世界。具体的实在的世界是相对的、变化的,而理念世界则是绝对的、永恒的。康德认为,数是思维创造的抽象实体,他认为所谓数学概念的创造,是人们用时空理念对事物认识过程中的表达,在这个表达过程中才产生了数。这种认识过程直接来自直觉主义。

历史已经证明,科学发现中的"错误"有时往往会导致一个新的学科的诞生。一种新的叙述,跟一门成熟科学的自我修补机制有关,而"无理数"的发现对"万物皆数"说的反叛,极大地推动了人们对数的研究,使数的概念不断扩大,创造出许多迄今为止闪耀着智慧光芒的成果。事实上,社会发展到今天,人们已经无法离开数学去生活。早在100多年前,恩格斯就说过,纯数学的对象,是现实世界的空间形式与数量关系。他指出:"为了能够从纯粹的状态中研究这些形式和关系,必须使它们完全脱离自己的内容,把内容作为无关紧要的东西放在一边。"

今天,研究数学的范围已经远远超出了当年恩格斯的时代,人民的生活已进入数字化,卫星、数字电视、网络新媒体、移动终端等,无一不是以数的形式展开的。

符号说

科学开端于对简明性的要求。毫无疑问,数学是人类的向导,没有它的力量,万物迄今仍处于一种混乱之中。恰恰是由于数的产生,我们才发现了一个可以理解、描述、解释的宇宙,而这种理解、描述和解释,联结和组织,综合化与普通化,均是以符号为基础的。数学的符号是形式化、格式化的基础,数学理论体系的表述具有典型的形式化特征,而这种特征只能通过一定的符号系统体现,舍此没有其他办法。

数学被人们普遍认为是一种高级符号语言。伽利略的一段话颇为流传和经典:"宇宙是永远放在我们面前的一本大书,哲学就写在这本书上。但是,如果不首先掌握它的语言和符号,就不能理解它。这本书是用数学写的,它的符号是三角形、圆和其他图形,不借助于它们就一个字也看不懂,没有它们就只会在黑暗的迷宫中踯躅。"数学符号成了认识宇宙的文字。希尔伯特说过:"算术符号是文字化的图形,而几何图形则是图像化的公式。没有一个数学家能缺少这些图像化的公式。"卡尔·皮尔逊也说过:"数学家沉溺在它洪水般的符号中,明显地在处理纯形式的真理,仍然可以为我们对物质世界的描述得出无限重要的结果。"怀特海认为,代数本质上是一种书写语言,并且,它努力在其书写的结构中体现它所要表达的模式,改变了日常的语言习惯。在代数的用法中,纸上符号的模式是用以传达思想模式的一个特例。当然,数学符号的意义,首先是将代数从字句的束缚下解放出来,因为符号有一种超越它所象征的事物的意义。其次,它可以协助直觉创造出新的思维形式。

可以这样说,数学符号是对数学抽象物的一种具体表现形式,这种形式既是对现实世界数学关系的结果反映,同时也是数学规律的集中体现。美国数学家 D. J. 斯特洛伊克就曾指出:"一种合适的符号要比一种不良的符号更能反映真理。更合适的符号带着自己的生命出现,并且它又创造出新生命来。"[1]

数学符号化的发展趋势,在现代数学中已经达到非常高的境界,以至德国数学家伽罗华说:"新鲜的问题需要使用新名称、新

[1]〔美〕D. J. 斯特洛伊克:《数学简史》,科学出版社,1956 年,第 75—76 页。

符号。我不怀疑,这种不方便在开头的时候将使读者产生反感,他们很难原谅这种生疏的语言。……但是归根到底,我们只好适应题目的要求,因为题目的重要性值得注意。"据说,意大利著名数学家皮亚诺,为了在符号方面进行创造,因遭到学生抵制而被迫辞职,直到许多年后,他在符号方面为算术公理化和数理逻辑的发展提供重要支持的意义,才被学界所重视。数学是一个符号的世界,数学思维必须有自己的一套严格的符号系统,不然就无法联系它们之间的关系,以至于数学符号化的发展随着社会发展,已经达到一种难以令人置信的程度。

哲学说

自从古希腊有人从事哲学研究开始,数学就成为哲学问题的重要来源。古希腊的大哲学家几乎都是大数学家,这就难怪为什么他们比较容易从哲学上来定义数学。亚里士多德说:"新的思想家虽说是为了其他事物而研究数学,但他们却把数学和哲学看作是相同的。"B. Demollins 说:"没有数学,我们无法看透哲学的深度;没有哲学,人们也无法看透数学的深度,而若没有两者,人们就什么也看不透。"从某种意义上说哲学是望远镜,而数学则是显微镜,二者相得益彰。开尔文勋爵从哲学的意义上讲:"数学只是唯一的好形而上学。"也有人说,哲学从一门学科中退出,那就意味着这门学科的建立,而数学进入一门学科,就意味着这门学科的成熟。所以马克思讲:"一种科学只有在成功地运用数学时,才算达到完善的地步。"当然,对数学给予全面、丰富的哲学定义,首推欧几里得,欧氏在其《原本》中对数学的那些定义,几乎都是从哲学方面定义的,比如:

1. 点是没有部分的那种东西；

2. 线是没有宽度的长度；

3. 直线是同其中各点看齐的线；

4. 面是只有长度和宽度的那种东西；

……

15. 圆是包含在一（曲）线里的那种平面图形，使得从其内某一点达到该线的所有直线彼此相等；

……

我们不禁要问，"没有部分的那种东西"和"只有长度和宽度的那种东西"是什么东西呢？"没有部分"存在吗？我们能够看见它们或知晓它们吗？当然，前提是如果这种"东西"存在的话。除此而外，我们能说"点"就在我们心中吗？"点"是虚构的吗？斯宾诺莎说过："因为数学不研究目的，仅研究形式的本质和特性，可提供我们以另一种真理的规则。"那么，"没有部分的那种东西"是什么呢？康德作为一个哲学家是比较典型的，他对"数"的概念就是从哲学上理解的。他认为数学的知识是依赖于作为"直观的纯粹形式"的时间意识，依赖于心灵对于它自己能够无数次地重复计数活动这种能力的意识。19世纪末的大数学家雅可比在批评傅里叶时曾说过："傅里叶确实有过这样的看法，认为数学的主要目的是公众的需要和对自然现象的解释，但是像他这样一个哲学家应当知道，科学的唯一目的是人类精神的光荣，而且应当知道，在这种观点之下，数〔论〕的问题和关于世界体系问题具有同等价值。"牛顿在其《自然哲学之数学原理》第一版序言中曾说，他是把这本书"作为哲学的数学原理的著作"，"在哲学范围内尽量把数学问题呈现出来"。而罗素则更直接，他说"为了创造一种健康的哲学，你应该抛弃形而上学，但要成为一个好数学家"。他把数学的素养作为创造健康哲学的基本条件。

　　人们之所以从哲学的意义上定义数学概念,还有一个重要的考虑,就是基于归纳和演绎。归纳与演绎,作为哲学上的重要方法历来为人们所重视。古希腊哲学家多推崇演绎,亚里士多德的"三段论",是演绎推理的集大成,甚至成了经验哲学家们进行神学思辨的基本方法。后来,随着欧洲资本主义生产关系的出现,特别是自然科学的迅速发展,包括像培根等一些著名学者,认识到仅仅只是依靠演绎推理的所谓三段论来获取知识的局限性,提出归纳推理,应当说是有重要积极意义的。

　　作为数学的重要方法,归纳与演绎各有千秋,认为归纳推理毫无根据,当然是不对的。因为,早在初等数学中就已证明了归纳的有效性问题。反之,认为演绎推理不能增长新知识恐怕也是不对的,这是因为在数学研究和在实际生活中,靠演绎推理揭示出事物之间的关系、联系,以及事物现象背后的本质东西,同样给我们增加了许多新鲜知识。不管是数学还是哲学,演绎和归纳都是我们认识世界、解决问题的两个最基本的方法,他们互为联系,相得益彰,使得我们更容易看到事物的本质,接受事物的真理。

科学说

　　冯·诺依曼认为,在现代科学中最大的灵感清楚地来源于自然科学,而数学科学的方法渗透和支配着自然科学的许多"理论"分支,以至在现代经验科学中能否接受数学方法和与数学相近的物理方法,已越来越成为该学科成功与否的主要标准。

　　M. 克莱因讲,不能把数学仅仅只看作是一种探求方法,如果那样的话,就如同把达·芬奇《最后的晚餐》看作是画布上颜料的组合一样。数学是一门创造性的学科,它有着丰富的内容体系。诚然,这些知识体系对自然科学家、社会科学家、哲学家、逻辑学家和艺术家十分有用,同时影响着政治家和神学家的学说,满足人们探究宇宙的好奇心和对美好音乐的冥想,甚至可能有时是以难以觉察的方式但无可置疑地影响着现代历史的进程。M.克莱因甚至把数学称作"无疑地是科学的灯塔","我们甚至可以正确地宣称,正是由于有了数学,现代科学才取得了辉煌的成就"。

　　把数学作为一门科学,在学术界是共识,这方面代表人物比较多。比如,高斯讲:"数学,科学的皇后;算术,数学的皇后。"他把数学推崇为科学的皇后,已经到极致。J.H.琼斯说:"宇宙的伟大建筑师现在开始以纯数学家的面目出现了。"夏尔斯·普罗托伊斯·斯泰因梅茨称:"数学是最精密的科学,它的全部结论都能绝对地证明。但所以会如此,只是因为数学并不试图得出绝对的结论。所有的数学真理都是相对的、有条件的。"A.N.怀特海说:"数学这门科学在其现代发展阶段,可以称作是人类精神之最具独创性的创造。"爱因斯坦说:"但是数学享有盛誉还有另一个原因:正是数学给了各种精密自然科学一定程度的可靠性,没有数学,它们不可能获得这样的可靠性。"培根说:"数学是科学的大门和钥匙。"基瑟说:"欧几里得的第五公设也许是科学史上最重要的一句话。"综上所述,"科学说"的确已成共识,这的确是由数学自己的学科属性和成就所决定的,谁都无法改变,这就是现实。

逻辑说

　　逻辑说认为,数学就是逻辑,数学是不需要什么任何特定概念的,只需要通过逻辑概念就可以导出其他数学的概念。比如像

"1"，就是被导出来的。其次，数学的所有命题也可以直接通过逻辑命题，借助演绎的方法推导出来。由此便得出结论，数学应有一个逻辑支点，整个数学都可以由逻辑推导出。或许是因为建立在这个基础上，才有怀特海（Whitehead）在《数学的原理》一书中说的："纯粹数学是所有形如'p 蕴涵 q'的所有命题类。"逻辑说的代表人物还有罗素和费雷尔，他们认为奠定数学基础的工作就是把数学从一个逻辑系统中推导出来，比如，全部的数学都可以由逻辑概念定义给出。正因为如此，库乐称："数学为其证明所具有的逻辑性而骄傲，也有资格为之骄傲。"应当说，把数学完全归于逻辑是不科学和不全面的，但逻辑作为数学基础的确有不可忽视的作用。也许下面这句话可以带给我们另一种思考，圣·奥古斯丁说："我们知道，数学家对于逻辑不如逻辑学家对于数学那样关心。数学和逻辑是精确科学的两只眼睛：数学派闭上逻辑眼睛，逻辑派闭上数学眼睛，各自相信一只眼睛能比两只看得更好。"从逻辑学的角度看，戴维斯（P. J. Davis）的话恐怕更有意义，这就是"数学的无穷无尽的诱人之处在于，它的最棘手的悖论能够开出美丽的理论之花"。

集合说

从一定意义上讲，全部数都能够从公理集合论推导出来。格利奇认为："今日数学以集合论为基础，每一个数学概念都用集合来描述，并且所有的数学关系都被表示为某种集体之间的链锁式的成员资格关系。"集合无处不在，每一个数学问题都可以纳入到集合的范畴。特别是对现代数学而言，集合说已成为现代数学的基础。诸如有序对、关系、等价关系、线序、良序、函数、自然数、有理数、实数及其运算、顺序等等，我们都可以给出定义。几乎所有数学概念都能用集论的语言去表达，一些数学定理也大都可以在ZFC（即集合论公理系统的简写）系统内得到证明。

结构说

数学学科发展到今天，拥有十多个大的分类以及数十个分支，几百个方面，是一个大家族。不仅如此，它可以说已经影响到人们生活的方方面面，包括新媒体、大数据等。它不是一个简单的独立学科，也不是一个相对独立的门类，而是有着不同对象、不同方法，相互之间有着千丝万缕联系的结构性学科，它以研究结构为主要内容和任务。而这种数学研究的结构形式，诚如张景中教授总结的三种结构①，即：

一种是代数结构，主要通过运算来解决数量之间的关系；

一种是序结构，强调元素之间的上下、左右、先后，主要从时间观念上考虑；

一种是拓扑结构，突出描述连续、分离、界像关系，着力于空间经验。

当然，在这三种大结构下还有子结构、小结构。结构论的好处是实现了结构与数的分离，使数学学科不再只着眼于数，而是比数更高远、更宏观，提高到一个新的抽象层次，让形式脱离时空，让关系脱离数量，直接把纯形式和纯关系作为数学研究的对象，使数学研究进到一个新阶段。

M.克莱因从结构意义上解释说：数学在于对形式结构的不

---

① 张景中：《数学与哲学》，湖南教育出版社，1990年，第96页。

断发现,而形式结构则反映了客观世界和人类在这个世界里的实践活动,它所强调的是那些具有广泛应用和深刻反映现实世界某一方面结构的东西。或者说,数学的发展利用经验和直觉的洞察力去发现合适的形式结构,对这个结构进行演绎分析,并建立起这些结构之间的联系形式。一句话,数学是研究相互结构的关联①。这种关联反应在变量关系上,即如:

正变化和逆变化,随变量增加,而另一个变量也以类似的比率增加或减少;

加速变化,当一个变量增加时,另一个变量以增加的比率增加;

收敛变化,当一个变量无限增加时,另一个变量趋于某一种极限;

周期变化,当一个变量一直增加时,另一个变量周期性增加或减少;

阶梯变化,当一个变量增加时,另一个变量跳跃式变化。

对上述 6 种变量之间的这种变化关系,我们可以用 6 种函数曲线去表示(参图 2):

几种基本类型的变量之间关系的特点可以从具有代表性的图形中看到,图(a)和(b)刻划了正向关系和逆向关系;(c)和(d)刻划了加速变化和收敛变化;(e)和(f)刻划了周期变化和阶梯变化。事实上,所有实际观察到的变化都是由这些基本变化复合而成的。

---

① 参邓东皋、张小礼、张祖贵:《数学与文化》,北京大学出版社,1990 年,第 122 页。

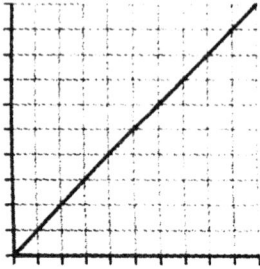

（a）正变化

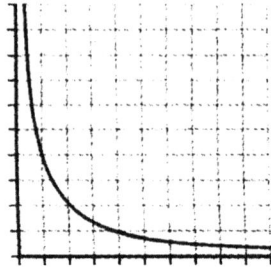

（b）逆变化

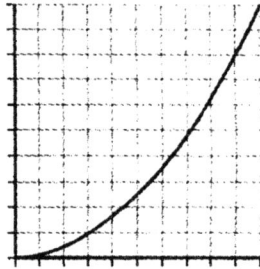

（c）加速变化

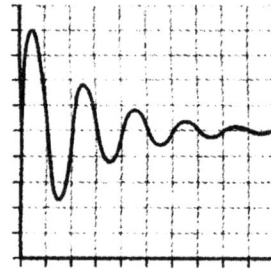

（d）收敛变化

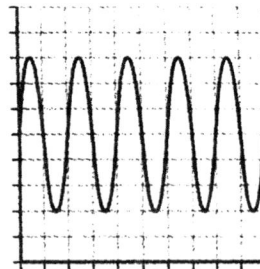

（e）周期变化

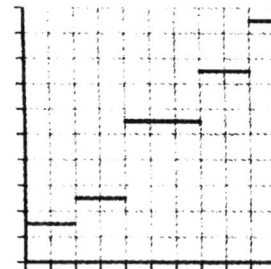

（f）阶梯变化

图 2

另外,还有一些以时间序列变化形成的不同的变化轨迹。见图3:

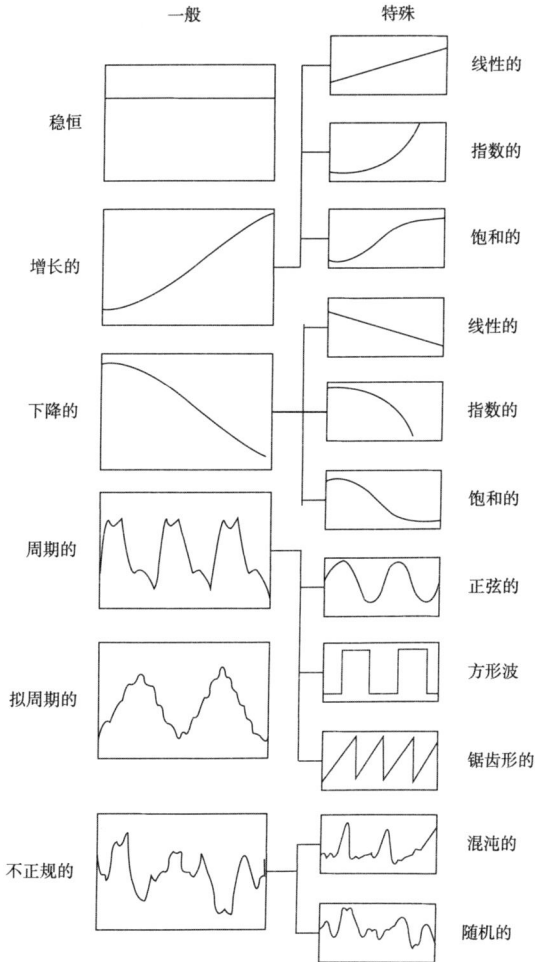

图3　许多不同变化类型的某些以及典型的时间序列

　　说到底结构是一种"关系",张奠宙先生称数学是一门"关系学"①,不无道理。在这些关系里面,比如有以自反性、对称性、反对称性、传递性为内容的等价关系、序号关系,以及函数关系等。拉普拉斯在谈到行列式和矩阵时曾说:"这就是结构好的语言的好处,它的简化的记法常常是深奥理论的源泉。"M. 克莱因在谈到行列式和矩阵时也写下一大段话:"虽然表面上看,数学不过是一种语言或速记,行列式和矩阵却完全是语言上的改革。对于已经以较扩展的形式存在的概念,它们是速记的表达式,它们本身不能直接说出方程或变换所没有说出的任何东西。当然,方程和变换的表达方式是冗长的。尽管行列式和矩阵用作紧凑的表达式,尽管矩阵在领悟群论的一般定理方面具有作为具体的群的启发作用,但它们都没有深刻地影响数学的进程。然而已经证明这两个概念是高度有用的工具,现在是数学器具的一部分。"这里面特别强调了一个数学语言符号的结构问题以及联系问题,诚如怀特海说的,"数学的首创性在于数学科学展示了事物之间的联系"。

模型说

　　数学模型是活的数学。把数学定义为模型古已有之,归类就是简单的模型。事实上,每一门数学学科都是一种模型,像比较简单的,有以加法做合并或移入的模型;以减法做拿走比较或逆运算的移出模型;以乘法做大小变化,交叉相乘或比率因子的模型;以除法做比、率、比率除法、大小变化、逆运算等模型。另外,

---

① 张奠宙、朱成杰:《现代数学思想讲话》,江苏教育出版社,1991年,第10页。

像微积分是物体运动的模型,概率论是偶然与必然的模型,欧氏几何是现实空间的模型,非欧几何是超维空间的模型。数学模型是一种具有真实背景的抽象物,数学模型是创造性思维的产物。Bill 和 Hardgrave 说过:"模式是一种理论性的、简化了的对真实世界的表述,它是对现实的一种同构,或是对现实的一种预期。模式本身虽然不是一种解释的工具,但它确实在建构理论时扮演了重要且直接的启发性角色。它的本性使它具有一种关联性……从一种模式到一种理论的飞跃通常非常快,以至模式实际上被认为是理论。模式比其他任何概念都更易被误认为理论。"模型一旦产生,就获得了一种相对独立性,从而,人们就只能客观地对它们加以运用和研究。这很像弈棋规则,只要游戏规则一定,棋手们就必须严格遵守,而棋谱就成为研究的对象。怀特海认为:"数学的本质就是研究相关模式的最显著的实例。"约翰逊·格伦说:"数学为逻辑提供了一个理想的模型,它的表达是清晰的和准确的,它的结论是确定的,它有着新颖和多种多样的领域,它具有增进力量的抽象性,它具有预言事件的能力,它能间接地度量数量,它有着无限的创造机会。"雷尼则说:"甚至一个粗糙的数学模型也能帮助我们更好地理解一个实际的情况,因为我们在试图建立数学模型时被迫考虑了各种逻辑可能性,不含混地定义了所有的概念,并且区分了重要的和次要的因素。一个数学模型即使导出了一些与事实不符的结果,它也还可能是有价值的,因为一个模型的失败可以帮助我们去寻找更好的模型。"S. 麦克莱恩曾专门撰写一篇数学模型的文章,他在一开始就批评了普特南、奎因、王浩,说他们的数学哲学文章没有给出什么新见解和新认识。他认为,"数学起源于人类各种各样的实践活动,从这些活动中抽象出许多一般的但不是任意的概念,然后将这些概念及它们之间的各种关系形式化。这样，狭义地说，数学通过演绎方法来研究形式结构"，"数学研究现实世界和人类经验各方面的各种形式模型的构造"，"数学的发展利用经验和直觉的洞察力去发现合适的形式结构，对这些结构进行演绎分析，并建立这些结构之间的形式联系。换句话说，数学研究相互关联的结构"。事实上数学也的确就是如此，比如托勒密的"地球中心说"，把参照系固定于地球，哥白尼的"太阳中心说"将参照系固定于太阳，两种宇宙观给予人们的都是一种数学模型，只不过哥白尼以更科学、更好的数学模型替代了一种相对落后的数学模型罢了。

对数学模型，我们可以从两个方面来理解。一是作为一种模式，它应当是一种具有真实背景的抽象物，并非客观事物本身，因为它是在原型之上的一种东西。从另一个方面讲，它又应当是有明确含意的，体现了思维对现实的能动反映。因此，大凡成功的数学模型，都必须具备逻辑合理性、模式准确性和现实真理性。这就是为什么微积分那么准确地反映了物体运动规律的道理，以至亨利希·赫茨在评价由一些公式表现模型时这样说："我们无法避开一种感觉，即这些数学公式自有其独立的存在，自有其本身的智慧；它们比我们还要聪明，甚至比发明它们的人还要聪明。我们从它们得到的，实比原来输进去的多。"

工具说

把数学定义为工具或十分看重它的工具性，是基于数学在解决问题中的作用和人们的经验体会，是看中了数学的力量。

比如，由于语言符号具有模糊性，所以模糊数学的发展和完善便为数理语言学深入研究语言的模糊现象提供了有力武器①。

我们可以从语言符号随机性、冗余性、离散性、递归性、层次性、非单元性、模糊性等七个方面去论述数学与语言之间的相互关系,来说明数学已经深入到语言研究的各个领域。扎德在《模糊集合、语言变量及模糊逻辑》一书中说得好:"一种现象,在用定量的方法表征它之前,不能认为已被彻底地理解,这是现代科学的基本信条之一。开尔文(W. Thomson,1892 年封为 Lord Kelvin)在 1883 年说过:'在物理科学中,研究任何论题的关键的第一步,是寻找它的数值计算原理和与之有关的一些性质的测量方法。我常说,要懂得一点东西,你就必须把这件东西测量出来并且把它表达为数字。相反,当你不能把它测量出来又无法把它表达为数字时,你对这件东西的知识是贫乏而不充分的。知识可能在你的头脑中,但无论如何,你的思想还未进入到科学的境界。'"德国著名哲学家康德曾经表述过这样一种思想:"任何科学,含有数学成分的多寡,决定了它在多大程度上够得上成为一门科学。"这真可称得上是掷地有声,高屋建瓴。詹姆斯·克拉克·麦克斯韦在这方面曾有过精到的评述:"随着我着手对法拉第的研究,我发觉他设想出[电磁]现象的方法也是一种数学方法,虽然没有以数学符号传统的形式表示出来。我还发现这些方法能够表述成普通的数学形式,因而可与那些专业数学家相媲美。"开尔文说:"仅仅只是一条曲线,以表示棉花价格的方式画出来的曲线,把耳朵可能听到的一切描述成最为复杂的音乐演奏的效果……我认为这是数学力量的一个极好的证明。"恩斯特·马赫说:"也许听起来奇怪,数学的力量在于它回避了一切不必要的思考和它惊人

---

① 参冯志伟著:《数学与语言》,湖南教育出版社,1991 年,第 264 页。

地节省了脑力的活动。"P. A. M. 狄拉克说："数学是特别适于处理任何种类的抽象概念的工具,在这个领域中它的力量是没有限度的。由于这个原因,一本关于新兴物理的书,只要不是纯粹描述实验的,实质上就必然是数学书。"可以毫不夸张地说,数学成就了一切科学。

怀特海明确地称:"代数是搞清楚世界上数量关系的智力工具。"而笛卡尔也十分明确地讲过"它(指数字)是一个知识工具,比任何其他由于人的作用而得来的知识工具更有力,因而它是所有其他知识工具的源泉"。在同一意义下他写道:"……所有那些目的在于研究顺序和度量的科学都和数学有关。至于所求的度量是关于数的呢,形的呢,星体的呢,声音的呢,还是其他东西的呢,都是无关紧要的。因此,应该有一门普通的科学,去解决所有我们能够知道的顺序和度量,而不考虑它们在个别科学中的应用。"事实上,通过长期使用,这门科学已经有了它自身的专名,这就是数学。它之所以在灵活性和重要性上远远超过那些依赖于它的科学,是因为它完全包括了这些科学的研究对象和许许多多别的东西。工具说,强调了数学学科的应用性。

直觉说

什么是"直觉"? 直觉是非逻辑、非理性的。数学家常常依靠直觉来发现数学定理,这种直觉当然不是指感官上的知觉,数学家更多是依靠理性直觉。爱因斯坦在讲到直觉判断时说:"要通向这些定律,并没有逻辑的道理,只有通过那种以对经验的共鸣的理解为依据的直觉,才能得到这些定律。"

直觉主义认为,数学是人类心智的自由创造活动功能的产物,它的来源是人的直觉,人用语言来传达和表现自己的数学思想。语言既不是数学的表现,也不是数学自身。数学不需要什么基础,它的基础就是人们的直觉所能体验和直接接受的东西。直觉定义的代表人物可以说是布劳威尔,他认为数学构造之所以称为构造,不仅与这种构造的性质本身无关,而且与数学构造是否独立于人的知识以及与人的哲学观点都无关,是一种超然的先验直觉。正因为如此,所以直觉说不同意逻辑说,它认为"逻辑不是发现真理的绝对可靠的工具"。M. 克莱因也曾讲过:"从某种意义上讲,数学主要是由那些能力在直觉方面而不是在逻辑严密性上的人们所推进的。"

精神说

认为数学是一种精神,特别是理性的精神,它能够使人类的思维得以运用到最完美的程度,或者说恰恰是这种精神,试图决定性地影响人类的物质、道德和社会生活;试图回答人类自身提出的问题;努力去理解和控制自然;尽力去探求和确立已经获得知识的最深刻和最完美的内涵。持此说的是 M. 克莱因,他反对仅仅把数学当成一种技巧,因为技巧是远不能代表数学内涵的,技巧只是将数学的激情、推理、美和深刻的内涵剥落后的那种东西。顺着这样一种思路,从更高的境界去欣赏数学,你会发现,数学文化一直是人类社会进步中文明和文化的重要组成部分,人们通过数学去理解、判断历史上不同文化的特色。

比如,古希腊数学家强调严密的推理以及由此得出的一切理论。因此,人们所关心的并非是这些成果的使用性,而是教育人们去如何进行抽象推理,重视思维,激发人们对理想和美的追求。

所以,在古希腊时代所产出的优美文学、哲学、建筑学等很难为后人所超越。

古罗马的数学与古希腊有明显不同,因此铸就了古罗马文化的特色。

中国传统的数学主要是以其构造性、计算性、程序化与机械化为其特色,以解决问题为主要目标,缺乏抽象,缺乏高度思维,因此重"用",属实用主义的一种,所以中国的数学文化导致中国缺少世界级的大家。

审美说

对数学的美学追求,历代志士仁人的论述可以说是汗牛充栋。古代哲学家、数学家普洛克拉斯曾断言:"哪里有数,哪里就有美。"亚里士多德也指出,虽然数学没有明显地提到美,但数学与美并不是没有关系的,因为美的主要形式就是秩序、匀称和确定性,这恰恰是数学研究的重要原则。著名数学家冯·诺伊曼指出:"数学思想来源于经验……虽则经验与数学思想之间的宗谱有时是悠久而朦胧的,但是,数学思想一旦被构思出来,这门学科就开始经历它本身所特有的生命,把它比作创造性的,受几乎一切审美因素支配的学科,比把它比作别的事物特别是经验科学要更好一些。""我认为数学家无论是选择题材还是判断能否成功的标准,主要是美学的原则。""判断数学家能否成功,或者他的努力是否有价值的主观标准,都是非常自足的和美学的。"

的确,数学家对于数学美有他们独特的见解,庞加莱指出:"数学家非常重视他们的方法和理论是否优美,这并非华而不实的作风,那么,究竟怎样的一种解答或证明算是优美呢?这就是各个部分之间和谐、对称以及恰到好处的平衡等。一句话,就是井然有序、统一协调。"庞加莱曾把数学美的内容和基本特征概括为"五性",即:统一性、简洁性、对称性、协调性和奇异性。他也曾讲过这样的话:"一个名符其实的科学家,尤其是数学家,在自己的工作中,应当体验到一种与艺术家共有的感觉,其乐趣和艺术家的乐趣之间存在着一种共同的性质,一种同样伟大的力。"

另外,还有许多著名数学家或逻辑学家,从不同侧面对数学美或数学的美学原则也提出看法。罗素说:"数学,如果正确地看,这则具有……至高无上的美——正像雕刻的美,是一种冷而严肃的美,这种美不是投合我们天性的微弱的方面,这种美没有绘画或音乐的那些华丽的装饰,它可以纯净到崇高的地步,能够达到严格的只有最伟大的艺术才能显示的那种完美的境地。一种真实的喜悦的精神,一种精神上的亢奋,一种觉得高于人的意识——这些是至善至美的标准,能够在诗里得到,也能够在数学里得到。"

斯蒂恩(Stenen)说:"在数学定理的评价中,审美的标准既比逻辑的标准更重要,也比实用的标准更重要;美观与高雅对数学概念来说,要比是否严格正确,或者是否有应用价值等等都更为重要。"

哈尔莫斯(Halmos)说:"在数学和绘画中,美有客观的标准,画家讲究结构、线条、造型、机理,而数学家则讲究真实、正确、新奇、普遍。""数学是创造性的艺术,它创造了美好的概念,数学家和艺术家共同地生活、工作和思索。"

实际上,对于数学美的追求,归根结底还是对数学真理的追求。审美意识与审美能力,有助于数学家从形式和内涵上去追求统一、简洁、对称等,并将数学定理推向完美境界。

活动说

定义"数学"为活动，主要是彼塞尔的观点。他认为，"数学是人类的一种活动"，"我相信数学是人类最重要的活动之一，它不只是一种游戏，尽管我们喜欢玩它；它不只是一种艺术，尽管有时它是至高无上的艺术。它并不像哲学家所想象的是无聊的一小步一小步推理组成的长链。数学是发现非常深刻的、出人意料的定理和永恒而实际的科学。"但是，他同时指出，这种活动尽管强调合作，但它都不是一项社会活动。这是因为，法律、法官、技师、政治家、监狱、战争、选举、罢工、暴动、扣押人质等等，统统不能影响一个定理的正确性。当然，S.麦克莱恩也曾在论述数学概念时指出：数学起源于人类各种各样的实践活动，从这些实践活动中产生许多一般的但又不是任意的概念，然后将这些概念及它们一定的多种关系形式化。

艺术说

持此说的数学家认为，数学只能是一门艺术。A.波莱尔认为："数学只是一门艺术，或者只是一门科学、科学的皇后，只是科学的仆人，或者甚至是艺术与科学的结合。"哈代也认为："如果数学有什么存在权利的话，那就是只是作为艺术而存在。"庞加莱早就说过："除此以外，它还像绘画与音乐一样，使它的信徒们得到欢快。他们赞美数与形那种奇妙的和谐；当一个新发现向他们展现出一片意想不到的景色时，他们为之惊讶；他们感受到的欢乐，即便不说有什么意义，难道不具有一种美学特征吗？……因此，我毫不犹豫地说,自为的数学是值得耕耘的。"

　　A.波莱尔强调:"我已经提到了数学作为一门艺术的观念,即概念构成的诗情画意这个观念,以此作为出发点就能断言:要能鉴赏数学,要能欣赏数学,就能对一个很特殊的思维世界里的种种概念在精神上的雅与美有一种独特的感受力。非数学家很少有这种感受力,这是毫不足怪的:我们的诗是用高度专门化的语言——数学语言写成的;虽然它是用许多较为熟悉的语言来表达的,但却是独具一格,不能翻译成任何其他语言的。""数学是一门艺术,因为它主要是思维的创造,靠才智取得进展,很多进展出自人类脑海深处,只有美学标准才是最后的鉴定者。"

简单的总结

　　至此,我们已经给出了数学的 14 个"定义",这就是万物皆数说、哲学说、符号说、科学说、工具说、逻辑说、直觉说、集合说、结构说、模型说、活动说、精神说、审美说、艺术说。当然,还有一些没有列出,比如技术说、语言说、游戏说等。即使是这 14 个定义,严格讲来有些甚至也算不上真正的定义,有些也未必就是原作者的本意。这里的意思是说:我在梳理这些大家语录加以分类的过程中,未必能真正理解他们的初衷和本意。有些可能还是无法分得那么清楚,或者说亦此亦彼,比如哲学与精神、结构与模型、直觉与精神、审美与艺术等。当然,虽说已罗列了 14 项,也还可能挂一漏万。不过,我的想法很清楚,就是把我所能了解到的有关专家、学者、前贤与时贤,对数学特别是从人文、社会等方面的一些看法汇总起来,简单加以归类,和盘托出,给读者提供了解、比较、分析的方便,使读者能够在理解与比较中得出自己的结论。

　　但是,作为本书的作者,应该对"数学"有一个说法,这是必须的。我想,用几句话给"数学是什么?"一个恰当的回答,绝非是一件易事,因为上面那么多大数学家、大哲学家都难以说清楚,我是更不敢有什么奢望的。不过,这主要是一个看问题的角度。比如说:

　　从数学学科本身来讲,数学是一门科学,且这门科学有它的相对独立性,既不属于自然科学,也不属于人文、社会或艺术科学;

　　从它的学科结构看,数学是模型;

　　从它的呈现形式看,数学是符号;

　　从它对人的指导看,数学是方法;

　　从它的使用价值看,数学是工具;

　　从它的发展过程看,数学是推理与计算

　　………

　　也有人说,数学可以分成两大类,一类是算的问题,一类是结构问题。因此,对数学来说,过分强调某一方面,都可能忽视另一方面,很难给出一个比较确切的定义。

　　如果一定要给数学一个定义的话,我以为可用下面一句话概括:数学是研究现实世界中数与形之间各种模型的一门结构性科学。

　　提出这个概念,主要是强调以下几个方面的内容:一是说明数学是研究现实世界的,不是一套形而上的空洞的东西;二是说明这种研究重在数与形,数学就是对现实世界中"数"与"形"的解读;三是强调数学是一门结构性学科,这种结构是指数学抽象后的模型意义和结构关系。

原载于《数学文化》(修订版)"引论"
(清华大学出版社 2009 年出版)

数学文化的学科体系

一、数学文化的"元"概念

数学文化作为一门学科,它的精髓是什么? 这是研究数学文化首先需要作出明确回答的。一般讲,它应该包括两个方面:一是涉及数学与其他文化,乃至整个文明的关系;二是数学本身的内容系统、结构等。而本书探讨的数学文化的概念和内容可能更多是第一部分内容,第二部分内容主要侧重于思维和模型等。著名数学家 M. 克莱因曾从多学科价值观的意义方面论述到:"实用的、科学的、美学的和哲学的因素,共同促进了数学的形成。把这些作出贡献产生影响的因素除去任何一个,或抬高一个而贬低另外一个都是不可能的,甚至不能断定这些因素中哪些具有相对的重要性。一方面,对美学和哲学因素作出纯粹反应的纯粹思维,决定性地塑造了数学的特征,并且做出了像欧氏几何和现代非欧几何这样不可超越的贡献。另一方面,数学家们登上纯思维的顶峰不是靠他们自己一步步攀登,而是借助于社会力量的推动。如果这些力量不能为数学家们注入活力,那么他们立刻会身疲力竭;然后这门学科将处于孤立的境地。虽然在短时期内还有可能光芒四射,但所有这些成就会昙花一现。"这些论述,我以为非常深刻,它告诉人们的是,历史铸成这样一个事实,数学不是小溪,也不是小池、小湖,数学是大海,它具有极强的包容性。

　　一般讲,一门成熟的学科是由几部分组成的,首先是基本概念的确立,其次是方法,再就是一种自我完善、修补的机制,以及它的效果功能。

　　什么是概念? 概念是一种既定,一种约束,一种讨论问题的前提条件,是一种彼此间可以沟通联系的语境尺度。数学的源泉是人们丰富的社会实践。客观事物作用于人的感官,使人产生相应的概念,有些事物是人发明出来的,但是人必须得在头脑中先形成一定的概念,然后以此去创造出某些具体事物。比如,古希腊人创造的点、线、面的概念,是客观事物的时空关系与形式在人的头脑中抽象出的概念,尔后,人们又根据数学对象去创造出数学文化。数学上的概念,一是靠人去发现,二是由人去创造。要使数学有力量,就必须在一个抽象概念中尽可能涵盖那些关系以及所涉物理现象的本质。这是因为,数学科学所追求的是一种完全确定、完全可靠的知识,不是稍纵即逝的。因此,必须从明确无误的命题开始,或服从明确无误的判断。需要指出的是,在数学概念中,有一些概念是"原始概念",是一种初始设定,或者称"元"概念①,是一种不需要证明的内容,比如点、线、面,我们只需指出它的所指意义就行了。

　　通常,我们用定理去证明某一个问题,只能依据定理以前的定理,当然,这种上推和复归都是极有限的。因此,在每一个数学分支或概念里面,必定有一些命题和概念是无法用通常方法去证

————————

① "元"概念是我自己为了论述的方便定义的,未必恰当,权作一种尝试。

明的,但只要能接受就可以了(这就是原始概念的意义所在)。

一般数学给出的定义、公设、公理,实际上都是一种逻辑格式,下面我们讲到的理想化的概念与结构,在现实世界中并没有精确的逐一对应的物体,而是以一种抽象的、理想化的观点来观察世界的。比如欧几里得《几何原本》中的以下主要定义:

　　1.点是没有部分的那种东西;

　　2.线是没有宽度的长度(这里的线指曲线);

　　3.一线的两端是点(可见线实际上指线段);

　　4.直线是同其中各点看齐的东西;

　　……

　　15.圆是包含在一(曲)线里的那种平面图形,使得从其内某一点连到该线的所有直线都相等,于是那个点便叫圆的中心(简称圆心);

　　……

　　23.平行直线是这样的直线,它们在同一平面内,而且往两个方向无限延长后,在两个方向上都不会相交。

很显然,上述6条均是从定义出发的。

再比如欧几里得的"5个公设"和"5个公理"。

5个公设:

　　1.从任一点到任一点作直线是可能的;

　　2.把有限直线不断循直线延长是可能的;

　　3.以任一点为中心和任一距离为半径作圆是可能的;

　　4.所有直角彼此相等;

　　5.若一直线与两直线相交,且若同侧所交两内角之和小于两直角,则两直线延长后必相交于该侧的一点。

除5个公设外,《几何原本》中还规定了5个公理:

1.跟同一件东西相等的东西,它们彼此也相等;

2.等量加等量,它们的总量仍相等;

3.等量减等量,余量仍相等;

4.彼此重合的东西是相等的;

5.整体大于部分。

据说,《几何原本》中的定理多达 467 个,不管这些定理今天看来仍然有什么需要完善甚至错误的地方,但它在其定义后的 2000 多年中所发挥的作用,却令那么多人望尘莫及,以至我们今天无论怎样评价它们都不会过分。

那么,公理化的意义到底在哪里呢? 我以为,首先是它赋予数学内部一种可以加权运算的统一性标准,透过现象抓住本质。诚如德国数学家 H. 威尔(H. Weyl)指出的:"公理方法常常揭示表面上相差很远的领域之间的关系,并使得它们的方法能够统一化。"①而布尔巴基学派也认为:"数学科学内部的进化,比任何时候都巩固了它的各个部分的统一,并且建立起比任何时候都更加有联系的整体,一个数学所特有的中央核心。这个数学进化最重要的地方在于各种数学理论之间的关系的系统化,它的总结就是通常被称为'公理方法'的方向。"②另一个就是,公理化使得逻辑思维、抽象思维在数学科学中的作用得以充分发挥,尤其是在学科的自身修正方面趋于完善。再就是数学科学中的公理化对其他学科的借鉴也提供了示范作用。据说,希尔伯特在建立几何基础好多年后,听说生物学家发现可以用一组特殊的公理系统来推

---

① 中国科学院自然科学史研究所数学史组、中国科学院数学研究所数学史组编译:《数学史译文集》(续集),上海科学技术出版社,1985 年,第 93 页。

② 林夏水:《数学哲学译文集》,知识出版社,1986 年,第 363 页。

导出果蝇的遗传规律,甚是高兴,他不无兴奋地说:"如此简单和精确,同时又如此巧妙,任何大胆的想象都难以达到。"但是,数学做到了。

当然,在概念里面,除了一般的定义、公设、公理外,还有一部分重要的概念。比如,在数理逻辑方面,每个逻辑确定的定义是什么?什么是模型论、公理集合论、递归论、证明论?在代数学里,何为线性代数及群、环、域?在数论里面,何为不定方程?在几何学里面,在拓扑学、分析学里面,在微分方程、计算数学、概率论、数理统计、运筹学里面,都有许多概念需要给出解释。

诚然,经典的数学概念体现了其广度、清晰度和深度。其广度要求,必须满足应用场合的多样性,以及众多抽象的确切性和相关性。清晰性就是一定要明明白白,要直观。而概念的深度还是要看循此概念下去,能否有更多更大的包容性。

数学文化里面的概念与其他学科的概念往往不一样,数学里面的概念一般与方法是密切相联系的,概念是体,方法是用。

美国的丹齐克曾专门就数学概念列了一个表(见表1),这里特转载于此,供读者参考。比如,什么叫无理数、无限极限、负数、复数、数学归纳法、集合、四元数等……这些概念均应列入"元"概念系列。对这些概念的梳理,彰显了一种数的发展脉络,反映了一种数学文化的传承。

表 1　数概念进化的里程碑

成　　就	功　　臣	国　籍	时　代
古　代			
无理数的发现	毕达哥拉斯	希腊	公元前 6 世纪

成　就	功　臣	国　籍	时　代
无限概念的第一关	芝诺、柏拉图、亚里士多德	希腊	公元前 4 世纪
极限概念的第一次系统整理表述	阿基米德	希腊	公元前 3 世纪
零记号的发明	无名氏	印度	公元后初期
负数	无名氏	印度	公元后初期
文艺复兴			
连分数的第一次系统运用	邦别利	意大利	16 世纪
复数的第一次系统整理表述	卡尔丹、邦别利	意大利	16 世纪
文字记号的发明	维叶塔	法国	16 世纪后期
因式定理的发现	哈里沃特	法国	1631 年
无限小的系统整理表述	卡瓦列利	意大利	1635 年
无限集合的第一次系统整理表述	伽利略	意大利	1638 年
近　代			
坐标几何的发明	笛卡尔	法国	1639 年
数学归纳法原理的第一次系统整理表述	巴斯伽	法国	1654 年
微积分的发明	牛顿、莱布尼茨	英国、德国	约在 1677 年
无穷级数的第一次系统运用	牛顿、莱布尼茨	英国、德国	约在 1677 年
复数的几何解释的发现	高斯	德国	1797 年

续表

成 就	功 臣	国 籍	时 代
19 世纪			
集合之势的第一次系统整理表述	布尔查诺	德国	1820 年
非方根所能表出的代数数的发现	阿贝尔	挪威	1825 年
四元数的发明	哈密顿	英国	1843 年
超越数的发现	柳维勒	法国	1844 年
可展量的第一次理论	格拉斯曼	德国	1844 年
形式律中固本原则的首次明晰系统整理表述	汉克尔	德国	1867 年
无理数的第一次科学理论	狄德金	德国	1872 年
无理数的第二次科学理论	康托尔	德国	1883 年
超限数的发明	康托尔	德国	1883 年
集合论中悖论的发现	布拉里－福蒂	意大利	1897 年

二、数学文化的"三元结构"

关于数学文化的体系结构,我试图用一个"三元结构"的价值体系来确定出一个比较完全的数学文化的体系结构,如图 1 所示。提出这样一个设计,体现了对中国传统文化的一种理解。老子说:道生一,一生二,二生三,三生万物。所以,中国民俗视"三"

为成功之数。三点共圆,三点可以避免片面性,若用两点论,就可能非此即彼,以致顾此失彼。

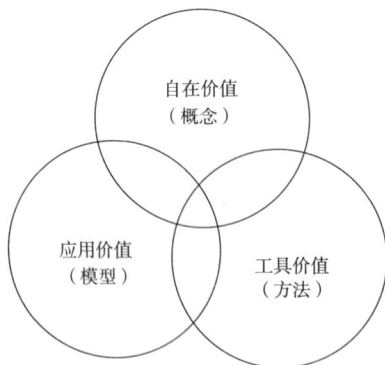

图 1　数学文化的"三元结构"图

1. 自在价值(概念)

所谓数学文化的自在价值,是使数学成为一门学科的那部分实实在在的东西,这部分内容是用概念去界定的,是诸多概念的集合。数学文化的全部目的,就是为了了解自然并利用自然现象改变人们的生活样态。正是这些需要解决的问题,引导人们不断进步。自在价值的概念问题是一个名正言顺的问题,没有这一部分,其他数学学科的延伸均无从谈起,包括像在第 1 章中关于数的诠释,本章中概念部分所提出的问题等。自在价值源于生产实际,源于人们的社会实践,是数学文化体系中的基础理论的内容。数学学科体系中的概念,许多是人们从生活中直接导出的。S. 麦克莱恩曾把人类活动导致的数学学科归纳如下:

计数:算术与数论;

度量:实数、演算、分析;

形状：几何学、拓扑学；

造型（如在建筑学中）：对称性、群论；

估计：概率、测度论、统计学；

运动：力学、微积分学、动力学；

计算：代数、数值分析；

证明：逻辑；

谜题：组合论、数论；

分组：集合论、组合论。

显然，人类这些不同的活动不是完全独立的。事实上，他们以复杂的方式相互作用。图2是S.麦克莱恩设计的抽象代数概念的起源示意图，它只是表明了这个错综复杂的关系的一部分，指明了人类各种活动是怎样导致目前在代数中的各种概念（参图2）。这个图的两个部分应该（而且确实能够）用许多交叉的连接线合并在一起。

基于许多像这样给出数学概念起源与相互联系，且构造精细的图，我们有理由认为，数学起源于人类各种不同的实践活动，这些活动给人类提供了对象和运算（加法、乘法、比较大小），同时也导致了后来嵌入形式公理系统（佩亚诺算术、欧几里得几何、实数系统、域论等）的各种概念（素数、变换）。所有这些系统，无疑都被证明是整理了人类各种起源活动的更深入、更概括的特性。例如群的概念，虽然定义非常简单，但揭示了运动（旋转群和变换群）、对称性（结晶群）、代数运算（伽罗瓦群、关于微分方程的李群）的共同性质。同样，许多其他数学概念（函数、偏序）的结构也都比较简单，但应用广泛。对有关概念的形式处理，使这种简单性和适用性更为有效。数学概念的形成，是人们对客观世界认识科学性的描述、抽象和体现。

（计数）　　　　（计算）　　（度量）

【自然数】【整数】【有理数】【实数】
　　　　　　　　　　　　　　{线性序}

【基数】【素数】　　　　　【有序集】

{代数运算}

{同余}

{环}

【次序】【有限域】　　　　　　{域}

【集合】【有序域】【射】　　　　　　　【偏序】

（形状）　　（运动）　　（解）

【平面图】【立体】　【平移】　【二次式】【丢番图方程】

【坐标】　【曲面】　【旋转】　　　　【高阶方程】

【实数】　　【四元数】【对称性】

{向量空间}

{模}{可除代数}{群}

{环}

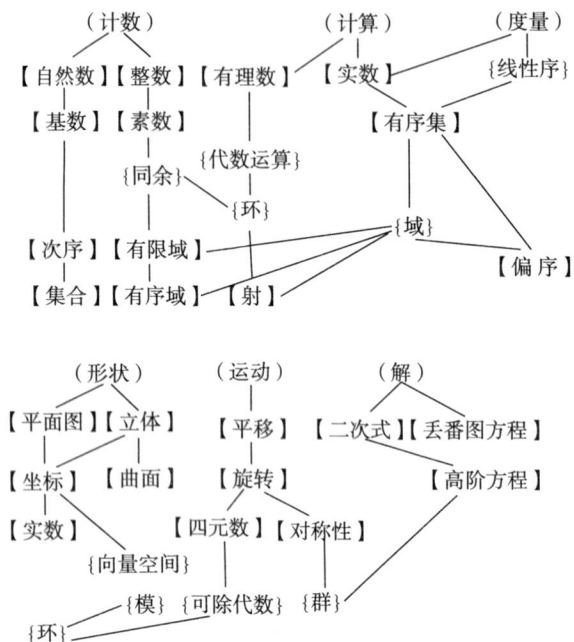

图 2　抽象代数概念的起源示意图

　　但是，也有一些专家是从其他路径去理解数学的。比如，林恩·阿瑟·斯蒂恩在其《站在巨人的肩膀上》一书中是这样分析数学结构的，他认为数学主要是由数、形、算法、函数、比、数据等元素组成的。如果从属性上看，大都是线性的、随机的、周期的、极大的、对称的、近似的、连续和光滑的；如果从行动上考虑，则是表示连续、控制、实验、证明、分类、发现、可视化、应用、计算；如果从抽象上看，则是符号、等价、无穷、变化、优化、相似性、逻辑、递归等；或者从态度上讲，就是惊异、美、意义、实在；从行为上说即为运动、稳定性、混沌、收敛、共振、分岔、迭代、振动；如果说从人与社会分工的意义上讲，则是离散对连续、有限对无限、算法对存在、随机对决定、精确对近似。因此可以这样说，对数学这门学科来说，有时真是"横看成岭侧成峰，远近高低各不同"。

2. 工具价值(方法)

数学起源于现实世界，以研究现实世界中数量关系和空间形式为主要对象，概括一点讲就是研究数与形的关系。现实第一性，数学第二性。没有现实世界的人类社会活动，就没有数学文化。人们通过对现实世界的大量观察以及对这些数、形间相互关系的了解，包括借助经验的发展，经过类比、归纳、演绎，当然这其中有逻辑的，也有非逻辑的，进而抽象出概念(包括一些定义或公理)。S.麦克莱恩曾在其著作《数学:形式与功能》中，列举了经过15种活动产生的数学概念，见表2所示。

表2 15种活动产生的数学概念

活 动	观 念	概括表述
收集	集体	(元素的)集合
数数	下一个	后继，次序，序数
比较	计数	一一对应，基数
计算	数的结合	加法、乘法规则，阿贝尔群
重排	置换	双射，置换群
计时	先后	线性顺序
观察	对称	变换群
建筑赋形	图形，对称	点集
测量	距离，广度	度量空间

活　　动	观　　念	概括表述
移动	变化	刚性运动,变换群,变化率
估计	逼近,附近	连续性,极限,拓扑,空间
挑选	部分	子集,布尔代数
论证	证明	逻辑连词
选择	机会	概率(有利/全部)
相继行动	接续	结合,变换群

数学在形式上是高度抽象的,在实践中它要解决问题,解决问题需要方法。因此,它必须有一套方法体系与之对应,而这套方法是不断丰富和完善的。所以说,从另一种意义上讲,数学学科是依靠其方法论构建的。方法是脚手架,离开脚手架,数学的大厦就建不起来。建数学大厦的数学方法有大方法、宏观方法。比如,化归法、类比法、归纳法、演绎法、抽象法、证明法、分析与综合法等,数学大厦的建构过程,一刻也离不开它们。当然,也有一些微观的、具体的方法。

3. 应用价值(模型)

数学概念的抽象、归纳,实际上已经为建立模型奠定了一个基础。数学的本质就是研究现实世界和人类经验各方面的诸多模型构造的一门学问。数起源于人类各式各样的实践活动,又从这些活动中抽象出许多一般的但又不是任意的、有确实内容和明确含义的概念,然后将这些概念应用到现实世界中去,把问题化归为一种形式结构,这就是我们讲的模型。而模型通常是由一些数学公式显现的,公式就是变量间关系的一种表达方式。但必须认识到,公式是对已经发生的事情或物体运动的一种描述,绝不是对这种因果关系的解释,认识到这一点是非常重要的,是存在决定意识,而不是意识决定存在。数学模型反映了现实世界的某些重要内容和性质,并能够从定义、公设、公理出发,经严格推理、计算,以解决问题。模型是数学思想活的灵魂,千姿百态的模型反映了一个精彩纷呈的世界。比如,自然数就是先人对猎物计数的模型,微积分是物体运动的模型,概率论是偶然现象与必然现象的模型,欧氏几何是现实空间的模型,非欧几何是宇宙空间无限的模型。

每一个模型的建立,都是数学家运用数学方法解决实际问题的智慧结晶。数学模型的定义就是把复杂的实际问题通过选取主要因素化为数学问题,所有数学模型都是一个与实际问题逼近的近似值。模型来源于生活实际,但一定要高于原型,不然就失去了它的推广性。当然,它必须接受实际的考验。比如,有一个人口模型叫做马尔萨斯定律:

$$\frac{dy}{dt} = ky \tag{1}$$

其中,$y(t)$ 表示 t 时刻某地区的人口数;$k(t)$ 表示出生率与死亡率之差。

如果该地区人口是稳定的,增加速率不变,可以假定 k 为常数,则人口变化率为 $y'(t) = ky(t)$。

$$y = Ce^{kt}, C \text{ 为任意常数}$$

如果在 t_0 时,某地区的人口数为 y_0,则

$$y_0 = Ce^{kt_0}, C = y_0 e^{-kt_0} \tag{2}$$

代入前一方程,得

$$y(t) = y_0 e^{k(t-t_0)} \qquad (3)$$

应当说这个解是明确而简单的,但我们需要考察一下它是否符合实际情况。全世界人口增长的情况是这样的,从 1960 年到 1970 年,世界人口的平均年增长率是 2%,如果我们在这 10 年中的任何一年,比如从 1965 年 1 月算起,根据美国有关部门的估计,这时全世界的人口总数是 33.4 亿。因而 $t_0 = 1965$,$y_0 = 33.4$ 亿,$k = 0.02$,于是

$$y(t) = 33.4 \times 10^8 e^{0.02(t-1965)}$$

检验这一公式正确性的办法之一是计算世界人口翻一番所需要的时间,并与观察 35 年做比较。

根据式(3),若 T 年后地球的人口翻一番,则

$2y_0 = y_0 e^{0.02T}$, $e^{0.02T} = 2$, $0.02T = \ln2$, $T = 50\ln2 \approx 34.6$(年)。

应当说,这个数字与过去的观察值是比较接近的。

即使这样,如果我们直接用这个公式去预见一下更长时间后的结果,比如到 2515 年,世界人口将是 2 000 000 亿,到 2625 年则是 18 000 000 亿,到 2660 年更是 36 000 000 亿。这些数字同样是用这个公式计算得出的,但这些数字的意义却使我们很难接受。这是因为整个地球面积也不过 1 730 000 亿平方米,除去 80% 被水所覆盖,假定我们也乐意在船上生活,那么到 2515 年每个人将仅有 0.87 平方米;到 2625 年每个人将仅有 0.09 平方米;到 2660 年,每个人肩上还得站两个人,得出这样的结论似乎太离谱了。那么是不是我们就可以把这个模型抛弃掉呢? 也不是,需要的是我们要对这个模型的关联因素重新进行修正,使其尽可能地符合实际罢了①。

————————

① 该模型的内容取自张顺燕:《数学的思想、方法和应用》,北京大学出版社,1997 年,第 237 页。

因此,一般建构数学模型,要熟悉和了解问题的全面情况,选取最重要的影响因子进行计算,然后再回到生产实际中修正初始条件使其更符合实际情况。实际上,每一个解决问题的方程式都是一个数学模型,数学模型的重要意义说到底是对事物的经典抽象和推理,是一个效果价值的问题。

三、数学文化的外延性

数学文化是一个外延宽泛的学科,它涉及多种学科。马克思说:"一种科学只有成功地运用数学时,才算真正达到完善的程度。"近年来,特别是数学文化在人文社会科学、科技进步等方面的成功渗透,更充分证明了马克思这一论断的正确性。

1. 数学与文学

数学与文学的联系源远流长,但真正产生重要影响的恐怕还得从牛顿开始[①]。因为在牛顿时代,人们已经普遍认识到数学论文的一般叙述都非常精确、清楚、明了。对于数学所取得的这些成就作家们决心来模仿,以至于 17 世纪英国的皇家学会会员都决定将英语散文的改革纳入其中,要使用"一种平易、朴实、自然的表达方式,做到言简意赅。尽可能地使一切都像数学那样明了……"当时伟大的学者丰特耐尔在其《论数学和物理学的用途》一书中写道:"几何精神并不限于几何学之中,它可以脱离几何学,转而在其他知识领域中发挥作用。一部有关伦理学、政治学

[①]下面诸多内容、材料借鉴引用了〔美〕M. 克莱因著,张祖贵译:《西方文化中的数学》,复旦大学出版社,2005 年,第 273—303 页。特此说明。

或者一篇批评性的甚至有关雄辩的著作,在其他条件相同的情况下,如果是出自一位几何学家之手,就会更胜一筹。现在,几何精神比以前得到了更为广泛的传播,一部好的著作中井然有序的结构,准确简洁的叙述,这些都是几何精神的结晶。"到18世纪,笛卡尔的文风以其简洁明快、通俗易懂而大受追捧,使得笛卡尔的思想不仅仅是一种哲学,而且更成为一种文风。包括帕斯卡、惠更斯、伽利略和牛顿,都是如此。这样一种新文风所表现出来的清晰、匀称,对形式、节奏、对称性结构和韵律,对建筑结构、绘画、园林、家具等都产生了重要影响。

在那一个时代里面,数学对诗的影响可以说是典型和巨大的。许多人认为,一个诗人首先应该是一位数学家。德莱顿声称:"一个人要成为一位优秀的诗人,就必须通晓几门科学,同时还必须有一个合乎理性的、合乎语法的,在某种程度上来说,合乎数学的头脑才能胜任。"年轻的美国也受到了这种新风气的影响,用爱默生的话来说就是:

> 如果仅仅是一位诗人吟咏诗文,或仅仅是一位代数学家讲解解题方法,对此我们都可以不屑一顾;而一个人一旦领会到事物的几何基础及其魅力,那么他的诗就将具有精确性,他的自述也将具有音乐感。

可以想象,数学家们希望诗也像科学一样,包含自然规律,通过研究自然获得这些规律。德莱顿说,事实上,那些流芳百世的佳作都是对大自然的模仿。蒲柏也表达了他对诗歌中自然规律的信念。在他的《批评论》中说:

> 首先要顺从自然,然后再判断想象,
> 依据大自然的准则,它是始终如一的。
> 丝毫不爽的大自然,时刻闪烁着上帝之灵,

一束清晰、永恒、亘古不变之光，

生命、力量、美好、洒向人间，

——这是艺术的源泉、目标，又是评判的标准。

令人称道的是，"顺从自然"并不完全具有它在物理科学中的含义，即遵守自然界的数学规律，而更多的则是遵从根据历史考证的古希腊人与自然的关系去顺从的。

事物总有两面性，数学对诗歌的影响，后来也走向了它的反面。早在 19 世纪初，人们已经意识到，18 世纪发展起来的诗歌风格的缺陷已到了不可救药的地步，而且诗歌的形象也过于单调。他们认为画法几何的规则只能画出房屋草图，却不能完成一座建筑。正如罗伯特·彭斯（Robert Burns）在谈到模仿古代文化时所说的那样，诗人们不能"希望通过学习希腊语而成为帕尔纳索斯山（Parnassus）的诗神"。中国诗歌的意义告诉我们，诗歌是简洁的，但对诗歌的解读是深刻和有充分余地的，有人甚至讲，唐诗的美就在于没有把话说完。

当时对创作精神上的压抑是如此巨大，以致 19 世纪早期的诗人觉得所有的美都消失了。济慈（Keats）因为笛卡尔、牛顿割断了诗歌的咽喉而憎恨他们，布莱克则诅咒他们。在 1817 年的一次宴会上，华兹华斯（Wordsworth）、兰姆（Lamb）和济慈当着众人的面，说出了这样的祝酒辞："为牛顿的健康和数学的混乱干杯。"虽然布莱克、柯尔律治（Coleridge）、华兹华斯、拜伦（Byron）、济慈和雪莱（Shelley）这些人了解数学和科学所取得的成就，并对这些成就深感敬佩，但他们却不能容忍其对诗歌精髓的破坏。雪莱在谈到想象力所受的限制时说："人类征服了大自然，而自己却依然是一个奴隶。"柯尔律治把机械论的世界斥为一个死的世界。布莱克称理性为魔鬼，而牛顿和洛克则是魔鬼的最高祭司。"艺术是生命之树——而科学是死亡之树。"

　　数学文化对音乐的影响也是巨大的,特别是对 G 大调的正弦函数的研究使莱布尼茨讲过:"音乐,是人类精神通过无意识计算而获得的愉快享受。"

　　理想的空气分子运动在数学上是一个 $y=\sin x$ 的正弦函数,而所有的乐音的图像都可以用一个数学函数去表示,比如图 3,分别描述了音叉、小提琴、单簧管及人发声的周期性。

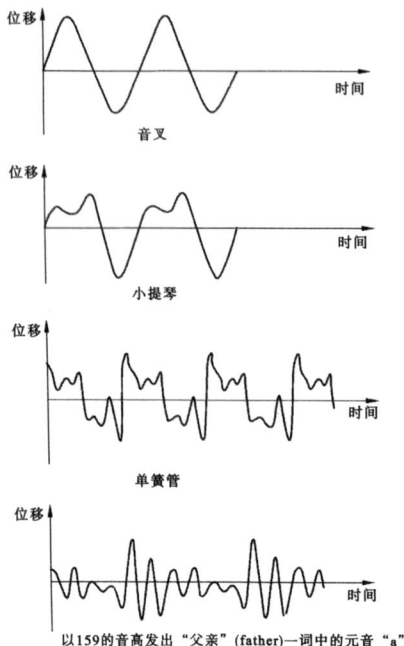

以159的音高发出"父亲"(father)一词中的元音"a"

图 3　乐器和人发出声音的周期性

　　这里用"父亲"(father)一词中"a"的声音的图像来证实乐器和人发出的声音是周期性的。利用数学,大大改进了音乐乐器,特别是对弦振动方面的数学分析研究,产生了在钢琴设计方面有用的知识;振动膜的分析被用于鼓的设计;而空气柱运动之类的数学研究则使得大规模改进风琴设计成为可能。数学对音乐的帮助,不仅提供了改选方案的设计,同时也为听众提供了对音乐进行欣赏的方法,当然不仅仅只依靠耳朵。

自19世纪以来,人们还运用数学知识来研究名人名作。比如19世纪有一个优秀的数学家西尔维斯特(Sylvester),他就曾利用数学方法对莎士比亚的"十四行诗"进行研究。英国人还利用计算机的逻辑判断能力推测莎士比亚尚有未发表的著作。美国人倍尔运用数学方法计算诗歌的各种押韵方式。

运用数学研究《红楼梦》也是一个很好的例子。1980年6月,美籍华裔学者陈炳藻在威斯康星大学召开的首届国际《红楼梦》研讨会上,宣读了他用统计学对红楼梦作者的研究成果。东南大学与深圳大学相继开展了《红楼梦》研究的计算机数据库。1987年,复旦大学数学系李贤平对《红楼梦》进行了统计分析与风格分析,他提出的《红楼梦》成书过程中的新见解震惊了学术界。1997年11月,南京大学与商务印书馆共同完成的英汉语言资料库软件系统通过鉴定,填补了国内英汉语词编纂计算机化的空白,原始数据总量可达2000MB,还可自动生成各种派生词典和汉英索引。更令人吃惊的是,有人把数学、物理中的谱分析概念与快速傅里叶变换密切联系,并成功地运用于文学研究。被称为文学"指纹"的文学作品中的微量元素,是反映其文学作品句型风格的主要指标,其判断的主要方法是频谱分析。日本有的专家利用频谱分析,随意挑选一段文字,在不讲明作者的情况下,经过分析后就可以准确判断是谁的作品。

2. 数学与史学

由于把数学方法引入到史学研究中,所以产生了一门新学科——史衡学。通常,历史研究分考证和规律探讨两种类型,前者主要对历史事件、人物、历史作品、文献等进行考证,后者主要对社会发展过程中的制度、政治、经济、思想、文化等进行研究、分析。由于数学方法的引进,开拓了史学研究的新领域,同时使加工、整理更科学化、准确化。数学的介入,排除了较多的人为主观因素。特别是1986年,在上海陆家嘴发现的元朝玉褂中含有一个魔方,这个魔方虽然是4阶,却远远超过西安安王府的6阶魔方,改变了过去世界上只认为印度才有这种"完全魔方"的说法。

近年来,网络新媒体、数字化的出现,为史学研究添虎翼之功。

3. 数学与哲学

简单来说,数学对哲学始终起着很大的作用,数学从一开始,可以说与哲学同宗同源,相依而存。数学为哲学的深入提供了对象,而哲学又对数学的发展起到一种诱导作用。因此,数学家 B. Demollins 说:"没有数学,我们无法看透哲学的深度;没有哲学,人们也无法看透数学的深度,而若没有两者,人们就什么也看不透。"实际上,20世纪以来的分析哲学、结构主义及系统哲学,都与数学有着密不可分的关系。

4. 数学与经济

数学与经济的结合由来已久。如果从最早对生产产品的交换算起,已经数千年。如果从经济学作为一门学科的发展看,数学在其中的位置越来越重要。下面我们举几个方面的例子来说明数学在其中的重要性。

数学上的极小极大定理成就了"对策论"。1994年,在诺贝尔奖设立93年的历史中,第一次把诺贝尔经济学奖授予一个只是在纯数学领域所做的工作。诺贝尔经济学奖由普林斯顿大学的数学家J.纳什和J.哈撒尼及R.赛尔腾分享。J.纳什等人所做的这个工作证明了一条定理,亦即把极小极大定理推广到有两个或更多个直接竞争的局中人的非零对策和所谓的非合作对策的情形①。

再比如,1776年苏格兰的经济学家亚当·斯密提出了操纵经济过程的一只"看不见的手"的概念,从而为贪婪的个人自私行为怎样能实际上有用于作为整体的社会利益提供了一种解释。1874年,几乎整整100年之后,L.瓦尔拉②第一个作出努力,试图用数学来阐明亚当·斯密关于价格作为这样的看不见的手或平衡因素用于支持平衡供应和需求的观点。

1932年,著名数学家冯·诺伊曼在普林斯顿大学就他的经济过程理论组织了一个专题讨论班,并于6年后发表题为"经济方程组和布劳威尔不动点定理的推广"的理论,冯·诺伊曼证明了为达到所有货物在最低可能价格下的最大产出的最优生产方法,同时指出该产出具有最高可能的增长率。他运用他的主要解析工具——布劳威尔不动点定理一下子把一般均衡理论从静态变换到了动态。冯·诺伊曼的工作使Y.巴拉斯科(Yves Balasko)、

---

① 纳什定理:每个局中人有有限个纯策略的任一n人非合作对策(零和非零和)至少有一个策略平衡组。

② Marie-Esprit-Leon Walras(1834—1910),法国经济学家。

S. 斯梅尔(Stephen Smale)、R. 古德温和其他人关于经济过程的动力学的研究,成为关于经济能迅速变成各种类型的循环或混沌行为的方式的现代工作的直接先驱。

由于这些工作造成的数学和经济的结合是如此的成功,终于又在 L. 瓦尔拉一个世纪后,K. 阿罗①主要由于被称为"一般均衡理论"方面的工作而荣获 1977 年诺贝尔经济学奖。1983 年,G. 德勃罗②由于在他的力作《价值理论》一书中所叙述的关于一般均衡理论的进一步发展,荣获诺贝尔经济学奖,该书展示的非凡的数学奇观完全逆转了数学家只是抽象过程的经营管理者的传统观念。

数学不仅帮助人们在经济运营中获利,而且给予人们以能力,包括直观思维、逻辑思维、精确计算等,以至于在今天繁荣又不致滑入灾难性的经济衰退的危险中,人们可从最优控制理论方面得到方法上的帮助。正是由于运用了控制理论和递度法,人们求解了 20 世纪韩国经济的最优计划模型。在微观经济中,数学的作用也极为广泛。比如在提高产品的成功率方面,若某一产品的质量依赖于若干个因素,而这若干个因素的每个因素又都受一些条件的制约,如何挑选出最优搭配,实际上就是一个统计实验设计(SED)的问题。当今世界,运用数学建立经济模型,寻求经济管理中的最佳方案,运用数学方法组织、调度、控制生产过程,从数据处理中获取经济信息等,使得代数学、分析学、运筹学、概率论和统计数学等大量数学的思想方法直接进入到经济科学中,而这些实际运用又反过来大大促进了数学学科的发展。今天,一

①Kenneth Arrow(1921—2017),美国经济学家。
②Gerard Debreu(1927—2004),美籍法国经济学家。

位不懂数学的经济学家绝不可能成为一位杰出的经济学家。据有关统计资料显示,在 1969—1981 年间的 13 位诺贝尔经济学奖的获得者中,有 7 位获奖者都是因其杰出的数学工作起了主要作用。其中苏联数学家坎托罗维奇因对物资最优调拨理论的贡献获 1975 年诺贝尔经济学奖,他被公认为最优规划理论的创始人、经济数学理论的奠基人。Kleim 是因"设计预测经济变动的计算机模式"而获 1980 年诺贝尔经济学奖。Tobin 是因"投资决策的数学模型"获 1981 年诺贝尔经济学奖。

5. 数学与语言

法国数学家阿达马曾经说过,语言学是数学和人文科学之间的桥梁。索绪尔说,语言学好比是一个几何系统,它可以归结为一些特定的定理。的确是这样,从考虑问题的角度出发,语言学上的一些文法、语法的约定类似于数学上的公理、公设,它不需要证明,只要建立一套推导规则就可以了。美国语言学家布尤菲尔德说,数学不过是语言所能达到的最高境界。数学与语言学的结合太密切了,包括产生了新兴的学科——数理语言学、计算语言学。现在,把演绎方法引入到语言学,建立了代数语言学。特别是借助计算机,对语言进行整理,编纂辞书已经比较普遍。我们可以再举一些将数学应用于语言的例子。

20 世纪 60 年代,苏联的谢德罗夫提出了"计算风格学",它是以计算机为手段,对不同作者的风格进行统计、分析、计算、整理的一门新学科①。计算风格学的产生和发展,使作品风格的统计

---

① S. Y. Sedelow, W. A. Sedelow, *A Preface to Computational Stylistics*. System Development Corporation Document, SP - 1354, 1964.

研究有了一个科学的理论基础。计算风格学被成功地应用于"作者考证"的研究中,解决了其中的许多令人棘手的困难问题。

　　比如,1964 年,美国统计学家摩斯泰勒(F. Mosteller)和瓦莱斯(D. L. Wallace)考证出了 12 篇署名为"联邦主义者"(Federalist)的美国 18 世纪末期报刊文章的真实作者。作者的候选人只有两人:一位是美国开国政治家汉弥尔顿(Alexander Hamilton,1757—1804),一位是美国第四任总统麦迪逊(James Madison,1751—1836)。当这两位统计学家开始进行统计分析时,遇到了一个极大的困难,他们发现作为重要风格之一的平均句长在两位作者著作中几乎一样,后来他们又去找他们是如何使用虚词的,结果发现汉弥尔顿与麦迪逊有明显不同,经过这样一些详细分析比较后,最后推断那位署名"联邦主义者"的作者就是美国第四任总统麦迪逊。由此,才了结了现代考据学上的一桩公案。

　　借鉴数学的离散性质,美国语言学家朱斯(M. Joos)说:"数学研究工具一般有两种类型:连续分析(例如,无限小量的计算)或离散分析(例如,有限群理论),而可以称为语言学的那个部门则属于后者。这时,它不容许与连续性有半点儿妥协,因此,语言学可以说是一个在严格意义上的量子机制,凡是与连续性有关的一切,都是被排除于语言学之外的。""因此,语言学的范畴是绝对的,是不允许任何妥协的。"他还说,"现在,语言学家把任何语言,也就是任何一个言语行为,看成是由叫做音位的不大数量的基本单位组成的,这些音位在重复出现时被认为是等同的。从物理学的角度来看,hotel 这个词对于不同的人或同一个人发音,不可能完全相同地发两次,但从语言学的角度来看,这里却有一个平均数[t],它始终是同样的,可以不管它们的细微的差别,而把它们看做一个不可分解的语言学原子或范畴,这种原子或范畴,或者是完全等同的,或者是完全不同的。"这里,朱斯十分明确地把语言看成是"不可分解的语言学原子或范畴"离散地结合起来的。因此,他提出用离散数学来研究语言,他说:"物理学家利用连续数学来解释言语,如傅里叶分解、自相关函数等,而语言学家则与此相反,他们利用离散数学来研究语言。"①

应当说,朱斯上述关于语言符号的离散性的论述似乎有点过分。诚然,在语言的交际过程中,尽管我们可以利用一些连续函数的方法来研究它,但是也不能就据此武断地说,"凡是与连续性有关的一切","都是被排除于语言学之外"。而事实上,"离散性"和"连续性"都是语言符号本身所具有的,只不过,我们在使用语言时有意识地强调语言符号的连续性,而在语言的结构中强调语言符号的离散性等罢了。但是,必须强调指出的是,朱斯突破了语言学界关于语言符号"连续性"的传统观念,把"离散性"观念引入语言学中,从而为采用离散数学来研究语言铺平了道路。

关于数学与语言学的深入研究,冯志伟先生曾专门写了一本专著《数学与语言》②,读者可以去阅读。冯先生在该书中从语言符号随机性、冗余性、离散性、递归性、层次性、非单元性、模糊性等7个方面论述了数学与语言学之间的相互关系,用以说明数学已经深入到了语言研究的各个领域。德国著名哲学家康德曾经表述过这样一种思想:"任何科学,含有数学成分的多寡,决定了它在多大程度上够得上成为一门科学。"美国语言学家华特茂(J. Whatmough)在第八届国际语言学家大会的发言中指出:"有一种

---

① F. Harary, H. Paper, "Towards a General Calculus of Phonemic Distribution," *Language*, vol. 33(2), 1957.
② 冯志伟:《数学与语言》,湖南教育出版社,1991年。

先入之见,认为语言学、物理学、生理学和神经学都彼此毫无关系,正是这种认识阻碍了而且仍然在阻碍着进步,在语言学中尤其是这样,但是,只有数学才是唯一能完全理解这种紧密联系的理论。"①

　　复旦大学数学系的李贤平教授,运用数学方法对《红楼梦》进行研究。以往,人们一般都比较认可胡适《红楼梦考证》中的曹雪芹作前 80 回,高鹗续后 40 回的说法。1987 年,李教授用陈大康先生对每个回目所用的 47 个虚字(之,其,或,亦……呀,吗,咧,罢……的,着,是,在……可,便,就,但……儿等)出现的次数(频率),作为《红楼梦》各个回目的数字标志,然后用数学方法进行比较分析,看看哪些回目出自同一人的手笔。最后李教授得出了许多新结果:

　　　　(1)前 80 回与后 40 回之间有交叉;

　　　　(2)前 80 回是曹雪芹据《石头记》写成,中间插入《风月宝鉴》,还有一些别的增加成分;

　　　　(3)后 40 回是曹雪芹亲友将曹雪芹的草稿整理而成,宝黛故事为一人所写,贾府衰败情景当为另一人所写。

　　实际上,语言学是最容易和数学方法有机结合在一起的。美国语言学家萨丕尔(E. Sapir)早就说过:"印欧比较语言学的许多公式,其精密程度和其规律性令人想起自然科学的公式或者叫做定律。"当然,作为人文科学的语言学首先还是要考虑一般人文科学的特性。比如,语言在本质上是一种社会现象,是一种对社会现象的描述,是可以通过符号把社会现象、人类文化结晶的东西

---

① J. Whatmough, "Mathematical Linguistics",见《第八届国际语言学家大会文集》(第 1 卷),1957 年,第 218 页。

传承保留下来的。因此,在语言研究中,应当从具体对象的"质"的特点出发,结合数学方法,使数学方法起到恰到好处的作用。数学和语言学是人类古老文明的文化结晶,有理由相信它们之间的"远缘杂交",一定会结出智慧之果。

6. 数学与高科技

兰德尔讲过:"科学起源于数学。"近代科学的发展,应当说是依赖于数学的发展。M. Kline 甚至这样称:"一个时代的总体特征,在很大程度上与这个时代的数学活动密切相关。"张筑生先生在论及数学与社会发展时,从宇宙观切入,明确指出:"关于哥白尼(N. Copernicus)的贡献,有这样一种流行的说法:从前人们认为太阳绕着地球转,哥白尼纠正了这一谬误,指出是地球绕着太阳转。其实,运动都是相对的,本无所谓谁绕着谁转。人们观察运动,需要一个参照系。Prolemy 的'地球中心说'将参照系固定于地球;哥白尼的'太阳中心说'将参照系固定于太阳。'地心说'是一种数学模型,'日心说'也是一种数学模型。'地心说'能够解释太阳和其他恒星的视运动,应该说也具有相对真理的作用。但对于解释行星的视运动(当时只知道金、木、水、火、土五大行星),'地心说'却显得极其笨拙(用了几十个圆周运动的复合尚且不能自圆其说)。'日心说'取代'地心说',实质上是用一种较好的数学模型取代了一种蹩脚的数学模型。""哥白尼模型用以解释行星的视运动仍有相当的误差。天文学家积累了丰富的观测资料,却无法对此作出解释,Johann Kepler 在大量观测资料的基础上进行思考,终于认识到必须进一步用更好的数学模型修正哥白尼的模型。经过数十次的假设、试算并检验拟合程度的艰苦探索之后,J. Kepler 提出以椭圆轨道模型代替哥白尼的圆形轨道模型,并在此基础上提出了著名的行星运动三大定律。"一句话,16 世纪以前的宇宙观的演变,其归根结底不过是一些数学模型的变换①。而高科技的发展,恰恰是赖于对数学基础的支持与运用。

　　数学与高科技的相互渗透,在今天已经非常广泛、深刻。作为高新技术的应用科学,其基础就是数学。高新技术在本质上是一种数学技术。1990 年的中东战争就是数学战争。在石油勘探中,美国人在数据处理中运用 Wiener 滤波,在一条河流之下的930 公里处,探明一个储量超 10 亿桶的大油田。在飞机制造中用有限元分析结构强度与稳定性;最优法使飞机既省油又提高速度;用概率论解释色盲分布的平稳性等。

　　美国数学科学委员会主席 Phillip Griffiths 为首的许多专家撰写的一份有关数学科学、技术和经济竞争力的报告中,在列举主要结论时特别强调:"数学科学对经济竞争力生死攸关,数学科学是关键的、普适的、培养能力的技术。"他们认为:

　　　　(1)生产周期的每一环节,整个技术基础都离不开数学科学的应用;

　　　　(2)数学科学的各个领域都有广阔的用武之地,数学科学研究的活力是这些应用赖以生存的基础;

　　　　(3)计算和模拟反过来显示主题,这种计算和模拟是把数学科学转变成技术的根本道路;

　　　　(4)从实验室到工业界的技术转移对加强经济竞争力至关重要;

　　　　(5)技术转移、计算、数学模拟和教育是保持经济竞争力

---

①转引自徐利治:《徐利治谈数学哲学》,大连理工大学出版社,2008 年,第15 页。

最重要的问题;

（6）数学科学是经济过程的一个十分重要的技术基础。

在这份报告中,还附录了美国商务部于 1990 年春提出的 12 项新兴技术,包括高级材料、超大型计算机、高级半导体器件、数字图像技术、高密数据储存、高速计算、光电子学、人工智能、灵活计算机集成制造术、传感技术、生物技术、医疗器件和诊断。美国商务部认为到 20 世纪末,这些技术每年的出售价值估计将超过 3500 亿美元。只要我们认真分析一下,这 12 项新兴技术中,几乎没有一项是可以离开数学的,其中一大半是直接与数学和模型有关的①。

其实,除上面我们列述的许多方面外,数学还广泛渗透到其他领域。有位数学家甚至断言:"只要文明不断进步,在下一个两千年里,人类思想中压倒一切的新事物,是数学理智的统治。"②或许正是基于此,联合国教科文组织于 1992 年在里约热内卢宣布"2000 年是世界数学年",并强调指出:"纯粹数学与应用数学是理解世界及其发展的一把主要钥匙。"

从 1990 年到 2008 年,18 年过去了,上述 12 项技术得到了高速发展,有些甚至正在改变着人们的生活方式和人类生存环境。

徐利治教授为了说明数学与科学技术发展的密切关系,曾特意设计了两张表格来说明数学与社会发展、数学与科技进步的关

---

① 〔美〕詹姆斯·格林姆著,邓越凡译:《数学科学·技术·经济竞争力》,南开大学出版社,1992 年,第 81 页。

② 〔美〕斯蒂恩,马继芳译:《今日数学》,上海科学技术出版社,1982 年,第 38 页。

系,本书特节选部分①,见表 3 和表 4。

表 3　生产工程与数学科学发展

时　期	生产工程	数学科学
17 世纪以前	阶段特征:简单工具和简单工程	内涵特色:古代数学与常量数学
17—18 世纪	重大发现:蒸汽机(J. Watt,1776 年)	先导的数学学科: (1)解析几何(R. Descartes,1637 年); (2)微积分(I. Newton 与 G. W. Leibniz,1666 年)
19—20 世纪中期	阶段特征:自动机器与自动工程重大发明,如数字计算机(J. W. Mauchly 与 J. P. Eekert,1946 年)	内涵特色:变量数学与数学的近现代发展 先导的数学学科: (1)Boole 代数(G. Boole,1847 年) (2)古典集合论(G. Cantor,1847 年); (3)多值逻辑(Lukasierwicz,1920 年)
20 世纪中期以来	阶段特征:信息化与智能化生产工具,未来的智能化生产工程重大发明: (1)数控机床(MIT,1952 年); (2)第一台工业机器人(USA,1960 年); (3)第一个柔性制造系统(FMS)(USA,1967 年);	内涵特色:未来的不确定性数学与智能数学 先导的数学学科: (1)概率论(A. H. Колмогоров,1936 年); (2)模糊数学(L. A. Zadeh,1965 年) 相关的数学边缘学科:

---

① 徐利治:《徐利治谈数学哲学》,大连理工大学出版社,2008 年,第 6—7 页。

续表

时　期	生产工程	数学科学
	（4）首批计算机集成制造系统（CIMS）（20 世纪 70 年代欧美相继发展）； （5）智能制造系统（IMS）（日本东京大学，1990 年）	（1）智能科学（Nilsson，1974年）； （2）人工神经网络（Hopfield，1982 年）

表 4　工业特征、科技进步与数学科学发展的关系

项　目	古　代	近　代	现　在	未　来
工业特征	体力劳动	强调设备	强调信息	强调知识
自动化特征	无	设备自动化	数字自动化	决策自动化
关键技术	手动	数控（NC）与计算机数控（CNC）等	CAD/CAM，FMS，CIM，MIS，C^3 等	AI，IMT，IMS，ICS 等
控制理论	无	经典控制论	现代控制论	智能控制论（大系统理论）
数学科学	算术与几何	微积分	现代数学	智能数学

　　从上面两个表可以看到，不仅数学与三论（控制论、信息论、系统论）日益密切，它与计算机、数字科学、高科技、新技术的联系也越来越深入。没有现代数学，就没有高科技，这已经是一个不争的事实。

原载于《数学文化》（修订版）第二章

（清华大学出版社 2009 年出版）

附录：主要学术成果、获奖情况

论　文

1982 年

1. 试谈孔子的理想人格　《南京大学学报》(哲学·人文科学·社会科学)1982 年第 4 期

1983 年

2. 简述恩格斯在创立马克思主义中的贡献　《马克思逝世 100 周年文集》,1983 年

3. 孔子思想民主性源流之我见　《中华文史论丛》1983 年第 4 辑

1984 年

4. 中国古代大同思想源流管见　《南京大学学报》(哲学·人文科学·社会科学)1984 年第 2 期,《新华文摘》1985 年第 8 期转发论文摘要

5. 从方法论看孔子"过犹不及"的中庸思想　《晋阳学刊》1984 年第 6 期

6. 发挥大学生在校科研的优势　《人民日报》1984 年 9 月 2 日

7. 日本经济发展与儒家集体主义道德观　解放日报《新论》(未定

文稿)1984 年 10 月 2 日

8."名""利"与知识分子　解放日报《新论》(未定文稿)1984 年 10
月 4 日

1985 年

9. 孔子与"君子"　《东岳论丛》1985 年第 2 期

10."仁"与"礼"不等于孔子思想的"内容"与"形式"　《社会科学
研究》1985 年第 2 期

11. 儒家的传统思想与日本的经济发展　《社会科学》1985 年第
2 期

12."名"、"利"与知识分子——兼为"名"、"利"正名　《科学学与
科学技术管理》1985 年第 2 期

13."郑声"非《诗经》郑风辨　《文献》1985 年第 3 期

14. 孔子思想的四个来源和四个组成部分　《求索》1985 年第 5
期,《新华文摘》1986 年第 2 期转发论文摘要

1986 年

15. 谈"索引之学"　《人民日报》(海外版)1986 年 2 月 4 日

16. 对仁礼之于孔子的再思索——兼论孔子思想的来源与组成部
分　《扬州师院学报》(社会科学版)1986 年第 2 期

17. 学习陶行知先生勇于教改的精神　《人民日报》1986 年 10 月
26 日

1987 年

18."三分法"之我见　《文汇报》1987 年 4 月 14 日

1988 年

19. 孔子与亚里士多德伦理观之检讨　《道德与文明》1988 年第
1 期

20. 中西文化研究中注意的问题　《文汇报》1988 年 3 月 20 日

21. 近年来关于孔子研究问题的综述 《南京大学学报》(哲学·人文科学·社会科学)1988 年第 4 期

22. 人的塑造是儒家思想与现代化的结合点 《东岳论丛》1988 年第 4 期

23. 建设一条有中国特色的城市化道路 《人民日报》(海外版)1988 年 11 月 21 日

1989 年

24. 关于我国文化发展战略问题——兼谈中国文化第四次重构问题 《中州学刊》1989 年第 1 期

25. 近年来中西文化比较研究情况述评 《史学理论》1989 年第 2 期

26. 当代传统文化面临六个转变 《南京大学学报》(哲学·人文科学·社会科学)1989 年第 2 期,《新华文摘》1989 年第 6 期转发论文摘要

27. 怎样办好高校校报 《新闻出版报》1989 年 9 月 23 日

28. 思想政治工作走出"低谷"之我见 《中国教育报》1989 年 10 月 21 日

1990 年

29. 加强校风建设 优化育人环境 《中国教育报》1990 年 3 月 27 日

30. 论九十年代高等教育的发展趋势 《江苏高教》1990 年第 3 期

31. 与青年知识分子谈成才之路 《中国教育报》1990 年 5 月 3 日

32. 论世界高等教育的"九化"态势(上) 《科学学与科学技术管理》1990 年第 5 期

33. 论世界高等教育的"九化"态势(下) 《科学学与科学技术管理》1990 年第 6 期;《新华文摘》1990 年第 9 期全文转发,上封面要目

34.发展高技术离不开高等教育　《解放日报》1990 年 11 月 16 日

1991 年

35.唐代文学国际学术讨论会综述　《人民日报》1991 年 1 月
15 日

36.关于大学校园文化建设的思考　《南京大学学报》(哲学·人
文科学·社会科学)1991 年第 2 期

37.新技术革命赋予高校的使命　《江苏高教》1991 年第 6 期

1992 年

38.南京大学茅盾国际学术研讨会侧记　《人民日报》(海外版)
1992 年 2 月 7 日

39.作为一门崭新学科的新闻文化　《南京大学学报》(哲学·人
文科学·社会科学)1992 年第 3 期,美国《历史文摘》转发英文
摘要

40.要成为被采访者的知音　《新闻三味》1992 年第 3 期

41.我国文化现代化的未来趋势　《科学学研究》1992 年第 4 期,
《新华文摘》1993 年第 4 期转发论文摘要

42.立于科学之巅的人　《现代化》1992 年第 9 期,《新华文摘》
1993 年第 2 期全文转发

1993 年

43.面对挑战的新闻文化　《科技新闻与写作》1993 年第 1 期

44.邓小平思想与社会主义的命运——论邓小平思想的时代性
《南京大学学报》(哲学·人文科学·社会科学)1993 年第 3
期;《新华文摘》1993 年第 11 期全文转发,上封面要目

45.从"人、信息、价值整合"看新闻文化　《社会科学战线》1993 年
第 4 期

46.我与"柯望"——关于组织南大学生"重塑理想"讨论的体会

《新闻战线》1993 年第 8 期

1994 年

47.确立科学的价值标准　《江苏高教》1994 年第 2 期

48.新闻文化的学科观——兼谈新闻文化的定义、框架结构及特
　 征　《南京大学学报》(哲学·人文科学·社会科学)1994 年第
　 4 期,《新华文摘》1995 年第 2 期全文转发

1995 年

49.我国文化发展战略的思考与设计　《未来与发展》1995 年第 1
　 期,《新华文摘》1995 年第 5 期转发论文摘要

50.悬河——中华大地面对黄河的挑战　《未来与发展》1995 年第
　 5 期

51.面对黄河悬河的挑战　《现代化》1995 年第 9 期

52.一个伟大科学家的良知与责任——纪念爱因斯坦逝世 40 周
　 年　《现代化》1995 年第 10 期

53.对我国高等教育现代化的前瞻性思考　《南京师大学报》(社
　 会科学版)1995 年增刊

1996 年

54.我国文化发展战略的思考与设计　《上海社会科学院学术季
　 刊》1996 年第 1 期

55.社会主义市场经济条件下新闻理论与实践的变与不变　《新
　 闻传播论坛》1996 年第 1 期,《新华文摘》1996 年第 4 期转发
　 论文摘要

56.做好培养跨世纪人才这篇大文章——兼谈造就一支跨世纪的
　 宏大科技队伍　《南京大学学报》(哲学·人文科学·社会科
　 学)1996 年第 3 期,《新华文摘》1996 年第 10 期转发内容摘要

57.亚太地区进入地震活动期,我们怎么办?　《未来与发展》

1996 年第 3 期

58.正确处理精神文明建设的八个关系　《社会科学辑刊》1996 年第 5 期

1997 年

59.论精神文明的支柱建设、方法论和价值观　《社会科学战线》1997 年第 1 期

60.论精神文明建设的几个问题　《南京大学学报》(哲学·人文科学·社会科学)1997 年第 1 期

61.新闻普遍规律界说　《新闻知识》1997 年第 1 期

62.正确处理新形势下的人民内部矛盾是实现四化的关键　《南京大学学报》(哲学·人文科学·社会科学)1997 年第 3 期

63.传播文化的发展观检讨——兼论我国传播文化的发展战略问题　《中国软科学》1997 年第 6 期,《新华文摘》1997 年第 12 期全文转发

64.新闻三法与写稿三境界　《新闻传播论坛》1997 年总第 2 辑

1998 年

65.孔子和孔子思想的"境界观"　《中国文化研究》1998 年第 2 期

66.知识经济与可持续发展——关于构建有中国特色的知识经济体系　《经济改革与发展》1998 年第 6 期

67.从新闻宣传艺术看新闻精品　《新闻传播论坛》1998 年总第 3 辑

1999 年

68.从创新意识谈新闻工作思维方法的十个关系(上)　《新闻知识》1999 年第 4 期

69.从创新意识谈新闻工作思维方法的十个关系(下)　《新闻知识》1999 年第 5 期

70. 创建中国特色世界一流大学 《未来与发展》1999 年第 6 期

2000 年

71. 三代中央领导集体与正确处理人民内部矛盾 《中国矿业大学学报》(社会科学版)2000 年第 1 期

72. 二十一世纪世界高等教育改革走向 《中国教育报》2000 年 2 月 10 日

73. 千年等一回报章竞争辉——京、津、沪、粤新千年报纸扫描 《新闻记者》2000 年第 2 期

74. 关于创建世界一流大学的历史思考与实践意义 《南京大学学报》(哲学·人文科学·社会科学)2000 年第 2 期

75. 实施大学生心理健康工程迫在眉睫 《中国教育报》2000 年 2 月 20 日

76. 关于我国西部大开发中诸多关系的宏观思考 《上海社会科学院学术季刊》2000 年第 4 期

77. 杨振宁教授与南大学生谈做人做学问 《中国教育报》2000 年 5 月 14 日

78. 科学技术推动精神文明建设 《科学新闻》周刊 2000 年第 47 期

79. 追究连带责任 《瞭望新闻周刊》2000 年第 47 期

80. 我国传媒面向新世纪的挑战与迎战 《新闻传播论坛》2000 年总第 5 辑

2001 年

81. 关于数学文化的学术思考 《自然杂志》2001 年第 1 期

82. 试论第三代中央领导集体推进建设有中国特色社会主义的治国特点——兼论第三代中央领导集体对邓小平理论的继承与发展 《常州工学院学报》2001 年第 1 期

83. 中国古代吏治思想之检讨　《南京农业大学学报》(社会科学版)2001 年第 1 期

84. 以人为本是三代中央领导集体新闻思想的灵魂　《南京大学学报》(哲学·人文科学·社会科学)2001 年 4 期

85. 非事件性新闻是大学校报出精品的沃土　《新闻爱好者》2001年第 11 期

86. 新世纪我们怎样培养研究生　《中国教育报》2001 年 4 月 22 日

2003 年

87. "中国经验:法与社会"国际学术研讨会综述　《江苏警官学院学报》2003 年第 1 期

2004 年

88. 政治文明建设与公众舆论监督　《江苏社会科学》2004 年第 1 期

89. 媒介公共性问题研究三题　《扬州大学学报》(人文社会科学版)2004 年第 6 期

90. 媒体与政府形象的关系研究　《江海学刊》2004 年第 5 期

91. 解读新闻文化的价值观意义　《南开学报》(哲学社会科学版)2004 年第 6 期

2006 年

92. 构建和谐社会:新闻传媒的功能、使命与作用　《江海学刊》2006 年第 1 期,《新华文摘》2006 年第 8 期转发论文摘要

93. 外宣工作者要学会思考——从怎样写新闻稿件说起　《对外大传播》2006 年第 9 期

2007 年

94. 今天,我们应该培养造就什么样的新闻人才　《中华新闻报》2007 年 5 月 16 日,《新华文摘》2007 年第 16 期全文转发

2010 年

109. 好记者的素养和好新闻的要素　《传媒观察》2010 年第 2 期

110. 新闻记者的使命、角色与特点刍议　《新闻记者》2010 年第
2 期

111. 论新闻舆论的新境界　《现代传播》2010 年第 3 期

112. 中国新闻传播 60 年的"规律自觉"与"实践境界"　《江苏社
会科学》2010 年第 4 期

2011 年

113. 中国共产党 90 年新闻思想自觉与实践新境界　《社会科学
战线》2011 年第 6 期,《中国社会科学文摘》2010 年第 11 期
转载

114. 当下我国媒介传播中的七个悖论问题　《媒介时代》2011 年
第 7 期

115. 我们应该培养什么样的人　《传媒天地》2011 年第 7 期

116. 新媒体舆论引导:方法与艺术——论舆论引导模型　《新闻
前哨》2011 年第 10 期

117. 新闻文化的价值整合功能　《新闻前哨》2011 年第 11 期

2012 年

118. 新闻与数学:异曲同工之妙　《新闻战线》2012 年第 2 期

119. 领导干部要学会用网络提高工作品质　《人民论坛》2012 年
第 5 期

2013 年

120. 什么样的作品、怎样才能获得中国新闻奖　《中国记者》2013
年第 12 期

2014 年

121. 非均衡条件下的中国藏语媒体发展问题研究　《社会科学战

线》2014 年第 1 期

2017 年

122. 创新中国新闻学理论体系与话语体系　《社会科学战线》
2017 年第 1 期,《中国社会科学文摘》2017 年第 6 期转载

2018 年

123. 论恩格斯在创立马克思主义中的贡献　《中国高等教育》
2018 年第 11 期,《新华文摘》2018 年第 22 期转发论文摘要

专　著

1.《新闻文化导论》,南京大学出版社,1993 年

2.《新闻文化外延论》,南京大学出版社,1997 年

3.《数学文化导论》,南京大学出版社,1999 年

4.《新闻文化外延论》(修订版),南京大学出版社,2002 年

5.《新闻实务方法论》,南方日报出版社,2005 年

6.《新闻与文化研究》,社会科学文献出版社,2007 年

7.《数学文化》,清华大学出版社,2007 年

8.《数学文化》(修订版),清华大学出版社,2009 年

9.《新闻文化研究》,浙江大学出版社,2011 年

10.《方延明文化三论》,中华书局,2019 年

主编作品

1.《南京大学新闻集锦》(1978—1988),南京大学出版社,1988 年

2.《与世纪同行》,南京大学出版社,2002 年

3.《新闻写作教程》,高等教育出版社,2005 年

4.《探索与追求(2010 卷)》,南京大学出版社,2010 年

5.《探索与追求(2011 卷)》,南京大学出版社,2011 年

6.《新闻写作教程》(第 2 版),高等教育出版社,2012 年

7.《我国藏语新闻媒体影响力问题研究》,民族出版社,2016 年

8.《中国高校校报史略》,北京大学出版社,2010 年

9.《永远的家园》,清华大学出版社,2018 年

主持和参与科研项目

1. 2004—2009 年,《全面建设小康社会:我国新闻传媒的角色、功能与使命》,国家社会科学基金项目,编号:04BXW013。任项目主持人

2. 2011—2016 年,《我国藏语新闻媒体影响力问题研究》,国家社会科学基金特别委托项目,编号:11@ZH013。任首席专家

所获奖励荣誉

1. 1999—2000 年,全国教育新闻论文一等奖,中华人民共和国教育部

2. 2000 年,江苏省第二届戈公振新闻奖,江苏省记协

3. 全国和江苏省好新闻奖 200 余项(略)

后　记

　　《方延明文化三论》就要付梓成书了，有一些话记于此，权作纪念。

　　我一直有一个愿望，想把自己40年的学术研究小结一下，刚好2020年是我进入古稀之年，算是机缘。

　　我的学术研究始于上世纪的1978年，真正发表学术文章是在1982年。40年间，我大概发表了130多篇文章，总字数超过100万字。

　　我以为，人文社会科学工作者，一定要关心政治、经济、社会和文化，学术研究还是要坚持经世致用，才有可能守正创新。结集这样一本书，我在序言里已经说了，集中聚焦新闻文化、中国传统文化和数学文化三个方面。其他一些诸如关于邓小平理论、精神文明建设、经济问题、高等教育改革等方面的文章，在这本书里没有收录。新闻文化和中国传统文化的内容，相对丰富一些。关于数学文化的研究我前后持续达20多年，所写《数学文化》一书共出了三版，由于我把大部分精力都花在写书和修订上了，因此论文较少。我对数学文化的一些与时俱进的思考，大都反映在清华大学出版社出版的《数学文化》修订版里了。这次我特意节选了第二版中的"序言"和"学科体系"一章，放在第三部分。

　　这本《方延明文化三论》，虽说是从130多篇文章中挑选出来的40篇,但仍然有一些不尽如人意的地方。记得恩格斯对自己的《英国工人阶级状况》是比较满意的,他七十二岁时重读这本书,不无欣慰地说:"发现它并没有什么使我脸红的地方。"我对自己的这本书,回过头来看看,还是有让我脸红的地方。

除了入编的这40篇文章外,我特意在书后附了一个40年来所发表的学术论文、出版的学术著作、承担的科研课题的大概目录,供读者备查。从另一个方面说,它亦算是自己的一个学术年表吧。

这本书能够在自己心仪的中华书局出版,深感欣慰。我特别感谢我们南京大学校友郭光华教授的推荐,感谢中华书局总经理徐俊先生和学术著作编辑室罗华彤主任的厚爱。我还要特别感谢责任编辑王贵彬先生,他亦是南大校友。我总以为,一本好书的出版,是作者和编辑共同智慧的结晶。贵彬精心审读、编辑、核对,还纠正了部分文章初始发表时未能改正的一些疏忽、错误,让我从心里感激。由此我真实感受到中华书局出版人的职业精神和责任担当,值得信赖,值得敬重。

感恩父母,感恩家人,感恩母校,感恩朋友,也欣慰自己一路跋涉,砥砺前行。

寥寥数语,是为后记。

方延明

2019年10月